中央财经大学"211工程"三期资助
国家社会科学基金项目（11BGJ018）支持
中国财政发展协同创新中心成果

"十二五"国家重点图书出版规划项目

国防经济学系列丛书　　　　　　　　精品译库

国防经济学系列丛书

编辑委员会

周建平（国家发展和改革委员会）　　魏汝祥（海军工程大学）
翟　钢（财政部）　　樊恭嵩（徐州空军学院）
董保同（国防科技工业局）　　贾来喜（武警工程大学）
姚　斌（国防科技工业局）　　雷家骕（清华大学）
邱一鸣（总参谋部）　　刘涛雄（清华大学）
周代洪（总政治部）　　孔昭君（北京理工大学）
周　宏（总后勤部）　　陈晓和（上海财经大学）
游光荣（总装备部）　　丁德科（西安财经学院）
余爱水（空军）　　林　晖（国务院发展研究中心）
李　鸣（海军）　　任　民（国防动员研究发展中心）
库桂生（国防大学）　　杨价佩（国防科技工业局咨询委员会）
姜鲁鸣（国防大学）　　莫增斌（中国国际工程咨询公司）
刘晋豫（国防大学）　　安伟时（中国兵器工业规划研究院）
卢周来（国防大学）　　赵澄谋（中国国防科技信息中心）
刘义昌（军事科学院）　　张玉华（中国国防科技信息中心）
武希志（军事科学院）　　杨天赐（全国高等财经教育研究会）
曾　立（国防科技大学）　　李俊生（中央财经大学）
顾建一（后勤学院）　　赵丽芬（中央财经大学）
郝万禄（后勤学院）　　李桂君（中央财经大学）
徐　勇（军事经济学院）　　邹恒甫（中央财经大学）
郭中侯（军事经济学院）　　陈　波（中央财经大学）
黄瑞新（军事经济学院）　　张广通（中央财经大学）
陈炳福（海军工程大学）　　杨　静（中央财经大学）

总主编　翟　钢　陈　波
丛书联络　中央财经大学国防经济与管理研究院

"十二五"国家重点图书出版规划项目
国防经济学系列丛书·精品译库

现代国防工业
The Modern Defense Industry
政治、经济与技术议题

[美]理查德·A·毕辛格　主编
（Richard A. Bitzinger）

陈　波　郝朝艳　主译

经济科学出版社
ECONOMIC SCIENCE PRESS

翻译人员

主　译：
　　陈　波（中央财经大学国防经济与管理研究院）
　　郝朝艳（中央财经大学国防经济与管理研究院）

参　译：
　　王宝坤（中国人民大学经济学院）
　　黄朝锋（国防科技大学人文社会科学学院）
　　徐汝光（后勤学院学术研究部）
　　毛　飞（军事经济学院军队财务系）
　　程曼莉（军事经济学院国防经济系）
　　闫　莉（中央财经大学国防经济与管理研究院）
　　王沙骋（中央财经大学国防经济与管理研究院）
　　侯　娜（中央财经大学国防经济与管理研究院）
　　魏　华（海军工程大学装备管理系）
　　田　欣（军械工程学院基础部）
　　宋苏阳（解放军审计署事业审计局）
　　曲　宁（中央财经大学国防经济与管理研究院）
　　刘海娇（中央财经大学国防经济与管理研究院）
　　马浩然（中央财经大学国防经济与管理研究院）

主　审：
　　郝朝艳（中央财经大学国防经济与管理研究院）
　　陈　波（中央财经大学国防经济与管理研究院）

总 序

兵者，国之大事，死生之地，存亡之道，不可不察也！国防经济学起于战争实践，又与人类的和平与发展息息相关，这些年取得了飞速发展。为全面、系统反映国防经济学发展全貌与演进，总结挖掘国防经济实践成果，展示现代国防经济学发展方向，我们组织编写了这套《国防经济学系列丛书》。

《国防经济学系列丛书》包括四个子系列：（1）国防经济学核心教材；（2）国防经济学学术文库；（3）国防经济学精品译库；（4）国防经济学博士文库。重点展示国防经济学领域学者在一般性基础理论和方法研究、国家战略层面对策研究，以及面向现实的重大应用研究等方面的研究成果。丛书选题涵盖经济与安全、战略与政治、国防与和平经济、国防财政、国防工业、国防采办、国民经济动员等相关领域，既包括国防经济学领域的基本理论和方法介绍，如《国防经济学》、《国防经济思想史》等；也包括对一些国家或领域国防经济情况的专门介绍，如《美国国防预算》、《国防财政学》等；还包括对国际国防经济学领域研究最新发展情况的介绍，如《国防经济学前沿专题》、《冲突经济学原理》等。

《国防经济学系列丛书》瞄准本领域前沿研究领域，秉承兼容并蓄之态度，建立开放性运行机制，不断补充新的选题，努力推出中国一流国防经济学者在本领域的教学、科研成果，

并希望通过借鉴、学习国际国防经济学发展的先进经验、优秀成果和对我国国防经济管理经验的挖掘，进一步推动我国国防经济学研究的现代化和规范化，力争在一个不太长的时间内，在研究范围、研究内容、研究方法、分析技术等方面使中国国防经济学在研究的"广度"和"深度"上都能有一个大的提升。

在"'十二五'国家重点图书出版规划项目"支持下，本套丛书由中央财经大学国防经济与管理研究院发起筹备并组织编辑出版，该院组成了由国内外相关高校、科研机构和实际工作部门的一流专家学者组成的编辑委员会，参与编审、写作和翻译工作的除来自中央财经大学国防经济与管理研究院、中国金融发展研究院、中国经济与管理研究院、政府管理学院、经济学院、财政学院等教学科研单位的一批优秀中青年学者外，还有来自清华大学、北京大学、中国人民大学、复旦大学、南开大学、北京理工大学、军事科学院、国防大学、国防科技大学、后勤学院、军事经济学院、海军工程大学、中国国防科技信息中心等国内国防经济与相关领域教学与研究重镇的一批优秀学者。经济科学出版社积极支持丛书的编辑出版工作，剑桥大学出版社等也积极支持并参与部分图书的出版工作。

海纳百川，有容乃大。让我们携起手来，为推动中国与国际国防经济学界的交流、对话，为推进中国国防经济学教育与研究的大发展而贡献我们的智慧、才华与不懈的努力！

是为序。

翟钢　陈波

2010年6月于北京

译者序

国防工业是国家战略性产业，是一国国防建设和国家安全重要的物质和技术基础，也是综合国力和大国地位的重要标志和体现。在历史的大部分时期，国防工业并不是人类持续、稳定的生产活动，只是随着战争和冲突的爆发或结束而时增时减。真正意义上的国防工业伴随工业革命兴起，并在第一次世界大战中发挥了重要作用。自 20 世纪 30 年代开始，以"国家所有"为主体的国防工业基础成为同盟国赢得第二次世界大战的基石，同时，国防工业自身也借助第二次世界大战获得了空前发展。冷战时期东、西方两大阵营的军事对抗，使国防工业逐渐成为一个稳定存在的部门。"冷战"的结束极大地改变了国防工业的规模、结构和特征。现代国防工业几乎包含了所有新兴科技在内的高技术密集型产业，不仅是赢得战争的保障，也代表一国的整体工业水平，是国家间竞争的重要指标。循着本书的结构安排，我们会对现代国防工业的性质、特点、变化、趋势、前景和面临的挑战等议题有较为全面的了解，从中也可以看出国防工业发展演变的一些基本逻辑。

一、国防工业全球化：趋势与挑战

全球化已成为世界各国日益融合的必然结果，国防工业也无法脱离这一趋势。国防工业的全球化就是要改变武器生产传统的单一国家模式，支持武器"国际化"开发、生产和营销，这至少包括国防生产的全球化、军火市场的全球化和供应链的全球化。

国防开支的减少、国际市场竞争加剧，再加之武器研发生产成本的不断攀

升,越来越多的武器生产国发现,国防生产的全球化或许是维持本国国防工业在经济和技术上具有竞争力的唯一方式。冷战结束后,面对需求的大幅下降,即便美国这样的军工生产大国,维持本国国防工业全面生产能力在经济上也出现了困难,于是开启了一系列由政府主导的国防工业并购浪潮和重组活动,美国时任国防部副部长威廉·佩里所谓的"最后的晚餐"① 也是这个时期出现的。而由跨国并购形成的跨国公司,也成为国防生产全球化最主要的一种形式。企业合并形成了规模更大的防务企业,导致国际武器工业的市场结构、产权结构和地区结构方面都发生了深刻变化。

进入21世纪,国防支出水平回升使得全球国防工业再显稳定和增长。全球国防工业集中的脚步虽然有所减缓,但趋势仍在继续,而且跨国并购,特别是"跨大西洋两岸"的并购和全球化的特点日益凸显。有意思的是,作为世界最大的防务市场,随着美国国防支出在"9·11"事件后的一度大幅增长,以及美元的不断走弱,争夺美国防务市场成了许多美国国外大防务企业的目标。收购美国公司,或在美国成立子公司,抑或与美国公司合作,成为这些防务企业获取美国市场并加强核心竞争力的有效途径。欧洲宇航防务集团(EADS)——这家欧洲著名的防务公司已经大举进入美国防务市场,2004年它成立了其子公司美国欧洲直升机公司,并与诺斯罗普·格鲁曼公司建立合作伙伴关系以加强向五角大楼提供空中加油机的竞标能力。法国电子公司泰利斯的子公司泰利斯通讯公司在马里兰州的工厂中生产军事通讯设备,并为驻伊拉克和阿富汗的美军提供了无线电设备。当然,在美国的收购更多地由其铁杆盟友英国的企业占主导,它们占美国国防工业领域2007年17次外国公司收购中的15次,英国宇航防务系统公司(BAE)2006年在美国的雇员(38000人)超过了在英国的雇员(32000人),并在2008年上升为美国国防部第五大国防物资供应商。

围绕某一大型项目在多个国家间展开的合作研发与合作生产,是国防生产全球化的另一种形式,这在欧洲表现得更为明显。欧洲政府和工业部门越来越认识到,仅仅依靠一国资助的武器研发项目,不仅成本高昂,而且潜在产出太少。于是,"龙卷风"超音速地面歼击机成了法国—德国—意大利合作的产物,随后的欧洲战斗机"台风"还将西班牙带入了飞机生产项目,而 A400M 战略轰炸机则网罗了法国、德国、意大利、西班牙、英国、土耳其、比利时和卢森堡等多个国

---

① 见本书第2章。

家参加。在这些项目中，工作分配取决于各参与国在项目中的投资量，各国得到的合同取决于其军队购买该项目产品所占的百分比。美国的F-35联合攻击战斗机（JSF）也是国防工业全球化新模式发展的典型例子。作为美国下一代战斗机项目，F-35得到了来自美国盟友前所未有的参与，英国、意大利、荷兰、土耳其、加拿大、澳大利亚、丹麦和挪威等八个国家签署协议，以不同水平的资金投资于该型战斗机的研发。作为回报，这些国家的工业部门得到了竞争合同的权利，结果，英国宇航防务系统公司被指定为项目的主要分包商，意大利艾维欧公司负责涡轮机配件，默克图技术公司负责发动机防冻系统，比亚乔航空工业公司负责发动机部件，荷兰的斯托克航空公司制造所有的飞行可移动门并为飞机小批量生产提供机翼部件，土耳其的土耳其航宇工业公司则负责局部组件和一些发动机配件。

　　冷战结束后，由于各国对国防工业国内需求的减少，国际市场对主要武器生产国变得日益重要，许多国家的国防企业高度依赖海外销售，以扩大生产规模，降低武器装备单位成本。如英国宇航防务系统公司、法国的泰利斯和达索将近70%的收入来自武器出口，而以色列和俄罗斯的国防工业更有超过3/4的业务依赖于全球军火市场。按照斯德哥尔摩国际和平研究所（SIPRI）的世界100强军火生产企业数据，冷战结束时，前五大企业的军火销售额约占斯德哥尔摩国际和平研究所前100强军火销售总额的22%，进入21世纪后，这一比例已牢牢超过了50%。与国防生产的全球化相比，供应链的全球化更成了普遍现象，而且，在国防工业中越来越边缘化的许多发展中国家也能通过"补偿贸易"等方式参与到国防工业供应链的全球化活动中，供应链的快速全球化也日益模糊了许多防务零部件和子系统的国籍。

　　但迄今为止，不管是学术界还是实务界，对国防工业的全球化仍存有很大疑问，即它们是否该全球化？是否正在全球化？至少在目前，全球化的范围和地点要比设想的情况狭窄得多。显然，在考虑国防工业全球化问题时，我们至少不得不正视以下几个方面：

　　一是全球化中国家安全与经济利益的艰难平衡。出于国家安全、经济利益和独立自主考虑，与民用产品的全球化相比，国防工业的全球化还非常有限，而且也不平衡。即便以并购来看国防工业全球化，国防工业的全球化特征与程度也存在相当大的差异，既"朝向"又"远离"国防工业全球化似乎是一种政策趋势，在各国，自给自足、独立自主的安全考虑仍是一个显然

无法逾越的理由。

二是单极的全球化。即便美国经常批评别人，但美国国防支出仍一骑绝尘，是最接近他的竞争者的 5~8 倍，令其他国家望尘莫及，因此，美国在世界国防工业中仍牢牢占据着主导地位。国防生产的跨国合作也主要发生在欧洲内部，或美国与某些欧洲国家（主要是英国）之间，发展中国家很少能参与到武器生产全球化进程中，仅仅是不断攀升的防务技术成本，就使各国的军事计划者陷入在更高的军事效能和必需的预算约束间选择的两难境地。

三是没有盟友的全球化。国防工业的全球化中，建立紧密的政治、军事关系，即所谓的"忠实盟友"，也是密切相关的政策选择。但即便如美国和英国这样的"忠实盟友"之间，涉及先进军事技术的投资与合作也存在着诸多障碍，美国并不希望在开发主要武器系统上同外国伙伴进行合作，这才有了英国国防委员会主席布鲁斯·乔治的抱怨："在我看来这真的是很荒唐，像英国这样一个国家，已经证明了自己是迄今为止美国最忠实的盟友，还处于几乎是向美国卑躬屈膝的地位"[①]，但对美国而言，显然"忠实盟友"是一回事，其国家利益的考量是另一回事。

四是全球化受到太多的政治纷扰。国防工业全球化中存在太多的经济、政治和军事依赖性，政治干涉扮演着非常重要的角色。这些年，美国就曾先后"挥舞"禁运、限制、拒签、威胁和惩罚等手段迫使其他国家在各种问题上妥协，而对中国的军事出口问题也一度成为影响美国—以色列和美国—欧盟关系的主要因素。

二、国防工业层级：结构与干扰

根据武器技术的先进性和武器生产能力的大小，全球国防工业一般可以划分为三个或四个呈金字塔式的等级。第一梯队以美国为代表，其国防工业一枝独秀，独霸天下，领导着国防军工产业发展的方向和潮流。第二梯队以俄罗斯、法国、德国、英国、日本、中国、以色列等国家为代表，这些国家拥有较为完整的国防工业体系，较好的技术储备和良好的工业基础作为依托，但从规模上来讲，尚不能同美国相提并论。第三梯队主要以印度、巴西、乌克兰等国家为代表，这

---

① 见本书第 4 章。

些通常是新兴市场国家,在本国经济快速发展中,力求在国防军工领域有所突破。① 当然,也有一些不同的划分,但是不管如何划分,位于层级结构最顶端的通常是拥有规模最大、技术最先进国防工业的几个国家,如美国、英国、法国、俄罗斯等。但在进入 21 世纪后,这一层级结构出现了两个值得关注的变化:

第一,全球国防工业的层级结构日益呈现出所谓的"中心辐射体系",即西方以美国为"轴心",居于主导地位,其他国家为"辐条",采取从属性生存战略。随着美国在全球国防工业体系中主导地位的加强,其他一些武器生产国,无论他们早先在国防工业等级体系中的位置如何,都变得越来越依赖美国的产品、市场、技术创新和先进技术,借以实现其自己的军事和国防工业现代化。

第二,发展中国家的武器生产能力在快速增长。虽然发展中国家在全球国防工业生产和出口中所占的比例还远远无法与美国等发达国家相比,但其中一些国家已经显示出了较好的发展潜力和决心,进入 21 世纪后,以色列、韩国、巴西、南非和朝鲜等国家已进入了世界前 30 大主要武器出口国之列。

国际社会上,美国、英国、法国、德国、俄罗斯、意大利等五六个顶级的武器生产国拥有世界上规模最大、技术最先进的国防工业,它们一起大约占到世界军备生产的 85%。此外,它们单独或是"共同"主导着全球国防工业的研发进程,尤其是西欧国家的武器生产活动日益区域化。大多数情况下,第二或第三等级武器生产国似乎没有更好的选择余地,要么投入相当大的决心和资源以保持自给自足,要么融入日益全球化和相互依存的国防工业体系中,但只能处于从属的地位。

这种世界国防工业的层级体系是建立在技术能力和获取国防预算支持能力的基础上的,其国内和国际层级体系也一直在不断发展演化过程中。一般情况下,武器的总承包商主导该领域国防工业的发展,他们设计和集成武器系统,然后就电子传感器、引擎和武器与分承包商签订合同,主承包商负责最后组装和测试武器系统。由于世界国防工业不断合并,这种层级体系的顶层变得越来越狭窄。1945 年英国有 19 家军用固定翼和水平旋转翼战斗机制造商。1960 年这个数字降到 11 家,而现在只有两家。然而随着武器系统越来越复杂,技术越来越先进,在国防工业层级体系中位于较低层次,但却是"关键"组成部

---

① 国防科工委体改司、长城证券公司,《国际军事工业格局与结构正在发生趋势性变化》,载《上海证券报》,2008 年 1 月 7 日。

分的分承包商和零部件的供应商越来越重要。因为大型武器系统 70%～80% 的成本和风险发生在这一层次，而且从一国经济增长的角度看，最具竞争力、最富创新性、创造就业岗位最多的也是这些小微企业。国防工业的层级体系也受到越来越多的干扰：

一是技术对层级体系的干扰。很明显，技术的不断演进会对国防企业目前的层级体系产生重要影响。新技术可能削弱主要制造商现在的优势地位，并带来现存层级体系之外的具有竞争力的新企业。如战术无人机所具有的一些明显特征就使得其有可能颠覆国防工业的传统层级体系。通常来说，无人机的生产规模要小于带给美国和欧洲生产商优势的大规模流水线生产，使较小的公司和较小国家的工业部门有可能成功挑战传统的防务领袖企业，事实也的确如此。

二是市场和政策力量对层级体系的干扰。不仅技术能够改变这种层级体系，政策变化可能带来更为深远的影响。美国就认为，现存层级体系的一个潜在威胁就可能来自五角大楼的政策变化，这些政策会推动着对更高程度竞争的需求。虽然将来到底会发生什么还不是太清晰，但市场和政策体系肯定会扰乱目前的防务层级体系，也会扰动某些巨型防务公司的能量。

三、国防工业转型：驱动与表现

国防工业最终是为军事和战争服务的，面对新军事革命的迅猛撞击，也因为需求的变化，国防工业也正处在深刻的转型中。不可否认，战争发展和军事技术进步始终搅和在一起，不管是叫军事技术革命、军事革命，还是我们所称的新军事变革，一个基本的事实是，推动这场军事革命或变革的是更广阔范围内的信息革命，在信息技术的推动下，军队建设正从工业时代向信息时代过渡，这种革命可能将深远地改变未来战争的形态，推动作战、管理和组织方式的变革。

新威胁和新技术的出现是带来国防工业需求性质变化的根本原因。冷战期间，一国所面对的潜在威胁是容易辨认的：如果战争爆发，它会在哪里、以何种方式爆发，对手是谁都相当明确。而带来有效威慑力的冷战武器则是数以千计的装有核弹头的导弹、载有核武器的轰炸机和坦克。但随着柏林墙倒塌和苏联解体，世界的一极消失了，威胁不再是确定的和容易辨认的了。战争性质随之也发生了不同程度的变化，非对称冲突和非正式的、游击式的冲突屡见不鲜，在新的安全环境下，完成新型军事任务对武器装备产生了新需要，这是驱动国防工业转

型的重要因素。

但是，虽然转型已被广泛使用，但有时，转型仍被视为一个稍显模糊的概念。人们对国防工业转型还有太多的疑问。如，期望国防工业会为转型后的军队提供哪些新技术和系统？如何提供？传统的国防工业将如何在网络中心战的全新世界中前行？尤其是信息技术领域的两用商业企业在为军事革命输送所需技术的过程中将发挥什么样的作用？新的供应商肯定会出现，但旧的供应商必然会衰落吗？或者，换句话说，在第二次世界大战中形成，并在冷战期间成熟起来的全球军事工业复合体本身也不得不转型吗？如果是，那么将会怎样转型？尽管对这些问题给出答案尚需时日，但我们仍可以看到一些变化的端倪。

新技术的出现，特别是军民两用技术的快速发展不仅满足了武器装备需求的改变，而且进一步推动了武器装备变革，带来了新的不确定性。事实上，技术在作战中发挥着决定性作用，任何军事技术革命都会导致实质性变革，但新技术的引入也引起武器系统成本的巨额攀升。不仅单个武器的成本越来越高昂，而且随着武器系统性增强，其成本越来越呈指数式增长。一架新型核动力航空母舰，在2003年预计其成本为117亿美元，在2008年的估计值增加到了200亿美元，这还不包括舰载机成本，这使很多国家只能望而却步。战后许多发展中国家在先进武器的研发方面一直面临困难，这不能不说是很大的因素，这些困难在直观上表现为项目延误、成本攀升、技术妥协和很多毫无结果的技术上，其背后的深层次原因是很多发展中国家没能将国防工业竞争力提升到一个相当的水平之上，而且只有在极少数情况下，发展中国家国防工业能力的发展才能跟上技术前沿发展的脚步。

面对国内增长长期停滞的前景，越来越多的政府和企业只能寻求第三种选择，即核心竞争力战略。武器生产商希望通过提高其主要相对优势，通过提高生产技术、较低的劳动成本、投资资金或延伸的防务市场，作为保留某些生产能力、增加对外出口，以在全球防务市场中找到一席之地的途径。萨博公司总裁艾克·斯文森就曾对此说："我们不可能成为一个大的系统集成商，像洛克希德·马丁、诺斯罗普·格鲁曼或欧洲宇航防务集团那样……（但）萨博可以向美国提供某些先进的产品，包括提供给雷达或飞机训练市场的产品。"[①]

---

① 见本书第4章。

四、国防工业军民融合：技术与制度

安全不是考虑国防工业的唯一决定因素，即使对国家安全的要求是最重要的，经济和政治考虑也可能起到关键作用，因此军民融合就成了国防工业的战略选择。

从国际角度看，军民融合有一个渐进的发展过程。20 世纪 40 年代左右到第二次世界大战结束，国防经济界初步认识到需要一个持久的军民两用型经济，在和平时期能够为商用工业服务，在战争时期可被动员起来。随着第二次世界大战后转入冷战时期，两用技术发挥的作用调整了重心，并主要采取了国防"溢出"形式。所谓"溢出"是指，国防部门开发的技术应用于（或扩散到）商业市场。这一时期技术溢出的主要代表包括计算机硬件、软件和电子、汽车、空间技术、喷气式发动机和核能。冷战后，世界又面临一个全新的发展环境。按沃尔什[①]的看法，两用导向的经济和国防工业部门在该阶段的发展特征是致力于改变官僚和产业体系及进程，并和其他措施一道来促进两用国防工业发展。

商业和军事领域所使用的技术之间一度存在巨大差异，但这一点如今正在发生改变。随着民用经济科技创新步伐的加快，大部分武器生产国的军事组织已转向商业部门，以寻求两用技术和突破性的科学发现，这样做也是对冷战后通过降低军事开支来实现经济效率的政治压力的一种回应。英国国防部就直言不讳地宣称，"尽管国防工业可能会在某些有选择的军事应用上继续领先，但未来大部分技术创新将源于商业部门。"[②]

伴随技术对军民融合的影响，军民融合在制度层面也在发生着一些变化。进入 21 世纪后，政府依然是影响国防工业特征的核心因素：政府作为武器研发和制造的推动者及最终用户仍主导着国防产品的需求，并通过国防支出不可避免地影响着国防工业的规模和结构、进入和退出、效率和所有权，以及技术和出口水平。但在有限的国防预算约束下，政府也希望充分利用商业世界中的经济效率和较低的技术成本，提高国防采办效率，因此鼓励军事部门和私人部门合作。在世界防务领域中，公共部门和私人部门之间出现的这种新型关系大致有两种，即所

---

① 见本书第 7 章。
② 见本书第 4 章。

谓的"英国模式"和"美国模式"。

所谓"英国模式",就是在英国"聪明采办"政策下,通过私人主动融资方式在国防投资项目中出现的一种公私合营伙伴关系。它鼓励私人公司和金融机构投资于传统上由政府资助的军事项目,分担政府的资金压力和项目风险。而私人投资者可以从长达20~30年的项目中获得收益。这种融资机制类似于租赁:私人部门进行最初的基础设施投资,然后通过子合同将服务转包给专业组织,最后将更高质量的服务或设施租赁给国防部,从国防部支付的租金中获取收益。截至2008年,英国的国防私人主动融资项目已由最初的军事住房工程、模拟训练装备等军事服务支持项目扩展到武器装备项目,如未来战略加油机项目。

所谓"美国模式",主要是指美国国防部正在越来越多地使用私人公司承担过去由军队或政府提供的军事服务。自2001年到2004年,美国军事服务合同的数量从325000项增加到600000多项。但在冷战结束后,美国军事部门进行了大规模缩减,这直接导致了在伊拉克战争中本国缺乏足够人员来提供有效的军事服务。因此,不得不将这些包含为军队提供食品、住宿、装备维护和后勤补给等内容的军事服务外包给当地的私人军事公司。目前,这种外包的做法已成为美国提高国防采办效率的一种尝试。截至2009年年初,美国在中东地区的承包商雇员有266688个,超过了在这个地区美国军方和政府的人员数量。

但在国防工业军民融合方面显然还有一些深层次问题需要解决。正如纽曼[①]所指出的,新的商业企业进入国家的国防部门引出了一些难题,就是用什么来区别国防工业和它们的商业对手。在如今多元化的市场中,该如何定义军事技术?在危机时刻,政府如何确保他们自己拥有军事装备和服务来源?政府有可能控制应用于军事的商业技术的扩散吗?在国防工业领域两用技术的前景如何?这些问题不仅对国防工业生产和采办有重要意义,还影响着武器控制体制,以及军事效能和战备情况。显然,到目前为止,国防工业界还没有找到解决这些问题的最好答案。

五、关于本书

在这些年做国防经济和国防工业研究时,我们一直希望有一本对全球国防工

---

① 见本书第4章。

业进行详细介绍的书，这不仅在于学术研究，也源于对中国国防工业发展中所存在困惑问题的探寻。呈现在我们面前的这本《现代国防工业》正是对现代国防工业的一个较为全面的解读。正如原著者在前言中所说的："全书试图从更广泛、更符合历史观的角度解读全球军火工业现象"。

对全球国防工业，尤其是21世纪以来国防工业的发展，本书从不同角度进行了详细论述。第1章围绕影响国防工业发展变化趋势的五个重要因素，分析了全球武器工业在21世纪面临的挑战；第2章分析了国防工业在冷战结束后的结构变化；第3章重新考察了政府、军方和国防工业这个"铁三角"的积极影响；第4章和第5章分析了国防工业层级结构的变化；第6章分析了国防工业生产的全球化，以及不同国家在这一全球化进程中的地位；第7章介绍了对国防工业发展具有变革意义的两用技术的发展、前景和挑战；第8章至第12章，分别介绍了对全球国防工业层级结构具有重要意义的一些国家和地区的国防工业，包括美国、欧洲、俄罗斯、中国和新兴工业化国家和地区的国防工业情况；第13章和第14章讨论了国防工业的出口管制和补偿贸易；第15章介绍了全球小武器工业的变化和发展。此外，书后的三个附录介绍了大量与国防工业相关的专业术语、机构、组织、法律规定和主要防务企业，这也为我们提供了非常有益的参考。

本书主编理查德·A·毕辛格先生是新加坡南洋理工大学拉惹勒南国际问题研究院高级研究员，并曾先后在美国战略与预算研究中心等智库工作，是研究国防工业、国防转型、武器生产和武器扩散领域的资深专家。该书的其他作者保罗·邓恩、罗恩·马修斯、斯蒂芬妮·G·纽曼、凯瑟琳·A·沃尔什、皮特·多姆布罗斯基等也都是供职于斯德哥尔摩国际和平研究所等单位，长期从事国防工业与国防经济学教学、研究的一流学者，有些作者也曾长期在政府部门或国防工业实际部门工作。正如原著者所言，我们期望该书"为我们提供有关全球军火工业更为深入的知识，这些知识会比本书的保存期更为长久"。

2009年在兰德公司访问看到该书刚出的英文版后，我们就一边进行版权谈判，一边马不停蹄地进行翻译，2012年该书主编理查德·A·毕辛格来中央财经大学访问时，我们就该书翻译的有关细节问题又与其进行了深入讨论。应当说明的是，为了保持全书的完整性，译者对原著中的观点、内容和资料、数据基本未做改动，但并不代表译者的观点和立场，相信优秀的读者会认真鉴别。

翻译工作是在中央财经大学国防经济与管理研究院陈波、郝朝艳主持下，由来自中央财经大学、中国人民大学、国防科技大学、海军工程大学、后勤学院、

军事经济学院、军械工程学院等单位的一批优秀中青年学者共同完成。各章的翻译分工是：

前　言：陈　波	第 7 章：侯　娜	第 14 章：郝朝艳
第 1 章：陈　波	第 8 章：宋苏阳	第 15 章：毛　飞
第 2 章：郝朝艳	第 9 章：徐汝光	附　录 1：陈　波
第 3 章：黄朝峰	第 10 章：刘海娇	附　录 2：曲　宁
第 4 章：程曼莉	第 11 章：闫　莉	附　录 3：田　欣
第 5 章：魏　华	第 12 章：马浩然	索　　引：陈　波
第 6 章：王宝坤	第 13 章：王沙骋	作　　者：侯　娜

郝朝艳进行了初译稿的详细修订、校订工作，陈波最后进行了全书统一校译和定稿，这也是我们合作主译的第二本书。我们感谢全体译者，感谢我们的单位和家人。感谢经济科学出版社侯晓霞编辑在书籍出版过程中认真、负责的出版工作和在各方面的周到关心。

陈　波　于西山·观恋第
郝朝艳　于中广·宜景湾
2013 年 10 月

献给我的父亲

霍华德·A·毕辛格（1926~2009）

目　录

前言与致谢 …………………………………………………………… I

1　引言：全球军火工业在21世纪面临的挑战
　　理查德·A·毕辛格　　　　　　　　　　　　　　　　　　　1

第一部分　全球背景下的国防工业

2　从冷战结束到21世纪第一个十年中期全球军火工业的发展
　　J.保罗·邓恩　斯德哥尔摩国际和平研究所军火生产项目专家组　　13

3　国防"铁三角"的重新审视
　　罗恩·马修斯　居里·马赫拉尼　　　　　　　　　　　　　41

4　力量、影响力和层级：单极世界中的国防工业
　　斯蒂芬妮·G·纽曼　　　　　　　　　　　　　　　　　　66

5　国际防务层级体系演变
　　菲利普·芬尼根　　　　　　　　　　　　　　　　　　　105

6　国防工业全球化
　　基思·海沃德　　　　　　　　　　　　　　　　　　　　119

7　两用技术在国防中的作用、前景和挑战
　　凯瑟琳·A·沃尔什　　　　　　　　　　　　　　　　　136

第二部分　国防工业：地域视角

8　军事革命、转型与美国国防工业
皮特·多姆布罗斯基　安德鲁·L·罗斯　　　　　　　　167

9　21世纪的欧洲国防工业：挑战与响应
理查德·A·毕辛格　　　　　　　　　　　　　　　　　193

10　俄罗斯国防工业 1991~2008：从苏联解体到全球金融危机
尤金·柯岗　　　　　　　　　　　　　　　　　　　　217

11　武器和独立自主：中国国防工业转型的限制
J. D. 肯尼思·布廷　　　　　　　　　　　　　　　　234

12　新兴国防工业：前景与启示
J. D. 肯尼思·布廷　　　　　　　　　　　　　　　　250

第三部分　国防工业和军火贸易

13　出口管制及其与国防工业的关系
弗朗西斯·塞瓦斯科　　　　　　　　　　　　　　　　267

14　补偿贸易与国际工业参与
伯纳德·尤迪斯　　　　　　　　　　　　　　　　　　282

15　全球小型军火工业：因战争和社会而改变
艾伦·卡普　　　　　　　　　　　　　　　　　　　　300

附录1　主要国防工业及军火贸易相关术语
J. D. 肯尼思·布廷　　　　　　　　　　　　　　　　325

附录2　与国防工业及军火贸易相关的组织、协会、立法和倡议
居里·马赫拉尼　　　　　　　　　　　　　　　　　　362

附录3　主要防务公司
理查德·A·毕辛格　　　　　　　　　　　　　　　　381

索　引　　　　　　　　　　　　　　　　　　　　　403

前言与致谢

也许说在第二次世界大战之前没有全球性的国防工业还存在争议，但可以肯定它绝不会以今天这样的规模存在。确实，那时有生产步枪和火炮的兵工厂，有生产各种形式、种类军舰的造船厂，在20世纪二三十年代，更有制造战斗机和轰炸机的飞机厂。然而，武器生产在大部分历史时期却是微不足道的——是次要业务，而且是相当零星的业务，随着战争、冲突的增加减少而时增时减。这主要表现在关注度方面，或者更准确地说，国防工业通常"缺乏"来自学者和其他观察家，尤其是政治学家和经济学家的关注。第一次世界大战之后，除了对克虏伯（Krupp）、美信（Maxim）和威格士（Vickers）等公司所做的研究[文献中所谓的"死亡贩子"（Merchants of Death）学派]外，第二次世界大战前，仅有相对非常少的严肃的学术努力投入到研究世界军火工业上来。

第二次世界大战以及随后的冷战结束后，这种情况就完全变了，这很大程度上是由于这两场冲突极大地影响了全球军火工业的规模、范围和特征。1939年后，各种各样的全球化冲突，或多或少变得更加持久，因此，国防工业也就成了永久性产业。不间断的战争，或在冷战期间，东西方间严重的军事对抗成为一个长久存在的威胁，需要有大规模、稳定且持久存在，能够大量炮制出最新潮、最先进"死亡"机器的军火工业。因此，美国不间断地从"民主兵工厂"（Arsenal of Democracy）发展到保护军事—工业复合体。在同一时期，西欧和苏联（及其继承国俄罗斯联邦）的国防工业在数量、范围和技术先进性方面也持续增长，而且军备生产如杂草一般，蔓延到世界各地，尤其是中国、以色列、印度、南非和巴西。

就国家安全的意义、经济重要性及技术复杂性而言，国防工业的影响力不断扩大，其形象也日益引人瞩目，这引发了 1945 年之后对全球国防工业的大量学术研究。今天，军火工业与汽车、电子设备或金融部门一样，被密切而认真地审视着。然而很多这样的研究始终有缺陷且不尽如人意，因为事实上它们往往热衷于研究极为当前的事件和发展。分析并评估军火工业的挑战是——它是一个不断改变和发展的部门。它经历过相当大的压力，面对过相当大的困难，特别是在后冷战时期，仍在应对这些压力和困难。因此，大多数讨论全球军火工业的研究往往是一个正在经历持续变革和转变的事物的"快照"而已。

因此，本书希望更具参考价值，而不仅仅是研究当代武器生产性质的论文集，全书试图从更广泛、更符合历史观的角度解读全球军火工业现象。因此，希望本书对于读者来说具有更为长期的辨识度和有效性，为他们提供有关全球军火工业更为深入的知识，这些知识会比本书的保存期更为长久，并要训练读者，使他们能够将从本书中学到的知识应用于这个不断演变行业的随后发展上。

这本书由两部分内容组成。第一部分是有关现代军火工业这一广泛主题的一系列论文。在对 21 世纪全球军火工业面临的挑战进行广泛介绍［毕辛格（Bitzinger）］后，本书首先提出了当代国防工业的一些背景问题，包括自冷战结束以后，全球武器市场的趋势和发展［邓恩（Dunne）和斯德哥尔摩国际和平研究所武器生产专家组（the SIPRI Arms Production Staff）］、国防采办中的"铁三角"角色［马修斯（Matthews）］、全球武器生产等级体系的存在性及影响［纽曼和芬尼根（Neuman & Finnegan）］、全球化进程及其对军火工业的影响，最后分析了越来越多的商业技术应用于国防需要带来的前景和挑战。

第一部分第二个方面涵盖对若干地域现代国防工业的讨论，主要集中在主要的武器生产国或地区，包括对美国［多姆布罗斯基和罗斯（Dombrowski & Ross）］、西欧（毕辛格）、俄罗斯［柯岗（Kogan）］和中国［布廷（Boutin）］的研究，此外，在这里还讨论了发展中国家不断出现的雄心勃勃的武器制造商情况（布廷）。

本书也包含了国防工业和全球军火贸易的关系部分，包括武器出口管制及它们与国防工业的联系［塞瓦斯科（Cevasco）］、补偿贸易和以其他形式参与国际产业活动对促进军火转让的作用［尤迪斯（Udis）］，并介绍了目前全球生产和小武器的贩卖情况［卡普（Karp）］。

最后，本书的第二部分（附录 1、附录 2 和附录 3）包含了有用的术语、机构、法律、国防企业词汇，以及在讨论和探究国防部门时通常使用的其他参考

文献。

　　我很感谢许多使本书成为现实的人们。当然，对于很多为本书做出贡献的人们我感激不尽，他们对此项工作心甘情愿地奉献时间和精力。我也特别感谢肯·布廷（Ken Boutin）和居里·马哈拉尼（Curie Maharani），他们给予了本书超出义务的帮助和贡献。除此之外，我尤为感谢新加坡南洋理工大学拉惹勒南国际问题研究院（S. Rajaratnam School of International Studies，RSIS），特别是拉惹勒南国际问题研究院院长巴利·德斯加（Barry Desker）和我的导师伯纳德·罗（Bernard F. W. Loo）博士，感谢他们在本书出版过程中所给予的支持和鼓励。最后，最为重要的是，我想感谢我的家人，特别是我的女儿詹妮弗（Jennifer）和艾米（Amy），感谢她们常常在完成本书的艰难时刻给予我的爱、亲情和支持。

理查德·A·毕辛格
新加坡，2009年5月

1 引言：全球军火工业在21世纪面临的挑战

理查德·A·毕辛格*

正如前言中所指出的那样，全球军火工业是一种动态现象，是一个活动目标。从历史和地区性的角度看，它的扩张与收缩，与它所经历的增长、繁荣以及危机、衰退这两个阶段往往并不同步。这使得概括性总结全球军火工业当前及未来可能的状态，以及全球军备生产的一般过程变得相当困难。例如，20世纪90年代是一个相对动荡和不确定时期，因为世界各地的国防工业面临着由于苏联解体和冷战结束而带来的新的国际现状，体现在军事、政治和经济方面。随后的防务紧缩——这很大程度上是全球性的，迫使几乎每个地方的国防工业基础进行重度重组和裁员。相比之下，21世纪的第一个十年全球军火工业显示出稳定和增

---

* 理查德·A·毕辛格（Richard A. Bitzinger）是新加坡南洋理工大学拉惹勒南国际问题研究院（S. Rajaratnam School of International Studies, Nanyang Technological University）高级研究员，其主要研究方向是与亚太地区有关的军事和防务问题，包括这一地区的国防转型挑战、军事现代化、国防工业、武器生产和扩散。毕辛格先生是《朝向一个崭新的军火工业？》（Towards a Brave New Arms Industry?）（牛津大学出版社，2003年）、《革命来临：亚太军事转型》（Come the Revolution: Transforming the Asia-Pacific's Militaries）[载《海军战争学院评论》（Naval War College Review），2005年秋] 和《美国军事转型：对亚太地区的启示》（Transforming the U. S. Military: Implications for the Asia-Pacific）[澳大利亚战略政策研究所（Australian Strategic Policy Institute），2006年] 的作者。他已著若干专著和书籍章节，他的文章已在多种期刊上发表，包括如《国际安全》（International Security）、《奥比斯世界事务杂志》（Orbis）、《中国季刊》（China Quarterly）和《生存》（Survival）。毕辛格先生曾是夏威夷亚太安全研究中心（Asia-Pacific Center for Security Studies，APCSS）助理教授，并在兰德公司（Rand Corporation）、战略与预算事务中心（Center for Strategic and Budgetary Affairs）和美国政府工作过。1999~2000年，他是美国大西洋委员会（Atlantic Council of the United States）高级研究员。他从蒙特利国际问题研究所（Monterey Institute of International Affairs）获得硕士学位，并在加利福尼亚大学洛杉矶分校（University of California, Los Angeles）再次进行研究生学习。

长,甚至可以说这是个繁荣时期,军费开支反弹,大型、期待已久的军事项目[特别是在西欧,例如欧洲战斗机"台风"(Eurofighter Typhoon)、阵风战斗机(Rafale)、NH-90直升机,所有这些都是在20世纪80年代或90年代开始的]最终进入了生产阶段。

当前的问题是:全球军火工业在未来十年左右会更类似于20世纪90年代还是21世纪初期?鉴于这个特殊行业部门高度周期性的特点,这种扩张将会持续,还是之后肯定会出现另一次收缩?在任何情况下,无论是经济萧条还是经济繁荣,全球军火工业在规模、结构、所有权等方面将如何发展和转型?这些都是形成并引领本书后续章节的问题。

这就是说,基本上有五个方面的主要因素会影响今天的全球国防工业,它们反过来又会推动该行业的结构、组织、活动和发展过程在未来的变化和转型。影响并塑造全球军火工业进程的实际情况有:(1)全球军备生产过程分等级性质;(2)军费开支对国防工业的影响;(3)国际军火贸易的影响;(4)国防工业全球化的进程;(5)新兴以信息技术为基础的军事变革。

全球军火工业的科层性质

长期以来,人们一直认同全球军火工业是科层式的,而且这可以极大地影响一个国家军备生产的性质,以及它在全球国防业务中的作用和关系。[1] 尽管对如何划分武器生产国科层缺乏一致认同的标准,但人们习惯上把全球国防工业划分为三个或四个等级。例如,基斯·克劳斯(Keith Krause)将第一等级的武器供应商定义为在武器生产技术前沿上的"关键创新者",并把这一组限定在美国和苏联上。他把大部分西欧国家放入第二等级,即先进军事技术的"改编者和修改者"。最后,他把所有剩余的武器生产国归为第三等级,即现有防务技术的"模仿者和复制者"。[2] 安德鲁·罗斯(Andrew Ross)接受克劳斯对第一等级的定义(如美国和苏联),但他把中国与工业化世界的主要武器生产商(特别是法国、德国、意大利、日本、瑞典和英国)放入他分类体系中的第二等级生产国。

---

[1] 见 Stephanie G. Neuman, "Industrial Stratification and Third World Military Industries", *International Organization*(Winter 1984):191~197。

[2] Keith Krause, *Arms and the State: Patterns of Military Production and Trade*(Cambridge: Cambridge University Press, 1992), 26~33.

而后，罗斯把大部分其他的武器生产国——例如，发展中的、新兴工业化国家和较小的工业化国家（或地区）——归为第三等级生产商（如巴西、以色列、印度、韩国和中国台湾）。最后，他还有第四等级国家，即武器生产能力非常有限的国家（如墨西哥和尼日利亚）。① 毕辛格把第一等级定义为包括美国和四个最大的欧洲武器生产国（英国、法国、德国和意大利）。他的第二等级由一个广泛的国家群体构成：（1）拥有小型和/或有限但通常是相当先进国防工业的工业化国家，如澳大利亚、加拿大、捷克共和国、挪威、日本和瑞典；（2）拥有适中军事工业复合体的发展中或新兴工业化国家（或地区），例如阿根廷、巴西、印度尼西亚、伊朗、以色列、新加坡、南非、韩国、中国台湾和土耳其；以及（3）拥有大型、基础广泛的国防工业，但还缺乏用以开发和生产尖端常规武器的独立研究和开发（R&D）能力与工业能力的发展中国家（例如，中国和印度）。第三等级的国家被定义为那些拥有非常有限和普遍低技术含量武器生产能力的国家，这一等级的国家包括埃及、墨西哥和尼日利亚。②

　　无论采用哪种分类方法，一个国家大致位于武器生产国等级体系的什么位置，将在很大程度上决定它将如何受到全球防务业务变化和发展的影响，以及将如何做出回应。五六个顶级的武器生产国（美国、英国、法国、德国、俄罗斯和意大利）拥有世界上规模最大、技术最先进的国防工业，它们一起大约占到世界军备生产的85%。③ 此外，它们单独或是"共同地"主导着全球国防研发的进程（特别是西欧主要武器生产国的情况，它们日益将其武器生产活动区域化）。因此，这些国家针对其防务部门所采取的行动将对全球国防工业的其他部分产生深远影响。

　　此外，无论较大的武器生产国在发展过程中经受过什么样的打击，这些国家国防工业的长期生存能力从来毋庸置疑。即使是在一国范围内，西方防务公司可能收缩、合并或全球化（见下文），政府也可能会被迫承担它们的行为后果（通过国家所有或优先供应商安排），但大型武器生产国不会失去它们全面的武器生

---

① Andrew L. Ross, "Full Circle: Conventional Proliferation, the International Arms Trade and Third World Arms Exports", in *The Dilemma of Third World Defense Industries*, ed. Kwang-il Baek, Ronald. D. McLaurin, and Chung-in Moon(Boulder, CO: Westview Press, 1989), 1~31.

② Richard A. Bitzinger, *Towards a Brave New Arms Industry*? Adelphi paper 356 (London: International Institute for Strategic Studies/Oxford University Press, 2003), 6~7.

③ Elisabeth Sköns and Reinhilde Weidacher, "Arms Production", *SIPRI Yearbook* 1999 (Oxford: Oxford University Press, 1999), 405~411.

产能力。但对于较小的、第二或第三等级的武器生产国却不能这样讲。对于它们，问题不是简单地应对预算不确定以及供给与需求的问题，而是一个日益严重的纯粹的生存问题。这些国家的国防工业面临着许多生存挑战，这将影响其经济/技术的可持续性和自给自足，例如军事研发和先进装备生产不断攀升的成本，获得先进军事技术（无论是通过进口还是通过自己努力）的困难，以及高度竞争的，歧视非西方供应商的国际军火市场。在大多数情况下，第二或第三等级武器生产国或地区不得不做出一项毫无选择余地的选择，要么投入相当大的努力和资源保持自给自足（没有成功的保证），要么接受融入到日益全球化和相互依存的国防工业中，但处于从属地位。

国防开支

或许没有什么能比得上军事开支对全球军火工业的影响，过去 20 年全球的国防开支就像过山车一样。在 20 世纪 90 年代初期，苏联东欧阵营解体和冷战结束导致国防开支大规模削减。从 1989 年到 1999 年全球国防预算大约下降了 35%。国防开支占全球国民生产总值（GNP）的百分比下降了近一半，从 4.7% 下降到 2.4%，而全球人均国防开支从 254 美元降至 142 美元。此外，世界武装力量的规模从 1989 年的 2860 万人下降到 1999 年的 2130 万人。仅以美国为例，在 20 世纪 90 年代，实际价格计算的国防开支下降了 28%。根据瑞典斯德哥尔摩国际和平研究所（Stockholm International Peace Research Institute，SIPRI）汇编的数据，在欧洲领先的武器生产国当中，国防开支总额 1991~2004 年下降了 12%，用 2003 年不变美元价格衡量，从 1940 亿美元降至 1700 亿美元。在此期间，法国的军费开支下降了 8%，英国的国防预算下降了 12%，德国的军费开支下降了 30%。[①]

其他数据显示冷战结束后的下降更为明显。使用 2000 年不变价格美元来计算，欧洲三巨头（英国、法国和德国）总的国防开支 1989~2003 年下降了近 20%。在同一时期，由 15 个成员国组成的欧盟（European Union，EU）总军事

---

① Stockholm International Peace Research Institute, "The SIPRI Military Expenditure Database", http://milexdata.sipri.org.

支出一共下降了14%。① 苏联解体后，俄罗斯的国防开支急剧下降，从1989年的约2000亿美元降至1999年的140亿美元。②

全球军火工业受到的影响是无可否认的。所谓的和平红利（Peace Dividend）给世界留下了相当大的实力和能力来发展和生产武器，这些实力和能力远远超出所需要的，或者能够合理提供的水平。反过来，这种状况迫使领先的武器生产国努力进行重要的合理化与整合。在先进的武器生产大国，如美国、英国和法国，成千上万的国防工业工人被裁员，数不清的机构由于军工厂削减产量甚至关闭而受到不利影响。此外，后冷战时代见证了前所未有的国防工业结构调整，这既有国家层面的，也有全球层面的。由于国防企业的合并，或者收购其他退出国防业务公司的军事资产，主要国防企业的数量急剧收缩。因此，装备生产越来越集中到数量更少但更大型的国防企业手中。尤其是，在20世纪90年代出现了几个巨型国防企业：如美国的洛克希德·马丁（Lockheed Martin）、诺斯罗普·格鲁曼（Northrop Grumman）和波音（Boeing），欧洲的英国宇航系统公司（BAE系统）、泰利斯（Thales）和戴姆勒－克莱斯勒航空航天公司（DASA）。

不过，最近几年，特别是自千禧年之交以来，全球国防开支开始回升。根据斯德哥尔摩国际和平研究所的统计，2000～2007年，世界军费开支已增长近50%。尤其是自2001年以来，实际价格计算的美国国防预算已上升了59%，而且美国用于军备采购和研发的支出在2000～2008财年间增加了1倍还多，从1160亿美元增至2550亿美元。

东亚和南亚的国防开支近些年也有相当大的增长。在该地区领先的武器生产国中，中国按照其自己的统计数据，1997～2005年国防预算以"每年"两位数的速度增长，即剔除了通货膨胀因素后，实际每年增长13.7%。③ 例如，中国官方2009年的预算是702亿美元，比上年增长14.9%。因此，中国以实际价格计算的军事开支已经是1997年的5倍多。其他亚太国家也没有停滞不前。根据斯德哥尔摩国际和平研究所的数据，印度的国防支出在2000～2007年增长了

---

① Terence R. Guay, *The Transatlantic Defense Industrial Base: Restructuring Scenarios and their Implications* (Carlisle, PA: Strategic Studies Institute, Army War College, 2005), 8.

② Stockholm International Peace Research Institute (SIPRI), "The SIPRI Military Expenditure Database", http://milexdata.sipri.org.

③ "Defense Expenditure", *China's National Defense in 2006* (Beijing: Information Office of the State Council of the People's Republic of China, 2006).

37%，同期，韩国的军事开支在经历了20世纪90年代后期相当的低迷之后（这是亚洲金融危机的后果）增加了35%。新加坡的国防开支增加了33%，从2000年的46亿美元增至2007年的61亿美元，2008年新加坡军事预算总计达75亿美元。[1] 俄罗斯的国防支出在21世纪头十年也开始回升，至2009年接近380亿美元。[2]

另外，西欧和日本的国防开支在这些年一直保持不变。按照北约的数据，北约四个最大的武器生产国（英国、法国、德国和意大利）在国防装备上的总支出在2000~2007年仅增长了6%。日本的国防开支非正式地盯在国内生产总值（GDP）的1%上，由于该国经济持续低迷，因此自20世纪90年代初以来国防开支几乎没有变动过。

一般说来，北美和亚太地区国防开支的上升会使该地区扩大并极大地提高军备生产。例如，美国的国防工业似乎已经走出衰退（尽管这可能是暂时的，因为21世纪第二个十年的国防开支预计将减少），而中国、印度和韩国军火生产的雄心近些年大幅增长，增加了新的涉及战斗机、水面舰艇、导弹及诸如此类武器装备的本国生产项目。同时，尤其是西欧国家似乎仍努力在区域性国防工业中寻找均衡和稳定。

全球军火市场日益增加的重要性

在后冷战时期，几乎每个主要的武器生产国都已开始严重依赖海外销售以获得大宗业务。由于国内军火市场已经萎缩，海外业务部门的重要性相应增加。特别是欧洲的国防企业高度依赖于国外销售。例如，2007年，英国宇航系统公司（BAE）在英国境内的业务只有22%，其余来自海外。泰利斯2008年收入中有大约75%来自法国以外，同时，达索（Dassault）70%的产品用于出口，而萨博（Saab）为68%。这种趋势与世界其他地区武器生产国的经历是一致的。例如以色列的国防工业，往往其产出的3/4以上用于出口。俄罗斯的国防工业也极大地依赖于武器出口，苏联解体后，军火销售的国内市场崩溃了，导致俄罗斯的国防

---

① SIPRI,"The SIPRI Military Expenditure Database".
② International Institute for Strategic Studies(IISS), *The Military Balance* 2009 (London: Routledge, 2009).

公司陷入这样一种境地，其总销售的80%～90%都要依赖于海外业务。①

美国的国防工业由于其巨大的国内垄断性军火市场，通常并不像它的国外竞争伙伴那样依赖于海外销售。美国主要的防务公司从非美国市场得到的收入只占其收益的很少比例，一般在5%～15%。而截至千年之交，一些大型美国武器系统，如F-15和F-16战斗机、M-1A1主战坦克纯粹为了出口在生产。此外，美国目前的武器项目——F-35联合攻击战斗机（Joint Strike Fighter, JSF）严重依赖国外资金、国外工业参与和预期的国外销售。②

因此，从总体上看，对于许多国防企业来说，海外销售已不再只是收入的补充形式，它们日益成为国防工业基础生存和健康发展的关键。工作岗位、技术基础和全部生产设施目前都面临风险。与此同时，全球军火市场已经变得更为复杂和富有竞争性。大量积极主动的卖家在西方创造了一个武器的买方市场，在这个市场中几乎每一种可以想象得到的常规武器都是可以买到的。此外，冷战结束，世界划分为共产主义和资本主义阵营，这大大开拓了全球防务市场，而且在大多数情况下，军火销售不再受制于意识形态原因。因此，准备出售几乎所有可能的常规武器取代了供应商的克制。军火生产商越来越愿意进行交易，并为潜在的购买者提供激励，例如工业参与（被称为补偿贸易）、技术转让和外国直接投资，已日益成为业务成本的一部分，即使这些活动会引起人们对可能的武器扩散的担心，甚至会最终影响全球军火工业的性质和结构。

军备生产全球化

军火工业的全球化带来了一个重大转变，即从传统的、单个国家的武器生产模式向更为跨国化地进行武器开发和制造的转变。在军事预算有限的年代，研发成本不断增加，防务市场竞争日益加剧，越来越多的武器生产国发现：武器开发和生产国际化或许是维持具有经济和技术竞争力的国防工业基础唯一能够承受的

---

① Alex Vatanka and Richard Weitz, "Russian Roulette—Moscow Seeks Influence through Arms Exports", *Jane's Intelligence Review* (December 6, 2006).

② 联合攻击战斗机项目办公室期望第一批生产的F-35中至少有25%，或者730架飞机卖给目前参与飞机开发阶段的9个国家，这个数字不包括出口销售给其他国家的数量（尤其是以色列，它已经宣称有意购买大约100架F-35）。见美国国防部联合攻击战斗机官方网站：http://www.jsf.mil/downloads/documents/ANNEX%20A%20Revision_April%202007.pdf。

方式。

自20世纪80年代中期开始，无论从定量还是定性角度看，全球化的步伐和规模在冷战结束后已急剧加速，相对新型的产业联系日益成为其特征（这是对国防部门而言的），如国际分包、合资企业，甚至是跨国兼并和收购（M&A）。事实上，在一些情况下，多国军备生产已经越来越成为完全本土化或独立自主生产武器的补充，甚至替代。[①] 例如，由于区域性的跨国并购，西欧的国防工业图景在过去十多年中几乎彻底改变了。国防公司如英国宇航系统公司（BAE）、泰利斯、芬梅卡尼卡（Finmeccanica）和萨博在其业务方面很难说是英国、法国、意大利或者瑞典的公司，欧洲宇航防务集团（European Aeronautic Defense and Spain Company，EADS）的创立更是前所未有的行为。与此同时，今天大多数重要的国防研发和生产是跨国性的，包括欧洲战斗机、A400M军用运输机、"流星"（Meteor）空对空导弹和未来地对空导弹武器系列/主防空导弹系统（FSAF/PAAMS）。就其本身而言，欧洲防务部门几乎是区域化的，这种武器生产的区域化可被视为在国防工业内部发生的全面整合过程的跨国延伸。

全球化还蔓延至全世界各个国防部门。在澳大利亚、巴西、南非和韩国，当地的军工企业已被外国投资者抢购，很难确定这样的公司是否还是国内企业。就关键的下一代武器项目，如联合攻击战斗机（JSF）而言，国际合资企业也越来越普遍，这甚至包括美国。

军事系统越来越依赖于两用技术是全球化进程的一部分。商用现货（Commercial-off-the-shelf, COTS）技术在军备生产中发挥着越来越广泛的作用，尤其是在信息技术（见下文）、空间系统、船舶设计和建造、新材料（例如复合材料和特种合金）及类似领域。军事效能日益成为国防建设如何成功利用商业技术的直接结果。相应地，两用和商用现货（COTS）系统，以及它们随后对军事目的的"渗入"（spin on），这些方面的全球贸易必须被视为关键军事技术全球流动的另一个方面。

出现了越来越多的全球化的防务技术和工业基础，这从根本上影响了大多数全球军火市场的形式和内容。这一过程可能会对一系列国家安全问题产生深远影

---

① Richard A. Bitzinger, "The Globalization of the Arms Industry: The Next Proliferation Challenge", *International Security*(Fall 1994): 170.

响，这些问题包括国防政策和军事理念、军备控制、地区安全，以及国家国防工业基础的未来等。全球化引发人们明显关注于国家安全需要和未来武器生产的自给自足，全球技术扩散的军事和商业影响，以及常规武器扩散。首先，全球化对许多国家国防工业的自给自足是一种不言而喻的挑战，因为合资企业和国际合作武器项目中的国外所有和参与，淡化了本国国防工业基础的国家性质。其次，全球化引发人们极为担忧先进军事技术和其他与装备生产相关的专业知识无意间的扩散，担心防止、推迟或反对常规武器扩散的后果。最后，全球化对国家安全具有根本性影响，因为在关键国防系统或子系统上依赖国外资源可能会造成不利的弱点，在冲突或战争时期尤为如此。总的来说，随着全球化进程不断发挥作用，它不仅会对国家军备生产模式产生影响，而且会对国防政策、国内经济增长和发展，以及国际关系产生影响。

技术和军事革命

指出技术创新显著影响了军备生产和军火工业并不是伟大的发现。战争的发展与军事技术的进步不可阻挡地交织在一起是当今的现实，这同50年、100年或500年前发生的情况一样。这种说法非常恰当，因为许多人都同意我们当前正处于新"军事革命"（Revolution in Military Affairs，RMA）之中，这场革命注定会极大地改变战争的作战、管理和组织方式。关于军事革命的解释无非是战争特征和作战方式的转变，因此它被视为一种不连续和具有破坏性的（与渐进的和持续的相反）改变。[①]

目前的军事革命模式已与新出现的"网络中心战"（network-centric warfare，NCW）概念密不可分，它有时也被称为"网络使能能力"（network-enabled capabilities）或者"基于网络的防御"（network-based defense）。根据网络中心战（NCW）的概念，它是信息技术（Information Technology，IT）的革命——计算能力增长、通信和微电子技术进步、小型化，等等——这使类似的军事革命成为可能，使得指挥、控制、通信、计算机、情报、监视和侦察（Command, Control, Communications, Computers, Intelligence, Surveillance and Reconnaissance, C4ISR）

[①] Andrew Krepinevich, "From Cavalry to Computer: The Pattern of Military Revolutions", *The National Interest*, Fall 1994, p. 30.

领域内产生创新和进步。根据美国国防部的解读，网络中心战：

> 通过网络化的传感器、决策者以及射手实现感知共享，加快指挥速度、提高作战节奏、增加杀伤力、加强生存能力和自我同步的程度，由此产生更高的作战能力。①

由于军事革命明显带有改变全局的性质，人们可以预期，当前信息技术主导的军事革命将极大地影响全球军火工业。人们期望国防工业会为转型后的军队提供哪些新技术和系统，如何提供？传统的国防工业将如何在网络中心战的全新世界中前行？特别是信息技术领域的两用商业企业在为军事革命输送所需技术的过程中将发挥什么作用？新的供应商必然会出现，而旧的供应商必然会衰落吗？换句话说，在第二次世界大战中形成，并在冷战期间成熟起来的全球军事工业复合体本身也不得不转型吗？如果是，那么怎样转型？

反过来，全球国防工业的发展将如何影响军事革命自身的进程？国家防务部门是否会通过"无限可能的艺术"（即政治手段——译者），把国家军事革命限制在这些行业能够为其军队进行研发和生产的武器上？国防工业的全球化，或者只是一般意义上的全球化，其进程如何影响与军事革命相关的技术的扩散，并因此影响军事革命自身的实现？特别是，一些国家通过海外武器转让和国际国防工业合作，将如何以及采用何种方式变成军事革命的"输出国"？这样的全球化会产生什么样的影响？换句话说，军事革命和全球化的国防工业这两种机制在未来将如何互动并相互影响？

在下面的篇章中，每一篇都会以某种方式或形式讨论这些题目中的某一个或者全部。虽然每一章完全是独立的，但还是希望本书的整体内容协调一致，不仅全球国防工业是什么样的，它是如何发展而来，以及在未来哪些因素可能会影响并引导它的发展方向，原因何在等这些内容上为读者提供一个更加清晰的观点。

---

① U. S. Department of Defense, Office of Defense Transformation, *Network-Centric Warfare: Creating a Decisive Warfighting Advantage* (Washington, DC: U. S. Department of Defense, 2003), 2.

第一部分

▶▶▶ 全球背景下的国防工业

2 从冷战结束到 21 世纪第一个十年中期全球军火工业的发展

J. 保罗·邓恩*

斯德哥尔摩国际和平研究所军火生产项目专家组♣

在今天看来,冷战时期的军火工业反映了国际和国内军事力量一种非常特殊的状态。冷战后的发展已经改变了全球军事经济,尤为重要的结果是形成了在军费开支和技术方面美国已增强其主导地位的趋势。与大多数其他国家不同,美国的军费开支一直在迅速增长。① 主要系统研发(R&D)的固定成本持续增长,这些系统包括平台和基础设施(如卫星和战略空中资产),也包括支持网络中心战所需要的信息系统。由于可与美国武器装备相媲美的现代化系统来代替常规军事能力的固定成本高昂,除美国之外的所有国家承受不起生产自己所需要的全部武

---

* J. 保罗·邓恩(J. Paul Dunne)是位于布里斯托的西英格兰大学(Univerty of the West England)人文、语言与社会科学学院的经济学教授。他之前是米德尔塞克斯大学(Middlesex University)经济学研究教授,并曾在伯克贝克学院(Birkbeck College)、华威大学(Warwick University)、剑桥大学(University of Cambridge)应用经济系与莫德琳学院(Magdalene College)和利兹大学(University of Leeds)工作过。他是一名应用经济学家,其主要研究领域为军事开支经济学。在该领域,他从事的广泛研究内容包括:军事开支的经济影响、工业重组与转型、就业问题、投资和军火贸易经济学。

♣ 斯德哥尔摩国际和平研究所国防支出与军火生产项目(The Program on Military Expenditure and Arms Production)监测、描述和分析全世界军事支出与军火生产的趋势与发展。斯德哥尔摩国际和平研究所关于军火生产的项目始于 1989 年,目的在于研究军工企业的发展。该项目搜集主要武器生产企业的信息,描述和分析它们就经济与政治环境变化所做出的调整,以及由此带来的产业结构变化。斯德哥尔摩国际和平研究所国防支出与军火生产项目由伊丽莎白·司康思(Elisabeth Sköns)博士主管。

① 1996~2005 年,以实际价格计算的美国军费开支增长了 50%,中国和俄罗斯近年来的军费开支也有巨大增长(1996~2005 年,分别增长了 165% 和 49%)。

器系统,从这个意义上讲,这些国家因此面临着结构性裁军。这对其他渴望拥有全球重要军事能力的强国来说是一个特别的难题,尤其是联合国安理会的其他常任理事国:中国、法国、俄罗斯和英国。

军火工业目前的发展包括生产日益国际化,信息技术(IT)公司在国防部门内的重要性日益增加,以及将过去由军队提供的服务进行私有化。① 这些已经导致该行业内部重要的结构性变化。除军备控制以外的因素——预算环境、不断变化的技术、西欧一体化、军事理念的改变,以及新生产商的出现②,都可以用于讨论目前的情况,即使这种讨论会大不相同。

斯德哥尔摩国际和平研究所(Stockholm International Peace Research Institute, SIPRI)长期以来一直致力于研究、分析与评估全球武器行业的趋势和发展。20世纪80年代,斯德哥尔摩国际和平研究所关于武器生产的研究包括了发展中世界武器生产的增长,这是这些工作被一些评论家所关注的原因。③ 不过,斯德哥尔摩国际和平研究所研究认为:这些国家实现自给自足的尝试是不可能成功的。④ 冷战结束时,由于国内对军事装备需求下降,人们担心增加武器出口会带来风险,并可能影响国际安全。因此,研究的重点转向了西方主要的武器生产公司。

斯德哥尔摩国际和平研究所武器生产项目是在冷战结束后的背景下设立的:即东欧发生了政治剧变,就常规武器控制进行了谈判[欧洲安全与合作会议(Conference on Security and Co-operation in Europe),以及关于欧洲常规武装力量条约(Treaty on Conventional Armed Forces in Europe)进行的谈判,即1990年的《欧洲常规武装力量条约》],技术不断变化,生产能力过剩,生产商数量增加,

---

① E. Sköns, S. Bauer and E. Surry, "Arms Production", *SIPRI Yearbook* 2004: *Armaments, Disarmament and International Security* (Oxford University Press: Oxford, 2004), 389.

② I. Anthony et al., "Arms Production", *SIPRI Yearbook* 1990: *World Armaments and Disarmament* (Oxford University Press: Oxford, 1990), 319~321.

③ 例如,一份1981年的兰德公司(RAND)报告预言:"如果未来的研究证明了,人们可以预测经济发展中世界会有越来越多的国家进行武器生产。"见 A. J. Alexander, W. P. Butz and M. Mihalka, "Modeling the Production and International Trade of Arms: An Economic Framework for Analyzing Policy Alternatives", (Santa Monica, CA: RAND Note, RAND Corporation, 1981), 17.

④ M. Brzoska and T. Ohlson, *Arms Production in the Third World* (London: Taylor & Francis, 1986); H. Wulf, "Developing Countries", in *The Structure of the Defense Industry: An International Survey*, ed. N. Ball and M. Leitenberg (London: CroomHelm, 1983); 以及 Anthony et al., "Arms Production"。

2. 从冷战结束到21世纪第一个十年中期全球军火工业的发展

以及在北大西洋条约组织（North Atlantic Treaty Organization，NATO）①内部武器系统的串联式分布。② 虽然在1990年苏联仍存在，但1990年的《SIPRI年鉴》(*SIPRI Yearbook* 1990)中的分析预言到国际军火工业结构调整的需要及其可能的困难，它指出"总之，这些趋势很可能导致世界军火工业基础缩减规模。私人公司（主要在美国和西欧）与严重依赖武器生产的国有国营工厂（主要在苏联）一样，有可能会遇到困难。"③

转换问题——把军事资源用于民事用途，是人们关注的焦点，围绕着如何实现转换存在着相当多的争论。④ 在这种背景下，如1990年《SIPRI年鉴》中这一章节的目的就是"描述影响军火工业基础的趋势，提供关于东、西方军火工业规模和特点的数据"⑤。作者们还指出，"由于生产能力过剩已存在——包括在第三世界国家和日本部署军事设施形成的额外生产能力，西方国家政府应认真计划将部分军火工业军转民，否则，公司可能会真的认为自己成了'和平的受害者'"。⑥ 尽管作者不知道不断变化的地缘政治、技术和社会驱动力将在多大程度上对行业结构进行调整，这种言辞也代表了在未来十年中主导该行业发展的一种令人印象深刻的见解。

由于缺乏充足并可靠的数据，斯德哥尔摩国际和平研究所武器生产项目所涵盖的内容仍有限。熟悉本国情况的专家网为斯德哥尔摩国际和平研究所团队提供了

---

① Anthony et al.,"Arms Production"。还可参见 I. Anthony, A. C. Allebeck and H. Wulf, *West European Arms Production* (Oxford University Press: Oxford, 1990); M. Brzoska and P. Lock, eds., *Restructuring of Arms Production in Western Europe* (Oxford University Press: Oxford, 1992); 以及 H. Wulf, ed., *Arms Industry Limited* (Oxford University Press: Oxford, 1993)。

② 在20世纪90年代初期，北约计划了一个大型的内部武器转让方案，在《欧洲常规武装力量条约》可能的条款协议之下对拆除装备进行补偿。较发达的国家将二手装备转移给欠发达的成员国，那么这些欠发达国家就会销毁已经准备要更换的装备。

③ Anthony et al., "Arms Production",317.

④ 例见 M. Brzoska,"Success and Failure in Defense Conversion in the 'Long Decade of Disarmament'", in *Handbook of Defense Economics*, Vol. 2, ed. K. Hartley and T. Sandler (Amsterdam: Amsterdam, 2007); P. Southwood, *Disarming Military Industries* (London: Macmillan, 1991); A. Markusen and J. Yudken, *Dismantling the Cold War Economy* (New York: Basic Books, 1992); K. Hartley, *Economic Aspects of Disarmament: Disarmament as an Investment Process* (Geneva: UNIDIR, 1993); L. J. Dumas, ed., *The Socioeconomics of Conversion from War to Peace* (New York: MESharpe, 1995); J. S. Gansler, *Defence Conversion: Transforming the Arsenal of Democracy* (Cambridge, MA: MIT Press, 1995); 以及 P. Dunne, "Conversion in Europe: Challenges and Experiences", in *Defensive Doctrines and Conversion*, ed. B. Moller and L. Voronkov (Aldershot, UK: Dartmouth Publishing Co., 1996), 56~62.

⑤ Anthony et al., "Arms Production",317.

⑥ Anthony et al., "Arms Production",368.

帮助，但要把苏联及其盟友也涵盖进来，仍存在问题，因为缺少这些国家的政府报告。虽然西方国家的国有产权同样只有有限的透明度，不过获得经济合作与发展组织（Organisation for Economic Co-operation and Development，OECD）各成员国的信息较为容易，而这些形成了表格中的大部分数据。数据的一致性正在逐年增加，解决缺乏可在主要生产国之间进行比较信息的方法之一是将各国专家进行的专项研究包含进来，他们能够使用来源更为广泛的信息评估正在发生的变化。①

冷战时期的军火工业

冷战期间的国防工业具有独特的特点。在第二次世界大战后的一段时期内，高水平的军费开支激励公司参与利润丰厚的国防订单，而高水平的研发支出影响了公司的结构和绩效。高水平研发支出同样影响了成本趋势，使它们高于民品成本，并影响到生产的性质——生产周期短、技术先进，而且更加关注性能而非成本最小化，这限制了可能的规模经济和学习经济。② 虽然与其他大公司在结构上类似，但防务企业生产的产品和他们合并的子系统却具有不同的技术形式和要求。因此，民用和军用产品及其生产过程各不相同，就像资本设备的性质也不相同一样，劳动技能和生产组织对各部门而言变得越来越具体。

市场的买方垄断③结构以及产品性质使人们强调高技术武器的性能，而非成本。金融风险由政府承担，政府经常为研发提供资金，在某些情况下还会投资于资本和基础设施。行业的这些特点也致使对合同制定详细的规章制度，在缺乏竞争市场并确保公众问责权力的情况下，这是必需的。④ 此外，针对最坏情况的军

---

① 苏联和俄罗斯曾经采取过这样的处理方法。参见 J. Cooper, "Russian Military Expenditure and Arms Production", *SIPRI Yearbook* 2001: *Armaments, Disarmament and International Security* (Oxford University Press: Oxford, 2001), 313~322; 以及 J. Cooper, "Developments in the Russian Arms Industry", *SIPRI Yearbook* 2006: *Armaments, Disarmament and International Security* (Oxford University Press: Oxford, 2006), 431~448.

② N. Balland M. Leitenberg, *The Structure of the Defense Industry: An International Survey* (London: Croom Helm, 1983); S. Melman, *The Permanent War Economy* (New York: Simon and Schuster, 1985); P. Dunne, "The Political Economy of Military Expenditure: An Introduction", *Cambridge Journal of Economics* 14, No. 4 (1990): 395~404; 以及 J. Lovering, "Military Expenditure and the Restructuring of Capitalism: The Military Industry in Britain", *Cambridge Journal of Economics* 14, No. 4 (1990): 453~468.

③ 在垄断的情况下，有许多客户，但只有一个供应商；还有一种垄断的情况是有许多供应商（在这种情况下，是国家武器生产商），但只有一个用户（国家政府）。

④ J. P. Dunne, "The Defence Industrial Base", in *Handbook of Defense Economics*, Vol. 1, ed. K. Hartley and T. Sandler (Amsterdam: Elsevier, 1995), 592~623.

事应变计划导致需要越来越多的现代化装备,而对成本只有很小的关注。在这种背景下,承包商、采购的执行方和军方之间形成了密切关系,这就导致了"旋转门",军人和公务员可以进入曾与他们进行过交易的防务承包商中,而防务承包商进驻到政府机构中。① 军品生产过程中的既得利益者结成了强大的利益集团——军事工业复合体,这毫不令人惊讶,在安全威胁没有明显变化时,该集团有能力促使政府增加军费开支。②

较其他潜在竞争对手而言,这些特点往往有利于那些专门从事防务工作的企业。他们熟知各种繁文缛节,在政府内部有联系人和关系。这些公司变成了从政府那里拿钱的专家,而不是在商业市场上获得成功。这些公司寻求参与技术先进的武器系统的开发计划,因为这是获得后续生产合同的最佳手段。在某些情况下,这会导致"补偿购买",即为了赢得最初的合同,企业低估风险或成本,之后再弥补损失。此外,一些项目会出现"镀金"行为,在合同期内,军方不断要求增加数量或技术改进。这就允许重新就合同进行谈判或支付额外费用,这通常有利于承包商。③

由于市场结构的原因,在进入和退出时都存在(与市场有关的、技术上和程序上的)障碍。这导致冷战时期国防工业基础在主承包商构成方面非常稳定。此外,与大多数其他制造业走向国际化不同,国防工业一直保持国有。无力负担庞大固定成本的较小国家,(一般)进口的主要是武器系统。④

冷战后的军火工业

后冷战时期,军费开支的趋势可划分为两个主要阶段:从1987年冷战时的顶峰开始逐渐下降,然后在1998年左右达到谷底,1998~2005年逐渐增长。事

---

① G. Adams, *The Iron Triangle: The Politics of Defense Contracting* (NewYork: Councilon Economic Priorities, 1981);以及 R. Higgs, ed., *Arms Politics and the Economy: Historical and Contemporary Perspectives* (New York: Holmes and Meier, 1990).

② J. P. Dunne, "The Changing Military Industrial Complex in the UK", *Defence Economics* 4, No. 2 (1993): 91~112;以及 J. Lovering, "Restructuring the British Defence Industrial Base after the Cold War: Institutional and Geographical Perspectives", *Defence Economics* 4, No. 2 (1993): 123~139.

③ Dunne, "The Defence Industrial Base".

④ Dunne, "The Defence Industrial Base";以及 M. Renner, *Economic Adjustment after the Cold War: Strategies for Conversion* (Aldershot, UK: Dartmouth Publishing Co., 1992).

实上，在 2005 年世界军费开支超过（以实际价格计算）了冷战期间的最高支出。美国这个唯一的超级大国，成为世界军费开支上升趋势的主要贡献者。2005年，美国约占世界军费开支的 48%，接下来 5 个最大的支出国——英国、法国、日本、中国和德国的总支出还不到美国的一半。仅北约一个军事同盟的 26 个成员国在 2005 年大约就占到世界军费开支的 70%。①

冷战结束后，随着需求的下降，即使是大国维持本国国防工业基础的能力也备受质疑。② 政府必须决定是否允许兼并和收购（M&A），这将减少竞争，特别是是否允许外国合作伙伴参与并购。在欧洲，英国政府定义的本国国防工业基础只关注生产地点，并不关注企业的所有权，在这方面英国走在了最前面。③ 一些较小的欧洲生产国，如比利时和挪威，紧随英国的步伐。在法国和德国，对这个问题存在更多争议，并可能会一直如此。④ 安全环境的变化使得更难以证明以前

---

① 出现在国家会计系统中非国防栏目下隐藏的国防开支是另一个日益重要的问题。例如，由应急资金支付的重大活动。在反恐战争的新环境下，国防支出一度出现在别处。本来应该由军队承担的工作越来越多地由民用公司来完成，却不一定会被承认是防务工作，如伊拉克在战后的重建。见 J. Brauer, "United States Military Expenditure"（手稿，College of Business, Augusta State University, 2005），http://www.aug.edu/~sbajmb/paper-US_milex.pdf。

② J. P. Dunne, M. Garcia-Alonso, P. Levine and R. Smith, "Concentration in the International Arms Industry", Discussion Paper 03/01, School of Economics, University of the West of England, Bristol, 2003, http://carecon.org.uk/DPs/; A. R. Markusen and S. S. Costigan, "The Military Industrial Challenge", in *Arming the Future: A Defense Industry for the 21st Century*, ed. A. R. Markusen and S. Costigan (New York: Council on Foreign Relations Press, 1999), 3~34.

③ 英国政策变化第一次清晰而明确的声明是由英国国防部做出的，见 "Defence Industrial Policy", Ministry of Defence Policy Paper 5, 2002, 9, http://www.mod.uk/DefenceInternet/AboutDefence/CorporatePublications/PolicyStrategy/.

④ C. Serfati et al., eds., *The Restructuring of the European Defence Industry: Dynamics of Change*, European Commission, Directorate General for Research, COST Action A10 (Luxembourg: Office for Official Publications of the European Communities, 2001), 特别是 L. Mampaey, "Ownership and Regulation of the Defence Industrial Base: The French Case", 123~144; 以及 "Germany Tightens Rules on Foreign Ownership", *Defense News*, September 19, 2005, 20. 关于"法国政府对法国国防工业强烈影响"的讨论，参见 M. Lundmark, "To Be or Not To Be: The Integration and the Non-integration of the French Defence Industry", Base data report FOI-R-1291-SE, Swedish Defence Research Agency (FOI), Stockholm, 2004, 16~17, http://www.foi.se/FOI/templates/PublicationPage171.aspx; D. Mussington, *Arms Unbound: the Globalization of Defense Production* (Washington, DC: Brassey's, 1994); 以及 E. B. Kapstein, ed., *Global Arms Production: Policy Dilemmas for the 1990s* (Cambridge, MA: Harvard University Press, 1992)。

2. 从冷战结束到21世纪第一个十年中期全球军火工业的发展

对国防工业的支持是合理的，许多国家引入了以资金价值为目标的竞争性采购政策。①

冷战结束带来的不仅是所需武器数量的量的变化，而且是所需武器类型的质的改变。在冷战期间，军事计划很直接——如果战争降临，它会在哪里发生，采取何种方式，与谁作战都相当明确。但在冷战后这些就不再那么确定了。西方政府考虑新的地缘政治环境时，显然，不太可能再需要北约库存的大量冷战时期的武器了。②

政府机构、研究团队和公司之间漫长的交付周期与合同周期，继续生产这些武器系统并为它们找到合适用途的压力依然存在。不过，由于民用技术对武器系统的重要性日益增加，技术性质出现了明确而重要的质变。③ 这是一个标志性的变化，从第二次世界大战至20世纪80年代，军事技术往往领先于民用技术。截至20世纪90年代，在许多领域，特别是在电子领域，军事技术落后于民用技术，军事技术通常在开始服役时就过时了。而在过去，军事技术溢出用于民用部门往往是军事生产具有价值的重要论据，现在更多的重点放在了民用技术到军事的溢出上。许多领域中曾经为军事和安全服务保留使用的技术，如加密方法，现在已主要用于商业用途了。

此外，使用标准商业零部件已日益成为国防工业的一个特征：主要武器系统的许多零部件是商用现货产品，由并不认为自己是军火工业组成部分的制造商来生产，主承包商也已日益成为保留国防专用企业特征的系统集成商。④

在后冷战的世界中，军火工业的规模、结构和贸易仍由政府政策决定，

---

① 有关英国的情况，参见 J. P. Dunne and G. Macdonald, "Procurement in the Post Cold War World: A Case Study of the UK", in *The Restructuring of the European Defence Industry: Dynamics of Change*, ed. Serfatietal, European Commission, Directorate General for Research, COST Action A10 (Luxembourg: Office for Official Publications of the European Communities, 2001), 101~122。

② A. J. K. Bailes, O. Melnyk and I. Anthony, *Relics of Cold War: Europe's Challenge, Ukraine's Experience*, SIPRI Policy Paper 6 (SIPRI: Stockholm, 2003), http://www.sipri.org/。

③ L. M. Branscomb et al., *Beyond Spinoff: Military and Commercial Technologies in a Changing World* (Cambridge, MA: Harvard Business School Press, 1992)。

④ J. P. Dunne, M. Garcia-Alonso, P. Levine and R. P. Smith, "The Evolution of the International Arms Industry", (manuscript, School of Economics, University of the West of England, Bristol, 2005), http://carecon.org.uk/Armsproduction/Evolution2forWolfram.pdf; and A. R. Markusen, "The Post-Cold War Persistence of Defense Specialized Firms", in *The Defense Industry in the Post Cold War Era*, ed. G. I. Susman and S. O'Keefe (Oxford: Elsevier, 1998), 121~146。

因为一国政府是主要用户并管制着出口。不过，行业的结构和性质已明显改变了。在除美国之外的国家里，许多公司是国家的龙头企业，很多都是垄断或接近于垄断，需求减少导致要对这些企业进行跨国重组。①

集中

产业政策方面最引人注目的变化发生在美国。冷战期间，虽然没有明确规定，但产业规划由美国国防部（DoD）负责实施。这在1993年发生了变化：国防部副部长威廉·J·佩里（William J. Perry）在一次由国防工业管理人员参加的晚宴上发表讲演，并公开鼓励合并，这就是著名的"最后的晚餐"，由此刺激了并购浪潮。② 出席这次会议的金融家阐释了金融资本对军火工业日益重要的作用。③ 为了促进整合，国防部允许公司通过军事合同冲销重组成本，期望可以节约大量从来都未被物化的成本。④ 当国防部认为这项政策已过了头，阻碍了1997年年初承包商洛克希德·马丁（Lockheed Martin）与诺斯罗普·格鲁曼（Northrop Grumman）的合并时，政策便终止了。⑤ 美国在1998年有四大承包商：波音（Boeing）、洛克希德·马丁、诺斯罗普·格鲁曼和雷声（Raytheon）——它们也是2004年斯德哥尔摩国际和平研究所前100大军火生产企业排名前5位内的四大公司。⑥

在欧洲，冷战后的调整过程更为复杂，因为重组必然涉及跨国并购，而这会

---

① 这种情况也意味着，要想引入任何竞争，都需要国外企业参与。通过利用境外潜在竞争来创造一个可竞争的市场，这一点可能是隐而不露的，尽管这样可能会造成在位企业认为这些外部竞争者将进入市场的问题。见 Dunne, "The Defence Industrial Base"。

② 据报道，佩里说，他希望一些飞机企业、五家卫星企业中的三家以及三家导弹公司之一通过合并消失。见 Markusen, "The Post-Cold War Persistence", 138. 对这次会议的描述，参见 J. A. Turpak, "The Distillation of the Defence Industry", *Airforce Magazine* 81, No. 7 (1998), http://www.afa.org/magazine/July1998/。

③ E. Sköns and E. Surry, "Arms Production", *SIPRI Yearbook 2005: Armaments, Disarmament and International Security* (Oxford: Oxford University Press, 2005), 387. 关于华尔街在20世纪90年代美国军火工业重组中作用的分析，参见 Markusen, "The Post-Cold War Persistence"。

④ E. Sköns and R. Weidacher, "Arms Production", *SIPRI Yearbook 1999: Armaments, Disarmament and International Security* (Oxford: Oxford University Press, 1999), 397.

⑤ Markusen and Costigan, "The Military Industrial Challenge", 4.

⑥ Sköns and Weidacher, "Arms Production", 394~398, 特别是图 10.1. 英国宇航系统公司（BAE）是斯德哥尔摩国际和平研究所（SIPRI）100 大军火生产商的第 4 名。第 6 名是通用动力（General Dynamics），它采取了这样一种策略，即剥离它不具优势的国防业务分支，集中它具有优势的领域，由此成了一个比较小的公司。见 Markusen, "The Post-Cold War Persistence"。

2. 从冷战结束到 21 世纪第一个十年中期全球军火工业的发展

引起政治问题。① 相对于美国的情况,欧洲主要的参与者在所有权结构上非常不同。例如,在法国、意大利、葡萄牙和西班牙,冷战结束时公司产权的国有化程度很高。这使得在美国发生的,在某种程度上由金融驱动的并购潮更难在欧洲出现。不过,这种驱动力在欧洲是类似的,并导致了市场集中度的增加。欧洲防务市场一体化,以及进一步整合这个部门的动向最近已经出现了。②

英国宇航系统公司(BAE)防务活动的发展过程中有三次波动(见图2.1)。首先在 1977~1987 年与一些英国公司合并,成立了英国航空航天公司(British Aerospace)。接着在 20 世纪 90 年代末收购了欧洲防务公司的股权和马可尼(Marconi)公司的国防业务。最后,重点转向了收购美国公司。在这个阶段,它改名为英国宇航系统公司,这反映出该公司瞄准国际化并意图进入美国市场。"泰利斯"的演变则反映出欧洲工业的不同发展经历,它保留了政府所有,并直到现在一直都反对横跨欧洲的合并(见图2.2)。它在 20 世纪 90 年代早期出现过一个较短的收购浪潮,而在全球范围内主要的收购浪潮则出现在 20 世纪 90 年代末。2000 年,公司名称由汤姆逊无线电公司(Thomson CSF)变更为泰利斯,随后收购了英国雷卡公司(Racal)。由于此次收购,泰利斯成为英国国防部第二大承包商(仅次于英国宇航系统公司)。③ 欧洲政府态度的转变进一步反映在欧洲宇航防务集团(European Aeronautic Defence and Space Company,EADS)的发展过程中(见图2.3),该公司于 2000 年由德国戴姆勒-克莱斯勒航空航天公司[DASA,戴姆勒(Daimler)的子公司]、法国的马特拉宇航公司(Aérospatiale Matra)和西班牙的西班牙航空航天公司(CASA)公司组成。欧洲宇航防务集团经过 21 世纪最初十年中的收购,确立了自己防务公司的地位。

---

① T. Ripley,"Western European Industry Ownership Jigsaw",*Defence Systems Daily*,May 31,2005,http://defence-data.com/ripley/pageripl.htm. K. Vlachos-Dengler,*Off Track*:*The Future of the European Defense Industry*(Santa Monica,CA:RAND,2004)一书将欧洲国防工业目前的结构描述为意大利面碗(spaghetti bowl)。

② T. Valasek,"EU Wants More Defense Competition,Lower Costs",*ISN Security Watch*,December 1,2005,http://www.isn.ethz.ch/news/sw/details.cfm?id=13586.

③ Defence Manufacturers Association,"Thales UK PLC",Member listings,http://www.the-dma.org.uk/Secure/Groups/NonMemberDets.asp?ID=817.

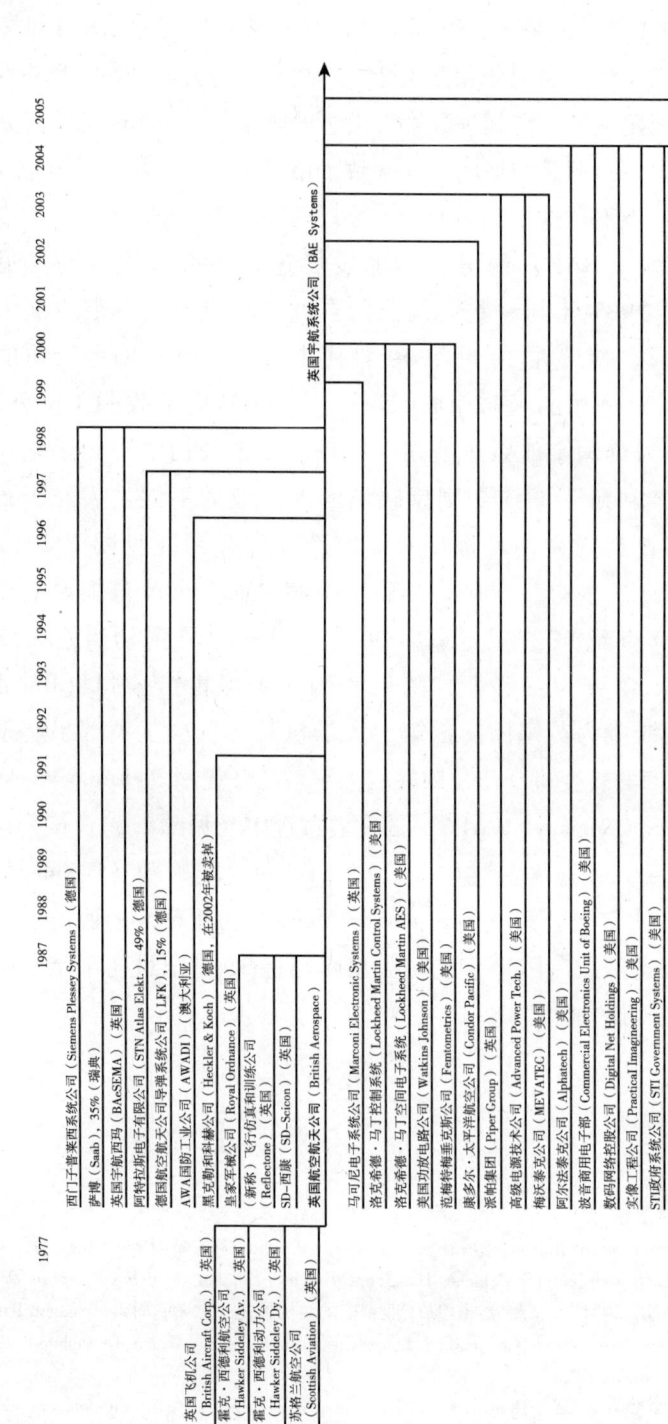

图 2.1 1977—2005年英国宇航系统公司的形成和主要收购活动

说明：这张图表忽略了英国宇航系统公司在20世纪80年代民用业务方面的收购，集中于它在防务专业领域的发展路径。这些兼并和收购的复杂性无法完全呈现出来。

2. 从冷战结束到 21 世纪第一个十年中期全球军火工业的发展

图 2.2 1987~2005 年泰利斯公司的形成和主要收购活动

说明：这些兼并和收购的复杂性无法完全呈现出来。

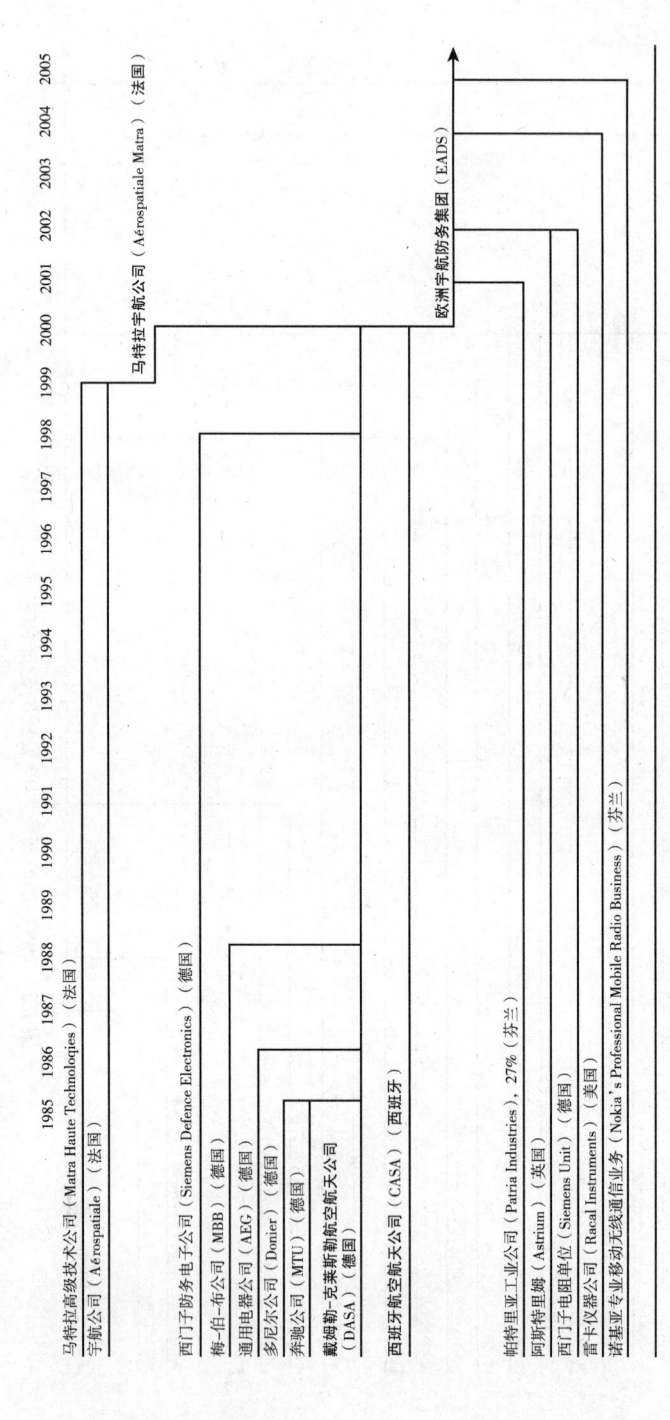

图 2.3 1985—2005年欧洲宇航防务集团的形成和主要收购活动

说明：这些兼并和收购的复杂性无法完全呈现出来。

2. 从冷战结束到 21 世纪第一个十年中期全球军火工业的发展

结构变化

冷战结束以来，并购活动带来的一个结果是，国防工业结构已经出现了明显变化。这反映在表 2.1 中，该表显示了在 1990～2003 年期间，斯德哥尔摩国际和平研究所前 100 大军火生产公司在市场集中度上的变化。冷战结束时，国际军火工业还不是很集中，前 5 名公司约占斯德哥尔摩国际和平研究所前 100 大军火销售总额的 22%。值得注意的是，总销售额的集中度要高于军火销售的集中度，前 5 名公司约占斯德哥尔摩国际和平研究所前 100 大公司总销售额的 33%。到了 2003 年，这种状况发生了显著改变，前 5 名公司占到军火销售总额的 44%。排名在前的公司所占份额大幅增加，并继续拉大与下游上榜公司的差距，如前 10 大、前 15 大和前 20 大公司所示。在所有分组中，巨变发生在 1995～2000 年。1990～2003 年的销售总额愈加集中在少数几家公司，但由于总销售额的集中度在 1990 年已经很高了，因此增加的并不是太大。前 5 大公司在斯德哥尔摩国际和平研究所前 100 大公司的总销售额中所占比重在 1990 年为 33%，2003 年为 45%。截至 2003 年，销售总额的集中度与军火销售非常接近。这可反映出主要生产商提高了国防销售专业化程度。①

虽然截至 2003 年 5 个最大的武器生产企业占到斯德哥尔摩国际和平研究所前 100 大企业军火销售总额的 44%，但与其他高科技市场相比，这仍是一个非常低的集中度水平。如果各国政府没有限制跨国企业的成长来保护它们的国防工业基础，主要武器系统市场可能会变得更加高度集中，就像民用航空或医药企业那样。② 国际军火市场一直被美国公司主导，英国宇航系统公司是斯德哥尔摩国际和平研究所前 100 大企业中唯一一直位于前 5 位的欧洲公司，它已成功打进美

---

① 通过计算同一年度中斯德哥尔摩国际和平研究所 100 大公司的变异系数显示，武器和全部销售额的分布范围在增加，1988 年军火销售的分布比总销售额的分布要窄，但越来越高。结果还显示，各个公司的军火销售份额直到 1998 年一直是稳定的，在 1998～2003 年有所下降。

② 直到 20 世纪 70 年代，许多国家的采购规则限制了从国外供应商那里购买电信设备，并确定了厂商数目。电信市场自由化之后，采购政策放宽了，导致世界电信业非常迅速的集中。如果政府停止对军火工业市场结构的干预，这种情况预计也将发生。见 J. Sutton, *Technology and Market Structure*(Cambridge, MA: MIT Press, 1998)。

国市场，并在竞争美国合同中获得了特殊地位。① 不过，位于前 10 位的欧洲公司泰利斯、欧洲宇航防务集团和芬梅卡尼卡都是重要的。1998~2003 年，几乎所有生产武器的公司都显示军火销售在增加，除哈利伯顿（Halliburton）外，前 20 位公司相对比较稳定。

表 2.1　　　　　　　　1990~2003 年军火工业集中度

	占总军火销售额的比重				占总销售额的比重			
	1990 年	1995 年	2000 年	2003 年	1990 年	1995 年	2000 年	2003 年
前 5 大公司	22	28	41	44	33	34	43	45
前 10 大公司	37	42	57	61	51	52	61	61
前 15 大公司	48	53	65	69	61	64	71	72
前 20 大公司	57	61	70	74	69	72	79	80

资料来源：斯德哥尔摩国际和平研究所军火工业数据库（SIPRI Arms Industry Database）。

自冷战结束后，军火工业的显著集中过程是分阶段演变的。集中最为密集的时期出现在 1993~1998 年。从那时起，这个过程仍在继续，不过放慢了。图 2.4 清晰地表明了这一点，该图显示了斯德哥尔摩国际和平研究所前 100 大军火生产公司在 1988 年、1993 年、1998 年和 2003 年所占总销售额的累积份额。1988 年和 1993 年的曲线几乎重叠，表明在规模分布上几乎没有变化，但集中度在 1993 年至 1998 年有明显提高，1998~2003 年，尽管很小，但也有增加。

公司战略

面对冷战后武器需求减少的局面，公司可以有一些战略选择。他们可以将其工厂转向生产民品，可以多样化地生产更多的民品或其他军品，剥离军品，与其

---

① 英国宇航系统公司被视作一家美国公司，其特殊地位开始于美国总统比尔·克林顿（Bill Clinton）执政的后几年里，当时该公司成为唯一的外国防务承包商的子公司，美国国防部认为它符合国家利益，对批准其涉及机密合同进行了简化处理，但母公司不享受同等信任级别。由于罗克韦尔（Rockville）是英国宇航系统公司的一家子公司，其特殊的安全状态和业绩记录，使该公司在竞争合同以及收购公司方面比其他外国公司更容易。见 Business Week, "Hands and Arms-Across the Sea", November 14, 2005, http://www.businessweek.com/magazine/content/05_46/b3959161.htm.

2. 从冷战结束到 21 世纪第一个十年中期全球军火工业的发展

他公司合作,或提高军事生产的专业化。他们还可以选择增加出口,无论是通过新的销售和市场策略,还是通过寻找新的市场。不过,他们的选择受到政府对国内国防工业基础政策的制约,也受到公司运营环境中金融体系性质的制约。原则上,生产军品的工厂转型生产民品是一个选择,但在此期间,从转型战略这一狭窄意义上讲,几乎没有什么成功的例子。在公司层面,而不是在厂房设施层面,有更多尝试转型和多样化生产民品的例子,但获得的成功有限。有些人认为,这是在公司内部政治斗争中,主张缩减规模,集中于国防业务或进一步使之多样化的人战胜了主张转型并多样化生产民品的人的结果,而并不是转型本身的失败。①

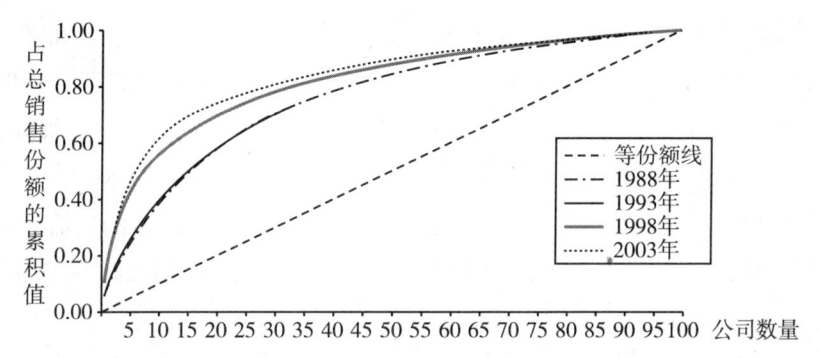

图 2.4 1988 年、1993 年、1998 年和 2003 年斯德哥尔摩国际和平研究所前 100 大军火生产公司规模分布

说明:每条曲线显示了斯德哥尔摩国际和平研究所前 100 大军火生产公司在军火销售总额中所占份额的累积值:每条曲线上第一个点是份额最大的公司,第二个点是前 2 大公司的总份额,第三个点为前 3 大公司的总份额,以此类推。如果全部 100 大公司所占份额是平均的,那么这条线应为一条直线,曲线偏离直线越远,市场集中度就越高。

各公司为应对武器需求减少而发展的政策肯定会导致各公司经历不同。② 发展新的商业活动形成的多样化经营,可通过新业务自然成长实现,也可通过收购现有业务实现。只有当公司能够在军用与民用业务部分之间建立起协同机制,它才有更多的机会获得成功,在军火销售比例相对较小的企业,协同机制更有可能

---

① Markusen, "The Post-Cold War Persistence".
② Dunne et al., "The Evolution of the International Arms Industry"; R. Smith and D. Smith, "Corporate Strategy, Corporate Culture and Conversion; Adjustment in the Defence Industry", *Business Strategy Review* 3, No. 2 (1992):45~58. 也可见(原文中的)注释 9(第 15 页脚注④)。

发生。或许最为令人印象深刻的多样化经营是来自英国的防务公司雷卡,它创建后又剥离了沃达丰(Vodafone)移动电话业务。雷卡其余的国防业务部门最终出售给了法国的汤姆逊无线电公司,形成了跨国的泰利斯公司。多样化经营不成功的例子更多,英国航空航天公司收购了一家建筑公司、一家物业公司和一家汽车公司。每一次收购都有看似合理的战术理由,但它们都没有发挥作用。英国航空航天公司把这三家公司都处理掉了,变成一家业务更集中在防务上的公司。[①] 一些公司,例如戴姆勒—奔驰,收购规模较小的公司以发展为一个具有广泛基础的技术公司集团,并因此减少了对武器生产的依赖。[②] 曾经一度,人们普遍相信汽车和航空航天业,尤其是国防航空航天业之间可能会存在协同作用,萨博公司以此作为广告宣传的基调。福特(Ford)、通用汽车(General Motors)和戴姆勒都收购了国防业务。福特和通用汽车随后出售了它们,戴姆勒剥离了它的防务部门,戴姆勒—克莱斯勒航空航天公司(DASA)与马特拉宇航公司(Aérospatiale Matra)和西班牙航空航天公司合并,形成了跨国的欧洲宇航防务集团。[③]

紧随1993年"最后的晚餐"而来的合并完成后,剩余的美国武器制造商不再把它们的经营计划建立在广泛和多样化的产品系列上,而是以防务产品专业化为基础。华尔街的交易强化了这种趋势,它鼓励公司把业务集中于被股票市场称为"单一业务"和"核心竞争力"上。[④] 对竞争的规制使之成为可能,在许多情况下,将国防业务部门出售给竞争对手是一种很有吸引力的提议,因为它们对竞争对手的价值更大,得到它们会提高垄断力量。在美国,通用动力公司(General Dynamic)是这种战略的先行者和倡导者,它迅速收缩业务范围并盈利。

[①] 有人认为英国航空航天公司的风险投资部门有成功的潜力,但却因为公司的战略转变从未实现。见 J. Feldman,"The Rise and Fall of British Aerospace Enterprises", Mimeo, National Institute for Working Life, Stockholm,2000。对变化过程的描述参见 R. Evans and C. Price, *Vertical Take-off* (London:Nicolas Brealey Publishing,1999)。

[②] M. Stephan,"An Evolutionary Perspective on Corporate Diversification", Paper prepared for the Workshop on Evolutionary Economics, Buchenbach, May 14~17, 2003, http://www.infokom.tudresden.de/papiere buchenbach 2003/CorporateDiversificationPatternsVersion2April2003.pdf;以及 Renner, *Adjustment After the Cold War*。

[③] A. D. James,"Comparing European Responses to Defense Industry Globalization", *Defence & Security Analysis* 18, No. 2(2002):123~143。还可参见 *Automotive News*,"Big 3 No Longer Major Players in U. S. Defense", March 31,2003, http://www.autonews.com/apps/pbcs.dll/article?AID=/20030331/FREE/303310763。

[④] Markusen(见19页注释4);Dunne et al.,"The Evolution of the International Arms Industry"; M. Oden,"Cashing In, Cashing Out, and Converting:Restructuring of the Defense Industrial Base in the 1990s", in *Arming the Future:A Defense Industry for the 21st Century*, ed. A. R. Markusen and S. S. Costigan(New York:Council on Foreign Relations Press,1999),74~105, http://news.bbc.co.uk/2/2219039.stml。

2. 从冷战结束到21世纪第一个十年中期全球军火工业的发展

在英国，通用电气公司（General Electric Company，GEC）于1999年将其防务部门出售给英国航空航天公司，把自己变成一个纯粹的商业公司，更名为马可尼，这被证明是一场灾难。①

合作一直是航空航天和防务公司的普遍做法。他们可以采取合作、合资以及战略联盟来削减成本而不丧失其独立性，即通过共同承担高额的研发和其他运营成本、汇集订单增加生产运行来实现。② 合资企业是伙伴关系或者企业集团，形成合资企业通常为了分担风险或分享专业知识，在其中两个或两个以上的企业同意在一个特定的企业内分享利润、损失和控制权。它们被看做是将公司结合在一起而又不必合并的一种好方式。不过，合资企业难以管理，只要他们能够做到，公司一般都更青睐于直接的控制权。部分国有的法国航空发动机公司斯奈克玛（Snecma）和美国通用电气之间的长期关系是军事航天领域成功的案例之一。③ 战略联盟是在保持独立实体的同时，为实现互惠互利，公司在汇集、交换或整合所选业务资源时所做的安排。这些做法不像合资企业那样复杂，它们采取多种形式，在过去几年已变得更加精细和灵活。公司可能会选择一个联盟，它会涉及简单的市场交换或交互专利权协议，或者它们可能会形成一个比较复杂的伙伴合作关系，包括合作生产安排或者合资企业。所有这些类型在过去20年中都已被武器公司采用了。④

收购了其他公司剥离的防务部门且往往放弃民用生产活动的专业化公司，也已倾向于多样化生产其他武器系统，以使他们能够在市场上出售完整的产品系列。这些公司意识到需要进行国际化，并会采取这样的行动。甚至在当前重组浪潮到来之前，公司也在国际上扩大供应链，建立国际合资企业，并采取在外国公司获取战略性股份来代替所有权安排。这种趋势在政府的支持下明显加速，引起所有权结构的瞩目变化。英国宇航系统公司现在出售给美国国防部的产品比出售

---

① 马可尼公司由于高科技繁荣的结束受到了打击，实际以破产终结。*BBC News Online*, "Q&A: Marconi refinancing deal", August 29, 2002, http://news.bbc.co.uk/2/2219039.stm.

② K. Hartley, "Aerospace: The Political Economy of an Industry", in *The Structure of European Industry*, 2nd ed., H. W. de Jong(Dordrecht: Kluwer, 1988), 329~354.

③ P. C. Wood and D. S. Sorenson, eds., *International Military Aerospace Collaboration* (Aldershot, UK: Ashgate Publishing, 2000)。2005年5月，斯奈克玛公司与萨基姆（Sagem）公司合并，形成了赛峰集团（SAFRAN）。

④ P. Dussage and B. Garrette, "Industrial Alliances in Aerospace and Defence: An Empirical Study of Strategic and Organizational Patterns", *Defence Economics* 4, No. 1(1992): 45~62.

给英国国防部（Ministry of Defense，MOD）的还要多，法国泰利斯公司在英国是第二大防务承包商。①

代替国内需求的另一种方式是增加出口。政府注意到需要通过维持或扩大国内武器生产商的生产规模来不断降低成本，因此政府支持并鼓励寻找国外订单。通过外交压力、援助、提供担保、为补偿贸易安排提供帮助等，武器出口得到了直接和间接的巨额资助。② 这加剧了武器生产商之间的竞争，但并没有妨碍势在必行的行业整合。

通过分析公司数据可以辨认出公司采取的不同策略。③ 公司可以被划分为：(a)"获胜者"，它们的军品销售和民品销售都增加了；(b)"多元化经营者"，它们的军品销售减少了，民品销售增加了；(c)"重整军备者"，它们的军品销售增加，民品销售减少；(d)"失败者"，它们的军品和民品销售都有所减少。多元化经营者可能通过自然成长、收购或撤资等形式实现产品转换或多元化经营。表2.2以1990年斯德哥尔摩国际和平研究所前100大军火生产公司为样本，对它们的民品生产进行了估计，并对这四类公司中军售份额增加的公司和军售份额减少的公司，考虑了公司频次。

2003年有53家公司仍然存在，最大的一组是"获胜者"，它们中大约有一半公司其军售额占总销售额的比重下降，这意味着军品销售对这些公司来说变得不那么重要了。而1990~2003年的结果很有趣，它们涵盖了一个相当长的时期。由于在此期间内一些公司可能已在战略上做出调整并获得成功，考虑较短时期，1990~1998年的结果会更有帮助。1998年幸存者的数量相仿，但其中更少部分的公司增加了它们的军品销售（预计是短期内的情况），有更少的"获胜者"

---

① James，"Comparing European Responses to Defense Industry Globalization"，现在美国占英国宇航系统公司年度销售额的40%，见 Business Week，"Hands and Arms-across the Sea"。泰利斯在英国的70个地点雇佣了12000人，见 Armed Forces，Defence Suppliers Directory，"Thales UK"，2006，http://www.armedforces.co.uk/companies/raq400d01d167144。

② N. Cooper，The Business of Death（London：Taurus Academic Studies，1997）；B. Jackson，Gun-runners' Gold（London：World Development Movement，1995）；以及 P. Ingram and I. Davis，The Subsidy Trap：British Government Financial Support for Arms Exports and the Defence Industry（Oxford：Oxford Research Group，2001）。

③ M. Brzoska，P. Wilke and H. Wulf，"The Changing Civil Military Production Mix in Western Europe"，in Arming the Future：A Defense Industry for the 21st Century，ed. A. R. Markusen and S. S. Costigan（New York：Council on Foreign Relations Press，1999），371~405。

2. 从冷战结束到21世纪第一个十年中期全球军火工业的发展

表2.2　公司战略以及1990～2003年和1990～1998年幸存的军火生产公司分析

1990年斯德哥尔摩国际和平研究所前100大军火生产公司命运	
截至2003年已退出的公司	18
截至2003年已合并或被收购的公司	25
2003年没有数据的公司	4
2003年存活下来的公司	53

2003年公司情况分析[a]	军售额在总销售额中所占比重增加或持平的公司数	军售额在总销售额中所占比重下降的公司数	总数
获胜者	12	13	25
多元化经营者	2[b]	13	15
重整军备者	7	0	7
失败者	4	2	6
幸存者总数	**25**	**28**	**53**

1998年公司情况分析[a]	军售额在总销售额中所占比重增加或持平的公司数	军售额在总销售额中所占比重下降的公司数	总数
获胜者	2	9	11
多元化经营者	0	33	33
重整军备者	6	0	6
失败者	4	3	7
幸存者总数	**12**	**45**	**57**

[a] "获胜者"是军品和民品销售都有所增加的公司；"多元化经营者"是军品销售减少，民品销售增加的公司；"重整军备者"是军品销售增加，民品销售减少的公司；"失败者"是军品和民品销售都有所减少的公司。

[b] 这两家公司的军品销售在总销售额中所占比重保持不变。

资料资源：斯德哥尔摩国际和平研究所国防工业数据库。

和更多的"多元化经营者"。尽管这些数字显示出高度的多样性，它们往往低估了整体军转民的程度，因为当企业成功地离开军火生产时，就变得不那么明显可

见了——它们不再是斯德哥尔摩国际和平研究所的100大公司，并因此不能被算作是幸存者，而且渐进政策的变化可能不会引人注目。此外，根据波恩军转民国际中心（Bonn International Center for Conversion，BICC）的分析，与斯德哥尔摩国际和平研究所100大公司中的大型公司相比，不显眼的小型和中等规模公司可能是更为成功的多元化经营者。[1]

看一看斯德哥尔摩国际和平研究所前100大军火生产公司地区分布的变化（见表2.3）可以发现，一直是美国上市公司占据主导地位：它们在1990年占军售总额的60%，2003年占63%。欧洲公司所占比重在相同时期内从33%下降到29%。有趣的是，斯德哥尔摩国际和平研究所前100大公司中美国公司数目由49个下降为39个，欧洲仅从40个下降到36个，这反映出美国与欧洲相比，该行业的性质和结构调整经历非常不同。[2]

表2.3　　　　　1990年和2003年斯德哥尔摩国际和平研究所
前100大军火生产公司地区分布

地区/国家[a]	占军品销售总额的比重（%）		公司数目	
	1990年	2003年	1990年	2003年
北美	**60.8**	**63.2**	**49**	**39**
美国	60.2	63.0	47	38
加拿大	0.6	0.2	2	1
西欧	**33.1**	**29.2**	**40**	**36**
英国	10.4	11.4	13	12
法国	12.0	7.5	11	9
德意志联邦/德国	5.0	2.2	8	5
意大利	3.4	2.7	3	3
瑞士	1.1	0.3	2	1
瑞典	0.3	0.9	2	2
西班牙	0.9	0.6	1	2
挪威		0.2		1
跨欧洲		3.4		1

[1] 这一点在波恩军转民国际中心是有争议的。见 Conversion Survey 1998：*Global Disarmament，Defense Industry Consolidation and Conversion*（Oxford：Oxford University Press，1998），232。

[2] 注意，子公司设在美国的欧洲公司在表中统计军售额时，被计入了欧洲母公司的军售额。

2. 从冷战结束到 21 世纪第一个十年中期全球军火工业的发展

续表

地区/国家[a]	占军品销售总额的比重（%）		公司数目	
	1990 年	2003 年	1990 年	2003 年
其他 OECD 国家	3.2	3.3	5	10
日本	3.2	2.6	5	7
韩国		0.5		2
澳大利亚		0.2		1
其他非 OECD 国家	3.0	4.6	6	15
以色列	1.2	1.5	3	4
印度	1.1	1.0	2	3
新加坡		0.4		1
南非	0.7	0.2	1	1
俄罗斯		1.5		6

[a] 本表仅只指母公司：国外子公司的军售包含在母公司的销售之中，没有包含在生产实际发生国的数据中。1990 年斯德哥尔摩国际和平研究所前 100 大公司只覆盖了 OECD 成员国和发展中国家（特别是中国与俄罗斯未被包括在内）。截至 2003 年，斯德哥尔摩国际和平研究所前 100 大公司覆盖了全世界大部分国家，不过仍然没有包括中国。

资料资源：I. Anthony, P. Claesson, E. Sköns and S. T. Wezeman, "Arms Production and Arms Trade", *SIPRI Yearbook* 1993: *World Armaments and Disarmament* (Oxford University Press: Oxford, 1993), table 10.3, p.428; and E. Sköns and E. Surry, "Arms Production", *SIPRI Yearbook* 2005: *Armaments, Disarmament and International Security* (Oxford University Press: Oxford, 2005), table 9.1, p.384.

OECD 代表经济合作与发展组织（Organisation for Economic Cooperation and Development）。

供应链的日益国际化正在改变生产的组织结构。除最终产品的跨国采购外，公司也正在改变他们的供应链，英国宇航系统公司在南非的采购就是范例。[①] 补偿贸易的增长鼓励了这种发展，而且使得进口国通过成为主要国际生产商供应链的一部分，有机会开发利基市场。[②] 武器生产公司从更广泛的公司中确定首选供

---

① J. P. Dunne and G. Lamb, "Defence Industrial Participation: The Experience of South Africa", in *Arms Trade and Economic Development: Theory, Policy and Cases in Arms Trade Offsets*, ed. J. Brauer and J. P. Dunne (London: Routledge, 2004), 284~298; 以及 J. P. Dunne, "The Making of Arms in South Africa", *Economics of Peace and Security Journal* 1, No.1 (2006): 40~48, http:// www.epsjournal.org.uk/Vol1/No1/issue.php.

② 对这种政策的成本和持续性存在担忧，见 Dunne, "The Making of Arms in South Africa"; 以及 J. Brauer, "Arms Trade, Arms Industries and Developing Countries", in *Handbook of Defense Economics*, Vol.2, ed. K. Hartley and T. Sandler (Amsterdam: Amsterdam, 2007).

应商。① 虽然有些公司依赖于国内采购和出口的支持，并因此不是真正的跨国公司，但它们已经国际化了。政府越来越愿意承认，高技术国防研发成本和较小的国内生产规模意味着，规模经济必须通过国际合作和产业重组来实现。这与几十年前是非常不同的，当时政府以维持一个全面的本国国防工业基础为目标。如前所述，主要的非美国防务公司也正在美国收购防务承包商，作为进入美国市场的一种手段。

通过分析《2006年SIPRI年鉴》和《1990年SIPRI年鉴》的收购表格，可以对比1988~1989年和2005年的军火工业收购活动。② 比较早时期的收购活动要少得多，所记录的1988~1989年的收购活动有18项，而2005年有54项。这可能是因为2005年的数据收集得更好，但活动水平的变化以及收购者和被收购者所包含的国家范围却是引人注目的。欧洲公司进入美国市场的意图非常明显，2005年有7宗跨大西洋两岸对美国公司的收购。③

在斯德哥尔摩国际和平研究所军火工业数据库（SIPRI Arms Industry Databases）所覆盖的时期内，军火工业有着相当大的变化和结构重组。虽然美国主要武器生产商的集中化在1997年似乎就已停止，但在较小的公司和供应链中的集中化仍在继续。与以往的整合不同，这是在市场下滑情况下由生存需要驱动的，最近活动的驱动力似乎更多来自获得技术的需要，而非发展的渴望。④ 虽然在欧洲已经出现了一些活动，但从重组和提高集中度的角度讲，仍还有一段路要走。结构重组的一个主要驱动力是这个行业日益增强的跨大西洋两岸性质，因为欧洲公司有志成为美国市场的主要参与者，而美国认为，"互通性的要求，合作国防项目的好处，以及一个日益全球化的产业基础，要求（美国国防部）做好准备以接受，由接近全世界最具创新性、最有效率和最具竞争力的供应商带来的

---

① K. Hartley, P. Dowdall and D. Braddon, "Defence Industry Supply Chain Literature and Research Review", Department of Trade and Industry, London, 2000; D. Braddon, "The Matrix Reloaded: What Future for the Defence Firm?" *Defence and Peace Economics* 15, No. 6 (2004): 499~507; 以及 P. Dowdall, "Chains Networks and Shifting Paradigms: The UK Defence Industry Supply System", *Defence and Peace Economics* 15, No. 6 (2004): 535~550。

② 参见 E. Surry, "Table of Acquisitions", *SIPRI Yearbook 2006: Armaments, Disarmament and International Security* (Oxford University Press: Oxford, 2006), 428~430 和 Anthonyetal, "Arms Production", Table 8.7, 336。

③ S. G. Jones, "The Rise of Europe's Defense Industry", US-Europe Analysis Series, Brookings Institution, Washington, DC, 2005, http://www.brookings.edu/fp/cuse/analysis/也讨论了这个问题。

④ Sköns, Bauer and Surry, "Arms production"。

2. 从冷战结束到 21 世纪第一个十年中期全球军火工业的发展

好处。"①

军火工业不断变化的性质

从 1990 年以来，国际军火工业在结构上已经发生了显著变化，而且在未来仍可能改变。这个行业未来的前景受到一系列因素的影响，包括以下方面：

1. **战争性质的变化** 美国与欧洲（也就是北约）似乎不太可能会面对一个能够作出对称回应的敌人，不对称冲突是最有可能的。这会改变战争的性质，并导致更加非正规、游击式的冲突，这些冲突对所需的武器系统会产生影响。②

2. **一些主要武器系统，如战斗机淘汰的速率** 最近评论家认为，许多战斗机已接近寿命末期，需要更换。③

3. **新的安全环境以及它对新型军事任务的需要** 在世界范围的危机管理和维和行动中，北约和欧洲军队可能要发挥越来越大的作用。④ 这不仅会改变所需军队的性质和结构，也会改变他们需要的武器系统类型。

4. **作为反恐战争结果的新技术引进** 全球反恐战争面对不确定敌人，美国的本土安全激发了对通信和监视技术的需求，不具备这些技术的企业正在获取它们。⑤

5. **军事部门（军队和国防部）服务的外包程度** 国防部（特别是美国国防部）正在越来越多地使用私人公司承担过去由军队执行的任务。

---

① U. S. Department of Defense(DoD), "Annual Arms Industrial Capability Report to Congress", Washington, DC,2004,http://www.acq.osd.mil/ip/ip_products.html,ii.

② P. Dunay and L. Lachowski, "Euro-Atlantic Security and Institutions", *SIPRI Yearbook* 2005(Oxford: Oxford University Press,2005),5.

③ 根据一份报告，"截至 2011 年，（全球战斗机）市场将达到冷战后的新高峰，交付值达到 160 亿美元。"报告由蒂尔集团（Teal Group）（一家美国咨询公司）给出，见 M. Fabey, "U. S. JSF Casts Long Shadow on Fighter Market", *Defense News*, June 6,2005,18 转载。还可以参考 Frost & Sullivan, "Future Fighter Aircraft Requirements in Emerging Economies",2005 年 3 月 30 日的新闻稿,http://www.prnewswire.co.uk/cgi/news/release? id =142811。无人机(unmanned air vehicles,UAV) 的使用也增加了，并建立了网络中心战环境。见 D. Jensen, "Avionics Outlook 2006: Rising Expectations", *Avionics Magazine*, January 2006, http:// www.defensedaily.com/cgi/av/show_mag.cgi? pub = av&mon =0106。

④ Dunay and Lachowski, "Euro-Atlantic Security and Institutions",6.

⑤ Sköns and Surry, "Arms Production",387.

另一方面，主要武器系统投产准备期长和资本投入巨大造成了相当大的惯性。事实上，军方一直相对保守，作战时使用以往战争中的武器，导致在采购和计划上有相当大的保留（STET）惯性。仍有为冷战设计的武器系统开始服役，如欧洲战斗机"台风"（Eurofighter Typhoon）。①

还有一个重要问题是行业性质的改变仍然受到国内和国外政治压力的极大影响，政府主导着部门对产品的需求，他们的支出和直接影响不可避免地决定着产业结构：政府仍然决定着从哪里购买，如何购买以及购买什么，虽然他们现在做出的决定与过去不同。尽管他们现在减少了对价格和利润的控制，他们依然能够影响产业的规模和结构、行业的进入和退出、效率和所有权，以及技术和出口水平。在大多数国家，政府仍然提供基础设施。不过，有影响力的团体和游说家对行业治理越来越重要，在这方面欧洲正在跟随美国的脚步，如欧洲国家降低了国家的所有权和控制权。② 在欧洲，防务公司私有化程度日益提高，降低了外资进入壁垒，更大规模的非本国采购将继续影响国防工业。

大的防务承包商，或者至少它们的防务部门仍不同于民用公司。虽然政府现在承担着较低的风险，也不再强调不计成本地提高产品性能，但防务承包商在采购中仍面临着精细的规章制度，政府与采购方之间的紧密联系已被不太正式但却未必缺乏效率的机制（如游说）所代替。不是专门从事国防业务的公司进入和退出市场时在营销手段、程序或技术方面仍面临着巨大的障碍。不过，仅对特定领域的专家而言，技术壁垒仍然很高。

虽从市场和供应链的角度看，公司已经被国际化了，但它们似乎仍忠于本国基础。以合同订立的方式来看，在位企业仍受到青睐，而且大的承包商依然擅于从政府拿钱。政府已经彻底改革了其采购实践，尝试应对冷战时期工业部门的镀金行为以及成本和时间超限。因此，在满足特定安全需要的装备开发之前，他们就要求公司参与进来。成立欧洲防务局（European Defense Agency，EDA）是要在欧洲安全与防务政策（European Security and Defence Policy）的框架下，帮助欧盟成员国发展其危机管理行动的防务能力。欧洲防务局（EDA）试图鼓励欧

---

① 对延迟情况的描述和对其他战斗机经历的讨论，见 B. Dane,"Bumpy Road for Fighters", *Aviation Week & Space Technology*, January 17, 2005, 20~24, http://www.aviationnow.com/media/pdf/sb05_fighters.pdf. 亦可参见 R. Forsberg, ed., *The Arms Production Dilemma* (Cambridge, MA: MIT Press, 1994)。

② 例见 F. Slijper,"The Emerging EU Military-Industrial Complex: Arms Industry Lobbying in Brussels", Transnational Institute Briefing Series 2005/1, Amsterdam, 2005, http://www.tni.org/pubs-docs/briefings.htm。

2. 从冷战结束到 21 世纪第一个十年中期全球军火工业的发展

盟各国政府把其国防预算用于应对未来的挑战,而不是过去(冷战时期)的威胁上,并帮助确定共同需求以及促进合作。

由于国防预算的减少,公司和政府在武器出口,特别是在向发展中国家的武器出口方面做了更大努力。最近,进口国已采用了补偿贸易以使武器购买合理化,但给武器出口国和公司带来的价值却值得怀疑,因为这可能会增加生产者数量,并在某些领域恶化生产能力过剩问题。①

因此,这似乎表明,不管产业结构上的变化程度如何,旧国防工业基础的许多特点仍然存在。不过,由于明确的生产国际化,所有权变动,民用技术(如信息技术和通信技术)的"渗入",供应链中民用公司的数量增加了,所有这一切使它看起来似乎是一个完全不同的行业。它还是个不太容易界定和更难以研究的行业,这意味着对于未来如何使采购和生产过程透明化还存在一些担心。

随着整个欧洲私有化程度的提高,金融部门有可能在军火工业中变得日益重要,正如已在英国和美国发生的那样。大多数欧洲国家与英国和美国在金融体系和公司治理体系方面的差异影响了各自工业结构重组的方式,美国的"最后的晚餐"包括金融家以及公司,华尔街在随后的重组中发挥了重要作用。② 同样,在英国,金融部门和股东通过他们对公司政策的影响为重组提供资助。在欧洲,政府所有权更大,加之机构股东和银行家通过他们在董事会的席位亲自参与公司决策,减缓了重组的程度和速度。银行、投资公司和控股公司参与当前欧洲军火工业结构重组意味着在欧洲的这一进程将提速。③ 在过去的 20 年里,英国大部分国防工业完成了私有化,在欧洲其他大部分国家中,尽管情况有所改变,但国家仍拥有大量的国防工业基础。在欧洲发生了越来越多的主承包商私有化,同时伴以外国所有权和非国内采购增加,这似乎对欧洲的工业产生了重要影响。④ 此

---

① Brauer and Dunne, eds., *Arms Trade and Economic Development* (London: Routledge, 2004).
② Markusen, "The Post-Cold War Persistence".
③ 见 Sköns and Surry, "Arms Production", 387. 涉及的金融公司包括凯雷集团(Carlyle Group)、托马斯·库克集团(TCG)金融合作伙伴和维达资本(Veritas Capital)。
④ 根据英国政府的私人主动融资(Private Finance Initiative),或公私合营伙伴关系(Public-Private Partnerships, STET),为了利用私营部门的管理技能,公共部门签订合同长期购买服务,而私人融资是有风险的。这些服务包括优惠和特许权,而私营部门的企业有责任提供公共服务,包括维护、加强或建设必要的基础设施。这种方案对于英国的国家—工业产生了重要作用,影响了政府的海外政策,这亦可能导致新进入者进入国防市场。

外,之前参与了通信和信息技术的公司得到了来自军事革命和反恐战争需求的滋养,扩大了国际国防工业基础。

防务服务与支持的私有化是更重要的趋势。这在伊拉克已经变得很明显,即使是在冲突地区,过去由武装部队发挥的保障作用已由公司承担起来。新成长起来的一大服务领域是提供安全服务——保卫人员和建筑安全。有一种新的外围私人保安公司,它们同政府签订合同并从事国土安全业务,还有一些新的民间公司正在参与国防生产。[1] 传统的武器生产商发现了这一新市场,并购买了一些新兴起的公司,即所谓的"私人军事公司"[2]。不断变化的安全环境很有可能对这个更为广泛的安全行业带来进一步的影响,但目前,相关公司发展的信息几乎无法获得。防务和冲突后重建服务的日益私有化可能会产生一批有影响力、追逐利润的公司,它们在冲突中会得到利益,这可能导致对政府施加压力以延长或引起新的冲突。过去,武器生产公司在生产武器和增加武器需求方面存在既得利益,但它们不必通过实际的冲突获益。正如赫伯特·沃尔夫(Herbert Wulf)提出的,需要有一个国际化的管理体系来应对国家垄断力量侵蚀。[3]

发展中国家

尽管这些变化发生在发达国家,但发展中国家也正在发生调整。20 世纪 80 年代斯德哥尔摩国际和平研究所进行的研究正确评估了发展中国家武器生产能力令人瞩目的快速增长,认为这种增长对满足这些国家的自给自足或对发达世界形

---

[1] 对于新发展的分析,参见 H. Wulf, *Internationalizing and Privatizing War and Peace* (Basingstoke: Palgrave Macmillan, 2005)。沃尔夫(Wulf)区分了私人军事公司和私人保安公司,前者是提供咨询和计划、后勤和支持、技术服务和维修、培训、维以及人道主义援助的公司;后者是提供财产保护、预防犯罪和惩戒服务的公司(43~47)。对这些部门的规模或价值没有详细的估算,只有对其一般量值的粗略近似估计。彼得·辛格(Peter Singer)估计私人军事工业的年收入大约为 1000 亿美元。见 P. W. Singer, *Corporate Warriors: The Rise of the Privatized Military Industry* (Ithaca, NY: Cornell University Press, 2003)。经济合作与发展组织对私人保安部门的年营业额也做了一个类似的粗略估计,在 1000 亿至 1200 亿美元之间。见 Organisation for Economic Cooperation and Development (OECD), *The Security Economy* (Paris: OECD, 2004), 8, http://www.oecdbookshop.org/oecd/display.asp? SF1 = DI&ST1 = 5LMQCR2JFHKB。如果这些估计是准确的,那么这两种类型公司合计的年销售额约为 2000 亿美元。还可参见 C. Holmqvist, *Private Security Companies: The Case for Regulation*, SIPRI Policy Paper 9 (SIPRI: Stockholm, 2005), http://www.sipri.org/; 以及 J. Brauer, "An Economic Perspective on Mercenaries, Military Companies and the Privatisation of Force", *Cambridge Review of International Affairs* 13, No. 1 (2000): 130~146.

[2] Wulf, *Internationalizing and Privatizing War and Peace*, 194.

[3] Wulf, *Internationalizing and Privatizing War and Peace*, 207. 还可参考 Holmqvist, *Private Security Companies: The Case for Regulation*。

2. 从冷战结束到 21 世纪第一个十年中期全球军火工业的发展

成竞争来说,还是不够的。① 冷战和超级大国对峙的结束,消除了发展中国家维持高额军事负担的压力和理由。没有了超级大国的干涉,紧张局势、军事及与军事相关的援助和冲突的规模都普遍降低了(虽然冲突的数量有所增加)。

虽然中国和印度的大型军工企业很大程度上与外部竞争隔离开来,但在发展中国家里,其他一些相对更加发达的武器生产国也还维持着他们的武器生产,用于国内采购,也用于出口。2000~2004 年这五年间 30 个最大的主要武器出口国中有 7 个是发展中国家:中国、以色列、韩国、巴西、印度尼西亚、南非和朝鲜。② 尽管印度有大规模的军火工业,但它在榜单上的排名一再下滑。印度有很强的进口依存度,在武器采购上的自给率只有 30%。③

截至 20 世纪 90 年代末,在余下的发展中国家中,有 20~30 个国家从事某种形式的武器生产、武器出口或转口。④ 基于经济方面的理由,国内武器生产通常被认为是合理的,因为它为民用工业带来"溢出效应"或附带利益,通过出口增加外汇收入,尽管还没有令人信服的经济理由或证据表明这些经济利益是存在的。⑤ 补偿贸易安排和许可生产通常被看成是促进国内生产、提高所生产系统技术水平的一种手段,虽然一些国家现在寻求专业技术知识是为了成为聪明的消费者,而不是致力于成为生产者。⑥ 生产小武器和相对简单武器系统对拥有一定工业基础的大多数发展中经济体来说是个可实现的目标,但发展一个有能力生产大型先进武器系统的军火工业已不再可行。⑦

这些趋势反映在斯德哥尔摩国际和平研究所前 100 大军火生产公司中:虽然许多发展中国家的公司已显示出成为国际参与者的潜能,但迄今为止还没有一家

---

① Brzoska and Ohlson, *Arms Production in the Third World*.
② S. T. Wezeman and M. Bromley, "The Volume of Transfers of Major Conventional Weapons: By Recipients and Suppliers, 2000 – 2004", *SIPRI Yearbook* 2005 (Oxford: Oxford University Press, 2005), Table 10A. 2, 453 ~ 454.
③ A. R. Markusen, S. DiGiovanni and M. C. Leary, eds., *From Defense to Development: International Perspectives on Realizing the Peace Dividend* (London: Routledge, 2003), 191.
④ J. Brauer, "The Arms Industry in Developing Nations: History and Post-Cold War Assessment", in *Arming the South: The Economics of Military Expenditures, Arms Production and Trade in Developing Countries*, ed. J. Brauer and J. P. Dunne (Hampshire: Palgrave, 2002).
⑤ Brauer, "The Arms Industry in Developing Nations";以及 Brzoska and Ohlson *Arms Production in the Third World*. 布劳尔(Brauer)认为这些现象表明,发展中国家的军火工业严重依赖于已有的国内能力,而且没有迹象表明武器出口提供了净外汇收入。
⑥ J. Brauer and J. P. Dunne, "Arms Trade Offsets and Development", *Africanus* 35, No. 1 (2005): 14 ~ 24.
⑦ Markusen et al., eds., *From Defense to Development*.

公司做到。事实上，武器生产性质的变化和市场的结构重组已经减少了刚刚起步的公司在主要国际参与者供应链中承担更多角色的机会。

小结

美国一直主导着全球的军火工业。近年来有一些非常重要的合并和收购活动，但节奏比以前放慢了。进一步的整合与重组很有可能，特别是在欧洲，而且该行业很有可能在跨行业及跨国范围内继续扩展其供应链。政府将更加注重能力而非生产。非美国公司将继续尝试进入美国市场，国防工业很有可能继续国际化。自冷战结束以来，国际军火工业已发生了显著变化，预计还会有进一步的改变。武器市场继续会带有一系列独特特点，例如，相当大的进入和退出壁垒。一些公司已从传统冷战时期的武器市场上生存下来，而其他一些公司已退出或进入了新的市场。一个值得注意的趋势是防务服务与支持的私有化，作为围绕核心军火工业的外围产业，安全服务业已经扩展了，这可能会在问责制和透明度方面造成影响。

致谢

本章是 J. P. Dunne and E. Surry，"Arms Production"，*SIPRI Yearbook* 2006：*Armaments*，*Disarmament and International Security*（Oxford University Press：Oxford，2006）第三部分经过一些修改后的再版，并得到斯德哥尔摩国际和平研究所和作者的许可。

3

国防"铁三角"的重新审视

罗恩·马修斯*

居里·马赫拉尼♣

  本章的目的是再次探讨戈登·亚当（Gordon Adam）于1982年提出的和防务相关的"铁三角"概念。① 本章对这个概念在当下的意义提供了一个修正解释，认为导致高额且不断增长的国防开支的真实原因并不是防务承包商的利润动机以

---

  * 罗恩·马修斯（Ron Matthews）是新加坡南洋理工大学拉惹勒南国际问题研究院国防与战略研究所主任和国防经济学教授。他取得了以下学位：行为科学学士学位（Aston University）、金融经济硕士学位（University of Wales）、工商管理硕士学位（Warwick University）和发展经济学博士学位（Glasgow University）。马修斯教授的研究兴趣主要集中在国防产业化（特别是与亚太有关的问题）、反向贸易、技术转让和军民融合。他曾任北大西洋公约组织和世界银行的研究员，并曾任斯坦福大学胡佛战争、革命与和平研究所（Hoover Institute of War, Revolution and Peace）、开普敦大学（Capetown University）、新加坡国立大学（National University of Singapore）、伊斯兰堡战略研究所（Institute of Strategic Studies, Islamabad）的客座研究员。当前，他也是克兰菲尔德大学英国国防学院（U. K. Defense Academy）、印尼万隆科技研究所和马来西亚国防大学（Malaysian National Defense University）的客座教授。马修斯教授曾在哈佛大学和多所其他北美、欧洲和远东的大学与研究院中任教。他还撰写和编辑了关于国防产业化的多部书籍和大量文章。最新出版的是《管理军事革命》（*Managing the Revolution in Military Affairs*）［与杰克·特德尼克（Jack Treddenick）共同编辑］。2006年，马修斯教授向英国下议院委员会提供证据支持英国的国防工业战略。

  ♣ 居里·马赫拉尼（Curie Maharani）目前是新加坡南洋理工大学拉惹勒南国际问题研究院助理研究员，英国克兰菲尔德大学国防采购的哲学硕士生。在此之前，她曾在印度尼西亚弗里德里希·艾伯特基金会办公室（Friedrich Ebert Stiftung Office）担任军队安全部门改革项目民主控制日内瓦中心（Geneva Center for the Democratic Control of Armed Forces' Security Sector Reform Project）的项目顾问、克兰菲尔德大学安全部门管理中心（Center for Security Sector Management）的亚洲项目经理。她已在报纸和杂志上发表了多篇关于环印度尼西亚、新加坡和泰国的国防技术与采购事务的文章。她还特别关注小型国防经济所面对的采购挑战。

  ① Gordon Adams, *Iron Triangle, the Politics of Defense Contracting* (New Brunswick, NJ: Transaction Publishers, 1982).

及与之相关联的军方和政府中的利益相关者,而是新一代军事系统的成本攀升。在当前环境下,国防采办变得极为昂贵,导致了美国防务经济学家小托马斯·卡拉汉(Thomas A. Callaghan)所描述的结构性裁军。[①] 在这种情况下,军费开支增加,但增加的速度赶不上先进武器采办成本的增长速度,从而降低了对大规模武器生产的承受能力。[②] 这些采办挑战的综合影响是将由国防工业界、议会和国防部构成的刚性"三角"从追求物有所值的积极正面关系转为导致持续不合理高水平国防支出的负面社会因素。

从修正的"铁三角"视角出发,本章首先描绘了该概念的原始含义,尝试平衡军事工业复合体的假想成本与现实或潜在收益。接着,讨论转向了自20世纪80年代以来国防采办政策的演变——自军方、政府、国会和国防工业之间的对话被看做是"共谋"的对抗时期,到目前积极提升"铁三角"三个要素之间合作的时代。最后,探讨了当前时期的转型管理政策。现代占主导地位的议题是伙伴关系与合作,伴随着一系列致力于促进如精明采办、精益后勤、公私合作伙伴关系(特别是私人主动融资)、技术集群、价值链、外包、外国直接投资(Foreign Direct Investment,FDI)与投资补偿的倡议。这些政策的一个后果是,相比通过某些概念上的"铁三角"进行的政治游说,国防管理现在更容易受到来自合作努力的利益协同作用的影响。

权力精英、军事-工业复合体与铁三角……

有一种亲密的关系包括了部分或所有关键的国防利益相关者,诸如国防部、国会、本国防务承包商,并实际上还包括了武装力量,对这种关系的构想源于赖特·米尔斯(Wright Mills)对权力精英的考察。[③] 美国前总统怀特·艾森豪威尔(Dwight Eisenhower)1961年向全国发表告别演说,提出"军事-工业复合体"这一不朽词汇时,假定在政府和其他精英公共部门机构之间存在这种关系,在广义上包括军队,具有了更为重要的意义:

> 一支庞大的军队和一个大规模的军事工业相结合,在美国是新兴事

---

① Thomas A. Callaghan, Jr., "The Structural Disarmament of NATO", *NATO Review* 32, No. 3(1984), 1~6.
② David Kirkpatrick and Philip Pugh, "Towards the Starship Enterprise—Are the Current Trends in Defense Unit Costs Inexorable?" *Aerospace* 10(May 1983), 16~22.
③ Wright Mills, *The Power Elite* (New York: Oxford University Press, 1956).

3. 国防"铁三角"的重新审视

物。其全部影响——经济的、政治的,甚至精神的,在每个城市、每座州议会大楼、每间联邦政府办公室内都能感觉到。……在政府各部门中,我们必须警惕"军事-工业复合体"获得无法证明是正当的影响力,不论它是否追求这样。①

后来的观察家大致都采用了艾森豪威尔对这个名词的解释,即军事-工业复合体是一种潜在的危险且有危害的力量:这一力量代表了三个强大利益集团的结合,它认为国防开支和武器采办永远存在是用来支持这些利益相关者实现其狭隘目标的。然而,军事-工业复合体这个术语的模糊性已在国防政治经济学这个广阔领域内引发了大批论文。②

从军事-工业复合体概念到"铁三角"概念的转变使复合体内制度和官僚政治关系的三边性质清晰起来。在这方面相当重要的是,美国的国防工业几乎完全掌握在私人部门手中。这使人们忧惧于庞大的国防承包商本能地寻求利润最大化的回报,而不顾社会或国际安全影响。当时流行的观点认为,"铁三角"以及它之前的军事工业复合体,反映商业公司是无比贪婪的。③ 美国的军事-工业复合体实际上是个私人性质的军事-工业复合体,它由规模巨大的防务承包商,如洛克希德·马丁(Lockheed Martin)、波音(Boeing)、英国宇航系统公司(BAE)和欧洲宇航防务集团(EADS)组成。

美国和其他几个发达国家的国防工业环境不同于其他工业化进程中的国家。

---

① www.MilitaryIndustrialComplex.com 收集了自2006年10月30日以来美国国防部公开的合同信息。这个网站一直在收集这些信息,并致力于在涉及纳税人为国家国防事业做出贡献时,确保一般公民对政府军事支出情况的知情权。参见 http://www.militaryindustrialcomplex.com/eisenhower_farewell_address.asp。

② 近期对军事-工业复合体的分析,参见 Frank Slijper, "The Emerging EU Military-Industrial Complex, Arms Lobbying in Brussels", TNI briefing series 2005/1 (Transnational Institute 2005)。William D. Hartung, "Military Industrial Complex Revisited: How Weapon Makers Are Shaping US Foreign and Military Policies", World Policy Institute, http://www.fpif.org/papers/micr/companies_body.html, 该文是对美国军事-工业复合体的一个批判性研究。更早的阅读材料以及与以色列的比较,参见 Alex Mintz, "The Military-Industrial Complex, American Concept and Israeli Realities", *Journal of Conflict Resolution* 29, No. 4 (1985), 623~639. Adrian Kuah, "Reconceptualizing the Military-Industrial Approach: A General System Theory Approach", working paper 96 (2005) 也是关于军事-工业复合体的一个理论性探讨。

③ 参见 Thomas Hartung, "Gold-plating the Pentagon", *The Nation*, March 1, 1999。更多的信息可在 http://www.worldpolicy.org/和 http://www.transparency.org/中找到。www.worldpolicy.org 是世界政策研究所(World Policy Institute)的官方网站,作为提供进步政策分析和思想领导力的无党派资源,它已有40多年的历史,主要关注在相互依存的世界中,需要协作性政策措施才能解决的复杂的全球性挑战:包罗万象且可持续的全球化市场经济,全球公民参与且有效的治理方式,以及实现国家与全球安全的合作方式。

发展中国家尚不成熟的国防工业部门主要集中在公共部门,并因此避免了艾森豪威尔总统所暗指的"共谋"危险。这有三个主要原因,包括战略的、政治的和军事方面的考虑,可以用来解释为什么发展中国家偏爱于国防生产设施的公共所有制。

战略必然性

大多数新兴国家都是新近独立的,并在第二次世界大战后的这些年内摆脱了原宗主国的控制。对这些国家而言,国防立即成为优先事项:不得不保卫国家的发展。而且,对这些国家而言,要享有实质意义上的独立还必须能够自力更生地发展。这些国家逐渐认识到,它们需要外国资本,特别是外国直接投资的支持,才能保证实现自力更生;而为此,对这个经济体的长期稳定具有信心是必需的。因此,这些国家开始追求自力更生、安全和可持续性的良性循环,这不可避免地会提高稳定性,从而强化这种发展循环,并最终获得更强大的主权(见图3.1)。

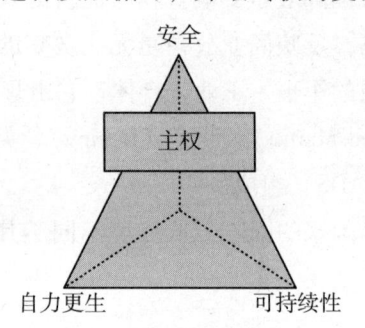

图 3.1 国家主权的"铁三角"

主权与独立不仅在政治经济方面,而且在国防经济领域也有着非常亲密的关系。时至今日,国防工业的自主权仍是发展中国家的主要目标之一,不仅仅因为这些国家处于高度紧张的地区,而且因为它们受制于冲突和可能的武器禁运的威胁。① 例如,在欧盟寻求结束印度次大陆的敌对状态之时,印度和巴基斯坦都曾遭受过来自美国和欧盟的武器禁运。1960 年 3 月 21 日沙佩维尔大屠杀(Sharpeville Massacre)后,南非也遭到了联合国的武器禁运。在远东,北美和欧洲针对

---

① 一些国家,例如南非、以色列和瑞典,在经历了来自武器供应商的军事禁运之后,建立起它们自己的国防工业。参见 Richard Bitzinger,"Towards a Brave New Defense Industries", Adelphi Paper 356(London: International Institute for Strategic Studies [IISS]/Oxford University Press,2003)。

3. 国防"铁三角"的重新审视

中国1989年事件所实施的武器禁运，时至今日还没有解除。最后，雅加达在东帝汶1999年的军事行动，使印度尼西亚惹怒了美国。美国的反应就是对正规军印度尼西亚国民军（TNI，印度尼西亚的武装部队）实施武器禁运，美国大大减少了向军事行动提供武器系统。① 美国的武器禁运给了印度尼西亚惨痛的战略教训，使得后来雅加达从除美国以外的多种途径获取军事装备。然而，尽管印度尼西亚的武器采购现在主要来自俄罗斯，但危险的是，雅加达只是简单地把对美国的依赖性转移到俄罗斯上而已。② 马来西亚面临着类似的武器依赖性问题，并采取了武器来源多样化战略以努力克服这种脆弱性。结果，目前马来西亚的战斗机军火库中既有俄罗斯的米格-29和苏-30飞机、美国的F/A-18战斗机，也有英国的鹰式教练/战斗机。③ 这种程度的武器系统多样化显著减少了总体上的依赖性，但对于减少零部件和新型特定系统装备的战略脆弱性却收效甚微。而且，这种多样性极大地增加了后勤补给的复杂性和成本。

政治-外交地位

在发展中国家和越来越多的发达国家，如俄罗斯、法国，甚至英国，新出现了一种观点，认为国防部门需要被（重新）国有化，以确保本国主权，新独立的国家尤为如此。传统观点认为，以投资来支持军事能力是在后殖民时期国家对民族主义情绪的一种自然反应。拥有强大的军事力量是国家实力的象征，因此会提高一国的国际地位，并相应提高政府的地位，军事力量还会带来外交影响力。所有的联合国安理会常任理事国都拥有强大的常规军事力量和核武器能力，这也许并非巧合。这些国家是国际调停干预行动的中流砥柱，因此也经常参加维和行

---

① 2000年，美国是印度尼西亚最大的武器供给国，占印度尼西亚全部武器进口的34%。1999～2005年的武器禁运使印度尼西亚难以维护和升级过时武器，导致其2000年只有低水平的战备率（30%～80%）。参见 Andi Widjajanto and Makmur Keliat, in *Indonesias Defense Economy Reform*, research report (Jakarta: INFID and Pacivis, 2005)；以及 Indria Samego, ed., *Anatomi Kekuatan TNI Sebagai Alat Pertahanan Negara* (Jakarta: Pusat Penelitian Politik [P2P] LIPI, 2002)。

② 2000～2006年，俄罗斯出口到印度尼西亚的武器的比例跃升至32%，2007年俄罗斯和印度尼西亚政府签署了一项由俄罗斯提供出口信贷业务，价值10亿美元向印度尼西亚进行武器转让的合同之后，这种增长趋势很有可能会继续下去。参见 Ron Matthews and Curie Maharani, "Remoulding Indonesian Defense Capability", *RSIS Commentaries*, April 29, 2008, www.rsis.edu.sg/publications/Perspective/RSIS0552008.pdf。

③ Ron Matthews and Kogila Balakrishnan, "Malaysian Defense Industrialisation through Offsets", *Asia Pacific Defense Reporter* (July/August 2006)。

动与和平支持行动。① 所以，这些拥有强大军事设施的国家有影响全球安全环境的能力，从而提高了它们在世界上的外交地位。

国防作为一种经济驱动力

亚当·斯密（Adam Smith）认为，国防最终是公共产品，对国家非常重要，因此不能掌握在工商业团体手中。斯密坚决主张国防的公共所有，有两方面的原因：

- 首先，国防是最好的帕累托最优的例子之一，就是说，所有公民都可以从提供一个物品中获益，而没有搭便车的风险。②
- 其次，政策应当朝着国防事业的公共所有进行调整，因为只有公共所有才能保证供给的主权依然是首要利益相关者的优先考虑。

数量众多的强大的现代国防经济体都反映出斯密的观点，即国防应当牢牢地保留在公共部门中，不仅仅是因为这会使国防工业自给自足的政策目标容易实现。俄罗斯、印度、巴基斯坦和中国都是这类国家中的范例。正如前面所凸显的那样，支持自给自足的是强烈的战略原则，但经济动因也很普遍。

推动本国国防工业化的经济原因在于国防与经济增长享有正相关关系的论断。然而，由比利时国防经济学家埃米尔·贝努瓦（Emile Benoit）19 世纪 70 年代的著作引发的这一观点是个有争议的命题。③ 他尤其关注印度在 1962～1963 年中印战争这段时期内，增加国防支出对经济的影响。贝努瓦过激地假定，增加国防开支导致国民收入增长。也就是说，在国防支出和经济增长之间，存在着从

---

① Michael W. Chinworth and Ron Matthews,"Defense Industrialization through Offsets:The Case of Japan", in *The Economics of Offsets：Defense Procurement Options for the 1990s*, ed. S. Martin(Netherlands：Harwood Press, 1996)。

② 维尔弗雷多·帕累托（Vilfredo Pareto, 1848～1923）为做决策提出了一个标准，要使每个人的需要尽可能得到满足而不使其他人遭受损失，这就是众所周知的帕累托最优。与国防有关的问题是，如果不将其视为一种公共产品，全体人民中的某些部分可能选择不支付这种费用，从而降低了广大民众的安全水平。参见 T. Cowan,ed. ,*Public Goods and Market Failures：A Critical Examination*(New Brunswick,NJ：Transaction Publishers,1992),14。

③ Emile Benoit, Max F. Millikan and Everett E. Hagen, "Effects of Defense on Developing Economies", report ACDA/E - 136(Cambridge,MA：MIT, Center for International Studies,1971)。贝努瓦的论文后来还以书籍的形式出版：Emile Benoit, *Defense and Economic Growth in Developing Countries*(Lexington, MA：Lexington Books, 1973)。

前者到后者的正向因果关系。尽管贝努瓦认识到存在与增加国防支出有关的"挤出成本",但他得出结论,增长的收益超过了国防的成本。① 贝努瓦确定了来自充满活力的国防经济体的多种经济收益,以下所确定和讨论的是其中的主要方面:

就业 一个扩张性的国防经济,包括武装部队和国防工业,传统上都是劳动密集型行业。尽管由于日益强调战争形态的变化,在今天已不尽如此,但国防部门雇佣了相对大量劳动力的观点在发展中国家可能依然会找到共鸣。

技术世代 武器生产与高技术活动密切相连,例如研究与开发(R&D)、精密工程和系统集成。这些活动都要求高技能的工人从事高附加值的劳动。然而,如果武器生产在国内进行,这些有价值的活动仅只会使当地经济受益。②

军民一体化 在传统的国防工业模式中,防务承包商与更广泛的商业经济体在技术上是隔离的,但如果这种隔离主义条件可以消除,那么就有可能利用高度军民一体化带来的好处。③ 当前战争形态的变革重视从高技术商业部门采购,这样国防部门与更广泛的商业经济都会受益。这种更广泛的国防经济的特点之一是民用部门的子承包商具有更高的设备利用率,这样成本较低,使国防和民用部门的消费者同样受益。同样地,因为子承包商往往是规模小、专业化和高技能的,它们因之可能也会在这个一体化的国防经济中成为最具创新性的角色。不管技术从民用经济转移到国防部门(技术渗入),还是从国防部门转移到民用部门(技术溢出),具有战略重要性的子承包商具有作为创新传播机制的潜力。

基础设施建设 国防引致的基础设施投资所带来的好处也出现在发展中国家,例如印度、巴基斯坦、中国和非洲的一些国家。作为深思熟虑的政府决策,可能主要是出于战略考虑,军事设施包括国防企业,通常远离工业大都市。国防企业远离主要的人口中心意味着,国防建设必须对当地的基础设施建设进行投资。这些投资包括符合战略性发展需求的,如道路、相关的交通纽带(如铁路、

---

① Steve Chan,"The Impact of Defense Spending on Economic Performance: A Survey of Evidence and Problems",*Orbis* 29, No. 2(1985),403~434.

② 见 Ron Matthews and M. Pardesi,"India's Tortuous Road to Defense Industrial Self-reliance",*Journal Defense and Security Analysis* (December 2007),419~438。

③ 见 Ron Matthews and Nellie Zhang,"Small Country'Total Defense': A Case Study of Singapore",*Journal of Defense Studies* 7,No. 3(2007),419~438。还可参见 Ron Matthews and Michael Chinworth,"Defense Industrialisation through Offsets: The Case of Japan",in *The Economics of Offsets: Defense Procurement and Countertrade*, ed. S. Martin(Netherlands: Harwood Academic Press,1996)。

机场)、医院、学校、军事农场、商店以及一系列基本的,有时是先进的国防工业生产和试验设施。

国防作为增长的离心力

国防生产可以成为本地经济的增长点。对于同一行业,以及行业同供给方行业业务之间的"横向"和"纵向"产业关系,迈克尔·波特(Michael Porter)是最早强调其重要性的学者之一。① 该观点认为,学习和创新协同有可能源于地理位置的相近性,因为相互竞争的公司和子承包商各自在横向和纵向上集中。后者在最终产品市场上是处于供给方的竞争对手,这样传播了产品创新以及/或者进程效率。

因此,与政治上的不利状况相反,军队-政府-国防工业力量"铁三角"也可能带来经济上的好处。即使是从政治观点看,该概念也可能被过度解读了。与现在相比,20世纪六七十年代对采办决策几乎没有什么详细的审查,采办实践也缺乏独立的和来自政府的审计与监督,从这个意义上讲,该概念的"共谋"性质也许只是那个时代的产物。这并非是要否认,在国防生产是资本逐利的经济体中,承包商有动力去游说决策者,希望在投标和采购过程中提高其武器系统份额。② 但该游说过程是事后的,而并非发生在新武器项目正式开始之前。新的能力需求是由包括战略、军队、政府、学术界和工业界的不同专家通过德尔菲法(Delphi)和类似的集思会来确定的。观点要针对具体,但秘密的国防部战略,要经过长期反思、反馈和争论才能确定。"铁三角"会参与确定新军事能力,但他们对这场争论的影响绝非戈登·亚当最初所认为的,当初他认为它是长期武器生产和销售中的利益集团这样一个负面性的概念。

国防经济关系中的波动:从对抗到合作

自20世纪60年代初艾森豪威尔发明"军事-工业复合体"这个名词之后

---

① Michael Porter, "Clusters and Competition, New Agenda for Companies, Government and Institutions", in *On Competition*, ed. M. E. Porter (Harvard Business School Press: Boston, MA: 1998).

② 大卫·柯克帕特里克(David Kirkpatrick)教授指出,"后勤长官和国防生产商支持高于最优水平的国防开支,但他们能否成功还不清楚……一般来说,有很多宣传和诡辩,但没有明显的腐败",私人通信,2008年4月13日。

的 20 年，可被描述为国防开支不断增长的一段时期，这一时期也正好是冷战以及资本主义和社会主义意识形态阵营相互遏制达到高峰的时段。不论是为陆战、空战还是海战准备的大量武器储备，反映出军事力量仅仅通过数量优势来体现的思想。由于可以确认的无处不在的威胁使得军事支出不可阻挡地增长，武器销售也因此变得容易。承包商甚至连最基本的市场计划也不考虑。当然如果国防开支是确定的，而且看起来有永久增长的趋势，也就没有必要考虑市场计划，这种情况不仅在国内如此。本国政府提供了确定的和不断增长的需求水平，国际军火市场也不例外，武器销售表现出可预测的和稳定的增长。大型西方防务公司面对来自与国际垄断市场结构密切联系的有限竞争，它是一个卖方市场，由少数占优势地位的防务生产商组成，他们满足在资本主义和社会主义之间的意识形态控制下的所谓的第三世界国家需要。

西方国防支出的增加使得苏联没有选择，只能作出回应并加速仓促走向经济崩溃。然而，西方对先进军事装备永不满足的胃口为国防价格上涨提供了强劲动力，也埋下了预算压力的种子。因此，在 20 世纪 90 年代对武器的需求开始缩减。

在军事革命（RMA）下采购复杂武器系统同无效率的采办实践一起，被看做成本攀升的一个主要原因，因此，攻击不断膨胀的国防开支的一个主要政策要点是削减采办开支并调整其结构。在英国，彼得·莱文（Peter Levine）受命率先推行国防部根除所谓的"镀金"行为，也就是军事装备过度设计导致异常高采办成本的现象。在处理这个问题的过程中，莱文力图将国防商业化，这种方法完美地贯穿于 20 世纪 80 年代撒切尔政府经济自由化改革运动广泛的政策内容中。[①] 莱文的主要政策工具就是竞争性投标，用来解决由于"成本加成"合同所导致的高成本采办问题。尽管姗姗来迟，但"成本加成"这一选择还是被认为是不合时宜的，只被用于高风险、第一等级系列的武器项目。人们最终认识到，假如利润边际根据成本的一个百分比来计算，就会激励承包商无效率运作。在增加成本基础上应用一个固定利润边际，其最终结果是更高的利润，即成本加成关系中的"加成"。

遏制成本的政策也开始对国防经济产生其他更广泛的影响。值得注意的是，北约国家越来越感到财政难以支持国防工业自主权，在涉及大范围武器系统综合

---

① Steven Schofield, "Levene Reforms: An Evaluation", *Defense Analysis* 11, No. 2(1995), 147~174.

研究、发展和生产能力时尤为如此。认识到国防资源受到约束,导致出现了越来越多地区性的合作采办行动,例如三国参与的"狂风"(Tornado)战斗机项目(德国、意大利和英国)、"美洲虎"(Jaguar)战斗机项目(英国与法国)和"阿尔法"(Alpha)喷气式飞机项目(法国和德国)。冷战的突然和戏剧性结束,1989年苏联的解体,对这种看起来自相矛盾的竞争与合作采办政策的提倡,变得更为明确了。20世纪90年代初期预示着可在一个新的、缓和的国际战略环境中通过压缩国防支出来寻找难以捕捉的和平红利。① "铁三角"的逻辑,就像最初所描述的那样,在这十年中,随着国家和全球军事支出的急转直下,经受了严峻的考验,这个逻辑在新千年的第一个十年,尤其是"9·11"之后再度盛行。

20世纪90年代的国防经济动荡为伙伴关系概念创造了生长的基础,这些概念现在已成熟,是经全面尝试和久经考验的政策。在国家层面上,合作政策开始出现,例如英国被称为"通过伙伴关系进步"的科学技术倡议。② 这一政策旨在加强国防/航空工业和政府间的伙伴关系,以努力减缓在全球航空市场中英国市场份额的进一步减少。类似地,在跨国的区域性层面上,欧洲一致推进国防工业一体化。生产能力过剩和生产重复建设是发展单一欧洲防务市场中欧洲所面临的弊病。美国政府引导着国防合理化的道路,具有决定意义的事件发生在1992年,美国国防部长威廉·佩里(William Perry)在一次聚会中对11个主要的防务承包商发出最后通牒:减少你们的数量或离开这个市场,这在有关国防的传说中被奉为"最后的晚餐"。③

美国军事供给基础的这种激进革命可以作为欧洲政治家的参考,他们需要在欧洲采取类似的重组政策。改革压力的积聚在1998年《意向书》发布后达到了顶点,这一代表着欧洲国防工业一体化的框架,由法国、德国、意大利、西班牙、瑞典和英国的国家首脑签署,这表示所有签署国的强烈意愿,在国防事务上共同协作,在短期寻求协调采购,并在长期消除欧洲国家浪费性开发和生产重复建设。然而,尽管意图是真实的,但现实中国防工业

---

① Derek Braddon, *Exploding the Myth? The Peace Dividend, Regions and Market Adjustment* (London: Routledge, 2000).

② U. K. Office of Science and Technology, *Progress through Partnership: Report from the Steering Group of the Technology Foresight Programme* 1995 (London: Office of Science and Technology, HMSO, 1995).

③ 参见 Jaques Gansler, *Defense Conversion: Transforming the Arsenal of Democracy* (Cambridge, MA: MIT Press, 1996).

一体化却没有多大进展。

尽管在协调欧洲武器采办方面只取得了有限进展，但欧洲防务制度化推进却有了一定进展。随着欧洲内部伙伴合作意识的增强，在逐步建立欧洲国防技术和工业基础的共同目标上已经达成一致，已平行地设立了两个覆盖欧洲范围的重要机构。在采办领域，建立了联合军备合作组织（Organization for Joint Armament Cooperation，OCCAR）来共同管理大型欧洲防务项目。[1] 这些项目包括重型战术运输机（A400m，tactical heavy-lift aircraft）、多任务装甲车（BOXER）和多用途护卫舰（FREMM），但联合军备合作组织（OCCAR）并非完全成功。毫无疑问，尽管政府、军队和防务承包商在区域合作的精神下一起工作，但国家间工作分配摩擦限制了高水平一体化。联合军备合作组织确定项目工作分配的机制以所谓的"合理回报"为基础。从公平的角度来看，"合理回报"的概念是无可置疑的，但其经济逻辑却不清晰。正像在其他主要欧洲防务项目，如"阵风"和欧洲战斗机项目上所应用的那样，"合理回报"是以某个参与国与其销售量（或项目产出）相联系的工作分担（或项目投入）为基础计算出来的。[2] 这是一个非常公平公正的分配机制，但却无法满足效率要求。例如，在迄今为止仍是欧洲最大的采购项目欧洲战斗机"台风"项目中，西班牙是四个参与国之一，然而西班牙在先进战斗机的研发和生产上没有历史、生产力或实际的能力。[3] 毫无疑问，西班牙的学习曲线是陡峭的，因之从总体来看，"台风"战斗机项目是成本高昂的。通过国家国防工业优先权的延续，"合理回报"阻碍了在欧洲国防工业内部实现国际劳动分工。在克服"合理回报"分配方式内在无效率的努力中，采用了这样一种方法，即每个国家分摊到的工作扩展到几个武器项目上，而不是在任何单独一个项目上协调工作。但由于对联合军备合作组织运作效果的研究还很有限，对这个覆盖欧洲的采办机构是否成功做出明确判断尚具挑战性。仍明显缺乏对联合军备合作组织成就的肯定，这显然意味着欧洲一体化采办方法只取得了很有限

---

[1] 关于联合军备合作组织进一步的信息，参见 http://www.occar-ea.org。www.occar-ea.org，该网站是联合军备合作组织的官方网站。该组织是为了对英国、法国、德国和意大利之间已存在的和未来的合作武器项目提供更有效力和有效率的管理而建立的。这个网站包括背景历史、组织结构、项目、公司章程和由联合军备合作组织提供的商业机会。

[2] Ron Matthews, "International Arms Collaboration: The Case of Eurofighter", *International Journal of Aerospace Management* 1, No. 1 (2001), 73~79.

[3] 参见 Jordi Molas-Gallart, "Military Production and Innovation in Spain", *Studies in Defense Economics* (January 1992).

的进展。

有一个新近加入欧洲国防政策论坛的重要成员——欧洲防务局（EDA），但它所涉领域比单纯的采购更为宽泛。[1] 事实证明欧洲防务局的知名度高于联合军备合作组织，它专注于积极推动改革议程，包括消除参与国之间的国防补偿贸易，并在欧洲国防研发项目的整合上采用强硬姿态。欧洲防务局所采取的激进政策立场深入推进了欧洲防务一体化，因此以欧洲防务部门的重要参与者角色赢得了政府和工业界的尊重。尽管如此，同联合军备合作组织一样，它值得称道的成功还很有限，不仅因为成员国坚持优先考虑国家主权，而且因为可怜的3200万欧元预算，以及在决策体制中成员国是自愿而非强制遵守，这些都制约了欧洲防务局发挥作用。[2]

欧洲防务局是促进区域防务合作更广泛推力的一个缩影，这种区域合作主要由降低成本的需求所驱动。通过区域合作提高竞争力的过程反映了全球范围内同样的发展情况。通过防务全球化过程，军事和政治-经济领导人打造了一系列关系。不同维度的伙伴关系通过以下形式表现出来：海外采购、民用和军用部门补偿贸易、跨国并购、国际战略联盟、外国直接投资和全球性的国防工业联盟，后面这种伙伴关系可以说是防务全球化最好的例子，它标志通过多国参与的、真正的国际伙伴关系全球化模式进行主要武器系统开发和生产的体系。因此迄今为止，最主要的全球合作项目F-35联合攻击战斗机（JSF），表示跨越不同国家政府、军队和国防工业的积极合作。[3] 而且，就像每个欧洲区域合作的国防工业项目一样，其目标是通过大规模生产来最大限度地降低成本，首先，采用竞争性投标而非"合理回报"或"补偿贸易"来确定每个国家的工作分摊情况；其次，

---

[1] 参见 http://www.eda.europa.eu。www.eda.europa.eu 是欧洲防务局的官方网站，它包括背景历史和活动，包括欧洲防务局提供的国防采办机会。

[2] 参见 Nick Witney（欧洲防务局的首席执行官），"The EDA's Goals: Strengthening Europe's Capabilities and Defense Industrial Base", speech, the European Institute's Translantic Roundtable on Defense and Security, Washington, D. C., February 14, 2007. 欧洲防务局2008年的预算大约为3200万欧元，参见 http://www.defenseindustrydaily.com/eda-gets-budget-boost-as-europeansmake-pledges-04269/。www.defencein-dustry-daily.com 是一个著名网站，涵盖了关于全球国防采购的最新信息，这些信息分为几类，如飞机、电子和工业。

[3] 参见 http://www.jsf.mil, www.jsf.mil 是联合攻击战斗机项目的官方网站，联合攻击战斗机的前身是联合先进攻击技术（Joint Advanced Strike Technology, JAST）项目。它是美国国防部认定的，海军、空军、海军陆战队和盟国能够支付得起的下一代战斗机。这个网站提供了联合攻击战斗机历史背景、项目内容、国际合作，以及联合攻击战斗机发展进程的最新消息。

采用创新性生产和一体化技术，通过这两种方式实现目标。然而，在实践中，联盟对 F-35 项目成本效益的雄心并未达到预期。第一，计划的成本效率还尚需物化。最近一项评测联合攻击战斗机进展的工作发现，与 2001 年的预算计划相比，它的采购成本已增加了 37%。① 有多种因素导致成本增加，但主要的"延迟"因素发生在设计细节的论证方面。第二，由于工作分配只是高度集中在美国和英国两个合作国上，联合攻击战斗机联盟模式受到严厉批评。② 英国是完全的合作者（第一等级），在联合攻击战斗机项目中投入了 20 亿美元。尽管这只占联合攻击战斗机项目价值的 6%，却承担了总计大约占实际合约价值 24% 的工作量。加上占主导地位的美国分享到的 73% 的合同价值，几乎没有什么留给了其他七国，这七个国家一般都只有小规模的国防经济部门。在联合攻击战斗机伙伴关系中暴露的第三个严重缺点是美国不愿向其他伙伴国开放知识产权（IPR）。2005年，美国拒绝向英国发布软件代码，这些代码可使后者能在中期升级、技术改造和武器系统一体化中享有自主性，由此合作者间的紧张程度达到了顶峰。

进入 21 世纪：合作，而非对抗

新千年见证了更多的与防务相关的合作努力。国防部和工业界之间已不再是对抗状态，这深刻体现在政策和实践中。"铁三角"各个方面，尤其是国防部和工业界之间的伙伴关系已成为一种规范。为了对这种伙伴关系变革做出评价，评估已经发生的一些更加重要的政策倡议是有帮助的。

精明采办

1998 年英国"精明采办"政策的启动表示一种不同于"我们赢得他们"这种国防合同精神的主要"行动方针"，通过引入一系列新的并有些激进的政策，发展了早期在美国推行的由麦肯锡（McKinsey）发起的采购模式。首先且最重要的是一体化项目组（Integrated Project Teams，IPT）的兴起。这包括来自合作

---

① 参见 Andrew Davies, "JSF Cost: Taking Off or Leveling Out", *RUSI Defense System*, June 2008.

② 联合攻击战斗机（JSF）国际合作项目包括八个国，它们在为期 10 年价值 250 亿美元的联合攻击战斗机项目中投资 43.75 亿美元。英国是项目中唯一的第一等级合作者。其他国家，如意大利和荷兰，是第二等级合作者，加拿大、丹麦、挪威和土耳其是第三等级合作者，这些合作的等级是根据参与国对项目的资金贡献来确定的。

而非对抗或共谋"铁三角"的所有三个要素（国防部、军队与国防工业）的代表。一体化项目组的中心原则是一体化项目组的生命应与它所负责的军事装备的生命周期平行运行。一体化项目组在国防项目的所有阶段，即被称为"概念、评估、开发、制造、服役、退役"（CADMID）生命周期内负有管理责任，包括监督与计划权。在图3.2中，这些连续的阶段被描述为：概念、评估、开发、制造、服役、退役。

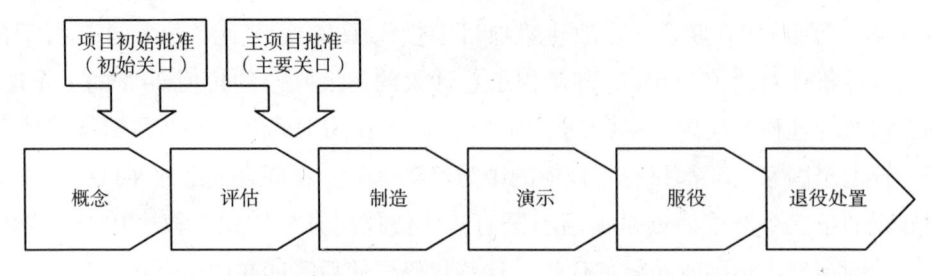

```
项目初始批准              主项目批准
（初始关口）              （主要关口）
     ↓                       ↓
[ 概念 ][ 评估 ][ 制造 ][ 演示 ][ 服役 ][ 退役处置 ]
```

图 3.2 英国国防采办的 CADMID 周期

资料来源：http://dasa.mod.uk/natstats/ukds/2007/pdf/c1/Chap1Table117.pdf。

"概念、评估、开发、制造、服役、退役"生命周期管理是对早期唐尼（Downey）模型的一种修正，这种较新版本的采办周期所包含的一些方面与国防部"更快、更便宜和更好采购"的基调协同一致。① 例如，批准项目进展的采购决策点（被称为关口）的数量从四个减少为两个：初始关口预评估阶段和生产之前的主要关口。而且，在联合开发新军事系统以应对国防部未来设想威胁分析中所认定的新威胁时，该计划在每个早期概念阶段鼓励防务承包商一起工作、交换信息和想法。在采购周期的早期应当投入15%的项目资金以确保对概念和系统进行彻底评估，以减少将来操作中出现问题和延迟的可能性，这也是必需的。②

随着采办项目在"概念、评估、开发、制造、服役、退役"生命周期管理中的成熟和发展，管理责任从对概念和研发的关注转移到生产、服役物流服务、维护、维修和检修活动，以及最后的退役处置上。"概念、评估、开发、制造、服役、退役"生命周期管理的最后一环代表着权力当局认识到处理某些类型的

---

① *The Acquisition Handbook*, U.K. MoD（年度版）。
② 大卫·柯克帕特里克教授认为，精明采办政策还不是绝对的成功。突出的问题之一是，它缺乏精明命令的执行力。他指出"不实施各种各样精明倡议并没有简单的理由，除非是直到这种倡议被确定解决之后，才考虑到实施问题"，私人通信，2008年4月16日。

武器系统（如核动力潜艇）是对环境、安全和成本的重大挑战。

　　精明采办模式更深层次的新特点是指定了"客户"，这些"客户"工业界能够识别出来，并能够向其报告。客户在组织上是可以互换的，取决于在"概念、评估、开发、制造、服役、退役"生命周期管理中项目达到哪一点。这样，在早期概念、评估和发展阶段，"客户1"［装备能力主任（Directors of Equipment Capability）］的概念意味着项目责任将牢牢地锁定在国防部内部。然而，随着项目进行到生命周期的后续阶段，"客户2"的概念走到前台，服役责任转移到军队高级管理者身上。

　　根据实际实施中得到的经验，精明采办政策不断地被分析和修改。在本十年的早期阶段，当精明采办政策的目标从"更快、更便宜和更好"延伸到包括"更有效地整合"时，出现了重要的政策变化，这直接导致了"发展线"概念的引入。① "发展线"是一种认识，由国防部采办和后勤文职服务人员、军人以及防务承包商管理者组成一体化项目组，以烟囱式的组织结构为基础开展其计划，对项目与影响项目军事效能的其他重要活动间关系仅作有限评估。"发展线"抓住了重要的国防活动，包括训练、装备、人员、信息、概念与信条、组织、基础设施和物流，所有这些作为一系列体系相互连接。在两个主要的采办项目遇到严重问题之后，引入了通过相关"发展线"整合和调整政策的一体化项目组的要求。第一个问题是，人们惊奇地发现，如果对皇家海军两个65000吨位的新航空母舰的早期设计得以实施的话，这个航空母舰将太大而无法进入英国任何一个海军港口。第二个问题与私人主动融资（PFI）有关，支持飞行员训练项目的私人主动融资要求在2005年交付65架英国许可生产的阿帕奇（Apache）武装直升机。然而，独立的直升机生产商和飞行员训练管理团队并没有进行沟通，因此完成飞行员训练与交付直升机没有协调好。② 结果，直升机的使用准备与获得驾驶它们的飞行员之间产生了严重脱节。阿帕奇直升机不得不在仓库中存放两年时间以等待受过训练的驾驶员，这造成了600万英镑（约1000万美元）的损失。

---

　　①　*The Acquisition Handbook.*

　　②　Ministry of Defense,"Building an Air Maneuver Capability:The Introduction of the Apache Helicopter",report,HC 1246 session 2001－2002, October 31,2002,参见 http://www.nao.org.uk/publications/nao_reports/01－02/01021246.pdf。

私人主动融资

20世纪90年代推行的私人主动融资一般来说是在英国公共部门，特别是在国防投资中出现的一种公私合营的伙伴关系。① 私人主动融资代表社会主义和资本主义两种极端意识形态的中间立场。私人主动融资的基本原理是，它们作为一种旨在利用管理协同效应的融资工具，这种效应来自合作，也包括很重要的共担项目风险，如果风险不是完全转移的话。

至2008年年中，英国已建设了超过60个国防私人主动融资项目，包括军事住房工程、模拟训练装备、通讯和情报系统、未来汽车、未来战略加油机项目。② 绝大部分私人主动融资项目处于军事行动的支持端，主要因为这是最容易实施的私人主动融资项目。私人主动融资伙伴关系中所有的利益相关者都从以下安排中获益：通常由建筑公司、资产管理公司、金融机构和技术相关者组成商业投资者联盟，均从通常延续25~30年的经济寿命中获得项目所预期的正净现值收益。国防部也获益，这首先是因为大部分项目是资产负债表的表外交易，这就减少了大量真实的资本支出；其次是因为在批准私人主动融资之前，而不是（国防部）内部投资之前，国防部将保证自己选择前者比选择后者付出的成本更低，从而节约了纳税人的金钱；最后是军队也满意，因为与过去由内部管理的服务/设施相比，他们享受到了更高质量的服务。③

由于所有参与方都享有收益，私人主动融资的逻辑因之看起来是无可置疑的。这种安排的融资机制与租赁类似，私人部门联盟承担最初高昂的建设和服务设施成本，往往通过子合同将服务转包给专业组织。完成之后，这些新的更高质量的服务/设施将会租赁给国防部，后者支付一个双方都认可的租金。在相关的公共服务协议（Public Service Agreement, PSA）中有一个与租赁协议有关的部分，其中详细规定了服务供应商必须遵守的一套绩效标准。

假如出租人没有达到议定的标准，则会受到不支付议定费用的制裁。这个严

---

① Irfan Ansari, "Defense PFIs: Burden or Benefit?" *Accounting and Business*, May 2007, 34~37。
② "IFSL Research: PFIs in the UK and PPP in Europe 2008", 参见 www.ifsl.org.uk/uploads/PB_PFI2007.pdf。www.ifsl.org.uk 是伦敦国际金融服务局（International Finance Service London, IFSL）的官方网站。它是代表全英金融服务业的独立组织，提供英国金融服务的分析和数据。这个网站提供有关活动和事件的信息。
③ 参见 www.publicprivatefinance.com。www.publicprivatefinance.com 是提供英国和全世界公私合营伙伴关系最新信息的网站。

格和有约束力的租赁协议确保私人主动融资机制对"国防部－军队－国防工业"三方关系中的所有参与者都有效率且有效运转。

然而，对私人主动融资概念也存在着现实和潜在的挑战。主要的挑战可归纳为：

- 第一，一项私人主动融资协议一经签署，要运行长达30年，那就存在这样一个问题，如在这项服务/设施租期结束时会发生什么情况。当然，所有权归国防部所有，但在那时，国防部愿意承担正式的所有权和服务管理责任，还是通过另一个私人主动融资项目投资于重置设施，抑或终止服务呢？因此，在私人主动融资项目的经济寿命终结之时，存在着不确定性。

- 第二，确实让人担忧的是，在私人主动融资项目的生命期限内，服务或技术设施有可能成为多余或在技术上过时了。考虑到典型的私人主动融资项目生命延续至未来几十年，在迅速变化的高技术国防环境中，存在这样的风险，即这些设施或服务不再可行，会被其他形式的设施所取代。因此，私人主动融资本身的风险非常高，特别是当把一些规模巨大的私人主动融资合同成本高昂特性也考虑在内的情况下。例如，英国参谋学院（JSCSC）一个30年的私人主动融资项目，在设计的合同期限内报告的价值高达5亿英镑（8亿美元）。

- 第三，私人主动融资被认为是公共部门管理的重要创新性发展，因为它允许政策制定者关注政策并充分发掘商业能力与效率，通过风险转移及提高的资金价值使纳税人受益。这些在理论上是好的，但实践中的事实表明，负责管理主要私人主动融资项目的大型商业资产管理公司也面临风险，与其他所有私人部门的运作一样，可能也会遭受财务失败和破产。如果一定要有人埋单，政府就不可避免地成为私人主动融资项目可持续性的最终担保人。

- 第四，英国国防部门已实施的私人主动融资项目的累加值已达83.21亿英镑（1987~2007年，约130亿美元），它反映了资产负债表的表外交易目前所记录的巨大的固定成本。① 这既是好的，也是坏的。说它是好

---

① 1987~2007年，有62个国防项目，平均合同价值为1.34亿英镑。这一时期的国防私人主动融资项目占到英国政府私人主动融资项目总数的11.6%。参见 www.ifsl.org.uk/uploads/PB_PFI2007.pdf。

的,是因为体现在国防收支平衡表上的国防投资现值相当低,因此提高了英国军队资本的生产力;说它是坏的,是因为所有国防部私人主动融资项目的服务费目前已达到所有国防部预算的3.7%。① 按未来国防部预算的数量和结构来看,这个相当高比例的私人主动融资服务成本代表着沉重的财政负担,是施加给未来国防机构的重大机会成本。

- 第五,私人主动融资项目直到现在才以相对简单和无风险支持项目为目标,如基础设施和训练。集中在军事行动前沿活动的私人主动融资项目更复杂和具挑战性。美国和英国冒险尝试在空中加油机中采用私人主动融资项目,是对私人主动融资概念可信性能力的重要考验。② 这些空中加油机项目是极为昂贵的项目,带有巨大的资金、技术和运作风险。然而,飞行员可能是预备役军人,这样在使用空中加油机时具有更大的灵活性。当然,空中加油机将会优先用于军事行动,但在需要的时候,可去掉内部油箱,变为执行商业任务的飞机。

技术伙伴关系

战略伙伴关系可以发生在个人、公司、政府和机构等多个层面上,在空间维度上可能是国家、区域和全球性的。此外,在国防技术领域,由国防部、国防工业部门和军队构成典型的三方关系。正如前面讨论的那样,通过1987年的精明采办政策,作为三方国防关系的缩影,一项重要的技术管理政策里程碑在英国出现。③ 私人主动融资代表"政府-军队-工业"不同文化与目标挑战性的融合。私人主动融资成员会采用带有各式各样完全不同的组织和程序内容的议程,除此之外,还明显可能的是私人主动融资成员之间缺乏一致目标。对政府而言,紧张关系的一个直接来源就是国防采办由保证物有所值的需求所驱动。相反,军队需

---

① 参见 http://www.publications.parliament.uk/pa/cm200607/cmhansrd/cm070309/text/70309w0012.htm。www.parliament.uk 是英国议会的官方网站,该网站提供了议会的历史背景、活动,以及上下议院的议会议事录(书面报告)。

② 未来战略加油机(FSTA)是迄今为止世界上最大的私人主动融资项目,价值约200亿美元,合同期长达27年。合同由英国国防部与作为主承包商的空中加油机(Air Tanker)公司,以及该公司的股东(科巴姆、EADS、劳斯莱斯、泰利斯英国公司和 VT 集团)签署,将为英国、美国和其伙伴国提供14架部署于世界各地的空中客车 A330-200 空中加油机和运输机。获取更多信息,参见 http://www.airtanker.co.uk。。www.airtanker.co.uk 是空中加油机公司的官方网站,这家英国公司的创立就是在为期27年的私人主动融资合同中提供未来战略加油机服务。

③ The Acquisition Handbook.

3. 国防"铁三角"的重新审视

要的是获得最有效的武器。无论如何，这些相互冲突的需求必须协调一致，一个可能的解决方案是外包。对国防部和防务公司而言，全球外包的理由就是减少采购和生产成本。然而，这只是效率等式的一个方面。现代国防管理政策并不只是以投入成本为基础，还强调产出的有效性，也就是，战斗获胜的能力。这种投入－产出关系强调了国防采办中成本—效益权衡的重要性，① 政府和承包商越来越多地通过国防全球化和开放的国防贸易来寻求降低成本，同时军队将获取领先优势军事能力需求放在优先位置。因此，要保证所有利益相关者的目标一致往往意味着从海外购买国防装备。

通过伙伴关系达成一致目标需要妥协，且要有能力排除利益相关者相互冲突的目标。尽管规模和支付能力等问题会影响这些关系的特点，但最基本的需要是所有各方坚持技术接入的共同目标。这对所有国家，不论是富有的还是贫困的，大国还是小国，都是最大的挑战。② 经常发生的情况是，一些国家受制于小规模国防需求，不能进行本国生产。此外，尽管大国享有大规模采购的成本优势，但它们在获取下一代技术方面也会面临障碍，获得国防相关技术的国内解决方案在经济上变得越来越难以承受，转型武器系统在研发阶段所引致的成本正在急剧攀升。因此，即使是世界上最富有的国家——美国，也无法表明国家所具备的各方面国防生产能力合理。③ 伙伴合作成为克服发展本地国防技术创新能力高昂成本的局部万能良药，技术合作可采取国内或国际合作形式，越来越多的是两种方式的混合形式。

为创造创新机会，政府通常会鼓励机构间的研发合作。例如，英国建立了"卓越塔"概念，鼓励政府国防机构，如国防科学技术实验室（Defence Science and Technology Laboratory，DSTL）、国防公司和大学院系之间的伙伴合作。④ 这些卓越塔代表国防能力的重点领域，利益相关者的目标是获得为特定国防系统（如导弹）所需的专门技术和资本。本着国际伙伴合作的精神，国内的卓越塔现

---

① David Kirkpatrick,"A UK Perspective on Defense Equipment Acquisition", working paper 41(Institute for Defense and Security Studies,2004).

② Ron Matthews and Curie Maharani,"Beyond the RMA:Survival Strategy for Small Defense Economies", *Connections Journal* 7,No. 2(2008).

③ *Final Report of the Defense and Science Board Task Force on Globalization and Security*（Washington, D. C.:Office of the Undersecretary of Defense for Acquisition and Technology,1999）.

④ "Defense Industrial Policy", *U. K. Ministry of Defense Policy Paper*, paper 5,2002.

在由国际卓越塔所补充。① 对这种模式的成功做出确切判断或许还为时尚早，但其意图是清楚的，即通过紧紧绑定的技术伙伴合作关系，保证创新的协同一致。卓越塔概念反映出政策的重点在于，通过技术推动过程实现国防创新。另外一种政策是通过技术拉动战略促进创新。也就是，创造一个有利于市场引导技术发展的工业和技术环境。确定有效技术推动战略背后的因素是困难的，但市场结构是中心议题。波特（Porter）的"钻石"理论强调，市场结构是识别成功经济体的关键因素。② 他把经济活力和创造力不仅归功于横向产业结构所衍生出来的竞争性，而且延伸到纵向产业关系上。波特正确地感知到，纵向产业结构的健康发展需要空间上接近作为技术发展的一个必备要素。③ 纵向产业结构和空间上接近之间的关联性质需要进一步说明，至少因为具备这些市场特征可将成熟和创新型的富裕国家与那些仍在技术上有依赖性的国家区分开来。

纵向产业关系与所谓的供应链或价值链的性质有关。这种链条一般由很多小型专业化子承包商组成，它们大都经过了长期持续的发展，是积累了大量知识和物质资本的资源库。他们构成结构化工业网络的一部分，而这一网络反映了在满足主要消费者需求方面的精细劳动分工：供应商专注于创新，而最终的消费者专注于规模。日本为这种技术二元论工业发展模式提供了很好的例子，在日本，增加的维度是最终消费者主动寻求与组成供应链的公司打造紧密关系，旨在通过投资提高分包商过程的质量。同样，无论是在程序还是产品层次上，消费者和供应商都很可能合作解决问题，克服技术瓶颈。消费者或主承包商通常对创新是清楚的，但只有专业的供应商才能将思想转为现实。

然而，要得到产生于供应链关系中共同创新的好处，空间上的接近是基本条件。有效解决问题要求与设计人员、工程师和技术员经常联系。参观工厂和发展原型也是这种联系的一部分。因此，尽管包括全球供应链的外包有可能保证降低成本，却不太可能产生重大技术突破。这是因为如果主承包商和子承包商相隔数千英里，没有空间上的接近，解决问题的创新就成为艰巨行动。

国内的防务承包商转变为庞大的跨国防务公司，例如英国宇航系统公司和洛

---

① 欧洲目前有一项协商一致的努力在推动欧洲的研究与技术合作，参见 Framework for a European Defense Research and Technology Strategy（EDA,2007）。

② Michael Porter, Competitive Advantage of Nations（New York: The Free Press,1990）.

③ Michael Porter, "Clusters and Competition, New Agenda for Companies, Government and Institutions", in On Competition, ed. M. E. Porter（Boston: Harvard Business School Press,1998）.

克希德·马丁（Lockheed Martin），这预示着主承包商向致力于高附加值活动的方向发展，例如研究、设计、开发、项目管理和系统集成。公司内部努力的重点是核心竞争力，而低附加值活动则进行外包。降低成本是将供应商纳入主承包商供应链的主要推动力，但技术能力将是关键的决策鉴别标准。

为达到创新的协同性，不仅在国家水平上和国家内部，而且在地区水平上必须具有行业上的相近性。因此，所有高技术部门，特别是国防与航空部门，政府日益寻求培育技术集群。这种产业聚集的目的在于，通过地理上的相近以及主承包商与供应商产业之间增强合作，创造更多的创新机会。这种集群由专业技能中心组成，既包括硬的工程能力，也包括软的设计和发展技能。① 一个地区汇集人才，并专注于研究和生产活动。这些地区很可能吸引互相竞争的主承包商，他们都需要相似的技能、基础设施、材料要求和技术设施。成本、技术和创新协同将从竞争、互补与合作的主承包商和分承包商的这种区域融合中产生。

现代产业集群的一个很好例子是法国国防和航天（Defense and Aerospace, D&A）部门，主要位于国防和高技术航空工厂高度集中的图卢兹（Toulouse）地区。② 值得注意的是，图卢兹位于欧洲空中客车（Airbus）运营的中枢，但它周围分布着大量其他主要的国防和航天（D&A）生产商，包括区域运输机公司（Avions de Transport Regional, ATR）——一家主要的支线飞机生产商，赛峰（Safron）——法国微涡轮发动机生产商，生产导弹发动机和航空动力系统，以及生产阿里亚娜火箭和通信卫星系统的多个企业，该地区也包括生产电子、军用飞机和相关系统元器件与零部件的各类公司。

图卢兹位于加伦河畔，加伦河延伸至波尔多地区124.2英里。这一地区是法国的"航天谷"，它在法国国防和航天领域的地位等同于美国的硅谷。坐落在波

---

① Michael Porter, "Clusters and the New Economics of Competition", *Harvard Business Review*, November-December, 1998. 还可参见 Michael Porter, "Innovation: Location Matters", *Sloan Management Review* 42, No.4(2001), 28~36。

② http://www.aerospace-valley.com/docs/site/plaquette-aerospace-an-23-05.pdf, 还可参见 http://www.invest-in-france.org/international/en/aerospace-valley-cluster.html。www.aerospacevalley.com 网站是航空谷协会的官方网站，该组织创立于2005年6月13日，以推动南比利牛斯（Midi-Pyrenees）和阿基坦（Aquitaine）航空、航天和嵌入式系统竞争力集群在国内、欧洲和国际上的发展，2005年7月12日获得了法国政府授予的"全球集群"批准文书。它由公司、研究中心、教育和训练中心以及来自两个地区相关部门的行政当局组成。这个网站包括这个产业集群、协会和项目的信息。

尔多的产业集群不仅有达索（Dassault）公司（第二次世界大战期间生产飞机和现在生产喷气式飞机的生产商），还有欧洲宇航防务集团（EADS），这是一家高技术太空系统生产商。以及一家更高程度的参与者，一家主要的直升机发动机生产商——透博梅卡公司（Turbomeca）。法国的"航天谷"容纳了令人称奇的1300家航空公司，雇用了近10万人。[1] 这些高度集中的高技术国防和航天（D&A）人员，超过了德国全部航天工业从业人员的60%，比西班牙全部航天工业的工作岗位还要多。[2] 然而，图卢兹-波尔多谷复合体还在进一步延伸，与位于马赛和巴黎的另外两个国防和航天集群相连接。前者是世界上最大的直升机生产商欧洲直升机（Eurocopter）所在地，后者是阿什泰克（Astech）和多个类似的飞机设计局所在地。这个与国防和航天设计和生产能力相关的战略三角不仅享有传统的空间距离接近的好处，而且享有现代计算机辅助设计和计算机辅助生产（CAD/CAM）的好处，这个三角中的所有各方通过即时数据传输真正联系在一起。

法国工业的"铁三角"具有以下三个主要特征：

- **通过协作集中在一起** 为避免重复和力量分散，考虑到一些领域，如航空和电子工业的互补性，法国政府鼓励这三个连接起来集群中的企业相互合作，并实际进行合并。
- **区域伙伴合作** 在这三个不同的集群中运作的大、中、小型高技术公司都可从中央和地方政府的资金中获益。平均来看，中央和地方政府承担了研发项目38%的成本。[3] 这些项目包括从航空安全到发展下一代机载系统，而且积极鼓励中小企业参与。
- **研发的三边关系** 截至2007年3月，图卢兹产业群已从中央和地方政府吸引了1.55亿欧元的研发补贴。[4] 除了这些资金来源外，一系列其他科学和技术利益相关者以多种方式对各自的产业群研发产生影响。例如，国防和航天与训练机构、研究单位和大学合作，雇用了总计约8500名公

---

[1] http://www.aerospace-valley.com/docs/site/plaquette-aerospace-an-23-05.pdf，还可参见 http://www.invest-in-france.org/international/en/aerospace-valley-cluster.html。

[2] http://www.hanse-aerospace.net/index.php?&L=0. www.hanse-aerospace.net 是汉斯航空航天的官方网站，它是德国中小型航空航天公司的最大协会组织。

[3] 参见 R. Tieman, "Valley Where Business Grow Wings", *Financial Times*, October 3, 2007。

[4] Tieman, "Valley Where Business Grow Wings"。

共和私人研究人员。①

法国不是通过高技术产业群推动产业技术伙伴合作关系的唯一国家。近年来，产业集群已成为日本产业规划的一个永久性特征。自2001年以来，日本已经建立了大约17个区域产业集群项目。② 日本战略的一个特点是寻求地区性差异，每个产业集群关注不同的专业领域。日本产业集群模式的另一个新特点是，尽管历史上，外国直接投资已被刻意边缘化为一种在日本进行技术转让的工具，但现在的产业集群战略却积极鼓励外国投资者参与产业集群发展。政府全盘战略的一个考虑是到2010年，将外国直接投资占国民收入的比例提高一倍。

例如，名古屋地区是世界上第二大汽车工业中心。该地区是丰田和其他主要汽车生产商以及无数零部件供应商所在地。而且，为了利用在这一地区产生的由产业聚集所带来的技术协同优势，美国工业巨头杜邦公司最近投资1000万美元建立了一个研究中心。九州岛北端是另一个汽车工业中心所在地，年产汽车100万～120万辆。③ 据报道，近些年有超过300家国外汽车公司和相关行业公司被吸引到这一生机勃勃的产业群中。

日本在发展产业集群方面的显著成功归功于许多因素，它们与法国模式成功的因素并无不同。这些因素包括：经济和货币稳定；严格的知识产权法律，它支持了一种新的、充满活力的、由研究驱动的文化；地方和中央政府的慷慨投资支持；在东京大都市以外地区具有吸引力的商业环境，包括高生产率、高技术含量和低成本结构；最后，这些地区中心恰好位于向首尔、台北、上海、香港，以及更广大的东亚市场出口的出发点上。

产业集群是发达国家和发展中国家都同样追求的一种现象。在国防和航天部门，明确强调要促进高端技术创新。而且，这一目标正日益通过公司和制度政策

---

① 参见 http://www.aerospace-valley.com/en/the-cluster/research.html。

② 要获取日本产业集群的信息，参见官方网站 http://www.cluster.gr.jp/en/about/index.html。www.cluster.gr.jp 是日本产业集群的官方网站，该项目自2001财年由经济贸易工业省（METI, Ministry of Economy, Trade and Industry）创立，目的在于通过在这些地区形成产业集群造就一股创新和风险创业的潮流。目前来看，通过与地区经济贸易工业局（Bureaus of Economy, Trade and Industry）合作，以及私人部门的推动，已有18个全国性项目，这些项目与带有新业务挑战的10700个地区性中小企业和超过290所大学（包括产业学院）建立了紧密的合作关系。

③ 据估计，有八家汽车生产商坐落于北九州地区，而且在邻近的地区有每年生产400万辆汽车的生产能力。参见 http://www.kyuden.co.jp/en_investq_industries_car.html。www.kyuden.co.jp 是日本九州电子电力公司(Kyushu Electrin Power Company)的官方网站，除了提供投资者关系和其他公司活动的信息外，该网站还提供在九州岛投资的信息。

来实现，这些政策目的是通过军民两用产业化的技术基础和技术引入，充分利用军民一体化的潜能。新加坡的知识导向型经济为这种方法提供了一个好例子，就如马来西亚以卢穆特为基地（Lamut-based）的海运业集群一样，尽管它的技术复杂度较低。① 产业集群概念的共同点是伙伴合作的观念，这反映在同时覆盖三方伙伴合作的关系中，这些关系涉及主要承包商、次要承包商、专业研发机构以及大学院系之间技术互补和趋同的产业集群，他们的空间关系可以是国内的和跨国的。

  国际合作关系的最后一个维度与日益流行的、在全球水平上结成伙伴合作联盟有关。在寻求规模经济、范围经济和创新利益的激励下，跨国防务公司已结成了国际战略联盟。这些联盟通常来自被外国直接投资所放弃的机会，包括通过技术补偿贸易和国际工业财团方式实现的防务全球化。对发达国家的承包商而言，进入具有强大不断增长需求的市场是势在必行的。这种国际联系的例子包括法国公司泰利斯（Thales），它参与了英国航空母舰设计，还参与了韩国高技术企业三星公司的国防电子业务。另一个值得注意的例子是劳斯莱斯公司（Rolls-Royce）在 2008 年决定与新加坡航空发动机维修服务有限公司（Singapore Aero Engine Service Ltd）合作，在当地建设英国公司遄达（Trent）发动机的生产线。② 此外，波音在印度与泰利斯合作生产这家美国航空航天公司的 787 梦想客机。③ 欧洲公司欧洲宇航防务集团也被日益成长的印度市场中的商业机会所吸引，在（印度）次大陆建立了一个工程培训中心，与位于中国北京机场附近的培训中心并行。④ 全球产业伙伴合作关系有很长的历史，而且历史还在延续，这提供了一个多样化，而且相互联系的产业和技术关系网络。

---

  ① Ron Matthews,"The Defense Iron Triangle", paper presented at the Malaysia 2008 DSA Conference, Kuala Lumpur, April 2008.

  ② "Singapore Airlines Powers Ahead with Latest Rolls-Royce Trent",参见 http://www.rolls-royce.com/singapore/businesses/default.htm。

  ③ "Boeing,Thales Sign First 787 Dreamliner Wireless IFE Agreement",参见 http://www.boeing.com/commercial/787family/news/2005/q3/nr_050930g.html。

  ④ "EADS Sets up Sourcing Centres in India", Economic Times, 2 November 2, 2007, http://indianaviationnews.net/careers/2007/11/eads-sets-up-sourcing-centres-in-india.html.

小结

本章尝试再次讨论防务关系中的"铁三角"概念。这一概念最初来源于国防部、国会和国防工业利益集团之间的肮脏的三角关系，它们意图将国防销售永久化，甚至不考虑对良好国际环境的负面影响。本章对此评估的基本结论认为，国防"铁三角"的负面影响可能并非那么严重，它只适用于商业化国防工业基础占据主导地位的地方，例如美国。因此，可以这样讲，国防"铁三角"的概念只是当时那个时代的产物。

在21世纪，将讨论的焦点放在合作的积极方面，而不是国防经济宽泛领域，特别是采办中的"共谋"问题上，会更有帮助。政府通过发展所有国防利益相关者之间的有益关系来寻求推动目标趋同。因此，主旨在于既满足公共部门的可支付能力，又满足公司可接受的利润水平。现代国防"铁三角"更多地代表了包含所有国防管理领域利益相关者的融合，这些领域包括采办战略、公私融资合作伙伴关系倡议、价值链、地区产业集群政策和全球技术联盟，等等。因此，随着时代变迁，"铁三角"看起来已经变得可塑，并正在重新将其自己打造成为一股"善"而非"恶"的力量。

4

力量、影响力和层级：
单极世界中的国防工业

斯蒂芬妮·G·纽曼*

人们沉迷于"何谓力量？"这个问题已经几个世纪了。知识分子、学者、知名评论家以及非专业人士都在谈论它。但尽管这一话题引来很多关注，正如约瑟夫·奈（Joseph Nye）开玩笑所说："力量与爱情一样，体验比定义或度量起来更容易。"①

因本章目的，这里"国力"被定义为国家 A 劝说其他国家按照符合国家 A 目的和利益方式行事的能力。"影响力"，一个与国力紧密联系的概念，在这里被定义为用以说服他人的手段。因此，一国奖励顺从或惩罚不合作的能力越强，

---

* 斯蒂芬妮·G·纽曼（Stephanie G. Neuman）是比较防务研究计划（Comparative Defense Studies Program）负责人、索尔兹曼战争与和平研究所（Saltzman Institute of War and Peace）高级研究员、哥伦比亚大学（Columbia University）第三世界安全研究兼职教授。她也曾在新社会研究学院研究生系（Graduate Faculty of the New School for Social Research）和联邦军学院（西点）（United States Military Academy, West Point）任教。纽曼博士获得多项研究基金和奖学金，包括瑞典的高级富布莱特奖学金（Senior Fulbright Fellowship to Sweden, 1995）。她也曾任多家美国政府机构顾问，并于 1996～2006 年成为美国国务院防务贸易顾问组（U. S. Department of State Defense Trade Advisory Group）成员。纽曼博士在多家专业期刊编委会任职，她于 2003～2008 年担任《国际研究展望》（International Studies Perspectives）编辑顾问主席。纽曼博士在第三世界安全事务、国防工业和军火贸易多个领域发表文章。她撰写的《安全援助与政治影响》（Security Assistance and Political Influence）一书，由哥伦比亚大学出版社出版。她的论文著作包括：《国防工业与全球依赖》（Defense Industries and Global Dependency），载《世界事务期刊》（ORBIS）2006 年夏；《战争与第三世界》（Warfare and the Third World），圣马丁/帕尔格雷夫（St. Martin's/Palgrave），2001 年，与罗伯特·哈卡维（Robert Harkavy）共同编辑；《国际关系理论与第三世界》（International Relations Theory and the Third World），圣马丁（St. Martins），1998 年。

① Joseph S. Nye, Bound to Lead: The Changing Nature of American Power (New York: Basic Books, 1990), 25.

4. 力量、影响力和层级：单极世界中的国防工业

该国的力量和影响力就越大。但如何成功地将一国能力转换成有效的政策工具取决于其他国家的弱点。所以，决定一国说服能力的并不是其领土面积、财富或军力，而是其利用其他国家偏好或缺点的能力。尽管国家 A 可能比国家 B 占有更多资源，但国家 B 一定需要、希望或忌惮国家 A 确保国家 B 易受到影响的能力。这些影响其他国家的尝试是成功还是失败与环境高度相关，因此，如果存在其他可选的援助来源，政府就不易受到外部压力的影响。如果没有其他来源存在，而且不合作的成本很高，政府就倾向于遵从强国的政策要求。[1]

因此，这里有一些指引本章讨论的关于国力和影响力的假设。这里假设，全球国防工业部门在冷战后的国际体系中是关于力量分层的一个非常准确的指标。如同在整个体系中一样，美国在防务领域也扮演着主导者角色。它是美国政策制定者所利用的一种比较优势，用来影响其他国家的对外政策行为。但奇怪的是，国防工业部门作为一种政策工具，至今并未受到多少监督，尽管它不仅反映国际秩序，还往往为美国政府提供无与伦比的影响力。因此，有人认为，国防工业部门在美国的政治手段中是一种强有力的外交工具，即便这一点还没有得到公认。

全球国防工业部门重组

国防工业收缩和全球化

随着冷战结束后人们感知到的传统威胁减少，主要武器生产国削减了国防预算，放缓了主要武器项目的进度。在许多国家，如西方和第三世界国家[2]，军事工业生产大幅削减，关闭了一些生产线。自 20 世纪 90 年代中期以后，通过一系列并购（Mergers and Acquisitions, M&A），世界国防工业部门变得更为集中，尤

---

[1] 关于这一点，参见 Thad Dunning, "Conditioning the Effects of Aid: Cold War Politics, Donor Credibility, and Democracy in Africa", *International Organization* 58 (Spring 2004): 409 ~ 423; Steven Levitsky and Lucan A. Way, "International Linkage and Democratization", *Journal of Democracy* 16, No. 3 (2005): 21 ~ 22。邓宁（Dunning）讨论了冷战后非洲的民主化前景，以及收回外国援助以惩罚不服从威胁的可信性，他认为，"来自苏联的地缘战略威胁消失了，这已使得西方捐赠者撤回援助的威胁变得更为可信。"（Dunning, "Conditioning the Effects of Aid", 42）

[2] 在冷战期间，发展中国家、欠发达国家、不发达国家、第三世界国家和南半球国家这些术语一般指非洲、中东、拉丁美洲和亚洲（不包括澳大利亚和新西兰），这些被认为是经济不发达地区。随苏联解体，这些术语对于不同的人而言含义也不同了。学者们讨论每个术语的恰当性，而每一个都有不同意见。本章使用的"第三世界国家"指的就是所有上述地区（不包括澳大利亚和新西兰），再加上苏联。

其在美国，独立的主承包商数量从 20 家减至 4 家。① 伴随这些变化而来的是国防出口部门的快速全球化以及跨国防务公司的出现，在西方国家子承包商这一层次上尤为如此。②

但即使并购是国防工业全球化的一种度量方法，全球化的特征与程度也存在相当大的差异。斯德哥尔摩国际和平研究所指出，美国的国防工业部门选择了某种类型的全球化和跨国行动，而避免了其他一些类型。尽管美国渴望利用国外的技术资源，但它同时努力避免使自己过于依赖外国供应商。事实上，美国国防部进行的研究发现，美国对外国武器来源的依赖性是有限的，进口武器对军事或美国国防工业基础的战备状态仅有微不足道的影响。2006 财年，五角大楼只有 2.4%（19 亿美元）的国防物品和零部件采购合同交给了国外供应商，这还不到五角大楼全部合同的 1%。③

几乎没有迹象表明这一点在未来会发生改变。自"9·11"事件后，美国的军费开支已侧重于信息技术、监控、通信及相关系统，它们中很多都要求"高安全水平"④。仅从这一点看，一些观察家认为，如今美国政府更不倾向从国外

---

① David Kirkpatrick,"Trends in the Costs of Weapon Systems and the Consequences", *Defence and Peace Economics* 15, No. 3(June 2004):271.

② 学者和分析家以多种方式定义了"全球化"这个概念。在这里的讨论中，"全球化"是指国防工业部门通过贸易、资金流动、跨国并购以及知识和技术跨国传播所带来的日益一体化。关于其他定义，参见 International Monetary Fund Staff,"Globalization:Threat or Opportunity?"April 12,2000(2002 年 1 月修改), http://www.imf.org/external/np/exr/ib/2000/041200 to.html; Sheila L. Croucher, *Globalization and Belonging: The Politics of Identity in a Changing World*(Oxford:Rowman & Littlefi eld,2004); Jagdish Bhagwati, *In Defense of Globalization*(Oxford,New York:Oxford University Press,2004).

③ U. S. DoD,Office of the Under Secretary of Defense Acquisition,Technology,and Logistics Industrial Policy,"Annual Industrial Capabilities Report to Congress"(U. S. DoD,2008),11,http://www.acq.osd.mil/ip/docs/annual_ind_cap_rpt_to_congress-2008.pdf(2008 年 7 月访问)。美国的商业集团已对这些数据表示质疑。一名发言人称，国防部"没有花过多精力跟踪（美国对）外国的依赖度或工业一体化的影响"。他指出，政府责任署（Government Accountability Office, GAO）发现，"'国防部没有考虑来自这种公司的采购，它位于美国但被一家外国母公司所拥有，因此是外国公司。'即使这样的公司极有可能通过它们的母公司采购国外的零部件。"见 William R. Hawkins(senior fellow,U. S. Business and Industry Council), testimony, *U. S. -China Commission Hearing on China's Proliferation and the Impact of Trade Policy on Defense Industries in the United States and China*, July13,2007, http://www.uscc.gov/hearings/2007hearings/transcripts/july_12_13/william-hawkins.pdf(2008 年 8 月访问)。

④ Terrence R. Guay, *Globalization and Its Implications for the Defense Industrial Base*(Carlisle,PA:Strategic Studies Institute,U. S. Army War College,2007),9.

4. 力量、影响力和层级：单极世界中的国防工业

采购大量武器，也不希望美国企业在开发主要武器系统上同外国伙伴进行合作。① 结果，外国企业——可能除了英国的企业以外②，发现他们自己在获取五角大楼和安全合同方面处于竞争劣势。例如，美国空军于2008年决定与诺斯罗普·格鲁曼公司（Northrop Grumman）和欧洲宇航防务集团签订一项350亿美元的合同生产空中加油机，结果引致一些美国国会议员和军事分析家的强烈批评，他们担心这种新型飞机会在欧洲进行设计和生产。③ 截至本文写作时为止，美国国防部重启了对空中加油机合约的竞争，仍尚未做出最后决定。正如斯德哥尔摩国际和平研究所所指出的，在美国，既朝向又远离国防工业全球化是一种政策趋势。

将"全球化"这个词应用于欧洲国防工业同样存在问题。在欧洲内部，跨国活动并没有活力，自给自足、独立自主/安全考虑仍是一个显然无法超越的理由。20世纪90年代后期，由于美国国防工业合并，欧洲防务企业在其影响之下如法炮制。大部分欧洲航空航天和国防电子部门确实合并成了跨国企业，如英国宇航系统公司、欧洲宇航防务集团、泰利斯（Thales）、芬梅卡尼卡集团（Finmeccanica）。其他部门，如陆地车辆、海军船厂、飞机引擎没有合并。例如如今，欧洲有20家海军造船厂和23座海军码头，相比而言，美国只有两家公司生产军舰，有六座海军码头。④

此外，在协调采购或达成成功的武器合作项目方面几乎没有进展。正如欧洲防务局（European Defence Agency, EDA）主席哈维尔·索拉纳（Javier Solana）所指出的，在供给和需求两方面都是极度分散化的，成员国之间几乎没有国际合作，只有不到5%的欧洲研发预算是以合作方式使用的。索拉纳引用了进行中的或即将

---

① David W. Thornton, "Consolidating the Defense-Industrial Base in the Post-Cold War Era: Budgetary Priorities and Procurement Policies in the U. S. and Western Europe", *Public Finance and Management* 7, No. 3 (2007): 297.

② 美国和英国之间的防务贸易反映了美国赋予其"忠实同盟者"的特惠待遇，参见下面文献的第135页。根据美国责任署统计，在2004~2006年签署的1960项美国国际武器贸易条例（U. S. International Traffice in Arms Regulations, ITAR）豁免证书中，有900项是签发给英国的。U. S. Government Accountability Office. Report to the Chairman, Committee on Foreign Affairs, House of Representatives. *Defense Trade: Clarification and More Comprehensive Oversight of Export Exemptions Certified by DOD are Needed*. GAO – 07 – 1103, September 2007, 12.

③ Leslie Wayne, "US-Europe Team Beats Out Boeing on Bit Contract", New York Times, March 1, 2008; Dov S. Zakheim and Ronald T. Kadish, "One-Stop Defense Shopping", *Washington Post*, April 28, 2008.

④ Guay 13.

开始的 23 项独立的国家级装甲作战车辆（armored fighting vehicles）项目，欧盟（EU）成员国之间几乎没有任何合作。[①] 尽管欧洲防务局成立于 2004 年，[②] 用当前欧洲领导人的政治语言来讲，到目前为止，构建共同的国防工业基础的希望以及实现欧洲采购要求合理化的目标尚未实现。自 2006 年 7 月至 2008 年 7 月，跨国活动还不到通过欧洲防务局电子公告板达成合同的 1/4，而建立在线平台是为了加强欧盟内部的防务贸易。[③] 据一名欧盟议员观察："外国供应商仅得到欧盟成员国支出在防务物品上的 910 亿欧元（约 1266 亿美元）中的 13%。"[④] 大多数欧洲政府不愿看到本国的防务公司被外国企业收购，也丝毫没有迹象表明他们愿为军事工业合理化和一体化的利益，停止保护本国国防工业。[⑤]

我们对第三世界国家的国防工业知道的就更少了，可以说，毫无意外，它们更少地参与到国防工业全球化进程中。对大多数第三世界国家政府而言，与西方国家中的政府一样，独立自主/安全考虑破坏了他们对外国拥有本国军火工业或跨国国防工业并购的热情。[⑥] 对大多数第三世界国家而言，建立和维护一个新生的国防工业基础是首要选择。

但是，国防工业未来出口市场的前景毋庸置疑是全球化的。裁军在继续，国内军事市场在萎缩，世界各地的军火生产商希望通过国际市场实现其产品的规模经济，并挣得外汇支持其工业发展。[⑦] 美国可能是个例外，在未来时间里，国内

[①] Elizabeth Sköns, Sibylle Bauer and Eamon Surry, "Arms Production", *SIPRI Yearbook* 2004 (Oxford: Oxford University Press, 2004), 405~410; James Murphy, "EU Calls for Closer Coordination of Defense Projects", *Jane's Defence Weekly*, June 1, 2005. 还可参见 Keith Hartley, "Collaboration and European Defense Industrial Policy", *Defence and Peace Economics* 19, No. 4 (2008): 303~315。

[②] 成立欧洲防务局是为了发展防务能力，促进国防研究和技术（Research and Technology, R&T）及军备合作，加强欧洲的国防工业基础，建立一个竞争性的欧洲国防装备市场，它在 2009 年有 26 个成员国。2005~2009 European Defense Agency Information Site (http://www.eda.europa.eu)。

[③] Gerrard Cowan, "EDA reveals cross-border deal details", *Jane's Defence Industry*, January 22, 2009。

[④] Julian Hale, "EU Parliament to Vote on Opening Market", *Defence News*, October 3, 2008。

[⑤] Sam Perlo-Freeman and Elizabeth Sköns, "Arms Production", *SIPRI Yearbook* 2008 (Oxford: Oxford University Press, 2008), 271~275; "Ever Closer Union? The Future", *Jane's World Defence Industry*, January 17, 2008。

[⑥] 例如，印度政府限定印度国防工业中的外商直接投资不能超过 26%，见 Jon Grevatt, "Indian Industry Repeats Call for Lower FDI Limit", *Jane's Defence Industry*, May 2, 2008。

[⑦] 1980~2000 年，北约国家平均裁减军队规模 30%。参见 Philippe Manigart, "Restructuring the Armed Forces" 和 "Table 19.4: Force Reduction among NATO Countries (1980~2000)", in *Handbook of the Sociology of the Military*, ed. Giuseppe Caforio (New York: Kluwer Academic/Plenum Publishers, 2003), 331~332。裁军已成为世界性趋势，各国政府希望通过更小规模、更灵活、更精简及更熟练的武装力量，获得经济利益和军事优势。

4. 力量、影响力和层级：单极世界中的国防工业

的国防工业界可能会认为，与外国市场相比，他们自己的军队不再是那么重要的客户了，这种情况在某些国家已经发生。俄罗斯的军事工业在 2004 年仅满足本国军队需求的 10% ~ 15%，出口占俄罗斯主要国防工业生产量和收入的 70% ~ 90%。尽管国内采购在增长，出口订单也一直占据俄罗斯主要防务企业销售量的 60% 左右。他们获得的这些销售和收入是如此可观，以至于某些研发和生产项目都是专门针对国外客户，而非根据俄罗斯自己的军事需求制定。《独立军事评论》（*Independent Military Review*）主编维克多·李托维奇（Victor Litovkin）在《俄罗斯独立报》（*Nezavisimaya Gazeta*）上写道，近几年，超过 700 辆 T-90C 坦克输送到了印度，而俄罗斯陆军接收的只有 90 辆。中国、阿尔及利亚、委内瑞拉、印度尼西亚和其他国家都获得了苏霍伊（Sukhoi）战斗机，俄罗斯空军却一架也没有。他提到，对直升机、大炮系统、柴油潜水艇和水面舰艇同样如此。①

在法国和以色列，出口收入也远高于国内销售收入。法国军方已对此表示担忧，是出口需求而非（国内）武装力量需求在引导国内军火生产。在以色列，军方已成为大多数国防工业的次要客户，出口占其收入的 70% ~ 80%，这与美国的市场正好相反。②

军事转型（Military Transformation）

另一个影响国防工业重组的因素是美国国防理念的改变。为了应对感知到的新安全威胁和生机勃勃的技术创新，这种新的"转型"理念旨在使裁减后的美国军队更好地应对小型、复杂和非传统突发事件。它的目标是扩大各部队之间的交流，以达到更高程度的实时目标采购，更长距离的投射能力，加强部队机动能力，提高武器的精准性和杀伤力。转型的核心目标是网络中心战概念，它是将传

---

① Victor Litovkin,"The Achilles Heel of the Defense Industry,Special to *Russia Profile*",July 1,2008,http://www. russiaprofile. org. 还可参见 Stephen J. Blank,"Rosoboroneksport:Arms Sales and the Structure of Russian Defense Industry"(Carlisle,PA:Strategic Studies Institute,U. S. Army War College,2007),35,64;"Moscow Defense Brief",November 2008,http://mdb. cast. ru/mdb/2 - 2006/item2/item2/;International Institute for Strategic Studies(IISS),"Russia's Defense Industry",*Strategic Comments* 13,No. 8(2007)。

② Keith Hayward,"'I Have Seen the Future and It Works':The U. S. Defense Industry Transformation:Lessons for the UK Defense Industrial Base",*Defence and Peace Economics* 16,No. 2(April 2005),127;Sharon Sadeh, "Israel's Defense Industry in the 21st Century:Challenges and Opportunities",*Strategic Assessment*,December 2004;Barbara Opall-Rome,"Israeli Exporters Hedge Against Declining Dollar",*Defense News*,August 4,2008;Pierre Tran, "Fewer Rafales? France Plans to Trim Order,Put Money into Plane's Export Appeal",*Defense News*,January 23, 2006。

感器、通信系统和武器装备连接成一个统一的网络，使得上至各层次指挥和控制部门，下至每个士兵都能了解战场全貌。①

全面连接这个概念有赖于众多先进电子和信息技术，以及专业服务和技术支持，这也激发了来自民间防务组织和军事部门的大量需求。在美国，传统国防与国内安全之间的界限越来越模糊，国土安全和军队对许多相同武器系统的需求已扩大了这些新型两用技术的国内市场。②

经济压力同日益变化且更为复杂的安全威胁一起，已导致其他国家政府裁减军队和国防工业规模，并使之现代化。他们也在寻求类似的两用技术以巩固其军队和国内的防务力量。但是，考虑到所需生产技术的先进性和复杂性，几乎没有哪个国家（地区）的国防工业有能力生产它们。在东亚，例如日本、韩国、新加坡、中国台湾和中国，在军事转型的尝试中，只在较低程度上将先进的计算机、通信设备和传感器与精确制导武器整合在一起。东亚各国的国防工业也还在合并、私有化和国际化的进程中。但尽管他们努力减少对国外供应商的依赖，东亚国家发现，他们在大多数先进技术方面仍依赖西方国家，尤其是美国。③

成本增长

随着武器世代的相继更替，价格不断升高目前仍是大多数政府面临的另一项挑战。自第二次世界大战结束后，价格增长率保持相对稳定，军事装备的单位生产成本平均每年上涨 5% ~ 10%。④ 但与成熟武器（如步枪和机枪）的价格相

---

① Nancy J. Wesensten, Gregory Belenky and Thomas J. Balkin, "Cognitive Readiness in Network-Centric Operations", *Parameters*, Spring 2005, 94; Lawrence Freedman, "The Revolution in Strategic Affairs", Adelphi paper 318 (Oxford: Oxford University Press 1998), 110.

② 例如，许多传统防务公司现在为军用和民用航线提供导弹防御服务。参见 David Mulholland, "Homeland Defense Market Grows", *Jane's Defence Weekly*, August 25, 2004。

③ Susan Willett, "East Asia's Changing Defense Industry", *Survival*, Autumn 1997. Richard A. Bitzinger, "China's Military-Industrial Complex: Is It (Finally) Turning a Corner?" *RSIS Commentaries*, November 21, 2008.

④ David Kirkpatrick, *Trends in the Cost of Weapon Systems, And the Consequences*, 后冷战时期预算与开支选择会议 (the conference Budgets and Expenditure Choices in the Post-Cold War) 会议论文，会议由乔治·C·马歇尔安全研究欧洲中心 (the George C. Marshall European Center for Security Studies) 与北约经济学董事会 (NATO Economics Directorate) 资助，2003 年 9 月 15 日至 18 日召开。Controlling Costs in Tactical Aircraft Programs: CDI Congressional Testimony on the FA-22 引用了这篇文章。克里斯托弗·赫尔曼 (Christopher Hellmann) 准备的证词要提供给众议院改革委员会 (the House Government Reform Committee)、国家安全小组委员会 (Subcommittee on National Security)、新兴威胁和国际关系听证会 (Emerging Threats and International Relations Hearing on)，Controlling Costs in Tactical Aircraft Programs, April 11, 2003, http://www.cdi.org/mrp/fa22.cfm，亦可参见 Kirkpatrick, Trends in the Costs of Weapon Systems, *Defence and Peace Economics*, 267。

4. 力量、影响力和层级：单极世界中的国防工业

比，它们的价格增长较为缓慢，新技术价格的上涨要快得多。① 这不仅因为生产成本上涨，还因为军队需要研发更为密集、操作更为复杂的装备，维护过程也需要更为训练有素的人员和更贵的零部件。尽管使用了不那么贵、商用现货零部件代替那些专为军队设计的零部件，但新式武器和军事技术的成本仍不断上涨。由于先进武器价格攀升且国防预算削减，除了美国以外，几乎没有其他国家能够负担与网络为中心战相联系的多种新式作战平台和技术。②

因此，经济转型是防务计划者面临的一个主要困境，他们意识到武器系统储备数量已不再是军力或效能的可靠指标了。如今，据估计，传感器和通信系统的电子网络可使单个武器系统的效能扩大 10 倍，因为它提供了更广阔的战场范围，允许更有效地部署部队，提高了作战时效性，并减少了自相误杀。③ 但是，建立和维持这样一个网络的成本是巨大的，如果国防预算较少，则没有国家能够支付得起它。

商业化/私有化

过去，在商业和军事系统所使用的技术间存在巨大差异，这一点如今也在改变。随着民用经济里科技创新步伐加快，大部分武器生产国④的军事组织已转向包括国内和国外的商业部门，以寻求两用技术和突破性的科学发现。这么做也是对冷战后通过降低军事开支实现经济效率的政治压力的一种回应，负责采办、技术与后勤的美国前国防部次长雅克·甘斯勒（Jacques Gansler）在 2000 年一个旨在推进国防部两用科学和技术项目（Dual-Use Science and Technology Program，

---

① 柯克帕特里克（Kirkpatrick）认为，"在一般用途的'哑炮'到远程空对地制导导弹，成本增加了三个数量级"。参见 Kirkpatrick,"Trends in the Costs of Weapons Systems",263。

② 战斗机行业只是一个例子。美国 F-35 和 F-22 是设计在网络电子环境下作战使用的隐形战斗机。配备了最先进的雷达、传感器、航空电子设备，据称这些第五代战机具备率先观测、率先发射、率先杀伤的能力。但对大多数政府而言，开发成本超出承受能力。例如，据估计，F-22 项目在工程、制造和开发阶段的总成本为 697 亿美元。据估算，F-35 的总开发成本大约为 450 亿美元。一名分析人士指出："如果你在今天看一看，全世界只有 7 家战斗机生产商。而我的观点是，在未来三到五年，可能只有 5 家会存在。"见 Andrew Chuter,"Brazil, India Hold Fate of Gripen, Other Jets", *Defense News*, June 01, 2009。还可参见 Tony Capaccio,"GAO Says Joint Strike Fighter Cost is Rising", *Washington Post*, March 12, 2008;"F-22 Raptor Cost", *Global Security. org*，最后修改于 2008 年 1 月 21 日。

③ Kirkpatrick,"Trends in the Costs of Weapons Systems",268。

④ 据斯德哥尔摩国际和平研究所分析，中国、欧洲、俄罗斯和美国占据了国防工业生产的绝大部分。参见 Sköns Bauer and Surry, SIPRI Yearbook 2004,389。

S&T）的会议上提出了这一观点。① 他强调，美国军队需要利用商业世界中的效率、创新、减少的周期时间以及较低的技术成本，以形成规模经济，享受成本大幅降低带来的收益。其他国家，例如英国，已引入了类似的激励机制以鼓励军事和私人部门合作。英国国防部主张，"尽管国防工业可能会在某些代表性的军事应用上继续领先，但未来大部分技术创新将源于商业部门。"②

目前，为了满足向私人企业外包某些类型商品和服务的军事需求，一些新的实体也在创建之中，之前由现役军人或国防部工作人员承担的许多各种不同的军事服务现在委托给了私人军事公司，这种趋势在美国和英国最为明显，但在其他国家也已出现。③ 在美国，尽管大量其他商业公司也在积极地参与，但通过兼并或伙伴合作方式，许多传统的防务承包商已在这一市场立足。私人企业提供的服务一般来说范围广泛，包括提供装备支持、训练、维修、物流管理以及战区的武装保安，为国防部和其他部门提供行政援助。

有两个因素促使美国军队越来越依赖于私人公司，特别是在提供服务方面：五角大楼相信，使用民用部门比现役人员花费会更少，而且军队人力资源并不充足。自20世纪90年代开始的裁军使军队经常没有足够的现役人员去承担所有分配给它的任务，更没有足够受过培训的人员去使用和保障以商业用途为目的设计的尖端技术了。现在需要私人公司提供大量技术填补这些缺口，尤其是在战区。自2003年以来，用以保障美军的私人承包商数量前所未有地增长了。在1991年海湾战争期间，大约有9000个民间承包商服务于50万现役人员的军队，这相当于大约每一个承包商保障55名士兵。截至2007年，在伊拉克为美国服务的私人承包商数量据报道超过了驻扎于此的16万美军作战军队。④

私人公司与欧洲军事部门的整合进程缓慢且不均衡。在英国，私人承包

---

① 两用科学和技术项目为鼓励商业承包商参与军事服务合作以及整合商业产品需求提供激励。每个项目均由五角大楼（25%）、军种部门（25%）和商业参与者（50%）资助。参见美国国防部新闻稿，"Defense Science and Technology Seminar on Emerging Technologies, Dual-Use Technology", Arlington, VA, March 10, 2000.

② Hayward, "I Have Seen the Future and It Works", 138.

③ Sam Perlo-Freeman and Elisabeth Sköns, "Arms Production", SIPRI Yearbook 2008: Armaments, Disarmament and International Security (Oxford: Oxford University Press, 2008), 263.

④ 对在伊拉克的承包商数量的估算存在差异。据《洛杉矶时报》（Los Angeles Times Survey）调查，2007年，在伊拉克的民间承包商有18万，其中美国承包商2.1万，外国承包商4.3万，伊拉克承包商大约11.8万。见 T. Christian Miller, "Contractors Outnumber Troops in Iraq", Los Angeles Times, July 4, 2007. 还可参见 Nathan Hodge, "High Risk, High Return? Private Security Contractors", Jane's Defence Weekly, July 7, 2008.

4. 力量、影响力和层级：单极世界中的国防工业

商作为军队服务提供商的作用一直在稳步增长。截至2006年，英国私人安全公司仅在伊拉克和阿富汗拿到的合同总计就达19亿美元（10亿英镑），并在这两个国家雇用了2.1万人。尽管德国紧随美国和英国之后，正在尝试引入私人部门，但其他欧洲国家在军事职能外包方面仍落在了后面。①

第三世界国家一体化的步伐则更为缓慢，差异也更大。我们对第三世界国家军事部门使用私人承包商的情况知之甚少，防务公司由国家所有是主流。例如，在印度，尽管政府有意愿，但私人防务部门每年仅能得到国家采办预算的9%，印度九大防务公司均为国有。② 在俄罗斯，除了一家公司[伊尔库特（Irkut）]外，所有的主要军火生产公司均为政府所有，近500家军工企业被宣布没有资格进行私有化。③ 至于以色列，目前有65%的国防工业是国家所有的，进行私有化已被证明是相当困难的。大多数私人部门的执行官和以色列国防部都一致认为，为以色列膨大的国防工业基础进行瘦身的最佳方式是私有化，并允许以色列防务企业在公开市场中竞争，然而政府基于安全考虑并不愿意这么做。④ 即便如此，大约1/3的以色列国防工业基础是由私有企业构成的，通过并购进行的一系列企业合并也正在进行。⑤ 虽然私营企业与军事部门整合进程在一些国家要比其他一些国家缓慢，但它还在积聚势头，越来越多的政府正在努力把私人公司整合进国防工业部门。随着各国军队规模继续缩小，在战区对军事人员的需求不断增加，可以预见，政府将会更多地依靠承包商填补在国内外的这些缺口。据分析家辛格（P. W. Singer）估计，全球私人军事和安全公司每年的总收入约为1000亿美元，而且在快速增长。⑥

---

① Andrew Chuter, "UK MoD Turns Increasingly to Partnerships", *Defense News*, April 12, 2004; David Mulholland, "Briefing-German Industry-Feeling the Squeeze", *Jane's Defence Weekly*, March 30, 2005; Richard Norton-Taylor, "Fears over Huge Growth in Iraq's Unregulated Private Armies", *The Guardian*, October 31, 2006.

② Jane's Special Report, "Indian Defence and Security-Industry-Forces and Future Trends", July 14, 2000; *Jane's World Defence Industry*, "India-Defense Industry", June 5, 2008.

③ Elizabeth Sköns and Eamon Surry, "Arms Production", *SIPRI Yearbook* 2005 (Oxford: Oxford University Press), 2005, 401; Integrum, "Facts and Information on the Defense Industry of Russia", April 30, 2008 http://www.integrum.com (2008年6月20日访问）。

④ Barbara Opall-Rome, "Israeli Moves Pit Private Against State-Owned Firms", *Defense News*, January 3, 2005; Alon Ben-David, "Interview: Ilan Biran, Chairman of Rafael Advanced Defense Systems", *Jane's Defence Weekly*, May 23, 2008.

⑤ Sadeh, "Israel's Defense Industry in the 21st Century".

⑥ 参见 P. W. Singer, "The Dogs of War Go Corporate", *London News Review*, March 19, 2004；以及"Private Military Firms", *Encarta Online Encyclopedia* 2008, http://encarta.msn.com (2008年6月21日访问）。

新的商业企业进入国家防务部门引出了一些难题，即用什么来区别国防工业和它们的商业对手。在如今的多元化市场中，如何定义军事技术？在危机时刻，政府如何确保他们自己拥有军事装备和服务的来源？政府有可能控制应用于军事的商业技术的扩散吗？这些问题不仅对国防工业生产和采办有重要意义，还影响武器控制体制，以及未来军事效能与战备情况。到目前为止，政府还基本没有找到解决这些问题的答案。①

武器出口

冷战结束后，国防预算削减使全球军火市场规模显著减小并更为集中。在 1999～2002 年和 2003～2006 年，全球武器交付的总价值量下降了 17%。在这段期间内，美国大约占该时期武器交付总量的 40%。第二大和第三大武器出口国俄罗斯和英国，分别交付了总量的 15% 和 14%。2006 年美国一国的出口额超过了世界军事装备与服务总额的一半（140 亿美元）（见表 4.1）。②

自 2006 年以来，美国武器出口一直持续上升。为了重新装备伊拉克和阿富汗，牵制朝鲜和伊朗，巩固与苏联盟国的关系，维持反恐战争，据报道美国在 2008 年将价值 320 亿美元的武器和军事装备销售给全球大部分国家的政府，包

---

① 美国正在努力解决这些问题。在与英国和澳大利亚的贸易条款中包含着苛刻的实施安排，旨在消除大多数向政府"认可的团体"签发许可的要求，私人企业鲜明地体现了美国政策制定者对安全的担忧。例如，澳大利亚－美国条约中的一项条款要求澳大利亚公司具有机密的结关手续，以有资格获得条约的许可豁免。如果有明显迹象表明与来自美国国际武器贸易条例中列明不符合要求的国家的人员有联系，澳大利亚还必须接受背景审查。澳大利亚的国防贸易条约类似于美国与英国在 2007 年签订的协议。见 William Matthews,"Australia-U. S. Trade Pact is Full of Restrictions", Defense News, March 31, 2008。尽管这两项条约都于 2007 年签订，但到目前为止还没有一项被美国参议院批准。参议院对外关系委员会（the Senate Foreign Relations Committee）在 2008 年 9 月推迟批准这两项条约，理由是"有太多悬而未决的问题"，这两项条约的命运仍未可知。对外关系委员会前主席约瑟夫·拜登（Joseph Biden）（现任美国副总统）和委员会中的少数派、参议员理查德·卢格（Richard Lugar）继续支持这两项条约，美国的一些评论员在 2009 年也表达了对批准两项条约的乐观态度。见"Editorial, ITAR Treaties Keep Moving", Defense News, September 22, 2008。英国对此表示了极大担忧，英国航空航天公司协会（the Society of British Aerospace Companies, SBAC）的一位发言人谈到奥巴马政府"购买美国货"（Buy America）政策时说道："我们担忧的是如果存在的趋势是保护主义……这会影响关于条约的谈判吗？"，见 Keri Wagstaff-Smith,"'Buy America' plan raises fears for trade treaty", Jane's Defence Industry, February 2, 2009。

② Richard F. Grimmett, Conventional Arms Transfers to Developing Nations, 1999～2006, 2007 年 9 月 26 日提供给国会的研究服务报告，表 2.40。需要注意的是，这篇报告没有包括美国商业用途许可的武器出口交付值，因此美国出口的真实值比这里给出的要高得多。

表 4.1　1999~2006 年面向全世界的武器交付量：主要供应国对比情况

（2006 年不变美元价格，百万美元）

供应国	1999~2002年武器交付值（美元）	占1999~2002年全世界交付量的百分比	2003~2006年武器交付值（美元）	占2003~2006年全世界交付量的百分比	1999~2002年到2003~2006年的变化率	1999~2006年武器交付值（美元）	占1999~2006年全世界交付量的百分比	2006年武器交付值（美元）	占2006年全世界交付量的百分比
美国	57640	39.8%	50032	41.7%	-13.20%	107672	40.56%	14008	51.87%
英国	21813	15.06%	14103	11.69%	-35.35%	35916	13.53%	3300	12.22%
俄罗斯	19041	13.15%	19713	16.34%	3.53%	38754	14.60%	5800	21.48%
法国	11744	8.11%	11053	9.16%	-5.88%	22797	8.59%	400	1.48%
德国	5969	4.12%	5780	4.79%	-3.17%	11749	4.43%	1000	3.70%
中国	3767	2.60%	3381	2.80%	-10.25%	7148	2.69%	700	2.59%
意大利	2254	1.56%	1071	0.89%	-52.48%	3325	1.25%	100	0.37%
所有其他欧洲国家	14217	9.82%	9219	7.64%	-35.16%	23436	8.83%	1200	4.44%
所有其他国家	8377	5.78%	6303	5.22%	-24.76%	14680	5.53%	500	1.85%
总数	144822	100.00%	120655	100.00%	-16.69%	265477	100.00%	27008	100.00%

资料来源：Richard F. Grimmett, *Conventional Arms Transfers to Developing Nations*, 1999-2006, CRS report for Congress, September 26, 2007, Figure 2, 40, and Table 9A, 86。注意，这篇报告没有包括美国以商业用途许可的交付武器出口值，因此美国出口的真实值比这里给出的要高得多。

括：中东、北非、亚洲、拉丁美洲、欧洲和加拿大。此外，随着阿根廷、阿塞拜疆、巴西、格鲁吉亚、印度、伊拉克、摩洛哥和巴基斯坦的新加入，依赖美国作为最主要武器系统来源国的数目增加了。① 如果说军火贸易更全球化了，那实际是美国的武器已经变为最全球化的了。

一个单极全球化的国防工业部门

这些趋势都共同凸显出美国在世界国防工业部门的主导地位。2006 年美国

---

① Eric Lipton, "With White House Push, U.S. Arms Sales Jump", *New York Times*, September 14, 2008.

的国防开支（5360亿美元）是最接近他的竞争者的5~8倍，与之相比世界其他国家的军费开支都相形见绌。① 美国是全球国防预算最多的国家，也是最大的军事市场。2006年五个主要欧盟国家（英国、法国、德国、意大利和西班牙）的国防支出总额仅占美国的1/3（见表4.2）。美国在2007年花费1263亿美元用于购买国防装备和服务。相比之下，欧盟25个国家仅用了他的1/3。在该年度，英国、法国、德国、瑞典、西班牙和意大利总共花费了362.7亿美元。②

表4.2　　　2006年国防开支超过100亿美元的（17个）国家排名

（当前美元价格，10亿美元）

国　家	价值 （10亿美元）	占美国的百分比	占17个国家总和的百分比	占全世界的百分比
美国*	535.9	100.00%	48.3%	41.29%
中国[1]	121.9	22.75%	11.0%	9.39%
俄罗斯	70.0	13.06%	6.3%	5.39%
英国	55.4	10.53%	5.0%	4.27%
法国[2]	54.0	10.08%	4.9%	4.16%
日本*	41.1	7.68%	3.7%	3.17%
德国[2]	37.8	7.05%	3.4%	2.91%
意大利[2]	30.6	5.72%	2.8%	2.36%

---

① 对中国国防开支实际美元价值的估算每年都产生相互矛盾的结果。2006年数据，从官方的中国白皮书《2006年中国国防》中的350亿美元（中华人民共和国国务院新闻办公室，2006）变化到国际战略研究所（IISS）的1220亿美元（参见表4.2）。2007年关于中国军费开支的争论还在继续。美国国防部表示，尽管中国公布的2007年军费为462.1亿美元，但中国人民解放军在该年度实际享有的资金应该在970亿美元到1390亿美元。这些数字包括中国不列入军费开支的活动，如海外采购、中国的核项目、国防工业补贴及其他各省对解放军的支持。见 Jane's Defence Weekly, "Power to the People: China's Military Modernization, Part One", June 21, 2008.

② Jane's Defence Weekly, "Reflecting Change: 2007 Annual Defense", December 26, 2007, 对2008年美国预算的估计。Department of Defense, Budget of the United States 2008, http://www.whitehouse.gov/omb/budget/fy2008/defense.html; Keri Smith, "Solana Warns Europe on Niche Status", Jane's Defence Weekly, February 7, 2007.

4. 力量、影响力和层级：单极世界中的国防工业

续表

国　家	价值 （10亿美元）	占美国的百分比	占17个国家总和的百分比	占全世界的百分比
沙特阿拉伯[3]	29.5	5.51%	2.7%	2.28%
韩国**	24.6	4.59%	2.2%	1.90%
印度	22.4	4.18%	2.0%	1.73%
澳大利亚	17.2	3.21%	1.6%	1.33%
巴西***	16.2	3.02%	1.5%	1.25%
加拿大	15.0	2.79%	1.3%	1.15%
西班牙***	14.4	2.69%	1.3%	1.11%
土耳其	11.6	2.17%	1.0%	0.90%
以色列	11.0	2.06%	1.0%	0.85%
17个国家总计	1108.7		100.0%	85.43%
世界总计	1297.8			100.00%

[1] 中国官方公布的2006年国防预算为350亿美元，不包括多种类别的支出，包括对战略力量、海外采购、与军事相关的研发，以及预备役部队的支出。上表数据是国际战略研究所（the International Institute for Strategic Studies，IISS）对2006年实际国防支出的估算。

[2] 包括军队养老金。

[3] 国防预算（包括防务和安全预算）。

* 不同来源的美国国防开支的数据略有不同。例如，在斯德哥尔摩国际和平研究所的军费开支数据库中，这个数字是5460亿美元（2006年美元价格）（2008年6月3日访问）。

** 国防预算。

*** 包括军队养老金和额外预算支出。

资料来源：International Institute for Strategic Studies（IISS），*The Military Balance* 2008（London, 2008），Table 37, "International Comparisons of Defense Expenditure and Military Manpower, 2004~2006", 443~448。

美国国防工业的相对规模和生产能力同样均具压倒性优势。2006年，41家美国公司占据世界前100大国防工业企业军火销售总额的63%（见表4.3）。美国不仅生产全系列的防务系统，还是先进的系统集成与尖端技术的世界领跑者。2002年美国的军事研发开支超过欧洲的3倍。一份法国国防部的报告就日益扩大的差距抱怨道，"现在对欧洲而言相当于技术裁军，后果已经是显而易见的

了"。从那以后，这种差距又扩大了。截至2006年，美国军事研发支出（720亿美元）是所有欧洲国家的5倍（146亿美元，见表4.4）。[①]

表4.3 按所在国（地区）排列的100大军火生产公司及2006年军火销售总额

（当前美元价格，10亿美元）

国家/地区 **	公司数量	2006年军火销售额（当前美元，10亿）***	占全球军火生产的比例
美国	41	200.2	63.4
西欧	34	92.3	29.3
英国	11	37.3	11.8
法国	6	19.5	6.2
跨欧洲（EADS）	1	12.6	4.0
意大利	5	11.0	3.5
德国	5	6.1	1.9
西欧其他国家	6	5.8	1.8
俄罗斯	8	6.1	1.9
日本	4	5.2	1.7
以色列	4	4.6	1.5
印度	3	3.5	1.0
加拿大	1	0.5	0.2
其他国家	5	3.2	1.0
总数	100	315.6	

** 由于缺乏可靠数据，中国被排除在斯德哥尔摩国际和平研究所前100大军火生产企业之外。但据斯德哥尔摩国际和平研究所观察，"如果数据可获得的话，中国的武器生产企业几乎肯定可被包括在斯德哥尔摩国际和平研究所前100大军火企业中"。

*** 斯德哥尔摩国际和平研究所利用来自军火销售的数据作为每年武器生产值的近似，参见斯德哥尔摩国际和平研究所武器生产数据库中的"数据来源和方法"。

资料来源：SIPRI Arms Production Database：Top 100 arms-producing companies. http：//www.sipri.org/contents/milap/milex/aprod/sipridata.html. （2009年1月17日访问）

[①] J. A. C. Lewis,"France：Europe Faces R&D Crisis", *Jane's Defence Weekly*, April 23, 2003; Table 11A.2."Expenditures on military equipment and military R&D in Western Europe and the USA,1991 – 2002", *SIPRI Yearbook* 2003（Oxford：Oxford University Press, 2003）, 405; European Defense Agency（EDA）,"European – United States Defense Expenditure in 2006", http：//www.eda.Europa.eu; Guy Anderson,"Looking for Growth：Defense Mergers and Acquisitions", *Jane's Defence Weekly*, March 5, 2008.

4. 力量、影响力和层级：单极世界中的国防工业

表4.4　2001~2006年世界军事研发支出（2006年不变美元价格，10亿美元）

国　　家	2001年	2002年	2003年	2004年	2005年	2006年
美国	46.86*	54.56*	63.07*	68.81*	70.23*	72.04*
英国	4.128	5.409	5.152	4.910	4.667	4.898
俄罗斯	—	1.22**	—	4.28***	—	—
德国	1.649	1.234	1.546	1.335	1.315	1.450
法国	4.704	4.861	4.670	4.467	4.342	5.006
瑞典	0.410	0.661	0.646	0.533	0.559	0.550
意大利	0.482	—	—	0.428***	0.425	0.153
西班牙	2.496	2.044	1.925	1.727	1.665	2.074
挪威	0.134	0.138	0.141	0.152	0.162	0.157
荷兰	0.088	0.830	0.882	0.614	0.101	0.104
塞浦路斯	—	—	—	—	—	—
捷克共和国	—	0.019	0.021	0.019	0.018	0.022
爱沙尼亚	—	—	—	—	—	—
匈牙利	—	—	—	—	0.000	—
拉脱维亚	—	—	—	—	—	—
立陶宛	—	—	—	—	—	—
马耳他	—	—	—	—	—	—
波兰	—	—	—	0.019	0.012	0.009
斯洛伐克	—	0.014	0.011	0.008	0.012	0.010
斯洛文尼亚	—	—	0.000	0.007	0.006	—
奥地利	0.000	0.000	0.000	0.001	0.000	—
比利时	0.005	0.007	0.007	0.009	0.007	0.007
丹麦	0.009	0.009	0.022	0.024	0.013	0.014
芬兰	0.028	0.029	0.051	0.043	0.064	0.005
希腊	0.005	0.004	0.004	0.004	0.004	0.005
爱尔兰	0.000	0.000	0.000	0.000	0.000	0.000
卢森堡	—	—	—	—	0.000	0.000
葡萄牙	0.023	0.024	0.022	0.009	0.009	0.008
阿尔巴尼亚	—	—	—	—	—	—
波斯尼亚黑塞哥维那	—	—	—	—	—	—
保加利亚	—	—	—	—	—	0.005
克罗地亚	—	—	0.000	0.002	0.003	0.004
马其顿	—	—	—	—	—	—
摩尔多瓦	—	—	—	—	—	—

续表

国家	2001年	2002年	2003年	2004年	2005年	2006年
罗马尼亚	-	-	-	-	-	-
塞尔维亚黑山共和国	-	-	-	0.004	0.005	0.006
瑞士	-	0.012	-	0.011	-	0.016
土耳其	-	-	-	-	-	-
欧洲年度总计	14.16	16.51	15.10	18.61	13.39	14.55
欧洲年度总计占美国年度总计的百分比	30.22%	30.27%	23.94%	27.04%	19.07%	20.20%
中国	-	-	-	5.35***	-	-
韩国	-	-	-	0.856***	-	-
印度	0.81**	0.73**	-	-	-	-
日本	-	-	-	1.07***	-	-

* 来源于国防部管理和预算办公室（Office of Management and Budget, Department of Defense）。

2001年数据见 www.whitehouse.gov/omb/budget/fy2005/defense.html。
2002年数据见 www.whitehouse.gov/omb/budget/fy2004/defense.html。
2003年数据见 www.whitehouse.gov/omb/budget/fy2005/defense.html。
2004年数据见 www.whitehouse.gov/omb/budget/fy2006/defense.html。
2005年数据见 www.whitehouse.gov/omb/budget/fy2007/defense.html。
2006年数据见 www.whitehouse.gov/omb/budget/fy2008/defense.html。

** 来源于 Frank Killelea,"Defense Economics", National Security Analysis Department, Johns Hopkins University Applied Physics Laboratory, March 2005, 第32页。

*** 来源于 Michael Brzoska,"Trends in Global Military and Civilian Research and Development (R&D) and their Changing Interface", presented in a workshop organized by the Manchester Institute of Innovation Research for the research network on Policies for Research and Innovation in the Move towards the European Research Area, entitled "Re-evaluating defence R&D and innovative dynamics" on April 2-3, 2007, 图1, 第5页。

所有斜体数据为估算值；"-"表示数据无法获得。使用美国劳动部统计数据通货膨胀计算器，将当前美元价格转换成2006年不变美元价格。参见 http://data.bls.gov/cgi-bin/cpicalc.pl。

资料来源：Wan-Jung Chao, Gregory Sanders, Guy Ben-Ari, Trends in European Defense Spending, 2001 - 2006, CSIS Center for Strategic and International Studies, April 2008, Table 9,"Defense R&D Expenditure in U.S. Dollars at Constant 2006 Year Prices", 第17页。

此外，作为世界上最大的军事装备出口国，与几乎所有其他主要的武器生产国相比，美国更少依赖外国进口来维持其防务部门。如果用军事进口的美元值占

军事出口的百分比作为衡量一个国家国防工业依赖度的粗略指标，我们发现美国军火进口额占其出口美元值的 7.2%。由此计算，除了法国和俄罗斯以外，美国对国外防务进口的依赖度比其他主要武器生产国都要低（见表 4.5）。① 国防工业部门相对的自主性、更大的规模以及更强的实力，这些因素综合起来赋予美国一个强大的经济和技术比较优势，但却对其他国家构成了棘手的依赖性问题。②

表 4.5 2006~2007 年前 20 大武器生产国* 军火进口占军火出口比例

（1990 年不变美元，百万美元）

国 家	军火进口	军火出口	2006~2007 年军火进口/军火出口
美国	1101	15275	0.07
英国	1030	2128	0.48
法国	184	4276	0.04
意大利	878	1257	0.70
德国	645	6286	0.10
俄罗斯	4	11051	0.0004
日本	996	n. a.	—
以色列	1994	484	4.12
印度	2772	14	198.00
加拿大	743	553	1.34
[中国**	5143	917	5.61]
瑞典	211	850	0.25
韩国	3334	294	11.34
西班牙	923	1354	0.68

---

① 对俄罗斯国防工业目前状况的讨论见后文。
② 2008 年的经济衰退打击了其他国家的国防工业，但美国国防工业部门相对来说没有受到太大影响。见 Antonie Boessenkool, "Tough Economic Year Not Too Bad for Defense Firms", *Defense News*, December 15, 2008。

续表

国　家	军火进口	军火出口	2006~2007年军火进口/军火出口
新加坡	754	n. a.	—
瑞士	196	420	0.47
澳大利亚	1450	5	290.00
挪威	940	14	67.14
荷兰	300	2930	0.10
芬兰	239	121	2.0

* 表中列出的这些国家是一个或多个斯德哥尔摩国际和平研究所前100大军火生产公司所在地。

** 由于缺乏可靠数据，中国被排除在斯德哥尔摩国际和平研究所前100大军火生产企业之外。但据斯德哥尔摩国际和平研究所观察，"如果数据可获得的话，中国的武器生产企业几乎肯定可被包括在斯德哥尔摩国际和平研究所前100大军火生产企业中"。

n. a. 表示数据无法获得。

资料来源：SIPRI YEARBOOK 2008, Table 6A. "The SIPRI Top 100 arms-producing companies, 2006". 有一个或多个世界100大军火生产公司位于这20个国家中。

斯德哥尔摩军火转让数据库，见 http://www.sipri.org/contents/armstrad/at_db.html。斯德哥尔摩国际和平研究所关于军火转让的数据与其他军火转让数据不具可比性，因为它指的是主要常规武器的实际交付量。"关于军火转让的数据以斯德哥尔摩国际和平研究所趋势指示值（Trend Indicator Values, TIV）的形式表示出来。趋势指示值是以（1990年）不变美元价格、百万美元表示的。但是，尽管这些数据以美元表示，趋势指示值并不代表转让物品的经济价值。相反，趋势指示值是军火转让数量的指标。因此，趋势指示值可用来衡量国际军火转让的趋势，或者可衡量一个特定国占全部进口或出口市场的份额，或者进口或出口增加或减少的比率。"然而，由于趋势指示值不代表转让物品的经济价值，它们无法同其他武器出口/进口的数据相比。

经济、政治和军事依赖性

对于更小的武器生产国来说，几乎没有办法可以避免在经济、军事和政治上日益依赖美国。仅仅是不断攀升的防务技术成本这一点，就使得当前各国的军事计划者陷入在更高的军事效能和必需的预算约束间进行选择的两难境地。由于武

器价格持续上涨的速度快于国防预算,这些政府又不愿给部队装备过时或性能不好的武器,于是他们选择了缩小军队规模,购买他们能够负担得起的更少量的最先进的武器系统,同时放弃一些类型武器。

欧洲

欧洲主要工业化国家面临的问题也同样尖锐。例如,英国已明确表示它不可能真正追求军队的全面转型。正如英国国家贸易协会主席所说:"像我们这样规模的国家不可能维持全面的生产能力,所以我们正在被迫做出艰难抉择,什么是我们真正需要的,以及我们把我们的研究经费花在什么地方。"① 因此,英国已经采用一项网络使能能力(Network-Enabled Capability)政策②,"在联合作战情况下最有可能提高英国武装部队效能"③ 的那些领域有选择地、逐步地改革其军事能力,法国也采用了类似的政策。

这一决定的负面影响是更大的军事和工业依赖性。正如一些分析人士警告所指出的,上面所说的生产一种或多种类别的武器意味着,除非参与联盟或进行联合,否则军队不再具有发起全面军事行动的能力,这也意味着很难达到国防工业的自给自足。保留国防工业,只为小规模军队设计和生产少量武器会导致产品成本过高,政府无法承受。英国政府已得出结论,设计、开发和生产以网络为中心的技术"将毫无疑问地由美国来统领"。④

贸易数据支持了这一判断。尽管大多数欧洲武器生产国在 2006~2007 年是净出口国,除法国以外的所有国家进口的国防装备占其出口百分比均高于美国。斯堪的纳维亚国家,挪威和芬兰,是军事相关物品的净进口国(见表 4.5)。未来欧洲对国防进口的依赖程度有可能会提高。随着军队规模继续缩减,规模经济考虑意味着大部分武器生产国将需要更多的出口销售来支持其自身的国防工业和

---

① Andrew Chuter,"Ian Godden(CEO,Society of British Aerospace Companies)interview",*Defense News*,July 21,2008.

② Min(DP)Lord Willy Bach,"Network Enabled Capability",speech,Intellect Defense Briefing Group Christmas Lunch,December 15,2003. 还参见 U. K. Ministry of Defense,"Network Enabled Capability,JSP 777 Edn 1",以及 www. ams. mod. uk 和 Andrew Chuter,"UK White Paper Will Describe Policy,Not Cuts",*Defense News*,December 1,2003.

③ Andrew D. James,"European Military Capability,the Defense Industry and the Future Shape of Armaments Cooperation",*Defense and Security Analysis*,March 2005.

④ James,"European Military Capabilities",11.

军事需求。但在一个狭小的市场中，出口前景渺茫。对这些政府而言，广大的美国军事市场不可避免将成为最具吸引力的目标，问题是在这个市场中要为他们的产品找到一个合适的位置。

因此，对欧洲武器生产国而言，进入美国军事市场寻求销售与合作项目对其国防工业的经济可行性及武装力量的技术先进性来说都至关重要。但这会带来没有选择余地的选择：接受美国技术转让的约束条件。美国不愿失去对出口技术、服务和技术数据的目的国和使用情况的控制，他要求，即使是亲密的盟友也要遵守再转让/最终用户限制条件，并遵守主要的美国出口管制规定。从其他国家政府的角度来说，进入美国市场的成本是他们对美国的依赖性增强了，而且美国从中可以获取更多的政治影响力。

第三世界国家

大多数（第三世界）国家武器生产的统计数据通常都无法获得，而公布出来的往往也不可信。大部分政府对其军事装备的生产几乎不提供信息，而且他们使用不同的，往往是特殊的武器生产定义。据斯德哥尔摩国际和平研究所观察，对所生产武器的价值和金额的任何比较分析都必须以大致的推算为基础，[1] 对第三世界国家尤为如此。

但即使是对相对武器生产能力不准确的估计也反映了全球武器生产体系集中化的程度。对大部分第三世界国家而言，对外国产品的依赖程度要高于欧洲国家，只有极少数国家，且仅仅是在某些类别上接近欧洲的生产能力或产品水平。有些第三世界国家能够组装和拆卸武器系统，但不能自己设计和生产。另一些国家在生产平台方面是先进的，例如装甲车、飞机或军舰，但在武器、零部件和电子元件上仍然依赖进口。一些国家能熟练地生产某些但并非全部的先进部件和子部件。[2] 例如，印度、以色列和韩国在许多领域开发了广泛的生产能力，但没有一个国家是完全自给自足的，他们仍极大地依赖外国国防进口。

例如，2006~2007年，所有三个国家——印度、以色列和韩国，进口的防务物品比其出口的多出许多倍，其他第三世界武器生产国也是如此，没有一个是

---

[1] Elizabeth Sköns and Reinhilde Weidacher,"Arms Production",*SIPRI Yearbook* 1999(Oxford:Oxford University Press,1999),407.

[2] Jurgen Brauer,"The Arms Industry in Developing Nations",在 Military Expenditures in Developing and Emerging Nations 会议上宣读的论文,Middlesex University,London,March 13,1998,14.

武器的净出口国（见表4.5）。

俄罗斯是一个例外。俄罗斯传统上是出口而非进口军事系统，但现在情况正在改变。20世纪80年代中期，俄罗斯（当时还是苏联）是世界最大的武器生产国之一。如美国一样，它大约占据世界军火生产的1/3。但直至1996年，俄罗斯所占份额已降至4%[1]，而且其军事工业混乱不堪，即使石油价格疯狂上涨（2000~2008年）也几乎没有帮助。由于通货膨胀的问题，以实际数量表示的国防支出增长停滞不前，政府没有能力投资在其一蹶不振的国防工业基础上。[2] 据2009年俄罗斯新闻和信息服务（Russian News and Information Service 2009）报告，只有36%的俄罗斯战略防务公司有偿付能力——许多这些能存活下来的企业仅是因为还有出口订单，而另外大约30%的企业濒临破产边缘。[3]

尽管国防部门出现了某些合并，且产出已经增长，但苏联解体后低水平的研发支出已意味俄罗斯的高技术部门已远远落后。乐观估计，2008年，俄罗斯在全球高技术销售中所占比例为0.5%。到目前为止，俄罗斯的国防工业仍依赖于出口订单，主要来自中国和印度；在冷战结束以后，这占据着俄罗斯出口贸易的80%。但至2007年，中国和印度所占份额已下降至49%，因为这两个国家现在从其他国家寻找更为先进的技术。[4]

俄罗斯在2008年已达到了最高可能的武器出口水平，但客户抱怨俄罗斯军事产品质量低，生产无节制延期以及不履行合约条款。例如，俄罗斯公司谢夫马什船厂（Sevmash）没有完成与挪威企业签订的建造油轮的合同，2007年俄罗斯宣布它没有能力履行在2005年与中国签订生产34架IL-76军用运输机的合同。

---

[1] Elizabeth Sköns and Reinhilde Weidacher, "Arms Production", *SIPRI Yearbook* 1999, Oxford: Oxford University Press, 411.

[2] 关于通货膨胀对俄罗斯国防工业基础影响的分析，参见 *Jane's Defence Industry*, "Analysis: Russia's Defense Spending and Defense Industrial Base", August 11, 2008; *Jane's Defence Industry*, "Analysis: Russian Budget Suffers Corrosive Effects of Inflation", August 8, 2008.

[3] Vladimir Petrov, "Moscow acts to bolster failing defence industries", *Jane's Defence Weekly*, March 3, 2009. Nikita Petrov, "Russian Defense Industry Still Faces Problems", RIA Novosti（俄罗斯新闻和信息服务），January 9, 2008, http://en.rian.ru/analysis/20080109/95840754.html（2008年6月4日访问）; *Jane's Defence Industry*, "Analysis: Russian Budget Suffers Corrosive Effects of Inflation"。大量的俄罗斯人才外流恶化了这一问题。总的来看，俄罗斯《真理报》（*Pravda*）估计，俄罗斯科学家和工业专家中有一半要么已转移至海外，要么以其他形式受雇于外国公司。*Jane's Defence Industry*, "Analysis: Russia's Defense Spending and Defense Industrial Base", August 11, 2008, Litovkin, "The Achilles Heel of the Defense Industry".

[4] IISS, "Russia's Defense Industry"; Gerrard Cowan, "China's Arms Spending Continues to Soar", *Jane's Defence Weekly*, July 28, 2008.

由于零部件和组装质量不好，无法接受，阿尔及利亚退还了俄罗斯15架米格-29飞机，由于类似的原因，印度也已拒绝接收5架反潜 IL-38飞机和现代化的苏联潜艇（Sinduvijai）。①

此外，竞争不仅来自西方高技术国家，还来自之前苏维埃模式下的国家，这已成为主要问题。波兰和乌克兰凭借自身实力已成为武器出口国，生产较便宜的俄式军事装备，中国现在也能以更低的成本仿制俄罗斯先进的战斗机（苏-27），在第三世界国家拥有可观的销售潜力。②

俄罗斯意识到要维持其出口市场和进行军事现代化，它将不得不恢复其国防工业基础。为此，西方和俄罗斯的分析人士一致认为，这会涉及西方大规模的技术输入。正如一位俄罗斯观察员所预测的那样，这将终结"每个武器零部件——从子弹到弹道导弹，都必须由俄罗斯设计和生产的苏联工业范式"。③

2005年，普京宣称，"没有一个国家能够拥有制造科技密集型复杂装备所必需的全部现代技术"。他认为，俄罗斯"应该通过合作参与'全球一体化进程'"。④据报道，截至2007年，俄罗斯与欧洲之间的"军事技术合作"总额已达到1.2亿美元，贸易增加源于俄罗斯进口了高技术武器装备。⑤除了俄罗斯与西方的主要分歧外，预计俄罗斯在未来也会更依赖西方的国防技术进口。

与其他武器生产国相反，2006年美国约占世界武器生产的46%～49%。最强劲的竞争者是英国和法国，每个国家约占9%～10%（见表4.6）。尽管美国占世界军火生产的份额已进一步增长，但这种层级安排从那以后未曾改变。2006年，41家美国防务企业占该年度世界100大防务企业军火生产美元价值的63.4%。英国（11.8%）和法国（6.2%）再次成为最近的对手（见表4.3）。

---

① Pavel Felgengauer, "Rejects-making contract", *Novayagazeta*, No.14, February 28, 2008. http://en.novayagazeta.ru/data/2008/14/02.html.

② Colin Koh and Ron Matthews, "Russian Arms Sales: The Other Story Behind Somalia's Piracy", *RSIS Commentaries*, October 17, 2008, 2; Dimitri Sudakov, "Russia infuriated with Chinese export copies of SU-27 jet fighters", *Pravda, RU*, April 22, 2008; http://english.pravda.ru/russia/economics/22-04-2008/104957-Russia_China.

③ Nabi Abdullaev, "Thales Scores 1st in Russia", *Defense News*, July 21, 2008.

④ Nikolai Novichkov, "Russian Industry Hits High-Tech Low", *Jane's Defence Weekly*, January 23, 2008.

⑤ Gerrard Cowan, "Russian-European Military Technical Cooperation Hits $120 million", *Jane's Defence Industry*, June 26, 2008.

4. 力量、影响力和层级：单极世界中的国防工业

表 4.6　1996 年占世界武器生产总额份额最高的前 10 大武器生产国排名

国　家	1996 年军火生产总额占世界总额的比例*
美国	46% ~ 49%
英国	10%
法国	9% ~ 10%
日本	4% ~ 5%
德国	4%
俄罗斯	3% ~ 4%
意大利	2%
加拿大	2%
韩国	2%
以色列	2%
	小计：85% ~ 90%（价值 1700 亿 ~ 1800 亿美元）
其他（25 个国家）**	10% ~ 15%（价值 205 亿 ~ 305 亿美元）
总计	100%（价值 2000 亿美元）***

* 由于关于国家武器生产美元价值的精确数据无法获得，斯德哥尔摩国际和平研究所估计值以百分比范围给出。

** 在"其他"类别中，有 10 个国家和地区每年的武器生产价值在 10 亿美元或以上，但小于 30 亿美元（中国、澳大利亚、印度、荷兰、南非、西班牙、瑞典、瑞士、中国台湾和土耳其）。

有 15 个国家每年的武器生产在 2 亿 ~ 9.99 亿美元（奥地利、比利时、丹麦、芬兰、希腊、挪威、葡萄牙、捷克共和国、波兰、朝鲜、巴基斯坦、新加坡、埃及、伊朗和巴西）。

斯德哥尔摩国际和平研究所大致估计中国在 1996 年武器生产的价值在 22.5 亿 ~ 45.0 亿美元。

*** 1996 年世界武器生产总额据估计约为 2000 亿美元（当前价格），可能的范围在 1950 亿 ~ 2050 亿美元之间。

资料来源：由《1999 年 SIPRI 年鉴》第 408 ~ 409 页推导得到。

面对日益削减的国防预算和军队规模缩减，许多国家国防工业的长期生存能力如今十分堪忧。除了美国外，包括法国、德国、意大利和英国在内，没有一个主要的西方武器生产国能够降低它对外国进口的依赖。即使这些先进的工业化经

济体也受困于国防研发不足、科学和技术设施缺乏①,这预示对进口系统的依赖会越来越强。随技术创新步伐加快,美国与其他国家的差距在扩大,分析人士预测,大部分国家的国防工业会慢慢萎缩。除非美国与其他武器生产国之间在研发和生产能力方面的差距缩小,否则这会很快反映在他们与美国在武器系统质量方面日益增大的差距上,而这会进一步加深他们对美国军事资源的依赖。

新兴国防工业体系:选择与战略

新兴全球国防工业部门是一个复杂的、相互联系的系统,其形状与传统的金字塔式层级体系不同,更类似于毕辛格(Bitzinger)所说的"中心辐射体系"。②在其中,随着欧洲和其他国家国防工业开始放弃原有能力且更多依靠国外投入,先前武器生产能力等级之间的差异日益模糊。在这种环境下,美国是轴心,世界其他的国防工业是辐条,即使是主要武器生产国出于经济需求也选择在美国主导的体系内采取从属性的生存策略。

退出与收缩

经济与政治压力正迫使某些国家如果不是全部,也要放弃一些他们的军事工业。例如,巴西和阿根廷已大规模削减其国防生产,并选择购买国外现成的军事装备作为替代。③ 截至1994年年底,巴西军事工业已陷入一片混乱。巴西的三大武器生产企业,阿韦布拉斯航宇公司(Avibrs)正尝试将其生产转型为民品生产,恩格萨(Engesa)已经解散,巴西航空工业公司(Embraer)——一家深陷资金危机的飞机生产商,已被私有化。在2005年年初取消了雄心勃勃的战斗机项目X计划之后,巴西开始与美国公司磋商购买其二手飞机作为其临时战斗机。

---

① 参见 Richard Bitzinger, "Problems and Prospects Facing Second-Tier Arms-Producing States in the Post-Cold War Era: A Comparative Assessment",提交给the Council on Foreign Relations Study Group on the Arms Trade and the Transnationalization of the Defense Industry: Economic Versus Security Drivers 的论文,2000.1。

② Bitzinger, "Problems and Prospects", 3.

③ 总的来说,这是军队支持的采购选择。大多数军事组织倾向于购买他们能操作且负担得起的最为先进的系统,这在大多数情况下意味着从外国进口,而不是购买本国产品。例如,韩国军方认为,考虑到其脆弱的安全环境,他需要装备最新技术的最为尖端的武器系统。他认为国外购买的要比本国生产的武器更可靠且更先进。参见 Jane's Sentinel Security Assessment, "China and Northeast Asia: Defense Production and R&D, Korea, South", April 19, 2005。以色列的军队也倾向于购买现成的国外装备,并反对以国防预算资助国内武器项目的高昂投资,在他们看来,这些武器到生产出来时就已过时了。

4. 力量、影响力和层级：单极世界中的国防工业

其他项目也已被延期或取消，政府把其目光瞄准了合资企业，希望这些企业带来技术转让并增加本地生产。阿根廷也于20世纪90年代中期取消了它所有的国防生产项目，并将一家国有航空公司科尔多巴地区物资（Area Material Cordoba）租赁给一家美国企业，阿根廷军队目前已转向从美国购买大部分军事装备和训练。①

印度尼西亚是另一个例子。20世纪90年代早期，这个国家拥有大量国防工业，它们生产众多的军事装备——从轻型飞机、直升机和运输机到登陆艇、巡逻船、弹药及小武器。但1997~1998年的经济衰退对国防工业的打击尤为严重。许多公司倒闭或大规模裁员。结果，印度尼西亚的国防工业如今无法满足印度尼西亚军队的需要。尽管政府已表达出结束该国依赖外国武器供应商的愿望，但海军少将艾米如拉·阿明（Amirullah Amin）表示，印度尼西亚"仍然需要他们的技术"。②

以色列的情况非常有意思，以色列的国防工业建立于20世纪七八十年代，以努力在困难的政治环境中实现自给自足和相对独立自主。但冷战结束后，90年代早期以色列的经济衰退使国家的国防工业遭受了巨大打击。由于陷入资金困境，以色列国防军（Israeli Defense Force，IDF）选择购买美国装备，由美国的对外军事资助（Foreign Military Financing，FMF）项目进行支付。但购买美国现成的装备，使以色列更加依赖美国资金采购新型空军和海军平台，并削弱了国内的武器生产。尽管每一项采购都要得到美国的首肯，但以色列所得到的对外军事资助资金中的25%用在了来自以色列供应商的武器装备上。自1999年以来，以色列国防军已把日益增加的国内支出转移到购买美国制造的装备上，包括如鞋、制服、给养等低技术产品，因为这些是用美国的资金支付的。工业高管警告说，如果政府继续因为购买美国援助下的产品而无视国内工业，那么以色列的工业基

---

① Christopher P. Cavas, "Lack of Strategy Plagues Brazil's Industry", *Defense News*, April 25, 2005; Bitzinger, "Problems and Prospects"; Michael Day, "Country Briefing—Brazil: On a Shoestring", *Jane's Defence Weekly*, April 20, 2005; GlobalSecurity. org, "Military Industry [Brazil]" and "Argentine Defense Industry", April 27, 2005, http://www.globalsecurity.org/military/world/argentina/industry.htm.

② *Jane's Sentinel Security Assessment*, "Southeast Asia: Defense Production and R&D", April 5, 2006; Jakarta Post, "PT Dirgantara Reports Buoyant Sales", February 10, 2006; Indonesia.com, "PT Dirgantara Indonesia Claims Production of 484 Planes", January 3, 2006; *Jane's World Defence Industry*, "Indonesia-Defense Industry", August 8, 2008; Jakarta Post, "TNI Says Can't Rely on Local Arms", July 12, 2008.

础将陷入危险境地。①

尽管对大多数武器生产国而言，退出或收缩都是最后选择，但对很多国家来说它可能成为未来的必然趋势。例如，德国工业在面对大规模削减国防预算和裁减德国军队的情况下，还在艰难地保持其技术领先优势，其国防开支占国内生产总值（GDP）的百分比预计下降至不足1%，在北约中是最低的。正如一位德国工业官员沮丧的预测："如果这种情况不改变，公司将慢慢地或者像西门子那样剥离国防业务，或者离开德国。"瑞典国防支出的削减、部队缩编同样对瑞典国防工业带来负面影响，重要项目被延迟或放弃的威胁是现实存在的。②

共同市场

欧洲拥有通过国防支出和采办合作构建统一防务装备市场的先进理念。它被设想为一个足够大的和强有力的共同防务市场，能够与美国竞争。到目前为止，出于对国家主权、提供安全以及欧洲小国与大国之间战略利益冲突的担心，建立统一市场，终止高成本工业重复建设的尝试还未成功，但无论如何它还是许多欧洲政府渴望的目标。

2005年11月，经过一年的深思熟虑后，欧盟欧洲防务局（European Defence Agency）制定完成了一套新的行为准则。目的是在欧盟国家之间建立单一、竞争的防务市场，通过欧盟限制使用条约（EU treaty）中的296法案，将武器装备采办转型为一个更透明的过程。欧盟296法案允许各国政府以国家安全为由拒绝从国外投标者那里进行国防采办，自1957年欧洲经济共同体（European Economic Community）最初成立以来，经常被各国使用。结果，全欧洲生产了过多的防务产品，而且许多国家的国防采办发生在欧盟内部市场规则之外。

由于新准则是自愿、非约束性的，没有任何惩罚不遵守准则的成员国的机制，它不能阻止一国政府援引296法案。另外，某些物品，例如核武器和推进系统、密码设备以及化学、细菌、放射性产品完全被豁免。对那些指望向美国国防

---

① Robin Hughes and Ilan Ostfeld, "Israeli Defense Industry: In the Lion's Den", *Jane's Defence Weekly*, February 26, 2003.

② David Mulholland, "German Industry: Export Drive", *Jane's Defence Weekly*, October 29, 2003; Joris Janssen Lok, "Swedish Defense Industry Warms to Exports as Domestic Markets Cool", *International Defense Review*, May 1, 2005; Gerard O'Dwyer, "Nordic Countries Want Cooperation", *Defense News*, March 17, 2008.

4. 力量、影响力和层级：单极世界中的国防工业

部门出售武器并获取利润的欧盟国家来说，把美国完全排除在外的共同市场代价十分高昂。法国武器装备总代表处（Delegation Generale Pourl'Armament）首席执行官弗朗索瓦·鲁诺（Francois Lureau）评价说，新准则"无意关闭欧洲防务市场，它向非欧洲公司敞开了大门…… 如今，法国从美国购买的装备要比从其他渠道购买的多出三四倍"。在写这篇文章的时候，新准则要建立一个共同国防工业和市场的目标仍还是愿望，并没有形成计划。正如泰利斯公司主席和总裁丹尼斯·兰克（Denis Ranque）所指出的："有时候，某些领导人头脑简单得令人吃惊，继续试图在欧洲建立单一国防工业对我来说就好像要火鸡投票过圣诞节一样不可能实现。"①

保留核心竞争力

越来越多的政府和企业在寻求第三种选择——核心竞争力战略。面对国内增长长期停滞的前景，武器生产商希望通过提高其主要相对优势，通过提高生产技术、较低的劳动成本、投资资金或延伸的防务市场，作为保留某些生产能力、增加对外出口的方式，以便在全球防务市场找到一席之地。对许多国家而言，这意味着成为美国专项物品的供应商，或通过团队分工安排、合资企业和外国直接投资（FDI）成为美国工业所主导项目的子供应商。正如瑞典国防物资管理局（Swedish Defense Materiel Administration，FMV）一名官员总结的那样："我们都希望发展欧洲的生产能力，但你不能忽视国防领域主要的技术驱动力——美国武装力量和美国的工业部门，瑞典国防物资管理局并不支持建立'欧洲堡垒'。"萨博（Saab）公司总裁艾克·斯文森（Ake Svensson）肯定这了一战略，他说："我们不可能成为一个大的系统集成商，像洛克希德·马丁、诺斯罗普·格鲁曼或欧洲宇航防务集团那样……（但）萨博可以向美国提供某些先进的产品，包括提供给雷达或飞机训练市场的产品。"②

---

① 参见 European Defence Agency(EDA)，"The Code of Conduct on Defence Procurement"，November 21，2005，www. eda. eu. int。还可参见 Brooks Tigner，"EU Tears Down Protectionist Walls，But New Rules Only Help European Companies"，*Defense News*，November 21，2005。引自 Pierre Tran，"Paris Works to Calm US Export Fears"，*Defense News*，November 14，2005；*Jane's World Defence Industry*，"The Trans-Atlantic Gap"摘要，February 13，2007；Denish Ranque，"Interview：Denis Ranque，Chairman and CEO，Thales"，*Defense News*，September 10，2007。

② Lok，"Swedish Defense Industry Warms to Exports"；Keri Wagstaff-Smith，"Saab CEO Confirms US Acquisition Strategy"，*Jane's Defence Industry*，July 4，2008。

美国的选择：分包、合资企业、收购与补偿贸易

因此许多外国防务公司都在效仿美国的选择。美元疲软提供了更强的动力，以至于在美国找到商机现在是一个更为迫切的首要任务，对欧洲主要防务企业来说尤为如此。这反映在并购热潮上，2006年和2007年，全球航空和防务部门发生的并购主要集中在美国，在这两年中的每一年都大约花费了290亿美元，投资于美国的金额2006年是68%，2007年是73%。① 除极少数情况外，进入美国的欧洲国防工业都是购买更小型的、大部分是第二等级的公司，建立子公司或与美国公司合作以获取新的市场并加强核心竞争力。②

欧洲宇航防务集团——欧洲最大的防务公司已经大举进入美国防务市场，2004年它成立了美国子公司美国欧洲直升机公司（Eurocopter USA），这家公司在密西西比州的哥伦比亚开设了一家大型新工厂，并与诺斯罗普·格鲁曼公司建立合作伙伴关系以加强向五角大楼提供空中加油机的竞标能力。2008年，欧洲宇航防务集团宣布在美国扩张的长期战略。③ 类似地，英国意大利直升机生产商阿古斯塔·韦斯特兰公司（Agusta Westland）在弗吉尼亚设立了新总部，这是生产一系列总统直升机合同的组成部分。泰利斯通讯公司（Thales Communication，TCI）是法国电子公司泰利斯的子公司，在设立在马里兰州的工厂中生产军事通讯设备，包括为驻伊拉克和阿富汗的美军提供无线电设备。德国赫克勒－科赫（Heckler & Koch）的美国子公司在佐治亚州的哥伦布建立了一个价值2000万美元的工厂，因此它的轻型突击步枪更有机会赢得替换美国陆军M－16步枪的采购项目。④

2008年，意大利芬梅卡尼卡（Finmeccanica）购买了新泽西州的防务电子企业DRS技术公司，这是在美国发生的第一次由非英国欧洲公司进行的大型收购。

---

① Guy Anderson, "The Drive for Growth: Mergers and Acquisitions Activity in the Aerospace and Defence Sector", *Jane's Defence Industry*, March 1, 2008.
② Perlo-Freeman and Sköns, "Arms Production", 266~267.
③ Matthias Blamont, "EADS's U. S. Acquisition Hopes Seen Taking Time", *Reuters*, May 21, 2008.
④ Jonathan Karp and Andy Pastor, "Northrop, EADS to Link Up for Bid", *Wall Street Journal*, June 8, 2005; William Matthews, "Who Wins When Foreign Firms Build Factories?" *Defense News*, January 10, 2005; William Hawkins, "Preserve American Defense Production", *Defense News*, September 22, 2003; Joshua Kucera, "Mark Ronald—BAE Systems North America Chief Executive Officer", *Jane's Defence Weekly*, July 6, 2005; Matthew Swibel, "UK: Cutting a Larger Slice of the Sticky US Defense Pie", *CorpWatch*, April 29, 2005; Jerry Grossman, "Market Watch: International Transactions Fuel Rise in M&A Volume", *Washington Technology*, October 8, 2005.

4. 力量、影响力和层级：单极世界中的国防工业

由于这次收购，预计芬梅卡尼卡在北美销售占其总收入的比例会从11%升至23%。①

但在美国的收购实际上一直由英国企业占主导，它们占2007年17次外国公司收购中的15次，2008年18次外国国防工业交易中的14次。在它收购美国公司联合防务公司（United Defense）之后，英国宇航防务系统公司于2005年成为美国国防部第六大供应商，旗下大约有2.5万名美国员工。截至2006年，英国宇航防务系统公司在美国的雇员（38000人）超过了在英国的雇员（32000人），英国宇航防务系统公司并在2008年上升为国防部第五大国防物资供应商。伦敦的史密斯集团公司（Smiths Group，PLC）收购了5家与防务相关的美国企业，现在其收入的57%来自美国。另一家英国防务企业奎奈蒂克（QinetiQ）已收购了11家美国公司，2006年，其收入的36%来自美国。因此，英国公司在美国经营得相对较好，其在2007年争取到了给予外国防务承包商所有合同中的86%，在2008年达到90%。②

美国公司也积极寻找海外投资机会，但他们收购企业的数量相对较小。2005年，美国公司宣布了12项跨国收购，它们总共花费大约6亿美元。其中70%的资金花在一家瑞士公司、三家加拿大公司和三家英国公司上。相比而言，据报道，出售给非美国购买者的美国业务的总价值大约是美国公司购买外国企业价值的10倍。截至2008年，美元走弱使得美国购买所有欧洲企业股份的计划几乎全部停止。2008年上半年，美国只宣布了一项在欧洲的收购计划。一些分析人士坚信如果目前的经济形势持续下去，"欧洲的交易很可能仍是美国在经济上的挑战，而对这个世界最大防务市场的划分（以及通过进入美元区来降低成本的需

---

① William R. Hawkins,"U. S. Defense Industry Succumbs to Outsourcing National Security", *American Economic Alert*, December 27,2006; David Gow,"Think Italian,act global", May 14,2008. http://www.guardian.co.uk;"Finmeccanica outlines benefits of DRS merger", *Jane's Defence Weekly*, August 1,2008; Gerrard Cowan, "Finmeccanica Buys DRS Technologies", *Jane's Defence Weekly*, October 24,2008; Guy Anderson,"The drive for growth: mergers and acquisitions activity in the aerospace and defense sector", *Jane's Defence Industry*, March 1,2008.

② Parmy Olson,"BAE Marches into the U. S. with Armor", *Forbes*, July 5,2007; Hoovers Online, "BAE Systems Inc. Overview",http://www.hoovers.com/bae-systems-inc.-ID109919-/freeco-factsheet.xhtml(2008年6月2日访问); Guy Anderson,"BAE Systems moves into top five of US DoD suppliers for 2008", *Jane's Defence Industry*, February 11,2009; *Jane's Defence Industry*, "European drift west turns to stampede in 2008", *Industry Briefing*, March 9,2008.

求）可能继续把欧洲推向美国"①。

欧洲的国防工业部门也许认为这些跨国交易是一种生存战略，但国家安全和政治自主的问题对很多政府来说已成为敏感话题。英国国防工业似乎欣欣向荣，2007年英国防务公司的收入几乎相当于英国国防预算的总规模。但从某种角度看，这是由于它已几乎不再是英国工业了，因为许多英国较大规模的公司在美国雇用的工人与在英国雇用的一样多（或更多）。② 英国技术工人和工程师协会的一份报告指出，如果这种趋势继续存在，英国国防工业基础面临潜在危险。它警告说，国防部将会依赖于国外设计和制造的军事系统，在未来将无法在英国本土购买必要的武器装备了。③

哈维尔·索拉纳（Javier Solana）对其他欧洲国家敲起类似的警钟。他警告说，欧洲的国防工业正在冒险成为美国主承包商的利基生产商和子承包商："除非做些什么，否则趋势就是欧洲国防工业稳定收缩为日益为美国主承包商工作的利基生产商。"④

对大多数第三世界武器生产国来说这不是问题，因为只有一些国家拥有资源投资于美国的国防工业部门。巴西和以色列是例外，巴西航空工业公司（Embraer）与洛克希德·马丁合作，赢得一项向美国陆军提供喷气式侦察机的合同。飞机将在巴西航空工业公司位于佛罗里达州杰克逊维尔市（Jacksonville）建造的一家工厂里组装。⑤ 主要的以色列公司，例如以色列飞机工业公司（Israel Aircraft Industries，IAI）、艾比特系统（Elbit Systems）、光电工业公司（Electro-Optics Industries，El-Op）和ITL光电公司（ITL Optronics）已购买了美国公司的控股权并组建了新的子公司。

---

① 参见 Grossman, "Market Watch"; Guy Anderson and Matthew Smith, "Analysis: 2008 Sees Subdued M&A Activity", *Jane's Defence Industry*, August 11, 2008。

② Gerrard Cowan, "Branching Out to Gain Momentum: UK Market Health Check", *Jane's Defence Weekly*, August 11, 2008。

③ Amicus, "Maintaining a Critical Mass for UK Defense", June 19, 2005; www. amicustheunion. org。

④ Gerrard Cowan and Keri Smith, "Solana Warns Europe on Niche Status", *Jane's Defence Weekly*, February 7, 2008. 如基斯·哈特利（Keith Hartly）等学者认为，美国的国际合作模式通常只涉及分享生产。美国仍然保留"设计工作"的领导地位，"对美国设计的生产的分担是通过许可生产、合作生产和补偿贸易实现的"。见 Keith Hartley, "Collaboration and European Defense Industrial Policy", *Defence and Peace Economics*, 19, No. 4, (2008), 308。

⑤ Egan Scully, Christopher Cavas, and Gopal Ratnam, "Brazil Breaks into US Market", *Defense News*, August 9, 2004; Matthews, "Who Wins"。

4. 力量、影响力和层级：单极世界中的国防工业

但大多数第三世界武器生产国选择国内的补偿贸易项目来帮助实现国防工业现代化。例如，印度要求外国公司将价值超过 7500 万美元的国防合同中至少 30% 通过补偿贸易提供给本地工业部门。印度国防部长声明："我们很愿意与其他国家开展富有成果的国防合作，但这些国家要准备好技术转让，而且要对共同设计、共同开发和共同生产国防产品感兴趣。"①

对世界许多武器生产商，不仅是第三世界国家视工业补偿贸易为获取先进军事装备，特别是美国军事技术的方法。1993～2005 年，欧洲，而并非第三世界国家，占到美国国防出口合同价值的 46.9%，补偿贸易协议价值的 65%，亚洲在这两项上的排名均为第二。②

忠实盟友

与美国建立紧密的政治/军事关系是第五种，也是密切相关的政策选择。美国的友邦及盟友希望并期待政治合作能带来经济和技术利益，特别是为国防工业部门带来好处。

例如，意大利防务公司认为意大利已在阿富汗向美国提供了支援，且在伊拉克的驻军比除英国和美国之外的其他任何国家都要多。正如芬梅卡尼卡集团总裁皮埃尔·弗朗西斯科·芬梅卡尼卡（Pier Francesco Guarguanglini）所声称的："作为与我们合作的盟友，当谈到进入美国市场时，我们也必须被看成是盟友。"意大利政府极力支持这种观点，要求美国提供更多的技术转让。③ 2008 年芬梅卡尼卡集团购买 DRS 技术公司就是在检验意大利"忠实盟友"策略的效力。

英国也已游说美国放弃对英国军事技术转让的许可要求。由于美国国会不愿意这样做而没有成功，英国国防委员会主席布鲁斯·乔治（Bruce Georges）说道："在我看来这真的是很荒唐，像英国这样一个国家，已经证明了自己是迄今为止美国最忠实的盟友，还处于几乎是向美国卑躬屈膝的地位，并说'请您给我们

---

① Jon Grevatt, "India Declares an End to 'Procurement Alone' Policy", *Jane's Defence Weekly*, May 30, 2008.

② U. S. Department of Commerce's Bureau of Industry and Security Office of Strategic Industries and Economic Security, "Offsets in Defense Trade Eleventh Report to Congress, January 2007", *DISAM Journal of International Security Assistance Management* 29, No. 3 (2007), 56.

③ Tom Kington and Gopal Ratnam, "Italy Turns War Support into US Work", *Defense News*, November 8, 2004.

所需要的（技术）信息'。"①

波兰是另一个例子。由于不满美国在其领土建立导弹基地的协议条款，波兰国防部长伯格丹·克里奇（Bogdan Klich）宣称："波兰在这个地区对美国来说越来越重要，如同巴基斯坦或埃及在中东地区一样，我们期待同等对待。"尽管华沙已向驻伊拉克和阿富汗的以美国为首的军事联盟派去数以千计的部队，但波兰国内抱怨说，他们感觉布什政府认为这是理所当然的。波兰国际事务研究所（Polish Institute of International Affairs）主任认为，"这里的人们希望这么做能有所收获，而我们在交易中得到的却微不足道"。据媒体报道，作为签署2008年8月20日导弹防御协议的交换条件，波兰要求，除确保安全之外，美国要协助其武装部队和防空系统进行现代化建设、技术转让，提供分包机会，简化美国军事购买程序以及增加军事援助。②

但对美国而言，"忠实盟友"策略会造成安全难题。为了推行其对外政策，美国需要盟友和伙伴的合作，但是外国政府希望从合作中获得的补偿与美国愿意分享的工业专利及技术之间的差距越来越大。美国要根据每种情况审慎决策，这是一个微妙的问题。

当然，上面描述的五种政策选择并不是互相排斥的。根据涉及的国家及其目标，不同的政策组合往往会同时推行。政府也许会公布所选择的策略，但实际上，他们选择的政策往往不同。即便是法国，它曾宣称建立一个竞争性的欧洲防务市场，以避免对美国的依赖，但现在法国也支持更多地与美国进行国防工业合作。最近一份法国政府的研究报告呼吁加快跨大西洋两岸的伙伴合作，并敦促法国政府官员要"抛开过去，与美国更紧密地合作"③。

---

① Tony Skinner,"UK Steps up Arms Accord Pressure on US", *Jane's Defence Weekly*, February 23, 2005. 防务贸易合作条约（Defense Trade Cooperation Treaty）旨在解决英国的不满，现已提交给美国国会。出于安全考虑，它遇到了来自美国参议员的相当大的阻力。参见 Hearing of the Senate Foreign Relations Committee：Treaty Doc. 110-10, *Treaty Between the Governments of the United States of America and the United Kingdom Concerning Defense Trade Cooperation*, U. S. Senate Committee on Foreign Relations, Dirksen Senate Office Building, Washington, D. C. 20510-6225, May 21, 2008。

② John McCaslin,"U. S. Defense Sector in Poland：Lead Nation at the International Defense Industry Exhibition in Kielce", *American Investor*, September 2007；Washington Post,"New Team in Poland Cool to U. S. Shield：Premier Conditions Support on More Aid", January 19, 2008；Reuben F. Johnson,"Maintaining A Base：Trouble in Poland's Defense Industry", *Weekly Standard*, January 17, 2008；"US, Poland Sign Strategic Cooperation Declaration",波兰国家独立新闻社（Polish national independent news agency PAP）的英文报道，BBC Worldwide Monitoring, August 20, 2008。

③ Tigner,"EU Threatens to Build Own Defense Market", *Defense News*, January 24, 2005.

4. 力量、影响力和层级：单极世界中的国防工业

政治影响：一种影响力工具

上面所描述的世界国防工业部门的快速集中使得美国在更广阔的国际体系中发挥更强大的作用。冷战期间，美国的影响力受到世界两极格局的制约。在西方联盟中，帮助欧洲军火工业从第二次世界大战中恢复过来的合作项目都已成功完成。随后引入了欧洲和美国之间武器合作的双向政策，以减少国防研发中的重复建设。它所表述的目标与如今的目标完全不同：提高标准化和互通性，改善北约联盟的防御态势，节约国防开支。但随时间推移，在目标和技术转让范围之间出现了差异。从欧洲的角度来看，获得美国技术和市场能给欧洲国防工业带来经济利益。但美国专注于冷战视角，坚持严格的技术转让限制，以防止美国军事技术扩散到敌国[1]，包括美国与其盟国双边关系的政策变成了有争议的话题。

但在20世纪80年代晚期，出现了使美国调整和强化其对外政策战略的新的机会。外国政府正在极力解决恶化的经济和战略不安全问题，即使那些曾与美国敌对的政府，现在也更乐于接受并更容易受到美国的引导。美国如今可更自由地发挥其军事和工业方面的比较优势，把它作为一种制衡他国的工具。美国规模庞大和复杂的国防生产部门给美国政策制定者提供了多种多样的政策选择空间。渐渐地，一系列范围广泛且有重叠的激励、回报和交易演化为美国政府现在用来鼓励其他国家采取合作行为的手段。

激励与回报

美国必须为合作提供内容多样的激励与回报，包括军事贷款、补偿贸易安排、技术转让、贷款、经济援助、合资企业等不同类型的军事援助，以及免除惩罚，无论这些惩罚是武器禁运、技术转让限制、烦琐的出口管制，还是高昂的交易成本。在这些潜在回报既定的情况下，进入美国国防工业部门已成为目前国际体系中进行政治合作的强大动力。

早在1987年，美国政府内部就曾讨论过设立一个非北约重要同盟国（major non-NATO ally，MNNA）目录的想法。考虑到作为一种合作激励和回报，非北约

---

[1] 参见 Wilfred Von Zastrow, *The Two-Way Street: US/European Armaments Cooperation Within NATO* (Washington, DC: National War College Strategic Studies Project, 1985)。

重要同盟国地位赋予非北约国家许多北约成员国享受的合作与技术转让优势。例如，非北约重要同盟国参与美国为首的反恐战争时，接受反对恐怖主义的资金援助，美国国务院采用特殊程序加快向驻阿富汗和伊拉克的美国伙伴的军事出口。此外，布什政府明确表示，为伊拉克重建投入的870亿美元将仅用于在伊拉克有驻军的国家。①

为避免未来的惩罚，通常也是合作、克制或妥协的动力。美国与欧盟就欧盟政府补贴空中客车A350的争论就是一个例子。2005年5月，美国向世界贸易组织（World Trade Organization，WTO）提起诉讼，控告欧盟为新型飞机提供给空中客车的无风险贷款违反了全球贸易规则。欧盟在反诉中认为，波音接受过类似的贷款。作为回应，美国坚持波音的贷款是商业贷款，是必须偿还的，因此符合世界贸易组织规则。为了劝诱欧盟结束这些补贴，美国设计出一种既包含激励又包含阻碍动机的政策策略。据一位美国航空分析人士理查德·阿布拉菲尔（Richard Aboulafia）说，当欧洲公司越来越"将其增长与美国收入联系在一起"时，进入美国防务市场的激励就一直存在着。不利于经济增长的因素可能是世界贸易组织的规则偏袒美国，抑或导致出现破坏跨大西洋两岸贸易关系的事情。

自从关于补贴的争论爆发以来，欧洲宇航防务集团与诺斯罗普·格鲁曼公司结成的伙伴合作关系赢得了一项价值350亿美元的国防部合同，在超过20年的时期内提供并维护了179架空中加油机。欧盟与美国的争论还摆在世界贸易组织面前，美国空军加油机的竞争就已重启但并未决定，防务分析人士预计，对欧盟政策制定者而言，从长期看，失去未来美国国防收入的前景将是这个问题的决定因素。②

---

① 到2009年，已经有14个国家被授予非北约重要同盟国（MNNA）地位：阿根廷（1998年）、澳大利亚（1989年）、巴林（2002年）、埃及（1989年）、以色列（1989年）、日本（1989年）、约旦（1996年）、科威特（2004年）、摩洛哥（2004年）、新西兰（1997年）、巴基斯坦（2004年）、菲律宾（2003年）、泰国（2003年）和韩国（1989年）。"American Service members，Protection Act（ASPA）"，Security Assistance Team，U. S. Department of State，July 22，2009，http://www.state.gov/t/pm/ppa/sat；亦参见 U. S. Department of State，"Department of State to Expedite Export Licenses for Iraq Coalition Partners"，媒体发布，March 26，2003；以及 Joshua Kucera，"U. S. Extends Training of Georgian Armed Forces"，*Jane's Defence Weekly*，April 13，2005。

② Paul Meller and Elizabeth Decker，"Europe Strikes Back in Plane Dispute"，*New York Times*，June 1，2005；Michael Sirak，"EU Faces Tough Choice over Aircraft Subsidies"，*Jane's Defence Weekly*，June 8，2005。

4. 力量、影响力和层级：单极世界中的国防工业

威胁和制裁

美国政策制定者还采用了许多禁运、限制、拒签、威胁和惩罚等手段迫使其他国家在各种问题上妥协。如近几年，向中国的军事出口问题成为影响美国－以色列和美国－欧盟关系的主要因素，也是检验美国影响力的有效办法。

以色列与中国 以色列每年接受大约 30 亿美元的美国对外援助，并积极参与美国国防工业项目，采取与美国结为亲密政治/军事联盟的策略，但以色列与美国在以色列向中国出口问题上出现的分歧已经常性地破坏了这种关系。2005 年，据称以色列向中国秘密出售升级版的哈比反辐射攻击无人机（Harpy Radar-Killing Drones）引起美国的强烈反应和严重制裁。这些制裁包括停止以色列－美国的合作项目（包括联合攻击战斗机），结束以色列参与联合直接攻击弹药行动（Joint Direct Attack Munitions Initiative）升级计划，禁止以色列向美国军队未来战斗系统（U. S. Army's Future Combat Systems）提供产品和服务，停止关于发展攻击无人机的信息交流，并停止向以色列出售美国的夜视装备。① 另外，美国向以色列供给的物资和零部件由于美国国务院的许可审批程序被无限制地拖延。据报道，标准检查过程由原来的至多两个月拖延到八个月甚至更长。管理五角大楼对外销售的防务安全合作局（Defense Security Cooperation Agency）负责人宣称，美国政府不会考虑任何新的向以色列的防务销售计划，直到关于以色列向中国出售军火的争议得以解决。②

为结束这场代价巨大的争议，以色列对一些政策进行了调整并同意其余内容。在没有得到国防部书面允许时，禁止本地企业以参观、讨论或任何形式与中国开展新的商业活动。禁令不仅涉及防务销售，还涉及美国认为可能有利于中国军事的两用项目。在美国的压力下，以色列外交部就"损害了美国利益"公开道歉，以色列国防部长引咎辞职。以色列还同意重组其管制国防出口的机构，据传闻，按照美国的要求，不仅向中国的出口要报告，以色列向其他国家的出口也要报告。一位以色列国防部门高级人士称，"美国每年提供给以色列 20 亿美元军事援助，如果它要求以色列不再向中国出售任何东西，那么我们就不出口。如

---

① Zeev Schiff, "US to Israel: Tighten Arms Export Supervision", *Haaretz*, June 12, 2005.
② Opall-Rome, "Israel Restricts Firms' Contact with China" and "New Technology Transfers to China On Hold, Pentagon Official Confirms", *Defense Daily*, June 16, 25.

果美国认为以色列也不应该向其他国家出售武器,以色列将没有选择只能服从。"①

欧洲与中国 对中国的出口也干扰美国－欧洲关系。2005年初,欧盟考虑解除它对中国长达16年的武器禁运,美国要求不得解除武器禁运,并发布了一系列公开声明强调了其要求。2005年3月,一项参议院决议宣称,解除禁运"将很可能对跨大西洋两岸的防务合作产生消极影响,这包括未来将美国的军事技术、服务和装备转让给欧盟国家"。几天以后,一名美国高级官员警告道,"如果欧盟确实解除了对中国的武器禁运,将会对跨大西洋两岸的防务合作产生极大负面影响。"②

欧洲有强烈动机向中国出售武器。中国正在进行的军事现代化以及广阔的民间市场极具吸引力。据一篇报告称,到2040年,中国每年对军事硬件的需求将达到大约2950亿美元。它估计美国将仍然是最大的防务市场(在2040年为101万亿美元,占全球需求的36%),但中国会成为世界上增长最快的国家。③

尽管向中国出口军事技术有强大的动力,但对抗美国看上去似乎是个巨大的风险。据国防分析人士洛伦·汤普森(Loren Thompson)分析,大多数欧洲防务和航空公司与五角大楼有业务往来,向中国销售的收益比不上损失。"美国是我们寻求增长的源泉",一位英国宇航防务系统公司发言人说道,"如果是与中国做生意相互排斥的话,那我们将会选择美国"。④ 2005年4月,欧洲议会以431票赞成、85票反对、31票弃权,支持敦促欧盟不结束禁运。到2006年4月,表决结果变为618票赞成、16票反对,支持了不结束禁运。目前为止,欧盟仍在推迟最后决定。⑤

---

① 美国提供给以色列年均30亿美元的对外援助,目前只是军事援助。美国给以色列的经济援助已于2008年结束。见 Steven Erlanger "Israel to Get ＄30 Billion in Military Aid from U. S.", *New York Times*, August 17, 2007; Barbara Opall-Rome, "Israeli Moves Pit Private Against State-Owned Firms", *Defense News*, January 3, 2005; Barbara Opall-Rome, "Israeli FM Regrets China Arms Sale Could Have Damaged US Interests", *Defense News*, June 20, 2005; Alon Ben-David, "Israel-US Crisis Eases", *Jane's Defence Weekly*, June 2, 2005, and *Jane's Defence Weekly*, "Israeli Contractors Concerned over US Export Request", June 22, 2005; *Jane's Sentinel Security Assessment*, "Israel, External Affairs", May 19, 2005.

② Mulholland, "Briefing-German Industry".

③ Gopal Ratnam, "For Defense Market Success, Go East: Goldman Sachs Sees High Demand in Asia for Next Decades", *Defense News*, October 3, 2005.

④ Mark Lauder, "Europe Wants China Sales But Not Just of Weapons", *New York Times*, February 24, 2005.

⑤ *EU Business*, "EU should maintain arms embargo on China, say Euro-MPs", April 23, 2008, http://www.eubusiness.com/news-eu.

4. 力量、影响力和层级：单极世界中的国防工业

小结

正如国际关系理论所假设的那样，国际社会结构是一国对外政策的主要决定因素，来自全球防务部门的证据支持了这个假说。卡洛斯·埃斯库德（Carlos Escudé）使用阿根廷决定放弃开发和生产的秃鹰Ⅱ号（Condor Ⅱ）导弹做过一个案例研究，认为在国际体系中有三种不同功能的国家：发号施令的国家、遵守指令的国家（大部分国家间共同体）以及反叛国家——少数挑战强权统治的第三世界国家。他认为，国家，只能通过牺牲其国民利益才能挑战占主导地位的大国。因此，大部分国家几乎没有选择，如果他们想发展或培育他们自己的政治和经济体系，只能接受现有的国际社会等级。尽管一国能够抵抗，如果他能够承受这样做的代价，但在当今世界秩序下，这种代价太过高昂，以至于大多数国家承担不起这种风险。[①]

美国正顺利地成为世界最先进常规武器的唯一生产国。本章认为美国在全球国防工业体系中的主导统治地位是大多数国家政策选择的主要制约因素。其他武器生产国，无论他们早先在国防工业等级体系中的位置如何，都变得越来越依赖美国的产品、市场、技术创新和先进技术，用以实现他们自己的军事和国防工业现代化。对于那些试图提高其国防能力的其他国家也同样如此，日益加深的依赖性赋予美国相当大的直接和间接政治影响力。从大多数政府角度看，进入美国防务市场的代价越来越增加了美国对技术发展方向、军事工业稳定性和对外政策决策自主性的影响。

这并不是说美国对全球军事工业体系或者塑造和重塑位于其内的国家工业拥有完全的控制力。也不是说美国会参与每一个以及全部政策议题。显然，美国的政治影响在程度和范围上是有所不同的，这取决于所讨论的政策议题以及与美国利益关联的程度。但也出于同样的原因，美国国防部门为美国政策制定者提供了强有力的对外政策工具，利用它可以处罚不合作行为，奖励合作行为，提高稳定性，并追求美国的对外政策利益。鉴于目前全球军事工业部门结构，大多数国

[①] Carlos Escudé,"An Introduction to Peripheral Realism and Its Implications for the Interstate System: Argentina and the Condor Ⅱ Missile Project", in *International Relations Theory and the Third World*, ed. Stephanie G. Neuman(New York, St. Martin's Press, 1995), 55~75.

家除了适应美国的政策偏好外，几乎别无选择。

致谢

本章还刊登在《国防与和平经济学》（*Defence and Peace Economics*）杂志 2009 年 12 月（第 20 卷第 6 期）上。

5
国际防务层级体系演变

菲利普·芬尼根[*]

世界范围内的国防工业正陷于一场全球化和传统国家层级体系这两派的激烈竞争中，朝着以国际供应链为基础的国际防务层级体系发展是趋势。这种国际防务层级体系的演化对从国防采办成本到设定武器装备优先顺序的政治程序，再到防务自由贸易等领域都会产生影响。其他经济部门全球化趋势形成的经济层级体系也同样出现在国防领域，因为国防是以政府对国内采购支出为基础的，该过程相比基于自由贸易条款的其他经济部门要更为缓慢和艰难。

这个过程并不是一帆风顺的。国家的防务层级体系在各国之间的军事合作以及设定防务优先顺序方面发挥着举足关键的作用，特别是在美国，这个由主承包商为首的层级体系往往倾向于促进军事工业合作，而在其他情况下，它们则有阻碍合作、抵制改变的作用，全球防务层级体系越来越多地由美国和位于美国的防务公司来主导。这些公司拥有获得研究、开发和采购资金的途径，这对于开发新产品以及带来规模经济的大规模生产来说都必不可少。这些强大的国际层级体系

---

[*] 菲利普·芬尼根（Philip Finnegan）是蒂尔集团（Teal Group）的公司分析主管。他为商业航空和防务业务客户，包括大型的美国与欧洲主承包商提供战略与市场分析。他还撰写并编辑了蒂尔的防务与航空公司简报（*Defense and Aerospace Companies Briefing Book*），该书分析了美国、欧洲、亚洲和南美洲的50家航空与防务公司的绩效、前景和策略。在加入蒂尔集团之前，芬尼根先生曾在《防务新闻》（*Defense News*）负责报道商业趋势与国际安全事务，这是一份报道全球国防工业的最重要的刊物。更早他曾作为《美国新闻与世界报导》（*U. S. News and World Report*）的特派记者，驻萨尔瓦多工作一年，负责报道中美洲事务，也曾作为《时代周刊》（*Time*）驻埃及开罗特派记者两年，负责报道中东事务。他自卡尔顿学院（Carleton College）获得现代欧洲历史学士学位，在斯坦福大学（Stanford University）获得现代欧洲历史硕士学位，从华盛顿美利坚大学（American University in Washington）获得经济学硕士学位。

的发展也带来了危险。由于技术和市场力量集中在有限数量的公司上，它们确实起到了限制竞争的作用。根据它们在市场上是否处于主导地位，它们在打开或关闭单独国家市场方面是一股强大的力量。

有时候，它们及其政治同盟的力量会鼓励在不需要的武器系统上支出，甚至在五角大楼或欧洲防务局想要停止采办时生产线甚至还在运行，因此，它们可能是导致军事需求浑浑噩噩的一个原因。这种层级体系的发展和由此导致的依赖性对国际防务政策具有重要影响，这些政策超越了国内国防采办和国际防务贸易的范围。美国处于世界国防工业层级体系的首领地位，这赋予他另一种政策影响力，可以用来反对其他公司或国家，与不受欢迎的国家进行防务贸易或促进特定的美国国防优先权。

这种层级体系可能会被打破。变化的技术可以削弱现存公司地位并使新公司获得领先地位。尤其是无人驾驶飞机（Unmanned Aerial Vehicles, UAV），它是一种潜在的具有破坏性的技术，可使较小的公司和较小国家的工业部门成功挑战传统防务领袖。不仅技术能够改变这种层级体系，政策变化也可能带来更为深远的影响。美国对于竞争的需求正在形成一种推动力，不仅逆转某些国防工业的集中，而且开放美国市场引入国际竞争。

国防层级体系性质

世界国防工业的层级体系建立在技术能力和获取国防预算支持能力的基础上，其结果是国内和国际的层级体系一直在不断演变。一般上，国防工业是由作为总承包商的公司主导，他们设计和集成武器系统，例如战斗机或坦克。他们设计武器系统，然后就电子传感器、引擎和武器与分承包商签订合同，主承包商负责最后组装和测试武器系统。由于世界国防工业不断合并，这种层级体系的顶层变得越来越狭窄。1960年美国有11家提供固定翼军用飞机的主承包商，现在该数字已降至3家（洛克希德·马丁、波音和诺斯罗普·格鲁曼）。[1] 相同情况也发生在欧洲国家，1945年英国有19家军用固定翼和水平旋转翼战斗机制造商，到

---

[1] John Birkler, Anthony G. Bower, Jeffrey Drezner, Gordon Lee, Mark Lorell, Giles Smith, Fred Timson et al., *Competition and Innovation in the U. S. Fixed Wing Military Aircraft Industry* (Santa Monica, CA: Rand National Defense Research Institute, 2003), 2.

1960 年这个数字降至 11 家，现在只有两家，且其中只有一家是由英国所有（BAE）。韦斯特兰（Westland）——一家直升机制造商，现在是意大利芬梅卡尼卡集团下属公司阿古斯塔·韦斯特兰公司（Agusta Westland）的一部分。①

这种层级体系的特征不仅由公司规模决定，还由他们的能力决定。大型美国主承包商有广泛的技术能力。比如，美国最大的防务制造商洛克希德·马丁，在战斗机、运输机、卫星、空间运载火箭、导弹、机载雷达、地基雷达、电光材料、航空电子设备、电子战、声纳和反潜武器、水下武器、防空系统，以及指挥、控制和通信系统等方面都是市场的领导者，即使欧洲大陆最大的竞争者也不具备像美国这样如此宽广的领域。荷兰的欧洲宇航防务集团（EADS）是欧洲大陆最大的防务生产商，在战斗机、运输机、空间运载火箭和导弹（通过合资企业）等方面具有生产能力，它在国防电子领域的能力则相当有限。意大利最大的防务公司芬梅卡尼卡在直升机和战斗机方面是世界领先者，但确实只有相当有限的防务电子生产能力。

除了基于武器生产中的角色所形成的层级体系之外，还有国际化的层级体系。由于防务产品缺乏自由贸易，国防公司的规模和能力与国家的国防支出数额密切相关。在 2007 年世界十大防务公司中，7 家是美国的（洛克希德·马丁、波音、诺斯罗普·格鲁曼、雷声、通用动力、L-3 通信和联合科技），第八名（BAE 系统）接近一半的销售来自他所收购的美国子公司。② 美国最大的防务公司洛克希德·马丁的防务销售大约是欧洲大陆最大的制造商欧洲宇航防务集团的 3 倍左右。

美国和欧洲主承包商的规模与技术复杂程度意味着他们将会经常依靠其他国家或本国的子承包商，这使他们可以在国家国防采办中满足国内对本地化生产的要求，这也把发展中国家的公司与全球国防工业层级体系整合起来。这种建立更复杂与精细的国防层级体系过程是由很多因素推动的，冷战结束后，世界范围内国防开支下降使得很多国家与公司认识到合并是必要的。克林顿就任总统后不久，国防部长莱斯·阿斯平（Les Aspen）就警告美国主要国防工业企业的高管们，现存的公司只需要一半，五角大楼不会为不需要的国防能力买单。结果，一

---

① 改编自 Martin J. Bollinger and John R. Harbison, *Consolidation in Aerospace/Defense: What's Next?* (Los Angeles: Booz Allen & Hamilton, 1992), 4.

② *Defense News*, "Top 100 List", July 16, 2007, 12.

股合并浪潮开始了，成立了五家巨型防务公司，包括洛克希德·马丁、波音、诺斯罗普·格鲁曼、通用动力和雷声。由于"9·11"事件后国防支出经历了一次强劲增长，这些公司在国防层级体系中占据了主导地位。

技术趋势已促使力量集中在少数极有能力的企业上。网络中心战现在是美国的主导战略，它表明优势来源于拥有一种尽可能多的进行网络化的能力。这种能力有助于信息从情报部门向战场和不同军事部门之间顺利流动。结果，对于任何威胁的反应时间加快了，快速部署战争所需兵力的可能性提高了。

发展先进的网络中心系统需要广泛的能力，包括相当的软件技术，以及设计飞机、坦克或舰船的传统技术。这需要有能力管理极为复杂项目的极为有能力的主承包商。这种趋势创造了对主承包商负责的大型分承包商网络。例如，美军最大的项目"未来战斗系统"（Future Combat Systems）试图建造未来的网络中心军队，包括大约550家分承包商，他们最后都要向由波音和科学应用国际公司（Science Applications International Corporation）组成的主承包商团队报告。作为该项目的一部分，波音－科学应用国际公司（SAIC）团队监督包括从无人装甲车到通讯系统到无人机所涉及的每件事情。武器系统的复杂性也使得只有极少数公司能承受成本，这意味着只有少数主承包商可以生产系统。纳姆·奥古斯丁（Norm Augustine）关于飞机成本上升的著名定律表明，到2054年整个美国的国防预算只能购买一架飞机。成本上升是美国政府致力于国防工业合并的一个主要动机，尤其是在20世纪90年代初期。

国防层级体系演变

欧洲大陆的国防工业在第二次世界大战中被摧毁后，美国的国防工业占据了主导地位。随着各国重整军备，他们从美国购买武器，欧洲国家在获得许可之下生产那些武器系统。渐渐地，参与许可生产的这些欧洲公司发展出了他们自己生产零部件和完成最终本地组装的能力，这在欧洲主要国家发展本土研究和开发能力方面达到了顶峰，这些公司获得了成为主承包商和与美国主要公司在出口武器系统方面相竞争的能力。随着西欧国防工业的发展，出现了与美国进行合作生产的新动力。20世纪70年代早期，这意味着美国提供的12种武器系统既在欧洲生产又在美国生产。20世纪80年代，合作的再次发展形成了国外合作测试项目（Foreign Cooperative Test Program），旨在寻找可以满足美国军事需求的国外尚未

开发的项目。① 许多合作项目开始致力于在政府间合作引领的水平上深化这种产业合作。②

除了在20世纪80年代推动在单个项目上与美国进行军事工业合作外，更多的欧洲内部合作成为一股强劲的趋势。欧洲政府和工业部门越来越认识到，他们不能仅仅依靠一国基础资助主要发展项目，不仅仅是成本太高昂，而且潜在产出太少。"龙卷风"超音速地面歼击机（Tornado Supersonic Ground Attack Bomber）是法国-德国-意大利合作的战斗机，随后的欧洲战斗机台风（Eurofighter Typhoon）还将西班牙带入了飞机生产项目。其他项目，如A400M战略轰炸机（法国、德国、意大利、西班牙、英国、土耳其、比利时和卢森堡）、NH-90直升机（德国、意大利、法国和荷兰）、EH-101直升机（英国、意大利）和风暴之影导弹（Storm Shadow Missile）（法国、英国）也随之而来。每个项目都是基于这样一种观念，即工作分配取决于各个国家在项目中的投资量，各个国家的工业部门得到的合同取决于其军队购买飞机所占的百分比。

随着欧洲内部合作推进以及欧洲企业向美国市场渗透工作不断增加，他们也已进行合并以建立更有能力与其美国对手展开合作的公司。20世纪90年代晚期，英国宇航系统公司与美国通用电气-马可尼（GEC Marconi）的防务业务合并，成立了英国最大的军火公司。2000年，欧洲宇航防务集团由法国、德国和西班牙的公司合并成立，这是第一家跨国的欧洲公司。2001年，法国、德国、意大利和英国的导弹工业合并成立的欧洲导弹集团（MBDA），成为一家在规模上可与处于领先地位的美国竞争者相抗衡的导弹公司。

美国与欧洲国防工业公司创建更加适应全球防务市场公司的演变过程，也反映在发展中国家国防工业公司的巨大变化中。20世纪70年代和80年代，南非、智利、印度尼西亚和巴西都在努力发展本土生产能力，以出口国内主要的武器系统。随武器系统全球化的发展和民主革命的影响，这些国家已被迫放弃了这些打算。由于这些国家还在继续参与航空项目，他们也有意融入全球国防经济中。智利和巴西是伊朗-伊拉克战争期间主要的武器出口国，都已从军火市场中退出。巴西的巴西航空工业公司（Embraer）把精力集中在地区商用喷气机而非国防项

---

① CSIS, *Final Report of the CSIS Commission on Transatlantic Security and Industrial Cooperation in the Twenty-First Century*(Washington, DC: CSIS, 2003), 36~38.

② CSIS, *Final Report*, 36~38.

目上,印度尼西亚的战斗机野心终结于其财政紧缩方案,为了保证经济运行,减少了对工业的补贴。南非一直致力于通过作为西方公司分承包商的方式,将其国防工业融入到全球化经济中。南非最大的国防企业丹尼尔公司(Denel)正在寻找西方合作伙伴投资于公司个体经营的业务中,包括蒸汽涡轮引擎业务和光电子业务。作为向南非提供装备的公司的分承包商,公司业务的一个主要部分是通过补偿贸易将其中一些工作留在国内。

总的来说,这就是发展中国家国防工业当前的角色。他们能够提供地区化生产来满足武器出口商在发展中国家开展业务,创造武器采购要求,这赋予新兴国家制造商优先成为分包商的地位。此外,他们在如劳动成本等方面具有比较优势,使得他们即使没有补偿贸易要求,也能在产品中发挥利基作用,但所有成为主承包商与美国和欧洲主承包商竞争的自负想法,一般都以世界防务层级体系中的第二等级生产国和工业部门而终结。①

有利于美国的变化

冷战结束后,欧洲国家和美国在国防预算方面的差距越来越大,这有利于美国国防工业中的产品、技术和市场力量越来越集中。按照国际战略研究所(International Institute for Strategic Studies, IISS)的统计,在2005年全球1.2万亿美元的国防支出中,美国为4950亿美元,占41%。与之形成对比的是,除美国外,所有的北约国家花费了2590亿美元,只占美国全部支出的52%。② 如果只考虑单个国家支出,这种支出上的差距就更明显了。2006年,六个欧洲主要武器生产国(法国、德国、意大利、西班牙、瑞典和英国)在现代化投资上的支出总共为389亿美元(采办及研发支出总计)。③ 2006年美国国防部预算中,美国政府在国防采办上支出了861亿美元(不包括追加的),还有710亿美元用于研发投入。总共有1571亿美元用于现代化的支出,占五角大楼当年支出的34%。与之形成对比的是,欧洲主要武器生产国中唯一超过这个水平的是瑞典,

---

① Richard A. Bitzinger, *Towards a Brave New Arms Industry?* (London: International Institute for Strategic Studies, 2003), 62~79.

② International Institute for Strategic Studies (IISS), *The Military Balance 2007* (London: Routledge, 2007).

③ CSIS Defense-Industrial Initiatives Group, *Trends in European Defense Spending*, 2001~2006 (Washington, DC: CSIS, 2008), 12.

其预算的 43.6% 投入了现代化。法国支出的是 23.2%，英国支出了 21.2%。同样拥有重点行业的意大利仅支出了 7.2%。① 从数量上看，主要欧洲国家的预算与美国相比就更黯然失色了。2006 年，英国现代化预算总计为 126 亿美元。同年，法国投资预算总计为 127 亿美元。② 他们中的每个都甚至不到美国预算的 1/10。

美国在采办和研发投入方面的国防预算带来的最为重要的影响是导致欧洲公司希望融入美国层级体系，或作为分承包商或主承包商。在欧洲公司已选择的分承包商模式下，他们成了美国公司的分承包商，并因此能够向五角大楼出售武器，欧洲公司更多地希望通过收购美国国防业务直接融入美国层级体系中。

国防工业层级体系趋势对国防贸易和生产线的影响

美国和欧洲的层级体系在国际防务合作和设定国防要求方面扮演着日益重要的角色。在国际合作中，近些年美国公司成为一种开拓国际市场的力量，特别是在有多个大型公司的领域。洛克希德·马丁和阿古斯塔·韦斯特兰公司合作击败了西科斯基飞机公司（Sikorsky Aircraft），为美国提供了 EH-101 直升机作为新的总统直升机。诺斯罗普·格鲁曼和欧洲宇航防务集团合作打败了颇受青睐的波音公司，在价值 400 亿美元的美国空军加油机项目的竞争中获胜。在这些案例中，在一些特定领域没有竞争力的美国公司通过与一家大型欧洲公司合作，扩展他们的业务基础，以此击败了美国的竞争者。洛克希德·马丁没有生产直升机的能力，诺斯罗普·格鲁曼没有制造加油机的能力。美国主要的公司也强烈反对"购买美国货"的规则，通过他们的工业协会，航天工业协会（Aerospace Industries Association）作为前锋来游说国会反对这些规则。他们的利益在于自己完成系统集成，并能外包子系统和零部件来降低成本以及满足外国客户补偿贸易的要求。他们希望利用全球化来加强他们在系统集成方面位于层级体系顶端的地位，而不是努力在美国国内形成独立自主的能力。

在欧洲，这种层级体系往往会倾向于支持更具约束性的贸易政策。出现了单个的国家龙头企业，而不是像美国那样的多个国家龙头企业，这意味着，单个国家龙头企业往往会加强国际贸易壁垒以扩展他们自己的业务基础。例如，英国宇

---

① CSIS Defense-Industrial Initiatives Group, *Trends in European Defense Spending*, 14.
② CSIS Defense-Industrial Initiatives Group, *Trends in European Defense Spending*, 12.

航系统公司野心勃勃地要打开美国市场,已向英国国防部强烈表示,他们需要限制竞争来保护英国的工业基础。① 这种想法得到了回应,英国新的工业战略就是要更加关注于保持国家能力。

为了限制单个公司实力过强对美国造成的危害,美国政府不断插手阻止可能限制竞争的合并。最为引人注目的是,他阻止了洛克希德·马丁和诺斯罗普·格鲁曼在1997年的合并。美国最大的四家防务公司之间的合并现在看来是不可能的,因为政府始终坚持保持最大的主承包商之间的有限竞争。层级体系所发挥的这种力量意味着,他们经常能够影响优先采购武器的国防政策。五角大楼反复建议取消某些武器系统,包括F-14战斗机、V-22鱼鹰斜旋翼战斗机、C-130战术运输机和C-17战略运输机,但是国会中的支持者们出于对就业影响的担心,成功延缓或避免了取消任何一个项目。这些系统的承包商有能力动员不只是他们自己的公司来支持继续采购,还能够动员他们的分承包商。为了取消F-14战斗机,五角大楼在1989年一项国会议案中被迫购买了另外18架飞机,价值16亿美元,来换取销毁设备的承诺,以避免进一步游说要在未来几年保持生产线运转。

欧洲的反应

国防工业层级体系向着美国政府和美国工业占优强劲优势的方向不断发展。欧洲政府和工业部门通过三种方式应对美国在国防工业中的优势地位,包括更广泛的欧洲内部合作、融入由美国工业主导的全球供应链和成为美国国防工业基础的一部分。

第一种回应是要加强欧洲工业和建立欧洲项目来对抗美国防务公司和项目在全球市场中的优势地位。正如前面提到的,这导致创立了世界第二大航空航天公司——欧洲宇航防务集团以及一家联合导弹公司——欧洲导弹集团,后者在销售规模上赶上了美国竞争者,这种做法可能会最终导致欧洲防务市场更封闭,以保护这些公司在其国内市场的优势地位。这也带来了一种危险,就是在欧盟内部必须优先购买欧洲产品,这给如英国这样更为开放的市场,或者东欧购买美国武器

---

① Douglas Barrie, "BAE Urges U. K. to Curb Defense Competition", *Aviation Week and Space Technology*, July 15,2002(http://defense-archive. teldan. com/Article/BAE_Urges_UK_to_Curb_Defense_Competition. aspx? sID = 350827)。

的非武器生产国造成了更多困难。但是，如果美国保持更多优于欧洲武器系统的走势，完全的欧洲优先便不可能有大的进展。

欧洲第二种应对美国在国防工业优势地位的方法是融入美国工业占据主导地位的全球供应链。不考虑生产国国籍，找到最优价值的需要已经推动了商用航空航天领域的全球化，这包括寻找到最佳分包商，而不管他是哪个国家的。防务领域的全球化面临着来自各国政府的约束，他们希望确保自己投入国防领域的大部分资金在本国范围内支出。尽管如此，F-35联合攻击战斗机（Joint Strike Fighter，JSF）是向国防工业全球化新模式发展的一个明显例子。联合攻击战斗机是美国下一代战斗机项目，得到了来自美国盟友的前所未有的支持和参与开发。这种理念不再是过去项目中固定的工作分担比例，而是追求价值最大化。通过利用全球供应链，确定不同国际性公司的不同比较优势，以更加经济的方式制造战斗机。八个国家（英国、意大利、荷兰、土耳其、加拿大、澳大利亚、丹麦和挪威）签署协议以不同水平的资金承诺投资于战斗机的开发。作为回报，这些国家的工业部门基于最佳价值获得竞争合同的权利。结果，英国宇航系统公司被指定为项目的主要分包商，意大利公司承担如下功能：艾维欧公司（Avio）负责涡轮机配件、默克图技术公司（Microtechnica）负责发动机防冻系统、比亚乔航空工业公司（Piaggio Aero Industries）负责发动机部件。荷兰的斯托克航空公司（Stork Aerospace）制造所有的飞行可移动门并为飞机小批量试生产提供机翼部件，土耳其的土耳其航宇工业公司（Tusas Aerospace Industries）负责局部组件和一些发动机配件。

由于美国政府作为项目背后的推力以及开发的主要投资者，可以预期，这将成为在以美国主承包商洛克希德·马丁公司为首的美国层级体系中，其他国家工业部门居于从属地位的一种模式，仅美国和英国的军事需求在这个项目上的花费就可能超过了400亿美元，这显然违背了欧洲联合项目所要求的公平回报原则。包括欧洲战斗机和A400M在内的项目要求参与者得到的工作量与他们本身在项目中的投资额相当。显然，联合攻击战斗机项目不同于过去的联合项目，它有利于实现席卷商用航空市场的全球化和专业化。关注于价值最大化，通过不断降低其成本，联合攻击战斗机极有可能在世界市场中占具竞争力。这给关注于生产国旧系统中制造的产品施加了巨大压力。很显然，全球化的特点加上美国的巨额国防支出赋予了美国工业部门在国防层级体系中的顶尖地位。

欧洲工业部门最后一个反应方式是试图成为美国国防工业的一部分，这已是英国国防工业应对措施中尤为重要的一部分，而且也在欧洲大陆工业部门中流行开来。欧洲公司正力图以主承包商身份发展与五角大楼的关系，为了做到这一点，他们正在从美国购买大量带有防务性质的业务。2000~2006年，欧洲公司花费了137亿美元购买美国的防务和航空业务，其中75%由英国公司购买。这些业务主要集中在地面系统，占全部购买业务的35%，国防电子占34%。[①] 与之形成对比的是，美国防务公司购买的欧洲防务业务极少。美国公司对较小、停滞，具有相对少量研究资金的市场进行投资的需求几乎为零。进入美国市场的动机使得很多英国企业严重依赖美国防务市场，英国最大的防务承包商英国宇航系统公司进行了一系列收购，这使得他将40%的防务销售销往美国，较小规模的公司也进行了收购，这甚至使他们更依赖美国市场。英国工程集团（GKN）宇航公司是一家飞机构件制造商，其65%的销售在北美，他最大的防务项目是F35联合战斗机。为作战车辆生产精密机械系统的美捷特防务系统（Meggitt Defense Systems）2/3的业务在美国展开，类似地，英国国防电子公司科巴姆（Cobham）有2/3的销售是销往美国的。国防电子制造商超级电子公司（Ultra Electronics）42%的销售销往美国，与销售给英国的比例相同。

可能干扰层级体系的技术

很明显，技术的不断演进会对防务企业目前的层级体系产生重要影响。新技术可能削弱主要制造商现在的优势地位，并带来现存层级体系之外的具有竞争力的新企业。无人机是这种革命性技术的一个明显例子。以色列在发展战术小型无人机方面已具有领导地位，这使得更大的美国和欧洲公司也羡慕这家公司。在战术无人机方面，以色列在20世纪80年代早期开发了"侦察兵和猛犬"（Scout & Mastiff）项目，这为以色列无人机项目目前所用的技术奠定了基础，这些项目包括从以色列飞机工业公司（Israel Aircraft Industries，IAI）到埃尔比特公司（Elbit）的赫尔莫斯（Hermes）无人机系列。以色列无人机项目已成功地创造了能生存下来的新的第一等级竞争者，挑战重要的更大型的美国和欧洲企业，从这个层面上讲，以色列在欧洲市场上的成功上也是一个例证。英国的战术无人机

---

① Philip Finnegan, "International Defense and Homeland Security Markets",2007年3月6日在AIAA Aerospace Markets—The Decade Ahead conference上的发言。

"守望者（Watchkeeper）计划"由以色列最大的防务电子公司埃尔比特系统赢得。它击败了两家最大的美国防务公司洛克希德·马丁和诺斯罗普·格鲁曼，以及英国最大的航天公司英国宇航系统公司。法国的"鹰1"(Eagle I) 项目以以色列航空公司的"苍鹭"项目为基础，其"鹰2"（Eagle 2）系统建立在以色列航空公司另一种无人机基础之上。相比其美国竞争对手，以色列公司有更强的出口潜力，从传统来看，以色列愿意将技术出口到那些不允许美国公司进行出口的国家。

这种情况在美国国内市场也很明显。在战术小型无人机市场中，较小型和新创立的公司扮演着极为重要的角色。联合工业（United Industrial）公司是一家新近被德事隆集团（Textron）收购的小型公司，它将自己定位为向美军提供战术无人机的主要供应商。一家新兴公司航空环境公司（AeroVironment）已成为美军小型无人机的主要供应商，通用原子公司（General Atomics）通过开发广受欢迎并已在伊拉克和阿富汗广泛使用的"捕食者"（Predator）无人机，已成为占据主导地位的供应商了。

战术无人机具有的一些明显特征使得有可能颠覆国内和国际国防工业的传统层级体系，通常来说，无人机的生产规模要小于带给美国和欧洲生产商优势的大规模流水线生产。但随着市场的快速发展，它们缺乏类似于战斗机或作战车辆那样的大规模市场，这意味着较大的公司对这些市场的追逐不会很积极。作为一项革命性技术，早期创新者具有明显的优势，在这种情况下有利于以色列的制造商。

尽管他们在短期内具有干扰传统层级体系秩序的能力，但这种层级体系最终很可能再次出现。美国三个最大的防务公司——洛克希德·马丁、诺斯罗普·格鲁曼和波音都在研究和开发方面投入了公司资金。而且，波音和诺斯罗普·格鲁曼都已收购了小型无人机公司来充实其自己的技术。

可能干扰层级体系的市场和政策力量

现存层级体系的一个潜在威胁可能来自五角大楼政策的变化，这些政策推动着对更高程度竞争的需求。成本上升与延期已成为美国国防项目的常态。美国政府责任署（GAO）发现，95项价值1.6万亿美元的大型国防采办项目，其研发

成本平均上涨了40%，采办成本上升了26%，项目平均延期21个月。[1] 美国国防基础中的这些严重问题使得对重新恢复冷战时期竞争多样性的呼声越来越高。[2] 到底将发生什么还不是很清晰，但它肯定会扰乱目前的防务层级体系以及某些巨型防务公司的力量。

美国和欧洲的政策允许更加自由的市场环境，基于这一变化，当前防务层级体系可能将会改变，这是促进竞争的另一种选择。朝向更开放的防务市场的转变将在工业层级体系中产生重要变化。在商用航空领域，全球化正在创造一个基于专业化的层级体系。例如波音或空中客车等主承包商主要致力于战斗机的高端集成，因而将越来越多的其他程序外包给分承包商。

波音与其新型梦幻787商用飞机项目一起，正在引领着这样一种趋势，就是保持生产的层级体系，但从根本上改变其工作程序。波音将70%的新式客机进行了外包，多于以往任何飞机的外包量。目的是与风险分担的合作伙伴建立更为密切的关系，这些伙伴能比过去的分承包商担任更重要的角色。如此看来，这就意味着三菱重工（Mitsubishi Heavy Industries）可在日本为787制造复合翼，波音以前从未将新飞机的机翼设计和组装进行过外包。

美国国防部并不心甘情愿地接受这样一种基于防务领域国际化基础的全球供应链。在考察的2004年12个大项目中，美国国防部发现外国分包商仅占合同总值的10%，即在对系统支出的9.86亿美元中占9650万美元。[3] 这种模式现在正在向更加致力于全球化的方向发展，甚至在国防领域也是如此。近些年，五角大楼从外国公司购买武器系统的程序更公开了。欧洲宇航防务集团赢得了价值20亿美元的轻型多用途直升机（Light Utility Helicopter）项目，在与诺斯罗普·格鲁曼的联合下，它还赢得了价值400亿美元的军用坦克项目。芬梅卡尼卡同L-3通信一起赢得了联合货运飞机（Joint Cargo Aircraft）项目。

外国公司在美国市场的这些胜利与以往非常不同，反映了国防工业逐渐全球化的另一阶段。在向美国进行大量销售方面，它们赋予外国公司以前所未有的角

---

[1] 马歇尔·J·沙利文（Michael J. Sullivan）（美国政府责任署采购和收购管理主任）在众议院监管和政府改革委员会及国家安全和对外事务小组委员会(Committee on Oversight and Government Reform and the Subcommittee on National Security and Foreign Affairs, House of Representatives)上的发言，第4页。

[2] Dov S. Zakheim and Ronald T. Kadish, "One-Stop Defense Shopping", *Washington Post*, April 28, 2008.

[3] U. S. Department of Defense(DoD), "Study on Impact of Foreign Sourcing of Systems", January 2004, Washington, DC, iv.

色，同时也致力于融入美国的防务体系，并与作为主承包商的、在竞争中领导团队的美国防务公司结为盟友。

当前国际合作的动力来源于工业部门本身，通过合作去竞争跨国项目。因为防务项目由于其本身的性质不是基于自由贸易的，层级体系之间的关系建立在国籍基础之上。位于一国内的公司在参与国防采办时具有一种天然优势，并能够组建包括来自其他国家已经建造过武器系统的主承包商团队。例如，欧洲宇航防务集团这家最大的欧洲航空航天公司，正在提供一种"全球鹰"（Global Hawk）战略无人机的衍生产品来满足德国的国防需求。L-3 通信正提供意大利飞机 C-27J，来满足美国陆军-空军联合货运飞机（Army-Air Force Joint Cargo Aircraft）项目的需求。

政策含义

很明显，欧洲工业需要融入美国国防工业基础，这对美国政府而言具有政策含义。它呈现给美国政府更多的政策工具，利用它们可以影响欧洲和其他国家的行为。

很显然这里要讨论一下中国了。以色列政府在哈比（Harpy）反雷达导弹升级上误导美国官员之后，美国政府采取了一系列报复性措施作为回应，包括停止联合攻击战斗机的军事合作，停止以色列工业参与美军最大的项目——美军未来战斗系统（U.S. Army's Future Combat）。[1] 最终，以色列同意对向中国的出口施加严格的新的限制政策。

2005 年，当欧盟考虑放松取消对华武器禁运时，美国官员警告这样做可能会对欧洲公司寻求美国合同的前景产生负面影响。美国副国务卿鲍勃·佐利克（Bob Zellnick）[2] 指出，美国国防部正在增加对国外防务系统的采购，但解除禁运将"增加国会否决许多这种活动的可能性"。[3]

导弹合作也是美国考虑给予欧洲盟友以获得支持的一种利诱方式，虽然这项

---

[1] Stephanie G. Neuman, "Defense Industries and Global Dependency", *Orbis*, Summer 2006, 449.
[2] 疑为"Robert B. Zoellick"。——译者注
[3] James G. Neuger, "U. S. Wins EU Allies in Bid to Keep Chinese Arms Ban", April 5, 2005, Bloomberg.com (http://www.bloomberg.com/apps/news? pid = 10000087&sid = a2hXTb90yKFE&refer = top_world_news).

提议未被充分实施。美国允许欧洲国防工业参与国际动能拦截器（International Kinetic Energy Interceptor）计划，该计划是在美国工业部门开发主要拦截机的同时，利用欧洲技术开发的一种可替代的拦截机，这项动议有可能促使欧洲国防工业部门支持颇具争议的美国导弹防御系统。最后，这项计划的资金被削减，计划也从未被实施。

显然，美国可使用的政策工具超出了在各种项目上的合作，如导弹防御或联合攻击战斗机项目，它们还包括允许欧洲公司继续收购美国防务企业的意愿，这对希望进入美国防务市场的欧洲企业来说尤为关键。美国的外国投资委员会（The Committee on Foreign Investment）是个由财政部部长负责的跨部门美国政府机构，任务是审查可能影响国家安全的交易，它的审查通常很粗略，对交易提出质疑也极为罕见，但调查过程有可能会严格起来。此外，五角大楼购买国外武器系统的更强烈意愿给外国公司提供了避免与世界上最大武器购买者为敌的强劲激励，国防部购买外国军事系统的新意愿经常受到政策逆转的影响。

6

国防工业全球化

基思·海沃德*

冷战结束时，至少从表面上看，世界国防工业在极为快速地变化。在美国，国防部长发表的所谓的"最后的晚餐"的演说是引发合理化过程的部分原因。这个过程发生得很快，只留下在美国国防工业基础中占据主导地位的少数巨型主承包商和准主承包商。欧洲的防务企业尽管步伐要慢一些，但紧随美国之后。随后，这些基本上是国内的变化开始有了更为清晰的国际化维度，即开始至少可以部分被描述为国防工业活动全球化这样的一个过程。

在学术上有相当多关于全球化进程和方向的争论。① 有些人从根本上质疑该概念，认为它不过是对开始于19世纪甚至更早期的国际化过程的进一步发展。另一些人把当前的全球化看成是国际社会发生质变的预兆。这种观点认为，不同国家的经济，并因之国家经济管理的本国战略越来越无关紧要了，这种真实的世界经济状况已到来或即将到来，各国政府被认为已不再是有效的经济管理者。事实上，在全球经济体系中他们已降级到市政当局的地位，他们的任务是以尽可能低的成本提供商业所需的基础设施和公共物品。最乐观的看法是，全球化导致的

---

* 基思·海沃德（Keith Hayward）目前是皇家航空学会（Royal Aeronautical Society）的首席研究员。他之前曾担任过英国航空航天公司协会（Society of British Aerospace Companies）主管经济与政治事务的主任，并曾任斯塔福德郡大学（Staffordshire University）国际关系教授。海沃德教授是英国下议院贸易和工业委员会（U. K. House of Commons Trade and Industry Committee）、美国国会技术评估办公室（U. S. Congress Office of Technology Assessment）、英国国防部以及贸易和工业部（Department of Trade and Industry）顾问。他的著作涉及国防和航空工业的多个领域，并出版了50多部与该主题相关的书籍和文章。他是皇家联合服务研究所（Royal United Services Institute）的副研究员、斯塔福德郡大学和克兰菲尔德大学（Cranfield Universities）的客座教授。

① 参见，如 P. Hirst and G. Thomson, *Globalization in Question* (Cambridge: Polity Press, 1996); R. J. Barry Jones, *The World Turned Upside Down?* (Manchester: Manchester University Press, 2000)。

经济相互依存将极大地减少武装冲突的可能性，对常规安全系统和防御能力需求方面也会产生相应影响，这样，目前的国防工业系统就变得过剩了。①

尽管它是这样定义的，但在20世纪的大部分时间里，国防部门仍远未开始全球化，明确界定的国家防务公司得到了各国政府的支持。国防生产和武器采购直接进入国家政治和官僚主义过程。在某些情况下，国有设施和设计中心与国防开发和生产是有关联的。政府资助了即便不是所有，也一定是大部分支撑高技术武器的关键研究。由于国家安全直接与工业和技术能力相联系，国防生产受到政治控制、内在投资影响因素，以及与外国公司的关系和商品出口及技术转让的影响。

欧洲国防工业合作——政府主导的国际化

进入21世纪后，国家作为武器研发和制造的推动者及最终用户仍是国防部门的主导模式。但是，国防工业基础国家模式的纯粹性已受到采购结构变化的影响，特别是在欧洲，成本和市场压力迫使其主要国家在防务装备和产品上建立起更为密切的，在某些情况下是相互依存的关系。这一过程开始于20世纪60年代，主要发生在军事航天领域。20世纪末，合作已扩展至大部分其他部门，正如我们稍后将会讨论的那样，合作已经引致出现了跨国防务企业。

大体上可以这样讲，欧洲合作中，前40年左右的时间基本上是以政府对政府交易为基础。政府选择其龙头企业，依据公平回报的原则划分工作，投入资源，根据订单情况确定工业产出。这一过程被高度政治化，导致运营成本增加，并在某些情况下导致了额外的延期和不确定性。但一旦开始，合作项目便会得到更好的保护以避免削减国家预算，确保参与者平等获得所开发项目中的技术。直到20世纪90年代，欧洲防务装备合作已形成一个联盟和项目的复杂网络，但它们几乎都不是在相同的管理模式下发展的。

在其他地方，除极少数情况外，只有美国能超脱于合作的冲动。不管怎样，

---

① 参见 Allen Hammond, Which World—Scenarios for the 21st Century (London: Earthscan, 1998) 以及 U. S. National Intelligence Board, *Global Trends* 2015, NIB 2000 – 2002 (National Intelligence Board: Washington, DC, 2000)。哈蒙德（Hammond）的两个场景蕴含着这样的观点，即使世界的生态问题变得更为严重，威胁已大大减少。然而，他的另外两个场景非常不乐观。国家情报委员会（National Intelligence Board, NIB）的观点认为国际紧张局势在未来20年内可能缓解非常不乐观，这或许并不令人惊奇。

6. 国防工业全球化

欧洲尤其感受到在与美国的合作中,他们只是低级合作伙伴,几乎无法获得技术,还受制于美国变化莫测的采办政治。但即使是美国也不能无视日益重要的全球供应链以及其他不那么明显的国际化形式。事实上,至 21 世纪,出于政治原因也出于经济原因,美国已经启动了一项范围最广和最昂贵的国际项目——联合攻击战斗机(JSF)。防务领域的其他部门也采取了伙伴关系路线,许可生产的历史甚至比欧洲风格的合作还要长久。从表面上看,国家平台应当拥有购入的系统和装备。防务装备销售往往与补偿贸易交易联系在一起,以保持客户的防务公司能够运转。

但这种国际化形式仍很明显地以完全地由国家所有和经营的公司为基础。涉及主要大型武器装备系统时往往要针对个案进行协商。真正意义上跨国公司在多个国家进行管理与整合业务中的作用有限。国家防务企业中的外国直接投资(FDI)同样只局限于几个历史案例,它们往往是有历史渊源(英国)、地理位置上接近(美国-加拿大),或是有补偿贸易协议的国家。

投资主导的国防工业全球化

这种模式已经开始改变了。过去 10 年间有迹象表明,随着跨国防务公司的出现以及国家国防工业基础中外国直接投资的增加,国防生产的全球化形式更为复杂。这些发展的确有可能彻底改变国防供给的性质,但本章的主旨是要表明,至少在目前,全球化的范围和地点要比设想的情况狭窄得多。此外,它的长期影响最有可能在欧洲产生消极作用。总之,投资主导的国防工业全球化主要是跨大西洋两岸的,并由英-美公司主导,这种全球化的持续扩张会严重削弱欧洲保持合理、全面的区域国防工业能力的努力。

国防工业全球化犹如冰山,众多更为重要的活动是在水面之下进行的。在整个供应链中,将先进商用技术引入国防系统的需求刺激了全球化进程。通常认为采购商业现货产品可以节约成本,并缩短主要武器系统的开发时间,希望获得这些好处同样也刺激了全球化。① 这里有一个被广泛引入的例子,嵌入在多种武器系统中的软件来自各个全球化工业部门。各国的防务消费者越来越依赖于全球供

---

① 对国防客户而言,商业现货产品(COTS)并不总是廉价的选择,其程序和时间尺度与商业世界不同步。商业供应商将不会使用过时生产线,或遵守旧的软件协议,以满足 10 年或更长的军事交货时间。

应商，他们几乎没有动机对特定的防务合同施加政治或官僚主义要求。许多这样的过程往往被隐藏起来，游离于正式的政治管制之外。

供应链的快速全球化和商业技术的运用日益模糊了许多防务零部件和子系统的国籍。资金紧绌的政府对这些发展反应矛盾复杂。他们希望或许通过鼓励国际竞争的方式，提高防务合同效率，但他们也担心失去对关键工业资产和核心技术控制的影响。① 但如果多数全球化进程发生在政府关注的雷达显示器上，或甚至是可见的，那么政府就只有有限的能力来规制该过程，控制国防技术流动，或保持在国防工业政策中的作用。

随着投资主导型全球化在主要或至少是准主要/原始设备制造商（OEM）层次的出现，这个问题变得更为棘手了。人们要求政府方面通过主要合同面向国际供应商询价的方式来保持国内市场的竞争，该问题在某些方面与此有关。不论在美国还是在欧洲，尤其是在英国，国家合理化和集中的过程加剧了该问题。大量现代化武器不断变化的技术基础也促进了这一进程，人们要求获得通常由现有跨国公司开发的技术。但前者比后者重要得多，主要是由于在最高水平上，对国内防务市场的投资能力依然受到政府的控制（正式的或有后效的）。问题是沿供应链向下是更加不固定和疏松的，但是政府，特别是美国政府日益热衷于识别供应商，而且如果必要的话，会保护关键的利基供应商避免被国外收购，或者至少要审查兼并和收购（M&A）活动。

由于这种进程本质上带有政治性，迄今为止主要承包商层次上真正的全球化程度已受到限制。在欧洲，欧洲宇航防务集团（EADS）和英国宇航系统公司（BAE）的形成，创建了两大跨国防务主承包商，但只有英国宇航系统公司可称得上全球性的巨型公司，它在美国和欧洲的防务市场中都占有相当重要的地位，尽管它的主承包商身份仍在很大程度上基于其英国的市场地位以及它在政府议定的欧洲项目中的中心地位。如果以欧洲为标准的话，美国的主承包商还仅拥有极少数的海外资产以及广泛合作活动。但有越来越多的外国直接投资流入国防航空航天工业，尤其是流入供应公司。在规避美国购买外国武器壁垒以及获得美国技术需求的激励之下，大量这类类型的投资定位于美国市场。

---

① 正如1999年美国国防科学委员会（Defense Science Board，DSB）关于国防工业全球化报告所观察到的那样，"美国国防部门中的外国直接投资概念与传统国防工业基础的概念有着天壤之别"，见 Defense Science Board, *Globalization and Security*(Washington, DC: DSB, 1999), 11。

6. 国防工业全球化

但人们越来越担心国家安全和经济利益，这促使政府甚至更为明确地关注于他们能够看到的情况，以及他们能够有所作为的领域。发生在主承包商和高水平子系统供应商梯队的并购会一直受到管制，这当然是在美国。① 国防工业全球化的进程可能会被推迟，却不能被阻止，关键问题是在不需要根本改变政府和防务公司之间关系的情况下，这一过程可以走多远，在目前的关系下，企业被允许在世界市场中更自由地经营，但可以预期得到的对研究和开发（R&D）的直接支持会较少，在国内市场中的政治优势也较少。

在这样的情况下，全球化的防务企业很可能像其他跨国公司那样行动。国家安全考虑将继续限制他们在转让技术、核心生产资本，以及特别是系统集成技术方面的自由度。然而，在其他许多方面，全球化的公司将依据市场准入和行业效率做出投资决策。合并后的国防航天主承包商甚至将更加主动地从国际供应基础获得物资，这些供应基础提供了符合成本-效率的世界一流技术、最好的价格和交货时间。多数情况下，子承包商通过优先供应商协议与主承包商联系在一起，进行长期交易以确保适应并参与到旨在大幅降低成本的设计和开发过程中。在生产体系的所有节点上，公司都将在全球寻找产品和工艺的增加值。

大的是好的，最大的将更好，这种信念驱动着国内的整合过程。建设生产能力来承担作为一名主承包商的金融和技术风险，在这方面规模是很重要的。这也增加了主要政治力量——通过动员一家大公司的政治和经济力量，更好地管理客户关系并影响政治进程。横向一体化利用可在不同平台之间转移的管理技能，提供了获取更大范围国防合同的潜力。在某些情况下，国防主承包商还有可能利用纵向一体化赢得有利可图的子合同，并随全寿命周期合同越来越受欢迎，还可能获得很大的支持和全寿命周期业务。

建立一个可以替代美国的生产中心，这种显而易见的需要也驱动了欧洲国防工业合理化进程。产业和技术政策以及对保持独立供应来源的真正关注，共同形成了进行合理化的动机。在美国，这在很大程度上以国家的合理化和兼并为基础的。这已引起甚至更高水平的国内集中，往往造就了国家的龙头企业。国内龙头企业之间的合作已经出现，这是大多数欧洲国家的战略选择（法国在某种意义上是一个例外）。尽管特定合作有助于保持现有的工业能力（特别是在航空航天

---

① 美国和欧洲各国政府都致力于改善跨国防务交易的条件，尤其是在技术转让和出口管制、人员审查和知识产权领域。

领域),但这一过程往往增加了采购成本。欧洲防务市场尽管在欧盟委员会的支持下,最近致力于创建更为开放和连贯一致的结构,但它很大程度上仍是国家的选择,类似的情况也出现在长期研发投资上。

自20世纪90年代末以来,欧洲防务公司已开始具备更为跨国性的特点。从这个角度看,无论是对鼓励和允许在本国国防工业基础的国内投资,还是寻找海外机会,尤其是在美国寻找机会方面,英国已成为市场领袖。正如我们将要看到的,这有助于将国防工业全球化界定为很大程度上的英美化进程。英国宇航系统公司已成为这一进程中的重要个体参与者。在英国之外,欧洲宇航防务集团已合并了法国、德国和西班牙大部分的国防航天能力。法国企业泰利斯(Thales)已建立了若干相互连接的国家中心,最近,意大利的芬梅卡尼卡(Finmeccanica)一直在积极收购外国资产,特别是在英国收购。欧洲所有的主要公司都紧随英国之后,寻求在美国进行投资,有些已取得了成功。

但国家林立和政治干预在欧洲仍是个限制问题。欧洲宇航防务集团近期在其国内运营中产生的危机,已暴露了该跨国管理系统的弱点及其与三个国家政府的持续联系。尽管泛欧洲机构(例如欧洲防务局)努力协调规划未来,但国家的国防工业和科技发展战略仍具主导地位。英国、法国、德国和意大利在欧洲防务中的主导作用,也往往造成四个大国和欧洲其他国家之间的利益冲突。但最重要的是,英国走向了不同的方向,在工业和军事方面严苛恪守跨大西洋两岸的合作承诺,这对创建更为一体化的欧洲国防工业基础提出了最为深刻的挑战。再加之政府仍不愿在国防上支出,这意味着地区独立的生产能力将持续下降。

北大西洋地区以外的国防工业

国防工业全球化主要集中于美国和西欧公司。在世界前100大防务企业中只有少数非欧洲和非美国的防务公司。但许多国家都有基本的国防工业能力,而且其中的一些通过合作、伙伴关系协议和其他特定网络与全球国防工业核心连接在一起。当然,主要是俄罗斯和中国游离在这种关系之外。

俄罗斯

尽管冷战结束后的几年内俄罗斯被忽视了一段时间,它仍保留了作为主要武器生产国的足够能力,即便作为武器出口国它的地位在下降。为了赶上西方制造商,俄罗斯政府正在支持航空和国防工业,军事战略利益和商业目标促进了这个现代化计划。一个复兴的俄罗斯需要展现区域和全球力量的手段,也需要防止西方占领其国内市场的手段。

自苏联解体后,俄罗斯国防工业,尽管某些地区的出口销售仍保持旺盛,尤其是向无力承担西方装备,或不允许获得美国或欧洲产品,或仅仅是想避免依赖西方供应商的国家出口,但航空航天工业尤其受到研发和国防采购投资不足的影响。

俄罗斯政府已宣布重建俄罗斯航空航天工业和实现军队现代化的雄心勃勃计划。俄罗斯每年的国防开支仅320亿美元,只略高于英国的水平,与美国相比更相形见绌。俄罗斯政府已承诺到2015年投入2000亿美元。其中相当大的一部分必须用于研发以缩小与美国的质量差距,同时改善员工待遇。但俄罗斯政府也有与F-22和联合攻击战斗机相媲美的新一代战机计划,以及无人机系统开发计划,在未来十年还会开发新型轰炸机和战略导弹。

在供应链方面,俄罗斯政府已合理化工业生产,重点发展更大型的公司集团。固定翼飞机的发展将以俄罗斯飞机公司(Russian Aircraft Corporation, OAK)或联合飞机公司(United Aircraft Corporation)为中心。俄罗斯飞机公司(OAK)以苏霍伊(Sukhoi)公司为基础,拥有价值约40亿美元的资产,并很可能在2009年或2010年初发行股票。俄罗斯直升机部门也正在进行合理化,目的是提高与欧洲和美国对手竞争的能力。结果,俄罗斯直升机飞机公司(Vertolyety Rossii),又被称为直升机控股集团,现已控制了十几家设计公司和生产工厂,通过政府持有所有被吸纳公司的大部分股份,确保强大垂直控制能力。存在同西方公司合作的前景,但是,对俄罗斯未来国防和外交政策的担忧可能会将合作局限在国内项目上,或威胁相对较低的两用技术部门。

中国

中国已经将其国防预算提升了17.6%,达到了590亿美元,理由是需要增加工资、应对高油价和实现军事现代化。进一步的细节尚未披露,但此举沿袭了过去几年北京通常每年国防支出增长超过15%的做法。美国国防部还认为,中国实际的国防支出通常是官方公布数字的两倍。中国有地区超级大国的雄心,并致力于以军事革命(RMA)/军事转型进程为中心的现代化建设。但目前其本国能力不足,还依赖与俄罗斯和一些西方国家,包括以色列防务公司的联系。然

而，西方公司受制于国家和地区武器禁运，或间接受到美国制裁的威胁，不敢与中国合作。这些限制已延伸至一些两用技术，特别是空间部门技术上。中国的太空能力确实在不断增长，包括公开的军事计划。

印度

印度是发展中世界里国防支出水平最高的国家之一。印度的预算增长了10%，达到1.05万亿卢比（265亿美元），略低于国内生产总值（GDP）的2%，而且如果需要的话，还有进一步的资金供采办使用。总共这些中只有不到一少半用于采购，其中25%分配给空军。如同中国一样，印度也正经历一个经济高速增长的时期。大多数情况下，这是由私人资本驱动的，尽管在许多战略性行业，尤其是航空航天业，印度国有部门仍是重要的参与者。印度公司也积极向海外投资，印度的跨国公司正在成为世界经济的重要参与者。印度还被视为主要的信息技术（IT）和软件开发中心和全球外包，特别是服务外包中心。印度的信息技术能力已应用在全球航空航天工业上，这可能是印度未来在该领域发挥作用的一个重要因素。

印度发展本国国防工业基础的决心决定了其国防采办政策，[1] 这要求尽可能多地进行许可生产和当地组装。到近期，印度已从欧洲国家和以色列购买武器装备，最重要的是，从苏联/俄罗斯购买，俄罗斯仍是印度国防装备的主要来源——约占目前存量的70%。印度还寻求发展本土设计，但仅取得了有限成功。20世纪80年代以来，LCA战斗机一直在开发中，还未进入服役。

官僚主义式的麻痹严重影响了印度的国防采办，使得签订合同非常困难。做出采办决策也受到一系列腐败丑闻的影响。印度于2005年开始了旨在改善和加快采办流程的改革，在这之前，2001年印度向国内投资开放了其国防工业，官僚主义问题经常迫使国防部由于决策延迟而收回部分年度预算。对于某些未来先进武器装备，印度很可能要依靠西方供应商，这会再次要求印度国防工业中有大量补偿贸易投资，但其作为全球化国防工业一部分的未来仍然受限。尽管印度一直有创建现代化航空航天工业和国防工业基础的雄心壮志，但国家参与和官僚主义问题仍将阻碍本国发展和与海外供应商结成有成效的伙伴关系的前景。

---

[1] Richard A. Bitzinger, "India's Once and Future Defense Industry", RSIS *Commentaries*, October 8, 2007.

日本

日本也许是全球化国防工业中最为重要的非欧美参与者,从已公布的数据看(它们往往低估了俄罗斯和中国的国防工业),它是世界第四或第五大国防工业基础,并是采办预算最高的国家之一。虽然其国防预算大约占GDP的1%,然而日本经济的庞大规模确保了日本在国防开支方面的军事实力世界排名第二。但由于人员成本高,采办大约只占其国防预算总额的19%。①

从历史上看,出于政治原因和工业利益,日本已与美国密切联系在一起,在采购方面有强烈偏好。作为明确的产业政策的一部分,这其中主要是许可证生产和陆上生产。日本不时试图启动本国项目,最明显的例子是20世纪70年代的模拟飞行(FSX)。当时,这一项目被大肆吹嘘为不仅是可以扩大本土国防工业能力的先兆,而且是获得独立民用航空工业的可能跳板。这样,美国在其设计和系统开发上的合作,遭到了美国公众的批评。实际上,最终产品是F-16代价昂贵的适度升级。事实上,总的来看,相对于日本的国防预算,日本国防工业活动结果一直是令人失望且成本高昂的。然而通过企业纵向一体化,日本工业从利用溢出机会中得到的回报似乎不仅仅是有用的技术。

工业和技术政策利益在采购政策中发挥了主要(通常是决定性)作用。日本决心支持其相对弱小的国防工业基础,这导致了更高的单位成本。日本武器系统的出口仍受到严格限制,这也增加了采购成本。最终,由于缺乏与海外公司真正的合作关系,进一步限制了日本获取技术和支付开发及采购成本的能力。

尽管受到严格的民事控制,日本军队还是主张发挥更积极的安全作用。当有限的国防预算致使装备数量减少时,日本军方继续关注质量,强调高科技和火力。日本致力于通过网络中心概念和进一步扩大武力投送能力范围,包括更先进的机载武器,来推动现代化建设,保持与美国互通性的需求也推动了现代化,日本可能会转向开发短距起飞垂直降落(STOVL)航母。结束武器出口限制,寻求更加公平和有利的工业合作形式,以深化与美国的关系为主要目标的压力日益增长。但日本还未就其下一代战斗机做出决定,它可能已失去了成为联合攻击战斗机项目关键成员的机会。有迹象表明,日本军方在国防采办中变得越来越具有

---

① 参见 C. W. Hughes, *Japan's Re-emergence as a "Normal" Military Power*, Adelphi paper 368~369(London:IISS,2004)。

影响力，而且纯粹的国防工业利益在未来的作用会日益减少。

其他国家（或地区）的能力

除了大国参与者之外，还有许多重要的国防工业参与者。尤其是，以色列有非常令人印象深刻的国防工业基础，特别是在无人机平台和电子产品方面得到了高新技术的支持。因此，以色列公司已成为很多其他国家国防工业的重要供应商，成为美国小但重要的投资者。韩国和中国台湾由于明显的地缘政治原因，力求保持高水平的生产能力。一些拉美国家具备一定的能力，但主要集中在许可证生产和补偿贸易主导的生产上。由于种族隔离，南非承袭了相对大规模的国防工业基础——迄今为止在非洲是最大的，它与一些西方公司有联系，特别是英国宇航系统公司。同样，澳大利亚已将航空航天业，包括民用的和军用的，认定为一种战略投资，它是联合攻击战斗机联盟的重要成员。澳大利亚工业的规模，以及可能的政府和私人投资水平将限制其未来的扩展范围。作为在外国主导项目中有效率和有竞争力的合作伙伴及分包商，澳大利亚将继续具有吸引力。工业部门中的外来投资格局凸显了这一点，和英国一样，澳大利亚被美国政府正面评价为安全且可靠的美国技术接受者。目前在美国国会参议院批准之前，美国和澳大利亚就国防贸易签署了条约，就体现了这种情况。

各国发展本土国防工业综合体系的动机包括从安全的自给自足到刺激经济发展。至少，各国都力求通过某种程度的国内生产来抵补国防装备的采购成本。在某些情况下，国家会谨慎地将国防部门作为技术创新的来源，结果往往是喜忧参半，通常成本比采购现成装备要高得多。一些来自大西洋两岸之外的公司是利基国防出口市场的激进参与者，特别是在欠发达国家，或美国或欧洲采取禁运的国家，以及由于政治敏感性阻止销售的国家。近年来，开发和生产更复杂装备中固有的技术难题和更广泛的经济问题，已导致一些国家抑制发展自主国防工业能力的雄心。结果往往是国内的合理化，以及更加希望吸引国外对本土公司进行投资。

但在大多数情况下，核心制造商和世界其他地方之间的主要关系一直是通过直接补偿销售维系的，也就是这些销售涉及某些国内生产，或从购买国采购零部件，或其他合资活动。在某些情况下，这种做法涉及对工艺和产品能力进行投资，以带动伙伴公司达到世界标准，但人们越来越感兴趣的是利用这种伙伴关系来扩大公司产品范围，以及利用专业技术能力，降低劳动力成本和制造成本。

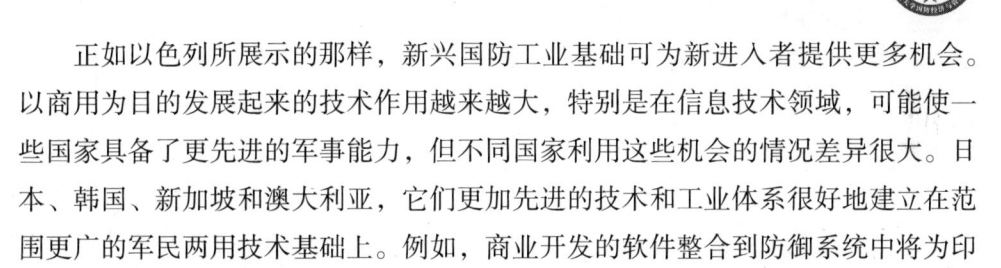

正如以色列所展示的那样，新兴国防工业基础可为新进入者提供更多机会。以商用为目的发展起来的技术作用越来越大，特别是在信息技术领域，可能使一些国家具备了更先进的军事能力，但不同国家利用这些机会的情况差异很大。日本、韩国、新加坡和澳大利亚，它们更加先进的技术和工业体系很好地建立在范围更广的军民两用技术基础上。例如，商业开发的软件整合到防御系统中将为印度软件行业间接成为世界国防工业系统的一部分提供机会。但即使在日本也发现，从先进的防务制造商跃升为系统集成商层次是很困难的。

以色列是一个特别有意思的案例。以色列有着通过选择性发展本土技术开发基础平台的历史，其防务公司已获得了一系列令人印象深刻的先进能力，包括无人机（UAV）、情报和监视系统。以色列公司与美国防务公司有着很强的联系，并往往被赋予特权，还参与了许多与欧洲公司合作的项目。以色列支持中国军队现代化项目的行为，包括空中预警技术，引起了争议和美国政府的反对。以色列显然是个能更为密切地融入美国和欧洲国防工业全球核心的关键候选人。然而，这在很大程度上将取决于中东国际关系的演变，欧洲企业不愿与以色列的产业部门关系过于密切，因为担心会破坏与阿拉伯国家的商业关系。

规制跨国防务

其他章节已经描述了规制制度（特别是美国的），但全球化国防工业的出现应当对这些管制形成了巨大挑战。正如安妮·马库森（Anne Markusen）在20世纪90年代所指出的：“一个全球性的国防工业将意味着，少数、大型跨国承包商面对更广泛的买家。市场力量将从政府转移到私人部门。”① 美国国防科学委员会（U. S. Defense Science Board）1999年指出，这种设想是可能的，即控制和关注不断缩小到一个更为集中的具备技术和主要管理技能的群体上，这些技术和技能以复杂系统集成，或系统的系统为中心。② 这还意味着国防工业和国家间的关系要发生根本转变。马库森预言，政府必须共同努力以"规制其国防工业，并协调其武器出口政策，否则将面临创新减缓、价格飞涨和武器扩散加速"。③

---

① Anne Markusen,"The Rise of World Weapons", *Foreign Affairs*, Spring 1999, 41.
② 参见国防科学委员会推荐，*Globalization and Security*。
③ Markusen,"The Rise of World Weapons".

但迄今为止，国家制约在抵制变革力量方面是灵活且强劲的。正如其他领域的跨国公司一样，针对出口某些防务产品和与海外企业合作的一些国家限制，跨国防务公司已发现了特定的工作方式。但在形成内部技术人员转移和形成并实施公司战略的最优产业和商业安排方面，仍存在严重障碍。政府仍希望确保国防工业生产的全球化不会危及国家安全，以及国民经济继续从国防装备开发和采购中得到好处。特别是，各国政府希望在一定程度上控制一些至关重要的国防技术及其向更广泛的国际系统的扩散。国家军事机构将保留规划国防装备规格、国防研究和开发、军事产品成本效益采购的权利。在其他部门，国家的关注一定程度上是显而易见的，但对与政府资金和安全直接相关的国防部门的关注让人觉得是最敏锐的。

到目前为止，这些经验已表明，政府之间在控制或促进国防工业全球化上的合作进展缓慢。20世纪90年代，六个欧洲防务大国签署了一份意向书（LOI），着眼于议定一个更有效的国防贸易关系。在某种程度上，这一意向书的初衷非常明显，旨在通过建立一个管理框架协议，尤其是出口管制、供给安全和人员流动，帮助新兴的欧洲跨国防务公司。在实践中，尽管意向书的某些内容已付诸实施，但给国防工业带来的直接利益微乎其微。在不同水平上，走向更加一体化的欧盟（EU）防务市场和采购进程同样缓慢，通常没有受到欧盟各国政府在这个进程的方向和深度上一直存在的差异的影响。无论是国家战略（例如，英国的国防工业政策、国防工业战略和国防技术战略这一系列文件），还是双边倡议（特别是英法之间的联系）都会继续存在。正如我们前面提到的，国内的政治利益恶化了欧洲宇航防务集团的问题。

由于许多国防工业全球化活动更加隐蔽，而不是明确的，要么通过供应链，要么作为国防装备和系统公司，甚至更加依赖已建立的全球性公司提供民用技术，任何国家的政府，即使是美国，其政府控制或规制这个进程的能力都是有限的。在供应链的某些部分，政府仍是把关者，控制着获取关键技术和能力的通道，决定着国家国防工业的总体框架，也许关注这些地方就足够了。然而，随着商业技术对复杂武器系统或系统之系统的作用变得更加重要，而且如果更好的全球化企业被引入到国防生产领域中，政府可能会失去其大部分讨价还价的力量和影响力。

美英作为轴心的国防工业全球化

尽管出现了全球性国防供应链，与国防相关的关键技术传播得更为广泛，但由跨国防务公司供给全球防务市场在某种意义上还是幻想。从绝对规模的角度看，可供使用的防务市场是由美国和欧洲主导的，而且前者在规模和范围上大大超过了后者。正如我们上面已提到的，欧洲也产生了跨国防务公司，如欧洲宇航防务集团、芬梅卡尼卡、欧洲导弹集团、泰利斯、劳斯莱斯和英国宇航系统公司。在某些情况下，他们已发展出日益密集的特定合作网络，欧洲宇航防务集团就是最著名的例子。这被证明是喜忧参半的，因为欧洲宇航防务集团承袭了体现其法－德（以及西班牙）渊源的复杂且无力的跨国管理系统。同样，各国（主要是法国）对国防工业资产前景的担心严重影响了重新合作的努力，这涉及泰利斯和其他公司。

事实上，美国以及特别是英国企业在跨国防务企业中是最积极和最成功的创新者。在这方面，英国宇航系统公司已成为最重要的参与者，英国所有的主要防务公司已在美国获得了一定影响力。作为回报，一些美国公司可利用英国在外来投资上非常自由的态度和相对开放的采购方法。重要的是，许多欧洲公司，特别是芬梅卡尼卡和泰利斯，还收购了英国资产，不仅用于竞争英国的合同，而且还为了利用已收购公司位于美国的资产，这些活动反过来有助于为美国进一步扩张提供政治上可被接受的跳板。

这种活动的动机仅仅只是"追求经济利益"。美国防务市场是世界上最大且最有价值的。进入美国市场受到严格控制，并服从于隐含的，但却是严格的主要外国装备采购百分之百的补偿贸易要求。美国的合作伙伴是必要的，而且必须显示出明确的就业和其他优势以赢得竞争。更为隐含的，也许更为关键的是，在美国的投资可能获取美国的研发资金，甚至是黑色预算——只要投资者准备好接受在管理控制和指导上的限制，尤其是关于技术资产的管理控制和指导。相反，虽然欧洲市场对技术转让的限制较少，但其问题越来越多，新方案前景不好，且新一代技术非常缺乏吸引力。

英国的现状部分是历史偶然性的产物。政府和政府之间的高水平合作，包括情报和核武器合作，有助于英国商业界证明自己的可接受性和作为美国技术利益保护者的良好诚信。两国军队之间密切的军事关系，以及英国重视保持与美国军

队的互通性，强化了这些联系。英国一直比大多数其他欧洲大国更愿意从美国采购武器。在一些重要的情况下，特别是在联合攻击战斗机项目中，这带来了实质性的产业合作。最后，正如我们已指出的，在英国相对活跃的防务市场上，他已经向美国公司全面放开了对英国国内的投资。应当注意的是，许多英国公司选择攻击美国市场，因为通过应用回归原则和其他政治壁垒，他们已被排除或限制在竞争欧洲项目之外了。出于同样原因，为了规避这些限制而投资于多个欧洲国家也同样受到阻碍。总之，对许多英国公司而言，美国是一个比欧洲相对更好，更容易，也更自由地开展国防业务的地方。

其他欧洲国家和其他一些国家的企业，特别是以色列，已效仿或希望效仿英国的做法。意大利公司芬梅卡尼卡已非常成功地与美国国防工业基础联系起来，法国泰利斯公司也被视为是美国供应商。在这两个例子中，他们在美国的最初影响主要来自他们收购了拥有美国资产的英国公司，出售给美国国防部的两项重要销售支持芬梅卡尼卡开始扩大领地。欧洲宇航防务集团对发展成类似的面貌已表达出同样的兴趣，而且空中客车 A330 作为美国空军加油机要求的解决方案之一，欧洲宇航防务集团将其成功销售视为一种可能的突破。然而，除了芬梅卡尼卡之外，没有其他公司能与英国公司相媲美。同样重要的是，迄今为止美国几乎没有向法国或意大利国防工业进行投资。美国公司是否会发现一个有吸引力的目标，还是事实上是政府的控制阻碍这种已相互连接的美－美国国防工业的双向互动，还是一个颇具争议的问题。

面向跨大西洋（和跨太平洋）的防务市场

正如其他章节所述，改善管理国防贸易中美－英合作监管制度的努力已有了很长历史。尽管高层有很多良好意愿，英国也努力尝试利用对联盟运作的坚定支持形成更好的国防贸易制度，但直至 2007 年以前几乎没有取得成效。显然，对于国际武器贸易条例（International Traffic in Arms Regulations，ITAR）没能进行彻底改革，但这也没有阻止英国和美国防务公司密切关系的继续发展。同样，尽管关于技术转让的争议依然困扰英国，但在 F-35 联合攻击战斗机项目中英国仍保持强势地位。

2007 年，为试图避开众议院对改革的异议，英国和美国政府签署了国防贸易条约（Defense Trade Treaty），随之不久又与澳大利亚签订了一个类似的协议。

两者都需要参议院批准,但参议院在一般情况下总是更倾向于改革的。获得批准的道路并不容易,直到 2008 年夏天,它仍在参议院外交关系委员会(Senate Foreign Relations Committee)的详细审查之中。关键问题是到底哪些项目将会或将不会被排除在条约之外,以及到底哪些英国防务公司组合能够被允许进入特定的集团。外国所有、位于英国的公司,其身份显然是参议院特别担心的。2008 年开始的政治选举季可能也阻碍了审批通过。如果是这样,条约将无法获批,英国和澳大利亚在 2009 年将面对新一届政府和新一届参议院。

对于由英国和澳大利亚政府指定的公司而言,至关重要的是他们将有效地处于国际武器贸易条例框架内,或者至少解除了某些目前阻碍跨大西洋和太平洋两岸公司之间合作的限制条件。改革也将促进跨国公司更有效益和更有效率地运作及组织内部信息交流和人员调配,这对于位于英国的防务公司影响深远。对于英国的条约,美国国防部有望批准,并为允许在该条约条款范围内运作的企业提供担保。一旦处于获得批准的集团之内,该条约允许企业更加自由地交换技术、信息和不涉密的人员。任何由英国向第三方的转让仍需要美国国际武器贸易条例的批准。

这项条约将在英国国防工业基础中强化已经非常强大的跨大西洋轴心国地位。条约可能不会使与欧洲的合作更加艰难,但考虑到相对市场规模、可获得的研发资金和更明确的政治环境,英国防务公司将不可避免地被引向与美国人做更多的生意。这将在大西洋两岸创建一个令人放心的国防工业和技术集团,在这里可更容易地探索有前景的合作,这也将增强支持跨大西洋项目的势头。①

如果提交给参议院的条约确实能广泛地解除所有的忧虑,批准条约将显著改善跨大西洋和太平洋两岸防务企业集团之间的关系。在政府层面上,这将进一步深化连接美国和英国防务科研机构的本已非常密切的关系。通过消除对于转让敏感情况下可及时使用的信息和技术的大多数限制,这些条约将进一步提高美国、英国和澳大利亚军队之间的互通性。总之,条约应满足英国国防部的绝大部分需求以确保自主使用来源于美国的装备和技术。澳大利亚-美国关系同样会发展到一个不同的水平,这无疑将对三方的工业合作产生积极影响。

---

① 关于该条约的地位存在一个问题,这涉及欧盟法律以及有关欧盟防务市场的提案草案。如果英国的欧盟企业在获准名单以外,他们可能也要处于欧盟竞争法案管制之下,即使不是位于英国的公司也是如此。一项双边条约通常要服从于欧盟法律,关键是第 296 条国家安全豁免条款是否将应用于欧盟法律。

更乐观的是，这项条约可能为其他欧洲国家开创一个先例，因此开辟真正的跨大西洋两岸防务市场的前景。但由于这很可能需要一些具体条约，尽管2003年伊拉克战争造成的创伤已经开始平复，这里涉及太多的政治敏感性。

无论这些条约结果如何，对以国家技术转让制度来反映工业现实的需要不会消失，没有一个国家可以垄断与安全相关的科学和技术，全球化的防务公司是当前的普遍现象。开发昂贵武器的国际合作至关重要，即便对于美国而言也是如此。最为敏感材料的扩散，是通过更加复杂和选择性的应用措施，而不是过时的粗糙程序，这只会伤害盟友和自己的工业部门及武装部队，必须以防止它们的扩散为目标。

小结

全球化无疑正在改变着国防工业运行的环境。跨国国防企业的数量在增加，全球化的供应链正在成为普遍现象，即使对于国家的核心项目也是如此。然而，国防依旧不同于其他工业部门。国家参与仍被认为是恰当的，只有当纳税人越来越不情愿为即使非常有限的国防生产独立性买单时，比如在欧洲，本国的国防企业就愈加难以生存了，至少在主承包商层次上是这样。国家的子系统制造商仍是可生存的，如果他们达到了与世界（也就是美国）标准相匹配的资金和技术能力。然而，随着政府支持的减少或消失，为保持盈利和竞争力他们就需要扩大其海外业务了。

一般而言，实力弱小的企业无法在国防领域中生存下来，但与美国公司和他们主导的全球化国防工业的能力相比，个别西欧防务公司存在下来了，这就是例外。对于世界其他国家，这更是事实。然而，如果朝向更全球化和开放技术环境的基本趋势继续发展，那么对于目前国防领域之外的公司而言，将有更多机会在国防装备和系统供应方面发挥主要作用。

除非加快欧洲集体研究努力和一体化防务市场的步伐，否则欧洲的国防工业能力将进一步落后于美国，欧洲和世界其他地区之间的差距将缩小。最为成功的欧洲企业将迁移到美国或与美国的主承包商合并，成为更为全球化的美国工业部门的主要部分，服务于世界市场。在这方面，欧洲维护和确实扩大本土国防工业基础的希望，看似越来越没有把握。欧洲国防工业的衰落不会立刻出现，现有项目的势头将确保有足够的工作使欧洲的工厂忙碌上一个世代。出于社会和安全原

因，欧洲各国政府将继续支持本地工业，但如果快速和更为彻底地改革采办中的供求双方，欧洲国防工业将失去其竞争优势，以及进一步与美国公司或美国公司为中心的技术能力相匹配的能力。

这将使美国在国防工业中更具主导地位，尽管美国政府及其军事机构不得不接受更多依赖外部供给的情况。然而，控制国防技术即使不是不可能，也是很困难的，充足的核心能力和技能将继续保留在美国，以确保美国政府比其他任何政治实体对国防发展的潮流和方向拥有相应更多的控制权。在这方面，仍很难预期美国军事技术霸权会结束，但这种霸权无懈可击的程度可能取决于美国主要的国防工业参与者能够多迅速以及多成功地应对新安全要求的需求，以及采取更灵活和更具适应性的公司结构。

致谢

本章的灵感来自 Keith Hayward, "The Globalization of Defense Industries", *Survival* 42, No. 2 (2000), 115~132。

7 两用技术在国防中的作用、前景和挑战*

凯瑟琳·A·沃尔什**

　　一个愤怒的尼安德特人挥舞的大棒和现代电子视频游戏有何共同之处呢？共同之处在于两者都是两用技术。也就是说，原始的棒子和为现代视频游戏提供动力的技术都可用于不同目的或双重用途，或是和平的和友善的，或是更为邪恶的目的。

　　在技术领域，"两用"一词的意思是一项技术既可以用于商业（和平的）用

---

　　* 本章所述是作者本人观点，不代表美国官方意见。所有错误当由作者个人承担。
　　** 凯瑟琳·A·沃尔什（Kathleen A. Walsh）是美国海军军事学院（U. S. Naval War College）国家安全事务助理教授。2007 年，她曾在国家研究委员会研究国家国防储备（National Defense Stockpile）。沃尔什女士是多篇文章、研究报告、简报、声明书的作者，包括《国家安全挑战与竞争：中国战略环境下的国防与太空研发》（National Security Challenges and Competition: Defense and Space R&D in the Chinese Strategic Context），载《社会中的技术》（Technology in Society），联合作者，2008 年；《飞鹰、翔龙：中美的工业研发与创新》（Soaring Eagle, Flying Dragon: Industrial R&D and Innovation in the United States and China），中美科学与技术政策论坛（U. S. -China Forum on Science and Technology Policy）论文，乔治梅森大学（VA: George Mason University），2007 年；《中国国防工业与军事政策的军民动态：一个接近的临界点》（Civil-Military Dynamics in Chinese Defense Industry and Arms Policy: An Approaching Tipping Point），载《中国军民关系：人民解放军的转型》（Chinese Civil-Military Relations: The Transformation of the People's Liberation Army），李南编辑，劳特利奇，2006 年；《中国的国外高科技研发：风险、收益与对中美关系的启示》（Foreign High-Tech R&D in China: Risks, Rewards, and Implications for US-China Relations），史汀生中心（Stimson Center），2003 年 6 月。早先她曾是一名独立顾问（2004～2005 年），史汀生中心高级经理（2000～2004 年）以及华盛顿国防合同公司高级经理（1997～2000 年）。她从哥伦比亚大学国际与公共事务学院（School of International and Public Affairs, Columbia University）获得了国际安全政策硕士学位，从乔治·华盛顿大学（George Washington University）埃利奥特国际事务学院（Elliott School of International Affairs）获得了国际事务学士学位。

7. 两用技术在国防中的作用、前景和挑战

途，又可用于国防（军事或安全）目的。① 这种对两用的通常定义，实际上太过简单而具欺骗性。首先，这样一个广泛的定义在理论上涵盖了几乎所有本质上具有双重用途的工具或技术。因此，在斯坦利·库布里克（Stanley Kubrick）电影《2001 太空漫游》开始的场景中，类人猿挥舞的大棒（实际上是一根骨头）可以用来猎取动物获得食物，也可以用来打死敌人。② 对更现代化的技术来讲，这同样成立。例如，颇受欢迎的索尼 PS2 游戏机视频游戏控制台采用了微芯科技，这种技术也可以用于提高巡航导弹的制导能力。③

这种普遍和非常广泛的两用技术的定义表明，技术本身是自变量，使用者的意图才是因变量或决定因素。但这会令人误解，因为现在开发的两用技术越来越多地用于满足商业和国防双重目标，即被用作和平目的或军事目的。④ 这是一个关键区别：它意味在决定技术如何可能是或可能不是有价值的，或潜在令人忧心的问题上，技术本身和使用者以及其用途都是重要的。因此，"两用技术"一词在此处应用时带来了一系列本身的复杂问题（包括能力和意图、动机、机会、机会成本及更多内容），企业领导、防务官员和政策制定者都必须考虑这些问题。本章探讨了目前作为现代国防工业化基本要素的两用技术演化过程，以及它在过去半个世纪中，伴随其日益增多的应用带来的一些复杂政策问题及战略挑战。

两用技术在现代的演进：从西方到东方

两用技术在现代国防工业部门中的历史，基本可以追溯至第二次世界大战时

---

① 当然，这个定义回避了技术构成的问题。关于技术的确切定义尚无普遍共识，部分原因是因为不同社会以不同方式看待技术，有些人认为它只不过是一种有形的仪器、工具或产品，另一些人认为它是对潜藏在产品、设计或方法中的科学和工程的理解，是无形的。此外，我们对技术的看法随时间发生了改变并可能会继续改变。本章使用这种全面定义，因为它概括了两用技术在国防工业发展中角色的演变。

② Arthur C. Clarke and Stanley Kubrick, 2001: A Space Odyssey, screenplay, 1968。作者感谢汤姆·北奥（Tom Beall）提示用这个例子作为探索技术性质的一种有益方法。

③ Richard Re, "From Playstation to Detonation: The Potential Threat of Dual-Use Technology", Harvard International Review 23, No.1(2001), 30~33.

④ 科学与技术（Science and Technology, S&T）和研究和开发（Research and Development, R&D）这两个术语在本章中或多或少是可以替换使用的。虽然两个术语及它们所涵盖的应用范围是有技术区别的，但这里使用的术语符合国防部资助项目对国防科技的定义，即包括：基础研究（6.1）或科学/探索研究、应用研究（6.2）和先进技术开发（6.3）。《国防部资金管理规定》（Department of Defense Financial Management Regulations），卷2B，第5章，第50201节（2008年7月）。摘要可在线从 http://www.defensehnk.mil/comptroller/fmr/02b/02bj5.pdf 获得。

期。无论是从经济角度还是军事角度看，美国都以一个快速成长和主要世界强国的姿态从第二次世界大战的灰烬中发展起来。在以两极争霸为特征，同苏联进行的近半个世纪的冷战竞赛中，这种领导地位扩张了。在这以及后来的军事竞赛里，美国成为开发两用技术的先锋，并率先采用将这些技术融入国防部门以提高军事优势的革命性战略。正是基于这个原因，要考察两用技术在现代国防工业发展中的重要性，首先要看一看它在美国的出现和发展。这种演化路径同样也会出现在其他地方，包括欧洲和亚洲，正如下面讨论的那样——因为它的优势在其他环境中变得日益明显，以及更易于应用。

两用技术作为美国现代国防工业发展中的一个关键基础，其重要性的发展过程可划分为四个不同阶段。第一阶段，从20世纪40年代左右到第二次世界大战结束，初步认识到需要一个持久的军民两用型经济，在和平时期能够为商用工业服务，在战争时期可被动员起来。第二阶段是从第二次世界大战结束一直到冷战高峰时期，美国在第二次世界大战后做出了一个关键性决定，即使在和平时期也要保持一个紧密的国防—商用产业关系，以促进政府资助的国防项目向商业经济的技术溢出，这促成了美国的成功。第三阶段是在冷战结束后这段时期，在国防领域通常被称为军事革命（RMA）占主导的时期，在商业领域被称为经济全球化时期。最后，两用导向的经济和国防工业部门发展的第四个阶段是现在，其特征是致力于改变官僚和产业体系及进程（和其他措施一起）来促进两用国防工业的发展。接下来会简要讨论这一演化过程的每个阶段，以及下一阶段可能会引起何种情况的一些想法。

阶段I——战争的锤炼：科学、技术和国防工业动员方面的经验教训

美国，与在许多西方国家中一样，为发展国防工业，战略性地应用两用技术可追溯至第二次世界大战。预期到美国会卷入战争并进行战争，无论源自何处的科学发明和技术创新都以作为赢得战争的必要因素而被推广和使用。而那时大多数关键发明和创新都产生于国防部门，这很大程度是因为作为战争动员的一部分，无数民间部门的工程师、科学家、数学家、学者和其他人员进入了政府资助的项目。当得到政府的充分支持后，这些专家从私人部门带来的思想、实践和程序通常比仅可能在商业领域出现的那些更容易和更快速地得以实现。美国旨在发展第一个原子武器的曼哈顿计划（Manhattan Project），以及英国在雷达技术方面的早期突破就是两个防务项目的例子，它们在实现防务目标时有效地

7. 两用技术在国防中的作用、前景和挑战

利用了现有的、商用的或其他公开技术（如果是新开发的）、科学发现以及其他观念。

尽管在第一次世界大战期间也出现过把私人部门的专有技术应用于国防目的的类似模式，但这种结合活动在那时被认为必然会分散资源，从总体上看，这种实践（和必需的贸易限制）在两次世界大战之间的那段时期并未坚持下来。① 但美国的政策制定者们在第二次世界大战中得到的重要经验教训是这样一个事实，即进行经济动员，为全面战争提供基础，这再次被证明要比预想的困难得多和更耗费时间。在持续的公—私部门科学和技术合作中，美国的科学和工业团体应如何与政府互动，在这个问题上，富兰克林·罗斯福（Franklin Roosevelt）总统的一位重要顾问建议，政府、学术机构和工业部门在战争期间建立起来的紧密科学和技术合作在战后仍应继续，并应得到大量公共财政资金以支持其发展，如今这被视为关键理念的转变。在1945年题名《科学：永无止境的前沿》（Science：The Endless Frontier）里程碑式的研究中，罗斯福的科学研究和开发办公室（Office of Scientific Research and Development）主任万尼瓦尔·布什（Vannevar Bush）阐述了作为在战后通过在科学和技术领域保持全球主导地位，确保未来美国国家安全，扶持强大的科学与技术（Science and Technology，S&T）团队以及保持其与政府之间联系背后的基本理念：

> 我们不能再靠联盟来牵制敌人，虽然我们正在努力补救。和平时期必须有更多——而且是更加充足的军事研究。文职科学家在战时为国家安全做出的贡献是非常有效的，他们在和平时期继续做出部分贡献十分必要。这最好是通过与陆军和海军有密切联系的文职控制的机构来完成，但要有直接来自国会的资助以及明确的力量，以启动军事研究来补充和加强在陆军和海军直接控制下已开展的研究。②

这样，在接下来的几年里诞生了国家科学基金会（National Science Foundation，NSF），它是一个独立的联邦机构，其使命依然是"推动科学进步，增进国

---

① 当然有一些例外，包括1916年在美国成立的国家研究理事会（National Research Council），以及在英国波顿镇（Porton Down）设立的实验室。见英国国防部网站，http://www.mod.uk/DefenceInternet/AboutDefence/WhatWeDo/HealthandSafety/PortonDown Volunteers/。

② Vannevar Bush, Science：The Endless Frontier（Washington, DC：National Science Foundation, 1945），http://www.nsf.gov/od/lpa/nsBO/vbush1945.htm。

家安宁、繁荣和福利,(和)保卫国家安全"。① 布什给总统的报告和建议是要成立一个类似国家科学基金会的机构,在这背后实际暗含着以两用为目标的基本原因:要保证国家安全需求一直得到满足,也要为总体福利服务:

> 不管是和平还是战争环境,只有作为团队的一员,科学才能有效提高国家福利。但是作为现代世界中的国家,如果没有科学进步,其他方面再多的成就也不能保证我们的安宁、繁荣和安全。②

因此,公—私部门在科学和技术发展的合作以及利用潜在两用技术作为现代国防工业发展的基础,被认为既是必要的,又是一个越来越具有吸引力的战略。但同时,科学界和其他人士对未来科学研究和发现可能用于军事用途越来越担心。曼哈顿计划以及在德国和不久后在苏联出现的与其对抗的项目,都是能将先进科学和技术应用于固有双重目的的鲜活例子。

因此,正是在这段时期,两用技术和其他在战略上非常重要的技术成为明显和经常性的国际安全问题,以及现代政府政策的特别关注点:

> 1940 年前,美国没有法律机制来控制和平时期具有军事价值的产品或信息出口给潜在的敌对国。因此,尽管法西斯主义和军国主义在 20 世纪 30 年代后期引起了越来越大的军事威胁,但由于没有法律约束出口,美国公司可向德国、意大利或日本自由地出售几乎任何商品,直至战争爆发。特别是日本的军事工业似乎已经受益,这在很大程度上是由于它们可以自由地获得来自美国的技术、战略物资和资本。③

虽然美国在这一时期出现的大多数科学、技术和国防进步来自国际范围众多专家[爱因斯坦(Einstein)、费米(Fermi)、西拉德(Szilard)和其他专家]的跨学科合作,但从战争时期得到的经验是:知识、专家和这些知识在国家间的转移(可能会伴随政治信仰的改变)能为一方超越另一方提供潜在的决定性战略优势。美国设立了控制出口的新政策,以此尽力避免潜在的全球范围内敌对方得

---

① 该观念用了好几年时间才突破了华盛顿的诸多政治障碍,国家科学基金会在五年之后于 1950 年正式成立。见国家科学基金会网站 http://www.nsf.gov/about/glance.jsp。
② Bush, *Science*.
③ Panel on the Impact of National Security Controls on International Technology Transfer, Committee on Science, Engineering, and Public Policy of the National Academy of Science, National Academy of Engineering, and Institute of Medicine, Balancing the National Interest: U.S. National Security Export Controls and Global Economic Competition(Washington, DC: National Academy Press, 1987), 71.

7. 两用技术在国防中的作用、前景和挑战

到和类似地利用先进科学技术用作军事目的。[1] 结果，两用出口管制——即限制具备一定战略重要性的商品和技术贸易的法律法规，成为国际事务中的新范式，对国防工业和商业部门都将产生影响。

随着出口管制法案（Export Control Act）通过，美国法律在1940年发生了根本性的变化，这项法案允许限制军事装备、弹药、原材料、零部件、供给品、服务及其他更多物品出口到某些国家。这项法案在战争期间每隔几年就会修改一次，最终由基本的法律和行政架构所取代，它们至今仍支撑着美国的两用出口管制。[2] 第二次世界大战结束后出现了同苏联及其共产主义联盟的冷战，也导致美国及其北约盟友在1949年建立了非正式的（未签署条约）多边协议，以试图通过限制获取两用技术和其他西方国家与国防相关的技术，扼杀或至少是延迟苏联和华约组织国防工业的发展。[3] 以此为目的建立的机制是一个联合工作组——多边出口管制协调委员会（Coordinating Committee on Multilateral Export Controls, CoCom）。它在冷战时期一直存在，在这些协议被废止之前见证了苏联解体。但尽量预先阻止其他国家（或非国家）努力将科学与技术（S&T）用于两用目的的理念，至今仍是一直采用的核心外交和安全政策目标，正如近年来限制伊朗和朝鲜发展核武器的努力所显示的那样。

阶段II——第二次世界大战后和冷战期间：国防转型和技术溢出年代

随着第二次世界大战之后转入冷战时期，两用技术发挥的作用调整了重心，

---

[1] Judith Reppy, "Managing Dual-Use Technology in an Age of Uncertainty", The Forum 4, No. 1, Article 2 (2006): 1.

[2] 虽然1940年的出口控制法案（ECA）并不是美国政府首次设立的两用出口控制，这种做法在美国可追溯至18世纪末和19世纪初（以及在其他社会制度下的更早时期），但它是美国在现代首次将其作为一种经常性的（例如，无论是和平时期，还是冲突或国家处于紧急状态时）和永久性的国家安全政策工具而设立的两用出口限制。自1940年以来，通过立法或特定管制，美国不断设立实行某种形式的两用出口控制。1949年，国会通过了另一项出口控制法案，之后由1979年的出口管理法案（Export Administration Act）所取代。后者"本质上没有改变"1949年的法案，至今仍是美国两用出口控制的主要法律规范，但进行了修订，并［自出口管理法案（EAA）在1994年到期后］根据行政命令（Executive Order）得到授权和延期。见Reppy, "Managing Dual-Use Technology"; National Academy of Science, National Academy of Engineering, and Institute of Medicine, Balancing the National Interest, 71~73; 对于美国两用出口控制的全面历史，参见Richard T. Cupitt, *Reluctant Champions: Truman, Eisenhower, Bush, and Clinton-U. S. Presidential Policy and Strategic Export Controls* (New York: Routledge, 2000), 特别是第2章的第31~50页和第3章的第51~83页。

[3] National Academy of Science, National Academy of Engineering, and Institute of Medicine, Balancing the National Interest, 71~73.

并主要采取了国防"溢出"的形式。"溢出"一词是指，国防部门开发的技术应用于（或扩散到）商业市场。这一时期技术溢出的主要代表包括计算机硬件、软件和电子、汽车、空间技术、喷气式发动机和核能。

第二阶段大致自20世纪50年代到20世纪80年代，在这期间，政府资助的研发（R&D）在决定发展何种科学和技术进步以及以什么作为目标中起到了主导作用。政府更多地参与形成了在大量公共资金支持下的新机构和扩充后的机构。这一时期的早期阶段出现了一些主要以国防为目的，发展特定、战略性科技（S&T）领域而设立的政府机构。这些机构包括于1958年成立的美国国家航空航天局（National Aeronautics and Space Administration，NASA），这是对苏联发射斯普特尼克（Sputnik）人造卫星的回应。同年还成立了国防部高级研究计划局（Defense Advanced Research Projects Agency，DARPA）（最初只是ARPA），与苏联新出现的科技进步，如令人震惊的人造卫星发射所体现的那些技术进行白热化的竞争。还成立了原子能委员会（Atomic Energy Commission），它接替了曼哈顿计划，重点关注军用和民用核项目，特别是应对苏联自己在1949年宣称进行了核爆炸实验而造成的紧急状况。① 这些机构和大型研究项目都是任务驱动型的研究努力，它们所承担任务的重要性确保它们得到了政府强有力的持续支持。

实际上，第二次世界大战后在美国形成了这样一种倾向，当感知到国家安全利益受到外部威胁时，就会投入巨额科技资产和资金来发展技术解决方案。除了已提到的人造卫星发射的例子外，还有许多政府大力支持科技的情况，如在越南战争开始时，冷战初期及后半段，对日本工业生产能力提升的反应，"9·11"事件之后的时期，还有今天美国政府通过更多的科技投资来发出警告，以确保同中国和其他快速崛起的新兴经济体相比保持竞争优势。②

但在冷战时期，大规模任务导向型政府科技项目和机构主要致力于发展基础（如理论或实验）科学研究。多数引致的应用研究也主要定位于国防目的。商业或技术发展努力在这一时期并未被优先考虑，虽然他们仍是预期的首要国防活

---

① Deborah D. Stine, "The Manhattan Project, the Apollo Program, and Federal Energy Technology R&D Programs: A Comparative Analysis", Congressional Research Service report RL34645 (Washington, DC: Library of Congress, 2009). 对国防部高级研究计划局50多年历史的历史性回顾参见 Graham Warwick and Guy Norris, "DARPA at 50", special issue, Aviation Week and Space Technology, August 18~25, 2008, 1~20.

② Kathleen Walsh, "Soaring Eagle, Flying Dragon: Industrial R&D and Innovation in the United States and China", Proceedings of the China-US Forum on Science and Technology Policy (Arlington, VA: George Mason University, 2006), 220, http://www.law.gmu.edu/nctl/stpp/STPolicy_Forum.php.

动的副产品或溢出成果（作为一种实现一定投资回报或通过独立、附属企业盈利的潜在方式）。① 例如，美国国家航空航天局（NASA）的空间研究促进了先进火箭发射器、太空舱、卫星、激光和其他潜在两用技术的发展。许多这些技术最终溢出到商业产品、服务和技术中，并在接下来的几十年中日益变得更容易被公众，甚至在全球所消费（例如天气预报、人造卫星发射、导航系统，等等）。② 类似地，国防部高级研究计划局对联系国防部门间通信的计算机网络的最初研究，最终成了互联网雏形的主体部分。③ 国家试验室网络从早期的战争工作中发展起来，同样把来自核技术和其他相关科学的研究成果转化为商用技术，现在为公众使用，还应用在医疗和其他方面的发展及工业用途上。

这种类型的技术是最初政府投资的衍生物，尽管这是有意的和意料之中的结果，但它从军用领域向民用领域转移被断然认为是第二位要考虑的问题。然而随着时间的推移，以及在商业领域的更大成功，使公众更加意识到国防支出会带来潜在的商业和工业进步，也使人们日益期望政府研发资金会带来持续不断的溢出技术。最终，并随着冷战的继续，对资源的竞争加剧了，公共部门和私人部门对资金的这种竞争引发了一场激烈的公共政策讨论，即要恰当平衡来自政府研发资金的国防和/或商业利益，以及对花费在国防中的所有资金是否都产生了足够的溢出效应，该争论今天还在继续。

关于公共和私人部门研发资金平衡争论的主要部分，是以在谈及资助科技研究时，特别是在财政约束下，如何定义何谓国家最佳利益为中心。资助多少，资助谁，以及带给国家安全、经济和社会的预期收益是什么？这些问题很简单。自20世纪50年代开始，在20世纪60年代明显增加，并一直持续至1980年，联邦政府比工业部门和学术研究机构在研发资金上投入的更多。④ 这种趋势与国防转型战略一致，这种战略是要利用主要用于国防目的的联邦研发资金，期望最终会为商业

---

① 这里以及在本章全文中使用的"研究"一词，采用了国家科学基金会所描述的方法，定义为基础、应用和技术的发展。见 National Science Board（NSB），Science and Engineering Indicators 2006（Arlington，VA：National Science Foundation，2006），4~8。

② National Aeronautics and Space Administration，"About NASA：What Does NASA Do?"（2008），网址：http：//www.nasa.gov/about/highlights/what_does_nasa_do.html.

③ Mitch Waldrop，"DARPA and the Internet Revolution"，50 Years of Bridging the Gap，78~85，http：//www.darpa.mil/Docs/Internet_Development_200807180909255.pdf.

④ National Science Foundation，Division of Science Resources Statistics，"New Estimates of National Research and Development Expenditures Show 5.8% Growth in 2007"，Figure 3NSF 08~317（Arlington，VA：NSF，2008）.

部门和学术团体提供溢出机会。然而随着公共和私人部门在科技方面合作实践的规模、范围和持续时间在30年中的增长，这种关系已超越了国防转型模型所描述的情况，这一点变得越来越明显了。事实上，国防到商业或溢出模式的成功，很重要的原因是出现了现在通常所谓的国家创新体系（National Innovation System，NIS），这也变得明确了。

对各个国家而言，国家创新体系的特定组成都是唯一的，但一般都涉及以下三个核心团体之间的相互作用：（1）公司和工业企业；（2）学术、研究和科学团体；以及（3）拥有资金的政府机构。美国已开始发展跨越这三个广泛团体的国家创新体系模式，随时间的推移，可识别的科学、技术和工业发展中心（或集群）已出现了。加利福尼亚的硅谷（Silicon Valley）是这种系统化创新模式的例证，它还体现在其他地区性中心上，如波士顿周边的高科技走廊，以及北加利福尼亚的研究三角地。① 现在认为硅谷和其他高科技创新聚集区最初成功的关键因素是多学科融合、交叉，以及用来自私人财团和政府研发项目的资金支持以市场为导向的科学家、工程师、学术机构和公司企业家系统。换句话说，出现的多学科、多目标、多资金渠道的创新系统很好地满足了政府、工业部门和学术机构所有这三个团体的利益。因此，情况开始向着这样一个系统转变：它既能回报国防转型的溢出效应，又可以为相反的方向，即商业向国防的技术溢出提供新机会。

由于在这一时期可使用的政府资金不断增加，开始出现一个更宽泛的美国国防工业，这丝毫不令人惊奇。国防工业在早期主要包括得到政府合同资助的商业公司，以及遍布全国并同样参与政府资助研究项目的实验室。在国防为导向的研究领域，以及技术最终会溢出到的更为广阔的商业领域中，这些结构共同发挥着越来越关键的作用。如今很多国防部门的领军企业（例如洛克希德·马丁、波音、雷声）都是在政府资金丰足和市场机会日益充裕的这一时期成为卓越的行业领袖的。

尽管如此，在这一时期从订立国防合同的研究向商业领域的溢出有时只是一种事后想法。波音747商业飞机就是这方面被反复提及的一个例子。只是在最初生产下一代运输机竞标输给竞争对手马丁公司后，波音公司的管理层才决定将他

---

① AnnaLee Saxenian, Regional Advantage: Culture and Competition in Silicon Valley and Route 128 (Cambridge, MA: Harvard University Press, 1994); Richard Nelson, National Innovation Systems: A Comparative Analysis (New York: Oxford University Press, 1993).

们作为国防合同竞标过程的一部分所开发的技术和专门知识用于商业用途,① 结果就是波音747的机身直到今天还在使用。

随着时间的推移,在诸如波音公司等商业成功先例的激励下,一些美国国防企业开始把国防研究和国防转型努力合并成一项单一的业务,在设计时就考虑将两用技术发展机会作为同时进行或随后进行的生产过程的一部分,这导致企业或研究实验室形成双轨制结构,业务的一方面是订立政府合同的研究,而进行的私人部门、工业和利润为导向的研究成为另一个独立的业务分支。企业或实验室采用这种方法分配劳动力和组织结构,往往是因为国防研究项目的研究和生产规范通常要求这样做,更不用说许多国防项目都需要保守项目秘密了。② 这种双重结构方式在所进行的研究之间架起了一道必要的防火墙,以服务于国家安全利益(和五角大楼的机密),以及主要为市场开发的技术。

但这种二元制公司结构也往往会减缓国防转型和创造利润的努力。大型公司一般能更好地维持双重结构(及其固有的成本),而小型公司经常面临将人力、生产线和优先权投入一个(国防)或另一个(商业)部门的选择。冷战早期,由于联邦政府资助的研发快速增加,很多这样的公司选择优先开展国防研发。但随时间流逝,通过成功的国防转型尝试,并在风险资本作为硅谷的固定机制出现后,工业部门开始资助更多商业导向的研发,这时这种趋势开始转变。商业机会和资金的增加反过来有助于产生能为国防或私人工业客户供给零部件和服务的零部件和子部件制造商。结果,这扩大了国防和商业企业、研究机构(包括实验室、政府资助的研发中心和以大学为基地的研究项目)和更小型的分承包商的市场,使它们发展成为一个强大的、满足两用目标的国防科技工业基础(Defense Technology Industrial Base,DTIB)。

在艾森豪威尔(Eisenhower)总统的告别演说中,他警告这个国家,日益增长的军事工业复合体本身存在危险,这引发了人们对这一部门不断增长的力量,以及在经济和政治领域中影响的忧虑,他还强调了在追求用于国防科技方面的政

---

① 作为 Sandra Hackman and Robert Howard,"Rethinking the Military's Role in the Economy",Technology Review 92,No. 6(1989)第 56 页中技术溢出的经典案例,刘易斯·布兰斯科姆(Lewis Branscomb)引用了波音公司的例子。

② 当然,这个一般规则也存在某些例外。休斯飞机公司(Hughes Aircraft)就是被引用的一个例子,这家企业参与了国防和商业研究,它的工程师们同时在业务的这两个领域上工作。对于通常将大型国防工业企业中的国防和商业要素分离开来的规则,这仍是一个例外。见 Hackman and Howard,"Rethinking the Military's Role",57。

府利益,同作为提高一般福利水平和人类认知能力所必需的科技进步之间恰当的、双重目标的平衡有可能被打破。① 虽然如此,美国国防科技工业基础将继续发展并成为未来几十年美国经济增长和国防安全的重要基础。

事实上,美国民众越来越相信并支持国防科技工业基础模式所提出的基本权衡问题:政府在国防方面巨大的研发投资将最终转化为商业领域中的进步。美国国家航空航天局在20世纪60年代后期和20世纪70年代的巨大进步,特别得益于阿波罗(Apollo)计划,成为这种观点乐观一面的缩影。如果你问到婴儿潮这代中的任何一个人及他们的子孙,在这个时期美国国家航空航天局创造了什么溢出技术,你很可能会听到这样的回答:聚四氟乙烯(Teflon)、魔术贴(Velcro)和柄脚(Tang)。随后的研究已经指出,这些商业产品根本不是美国国家航空航天局的技术溢出,它们在阿波罗计划之前就已开发出来了。尽管如此,这些产品确实是被美国国家航空航天局的航天员使用,并因此带着美国国家航空航天局的印记出售给了消费者。将国防转型优势销售给公众,包括媒体和国会——是美国国家航空航天局组织使命的一部分,也有助于得到公众对持续高水平政府资金支持的一种深思熟虑的策略安排。事实上,美国国家航空航天局的科学和工程带来的许多科学和技术效益和其他广告材料一起被编纂为年度文件。30多年来,美国国家航空航天局的《衍生品》出版物和今天网站记录的美国国家航空航天局创新性技术贡献,证明了政府向美国国家航空航天局科技努力的持续高水平投资为公众带来的价值。②

然而直到冷战时期的后半阶段,对国防转型模式的批评在次数与强度上都开始增加了。分析家越来越多地指出,从国防工业到商业的技术溢出中确定能获得的收益并不似经常被认为的那样容易,与生俱来或物有所值。在某种程度上这是一个由成功带来的问题。随着国防科技工业基础增长,军事产品变得越来越先进和更专业化。但是联邦政府资助科技以及研发是为了满足对更高程度军事规格的需求,这反过来在国防和商业领域所使用的技术之间造成了日益扩大的差异,使

---

① President Dwight D. Eisenhower,"Farewell Radio and Television Address to the American People"(January 17,1961),副本可以在线获得,由 Dwight D. Eisenhower Presidential Library and Museum,Abiline,KS 提供,网址:http://www.eisenhower.archives.gov/All_About_Ike/Speeches/Farewell_Address.pdf.

② Alic,John A. ,Lewis M. Branscomb,Harvey Brooks,Ashton B. Carter,and Gerald Epstein. *Beyond Spinoff*: *Military and Commercial Technologies in a Changing World*(Boston:Harvard Business School Press,April 1992),55~57.

得两用技术不再可行，而不是更加可行。正如一篇经典文章在考察国防转型中无法预计的挑战时所解释的那样：

> 自第二次世界大战开始……很多军事装备已经与它最为接近的民用物品背道而驰……至于坦克、飞机和电子指挥和控制系统，只在零部件和子系统层面上仍具相似性。尽管在第一次世界大战早期，坦克是从农用拖拉机改造而来的，但如今在系统层面上，陆军的 M-1 坦克和民用卡车、拖拉机或野外建设设备之间几乎很难找到相似点了。①

直到 20 世纪 80 年代，这种技术性双重用途的鸿沟已演变为对国家安全、科学和经济竞争力的担忧。从定性角度讲，美国国防技术已有了长足进步，但仍然担心苏联及其华约盟友仍在数量上保持优势并能从技术追随者中获益（例如，通过跟随被美国或其盟国科学家和工程师已经证实的相似的科学、技术或工业路径实现更为快速的技术进步）。在卡特（Carter）执政的后半段以及里根（Regan）政府的两届任期中，随着冷战冲突的加剧，这些忧虑增加了，尤其是要面对越来越多的对多边出口管制协调委员会控制苏联获得盟国军事技术效果的指责。②

也是在这一时期，针对要更好地控制还是放松政府管理科学交流的限制政策，科学界已分裂为两派。许多学术和研究团体支持扩大国家和国际科学交流，以此确保可开放获取探索性科学和基础研发。同时，政府官员和其他人士越来越担心，通过这种思想交流会导致在军事上利用这些成果的可能，而政府资助的研究人员发现他们自己被尴尬地夹在两者之间。里根政府担心苏联有可能获得与美国势均力敌的国防技术能力，这导致美国及其盟国扩大并加强了出口管制政策，包括成立了一个新的国防部下属机构——国防技术安全管理局（Defense Technology Security Administration, DTSA）。国防技术安全管理局"之所以创立，唯一的政治目标是阻止任何有问题的物品出口给苏联及其盟国"③。该使命包括两用技术，国防技术安全管理局在部门间会议上极力陈述其安全考虑时，被认为是非常

---

① Alic, et al., 37.
② Dov S. Zakheim, "Export Controls and Military Planning", working paper 7, Study Group on Enhancing Multilateral Export Controls(Washington, DC: Henry L. Stimson Center, 2000).
③ Zakheim, "Export Controls and Military Planning", iv.

强硬的。① 但是，这种观点和由此引致的扩大的控制政策反过来恶化了政府与一些学术团体之间本已紧张的关系，他们是由于越南战争产生了分歧。科学家极力反对政府强加的对旅行、出版和其他科学交流方式的限制，因此两者之间的鸿沟扩大了。在里根总统于1985年签署《国家安全决策指令》（National Security Decision Directive，NSDD 189）后，这个日益增长的裂痕才得以弥合，这项政策保障了基础科学研究除政府要求的保密之外，免于政府限制。也就是说，科学团体进行的为增进人类认识宇宙知识的基础科学研究不受政府控制，以此来确保科学进步可以毫无约束地前行，并继续为广泛的美国国家利益，包括国家安全服务。② 该原则和指令今天仍是科技发展中公共与私人部门关系的基石。

与此同时，联邦研发支出在20世纪60年代中期至晚期达到了顶峰，随之遇到了一个长达十年的平台期。结果，政府研发支出慢慢但毫无疑问地让位于工业研发支出。商业研发开支在1980年首次超过了政府研发资金，这标志着新趋势从那以后开始延续并在事实上扩大了。同时，新的技术竞争者已经开始出现，在汽车、航空、电子和其他战略部门，欧洲和日本成为美国制造商更具工业竞争力的对手。与科技领域相似的是，商业部门的趋势也日益指向国际贸易和投资的需要，这样可以利用新兴海外市场中的机会。

20世纪70年代和80年代的石油危机和其他政治事件造成的国家预算约束也迫使政策制定者和工业领袖们开始质疑公共和私人部门合作对推进技术进步的价值。产生这种担心是由于一些研究开始显示，国防转型并未带来最初预想的那样多的商业技术突破，也不像过去在国防项目中可以提升军事规格那样易于实现或有利可图。因此，分析家开始认为，需要一种新的方法来满足定义更为广泛的美国国家利益——它要表达出国内和国际国防、工业及科学界不断变化的动态情况。各国科技发展的战略性方式和目标的根本转变来自这些不同系列的趋同趋势，这种范式的变化被称为军事革命。

阶段Ⅲ——在全球化新时代中的军事变革：信息技术时期

自冷战开始之后，美国国防战略不是要超过或正好赶上苏联的国防支出

---

① National Academy of Science, National Academy of Engineering, and Institute of Medicine, Balancing the National Interest, 93~96.

② 对《国家安全决策指令》的历史概述参见 John C. Crowley,"Science and Secrecy: NSDD 189—Prologue to a New Dialogue？", 2003年4月10日在 American Association for the Advancement of Science R&D Colloquium 上的发言。

7. 两用技术在国防中的作用、前景和挑战

（考虑到苏联在数量方面的优势，这两者都被认为是不可能成功的），而是要在技术方面超越苏联。总之，如果苏联将人类送入了太空，美国就要把人类送上月球。因此，一种技术上的军备竞赛形式产生了。赢得这场竞赛的一个关键不同是第二次世界大战以来一直作为美国市场基础的不断发展的国家创新体系和两用规则，而事实也是如此。这个基础有助于技术进步在国防和商业领域中扩散，这创造了一个良性发展循环，因此促进了甚至更为先进的国防和商业技术发展。然而，同样的动态变化给美国政策制定者带来了无数新挑战，他们还要负责防止既可用来生产玩具，又可用来开发先进武器的两用技术扩散。

这就是军事革命产生的背景。事实上，被认为首先认同在有效利用新技术的基础上实现国防能力根本转变这一概念的是苏联（苏联使用的术语是军事技术革命，或者 MTR）。在这方面，苏联的主要担心是美国。五角大楼净评估办公室（Office of Net Assessment，ONA）和采办部门也都采纳了该概念并协助将它发展为美国一项新的国防工业发展战略，缩写为 RMA。军事技术革命和军事革命这两个词都以包含和利用两用技术作为战略的核心部分之一。①

在军事革命武器实际出现之前的几十年就已播下了未来军事革命的种子，这在 1991 年海湾战争中表现得最为明显。在 20 年代 70 年代和 80 年代，国防计划者们面对在数量上具有极大优势的对手和国内频繁波动的国防预算，他们试图利用新近出现的技术作为保持领先或至少是遏制苏联技术进步的一种方式。当然，由多边出口管制协调委员会强制实施并以美国盟国作为合作伙伴的技术制裁体制以及美国单边出口管制政策对这些努力提供了支持。在这种情况下出现的美国国防工业战略被称作抵消战略（Offset Strategy），其思想是用技术（今天我们可以说是非对称的）能力来抵消苏联的优势。该项战略是在 20 世纪 70 年代后期，在第一位科学家——哈罗德·布朗（Harold Brown）成为国防部长和负责研究和工程的副部长威廉·佩里（William Perry）时期发展起来的，威廉·佩里几年后也成了国防部长。② 正如佩里

---

① Bjorn Moller, "The Revolution in Military Affairs: Myth or Reality?" working paper, 11, http://www.copri.dk/publications/Wp/Wp% 202002/15 – 2002.doc; Ronald O'Rourke, "Defense Transformation: Background and Oversight Issues for Congress", Congressional Research Report RL 32238 (Washington, DC: Library of Congress, 2007), 4. O'Rourke, 4.

② "Harold Brown", Secretary of Defense Biographies, http://www.defenselink.mil/specials/secdef_histories/bios/brown.htm; Ashton B. Carter and William J. Perry, Preventive Defense: A New Security Strategy for America (Washington, DC: The Brookings Institution, 1999), 175 ~ 180.

几十年后所表明的那样，抵消战略有三个主要支柱：

发展大幅度改良的**传感器**，使我们能够在战争的任何时间、任何地点定位敌人的坦克和车辆。

第二个被称作**智能武器**（Smart Weapons），也就是要开发精确制导弹药。一旦我们定位一个敌对单位，智能武器可通过一次打击就摧毁它，这与在那时业已存在并在所有早期战争中都非常重要的射击准确性完全不同。

抵消战略要发展的第三项内容被称作**隐身技术**（Stealth），这样我们的战车、我们的飞机和我们的舰船，等等，就不会易于遭受到和我们实施给别人一样的精确打击。[1]

所有这三种能力的共同之处是，每一种都依赖于信息技术（IT）所取得的重大进步。正如佩里在2005年所解释的："我选择使用信息技术作为主要工具，因为我们那时和我们现在一样，在那个领域遥遥领先。"[2]

但重要的信息技术创造中心在20世纪已从公共部门转到了私人部门。20世纪60年代，国防部高级研究计划局（DARPA，那时叫做ARPA）在顶级大学的帮助下已开始开发实施阿帕网（APPANET，Advanced Research Project Agency Network）（即后来变成了国际互联网）所需要的基础网络概念、技术专业知识和技术能力。[3] 然而，是私人计算机、电信和电子企业，例如国际商用机器股份有限公司（IBM）、美国电话电报公司（AT&T）、微软、太阳微系统公司（Sun Microsystems）和英特尔（Intel）开发和销售的消费者网络及产品触发了大规模的信息技术能力革命，直到今天我们依然在经历着这些革命，它已把互联网发展成为一种全球现象。这样一种根本性的、快速的和目前在世界范围内变化的信息技术仅仅是在国防部高级研究计划局的要求下才发生，这是令人怀疑的，而如果没有政府的大力支持，所涉及的私人企业也不会有必需的资金取得其技术突破或主导市场的地位。这些支持经常采取的形式有资本投资、保护性的进口关税、税收激励，与联邦实验室和行政机构订立技术转让合同、有利的移民法律和签证管

---

[1] 威廉·S·佩里给中美经济与安全评估委员会（US-China Economic and Security Review Commission）的证词,2005年4月6日,http://www.uscc.gov/hearings/2005hearings/transcripts/05_04_21_22.pdf。

[2] Perry,6.

[3] Mitch Waldrop, "DARPA and the Internet Revolution", DARPA:50 Years of Bridging the Gap. (2008), 78~85.

制，等等。因此，军事革命从20世纪70年代到20世纪90年代的发展是以国防和工业部门之间双向技术溢出模式为基础的。这种动态过程反过来引致了更强大和更一体化的国防科技工业基础。1988年，技术评估办公室（Office of Technology Assessment，OTA）的一项研究指出："随着民用工业不断向技术前沿发展，国防技术基础开始融入国家技术基础，而且在很大程度上也离不开国家技术基础。"①

尤其是，技术渗入作为一个新的关注点使得工业部门提高研发支出水平成为可能，这也有助于激励军事革命。随着重要信息技术创新中心向私人部门转移，这也影响了国防部在未来开发和采购国防技术战略。国防部越来越多地寻求利用商业开发的技术，改造它们以适于国防目标的成本往往要低于在冗长且往往是成本高昂的国防采办过程中单独开发的成本。一旦冷战结束使各国注意力转向潜在的和平红利，以及随之而来的国防支出开始减少，这种方法就变成一种更具吸引力的战略。政治和商业环境的变化对国防部门和美国建设新一代军队的战略产生了显著影响，当时一位著名观察家这样来解释国防和工业趋势：

> 军事技术在第二次世界大战后的发展模式有了显著逆转。自20世纪70年代早期开始，下一代军事系统所需要的新技术中有越来越大的比例源自商业（例如，民用）开发努力，或与之有密切关系，而不是由军队严格和独立支持的项目。此外，遵循"技术渗入"逻辑，很大程度上日本在这方面是先锋，西方公司现在也正积极寻求机会，将商业开发技术应用到军事系统上，而不是以前的相反方向。②

这种发展模式使得开始强调在防务项目中更多地采用商用现货（COTS）技术。这种商用现货方式有赖于从商业企业［例如，家得宝公司（Home Depot）］获取现成技术以及把它有效地嵌入（如果需要任何修改，则要谨慎地进行）防务平台的能力。这种商用现货范式尤其适用于较小、设计比较简单，可在多重用

---

① U. S. Congress, Office of Technology Assessment, *The Defense Technology Base: Introduction and Overview-A Special Report*, OTA-ISC-374 (Washington, DC: U. S. Government Printing Office, 1988), 5.
② Mitch Wallerstein, "Conceptual Approaches to the Problem of Dual-Use Technology", in Dual-Use Technologies and Export Control in the Post-Cold War Era, Office of International Affairs, National Research Council (Washington, DC: National Academies Press, 2004), 111, http://www.nap.edu/openbook.php?record_id=2270&page=111.

途（或军民两用）上使用的零部件，而且当用于标准构件时它是最符合成本效益的。因此，商用现货战略已帮助推动了这样一种趋势，即将产品或平台技术分散为更为离散的零部件，这些零部件可以一种模块化的方式用于任意数量的商业或防务导向目标上（从某种意义上讲，技术本身是两用的，而与使用者的意图无关）。因此，高科技产业，尤其是信息技术部门，已变得越来越分散化，曾经巨大规模、独立自治的企业，其公司结构中包含完整的纵向产品链（从概念和产品到营销和运输），正在转变为新的，更横向一体化（例如，跨行业联合）和专业化的公司，它们专注于产品链中的关键部分（或选择几部分）。后一种方法运用技术竞争优势概念，并利用了贯穿于产品链中其他公司的优势，这是一个在全球化时代中，无论在本国还是全球范围都运用良好的商业模式。

在国防部门，冷战结束后国防开支的减少同商用现货模式中越来越明显的激励因素一起，使得一些国防企业离开国防部门，倾向于从事更多的商业活动。国防部领导者的强力推动促成了这些决定，20世纪90年代早期，他们希望减少亏损的国防工业。除了那些仍存在的重点外，对系统集成新增加的重点是将多种不同技术（商用的和/或军用的）集成到新的、更先进的国防系统中的能力。这种向着更横向一体化、模块化和两用国防工业发展的转变将成为商用和国防工业企业在盟国和盟国外其他国家扩大全球投资的基本原则。这种更加以商业为导向的全球化商业模式，由于没有了像冷战时期那样的对手，促使政府放松了对两用技术，特别是信息技术部门中两用技术的出口管制。

信息技术并非军事革命中发挥关键作用的唯一行业或技术部门，但它是主要推动力。信息技术的进步已成为国防战略、理念和作战概念演变的基础，这种演变包括从网络中心战到全频谱优势作战，以及基于效果作战到网络战及更多。① 这些技术战略概念背后的思想是信息技术的进步，它的战略集成和在战场上的作战应用会为美国及其盟国的军队带来革命性优势。国防部还在其他领域，例如航空部门，追求军事革命式的进步，包括使用无人机和与卫星相关的技术，还有海军网络系统（应用于封闭和开放的或国际网络，目的是，例如避免和处理自然灾害），以及日益增多的生物技术进步，如生物统计学（利用物理的或行为特征

---

① 国防战略规划文件推广了这些概念和其他军事革命概念，这些文件如《2010年联合构想》及其后续的《2020年联合构想》和其他文件。参见 http://www.dtic.mil/jv2010/jv2010.pdf。

作为识别标志）。这种军事革命导向的现代军事战略和作战方法当然只是一种可能，因为全球市场发生着类似的革命性变化，为了使国防工业持续发展，国防部门和两用技术概念都要促进并依赖于这个市场。

信息技术固有的可替代性使它成为军事革命和扩大跨越常规界限相互交流的理想平台。信息技术速度快，规模和成本不断下降，并采用了一种几乎是全球通用的 1 和 0 语言。在目前的全球化浪潮中，思想、人员、商品和知识的国际交流是快节奏、低成本的，不同文化间的交流越来越普遍，事实上，这一浪潮主要应归功于信息技术进步，以及它可以相对容易地传播和应用于不同目的。

正如 20 世纪 70 年代和 80 年代所追求的"抵消战略"所显示的那样，国防部已成为应用信息技术和建立更具两用性国防工业系统的坚定支持者。事实上，从那以后国防部对商业部门的依赖显著增加。在第二次世界大战期间雇用顶尖科学家、工程师和其他私人部门专家的实践类似于现在国防部和其他政府部门的实践。政府、工业部门、学术界之间的合作在 1993 年公布的克林顿－戈尔（Clinton-Gore）技术发展倡议下得到进一步提升，这项倡议特意制定了一项计划来加强联邦政府（包括国防部，特别是高级研究计划局）在支持商业技术创新方面的作用，并试图改造国防部，使他"开发促进国防和商业技术一体化战略"。[1] 进而，1999 年国防科学委员会（DSB）出版了里程碑式的研究，指出国防部在全球追求和利用更两用性的国防工业机会中存在固有利益，尽管同时美国经济环境内也存在固有风险。[2] 国防科学委员会在报告中的基本战略建议与冷战时期所采用的并无不同：全面探索和利用国防工业和商业领域中的技术进步，以在技术上领先于任何及所有潜在对手。1999 年报告中的主要不同之处在于，它所提议的努力是全球范围的。因为如此多的民用工业进行了海外扩张，以利用全球化提供的新机会，包括许多商业和国防工业供应商、子部件制造商和国防部承包商，国防科学委员会认为，尽可能快地和更加战略性地融合、利用和扩展这些趋势对美国国家安全来说势在必行。国防部领导人一直坚持这项基本战略，随着两用技术建设进入了 21 世纪，国防部官员承认军事和国防工业领域对美国和全球的科学、技术和研究市场，以及物流业务和关键原料、矿产品、零部件和其他更多物

---

[1] President William J. Clinton and Vice President Albert Gore Jr., "Technology for America's Economic Growth, A New Direction to Build Economic Strength"（February 22, 1993）.

[2] Office of the Under Secretary for Acquisition and Technology, Final Report of the Defense Science Board Task Force on Globalization and Security（Washington, DC: Department of Defense, December 1999）.

品供给的依赖是固有的和不断增长的。

然而，同样的现象已加强了军事革命，并导致了汤姆·弗里德曼（Tom Friedman）的著名论断：世界是平的——在这个世界中，借助于谷歌（Google）和其他信息技术，出生在北京或班加罗尔的人可如同出生在英国或波士顿的人那样，满足他们的好奇心并了解到几乎所有的东西——这种现象也为防止潜在对手获得战略上的关键两用技术和专门知识的任务带来了新的巨大挑战。目前人们主要担心的是核科学，它既能用于和平核能目的，又能用于开发核武器。汗（A. Q. Khan）之前是一位巴基斯坦核科学家，后来成了核武器商，正如他的情况所表明的那样，个人只需一本护照、一个电子邮件账户和一些核知识（无论是独立获取的对核科学概念的理解，或仅仅得到了设计或其他文件），就能够使大规模杀伤性武器（WMD）在今天比以往更容易扩散。出于这样的担心，甚至在"9·11"袭击之前（尽管是从那时起加速的），科学界和国防官员就已更紧密地一起工作以找到新的方式合作，以防止大规模杀伤性武器扩散，并同时维护重要的开放性科学探究和探索以及商业创业原则。

人们日益担忧的不仅仅是武器、商品和技术在全球化世界经济中扩散，还包括无形的或隐性的知识在专家头脑中的传播，这些忧虑导致美国及其一些国际合作伙伴在20世纪90年代采取了对创新的新的出口管制。① 其中之一，如1994年"被视同"出口的制度获得通过，旨在监督、授权，并从而降低在多国之间共享信息所固有的风险。正如负责通过许可程序管制两用物品出口的商务部所解释的那样：

  当一项技术或源代码（加密源代码除外）被释放给外国（或外国公司）时，出口被"视同"发生了，其中美国……技术"被释放"用于出口是指，当外国可以得到这些技术用于目视检查（例如阅读技术规范、计划、蓝图等）时；当技术通过口头方式交流时；或当技术可以在具有技术知识的人士指导下进行实践或应用时。②

当然，在这个一般规则之外，还有一些例外，包括一项排除基础科学研究的

---

① 其他全球化时代的出口控制政策的创新，包括"包罗规则"（catch-all rule）（其中，如果出口被怀疑可能会转移到非商业性或没有获得许可的用途上，则必须向当局报告，否则出口不会被批准）和监督出口的加密技术的条款（副许可证），以及增强了对经过无数国际港口入境的转运货物的管制和执法。

② U. S. Department of Commerce, "Deemed Exports: Questions and Answers", http://www.bis.doc.gov/deemedexports/deemedexportsfaqs.html.

条款。① 然而，尤其是在日益全球化的经济体系中，要有效地实现即使是尽量控制这些人际交往的尝试，其难度也可想而知，但这些尝试表明美国的政策制定者继续把两用技术（和专门知识）视作确保美国国家利益的必要因素。视同出口政策补充了另外一些出口管制制度，包括1996年制定的《关于常规武器和两用物品及技术出口管制的瓦森纳安排》(*Wassenaar Arrangement on Export Controls for Conventional Arms and Dual-Use Goods and Technologies*)，以及其他三项多边的常规武器和大规模杀伤性武器不扩散出口管制制度［如澳大利亚集团（Australia Group）对与化学和生物武器有关技术的管制，核供应国集团（Nuclear Suppliers Group）和导弹技术控制制度（Missile Technology Control Regime）或MTCR］。这些和与之相关的制度重点在于控制技术本身和使用者可能或可疑意图，来确定一项出口是否被视为是令人不安的并需要监督、许可或拒绝出售。

视同出口和其他两用物品出口管制的目标是否是可以实现的、足够的、值得付出努力和成本（包括机会成本）的，或者甚至对美国国家安全目标和利益产生负面作用，这些仍是许多公共政策所争论的问题。然而，大家都认同的是以下两方面一直都非常重要，即两用技术和双轨的公—私部门方法是推进美国技术创新作为维护健康国防工业部门和商业公共部门所必不可少的部分。与此同时，"9·11"事件后的安全环境和全球恐怖主义增加的时代里，对扩散的担心在持续增长。换句话说，两用难题在未来一段时间内将困惑着我们。

阶段Ⅳ：冷战后的世界及未来

冷战一结束，国防规划者面临着在没有任何清晰可辨敌人的情况下如何确保国家安全利益的困境。最终构建了被称为"基于能力的计划"来代替基于"威胁"的计划。也就是说，美国国防战略将要从关注于由一个特定对手造成的威胁，作为决定使用何种类型军队（和支撑它们的技术）以及需要怎样的武力态势的主要依据，转变为以发展可以运用于不同环境、情境和未来对手的广泛能力为基础的战略。这种方法适于国防预算不断下降，短期内不会出现明确威胁为特点的一段时期，至少在2001年基地组织发动攻击

---

① 这包括"科学和工程中的基础和应用研究，它们所产生的信息一般会在科学界内发表出来并广泛共享"，正如负责监督美国两用出口制度的商务部所描述的那样，http://www.bis.doc.gov/deemedexports/deemedexportsfaqs.html。

以前是这样的。这种基于能力的规划（CBP）方法，与过去威胁为导向的战略相比，甚至更依赖于美国在国内以及在全球范围商业和国防领域的探索、利用和提升技术的能力。因此，它可以说是比其先前传统的基于威胁的规划甚至更以两用目标为导向的方法。

为了实施基于能力的规划制度，并进一步扩大军事革命的发展概念，五角大楼需从根本上转型其规划、预算和作战方式。1991年海湾战争期间军事革命概念的实践使美国国防规划者既振奋又困扰。虽然在战场上应用了信息技术、隐身技术和精确制导弹药（PGM），但也出现了无数非常有影响的、令人印象深刻的麻烦。因此，虽然军事革命构想仍是国防工业发展的重要驱动力，国防部内部关注的重点已转向国防企业转型：转变五角大楼自己的程序，以便能更好地利用军事革命和发展一系列为未来冲突和战斗人员设计的新能力。

国防部长唐纳德·拉姆斯菲尔德（Donald Rumsfeld）也许是与国防转型观念联系最为密切的，但在这个想法发展起来之前，他在许多方面已是其实施者了。据一名观察员所述，早在1994年，即使没有通过正式的国防资源整合过程，支撑基于能力的规划概念在军种实践中的发展已"顺利进行"了。[①] 尽管如此，拉姆斯菲尔德部长利用在2001年上任后的机会，实施了全新的国防采办方法，它改变了国防部的思考方式，并用于获得未来武器系统。正如在2001年的《四年防务审查》（Quadrennial Defense Review）中阐述的，转型的第四大支柱建立在"通过更多和宽范围的科学和技术，选择性地增加采办和创新国防部流程发展起来的转型能力"基础之上。[②] 因此，转型远远超出了科学和技术领域，延伸到组织、程序和作战领域，这些努力仍在进行中。

转型带来的最为相关的技术组织变化是追求更高的国防系统互通性，以及国防需求潜在、无形解决方案的深思熟虑的概念。不仅商用现货解决方案可能实现降低成本、标准化的组件设计、产品和服务，而且现成的政府解决方案（Government Off-the-Shelf Solutions，GOTS）也是如此，即被认为是应对未来挑战的解决方案的潜在来源。正如国防部所述，"现成的政府解决方案系统目前由政府机

---

① Raoul Henri Alcala, "Guiding Principles for Revolution, Evolution, and Continuity in Military Affairs", in Whither the RMA: Two Perspectives on Tomorrow's Army, Paul Bracken and Raoul Henri Alcala（Carlisle, PA: Strategic Studies Institute, U. S. Army War College, 1994）.

② Donald Rumsfeld, Quadrennial Defense Review Report, September 30, 2001, www. defenselink. mil/pubs/pdfs/qdr2001. pdf.

7. 两用技术在国防中的作用、前景和挑战

构使用，可能包括国家航空航天局、国土安全部和其他实体"。①

此外，互通性概念在国防资源整合过程中已扩展了，用以促进更多的交叉服务，甚至国际技术解决方案。勤务或作战指挥官不再要求舰船、飞机或坦克，而是需要能被联合军队所使用的能力。关于联合战术无线电系统（Joint Tactical Radio System，JTRS）的描述很好地概括了这种实现基于能力的规划新方法和转型技术的发展：

> 通过开发和实施尖端无线电波形技术的开放式体系结构，多个无线电类型（例如，手持、地面移动、空中、海上）现在可以彼此沟通了。最终目标是产生一系列可相互操作的、模块化的、软件定义的无线电，它作为网路中的节点，为移动和固定的部队提供持久安全的无线通信和网络服务。这些目标延伸至美国的盟友、联合伙伴，有时还包括灾难救援人员。②

在美国和其他国家，许多不同的商业和国防企业正在开发联合战术无线电系统。然而该系统仍是一个军用的和高度机密的系统，人们期待在这个开发过程中会有商用现货投入以及技术溢出。③

拉姆斯菲尔德领导下建立起来的政治程序，在罗伯特·盖茨（Robert Gates）时期开始扩张，它要求这样的两用方面考虑，并要获得多级高级官员批准，以试图确认在不同军种间运作的效率。这个过程的一个关键部分牵涉到"功能能力委员会"，在这里，众多国防部门共同参与决定未来在军事方面需要具备哪些能力，这也包括受到邀请的国防工业代表。支撑基于能力的规划方法的基本想法是，要使尽可能多的未来国防平台具备一般所说的联合作战功能，在开发和采办过程中越早形成越好（而非在过程结束时集成，这在多种系统之间实现更为困难，更不用说成本更高昂的了）。这些委员会的另一个考虑是，一些国防需求是否可通过无形解决方案（例如，由理念、组织、培训或其他非物质性响应的变化）来处理，或换句话说，通过知识来解决。在这种情况下，会再次出现两用方面的问题，即如果落入坏人手中，这样的知识是否会被用来威胁或有利于美国

---

① Defense Science Board, Buying Commercial: Gaining the Cost/Schedule Benefits for Defense Systems—Report of the Defense Science Board Task Force on Integrating Commercial Systems into the DOD, Effectively and Efficiently (Washington, DC: Office of the Under Secretary of Acquisition, Technology and Logistics, February 2009), 2.
② 摘自联合战术无线电系统的宣传材料，JTRS, Connecting the Tactical Edge, 2009, http://jpeojtrs.mil。
③ 例如参见 David B. Cotton, "SDR and JTRS Starting to Get in Tune", COTS Journal (January 2007)。

的利益。每个增强国防工业发展的例子都会给政策制定者带来新的两难困境,他们既要努力从两用发展概念中得到尽可能多的收获,同时也要降低全球化世界体系中所固有的风险。

小结:国防工业领域两用技术的前景

从两用技术作用演变以及本章所描述的它在国防部门日益重要的作用来看,随时间推移,维护、促进和扩大两用国防工业模式的重要性还会增加,这是很明显的。半个多世纪以前,万尼瓦尔·布什(Vannevar Bush)首次呼吁为了国防和公共利益,要维持政府对基础研发的高水平支持,直到今天,这个概念性的方法基本保持未变(如果有也只是略微和在资助方面有些不同)。这个相同的基本思想支撑了最近众多关于当前和未来美国科技竞争力的研究,其中大部分都呼吁要保持和/或增加政府对科技和研发的资助水平,其原因很大程度上与富兰克林·罗斯福(Franklin Roosevelt)在《国耻日》演说中首次阐明的一样:政府为实验研究提供资助符合美国国防和消费者利益。[①]

国防转型或技术溢出的概念也内化在这些评论和引致的赞成增加政府研发投资的政策建议中。一个突出的例子是,国会和公众一直支持像国家航空航天局这样的机构,相信国家航空航天局项目使用、推动和发现的实验型研究在两用方面服务于国防需求和工业、消费者以及人类关于宇宙的知识。还有目前在审议之中的扩大早期国家航空航天局、国防部高级研究局和类似国防转型发展模式的倡议。这包括近期的高级能源研究局(ARPA-E)倡议,它希望重新回到早期的(国防)高级研究局时代,并呼吁在能源技术研究中注入新的联邦资金(因而名字为 ARPA-E),这样有利于国防和工业技术进步,并为这两个部门带来效率和节约成本。[②]

同样,支持军事革命概念和全球经济趋势都推动和促进军事革命被广泛接受,不仅在美国,而且在世界各地的政府和工业界,包括从北京到布鲁塞尔到班

---

① 许多公共和私营部门组织近年来已发表许多研究,呼吁在科技和研发方面花费更多的钱来追求更高的国家安全水平,以及经济和社会利益。其中最突出的是 Committee on Prospering in the Global Economy in the 21st Century, Rising above the Gathering Storm: Energizing and Employing America for a Brighter Economic Future(Washington, DC: National Academies Press, 2007)。

② Stine, "The Manhattan Project"。

戈。盟国和其他国家的军队都试图发展自己的军事革命并寻求增强他们自己的国家创新体系发展，以便更好地利用全球化过程。① 当然同样可以说，他们在寻求利用这些相同的趋势来形成新的和破坏性的、不对称的、针对恐怖分子的，或大规模杀伤性的武器。因此，美国国土安全部和其他官员利用两用方法来开发新技术，旨在帮助挫败诸如针对美国国家安全和经济利益的威胁。

最后，国防转型努力继续快速发展，并更加重视提升两用技术发展进程。在国防科学委员会近期一项关于国防工业结构转型的研究中得出这样的结论，下一步是"阐明国家安全工业愿景，采取政府政策实施这个愿景，构建激励机制促使工业部门实现愿景，以及监督正在进行的产业变革以确保其实现"。② 根据国防部的任务布置，作为实现这一愿景所不可缺少的内容，需要关注竞争、创新、降低成本、信息技术、政府与工业部门的关系，以及"对卓越的技术、制造工艺和物流的不懈探索，同时要自觉自发地把眼光扩大到传统国防工业之外的商业供应商，包括位于美国以外的具有重要军事能力的公司"。③

建立在这样的基础上，作为美国国防工业发展模式的一种发展构想，两用技术的未来将是什么样的？除非当前全球经济体系遭到根本性的长期破坏（目前的金融危机还不至于如此），我们似乎可以合理地得出这样的结论，持续的、累积的和概念性的国防和工业发展两用方法模式，是我们在过去半个世纪所见证的，在可预见的未来还将继续发展。很多人指出，纳米技术和能源安全领域中新的科学和技术创新的发展前景是待探索的下一代革命性两用领域。有趣的是，华盛顿和北京以及其他主要的全球力量中心所认定的这些和其他重要战略技术领域都是相同的。然而，这意味着前方是一个关键性的十字路口。如果由两用技术引发的国防和工业发展的演化路径继续在全球范围内沿着相似的路线行进，结果将是美国和中国（见附录中关于中国所采用的两用国防工业模式）或其他在军事和工业实力与中国类似，并同样在意识形态上不一致国家的必需选择：（1）将其他人的角色融入到体系中；（2）（以类似于多边出口管制协调委员会的方式）开发独立的系统；或（3）从根本上改变或逆转进程，回到一种更民族主义甚或

---

① Richard A. Bitzinger,"Come the Revolution:Transforming the Asia-Pacific's Militaries", *Naval War College Review* 58, No. 4(2005)[O].

② Defense Science Board, Creating an Effective National Security Industrial Base for the 21st Century: An Action Plan to Address the Coming Crisis, 7, 2008, http://www.acq.osd.mil/dsb/reports/2008-07.

③ Defense Science Board, Creating an Effective National Security Industrial Base for the 21st Century.

重商主义的发展模式。后两种选择表示彻底偏离了当前路径，美国和其他国家已出现了第一种选择下的一些方式。然而，无论选择哪一个，现代国防工业领域所固有的两用困境仍将存在。

附录：国外的军事变革和两用技术范例：中国实行具有中国特色的两用经济

在1991年挫败伊拉克的海湾战争后，北京的领导人面对着一个惊人的现实：他们现存的人民战争（People's War）军事理念，即任何敌人只要进入了中国领土就会被中国人民的力量所击败，与他们在电视上看到的相比，这已经远远过时了。这种战略方法不适于超视距、隐身和精确制导弹药等美军在沙漠风暴行动（Operation Desert Storm）中用在战场上的武器。这使中国开始了自己的军事变革，是一种中国独特的，但与美国军事革命和国防转型有明显相似之处的变革。[①]

自1949年在内战中毛泽东打败共产党的对手国民党之后（其政治后继者现在统治着中国台湾），中华人民共和国（PRC）已经发展出了独一无二的技术军事方略。前面所述的人民战争学说在内战结束后的毛泽东时代（1949~1976年）一直居于主导地位，影响了中国依赖苏联军事技术和援助的阶段（直到20世纪50年代末中苏关系破裂），以及中国政府大规模资助研究活动的阶段，这些研究使中华人民共和国首次具备了原子弹和弹道导弹能力。而后一阶段国家支持的科技项目主要是为实现其战略任务，到商业产品中的"溢出"显然被认为是一种潜在的"副产品"。

随着从毛泽东时代到邓小平时代（1978~1997年）的转变，国防转型概念变成了一个正式战略。在这一时期，在邓小平著名的"改革开放"（Open Door）政策下，经济改革成为中国政府的主要关注点，人们期望军事进步来支持工业能力，

---

① 这里没有足够的篇幅对中国的两用技术和军事革命的政策、观点或前景提供一个全面分析。对于中国两用技术范式和军事革命的发展更为深入的评估，参见 Jorn Brommelhorster and John Frankenstein, eds., *Mixed Motives, Uncertain Outcomes: Defense Conversion in China*（Boulder, CO: Lynne Reinner, 1997）; Kathleen A. Walsh, *Foreign High-tech R&D in China: Risks, Rewards, and Implications for US-China Relations*（Washington, DC: Stimson Center, 2003）; Richard A. Bitzinger, "Come the Revolution: Transforming the Asia-Pacific's Militaries", *Naval War College Review* 58, No. 4（2005）, 39~60; Andrew S. Erickson and Kathleen A. Walsh, "National Security Challenges and Competition: Defense and Space R&D in the Chinese Strategic Context", in William A. Blaniped, J. Thomas Ratchford, and Rodney W. Nichols, eds., *Technology in Society*（Netherlands: Elsevier Ltd., 2008）; David M. Lampton, *The Three Faces of Chinese Power: Might, Monday, and Minds*（Berkeley: University of California, 2008）; Tai Ming Cheung, *Fortifying China: The Struggle to Build a Modern Defense Economy*（Ithaca, NY: Cornell University Press, 2009），以及其他近期的文章。

反之亦然。邓小平的政策可以用著名的十六字方针来概括（参见表7.1），它阐明了中国军事现代化技术渗入和技术溢出的范式。然而，实际上这项政策更多强调了将技术溢出作为一种补充军事预算和缩小庞大军事工业部门的措施。从商业部门到军事部门的实际技术"渗入"极少发生，并主要发生在国家支持的诸如"863"基础研究项目的时期。这项政策进展有限，是由于这一时期中国共产党多变的体制，以及有意地将中国国防工业资源远离国家中部省份的军事战略（例如，远离更容易受到攻击的沿海和边境地区，中国政府担心潜在对手很可能攻打这些地区），并因此远离了主要的商业工业中心。虽然中国的安全环境改善了，北京欢迎与美国及其他伙伴进行国际国防工业合作，但1989年中断了这种合作。① 因此，虽然两用概念在中华人民共和国早期的国防工业设计中已经出现，并实际以军转民方法占主导，但这些努力最终并没有产生令人满意的结果。②

表7.1　　　　　　　　　　邓小平的十六字方针：过去和现在

邓小平时期		21世纪	
军民结合	将军队和民间部门结合起来	军民结合	将民用需求与军事需求结合起来
平战结合	将和平与战争结合起来	寓军于民	在民用能力中发展军事潜能
军品优先	赋予军品优先权	大力协同	积极促进协同与合作
以民养军	民用部门支持军事部门	自主创新	进行独立的创新

说明：张大铭对于每一行以及不同时期对它们的不同解释提供了有用和详尽的分析。参见 Tai Ming Cheung, *Fortifying China: The Struggle to Build a Modern Defense Economy* (Ithaca, NY: Cornell University Press, 2009), 7~9。

从西方视角来看，中国采取了看上去更为熟悉的政策是在江泽民领导的时期（1993~2003年），建设了更加与其他经济部门同步的国防工业基础，它们与经过改革的、更加以利润为导向的商业公司相联系，并得到了雄心勃勃的两用科技发展项目支持，以及日益向国外投资和全球市场开放的经济支撑。江泽民希望通过科学

---

① 众所周知，美国—中国国防合作开始于20世纪80年代中期，在美国的帮助下，开发了F-8喷气式战斗机的航空电子技术。和平珍珠计划（Peace Pearl Program）由于1989年后实施了对中国的制裁而终结。参见 Shirley Kan, "US-China Military Contacts: Issues for Congress", CRS report for Congress RL32496（更新于2008年2月1日）。
② 张大铭对于每一行以及不同时期对它们的不同解释提供了一个有用的和详尽的分析。参见 Cheung, *Fortifying China*, 7~9。

7. 两用技术在国防中的作用、前景和挑战

和教育推进中国的现代化（采取了"科教兴国"或"通过科学和教育增强国家实力"的政策），在他的领导下，创新成为国防和商业部门的一个口号。同样是在这一时期，中国崛起的观点在全世界引人注目，因为我们看到的不仅仅是中国经济史无前例的快速增长，还有全球投资、资源，甚至商业研发都在向中国大陆大规模转移。① 中国在这一时期还开始发展它自己的国家创新体系，采纳了很多来自美国和其他国家的思想和经验，发展中国特色的创新系统。伴随该广泛的经济发展战略，中国军事现代化的努力同样在大胆改变。至20世纪90年代中期清晰表明，北京采取了一种基础广泛的、主要是以民养军为导向的经济发展模式来实现自己的军事变革，尽管它带有明显的中国特色。②

虽然在这一时期中国的外交和国防政策是适应于应对"现代化（后来改为'高科技'）条件下的局部战争"，但国防工业领域转向在所谓的新时期军事战略方针这一政策的引导下发展。③ 正如张大铭所描述的那样，"这项战略在操作层面上指出了中国发展关键军事能力的需要，例如空中力量、电子和信息战，以及远距离精确武器，能够应对快节奏、高强度冲突进行动员的科技和工业基础提供了这些能力"。④ 这种方法的关键是新兴的商业和国防工业部门，通过几十年的艰难改革，在大量涌入国内外投资和两用技术，特别是信息技术的帮助下，该部门已开始成为中国经济中更坚固、平稳和可靠的一部分。

随后在胡锦涛主席任职期间（2003年至今），以江泽民的政策为基础，采取了发展的科学概念（科学发展观）。在这种战略下，在一项强调通过追求"信息化"（例如，利用信息技术来发展新的、两用产品、设计、技术和军民结合的组织战略，等等）来改进邓小平最初提出的"军民结合"战略（见表7.1）政策的引领下，可以说中国已开始了自己的国防转型模式。换句话说，中国经济现在已充分做好准备将技术渗入和技术溢出方法应用在经济和国防工业发展中。这种战略至少至2020年都会支撑中国现代化目标，它有赖于世界经济的持续全球化，持续的高水平外国投资和越来越多的先进两用技术和专门知识流入中国经济，以

---

① Walsh, *Foreign High-tech R&D in China*.
② Bates Gill and Lonnie Henley, *China and the Revolution in Military Affairs* (Carlisle, PA: U. S. Army War College, 1996).
③ Nan Li, "New Developments in the PLA's Operational Doctrine and Strategies", in *China's Evolving Military Doctrine*, Issues and Insights 6, No. 20, Nan Li, Eric McVadon, and Qinghong Wang, eds. (Honolulu: Pacific Forum, 2006), 5~12.
④ Cheung, *Fortifying China*, 103.

及国内不断提高的创新能力。

后一项战略看起来已经取得了一些令人惊喜的进展。中国政府部门和工业部门的研发投资都增长得很快。中国高科技商业企业已增加了海外投资（中央政府也鼓励这样做），如同在某些特定的高科技领域一样，相对于国内和外国的竞争者而言，变得更有竞争力了，这些企业也开始显露出独立创新的新迹象。此外，中国的商业和国防工业部门正在形成一个更加紧密结合的系统，使得中国军队能够更好地以此为基础。如中国最新的国防白皮书"国防科技工业"部分所描述的那样，该战略可以概括如下：

> 中国加快国防科技工业改革创新，推进军工企业战略性结构调整、专业化重组，提高武器装备研制的自主创新能力，努力构建军民结合、寓军于民的国防科技工业新体系。①

随后，因为新的（甚至是有些令人震惊的）商业和国防能力已经出现，关于在最近这些年中国的技术进步已经走了多远，走得有多快，在未来几年会达到什么样的水平，中国在商业和国防工业部门的技术进步在西方引发了新的争论。最近的国防成果包括：已显著显现的反卫星能力，快速出现的已投入生产的新型系列潜艇，以及中国空间技术的快速进步。

因此从表面来看，美国和中国所追求的以两用方式发展国防工业的途径越来越相似。

"美国和中国的国防研发战略都力图促进在全球范围内开展业务的私人企业开发两用技术。此外，两个国家都幸运地具备吸引世界先进高科技投资者和研究人员来到自己国家的能力，从而提高潜在的整体研发能力。两国还都不断用政府资助项目来补偿商业研发努力，这些项目旨在战略性地引导国家研发努力，并重点发展具有战略意义的部门。"②

总之，这两个国家今天在这些方面是更相似，而非不同，而且在商业和国防领域中越来越相互依赖。

---

① Information Office of the State Council of the People's Republic of China, *China's National Defense in* 2008, defense white paper(Beijing: PRC,2009).

② Erickson & Walsh,7.

第二部分
▶▶▶ 国防工业：地域视角

8
军事革命、转型与美国国防工业

皮特·多姆布罗斯基*
安德鲁·L·罗斯*

全世界的军人可以说正处于一场革命之中,这种革命可能根本且深远地改变未来战争的形态。这场革命可以不同地区分为军事技术革命(military technological revolution,MTR)、军事革命(revolution in military affairs,RMA)和转型,正在进行的这场军事革命的推力正是更广阔范围内的信息革命。① 在已经变得耳熟能详的以信息技术为基础的军事革命(IT-RMA),也就是军事中的信息技术革命,军队建设正在从工业时代向信息时代过渡。过去,军事革命是对影响更加深远的社会革命的一种反应。技术、组织和理念的变化即将再次来临,影响深远的军事创新是当今的潮流。

冷战后,美国的国防建设已成了军事转型的先锋。尽管与敌人和朋友相比,美国具有明显的军事优势,但美国领导人的意愿不仅仅是保持,而是要增强美国

---

* 皮特·多姆布罗斯基(Peter Dombrowski),战略学教授、美国海军军事学院战略研究系(Strategic Research Department at the U. S. Naval War College)主任。他曾在其他一些研究机构工作过,包括东西方中心(East-West Centre)、布鲁金斯研究所(Brookings Institution)、弗里德里希·艾伯特基金会(Friedrich Ebert Foundation)和布朗大学沃森国际研究所(Watson Institute for International Studies at Brown University),他已完成了超过35篇的论文、专著、书籍章节和政府报告。

♣ 安德鲁·L. 罗斯(Andrew L. Ross),新墨西哥大学(University of New Mexico)科学、技术与政策中心(Center for Science,Technology and Policy)主任和政治科学教授。他曾是康奈尔大学、普林斯顿大学、哈佛大学、伊利诺斯大学和美国海军军事学院的研究员。其关于美国总战略、国家安全、国防计划、地区安全、武器扩散、安全、经济与公共政策的著作发表在多个期刊和书籍中。

① Peter Dombrowski and Eugene Gholz, *Selling Military Transformation: Technological Innovation and the Defense Industry* (New York: Columbia University Press, 2006).

的军事优势，这向军事竞争者传递的信号是非常清楚的：挑战美国是徒劳的。①

然而无论速度或快或慢，军事革命会传播开来。像美国这样的创新者并不能长久地保持其竞争优势。盟友、竞争对手，甚至是潜在敌人都将模仿、改装、改进并对抗他们的创新。② 美国最新的创新传播到亚洲、欧洲和中东，这已显而易见。例如，中国最近以信息化为主体推进国防现代化，这个过程听起来非常类似于美国的转型，其重点放在了信息化战争上。正如理查德·毕辛格（Richard Bitzinger）所观察到的，中国式的转型依赖于"以机动、快速和远程攻击为特征的持续时间短、强度高的冲突，同时在空、地、海、太空和电磁的全方位作战空间中，实施联合作战行动，且主要依靠致命性极强的高技术武器。"③

自从军事转型的概念进入国家安全词库后，分析家们已试图确定军事革命将如何影响美国以及全球价值数万亿美元的国防工业部门。答案在军事转型不断变化的性质和国防工业部门正在发生的变化中。我们这里的讨论将集中在：（1）目前美国军事转型情况；（2）目前全球国防工业军事转型趋势所蕴含的影响。

军事革命/企业转型

认识到明显出现了军事革命以及随之对转型的需要，这可追溯至乔治·W·布什（George W. Bush）执政前的十几年。④ 在冷战的暗淡岁月里，关注美国军事理念和能力的苏联观察家断定，军事技术革命即将产生。美国军事技术革命/军事革命的早期萌芽形成了安德鲁·克雷皮内维奇净评估办公室（Andrew

---

① 在对转型进行说明时，前国防部长拉姆斯菲尔德，这位美国近期最重要的倡导转型的平民领袖，鲜明地表述了他的观点，他宣称"我们必须发展新的优势，拥有它们只不过是要打击对手不要来竞争。"见 Donald H. Rumsfeld, "Transforming the Military", *Foreign Affairs* 81, No. 3(2002):27。

② Emily O. Goldman and Leslie C. Eliason, eds., *The Diffusion of Military Technology and Ideas*(Stanford: Stanford University Press, 2003)。

③ Richard Bitzinger, "China Adapts to US Defense Transformation", Institute of Defence and Strategic Studies, Nanyang Technological University(November 10, 2006), http://www.isn.ethz.ch(2008年5月12日访问)。

④ 近期对美国转型计划发展的有用解释和评论，参见 Frederick W. Kagan, *Finding the Target: The Transformation of American Military Policy*(New York: Encounter Books, 2006)。其他学者对当前时期转型情况的追踪可追溯至30多年前，20世纪70年代和20世纪80年代突击破坏者（Assault Breaker）和空地联合战（Joint Air Land Battle）的创新。参见 Robert R. Tomes, *US Defense Strategy From Vietnam to Operation Iraqi Freedom: Military Innovation and the New American Way of War*, 1973~2003(London: Routledge, 2007)。

8. 军事革命、转型与美国国防工业

Krepinevich's Office of Net Assessment，ONA）1992 年的报告，即所谓的《军事技术革命：一个初步评估》。[1] 在克林顿执政的第一个任期，净评估办公室主任安德鲁·W·马歇尔（Andrew W. Marshall）出现在国防部长办公室（Office of the Secretary of Defense, OSD），为军事革命提供中央情报和组织/政治支持。在 1993 年一份名为《一些关于军事革命的思想》备忘录中，马歇尔推测到了"'新的'军事革命"，或"'潜在的'军事革命"和"发生革命的时期，战争本身特点会改变"，并预言了未来的情况："对创新者来说，可能没有任何新的平台（如航空母舰）能让他们振奋并为之献身。……技术（信息、计算机、通信）似乎成为所有一切的中心。"[2]

随着美国军力在 1991 年海湾战争中的展示，军事革命成了美国国家安全和防务机构关注的中心。接下来的军事革命演变为贯穿 20 世纪 90 年代的企业转型。转型从一系列零散的想法和一些由历史学家提出的不严谨的概念转变为企业——复杂的、带有政治和经济风险的企业转型，在其中，美国政府试图提高其军事能力，私人防务工业部门试图从国内外的防务销售中重新获取利润。

已表明，转型是一个模糊概念，经常被用来证明或推销——项目，不管它们是符合转型特征，还是根本不具有转型特征。[3] 对一些人而言，很明显，这是好事。据负责采办、技术和后勤（AT&L）的国防部前副部长（皮特）小奥尔德里奇（E. C. "Pete" Aldridge, Jr.）所言，"转型是一个不严谨的概念，我们对它的理解更好。"[4] 这种不严谨的方式适合于梦想家和仅仅希望增加销售的国防企业的目标，但它没有为负责实施转型任务的国防规划者提供清晰的指导。2001 年《四年防务审查报告》（*Quadrennial Defense Review Report*）体现了转型更大的特殊性：

---

[1] Andrew F. Krepinevich, Jr., *The Military-Technical Revolution: A Preliminary Assessment*, Washington, D. C.: Center for Strategic and Budgetary Assessments, 2002.

[2] A. W. Marshall, "Some Thoughts on Military Revolutions", 1993 年 7 月 27 日备忘录，原文中强调的内容。Nicholas Lemann, "Dreaming about War", *New Yorker*, July 16, 2001, 32~38 提供了马歇尔和净评估办公室的概况。

[3] Derrick J. Neal, "Do We Really Understand What is Meant by Transformational Change for Defence?" *Defence Studies* 6, No.1 (2006): 73~96 考察了转型的意义，作者对这个问题的简短回答是 "不"。

[4] E. C. "Pete" Aldridge Jr., "Technology and National Defense", address to DARPA Tech, July 30, 2002.

转型源自于"将新方法应用于作战概念和能力",使用老式和新式技术,以及一些"新的组织形式",它们能更有效地预测新的或还在不断形成的战略和作战方面的挑战和机遇,并"使以前指导战争的方法变得过时或处于次要地位"。转型会牵涉到"军事行动方式的根本变化",以及它们在规模上的潜在改变。它包括以"一种战争形态取代另一种",例如,在空中、陆地和海洋上展开"战争方式的根本变化"。它还包括"新型战争的出现",例如在"作战空间的新维度"上进行的武装冲突。①

之后,2003年《转型规划指南》(Transformation Planning Guidance)将转型描述为:

> 它是一个过程,通过"概念、能力、人员和组织的新的整合",影响军事竞争与合作不断变化的性质,它利用我们国家的优势,保护我们不对称的脆弱方面,以保持我们的战略地位。②

这个过程担负着"通过完成以前无法想象或不可能的军事任务,重新定义军事成功的标准",并要求"应用新的组织架构、能力和理念的新的作战概念。"③ 支持者相信,这个过程将最终实现军事革命对战略和作战的构想。

军事革命概念和语言出现在后冷战时代早期的军种文件中,例如,陆军的《21世纪军力》(Force XXI),海军的"…来自海洋"和"向着……来自海洋",海军陆战队的"机动作战……来自海洋",以及空军的"全球到达,全球力量"。保罗·布拉肯(Paul Bracken)1993年关于未来军事情况的文章激发了之后对陆军、海军和空军的研究。④ 军队将领,如海军上将威廉·A·欧文斯(Admiral William A. Owens)和海军中将阿瑟·K·塞布洛斯基(Arthur K. Cebrowski)支持转型和革命。海军上将欧文斯认为,军事革命需要创建系统的系统,它包括作战空间

---

① Department of Defense(DoD), *Quadrennial Defense Review Report*(Washington, D. C. :DoD, 2001), 29, 强调是后加的。

② Department of Defense(DoD), *Transformation Planning Guidance*(Washington, D. C. :Department of Defense, 2003), 3. 强调是后加的。

③ DoD, *Transformation Planning Guidance*, 3~4。

④ Paul Bracken, "The Military After Next", *The Washington Quarterly* 16, No. 4(1993):157~174。

8. 军事革命、转型与美国国防工业

预警、先进的指挥、控制、通信、计算机和情报（C4I）以及精准的军力系统。① 在欧文斯担任参谋长联席会议（Joint Chiefs of Staff）副主席期间，1996 年的《2010 年联合构想（JV 2010）》强调，众多影响已经显现，不仅在军队、信息优势、技术创新，还有新出现的优势机动作战概念、精确交战、聚焦后勤（Focused Logistics）以及全方位防卫。海军上将塞布洛斯基（Cebrowski）在他从美国海军退休以后，成了国防部长办公室（OSD）武装力量转型办公室（Office of Force Transformation）第一任主任，坚持不懈地推动网络中心战（Network centric Warfare）概念，这个概念目前已渗透至联合和军种军事革命/转型计划和项目中了。②

从军事革命和转型倡导者的角度看，冷战后最初对防务态势的评述是相当古板的。③ 1992 年提供给基本军力（Base Force）的原则明显缺乏革命和转型方面的考虑。④ 1993 年自上而下的评估（Bottom-Up Review）实际也没有真正认识到重新打造美国军队的需要。⑤ 甚至 1997 年的《四年防务审查》（QDR）更明显地

---

① William A. Owens, "The Emerging System of Systems", in *Proceedings of the U. S. Naval Institute*, May 1995, 36 ~ 39. 在他退出现役后，欧文斯继续在著作中推进军事革命，例如 *Lifting the Fog of War*（with Ed Offley）(Baltimore: The Johns Hopkins University Press, 2001), 以及 "The Once and Future Revolution in Military Affairs", *Joint Forces Quarterly* 31 (Summer 2002): 55 ~ 61。

② Arthur K. Cebrowski and John J. Garstka, "Network-Centric Warfare: Its Origin and Future," in *Proceedings of the U. S. Naval Institute*, January 1998, 28 ~ 35. 关于网络中心战（NCW），一篇核心的但几乎是费解的文章是 David S. Alberts, John J. Garstka, and Frederick P. Stein, *Network Centric Warfare: Developing and Leveraging Information Superiority*, 2nd ed. (Washington, DC: C4ISR Cooperative Research Program, 1999)。对网络中心战更易于理解的解释，参见 Peter J. Dombrowski and Andrew L. Ross, "Transforming the Navy: Punching a Featherbed?" *Naval War College Review* 56, No. 3 (2003): 107 ~ 131; 以及 Paul T. Mitchell, *Network Centric Warfare: Coalition Operations in the Age of US Military Primacy*, Adelphi paper 385 (London and New York: Routledge, for the International Institute for Strategic Studies, 2006)。Darryn J. Reid, Graham Goodman, Wayne Johnson, and Ralph E. Giffin, "All that Glistens: Is Network-Centric Warfare Really Scientific?" *Defense and Security Analysis* 21, No. 4 (2005): 335 ~ 367 页提供了一个关于网络中心战的深刻的分析性评论。在武装力量转型办公室（OFT），塞布洛斯基继续呼吁"胆子再大一些"，参见 Arthur Cebrowski, "What is Transformation?". Office of Force Transformation, Washington, DC (no date) (http://www.oft.osd.mil/what_is_transformation.cfm.)。

③ Eric V. Larson, David T. Orletsky, and Kristen Leuschner, *Defense Planning in a Decade of Change: Lessons from the Base Force, Bottom-Up Review, and Quadrennial Defense Review* (Santa Monica: RAND, 2001), 该文提供了一个对于基本军力、自下而上评估（BUR）和 1997 年《四年防务审查》的颇具价值的评论。

④ General Colin L. Powell, *National Military Strategy of the United States* (Washington, D. C.: Joint Chiefs of Staff, 1992)。

⑤ Les Aspin, *Report of the Bottom-Up Review* (Washington, DC: Department of Defense, 1993)。

涉及转型问题，也不过更多是关于现代化和改革的，而非革命。①

国家防务专门小组（National Defense Panel，NDP）1997年12月的报告《国防转型：21世纪的国家安全》是军事革命/企业转型的转折点。② 国会曾命令要求对克林顿政府时期的1997年《四年防务审查》提供独立评估，从根本上重新思考美国的国防态势，这是国家防务专门小组必须要做的，军事革命和转型明确成了信念。"美国"，这个专门小组公开宣称，"'现在'就需要推出转型战略。"③ 并要确保国防部和各军种"按照最高的优先性来执行它。"④ 它断言，未来比现在要重要得多，军事在未来所需要的能力并不是现在所拥有的那些，传统系统的作用必须被重新检视，联合作战能力必须得到正视。专门小组挑战了许多事实，包括克林顿时期国防部长威廉·科恩（William Cohen）所倡导的对平衡的需要。它支持利用"信息和与信息相关技术的快速进步"，这正如在《2010年联合构想》(*Joint Vision 2010*)中所强调的那样。⑤ 国家防务专门小组所确认的关键未来能力包括：信息系统架构、信息作战和基础建设保护、自动化、移动性、隐形、速度、深度和准确打击。⑥ 正如史蒂文·梅兹（Steven Metz）所指出的，克林顿政府随后的国家安全和防御规划文件支持了转型。⑦

转型的技术、理念和组织结构，以及它们之间多维度的协同关系明确体现在2001年的《四年防务审查》和《转型规划指南》（Transformation Planning Guidance，TPG）中。⑧ 转型需要硬件（技术、武器和平台）创新和软件（组织和理念）创新。规划文件强调创新而非改进，是不连续的而非增量变化，而且是破坏性的，甚至是革命性的创新，而非维持性的、渐进式的创新。军队必须通过跳过几代技术而实现飞跃。转型比通常的现代化更加深远。创造力、创新、试验，

---

① William S. Cohen, *Report of the Quadrennial Defense Review* (Washington, DC: Department of Defense, 1997).

② National Defense Panel, *Transforming Defense: National Security in the 21st Century* (Arlington, VA: National Defense Panel, 1997).

③ National Defense Panel, *Transforming Defense*, i, 强调是后加的。

④ National Defense Panel, *Transforming Defense*, iv.

⑤ National Defense Panel, *Transforming Defense*, 43.

⑥ National Defense Panel, *Transforming Defense*, 43~48.

⑦ Steven Metz, "America's Defense Transformation: A Conceptual and Political History", *Defence Studies* 6, No.1 (2006): 1~25.

⑧ Colin S. Gray, "Technology as a Dynamic of Defence Transformation", *Defence Studies* 6, No.1 (2006): 26~51 页也强调了军事革命或转型的多维度性质。

8. 军事革命、转型与美国国防工业

甚至冒险，都会走在前面，成为中心。为了实现信息技术军事革命（IT-RMA），各军种、国防部长办公室和国防工业必须放弃通常的业务。

转型和布什政府

转型和布什政府紧密联系在一起，尤其是和前国防部长唐纳德·拉姆斯菲尔德关联密切。2001年1月，乔治·W·布什（George W. Bush）政府命令办公室承担将军事转型制度化的任务，新总统对转型的承诺在竞选活动中已表现得非常明显。在1999年12月23日的"城堡"（the Citadel，指美国参议院）演讲中，当时的布什总统谈到了"创建下个世纪的军队"以及"战争技术革命"。他宣称，美国军队"必须是灵活的、致命的、易于部署的，并要求最低程度的后勤保障。"他强调，"实际的目标""是要超越边际改进……逾越下一代技术。"他声称需要"一种新的转型精神"，这将带来未来所需的更轻型的地面部队、隐形海军舰艇，以及远程精准打击的（无人驾驶的和有人驾驶的）空军力量。①

布什政府对转型的支持正式出现在2001年9月份的《四年防务审查报告》中：

> 国防部面对的一项最根本的挑战是，要确保美国军力有他们实施新的国防战略，以及满足21世纪需求的能力。说到底，"美国对其军力的投资和转型势在必行"。②

为了制度化这项事业并为其注入新的活力，多种转型方式、指南和路线图添加到参联会的基本文件《联合构想2020》（JV 2020）中。在五角大楼内部，以及在所有功能性和地域性指挥部门和各军种中，转型的语言变得无处不在。

2006年《四年防务审查报告》③重申布什政府对转型的承诺，正巧在这个时候除了在阿富汗和伊拉克的战争外，还在进行反恐战争。伴随这一系列国防部长办公室、参谋长联席会议和军种转型构想、指南和路线图，以及《联合构想2010》和《联合构想2020》所产生的各种作战概念、目标、支柱和能力，转型

---

① Governor George W. Bush,"A Period of Consequences",1999年9月23日在美国参议院的演说。
② Department of Defense（DoD）, *Quadrennial Defense Review Report*（Washington, DC: Department of Defense, 2001）, 40。强调是后加的。
③ DoD, *Quadrennial Defense Review Report*, vi, ix.

后军队的主要特征就变得越来越清晰了。它们包括：

- 网络化的节点——平台、武器、传感器，以及特别是指挥、控制、通信、计算机、情报、监视和侦察（C4ISR）优势；
- 分散化的军力和能力；
- 速度（命令、部署和应用）；
- 轻型、灵活、敏感的部队能同时在不同地点和不同环境中与不同的敌人作战；
- 远征力量；
- 精确交战（例如，全球精确打击能力）；
- 共享的态势感知（网络化的无处不在的传感器，旨在提供一个共同使用的作战图像，有利于合作和自我同步）；
- 灵活性/适应性/模块化的军力；
- 隐身（低可观测性的军力）；
- 联合（相互依存和一体化的）/具有互通性的军力；
- 可持续发展的军力。

转型的支持者构想了一大堆新型的和正在出现的技术和能力。无人系统将充斥着从太空到海洋的战场空间，传感器随处可见，采用了新型船体的更小、更快、更轻的舰船往来于海洋中，部队将以海洋为基地，高超声速工艺将模糊大气层和太空之间的界限，新形式动力系统将得到应用，纳米技术将无处不在，生物技术将减弱人与机器之间的区别，非致命性技术将用来使敌人失去作战能力，并可能与致命技术相匹敌。

但信息技术是企业转型的核心。[1] 正如艾伯茨（Alberts）、加斯特卡（Garstka）和斯坦（Stein）提出的，"信息技术是信息时代的 DNA。"[2] 人们早已认同了信息技术的特权地位。[3]《联合构想2020》像《联合构想2010》一样，特别指

---

[1] Bruce Berkowitz, *The New Face of War: How War Will Be Fought in the 21st Century* (New York: The Free Press, 2003); Bill Owens, with EdOffley, *Lifting the Fog of War* (Baltimore: The Johns Hopkins University Press, 2001), 97~149; 以及 Douglas A. Macgregor, *Transformation Under Fire: Revolutionizing How America Fights* (Westport: Praeger, 2003), 249~283, 这些文中提供的对转型技术要求的讨论中，注意到了信息技术的中心地位。

[2] David S. Alberts, John J. Garstka, and Frederick P. Stein, *Network Centric Warfare*, 15.

[3] 对于信息技术革命对国际安全影响的考察，参见 Emily O. Goldman, ed., *National Security in the Information Age* (London: Frank Cass, 2004)。

出信息优势是转型的关键推动因素。信息和知识优势是未来联合武力全面优势、优势机动保证、精确交战、聚焦后勤,以及全方位保护的来源。信息技术使得转型后的信息时代武装力量的关键特征——网络化节点成为可能。网络可以用来配置军事力量和能力;快速传达指令,进行部署和应用;更加轻便、敏捷、灵活、模块化,更远程地作战;实时精确打击;通过共享的态势预警进行合作和自我同步;以及一体化、相互依存和可持续地联合作战。

如果转型成功,未来军事行动将会以网络为中心,而不是以平台为中心。网络化的能力和武装力量将会被分散开,而不是集结,集结的将是火力,而不是军队。信息作战和网络作战将与常规作战相对抗。平台将被调整以适应于网络,而不是调整网络以适应于平台。传统的硬件将不再居于首要地位,信息技术软件将成为新的硬件,信息架构已成为新系统的核心,兰彻斯特等式(Lancaster's Equations)正在让位给摩尔定律(Moore's Law)和梅特卡夫定律(Metcalfe's Law),C4ISR将成为主导,战斗人员在二进制码和字节上的竞争将会比子弹和炸弹的竞争更加激烈,对带宽的需求将超过发射重量的需求。① 处理能力将取代爆炸当量,收集、处理、融合和传播数据将成为新的后勤。

军事转型状态

随着布什政府的任期结束,有可能对军事转型进展进行评估。虽然国防部长拉姆斯菲尔德很快将布什在2001年总统竞选演说中对军事革命的支持付诸实施,但在新政府任职九个月后,这种努力的成功是令人怀疑的。有人宣称,拉姆斯菲尔德未能承担起战胜军队内部抵制诸多军事革命原则的任务。一些官员和专家认为转型的好处虚无缥缈,其他人则认为所谓的过时计划在冷战后的安全环境下仍是有价值的。"9·11"事件激发了布什政府,不仅要追捕打击"基地"组织和支持恐怖主义的国家,而且要推动重建美国的军事力量。

所谓的"长期战争"②,主要是在阿富汗和伊拉克的军事行动,再加上被宣称的全球反恐战争——影响了转型的步伐和范围。在"9·11"之后认为外部威

---

① 关于国防部对巨型带宽的要求,参见 Tim Weiner, "Pentagon Envisioning a Costly Internet for War", *New York Times*, November 13, 2004; 以及 Susan M. Menke, "Pentagon Weighs Satellite Needs", *Washington Post*, November 22, 2004。

② 2006年2月2日,在五角大楼发布的《2006年四年防务审查》的晚上,拉姆斯菲尔德关于"长期战争"的演讲。

胁程度提高了的看法，以及重新支持更高的军费开支，为转型的拥护者和工业部门提供了机遇。军事开支迅速增加，在阿富汗和伊拉克的军事行动进一步在更大规模上检验了最早于20世纪90年代出现在海湾战争和巴尔干地区的武器和系统。一些人把在海湾战争中军事行动的成功归因于军事转型。① 这当然是其支持者所采取的立场，包括那些就职于武装力量转型办公室的人。

正在进行的军事行动在作战方面提出的挑战要求将研发资源集中在技术和系统上，而非早期转型者所倡导的雷达屏幕上，于是基于广泛的转型目标可能已受到影响。有两个计划阐明了这种动态变化：寻找简易爆炸装置（Improvised Explosive Devices，IED）造成的战术问题的解决方案，以及为开发防地雷反伏击车（Mine Resistant Ambush Protected Vehicles，MRAP）而加速的计划。这两个计划，尽管对战斗人员而言是必要的，但从研究资金和研究与采办机构的关注点来看，却是代价高昂的。

正在进行的战争的成本，无论在物质方面还是人力方面，已经减缓了转型，并将关注点偏离了长期目标。一些在布什政府时期发起的真正具有转型意义的计划，包括海军的濒海战斗舰（Littoral Combat Vessel）和陆军雄心勃勃的未来战斗系统（Future Combat Systems，FCS）计划都已被削减或推迟了。伊拉克和阿富汗战争的影响还将继续，可能要持续到战争结束后的很长时间。重置军队，特别是美国陆军和海军陆战队，将是极其昂贵的。尽管陆军已得到了380亿美元重置超过300000件主要装备，但国会预算办公室（Congressional Budget Office）估计这将需要大约"每年130亿美元用于该目标，只要在伊拉克的战争继续在目前的水平上进行，且至少两年之后美国军队撤回。"② 在伊拉克的军事行动还将持续多久尚不清楚，2008年共和党总统候选人、参议员约翰·麦凯恩（John McCain）放弃了他的随性断言——美国在伊拉克的行动可能会长达100年。2008年5月，他估计2013年可能会是撤军时间。③ 对陆军来说，这将需要大概910亿美元的重建款项，比直接参与作战行动的美国海军陆战队和空军部队的花费大概要多得多。

除了在研究、开发、试验、评估（Research, Development, Testing, and Evaluation，RDT&E）和采购上的支出模式外，对转型关注程度的降低也已表现在言

---

① Max Boot, *War Made New: Technology, Warfare, and the Course of History, 1500 to Today* (New York: Gotham Books: 2006).

② Congressional Budget Office, *Replacing and Repairing Aging Equipment used in Iraq and Afghanistan: The Army's Reset Program* (Washington, DC: CBO, September 2007), ix.

③ Elisabeth Bumiller, "McCain Sees Troops Coming Home by 2013", *New York Times*, May 15, 2008.

辞和组织重点上了。即使越来越清楚的是，伊拉克实际将要消耗美军所有的能源和资源，但前国防部长拉姆斯菲尔德仍把重点放在转型目标上。他的继任者，罗伯特·盖茨（Robert Gates）要谨慎得多，这在2006年12月参议院听证会和他的就职演说中表露无遗。①

从组织上讲，武装力量转型办公室（OFT）的命运是具启发意义的。在第一任主任，退休海军中将阿瑟·塞布洛斯基早逝后，武装力量转型办公室很快就转变成了科学实验室。不久之后，它被降级，接着被解散。然而，塞布洛斯基作为武装力量转型办公室主任的离世以及随后办公室被解散却引起了关注，在负责政策的国防部副部长办公室（Office of the Under Secretary of Defense for Policy）中设立武装力量转型助理国防部长帮办可被解释为，这是在国防部内继续将转型制度化的表现。这种制度化还体现在2007年8月9日负责安全事务的国防部副部长关于国防部转型优先性的备忘录，以及参谋长联席会议2007~2008年指导意见中，它们用带有军事革命和转型特点的语言，号召"承诺改革"，"基于效果进行思考"，"不同类型的战士、任务系统和战略"，一支"更聪明、更轻便、更敏捷和更致命"以及"更高精度、速度和灵活性"的军队，并要"推进新边界，寻求新机遇和挑战现有假设。"②

然而，具讽刺意味的是，布什政府中拥护者所支持的国防部长办公室和军种内部的转型制度化恰恰使它变得平淡了。毕竟，它只是豪言壮语，而非已经成为制度化的实际转型。显然，真正的转型不仅要求通常仅满足商业要求的技术、理念和组织进步这些标准化的问题。它需要的不是增量的、渐近式的变化，而是不连续的、颠覆式的创新。然而，美国企业转型还远未达到这样的程度。联合与军种规划和计划还尚达到转型构想。虽然构想需要的是不连续和颠覆性，但规划和计划支持的只是增量和渐进性的进步，技术的隔代飞跃从未出现。理论发展是线性的，而绝非非线性发展。组织革命带有演化和适应性的特点，而非再创造，甚或重建。除非构想与规划和计划之间的差距可以弥补，否则转型注定不会比常规

---

① 国防部长盖茨对参议院军事委员会所提高级政策问题的回应，参见 http://armed-services. senate.gov/statemnt/2006/December/Gates%2012-05-06.pdf（2007年3月15日访问）。罗伯特·盖茨的就职演说，五角大楼，2006年12月18日；http://www.defenselink.mil/speeches/speech.aspx?speechid=1077（2007年3月15日访问）。

② Admiral M. G. Mullen(USN, Chairman of the Joint Chiefs of Staff)，"CJCS Guidance for 2007~2008"，October 1, 2007.

现代化好多少。最多，它只能算是现代化的叠加。①

这样，提出的新秩序被旧秩序吸收了，新规则被纳入了旧规则范畴之中。制度化已使转型不具威胁性、不具威力，甚至是和善的。当前企业转型的支持者们已减少了用破坏性创新来取代维持性创新，取而代之的是用维持性的创新来取代具有破坏性的创新，努力保护它，克服惰性和阻力，并打败对手。②

企业转型和工业

对于引发军事转型所必需的技术创新，在市场经济中，这些需求在很大程度上是由私人工业部门满足的，③ 私营部门防务公司支持企业转型的能力因此成为转型成功的关键。④ 如果这些企业不能产生被视为实现转型期望所必需的创新并以合理的成本做到这一点，那么将危及整个企业。此外，无论怎样重视军队对创新的需求以及如何有效运转以有效满足转型要求，在美国和世界各地防务市场的整体健康状况会影响企业的能力。

冷战后的防务部门⑤

由于企业转型从国家安全机构和军种部门获得了牵引力，美国国防工业正在经历一场重大革命。第一，也是最重要的，下降的国防预算减少了需求，特别是对大型新式武器系统的需求。由于过多的防务公司争夺过少的支出，美国国防工

---

① 对于转型构想与豪言壮语和美国海军（USN）规划与计划之间差距的系统评价，参见 Peter J. Dombrowski and Andrew L. Ross, "Transforming the Navy: Punching a Featherbed?" *Naval War College Review* 56, No. 3(2003): 107~131。

② 对于过去破坏性创新支持者的做法，参见 Terry C. Pierce, *Warfighting and Disruptive Technologies: Disguising Innovation* (London and New York: Frank Cass, 2004)。

③ 这种普遍现象存在重要的例外情况，就是如国防部高级研究计划局（Defense Advanced Research Projects Agency）、海军研究办公室（Office of Naval Research）这样的政府机构控制的资源，以及无数联邦实验室，还有其他一些组织，它们将纳税人的钱用于科技和研发项目。理论上，军事利益不仅来自于国防部长办公室和军种资助的项目，还来自于由类似于国家科学基金会这样的机构开展的民用项目。对这些领域内联邦开支的概述，参见 Michael E. Davey et al., *Federal Research and Development Funding*, FY 2008 (Washington, DC: Congressional Research Service, 2007)。

④ 国家防务专门小组（National Defense Panel）的讨论认识到了这一点。"Transforming the Industrial Base", in *Transforming Defense*, 74~77。

⑤ 更多细节参见 Peter J. Dombrowski, Eugene Gholz, and Andrew L. Ross, "Military Transformation and the Defense Industry After Next", Newport paper 18 (Newport, RI: Naval War College Press, 2003), 21~28 页, 以及其他。

业开始进入整合期，寻找新方法保持健康发展和盈利。一些公司关闭或者出售了防务生产线，而另一些则采取了相反的做法，削减非国防业务以保护核心竞争力。第二，随着经济全球化在从金融到运输的各个部门中加速，一些美国公司寻求海外销售，或通过购买进入当前市场，或寻找美国出口管制放松的机会，这使得美国企业向国外出售装备和服务变得困难和代价高昂。合并、全球化和商业-军事一体化突出体现在冷战后对美国国防工业的评估中。

合并 国防工业的合并是指已经改变了国防工业前景的兼并和收购（Mergers and Acquisitions，M&A）①。从冷战结束到"9·11"前后，通过整合，公司前景得到了极大改观。在20世纪90年代，国防工业的许多部门将业务大量地分离。其中有许多是美国工业界赫赫有名的企业，从通用汽车、福特到休斯飞机公司（Hughes Aircraft）、麦克唐纳·道格拉斯（McDonnell Douglas），或剥离了防务业务，或只作为更大企业的分支部门存在。剩下为数不多的大型防务企业一般都由之前是独立的公司，或是被剥离了防务业务的其他公司所出售的以防务为主的部门组成。冷战后的合并在1999年达到了顶峰。至2006年全世界防务和航空航天完成的并购交易总计达370笔，价值超过了400亿美元，才超过这个顶峰。②

通过整合，规模最大的企业仍是杰出的中心，这使得他们可以在各种平台和一体化项目上进行竞争。合并和收购拓宽了防务联合企业的项目组合，在设计团队和生产设施水平上的整合与重组充其量是松散的。同时，通过增加军事业务和剥离商业导向设施，国防工业部门中的母公司往往变得比过去的大型防务企业更依赖军事客户。

即使是在有多个供应商竞争开发或生产合同的采购项目中，政治和官僚势力经常使竞争成为"作秀"。武器系统竞争通常不是获胜者获得所有合同，而是设计竞争，也就是不同企业间的竞争仅仅对他们各自的方法进行选择。选择主承包商，但失败者仍可分享生产。在一些情况下，分享意味着每个企业要建造整个平台或系统，在另外一些情况下意味着失败的公司成为获胜公司或企业团队的分包商。政治家和工业基础的支持者往往为这样的生产分享进行辩护，他们认为这有

---

① 后冷战时期还不是国防工业整合的第一个时期。具有历史视角的文献，参见如 Aaron L. Friedberg, *In the Shadow of the Garrison State：America's Anti-statism and its Cold War Strategy*（Princeton：Princeton University Press，2000），特别是第6～7章。

② *PRNewswire*，"Defense Mergers & Acquisitions Tallies ＄40 Billion in 2006 Deals；2007 Sizzles With ＄25 Billion in Deals to Date"，April 7. 2007。

助于维持企业核心的国防生产能力，以便他们能竞标未来项目。事实上，国防部和国会关注关闭防务企业对本国的政治影响，而经常忽略经济成本，这也导致了生产分享。结果，经济理论家所吹捧的竞争对价格的有益作用在国防工业中被大大稀释了。

与国防工业合并有关的批评及认为它可能限制工业的创新前景，直接影响了对转型的实施。当企业投资于创新时，他们的目标是要创造新产品并因此获得潜在的新的收入来源。但企业对已纳入国防预算的产品尤其感兴趣，由于创新需要前期投资，防务供应商会倾向于扩大现有体系生产，而不是为新产品推进技术发展。对众多合并的批评想当然地认为，国防部门创新的主要动力来自于行业竞争，即是企业而非当前出售的老式系统最有动力开发新产品，以期望取代已有市场基础的卖方。

在防务市场中对创新的激励实际与传统经济观点稍微有些不同，因为军工市场是一个近乎垄断的市场，而且军事消费者需要的是独特的产品。即使在某些部门，供应商面对的需求是来自完全竞争的消费者，经济学文献也没有清楚地说明竞争对促进创新的作用。① 竞争可为企业提供创新激励，但降低他们获得回报，收回前期投资的能力。在竞争性行业中的企业可能因此会减少对研发的投资。然而，在国防工业领域，一个强大的单一客户会直接支付初始的研发投资，并设定创新日程。国防工业中生产线的真正整合甚至可以释放资源，使军队能够用来支持额外的研发。

从价格和创新的角度看，整合因此对军事转型可能已产生重要影响。分析人士普遍认为，防务承包商之间竞争的减少将导致价格上升，降低对军事需要的反应力，并减少创新。这种逻辑大体上符合标准的经济学理论，但在应用于国防部门时必须谨慎。正如我们即将证明的那样，从由谁来执行系统一体化功能和在什么样的条件下来执行的角度看，整合还可能对政府和产业部门之间的关系产生重要影响。

全球化 尽管被炒作②，国防工业的全球化更像海市蜃楼，而非事实。存在多种维度的经济全球化，包括最突出的贸易、投资和技术扩散。在这三个方面都

---

① Linda R. Cohen and Roger Noll, "Government Support for R&D", in *The Technology Pork Barrel*, ed. Linda R. Cohen and Roger Noll (Washington, DC: Brookings Institution, 1991), 25.

② 例如 Ann Markusen, "The Rise of World Weapons", *Foreign Policy* 114 (Spring 1999), 40~51.

有理由怀疑，国防部门将会沿着其他部门的道路走向全球化，比如汽车行业或机械工具，而不同于服务行业，如银行业和运输业。

在更高层次、跨国的与国防相关的贸易、投资和技术流动方面，存在许多障碍。首先，出于对区域不稳定和武器扩散的担心，对国防出口的需求是有限的，对它的限制是合情合理的，但许多国防工业部门像一只更加自由的手，向海外兜售其产品。其次，跨国国防工业投资，除一些重要的例外之外，经常会使母国政府产生安全方面的顾虑，包括美国。即使减少管制和将公共服务私有化的世界趋势继续下去，大多数国家将仍相信控制基本的武器生产是明智的。最后，美国和其他国家的先进军事技术主要是公共投资的产物，几乎没有政府官员希望把这些公共财物与甚至是亲密的盟友分享，更不用说那些充其量只是潜在的盟友和朋友了。这些限制，也适用于那些生产两用产品，而不是专门生产军事技术的企业。

此外，国防工业全球化是一个不平衡的过程。在世界许多地方，它的组成主要包括进口和有限的组装，也许还有生产及低端系统和零部件协议，没有对技术密集型和转型武装力量的强制要求。对许多国家，潜在的全球化也受制于可用于国防的有限资源。①

商业－军事一体化　在20世纪90年代和21世纪的最初几年，政治领导人和国防工业分析家号召用单一的一体化工业基础取代从商业部门分离出来的国防工业基础，这样可服务于多个客户。② 有些人认为，对国防客户有途径获得更加先进的技术而言，一体化的工业基础是必要的，这些先进技术为了满足商业应用而在不断发展。③ 许多转型支持者认为，一支想要自身转型的军队应该放弃传统供应商，转向位于新经济最前沿的公司。其他人指出，向商业－军事一体化的过渡已经发生了，认为那样的评价还为时过早，如果有的话，也是随21世纪第二个十年的临近，很多防务企业剥离了商业部门和生产线，同时通过合并和收购获得了更多与国防相关的生产能力。相对而言，商业企业过去是，而且现在大部分仍对于商业－军事一体化不感兴趣。对于像微软这样的公司，美国军方并不代表

---

① 该方面的进一步发展参见 Andrew L. Ross, "Defense Industry Globalization: Contrarian Observations", in *Defense Industry Globalization* (Washington, DC: The Atlantic Council of the United States, 2002), 35~52。

② John A. Alic, L. M. Branscomb, A. B. Carter, and G. L. Epstein, *Beyond Spinoff: Military and Commercial Technologies in a Changing World* (Boston: Harvard Business School Press, 1992).

③ 对此的一个正面评价参见 Michael Oden, "Cashing In, Cashing Out, and Converting: Restructuring the Defense Industrial Base in the 1990s", in *Arming the Future: A Defense Industry for the 21st Century*, ed. Ann R. Markusen and Sean S. Costigan (New York: Council on Foreign Relations Press, 1999), 74~105。

一个足够大的市场，能够表明从事除销售协议以外的任何业务是合理的。商业－军事一体化可能会对价格低廉、低端、简化的门槛产品采购和子部件购买产生一些影响，但对在考虑军事转型时而涉及到的主要军事系统，军事客户不需要、不能够，而且也不应该依靠商业－军事一体化。

国防部推动在国防系统中采用商用现货技术（Commercial Off-the-Shelf Technologies，COTS）作为降低成本、提高能力，并缩短武器采购和开发周期的一种方式，结果商业界和国防工业之间的联系发展起来了。将这些子系统纳入到军品中，能够帮助军队在面对灵敏的海外竞争者时，避免技术过时，这些海外竞争者可能有能力择优选择最好，且以他们自己有限的国防支出最能负担得起的商业系统。国防采购机构需要发展搜索商业创新的组织能力，以便能选择出合适的技术整合到武器系统中。从实际来讲，这种搜索功能是国防部可以而且应该从技术顾问、系统集成商和主承包商那里购买的服务之一，军事客户和商业供应商之间的直接联系并非必需。

然而已经准备好成为零部件供应商的商业信息技术公司不可能从整体上改革国防工业。军民一体化的进程还没有进展到远远超出战略团队安排、许可协议和购买商用现货技术子系统的程度，而且限制商业－军事一体化的原因不可能改变。其他阻碍商业－军事一体化的实际困难还有：签订政府合同需要专门的技能，而商业信息技术部门通常是不具备的［如处理联邦采购条例（Federal Acquisition Regulations），或曰FAR］。

防务承包商的企业文化和人事管理很好地满足了国防部客户的要求，而信息技术部门更多的非常规方法往往在军事采购体系中造成文化冲击。军队对于保密性、准确性和信息安全的必要担忧与许多信息技术企业的本能是背道而驰的，而对"9·11"事件之后政府订立合同是比以往更为重要的考虑。采办改革努力可能有时会使非传统防务供应商更容易地进入到国防采办市场中；时间、经验和时代变迁，这是所有组织在未来几年都会遇到的，它们有助于克服商业信息技术部门和国防部之间合作的非正式障碍。但克服这些障碍的激励依然很微弱，因为整个国防预算中提供给科技、研发和采购的部分对美国工业部门来说是相对很小的奖励。因此，国防企业将继续捍卫他们在系统合同层次上的核心竞争力，商业信息技术企业不可能改变他们的商业活动以努力成为系统供应商。

8. 军事革命、转型与美国国防工业

国防工业和转型

在美国痴迷于转型的早期阶段，一些分析家推测，国防工业本身将会被改变，以努力实现以信息技术为基础的军事革命。毕竟，美国大部分防务企业严重依赖于政府合同，① 几乎没有企业具有充足的活力使他们可以独立，从而追求多元化经营战略，或所谓的军民一体化。② 政府在采购转型系统的合同中所表达的需求，可能会迫使整个行业做出调适，而无论他们是否愿意。现在看来，除冷战结束给国防部门带来更广泛的变化之外，政府对军事转型的推动已经影响了国防部门，但不一定是以专家预测的方式，或应当被认定为转型的方式。

以前我们认为，被假定的国防工业转型在很大程度上依赖于关注中的武器、武器系统和国防工业部门。③ 总之，国防工业转型是没有模式的。多姆布罗斯基和戈尔茨（Dombrowski & Gholz）扩展了这一论点并进一步得出结论，认为在大多数情况下，大型传统防务供应商、主要承包商已做好准备来提供系统转型。④ 总之，国防部门的基本特征不会因为军事转型的影响而改变。传统供应商将提供转型的装备，这是它的职责；非传统企业，例如那些来自于信息技术部门的企业，将主要通过作为零部件供应商或通过并购，与现有国防企业结成团队的方式进入市场；非美国企业将尝试进入美国市场，因为那里有钱，但他们大部分只能通过收购美国企业⑤，出售零部件、许可技术或与美国企业合作做到这一点。

尽管我们支持这些论点，但一些发展情况表明，转型支持者最初设想的国防工业宏观变化中的大部分仍未能实现，有迹象显示出现了其他一些意想不到的变化，并对美国国防工业部门、军事转型进展、转型和能在全球支持转型的防务企

---

① 正如泰伦斯·盖伊（Terrence Guay）所观察到的，在其他国家和地区这不是一定的情况。例如在欧洲，大量的大型防务承包商也是民间市场的主要参与者。Terrence R. Guay, *Globalization and its Implications for the Defense Industrial Base* (Carlisle, PA: U. S. Army War College, 2007), http://www.StrategicStudiesInstitute.army.mil.

② 既依赖于军事合同又依赖于民用合同的大型防务企业公司，例如像波音，这样做是有历史原因的，以及/或是由于所在行业的独特特征。

③ Peter J. Dombrowski, Eugene Gholz, and Andrew L. Ross, *Military Transformation and the Defense Industry after Next*, Newport paper 18(Newport, RI: Naval War College Press, 2003).

④ Peter Dombrowski and Eugene Gholz, *Buying Military Transformation: Technological Innovation and the Defense Industry*(New York: Columbia University Press, 2006).

⑤ 参考英国宇航系统公司的例子，它购买了一大批中等规模的美国公司，但在美国管制下已被迫将其在美国的运营与英国或其他地方的业务分离开来。

业范围产生影响。一个重要的转变是系统一体化的优势地位，它是关键国防工业部门和主承包商的基本竞争能力。为了富有成效，2001年和2006年《四年防务审查报告》和其他战略文件所要求的网络——连结平台、武器、传感器，特别是C4IRS系统，必须被一起设计和建造，最好是由单一实体来监督。

根据定义，以信息技术为基础的军事革命依赖于更密集地使用从计算到通信这一系列各种各样的技术，要把这些技术应用到（1）单个武器和军事平台，以及（2）整个复杂的武器系统，并支持军队所使用的技术。该过程中存在一个问题，美国政府越来越不拥有内部的技术知识和管理能力，而这对获得转型系统是必要的。一个过于官僚化和日益过时的采办体系尚未准备好应对新的、更复杂的系统，这加重了知识技巧方面的严重匮乏。适度改革，例如螺旋式发展，尚未有所帮助。事实上，它们还恶化了目前采办中存在的问题。

那么，为什么在军事转型的这段时期内主承包商会成为关键的系统集成商呢？毕竟，可能的集成商只能是政府自身，私人企业，例如主承包商，或是独立组织。[1] 就像许多独立审计机构指出的那样，以国防部和各军种采购机构为代表的政府，已远远不再像过去那样能够提供"系统的系统"整合了。工作人员不断减少[2]，缺乏专业知识，以及其他制度方面的因素，已削弱了政府的采购管理能力和承载力。独立的组织机构，例如联邦政府资助的研发中心（Federally Funded Research and Development Centers, FFRDC）还是很值得推荐的，至少在理论上是这样，但他们在全部国家安全机构中得到的支持很少。迈塔（MITRE）、兰德（RAND）、喷气推进实验室（JPL）和其他联邦政府资助的研发中心（FFRDC）都只有有限的系统集成能力。

由于没有竞争者，军方下决心要实施转型或强制推行以信息技术为基础的军事革命所必需提供的"系统的系统"集成的任务就落到了私人部门身上，或更贴切地说是主承包商身上，他们拥有财力、知识和经验，用以承担价值数十亿美元、长达多年、存在固有风险的开发、工程和生产项目。主承包商不需要政府的鼓励，他们有足够的动力去参与，并积极推销他们在系统集成方面的能力。[3] 因

---

[1] Dombrowski and Gholz, *Buying Military Transformation*, 132~135.

[2] 关于采办工作人员规模减小及其影响的一个例子，参见 Stephen Howard Chadwick, *Defense Acquisition: Overview, Issues, and Options for Congress*, CRS report for Congress（Washington, DC: Congressional Research Service, 2007）, 28。

[3] Dombrowski and Gholz, *Buying Military Transformation*, 132.

8. 军事革命、转型与美国国防工业

此，我们赞同哈特利（Hartley）和桑德勒（Sandler）所说的"未来的防务企业将是一个全球化的公司，它专注于主承包合同/系统集成，供应全球市场，并从遍布全球的供应商那里买入专业服务，而不是自己承担这些工作和依靠本国的供应商。"① 事实上，未来已经来临了。

因此，系统集成已成为防务企业所宣称的核心能力之一，也是提供给主要武器系统购买方的一项关键服务。有两个要求不同系统集成水平的大型采购计划，它们表明由于系统集成转向了私人部门，转型支持者和国防工业面临的困难：② (1) 美国海军的濒海战斗舰，它需要平台集成；(2) 美国陆军的未来战斗系统，它需要系统的系统集成。当然，也有其他被描述为有转型能力的武器系统，我们可能已经用这些阐明了我们的观点，包括，如美国海岸警卫队（U.S. Coast Guard）的深水计划（Deepwater program）以及多用途、多功能的联合攻击战斗机计划。此外，被认为是开发网络中心力量所必要的任何系统也都足以说明问题，包括从全球信息网（Global Information Grid，GIG）到陆军的战士信息网络（Warfighter Information Network，WINT-T）系统都可满足其需要。③

濒海战斗舰（LCS）　濒海战斗舰是一种相对小型、相对快速且价格相对低廉的战斗舰，它被设计为模块化。基本的"海上构架"(Sea Frame) 有三种可相互替代的任务包——反潜战（Antisubmarine Warfare，ASW）、水雷战和水面作战，每种任务模块包括武器、运载工具和传感器，以及配套的设备、集装箱和软件。海军想要采购总共 55 艘濒海战斗舰和 64 个战争任务包——16 个反潜战任务包、24 个水雷战任务包和 24 个水面作战任务包，用来装备濒海战斗舰。④ 这种新型战舰代表了美国海军长达 30 年造船计划的主体结构，该计划开始于 2009 财年，要达到拥有 313 艘各种类型战舰的规模。⑤ 正如海军作战部长（Chief of Naval Operations）、海军上将加里·拉夫海德（Gary Roughhead）所指出的，"你

---

① Keith Hartley and Todd Sandler, "The Future of the Defense Firm", http://www.york.ac.uk/depts/econ/documents/research/region.pdf（2008 年 5 月 20 日访问）。
② 对系统集成的三种水平，参见 Dombrowski and Gholz, *Buying Military Transformation*, 112~115。
③ Clay Wilson, *Network Centric Operations: Background and Oversight Issues for Congress* (Washington, DC: Congressional Research Service, 2007), 35~41。
④ Rebekah Gordon, "Littoral Combat Ship Mission Modules to be Tested on Other Vessels", *Inside the Navy*, May 12, 2008。
⑤ Ron O'Rourke, *Navy Force Structure and Shipbuilding Plans: Background and Issues for Congress* (Washington, DC: Congressional Research Service, 2008), especially 5。

们看一看造船规划，就能看到濒海战斗舰是数量的主要推动力，而且它不仅仅是推动数字变得更高。"①

濒海战斗舰只是海军新舰船家族的一部分，还有美国海军下一代驱逐舰，DDG – 1000 朱姆沃尔特级驱逐舰和 CG（X）巡洋舰。通过关注于濒海任务，特别是不对称威胁，濒海战斗舰弥补了 DDG – 1000 朱姆沃尔特级驱逐舰和 CG（X）巡洋舰的能力不足。舰船家族会通过网络和嵌入采用螺旋式发展的各种类别的通用技术而相互连接。另外，对于濒海战斗舰而言，每只舰艇都要求将其模块化任务包的各种零部件进行集成［比如无人驾驶飞行器和无人潜航器（Unmanned Undersea Vehicles，UUV）］，而如果按照早期的作战概念，那么其他濒海战斗舰作战舰艇编队都要一致行动。

最初开发濒海战斗舰的方法是五个团队竞争设计新战舰的机会。2004 年，两个团队获得了最后的设计合同，一个由洛克希德·马丁（Lockheed Martin）率领，另一个由通用动力（General Dynamics）率领。② 这里的说明将集中在洛克希德·马丁的变体公司上。濒海战斗舰（LCS）项目是对洛克希德·马丁的一项挑战，因为它本身并不是一家造船公司。它关于海军舰船的经验主要是作为船舶系统集成商，它所发挥的最出色的作用或许是在蓝队（Blue Team）中于 20 世纪 90 年代末提出了关于 DD – 21 攻击型驱逐舰的设计之一。为了建造船体或海上构架，洛克希德·马丁与马里内特船舶公司（Marinette Marine）签订了合同。③ 马里内特船舶公司尽管有很长的建造海军舰艇和沿海护卫舰的历史，但显然还无法胜任濒海战斗舰计划的复杂性和计划管理以及技术挑战。④ 报告显示，海军和洛克希德·马丁都没有提供足够监督以发现该计划或者马里内特船舶公司行动遇到的困难。⑤

不同类型的模块化，尤其是建造、配置和任务，增加了系统集成对濒海战斗舰的重要性。任务模块正在被独立开发，并将包括对其他类型船舶进行的初步测

---

① Dan Taylor,"Roughhead：Navy Looking For A Ceiling Over The 313-Ship Floor",*Inside the Navy*,February 18,2008.

② Scott C. Truver,"Taking Back the Littoral：US Navy Littoral Combat Ship Programme Up date...And More！",*Naval Forces* 27,No. 3(2006).

③ Geoff Fein,"Team Effort Leads Lockheed Martin LCS Design",*Defense Daily* 226,No. 22(2005):1.

④ 自由号的船体设计是商业化的，设计师低估了改造它以适应于海军作战的难度。

⑤ Christopher J. Castelli,"Audit Exposes Failed Management of Troubled Littoral Warship",*Inside the Navy*,February 4,2008.

8. 军事革命、转型与美国国防工业

试,这是由于两个最早的濒海战斗舰海上构架的生产出现了延迟。既由于所要求任务包模块化的范围,也由于在没有真正海上构架的情况下进行测试的复杂性,模块化构成了更普遍的配置一体化问题。在一个甚至更为基础的层面上,马里内特船舶公司和通用动力公司濒海战斗舰 LCS-2 船体建造商波林格尔船厂(Bollinger)都将使用模块化的建造技术,例如,仅仅是把不按顺序,且在不同地点建造的舰艇的各个部分组装为最终船体。①

大多数濒海战斗舰中暴露出来的众多项目管理问题都能与系统集成联系在一起。政府审计表明,马里内特船舶公司这家负责为洛克希德·马丁建造"自由号"(LCS1)的企业已遇到了项目管理方面的主要困难。为应对挑战,国会和国防部长办公室已对濒海战斗舰的资助施加了压力,并对海军计划加强限制。到目前为止,尽管整个项目已走上正轨,但接下来要生产的几个濒海战斗舰的命运仍未可知。②

未来战斗系统(FCS)　根据美国陆军所述,未来战斗系统代表着其40年来的第一个主要现代化计划,它旨在实现陆军未来的战争构想。③波音公司和科学应用国际公司一起,同是未来战斗系统领头的系统集成商,波音公司称,该计划是:

> 陆军的一项现代化建设动议,旨在将士兵与各种各样的武器、传感器和信息系统通过一个可移动的、专门的网络架构联系在一起,这个网络架构会使联合互通性达到前所未有水平,共享态势预警,并具备高度同步执行作战任务的能力。④

最终,一个复杂的、多层次的网络的网络(包括标准、运输、服务、应用、传感器和平台)将把单个士兵与至少14个战斗系统连接起来,这些系统包括从有人和无人的地面车辆到无人驾驶飞行器及多种类型传感器。至2014年,未来战斗系统将分三个阶段开发:(1)概念和技术开发;(2)系统设计和演示验证;

---

① 关于在濒海战斗舰项目中模块化的不同形式,参见 Robert O. Work, *Naval Transformation and the Littoral Combat Ship* (Washington, DC: Center for Strategic and Budgetary Assessments, 2004),特别是第 119~121 页, http://www.csbaonline.com。
② Ronald O'Rourke, *Navy Littoral Combat Ship(LCS) Program: Background, Oversight Issues, and Options for Congress* (Washington, DC: Congressional Research Service, 2008)。
③ 未来战斗系统是否将确实完成这个使命还不清楚。
④ 波音公司网站(http://www.boeing.com/defense-space/ic/fcs/bia/index.html)。

(3) 生产。

如果陆军在未来战斗系统上获得成功,它将装备给 70 个作战编队中近 1/3 的部队,未来战斗系统的总成本大约为 300 亿美元。风险也很大,到 2015 年,当第一支战斗编队按计划装备未来战斗系统时,该计划预计将消耗陆军采购预算的 40%。据美国国会预算办公室(Congressional Budget Office, CBO)称,该计划将以类似或更高的水平持续至 2025 年。①

到目前为止,未来战斗系统已遇到了三大困难:(1)成本增加;(2)时间延误;(3)成效不足。对未来战斗系统薄弱环节的一个主要解释是把波音和科学应用国际公司都指定为主系统集成商。② 主系统集成商在国防采办中发挥着双重作用:作为传统承包商为客户提供产品,同时也作为合作伙伴对项目本身进行管理。③ 正如陆军与波音和科学应用国际公司的实践所显示的那样,即使是最有能力的防务企业能否应对比人们所预期的转型对系统集成造成的更大挑战,仍尚不清楚。

濒海战斗舰和未来战斗系统的例子代表了在两种情况下,美国政府转向私人企业来履行传统上由政府本身承担的系统集成功能。在这两种情况下,开端失利、延误、成本增加,以及国会和国防部长办公室越来越敌意的监督都已破坏了计划在国会的可信度,并因此危及到了长期的资金状况。当然,在美军采办历史上,并非只有这些计划经历了这些困难。但这些复杂情况正发生在这样一个历史时刻,即美国可能存在容易受到攻击的弱点的时刻。高级政治和军事领导人已承诺实施军事转型,但国防工业的问题,特别是现存的系统集成困难,仍是一种障碍。

系统集成的困难已被美国政府中的主要监督机构提到了显著位置,这些机构包括政府责任署和国会研究服务处(Congressional Research Service, CRS)。就未来战斗系统而言,政府责任署的分析家认为,"未来战斗系统的巨大范围和该项目与未来陆军的同步性,对陆军在长期内提供独立监督的能力带来了风险。"④

---

① Congressional Budget Office, *The Army's Future Combat Systems Program and Alternatives*(Washington, DC: Congressional Budget Office, 2006), 40.

② General Accounting Office(GAO), *Defense Acquisitions: Role of Lead Systems Integrator on Future Combat Systems Programs Poses Oversight Challenges*, GAO - 07 - 380(Washington, DC: GAO 2007).

③ GAO, *Defense Acquisitions*. 定义改编自第 1 页。

④ GAO, *Defense Acquisitions*, 10.

8. 军事革命、转型与美国国防工业

简而言之，政府责任署相信军队与波音和科学应用国际公司这两个未来战斗系统系统集成商之间的密切关系削弱了军队对项目的控制。主系统集成商（Lead systems integrators，LSI）在必须提供适当激励的合同条款下，既开发又管理项目。国会研究服务处更一般化的分析认为，主系统集成商的作用给国会提出了许多监督问题，包括透明度不高、潜在利益冲突，谁来验证业已完成的工作，是否有可能重新竞争主系统集成商合同，发挥主系统集成商的功能是否给予一家企业在未来合同竞争中的不公平优势等问题。①

2008 年众议院国防授权法案建议，自 2011 年 10 月 1 日起，禁止国防部在主系统采购中将主系统集成商功能赋予任何新合同，尽管该法案的参议院版本没有特别提到主系统集成商。2007 财年国防授权法案的 807 部分，对在主要国防部系统采购中作为主系统集成商的承包商施加了限制。② 国防部发布了一份临时规定，于 2008 年 2 月 10 日起生效，为了执行 807 部分，它修订了国防联邦采购条例补充规定（Defense Federal Acquisition Regulation Supplement，DFARS）。

然而审计部门和国会的关注和监督可能还不足以改变长期内将主承包商作为系统集成商的趋势。由于缺乏有经验和训练有素的政府人员，减少政府雇员数量的压力日益增长，这几乎可以确定系统集成商问题在近期或中期会再次被审议。

美国国防工业对军事转型全球影响的回应

实施计划要求在从武器到平台到系统的所有水平上做到高度系统一体化，目前美国在这方面遇到的困难在其国内和国际上都产生了影响。在国内方面，不管转型是否符合国家的最大利益，成本增加和计划延迟可能会阻碍转型的范围和步伐。他们也鼓励更高程度的国会监督，呼吁加大采办改革的推动力，这些改革包括类似于被称为"商业革命"的方法。根据每个人立场的不同，可能有一些积极的进展，但由于制度安排和规则会被继续修订和革新，它们当然预示着更多的制度和计划方面的混乱。

大型承包商向系统一体化前行所产生的国际影响是多种多样的。大型欧洲公司包括英国宇航系统公司、欧洲宇航防务集团、芬梅卡尼卡在很大程度上追随他

---

① Valerie Bailey Grasso, *Defense Acquisition: Use of Lead System Integrators—Background, Oversight, Issues and Options for Congress*, CRS report for Congress(Washington, DC: CRS, 2007) ,3~5.

② Robert Brodsky, Zack Phillips, and Katherine McIntire Peters, "Big Contracts, Big Problems", *Government Executive* 39, No. 14(2007):27.

们的北美同行，只是稍微延迟一些。在后冷战时期，他们也都经历了多轮整合和军民一体化，更不用说长期迷恋于全球化了。正当欧洲企业试图打破北美市场壁垒，并在可能的时候与美国和其他非欧洲企业建立联系以获取技术和进入市场时，他们尤其受到了全球化的鼓舞。更为重要的是，美国国防预算在20世纪90年代收缩的速度要低于欧洲国家，而在"9·11"之后上升却快得多，欧洲企业希望通过全球化（或也许是美国化）追逐金钱并因此获得利润。如今，他们也把自己定位为欧洲的系统集成商，只要有可能就成为美国或全球性的系统集成商。

至于除北美和欧洲之外的其他国家的军事转型和一两个其他国家（比如中国）之间的关系，把系统集成作为核心业务能力（即使是必要的），沿着这个方向发展可能为10个或20个最大的防务企业提供甚至更多的商业优势。寻求购买有转型能力的国家的军事系统和装备，可能不得不更多依赖非本土生产商，或冒险在战场上使用劣质武器和系统。

在更适度的水平上，将主承包商用作集成商，这使第二等级和第三等级生产商进入市场，包括进入美国市场，例如，就像子部件供应商和设计代理商那样，他们更少直接与军事采办系统发生联系。例如，在濒海战斗舰这样的情况中，为濒海战斗舰1（LCS1）和濒海战斗舰2（LCS2）改装的两种海上构架都来自海外企业。这可能为单个企业提供了机会，但它也会增加系统的系统计划的集成难度。商用现货，特别是来自国外供应商的商用现货能够节约成本但同时会增加管理负担。此外，对所有的主承包商而言，主系统集成商将会继续受到诱惑而从内部购买。如果政府对规章制度的执行力度不足以引致更高程度的竞争，这将会对新企业，外国或其他企业进入美国防务市场产生负面影响。

小结

国防转型仍然在美军中具有优先性，但国防部长办公室和四个军种实现对以信息技术为基础的军事革命承诺的能力值得怀疑，至少在早期转型支持者所设想的速度和范围方面是这样的。在伊拉克和阿富汗的军事行动已消耗了美军，特别是陆军和海军陆战队巨大数量的装备，不得不重置以及/或替换它们。资本结构调整是导致更具创新性的系统如未来战斗系统，还是缺乏未来意义的现代化，仍尚不清楚。战后资本结构的调整将考虑到后"9·11"时代实际作战的艰难困境，

这是非常可能的。国防部长罗伯特·盖茨已明确宣示,相对于下一场战争而言,更为令人担忧的是当今的冲突,更不要说担忧下下场战争了。① 早期转型支持者的一些假设由于失败已被放弃了。理论上,更小、更快、更轻才是合理的,但在现实中,美国的敌人已经显示出了弹性和适应性。轻型地面系统已表明容易受到日渐强大的简易爆炸装置(Improvised Explosive Devises,IED)和小武器的攻击。② 在美国海军及美国主要盟国,如英国,能够得到的舰船数量正在减少的这一时刻,可预见到需要维持海军前沿存在(Forward Presence),特别是"可置信的作战力量前沿"③,这意味着,更小型、更便宜的舰艇将具有吸引力。然而,迅速增长的造船成本可能将最终限制军力的规模,即使当大量的像濒海战斗舰一样的舰艇也注定必须是更小和更便宜的,也要适应于新的国际安全环境。

国防工业在20世纪90年代末和21世纪最初几年确实在适应转型,但有些事件改变了这种最好的意图。在苏联威胁消失之后,工业的发展趋势降低了工业部门回应转型号召的能力。特别是,以网络为中心的作战方法意味着系统集成是必要的,但在20世纪90年代末获得成功的大型主承包商并未很好地满足这个要求。商用现货技术曾被认为有可能为军事系统节约成本,带来创新和尖端技术,某些时候这已被证明是一种空想。军方采购者已减少了对私营公司的监督,这些公司只为他们自身考虑,而且或许更愿意歪曲技术方面的可能性和挑战。

全球化也依然是无法改变的事实,这对美国防务企业造成了相互矛盾的影响。尽管美国和其他西方国家政府施加了限制,但技术和知识继续飞速传播。对美国公司的限制包括购买美国货条款、联邦采购条例、出口管制和埃克森-佛罗里奥(Exon-Florio)和其他法规所施加的限制,这些已阻止他们充分利用与国外合作和从国外购买的潜在优势,也已减缓了技术的传播。对进行系统集成以充分利用军事转型的需求,为美国主承包商提供了机会,但这也可能鼓励其他政府和非政府竞争者发展必要的能力。例如,中国在外国军事采购和自己本国高精技术

---

① Thom Shanker,"Gates Says New Arms Must Play Role Now",*New York Times*,May 14,2008. 相关摘录来自盖茨在遗产基金会(Heritage Foundation)主办的一次会议上的演讲,他谈到:"我已经注意到,人们过度倾向于关注所谓的下一场战争可能是什么样的,即倾向于将过多的国防建设用来支持在未来冲突中可能需要的东西……总之,在未来几年我们最可能需要的各种能力往往类似于我们今天所需要的各种能力。"

② GAO,*Defense Acquisitions*,63.

③ 关于海洋战略的新的跨军种迫切需要,参见"A Cooperative Strategy for 21st Century Seapower",presented by the chief of naval operations and the commandants of the U. S. Marine Corps and U. S. Coast Guard at the International Seapower Symposium,Newport,RI,October 17,2007,http://www.navy.mil/maritime。

不断发展的帮助下,已成功地在一些关键作战领域中走到了前面。需求与知识传播相结合将破坏美军及其企业转型合作伙伴的优势,这可能只是一个时间问题。

致谢

本章改编自 Peter Dombrowski and Andrew L. Ross,"The Revolution in Military Affairs, Transformation, and the U. S. Defense Industry", *Security Challenges* (Vol. 4, No. 4, 2008), 13~38, 转载获得了许可。

9

21世纪的欧洲国防工业：挑战与响应

理查德·A·毕辛格[*]

 欧洲国防工业长期处于压力之下。然而近年来，随着美国国防工业——在该领域欧洲最大的竞争对手，已拉大经济和技术差距，欧洲国防部门的压力也已增加了。美国国防转型的过程进一步加剧了这种差距，它有可能促使大西洋两岸间的差异更大，欧洲国防工业日益面临着一项基本挑战，就是要保持其经济和技术竞争力。

 因此，对欧洲军火工业来说，21世纪早期正是一个特殊的过渡和转变时期。有许多对未来欧洲国防工业基础非常关键的问题曾长时间被忽视或搁置，现在终于开始受到重视，这包括：

- 欧洲防务企业将怎样解决日益增长的美国经济和技术挑战与停滞或

---

[*] 理查德·A·毕辛格（Richard A. Bitzinger），新加坡南洋理工大学拉惹勒南国际问题研究院（S. Rajaratnam School of International Studies，Nanyang Technological University）高级研究员，其主要研究方向是与亚太地区有关的军事和防务问题，包括这一地区的国防转型挑战、区域军事现代化活动、国防工业、武器生产和武器扩散。毕辛格先生是《朝向一个崭新的军火工业？》（*Towards a Brave New Arms Industry?*）, 牛津大学出版社，2003 年；《革命来临：亚太军事转型》（*Come the Revolution: Transforming the Asia-Pacific's Militaries*），载《海军军事学院评论》（*Naval War College Review*），2005 年秋和《美国军事转型：对亚太地区的启示》（*Transforming the U. S. Military: Implications for the Asia-Pacific*）（澳大利亚战略政策研究所，2006 年）的作者。他已著有若干专著和书籍章节，他的文章已在多种期刊上发表，如《国际安全》（*International Security*）、《奥比斯世界事务杂志》（*Orbis*）、《中国季刊》（*China Quarterly*）和《生存》（*Survival*）。毕辛格先生曾是夏威夷火奴鲁鲁亚太安全研究中心（Asia-Pacific Center for Security Studies，APCSS）助理教授，并在兰德公司（Rand Corporation）、战略与预算事务中心（Center for Strategic and Budgetary Affairs）和美国政府工作过。1999～2000 年，他是美国大西洋委员会（Atlantic Council of the United States）高级研究员。他从蒙特利国际问题研究院（Monterey Institute of International Affairs）获得硕士学位，并在加利福尼亚大学洛杉矶分校（University of California, Los Angeles）再次进行研究生学习。

减少的欧洲防务资源间的两难困境？
- 对欧洲国防工业而言，什么是确保其经济和技术竞争性的最优结构和形式？
- 关于国防工业政策、需求、采购和生产，国家在未来做出什么样的反应可能是应对这些经济和技术挑战最有效和最无效的解决方法？
- 国防工业国际化（即区域化和全球化）在这次重新调整过程中的作用和意义是什么？
- 国家保护主义和跨国主义，这两种依然相当强大的相互抗衡力量对建立更欧洲本土化的国防工业基础过程产生什么影响？

欧洲怎样处理这些问题和挑战将对美国产生显著影响，包括：（1）美国国防工业继续获得欧洲武器市场（例如，当涉及国防研发、生产和采购时，出现了越来越多"欧洲堡垒"的保护主义者）；（2）美国政府继续获取创新性的欧洲技术和其他类型的防务资源；（3）未来跨大西洋两岸的军备合作；（4）美国和欧洲关于第三方武器市场的竞争；（5）控制向美国实施禁运的国家（例如中国）出售先进的欧洲防御系统。这些趋势可能如何影响在欧洲拥有大量股份或利益的主要美国防务公司，或相反地，在美国进行了大规模投资的欧洲防务企业是否会特别受到欧洲在未来行动的影响？因此，接下来的几年注定将是世界上两个最大的国防工业（体）经历相当大变化和压力的一段时期。

美国经济和技术对欧洲国防工业的挑战

美国国防技术和工业基础这两个方面的广泛发展构成了对欧洲国防工业日益严峻的挑战。首先，在过去15年美国国防工业已发生了合并与合理化，结果形成了少数规模巨大、高度集中，且具高度竞争力的美国武器制造商。同时，推动美国武装力量沿着以信息技术为基础的军事革命方向转型的努力，已刺激了对美国研发的新投资，这些研发反过来正在扩大美国与欧洲国防工业之间的技术差距。这两个发展有可能使单个的欧洲防务公司变得弱小并在全球武器业务中被忽视，因此，它们成为影响欧洲国防工业区域化和全球化最为关键的外部驱动力。

美国国防工业对欧洲的挑战

自冷战结束以来，美国国防工业的合并与合理化，已使得它在全球军火市场

9. 21 世纪的欧洲国防工业：挑战与响应

上的创新力和竞争力方面比其欧洲对手更加应付自如。20 世纪 90 年代，美国国防部门规模大大缩减，关闭了多余的生产设施，并裁撤了成千上万个工作岗位。同时，美国国防工业基础内发生的几次大规模兼并和收购（M&A），出现了五大巨型防务公司：波音、洛克希德·马丁、诺思罗普·格鲁曼、雷神和通用动力。这些并购已大大降低了美国防务部门内部竞争，并将军备生产集中在少数几个非常大型的防务企业手中。过去，大多数美国防务企业仅仅从事一到两个领域的军备生产，而如今的巨型防务公司活跃于多个不同部门，包括从航空航天到造船业再到陆地系统。此外，每家巨型公司都已把它所能触及的范围扩大到全部重要的信息技术部门，现在他们从事电子和软件业务就像从事军用飞机、装甲车或建造海军舰艇一样了。

因此，这五家巨型企业现在控制了更多关键的美军项目，能获得更多美国国防部的研发资金，这是尤为重要的。因为自进入新世纪以来，美国在军事装备上的支出已急剧增加。美国在采办和研发上的支出在 2000 财年到 2008 财年内增加了一倍还多，从 1160 亿美元增加到近年来的 2550 亿美元。而在 1990 财年内，10 家最大的美国防务承包商只占全部主承包合同的 28%，2006 财年，仅排名前五位的防务承包商就占到了 28.5%，此外还得到了国防部用于研究、发展、测试和评估（Research, Development, Testing and Evaluation, RDT&E）所有资金的 56%。

结果，仅仅少数几家美国防务企业就支配了全球的军火工业。2007 年，世界前五大防务公司中有 4 家，前十大中有 7 家是美国公司，只有英国宇航系统公司（在 2007 年排名世界第三）在国防业务方面能和这些公司相媲美（参见图 9.1）。另外，这些美国巨型防务公司已成了关键的主系统集成商，有能力管理非常大型、复杂的采购计划，这些计划需要将一些不同的军事装备硬件（而且还有越来越多的软件）合并成统一发挥作用的系统的系统。[①] 同样地，这些公司能够为寻求异常复杂军事要求解决方案的客户提供一站式服务。[②]

美国武器制造商占据着世界上两个最关键的武器市场——本国市场和全球武器出口业务，美国防务市场几乎占到了全世界武器购买量的一半，而且它是目前

---

① 例如，波音公司是未来战斗系统（FCS）的主要系统集成商，未来战斗系统由 18 个单个系统组成，包括地面车辆、空间站和传感器。

② Gopal Ratnam, "The Rise of the Lead Systems Integrator", *Defense News*.

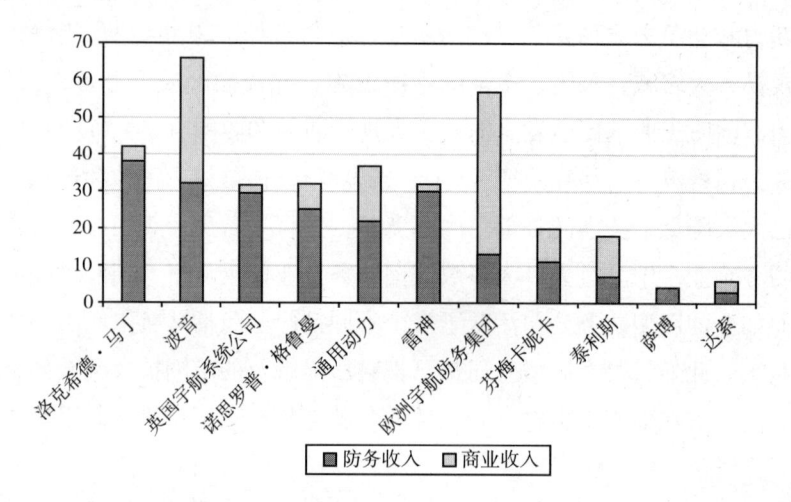

图 9.1　美国和欧洲的主要防务企业 2007 年收入（10 亿美元）

资料来源：*Defense News*.

少数正在增长的武器市场之一。同时，美国防务企业在本国市场能很轻松获得所有防务合同的 90% 以上。这个大型且肯定受到高度保护的国内市场赋予美国防务企业坚固的基础，能得到利润丰厚的采购合同和可获益的研发资金，从而进军全球武器市场。

另外，美国国防工业还主导着全球武器销售的现货贸易，通常占据全世界武器市场的 40%~50%，该市场在 2007 年的价值大约为 600 亿美元。[1] 尽管具有这种优势，在其全部收入方面，主要的美国防务企业实际对非美国市场的依赖性很低。例如，2007 年海外军售占全部收入的比重，洛克希德·马丁仅为 15%、波音为 9%、通用动力为 10%、诺斯罗普·格鲁曼为 5.5%。[2]

因此，具有讽刺意味的是，美国企业在第三方市场中与欧洲武器生产商进行竞争，对美国企业而言几乎只是一个副业，而对欧洲企业这却关系到生死存亡。美国国防工业在积极寻找境外市场时，面对的整体经济压力要小得多，但依然领导着全球武器出口业务，美国武器生产商对对外武器销售有着相当大的影响。大规模的国内生产允许它以非常具有竞争力的价格向海外出售系统，它也能提供非常有吸引力的工业和技术激励（例如，补偿贸易和联合生产权），美国政府能够

---

[1]　Richard F. Grimmett, Conventional Arms Transfers to Developing Nations, 2000~2007 (Washington, D. C. : Congressional Research Service, 2007), 64, 69.

[2]　数据来自各个公司网站。

利用它超级大国的地位对盟友施压来购买美国产品。此外，美国国防工业资金雄厚——也就是说，它有能力从美国国防部获取相当多的研发资金，以确保它在技术和工业上保持领先地位，并确保它能开发和制造出在国际市场上，技术和资金方面都非常具有吸引力的军事系统。

美国国防转型与欧洲

美国正在进行的军事转型代表着对欧洲国防工业的第二种技术和工业挑战。国防转型，集中于以信息技术为基础的军事革命，已经成为美国国防部过去十多年来最关注的事情。对美国来说，国防转型比现代化重要得多，它是对战争性质和作战方式理念的转变。例如，克雷皮内维奇（Krepinevich）认为，军事革命发生在：

> 将新技术在大量军事系统中的应用与创新性的作战概念和组织调整以根本改变冲突性质和作战行为的方式融合在一起。通过急剧增加……军队的战斗潜能和军事效力确实能够做到这一点。①

与之相似，兰德公司将军事革命定义为：

> 军事行动性质和作战方式理念的转变，它使占据优势一方的一种或多种核心能力变得过时或不合时宜，或在战争的某些维度上创造出一个或多个核心能力，抑或二者兼有。②

因此，国防转型基本上是一个不连续的，具有破坏性以及革命性的变化过程，而不是一个增量的、可持续的以及渐进的变化过程。③

美国的转型模式不可避免地与过去二三十年的信息革命联系在一起，并随之产生了"网络中心战"（Network-Centric Warfare，NCW）的概念。信息革命已经在传感器、探寻器、数据管理、计算机与通讯、自动化、广度和精度这些领域产生了可能的重要创新和改进。④ 网络中心战反过来利用了这些信息技术上的突破，

---

① Andrew Krepinevich, "From Cavalry to Computer: The Pattern of Military Revolutions", *The National Interest*, Fall 1994, 30.

② Richard O. Hundley, *Past Revolutions, Future Transformations* (Santa Monica, CA: Rand, 1999), 由 *Economist*, "Transformed: A Survey of the Defense Industry", July 20, 2002, 7, 引用。

③ *Economist*, "Transformed", 7.

④ Center for Strategic and Budgetary Assessments (CSBA), *The Emerging RMA* (Washington, DC: CSBA, n. d.), http://www.csbaonline.org/2Strategic_Studies/2Emerging_RMA/Emerging_RMA.html.

目的是为了在战场认知、连通性和反应方面取得迅猛提升。据美国国防部国防转型办公室（Office of Defense Transformation）称，网络中心战：

> 通过网络化的传感器、决策系统和射击系统，达到了共享态势感知、更高的指挥速度、快节奏行动、更高的致命性、更高的生存能力和高度的自我同步性，由此产生了更强的战斗力。[①]

美国转型模式并不意味着是新技术和新硬件与现有军力结构的简单叠加。它带来了军队行动方式的根本改变——理念上的、组织上的和制度上的，它还需要先进的系统集成能力以把不同的军事系统连接成复杂的作战网络。最后，它需要军队采购关键军事装备的方式发生根本性变化，以及改革有助于开发和生产有转型能力系统的国家和防务技术及工业基础。所有这些，反过来需要高层的视野和领导能力，来发展国防转型的基本概念，建立必要的制度和政治动力来落实转型，并分配实施任务所必需的资金和人力资本。[②] 因此，基于所有这些原因，军事转型对美国国防和安全政策未来的进程发挥着重要作用。

然而，对大多数欧洲国家来说，网络中心战与其说是"转型"——也就是说，某种破坏性的创新，不如说是"力量现代化"——即一种渐进的、稳态的和持续性创新过程。[③] 关于网络中心战的本性是否确实是转型性的，以及美国模式是否适用于欧洲（而且这种模式是否承受得起），在欧洲存在相当多的怀疑。基本上，欧洲国防转型和以信息技术为基础的军事革命概念，远不似美国那样雄心勃勃，也不具有战略性。在采用有转型能力的技术或以一种足够广泛和协同的方式来采用它们方面，欧洲已经落伍了。

一般来说，大多数欧洲国家正在采用更具选择性和以增量方式来把转型技术和系统应用于他们的武装部队上，把它们更多当作力量倍增器。[④] 例如，英国的网络使能能力（Network Enabled Capability，NEC）概念，远不如美国的网络中

---

① U. S. Department of Defense, Office of Defense Transformation, *Network-Centric Warfare: Creating a Decisive Warfighting Advantage* (Washington, DC: U. S. Department of Defense, 2003), 2.

② CSBA, *Transformation Strategy* (Washington, DC: CSBA, n. d.), http://www.csbaonline.org/2Strategic_Studies/3Transformation_Strategy/Transformation_Strategy.html.

③ Peter J. Dombrowski, Eugene Gholz, and Andrew L. Ross, *Military Transformation and the Defense Industry after Next: The Defense Industrial Implications of Network-Centric Warfare* (Newport, RI: Naval War College Press, 2002), 14~16.

④ Andrew James, "The Defense Industry and Transformation: A European Perspective", *Defense & Security Analysis*, March 2005, 8.

9.21 世纪的欧洲国防工业：挑战与响应

心战那样影响深远，它更倾向于提高在联合作战中与美军军队的兼容性和互通性。英国网络使能能力概念的关键要素是经过改进的指挥、控制、通信、计算机、情报、监视与侦察（C4ISR）[例如"鲍曼"（Bowman）战术无线电系统、天网（Skynet）5 号通讯卫星系统]，力量投送（C－17 运输机、新的空中加油机、两艘新的航空母舰）以及精确打击[风暴之影（Storm Shadow）巡航导弹]。① 法国目前正从事一些并不非常重要的演示验证产品（Demonstrator）计划，以提高他的指挥和控制能力，主要是在战术水平上，而不是为整个法国武装部队设计新的网络概念。② 未来法国新的指挥、控制、通信、计算机、情报、监视与侦察系统的要素包括：锡拉丘兹（Syracuse）卫星通信系统、"太阳神 II"（Helios II）军事监视卫星，以及中高空、长航时（Medium-Altitude, Long-Endurance, MALE）无人飞行器。③ 就其本身而言，自 20 世纪 90 年代后期开始，瑞典一直在对基于网络的防御（Network-Based Defense，NBD）进行试验，它以一个高度网络化的军事组织概念为基础，因此允许改良的态势感知，更一体化的指挥、控制和通信，更快速的决策和更灵活的威胁反应能力。但同时，瑞典没有考虑在其目前的军力结构方面进行任何大规模改变，仍继续极大地依赖于义务兵，虽然规模更小更容易部署，但对其定位主要是保卫国家抵御武装袭击。④

欧洲的转型努力看起来仍然更多的是以平台为导向，而非基于能力或效果。实际上，在欧洲的国防转型似乎仍是零散的和事后的——也就是说，指定一个先前存在的或期待已久的军事硬件作为转型系统。例如，德国正在如下领域进行适度投资：力量投送（A400M 运输机）、精确打击[金牛座（Taurus）防区外武器]，以及导弹防御[中程增强型防空系统（Medium Extended Air Defense System, MEADS）]。英国和法国的军队现代化计划继续强调采购诸如航空母舰和战斗机这样的计划，而瑞典把他的"鹰狮"（Gripen）战斗机放在了其基于网络防御（NBD）概念的中心位置，发挥信息收集和精确交战功能。因此，"现代化

---

① Andrew James, "The Defense Industry and Transformation: A European Perspective", in *Transatlantic Transformations: Equipping NATO for the 21st Century*, ed. Daniel S. Hamilton (Washington, DC: Center for Transatlantic Relations, Johns Hopkins School of Advanced International Studies, 2004), 168~169.

② Mattias Axelson and E. Anders Eriksson, *Towards an Industry for Network Based Defense?* (Stockholm: Swedish Defense Research Agency, 2002), 30.

③ James, "The Defense Industry and Transformation", 169.

④ Joris Janssen Lok, "Swedish Armed Forces Face Up to the Changing Threat", *International Defense Review*, August 1, 2003.

加"而非转型,看起来是对当今欧洲军事计划更准确的描述。

另外,还看不出有任何泛欧洲转型的前景,它反过来会特别在区域性的基础上推动需求、计划和互通性。欧洲各国的网络中心战概念没有强调与其他军队的联合和互通性。尤其是,很多国家的指挥、控制、通信、计算机、情报、监视与侦察网络没有设定与联盟伙伴分享关于威胁和交战情况信息的目标。① 可能有一个例外是英国,他的网络使能能力模式主要是为了提高与美国的联合作战能力。②

当谈及发展国防转型技术和系统时,欧洲防务部门的宏观经济条件只能增加欧洲的不利状况。首先,在投入必要资源与美国转型努力相抗衡方面,欧洲是没有能力赶上美国的。冷战之后,欧洲最大的六个武器生产国(英国、法国、德国、意大利、西班牙和瑞典)总的国防开支在1991～2004年下降了12%(以2003年不变美元价格衡量)。国防研发受到的冲击尤为严重,而研发是收获转型技术和系统的种子。根据欧洲航空航天和国防工业协会(Aerospace and Defense Industries Association of Europe, ASD)的统计,欧盟成员国在军用航空航天上的研发(R&D)开支在1999～2003年间下降了47%,即从57亿欧元(81亿美元)下降到了30亿欧元(39亿美元)。自那以后,军费开支基本上不再变动。

美国在防务上的投入远远超过了欧洲。根据欧洲防务局(European Defense Agency, EDA)显示的统计数据,欧盟作为整体,2007年在武器装备和研发上花费了418亿欧元(600亿美元)。相比之下,同年美国在武器装备和研发上的支出总计大约为1549亿欧元(2210亿美元)。换句话说,华盛顿在武器装备上的花费是整个欧盟的三倍还多,在研发上的支出几乎是欧盟的六倍。此外,美国国防预算中用于采办和研发的比例几乎是欧洲的2/3③:占全部军费支出的34%,而欧盟是20.5%。

一个支离破碎的欧洲武器市场,加之老式项目占据优势地位,都进一步地规定和限制了欧洲军队在转型技术和系统方面进行必需投资的能力。欧洲武器采购目前受到了重复和相互竞争项目的困扰,例如有三种战斗机[阵风(Rafale)、欧洲战斗机(Eurofighter)和鹰狮(Gripen)],两种重型多用途直升机(Heavy-

---

① *Economist*, "Defense: Platform Envy", December 12, 1998.
② 个人观点。
③ 疑原文有误,"2/3"应改为"1.5倍"。——译者注

Lift Utility Helicopters）（EH-101 和 NH-90），至少三种防空舰艇（Air-Defense Surface Combatants）［法国－意大利的地平线（Horizon）、西班牙 F-100 护卫舰和英国 Type－45 驱逐舰］，以及无数装甲车。这种冗余甚至进一步降低了欧洲采购资金的总体购买力。最后，仅仅几个大型旧式项目就已消耗了可用于研发和采购的大部分资金。例如，预计在未来几年中，欧洲战斗机还会占到德国、意大利和西班牙武器装备开支的一半以上。①

一般而言，当前的国防转型模式要求大量开支从传统武器平台和系统上转移开，以满足在诸如监视、瞄准、命令和控制及精准交战这些领域转型的需要。这些要求反过来"可能要求做出包括军力结构、平台和使能能力及类似能力进行融合的艰难决策。"② 这是目前很少有欧洲国家看上去愿意或能够做出的选择。

美国国防大学在 20 世纪 90 年代末提出的报告显示，美国在欧洲的主要盟友在利用以信息为基础的军事革命关键技术方面远远落后于美国。该报告认为，这些国家不仅在与军事革命有关的军事研发上的军费开支太少，而且他们还缺乏"充满活力的信息技术市场"和"足够灵活的可从这个市场中购买最好商品"的国防工业。结果，"欧洲军队不能从工业部门获取信息时代的能力，因为工业部门不能够一直以他们可承受的价格提供这些能力。"③

自这份报告出炉后，如果说有什么不同的话，那就是大西洋两岸之间的分化加深了。的确如此，在开发构成转型后军队要素的技术和系统方面，欧洲国防工业拥有相当多的新技术和专门知识。④ 然而，欧洲政府和军队（既有国家层面，又有地区层面）缓慢或者不情愿采用转型概念并对转型和下一代技术及系统进行充足投资，这已扩大了美国和欧洲在国防工业之间的技术和工业差距，并使后者处于更为不利的位置。

---

①② James,"The Defense Industry and Transformation",168.

③ David C. Gompert, Richard L. Kugler, and Martin C. Libicki, *Mind the Gap: Promoting a Transatlantic Revolution in Military Affairs* (Washington, DC: National Defense University Press, 1999), 11～12.

④ Gordon Adams, Guy Ben-Ari, John Logsdon, and Ray Williamson, "C4ISR in European Defense Industries", appendix 1 in *Bridging the Gap: European C4ISR Capabilities and Transatlantic Interoperability* (Washington, DC: George Washington University, 2004).

欧洲的响应：区域化和全球化

美国国防工业逐渐增长的全球技术和经济优势，对其最接近的竞争者——欧洲军火工业在未来的重要性构成一种直接和严重的挑战，这种竞争反过来已成为欧洲国防工业区域化和国际化背后的主要推力之一。

国家响应不充分

如同在美国一样，欧洲国防工业已经经历了相当多的合并与合理化。在20世纪90年代，私有化努力和接连不断的并购活动，使得在西欧一些重要的武器生产国中出现了国家龙头企业，这些国家龙头企业包括英国宇航系统公司、戴姆勒·克莱斯勒航空航天公司（Daimler Chrysler Aerospace）（德国）、马特拉宇航公司（Aerospatiale Matra）（法国）、芬梅卡尼卡（Finmeccanica）（意大利）和萨博（Saab）（瑞典）。这些公司中的每一个都或多或少主导着他们各自国家的武器生产。另外，欧洲国防工业部门经历了自身规模的急剧缩减，在20世纪90年代裁撤了将近一半的工作岗位，大约有450000个。仅在航空航天工业内部，从事国防生产的工人数量就从1990年的276000名下降到了2003年的148000名。

然而这样的努力完全是在国家层面上实施的，还不足以成为一个彻底的解决方案，本国的市场仍然太小，无法支持一个甚至是高度合理化的国防工业。因此，欧洲的武器制造商已经几乎没有其他选择，只能考虑并进行全球化了。一方面，欧洲的国防工业通常更多地暴露于和依赖于国外市场：目前，像英国宇航系统公司、泰利斯、达索和芬梅卡尼卡等公司，他们收入的75%来自于国外销售。

同时，生产最先进武器对资金和技术的需求不断攀升，而国内军费开支不断下降，而且来自美国防务企业的竞争日益白热化，已经越来越促使欧洲武器制造商将其眼界放在本国之外，以利用技术突破，合理化军事研发和生产，提高效率和武器生产中的规模经济，并进入国外市场。对欧洲防务企业来说，国际运营化已成为经济上可生存的一种简单方式，而为了达到显著的技术协同或成本效率，欧洲各国政府和军队需要相互合作。

欧洲国防工业的区域化

因此，欧洲的防务部门往往追求国际化，既在区域性的范围内，而且越来

多地在全球范围内进行国际化，以此作为核心的公司战略。

首先，自冷战结束起，欧洲国防工业已逐渐开始对经济和技术竞争性这个泛欧洲问题寻找泛欧洲的解决方法了，"尤其是涉及关键的下一代技术和军事系统时"。过去十年已经见证了欧洲国防工业的扩张，在区域性的合作基础上，进入到以前放弃让给美国国防工业的计划领域中，例如：

- **战略空运**　A400M 运输机（比利时、法国、德国、卢森堡、葡萄牙、西班牙、土耳其、英国）。
- **先进空对空导弹**　流星（Meteor）（法国、德国、意大利、西班牙、瑞典、英国）；IRIS-T（德国、希腊、意大利、挪威、瑞典）。
- **空间系统**　伽利略卫星导航系统（法国、德国、意大利、西班牙、英国）；太阳神 II 号（Helios II）侦察卫星（法国、德国）；天网 5 号（Skynet 5）卫星通信系统（法国、德国、英国）。
- **无人操作战斗系统**　神经元无人战斗机（Neuron UCAV）（法国、希腊、西班牙、瑞典、瑞士）。
- **防区外精确制导武器**　风暴之影（Storm Shadow）／Scalp（法国、英国）；金牛座（德国、瑞典）。
- **导弹防御**：未来地对空导弹武器系列/主防空导弹系统（FSAF/PAAMS surface-to-air missle）（法国、意大利、英国）。

因此，欧洲主要的防务企业已通过各种类型的泛欧洲协作安排、战略联盟、合资企业，甚至并购，极大地扩张了他们的地区性经营。因此，在欧洲军备生产的很多领域，跨国合作已成为规范，并植根于跨国企业之中。重要的泛欧洲武器制造业包括：

- **空中客车军事公司（Airbus Military Company）**　一家由空中客车工业公司（Airbus Industries）经营的联合企业，负责设计和制造 A400M 运输飞机，成员国包括比利时、法国、德国、卢森堡、葡萄牙、西班牙、土耳其和英国。
- **阿斯特里姆公司（Astrium）**　一家法国－德国－西班牙合资的卫星企业，它还在英国拥有卫星生产设施并进行生产。
- **欧洲直升机公司（Eurocopter）**　一家法国－德国合资公司，它生产"虎"式（Tiger）攻击直升机，以及其他产品。

- **欧洲导弹集团（MBDA）** 一家英国－法国－意大利合资的导弹企业，此外它还拥有两家德国导弹企业 BGT（20%）和德国航空航天公司导弹系统公司（30%）的少量股份，还拥有西班牙主要的制导武器公司"西班牙导弹公司"（Empress de Missiles Espanol）40%的股份，它也是流星导弹的主要承包商。
- **NH 工业** 一家法国－德国－意大利－荷兰联合企业，建造 NH－90 重型军用直升机。

同时，欧洲主要的军火工业部门已经在日益寻求境外的并购活动，对其他欧洲国家的防务企业进行收购或大量投资。如此一来，武器生产的区域化可被视为是发生在国防工业内部的总体合并过程的跨国延伸。例如，英国宇航系统公司是欧洲导弹集团和空中客车工业公司的一位合作伙伴，它还在瑞典博福斯防务公司（Bofors Defense）和赫格隆公司（Hägglunds）拥有国防子公司，它持有瑞典军用飞机制造商萨博20%的股份。泰利斯把自己描述为隶属多国的公司，已经在荷兰和英国收购了全资子公司，并在德国、意大利、葡萄牙和西班牙的其他防务领域进行了大规模投资。目前，泰利斯在欧洲的工作岗位中大约有 1/3 都位于法国之外。

欧洲宇航防务集团或许是泛欧洲防务合并的最终结果。它创立于 2000 年，通过合并德国的戴姆勒·克莱斯勒航空航天公司（Daimler-Chrysler Aerospace, DASA）、法国的马特拉宇航公司和西班牙航空航天公司（CASA）而成立。欧洲宇航防务集团是一家真正的跨国防务公司：公司总部设在中立国（荷兰），它有两位首席执行官，一名法国人和一名德国人。除控制空中客车 80% 的股份和法国战斗机制造商达索 47% 的股份之外，欧洲宇航防务集团拥有几个泛欧洲合资企业，以及或者拥有大量股份，包括欧洲直升机、欧洲导弹集团、阿斯特里姆公司、金牛系统公司（Taurus systems）、因梅泽（Inmize）（一家西班牙导弹公司），以及一家建造区域运输机的法国－意大利合资企业区域运输机公司（ATR）。除了它的三个母国外，欧洲宇航防务集团还在英国拥有一处大型工业基地，有超过 12000 名员工，它还拥有芬兰主要防务企业帕特利亚（Patria）工业公司 27% 的股份。

欧洲之外的全球化：包括第二等级的武器生产商

除了在泛欧洲范围内的区域化行动之外，欧洲主要的防务企业已经逐渐扩展

9.21世纪的欧洲国防工业：挑战与响应

到欧洲和大西洋两岸关系之外了，目的是创建包含所有权安排、国际合资企业和其他合作方式的真正的全球网络。在这方面，与美国防务公司相比，欧洲武器制造商的全球化程度要高得多，尤其当涉及非洲、亚洲和拉丁美洲的第二等级武器生产国时：

- 英国宇航系统公司在澳大利亚、加拿大、新加坡和南非经营着几个子公司或合资企业。例如，英国宇航系统公司收购了南非的先进技术和工程公司（Advanced Technologies and Engineering, ATE）20%的股份，它最近通过购买阿尔维斯公司（Alvis）得到了南非欧迈卡（OMC）装甲车生产企业。

- 泰利斯公司已在几个非欧洲国经营或持股，包括澳大利亚、巴西、韩国和南非。它拥有澳大利亚防务工业（Australian Defense Industries）100%的股份，即现在的泰利斯-澳大利亚公司（Thales Australia），是该国海军舰艇、军用车辆和军械的主要生产者，还经营着新加坡阿维莫（Avimo）和南非非洲防务系统（African Defense Systems）的子公司，并与韩国三星电子（Samsung Electronics）和马来西亚的沙布拉公司（Sapura）建立了合资企业。总而言之，公司中将近15%的工作岗位被安排在欧洲之外。

- 欧洲宇航防务集团主要通过本国的公司集团正在进行的活动，在全世界多个地区拥有工业活动和合资企业。例如，西班牙航空航天公司（CASA）与印度尼西亚航空航天工业（Indonesian Aerospace）建立了长期协议来联合生产CN-235运输机。同时，戴姆勒·克莱斯勒航空航天公司早在与欧洲宇航防务集团合并之前，就已在南非的军火工业中有相当大的工业规模了。欧洲直升机公司控制着澳大利亚航空航天资源（Australian Aerospace Resources），它目前正在和新加坡航空技术公司（Singapore Technologies Aerospace）和中国航空技术进出口公司（CATIC）合作生产EC-120轻型直升机。最后，空中客车（欧洲宇航防务集团拥有80%的股份）最近与南非签署协议，成为A400M运输飞机计划的合伙人，它也是这个项目的第一个非欧洲工业参与者。

- 几家较小的欧洲防务企业已越来越将其经营全球化了。萨博最近收购了一家南非防务电子公司格林泰克（Grintek），而法国喷气发动机制造商斯奈克玛集团（Snecma）最近收购了南非的丹尼尔太平洋公司（Denel Airmotive），这是一家小型航空发动机制造公司。达索公司拥有巴西的飞机制造商巴西航空工业公司（Embraer）5.7%的股份。

与俄罗斯和中国的接触

欧洲国防工业也正在试图扩大与俄罗斯和中国的合作，虽然缓慢且随意。这些努力已经倾向于围绕专门的合作项目而不是合资企业或外国直接投资（FDI）展开，因为北京和莫斯科在他们的国防工业发展中对外国参与施加了相当多的控制。例如，在20世纪90年代欧洲直升机公司经营了一家与密尔（Mil）和喀山（Kazan）直升机公司共同合资的企业，以开发一种更大型版本的密尔-38运输直升机，但是在俄罗斯通过限制外国管理和知识产权的法律之后，欧洲直升机公司在2003年便撤出了。当今的俄罗斯-欧洲防务合作项目包括欧洲宇航防务集团和克鲁尼契夫公司（Khrunichev）之间的合作安排，建造空间运载火箭，以及卡莫夫卡-52（Kamov Ka-52）攻击直升机的出口改装项目，它装备了一套由法国六分仪航空公司（Sextant Avionique）组装的法国航空电子系统。另外，法国公司泰利斯和赛峰同米格设计局（MiG-MAPO）共同开发了米格AT（MiG-AT）喷气式教练机，为飞机提供发动机和航空电子设备，而意大利的马基飞机公司（Aermacchi）与雅克夫列夫航空公司（Yakovlev）在设计和开发雅克-130（Yak-130）教练飞机上进行了协作。

然而一般来说，俄罗斯与欧洲国防工业合作是一件困难的事情，主要是由于缺乏资金或市场。几家德国公司，包括戴姆勒·克莱斯勒航空航天公司和宝马-劳斯莱斯（BMW Rolls-Royce），在20世纪90年代末期与俄罗斯和乌克兰合作安70（An-70）运输机，但在A400M项目启动后，这个联合项目被有效地扼杀了。迄今为止，米格AT（MiG-AT）项目仍未得到任何订单，而马基飞机公司最终从雅克-130项目中撤出，并开始销售它自己的飞机，即M-346喷气式教练机。

自1989年欧盟实施了武器禁运之后，中国已经基本成为一个被禁止的市场了。不过，这项禁令只包括武器系统，没有应用在非致命性和两用装备向中国的转让上。实际上，欧洲防务企业已经同中国在许多两用项目上进行了合作，包括直升机、雷达、喷气式发动机和卫星技术。例如，欧洲直升机公司正在与中国和新加坡合作生产EC-120轻型多用途直升机。中国也在许可下生产其他两款欧

洲直升机公司的直升机，AS－365（被中国命名为直9）和 AS－350（直11）。这两种直升机被改装为可携带反坦克导弹的攻击型直升机，并为中国军队生产。劳斯莱斯与西安航空发动机集团（Xi'an Aero Engine Group）组成合资企业，生产涡轮发动机的零部件。北京是欧洲伽利略卫星导航计划的风险分担伙伴，中国的清华大学正在与英国萨里卫星技术公司（Surrey Satellite Technology）合作开发微型卫星。

尤为令人担忧的是，欧洲向中国出售的零部件或子系统可能对中国军队的现代化和填补关键技术缺口起到极大的作用。欧洲在很多防务领域有相当多的专门技能会对中国具有巨大的吸引力，包括不依赖空气推进的潜艇、机载指挥和控制、卫星、传感器、直升机、喷气发动机和先进制造工艺。同时，中国拥有资源——他的国防预算在过去十年里增加了两倍，也有动力——渴望成为亚太地区强国，并获得了这样的能力。欧盟的武器禁运应该被取消，这当然会使向中国可能的技术转让变得容易，并允许欧洲防务企业扩大他们与中国武器制造商的合作。

欧洲国防工业全球化的影响

随着欧洲国防工业基础继续区域化和全球化其经营，以保持全球竞争力，人们越来越担心的是，这一过程将强化以欧洲堡垒的方式来进行军备生产，这反过来将损害美国的国防工业。例如，欧洲防务局正在努力加强欧洲防务技术和工业基础，他通常被认为在思想上关注于欧洲内部的国防工业挑战。[①] 就像一位分析家曾说过的：

> 对于法国来说，欧洲防务局是建立欧洲国防生产基础的一个平台，通过在研发上支出更多，并在订立合同时优先考虑欧洲企业来提供支持。在某种意义上，欧洲防务局将法国处理商业与政府关系的中央集权式方法传递到了欧盟层次上。[②]

在寻找泛欧洲解决方案的过程中，欧洲可能打破了保护主义在国内设置的障碍，只是用"区域化"的保护系统代替这些国家对其国内的保护。换句话说，

---

① Brooks Tigner,"European Defence Agency May Buy UAVs",*Defense News*,April 25,2005.
② Terence R. Guay,*The Transatlantic Defense Industrial Base:Restructuring Scenarios and Their Implications*(Carlisle Barracks,PA:U. S. Army War College,Strategic Studies Institute,April 2005),13.

一个更加宽广、更加开放的欧洲"内部"防务市场对欧盟以外的武器供应商而言是一个更加封闭的市场。也就是说，对于非欧洲的防务企业而言，试图进入欧洲武器市场或与欧洲做生意面临着更高的壁垒和更艰难的负担。

这样的行为自然会对大西洋两岸的军备合作产生不利影响。首先，欧洲内部的国防工业合作正在增加，而大西洋两岸的合作看起来似乎是停滞的，尽管有一些大型项目（例如联合攻击战斗机）。塞思·琼斯（Seth Jones）利用 DPB 全球化数据库（DPB Globalization Database）发现，自 1990 年起，"欧洲防务企业之间寻求的合作生产和共同开发计划的数量几乎是与美国企业合作的两倍"，① 而且，欧洲正在利用地区军备计划以闯入新的，但迄今为止还被"美国主导"的防务领域，例如，战略空运能力、天基侦察和导航系统、防区外精确打击武器，以及主动雷达制导空对空导弹。同时，为了进入欧洲武器市场，外面的、尤其是美国的防务企业可能会承受更大的压力，因为要分享这块蛋糕，他们需要提供更多的技术转让、共同生产权利、合资企业和共同开发安排。②

发生在欧洲和北美以外地区的欧洲国防工业全球化活动引起了美国国防工业部门的额外关注。通过利用合作计划、合资企业，以及特别是外国直接投资，欧洲防务企业在过去十年已在进入全世界武器市场方面取得了惊人进展，而且他们在当地的存在使他们在一些国家未来的采购决策中具有了优势。全世界很多国家日益把技术转让和工业参与作为武器进口的一个前提条件。对当地军火工业的投资基本成为进入这些市场的进场费，在这方面，欧洲防务公司或许能助其美国同行一臂之力。因此，美国国防工业可能开始发现他自己被关闭在一些外国市场之外了。

另外，欧洲防务企业常常利用当地的子公司和合资企业作为进入区域武器市场的出发点。例如，泰利斯与马来西亚的沙布拉（Sapura）公司合作，帮助他制造并在整个东南亚销售军用通信设备。泰利斯还经营着一家与韩国三星的合资企业，生产航空电子设备、雷达、电子光学、作战系统、战术通讯和信息系统，并打算到 2015 年成为东北亚主要的防务电子公司。③

因此，我们将看到会出现一个新的全球化军备生产的中心辐射型模式，欧洲

---

① Seth G. Jones,"The European Defense Industry",manuscript,August 2005,8.
② 个人观点。
③ 三星－泰利斯网站:http://www.samsungthales.com。

主要的防务企业位于中心，全球供应链延伸至非洲、亚洲和拉丁美洲一些较小的武器公司。欧洲公司作为卓越中心，提供带有关键的设计、开发和系统集成输入的国际化军备生产过程，同时还生产更先进的子系统，例如发动机、机翼、传感器、信息系统和其他电子设备。周边的武器生产商主要负责提供利基系统、低技术项目和某些最后组装。如果没有进行全球化，美国防务企业可能会再次发现他们自己被禁止在以创新和成本-效率方式开发、制造和营销下一代武器系统之外了。①

同时，这样的全球化努力在实际效果上可能是有限的。首先，对其他国家国防工业的投资并不能保证武器的销售。例如，尽管法国对巴西航空工业公司有相当多的投资，但是巴西仍取消了购买新型战斗机的计划。此外，当涉及海外武器销售时，美国国防工业仍有许多优势，他最近战胜了其欧洲竞争者，把 F-16 战斗机出售给了智利和波兰，并把 F-15 战斗机销售给了韩国。而且当他想这样做时，美国能够提供非常具吸引力的补偿贸易和工业/技术优惠条件，例如，在 F-35 联合攻击机（JSF）项目上他提供给外国伙伴公司的是利润丰厚的共同开发和转包安排。

最后，尽管欧洲防务企业为与亚洲、非洲、中东和拉丁美洲的国防工业建立联系而付出了全部努力，但在很大程度上，他们的投资仍然是不足的。通常来说，欧洲和北美仍是世界两个最大的武器市场，尤其是美国仍是需要进入的市场（见下文）。因而，这两个地区仍占欧洲主要防务企业收入的最大份额。例如，英国宇航系统（BAE）公司 2004 年销售中只有大约 1/4 销往欧洲和北美洲以外地区，欧洲宇航防务集团（EADS）的是大约 1/3（包括空中客车）。芬梅卡尼卡在 2003 年将其产出中将近 80% 销售到了北美和欧洲，销往世界其他地方的只占其收入的 11%。即使是泰利斯，他拥有多母国的经营战略，仍严重依赖对欧洲和美国的销售，这占其 2004 年公司收入的 70%。

反区域主义 I：欧洲国防工业中持久的保护主义和地方观念

尽管驱动欧洲防务企业寻找应对技术和经济竞争超国家的解决方案是主流，但欧洲军火工业的全球化——实际上，即便是军火工业的"区域化"，绝非是一个预先确定的或明确的过程。首先，在武器采购和生产方面，保护主义者和地方

---

① 对于更多关于中心辐射型概念的介绍，参见 Richard A. Bitzinger, *Towards a Brave New Arms Industry*?（London: International Institute for Strategic Studies/Oxford University Press, 2003）。

观念仍会对国家决策施加强有力的影响。在涉及经济利益（工作、工业参与、出口潜力、防止公共资金流出国家）、供给安全（自给自足、减少一个国家遭受外国制裁或禁运的脆弱性），以及技术（维持国家国防技术基础）时，政府会继续给予国家需求以相当多的考虑。因此，即使在英国——他或许是欧洲最为开放的国防采办市场，仍存在许多政治压力要求首先保护本国工业和本国市场，并且受到经济和技术考虑的压力时，他们要寻找国际合作道路。① 尽管如此，大多数欧洲政府继续坚持，根据所分担的工作和所共享的技术，他们对合作项目的投资要有一个合理的收益（公平回报）。

即使在如欧洲宇航防务集团那样看上去是跨国的公司内部，大多数军备生产仍或多或少以国家为基础而运转，并仍存在防火墙来保护国家的专利技术。例如，德国和西班牙仍然积极保护着他们在欧洲战斗机上的工作份额，在制造"法国-德国'虎'式"攻击直升机时欧洲直升机公司的德国和法国分公司同样也是这样做的。欧洲宇航防务集团赞助实施的国际合作项目——如 A400M 运输机或者天网 5 号通信卫星系统，仍只是作为专门的联合企业在运转，而非真正的基于经济和技术比较优势的跨国项目。

而且，迄今为止欧洲宇航防务集团还未能建立一种真正的跨国企业文化，在法国、德国和西班牙各国代理商之间还存在相当多的紧张关系。人们越来越担心欧洲宇航防务集团正在从本质上变成一家法国公司——仅在 2004~2005 年，有传言说欧洲宇航防务集团正在打算收购泰利斯的大部分股份，这将把德国在公司中的角色边缘化，由此强化了这种认识。数年以前欧洲宇航防务集团内部关于选择新的德国和法国共同首席执行官的冲突进一步凸显了这种担忧，当时很多人发现，空中客车在任的首席执行官法国人诺埃尔·弗加德（Noel Forgeard）正在试图加强单一的法国首席执行官对公司的控制权。②

同时，从项目角度看，德国在欧洲宇航防务集团中的参与是非常少的。法国人主导着很多公司业务领域，包括空中客车、导弹（欧洲导弹集团）、欧洲直升

---

① Andrew Chuter, "U. K. To Set Industry Strategy in 2005", *Defense News*, November 11, 2004; U. K. Ministry of Defence, *Defence Industrial Policy*, MoD policy paper 5 (London: Ministry of Defence, October 2002); 个人观点, 2005 年 3 月。

② 个人观点。参见 J. A. C. Lewis, "Germany Fears France is Pushing to Dominate EADS", *Jane's Defense Weekly*, November 24, 2004; David Mulholland, "German Industry—Feeling the Squeeze", *Jane's Defense Weekly*, March 30, 2005。

机公司和太空（阿丽亚娜发射器）。大多数德国的活动集中于防务工作（例如欧洲战斗机），但这个业务部门只占欧洲宇航防务集团全部收入的1/4。①

在欧洲宇航防务集团内部的西班牙部分已经表达出对法国在公司内优势的类似抱怨。例如，西班牙航空制造有限公司应该在泛欧洲A400M运输机的设计和制造过程中起领导作用，但是空中客车领导层后来决定把A400M的开发转移到其位于法国图卢兹的总部，只把最后的组装留给了西班牙航空制造有限公司。因而，一些西班牙官员想要将他们国家在欧洲宇航防务集团中的股份从他当前的5.5%再增加一些，以便在公司怎样运转上给西班牙更多的发言权。②

同时，欧洲防务企业往往反映出他们政府的保护主义情绪。大多数欧洲的防务公司仍把他们的国家视为垄断市场，在获取合同方面，他们仍会打保护主义这张牌。例如，德国最近批准了蒂森克虏伯（Thyssen Krupp）从美国所有者私募股权投资公司（One Equity Partners）那里收购德国潜艇建造商霍瓦尔特－德意志造船厂（Howaldtswerke-Deutsche Werft，HDW），他还进一步通过立法大大缩减了本国战略性行业中的外国所有权。③ 此外，英国已在寻找方法以保持英国宇航系统公司的鹰式教练喷气式飞机项目继续运转，法国收购了奈克斯特（Nexter）公司的新凯撒（CAESAR）大炮系统，西班牙从本国纳万蒂亚（Navantia）造船厂购买了额外的护卫舰，瑞典购买了额外的鹰狮（Gripen）喷气式战斗机以保持萨博的生产线可以运转。根据欧洲防务局的数据，2007年，欧盟全部国防采购中通过欧洲合作方式获得的比例少于20%。④

反区域主义Ⅱ：美国武器市场的持续诱惑

这种不利于区域主义势头的另一个方面是驱动大西洋两岸国防工业联系继续下去的动力。尽管对在采购和生产中把欧洲放在优先位置，有来自于法国和德国的强大压力，但大多数其他欧洲武器生产商——公司和国家都一样，热衷于与美国国防工业建立联系。美国无疑是世界上最大的武器购买者，轻松占据全球国防采购的"一半"左右，没有欧洲公司准备完全放弃美国市场。对很多欧洲防务

---

① 个人观点。见欧洲宇航防务集团公司网站，http://www.eads-nv.com。
② Martin Aguera,"Why Spain Wants More of EADS", *Defense News*, April 11,2005.
③ Mulholland,"German Industry—Feeling the Squeeze".
④ European Defence Agency(EDA), *Defence Data of EDA Participating Member States in* 2007 (Brussels: European Defence Agency,2008),10,33.

公司来说,获得哪怕是一小部分美国国防业务就能实现相当可观的收入。因此,在这方面,这些公司正在寻求泛欧洲和大西洋两岸的联系,这取决于他们在哪里能察觉到最大的利益。

因此,许多欧洲武器制造商近年来努力进入美国武器市场或在出口导向产品上与美国企业结成伙伴。实际上,英国宇航系统公司(BAE)在北美的业务[2007年的销售价值64亿英镑(107亿美元)]要多于在欧洲其他地方[26亿英镑(44亿美元)],或者,事实上甚至超过在英国国内的业务[34亿英镑(57亿美元)]。北美已经成为公司单一的最大市场,在2007年占全部公司收入的41%。①

有推测显示,英国宇航系统公司正将他的重心从欧洲移向美国,这既会降低他在欧洲大陆防务计划上的参与程度,又会增加他在北美的活动。英国宇航系统公司已经得出结论,尝试突破进入其他欧洲国家高度保护的国内武器市场,或者就第三方销售与其他欧洲企业合作,已经不再值得努力了。② 因此,近年来,公司已经解散了阿莱尼亚-马可尼系统公司(Alenia Marconi Systems,AMS),这是他与芬梅卡尼卡合资的航空电子和通信企业,并将他拥有的这项业务的股份出售给了其前意大利合伙人。他减少了在萨博的股份,从35%减至20%,并返还了他在鹰狮国际(Gripen International)50%的股份,这是一家在全球销售JAS-39鹰狮喷气式战斗机的瑞典-英国公司。英国宇航系统公司还放弃了德国小武器制造商黑克勒和科赫(Heckler & Koch),以及他在泛欧洲卫星公司阿斯特里姆中的股份,并终止了与西门子公司就德国电子企业STN-阿特拉斯(STN Atlas)共同所有的安排,并计划出售他在公司中的剩余资产。英国宇航系统公司计划主要留在欧洲,在那里他期望获得长期利润或发现足够大的市场以支撑其公司在诸如导弹、战斗机和商业喷气式客机方面的业务规模。因此,他现在保留了他在欧洲导弹集团、空中客车和欧洲战斗机项目中的股份。③

同时,英国宇航系统公司已扩大了他在北美的活动。自20世纪90年代后期开始,该公司已收购了超过十几家美国防务企业,并因此成为美国国防部2004财年第12大承包商。最近,他收购了联合防务有限公司(United Defense Limited,UDL),这是一家建造布拉德利(Bradley)步兵战车和帕拉丁(Paladin)自

---

① 数据来自于英国宇航系统公司(BAE)系统网站,http://www.baesystems.com。
② 个人观点。
③ 此外,桑基防务公司(GKN)将其在阿古斯特·韦斯特兰(Agusta Westland)直升机公司的股份出售给了芬梅卡尼卡集团。

9. 21世纪的欧洲国防工业：挑战与响应

我推进榴弹炮的公司，预计他会从为美国军队保养、维护和升级装甲车中获得可观收入。最后，英国宇航系统公司是美国主导的 F-35 联合战斗机项目中唯一的一级合伙人，这预示着相当可观的长期收入，或许甚至会超过欧洲战斗机台风 (Typhoon) 的收入（尤其是当涉及第三方出口时）。

其他英国公司也在美国国防工业中变得越来越活跃，这会有损于欧洲，包括劳斯莱斯（Rolls-Royce）、史密斯工业（Smiths Industries）、美捷特（Meggitt）和奎奈蒂克（QinetiQ）。总的来看，与其他潜在的欧洲投资者相比，华盛顿对于英国收购美国国防业务提供的方便程度高得多，这也反映在这样一个事实上，即在美国防务部门进行了外国直接投资的英国企业数量要多于其欧洲同行，且在投资额上有很大差距。①

意大利、西班牙和瑞典的国防工业在欧洲和大西洋两岸的阵营里获得了同样的方便程度，并都已立足。由于他们的规模较小，类似于萨博、芬梅卡尼卡和纳万蒂亚这样的公司，不得不在全球防务业务中做到比他们更强大的欧洲兄弟，如泰利斯或欧洲宇航防务集团，更加灵活和敏捷。因此，这些公司已越来越强调他们的比较优势和核心能力——例如，西班牙的造船业、意大利的直升机、瑞典的航空航天和 C4ISR——擅长于在全球军火工业中成为利基参与者，这往往伴随着与美国企业的合作。例如，芬梅卡尼卡是联合攻击战斗机（JSF）团队的成员，也是美国在 C-27 运输机项目上的合作伙伴。纳万蒂亚正与洛克希德·马丁在先进驱逐舰集团（Advanced Frigate Consortium, AFCON）上进行合作，这家企业要把埃癸斯间谍-1（Aegis SPY-1）防空作战系统的一种更小型版本集成到一艘护卫舰大小的海军舰艇里。同时，瑞典目前正与美国陆军在神剑精确制导炮弹（Excalibur precision-guided artillery round）上进行合作，他同时还已与几家美国公司，如波音和国际商用机器公司（IBM），就其最新的基于网络工作的防务概念订立了合同。

即使是法国公司也不准备放弃潜在的美国防务市场。泰利斯与雷声公司经营了一家合资企业来开发并在全世界销售雷达及指挥和控制系统，这家公司是目前美国国防部第 74 大承包商，并计划在未来十年将他向美国的销售翻一番。

欧洲宇航防务集团也渴望扩展进入美国防务市场。北美是欧洲宇航防务集团

---

① Guy Anderson, "European Industry's Drift West Becomes a Stampede", *Jane's Defense Weekly*, Mary 13, 2009; David Mulholland, "European Invaders Snap Up U. S. Companies", *Jane's Defense Weekly*, November 3, 2004.

除欧洲外的最大市场，市场规模差不多与世界其他地方加起来的一样大。他在美国的雇员数量已经超过了他在欧洲之外的雇员数，最近他在密西西比（Mississippi）开设了一家工厂，为美国边境巡逻队（Border Patrol）生产直升机，在阿拉巴马州开设的工厂为美国海岸警卫队（U. S. Coast Guard）生产CN-235运输机。欧洲宇航防务集团还在堪萨斯州建立了一个空中客车设计中心，并准备在美国建立生产车间为美国空军建造加油机。2004年年底，欧洲宇航防务集团进行了他在美国的第一笔收购，购买了雷卡仪器公司（Racal Instruments）。①

小结

存在非常强有力的因素推动着欧洲国防工业内部的整合与分裂。当然，欧洲联盟的政治力量——例如，共同外交与安全政策（Common Foreign and Security Policy，CSFP）和欧洲安全与防务政策（European Security and Defense Policy，ESDP）在提升泛欧军备合作与促进一系列国家国防工业基础转变为真正意义的欧洲国防工业方面，具有非常大的影响力。下一代战争（例如，军事革命和国防转型）对经济和新兴技术上的需求也有助于推动合并进程：美国国防工业不断增长的全球技术和经济优势已成为欧洲国防工业区域化背后的主要推力之一。

同时，因为欧洲军火工业已经变得更加适应于市场力量，个别公司已经更为自由和更有动力在欧洲之外寻求伙伴关系中的比较优势，在那里他们感到长期收入和获取创新技术会有更好的前景。考虑到继续有可能对研发和采购资源进行强烈限制，即使是一个高度整合的欧洲武器市场也会太小而不能支持"欧洲堡垒"。在这方面，很多欧洲防务企业将会继续发现与美国公司结成伙伴关系具有相当的吸引力。因此，许多欧洲防务公司已对与美国合作生产联合攻击战斗机表示出强烈兴趣。

另一方面，无论是出口、合并以及合理化，还是全球化工业的联系，将都不可能解决欧洲国防工业基础面对的潜在危机。只有两个解决办法：（1）增加国防和研发开支，这不太可能是短期或甚至是中期的事情，并且/或者（2）获得更多进入美国防务市场的机会，甚至欧洲宇航防务集团和泰利斯都认识到这是势在必行的。

---

① Mulholland,"European Invaders Snap Up U. S. Companies".

9. 21 世纪的欧洲国防工业：挑战与响应

因此，在接下来十年左右的时间里，两种可能方案之一将出现在欧洲国防工业的结构重组中：（1）一个"混合"的国防工业基础，它在泛欧范围内的整合程度要高得多，但它仍主要由国家的防务企业组成；（2）一个"两分"的国防工业基础，一部分寻求与美国武器公司更紧密的联系，另一部分寻求建立真正区域化的美国国防工业竞争者。这两个选择都会对美国国防工业和美国政策制定者提出挑战与机遇。

一个混合的欧洲国防工业基础将在泛欧范围内比目前的整合程度更高，而且在其中很多国家的防务企业——主要是国家的龙头企业仍占据主导地位，而且当涉及本国防务需求和采购时，国家决策制度和结构仍占据上风。当今政治、经济和技术驱动力几乎能够确保在研究和技术方面会有更多的区域（特别是由欧盟策动的）合作，至少会在泛欧基础上确定并开展一些采购计划［例如，通过欧洲防务局、联合军备合作组织（Organization for Joint Armament Cooperation, OCCAR）或者一些其他机构］，并将在欧洲国防工业基础内出现更多的合并和收购（特别是在陆军军备和造船业部门内）。

同时，统一的欧洲军事工业联合体是极不可能出现的。国防采购和生产中强烈的本国偏好和优先性将继续与一体化趋势相抗衡。关键的采购决策将继续主要发生在国家层面，政府并会继续确保国防支出能够以工作岗位、技术和其他利益的形势回报给他们的选民。另外，就像曾预言的那样，可能不会出现单个的欧洲防务公司。英国宇航系统公司（BAE）不可能与欧洲宇航防务集团合并，而且泰利斯可能继续以独立的公司实体存在。即使很多更小型的防务公司，如萨博、芬梅卡尼卡和达索，虽在活动和所有权方面更加全球化，或许仍将是独立的、国家作为法人组织的企业。欧洲国防工业基础将更加合理化和更加国际化——即在区域以及全球范围内（包括，在许多情况下，加强大西洋两岸之间的联系），但这看起来或许和目前正在做的很相似：跨国公司（欧洲宇航防务集团）、全球化的国家龙头企业（英国宇航系统公司、泰利斯）和小型、中型企业的混合体，在一个越来越全球化的武器生产网络里［萨博、帕特利亚、莱茵金属防务公司（Rheinmetall）、斯托克（Stork）］成了利基参与者。

显而易见，一个更加欧洲化的武器市场和国防工业能进一步推动偏爱欧洲和对美国公司试图出售其产品到欧洲大陆设置障碍的倾向。面对来自美国国防工业不断增加的竞争，很多欧洲人确实相信除了建立一个真正的泛欧军火工业，以及更一体化并或许甚至是孤立的防务市场外，几乎没有其他选择。另一方面，一个更强大和更加统一的欧洲国防技术和工业基础可能是美国工业部门更好的合作伙伴，并能更好地带来创新技术和系统，进而提升大西洋两岸军备合作的层次。因此，一个更有效率的欧洲军火工业可以提升合作水平，特别是如果这些公司能在市场力量的引导下，有动力在合作过程中为资金和比较优势寻找到最好的实现价值。总之，一个经过合并、重组、合理化和一体化的欧洲国防工业将更好地适应于与美国防务工业的竞争与合作。

此外，一些欧洲公司将越来越寻求与美国国防工业和防务市场更加紧密的联系，因此会减缓任何泛欧一体化进程。例如，英国的很多公司——特别是英国宇航系统公司、史密斯工业，以及劳斯莱斯——在过去十年里，渴望进入并融入到美国防务市场中，往往放弃了欧洲大陆的国防部门。事实上，英国宇航系统公司已在实际上成了一家美国公司。另外，很多更小的欧洲防务企业，在不放弃其欧洲市场同时，在经济需要的日益推动下，也要寻求与美国防务市场建立更密切的联系。因此，欧洲防务市场分裂为两大派系：一个由法国领导——连带着不是完全赞同的德国，寻求建立一个统一的欧洲工业和市场，并与美国抗衡；另一个由英国国防工业领导——很可能包括许多较小国家的龙头企业，例如萨博、纳万蒂亚和芬梅卡尼卡，他们越来越融合于并受困于美国国防工业基础和市场。当然，这样的选择将大大减弱法国领导的欧洲一体化进程（法国与德国在欧洲宇航防务集团中正在发生的摩擦将进一步破坏这一进程）。

这样的分裂会使美国受益。特别是，他可以利用这种分裂，抢先占据保护主义更加严重的欧洲防务市场，增加在美国防务市场上的竞争力，并保持获取独特欧洲技术的途径。在这方面，可能值得美国去打开他的防务市场，给予大型欧洲公司在美国建立的子公司和/或合资企业更多的进入机会。美国也可以利用其市场准入作为一种手段，迫使欧洲防务企业做出政治让步。尤其是，随着欧洲公司越来越融入美国国防工业基础，为了不危及他们继续进入美国市场的机会，他们看起来更加愿意限制向中国和其他所担心的国家出售武器。例如，英国宇航系统公司已公开表示，他将不违犯美国对中国的出口禁令，即使欧盟和英国政府撤销了他们各自的禁令。因此，欧洲更多地进入美国武器市场可能不仅仅提升美国本国的竞争力，并因此有利于美国国防部的采办，还会增加美国对欧洲防务出口和工业政策的影响力。

10 俄罗斯国防工业 1991~2008：从苏联解体到全球金融危机

尤金·柯岗*

处理俄罗斯军事工业复合体（Military-Industrial Complex，MIC，俄语中简称为VPK）的问题就像听兹兹作响的唱片一样让人难受。劳动力日益老龄化，年轻职工招募困难，诸如新机械工具和设备等基础设施投资短缺，生产能力过剩，也就是说，尽管经历了18年的重组，偌大数量的企业（1264家）仍在营运，这些问题使得怨声迭起，迂回反复，不绝于耳。

此外，在公开的资料中，随处可见有关军事工业复合体重组和改革的概念、理念、计划以及表述。在阅读有关军事工业复合体状况的公开资料时，读者需要透过字里行间发现不同评述中相互矛盾的地方，而这并非是一眼就能分辨的。因此，我们有理由认为，"实践"在重组这个复合体方面所作甚微，也没能提高它的经济可行性和效率，尽管俄罗斯官方会对此说法立即予以否认。

1997年，政府提出了创建金融工业集团（Financial-Industrial Groups，FIG）

---

* 尤金·柯岗（Eugene Kogan），特拉维夫大学（Tel Aviv University）历史学学士和硕士，并于1990年获得英国华威大学（Warwick University）历史学博士学位，他的博士论文研究了1941~1942年苏联军事工业从战区的撤离。柯岗博士是国防技术领域的知名专家。他曾是欧洲最著名的一些研究机构的研究员，包括德国外交关系理事会（Deutsche Gesellschaft für Auswaertige Politik）、德国国际政治与安全研究所（Stiftung Wissenschaft und Politik）、瑞典国防研究局（Swedish Defense Research Agency）、瑞典国防大学（Swedish National Defense College）和俄罗斯国家科学院历史所（Institute of History of the Russian Academy of Sciences）。此外，他也曾在哈佛大学进行过研究。最近，他曾任斯德哥尔摩大学亚太研究中心（Center for Pacific Asia Studies(CPAS)at Stockholm University）和中东科技大学国际关系系（Department of International Relations at Middle East Technical University，METU）客座研究员。

的构想。自 2001 年开始，改革的主要推动力已经且仍然在把俄罗斯所有的企业带入各种不同的控股公司中（也被称为控股）。据政府官员说，控股公司的数量在 20~75 家之间变动。尽管改革双方都很积极，但事实证明他们是不成功的，尽管政府官员和俄罗斯军事工业复合体的行政人员并不认可这一评价。

俄罗斯政府基本不允许军事工业复合体中存在私人企业。与此同时，政府一直不懈努力，试图让 2004 年创建的私人企业重新回到国有企业范围中。这些企业集中于军事航空部门的各个领域，包括航空发动机部门。它们经过重组，具有了经济可行性和能够盈利的业务。然而，国家决定将这一部门国有化，是在实际上扼杀这些为国家创造丰厚利润的企业。结果，至 2008 年 12 月，军事工业复合体中这些成功的企业不复存在，取而代之的是俄罗斯政府致力于创建一个大型公司——联合飞机制造公司（United Aircraft Building Corporation，UABC，俄语中为 Ob'edinennaya Aviastroitel'naya Kompaniya［OAK］）。联合飞机制造公司（UABC）本应在 2007 年完全投入运营，但直到 2009 年 3 月，它依然沉没在官僚主义的汪洋大海中，联合飞机制造公司案例也是政府在过去四年中追求合并的最好例子。

重组的过程看起来似已走到了穷途末路，政府已完全重新拥有了对军事工业复合体的控制。如果这就是前总统及现任总理弗拉基米尔·普京（Vladimir Putin）及其团队努力要完成的，那么他们的确实现了目标。可以进一步这样说，私有企业时代已经走到了尽头。

国防工业的转型与改革：1991~1997 年

基本上，俄罗斯国防工业在 1991~2008 年的发展与重组可以分为四个阶段：转型与改革（1991~1997 年）、创立金融工业集团，以及随后的国有控股公司（1997~2002 年）、控股公司合并（2002~2006 年），以及国防工业的再次国有化（2006~2008 年）。

第一阶段开始于 1991 年，并在 1997 年接近尾声，这一时期与俄罗斯国防工业转轨有着直接联系，出版了大量俄语、英语、德语的文章、报告和书籍。波恩军转民国际中心（Bonn International Center for Conversion，BICC）成立于 1994

10. 俄罗斯国防工业 1991~2008：从苏联解体到全球金融危机

年，负责处理普遍意义上的军转民以及特定的俄罗斯的国防转型问题。[①] 正如下文中所描述的，随着国防工业转型和改革，企业用以满足国内需求的生产急剧下降，产业总体状况有所恶化，并流失了很多技术人才。

1991年苏联解体时，俄罗斯继承了前苏联（the former Soviet Union's，FSU's）85%的军事工业复合体。1992年该国拥有2160家国防工业企业，其中25%的工作岗位从事研发，其余75%负责生产。[②] 苏联解体后，俄罗斯总统鲍里斯·叶利钦（Boris Yeltsin）继续推行米哈伊尔·戈尔巴乔夫（Mikhail Gorbachev）的政策，进一步削减军队数量和国防工业预算。20世纪90年代，俄罗斯的国防订单很少，军事工业复合体中相当数量的企业依靠出口销售，特别是对中国和印度的出口维持生计。出口订单不足以阻止军事工业复合体的萎缩，在鲍里斯·叶利钦八年总统任职期间，约有70%的熟练工人离开了工厂和设计局的工作。因此，军事工业复合体工作岗位总数下降至两百万左右（其中一百万在核工业部门），不仅人力资源存在问题，而且生产工具也都过时了。十多年前制造的机床数量占到了85%，而60%的机床是20年前制造的。[③] 伊万·萨弗兰切克（Ivan Safranchuk）在位于莫斯科的国防信息中心（Centre for Defense Information，CDI）工作，他指出，1991年苏联解体后，军事工业复合体中需要推行的改革从未发

[①] Kseniya Gonchar, Yevgeny Kuznetsov, and Alexander Ozhegov, *Conversion of the Post-Soviet Defense Industry: Implications for Russian Economic Development*, 简报1 (Bonn: Bonn International Center for Conversion [BICC], 1995); Nicola Mögel, Thomas Sachse, and Hans-Henning Schröder, *Chancen und Probleme der Rustungskonversion in der Gemeinschaft Unabhangiger Staaten* [*Opportunities and Problems of the Defense Conversion in the Commonwealth of Independent States*], 报告2 (Bonn: BICC, 1995); Joseph DiChiaro III, ed., "Conversion of the Defense Industry in Russia and Eastern Europe", *Proceedings of the BICC/CISAC Workshop on Conversion*, August 10~13, 1994, 报告3 (Bonn: BICC, 1995); Petra Opitz, *Krisenmanagement in der russischen Rustungsindustrie. Regionale und unternehmensbezogene Konversionsstrategien* [*Crisis Management in the Defense Industry. Regional and Enterprise Drawn Conversion Strategies*], 报告6 (Bonn: BICC, 1995); Yevgeny Kuznetsov (editor), Igor Musienko and Alexander Vorobyev, *Learning to Restructure: Studies of Transformation in the Russian Defense Sector*, 文件3 (Bonn: BICC, 1996), http://www.bicc.de/uploads/pdf/publications/papers/paper03/paper03.pdf; Kseniya Gonchar, *Research and Development (R&D) Conversion in Russia*, 报告10 (Bonn: BICC, 1997); Kseniya Gonchar, *Conversion within the Context of Economic Reform: The Case of Nizhniy Novgorod Oblast*, 文件14 (Bonn: BICC, 1998), http://www.bicc.de/uploads/pdf/publications/papers/paper14/paper14.pdf.

[②] *Jane's Defence Weekly*, January 10, 2007, 24.

[③] *Jane's Defence Weekly*, January 10, 2007, 25. 关于技术工人流失问题的一篇更早期文章, 参见 Alexander Babakin, "Gryadet ocherednoye reformirovaniye oboronnoi promyshlennosti" ("Another Restructuring of the Defence Industry is Taking Place"), http://nvo.ng.ru/forces/2004-10-01/1_reform.html.

生过。① 实际发生的是几近全面的国防工业面向民用需求的转型。这种转型基本上是失败的，其结果是，早在 1999 年，1489 家企业被官方认定归属于国防复合体，包括 724 家工业企业和 545 家研究机构。因此，可以估算出，20 世纪 90 年代直接防务承包商的总数减少了约 1/3。② 截至 20 世纪 90 年代中期，约 25% 的防务企业已经破产了，而余下的能够盈利的公司被国家征收了高额税赋（税收比重在 65%～90%）。③ 因而，他们的财务状况一直都很艰难。

1997 年，仅国家资金就占到国防订单的 21%，大量技术人员离开了军事工业复合体，此时，一项针对 1998～2000 年军事工业复合体重组和转型的联邦计划迅速发展起来。1998 年，俄罗斯联邦发布了一部关于国防转型的法令。据来自《独立军事评论》（Nezavisimoye Voennoye Obozreniye, NVO）的专家称，联邦计划和这项法令都"因规划和执行它们中造成的战略错误而失败了"。结果，军事工业复合体进一步衰落，它的科学技术潜力大幅下降，基础研究也因资金匮乏严重而受创。④ 克谢尼娅·冈夏尔（Kseniya Gonchar）对国防工业遭遇的这些问题说得更加具体。她说，重组计划背后所蕴含的理念已遭到了预算约束的挑战，并与所涉及的众多参与者的利益相冲突，还不可避免地导致了高额社会成本。此外，截至 2000 年中期，俄罗斯在两年内换了五届政府，这非常不利于国防重组改革，对管理部门变更的反应已减缓并迟滞了改革，且在前任政府管理下已达成一致的利益集团也会重新洗牌。⑤

总的来说，改革第一阶段使国防工业在经济上陷入泥沼，还导致了相当大量的技术人员流失。

---

① Agence France-Presse, Moscow. "Russian Arms Industry Reform Will Be Long Haul: Analysts". http://www.defensenews.com/story.php? F=2565768&C=europe（2007 年 2 月 19 日访问）。据来自莫斯科外交和国防政策理事会（Council for Foreign and Defense Policy，或 Sovet po Vneshnei i Oboronnoi Politike—SVOP）的军事专家尼克莱·米哈伊洛夫（Nikolai Mikhailov）所说，在过去 15 年中并没有实际措施以阻止军事工业复合体内部危机的恶化。全文参见，Vladimir Ivanov, "Mrak v kontse tunnelya"（"Darkness At the End of the Tunnel."）http://nvo.ng.ru/armament/2004-04-16-6_mark.html。

② Kseniya Gonchar, *Russia's Defense Industry at the Turn of the Century*, 简报 17（Bonn: BICC, 2000）, 23, http://www.bicc.de/uploads/pdf/publications/brief/brief17/brief17.pdf.

③ V. Burenok, G. Babkin, and A. Kosenko, "Oboronno-promyshlennyi kompleks: sostoyaniye i perspektivy razvitiya" [Military-industrial Complex: The State and the Prospects for Development], *Voennaya Mysl* 6(2005): 37.

④ http://nvo.ng.ru/forces/2004-10-01/1_reform.html.

⑤ Gonchar, *Russia's Defense Industry*, 21.

10. 俄罗斯国防工业 1991～2008：从苏联解体到全球金融危机

从金融工业集团到控股公司：1997～2002 年

第二阶段开始于 1997 年，结束于 2002 年。这一时期政府通过了上文提到的联邦项目，但直到今日仍然没有实施。① 其结果正如冈夏尔所说，也就是在 1999 年初时，军事产出几乎下降了 80%，民用产出下降了 60%。她还指出，武器系统的重复建设和双重采购导致了生产能力过剩。减产的另一个原因是现代化企业和技术落伍的企业并存，导致同时生产几代武器。军事当局想要摆脱维持这些老式企业继续营运的责任，坚持认为它们应当关闭，而不是重组或兼并。② 然而，俄罗斯政府当时刚刚经历了 1998 年 7 月的金融危机，还没有准备好采取如此激进的方式。1999 年，总统弗拉基米尔·普京在那时任总理，他宣称，要优先考虑满足国内需要的武器生产，从而取代了先前对于转型和武器出口的关注。③ 20 世纪 90 年代后期，2/3 的军事产出用于出口，而仅有 1/3 是由俄罗斯军队购买的。④ 因此，时任总理普京的这一决定在那时强调了其将重点集中于国内采购的目标，而在此之前，国内采购需求一直低迷。冈夏尔指出，国内武器采购导致了生产能力利用率低、规模不经济、生产成本高，以及价格高，总体而言，使得大多数国防企业的经济和财务状况很糟糕。⑤

在此期间，国防工业转型问题逐渐淡化，由此应运而生的观念是创建金融工业集团，这是一种类似于韩国财阀集团的俄罗斯体系。甚至在 1997 年前，俄罗斯官员还去韩国考察学习了财阀——这种在 20 世纪 90 年代主导韩国的商业组织结构。已很明显的是，引入金融工业集团没有在复合体的重组中发挥作用，因为规避了一些诸如关闭企业或破产的强硬措施，避免强硬手段可被视为俄罗斯改革的一贯模式。

2008 年在对图拉仪器（Tula-based KB Priborostroeniye，KBP）仪表设计局（Instrument Design Bureau）总裁亚历山大·里巴斯（Alexander Rybas）的采访中，

---

① Alexander Babakin, "Otechestvennaya oboronka proizvodit massovyi brak" ("National Defence Complex Manufacture Massive Damaged Goods"), http://nvo.ng.ru/armament/2004-07-02/1_aboard.html.
② Gonchar, *Russia's Defense Industry*, 23~24.
③ Gonchar, *Russia's Defense Industry*, 17.
④ Gonchar, *Russia's Defense Industry*, 38.
⑤ Gonchar, *Russia's Defense Industry*, 40.

他说,从 2000 年开始的弗拉基米尔·普京的八年总统任职期,是国家和国防工业走出后苏维埃危机的一段时期。① 可以说,国防工业的复兴之路漫长而艰难。不管怎样,军事工业复合体内的基本改革,比如俄罗斯官方长期以来一直在争议的重组、兼并以及缩小工业规模,这些要么进展非常缓慢,要么就被彻底放弃了,结果,改革成效微乎其微。

"打倒控股公司!控股公司万岁":2002~2006 年

第三阶段开始于 2002 年,并结束于 2002~2006 年改革和发展军事工业复合体的政府计划,该计划由政府在 2001 年 10 月通过。该计划由副总理伊利亚·克列巴诺夫(Ilya Klebanov)准备预案,预计创建 74 家控股公司。但在 2002 年,预计的控股公司数目下降到了 42 家,截至 2003 年 11 月底,仅成立了 3 家控股公司。米哈伊尔·卡西亚诺夫(Mikhal Kasyanov)总理对该计划的结果非常恼火。结果,接替伊利亚·克列巴诺夫的副总理鲍里斯·阿廖申(Boris Alyoshin)被赋予了开发这个联邦计划修订版的任务。② 可以说,俄罗斯的政府计划基本上已经被证明是失败的。

前国防部副部长、外交和防务政策私人理事会(Private Council on Foreign and Defense Policy,SVOP)成员维塔利·什雷科夫(Vitaly Shlykov)明确表示,创建控股公司可被比作一个"胎死腹中的孩子"。他补充道"军事工业复合体象征着巨大的资金流,现在我们谈论的是对资金流控制权的重新分配,而不是提高这个复合体的效率"。另一方面,阿列克塞·阿巴托夫(Alexei Arbatov)宣称,

---

① *Defense News*,September 15,2008,34.

② 关于全文,参见 Konstantin Lantratov,"Pravitel'stvo peresmotrit programmu reformirovaniya oboronnogo kompleksa"("Government Will Review Reform Program Of the Defence Complex"),http://www.kommersant.ru/archive-material.html? docId = 427814(2003 年 11 月 14 日访问)。亦参见 Viktor Myasnikov,"My lyubim planov svoikh gromad'yev"("We Like Our Great Plans"),http://nov.ng.ru/concepts/2003 - 11 - 21/1 _opk;http://nvo.ng.ru/armament/2004 - 07 - 02/1_abroad.html。伊利亚·克列巴诺夫(Ilya Klebanov)的计划预计了存在国有和私有两种体系,而鲍里斯·阿廖申的计划预测只存在单一的国有公司。对于克列巴诺夫和阿廖申这两种方法的分析,参见 Ruslan Pukhov,"Vyzhivaet sil'neishii. Gosudarstvennoi politiki v oboronke bol'she net"("The Stronger Survives. There Is No More State Policy Regarding the Defence Complex"),http://www.cast.ru/comments/? form = print&id = 135(2004 年 6 月 29 日访问)。

控股公司是帮助军事工业复合体走出危机的真正途径。① 据航空工程师谢尔盖·瓦西里耶夫（Sergei Vasil'yev）所说，"结构重组不会使一家公司绩效更好。航空发动机公司再也不为产品质量而竞争，而是竞争'门面'功夫。因此我怀疑，这些新创建的控股公司是否有能力比以前那些防务企业生产出更好的装备。"②

当然可以这样说，成立控股公司没能成功地缓解国防工业的顽疾。③ 2004 年10 月发行的《独立军事评论》（NVO）指出，尽管 2001 年曾被热议的控股公司被人们抛之脑后，但它确实存在过。④ 显然，这个关于控股公司的说法被证明完全有失偏颇，尽管如前所述，把控股公司当做灵丹妙药证明是不成功的，政府虽然进展缓慢，但确实在致力于创建控股公司。

2003～2004 年间，俄罗斯政府发布了包括 1264 家实体企业在内的军事工业复合体登记制度。其中有 691 家是单一的国有企业，573 家是联合股份公司。在那时，政府宣布了在军事工业复合体（MIC/VPK）内创建 60～70 家一体化结构（或控股公司）的计划，随后它们被合并为 20 家。⑤ 这是后苏维埃时代第一份关于军事工业复合体企业的记录，而它表明将近 1000 家防务企业都已退出了军事工业复合体。

---

① http：//nvo. ng. ru/armament/2004 - 04 - 16/6_ mrak. html。关于控制权的重新分配，参见第 230 页注①。当时的总理米哈伊尔·卡西亚诺夫（Mikhail Kasyanov）签署了关于苏霍伊航空控股公司（Holding Sukhoi）、"金刚石 - 安泰"防空系统公司（Antei-Almaz Corporation）、战略导弹公司（Tactical Missiles Corporation）、俄罗斯电子股份有限公司（Russian Electronics Joint-Stock Company, JSC）、俄罗斯化学防御公司（Russian Chemical Defense 或 Roskhimzashchita）控制权的法令。据资料显示，卡西亚诺夫签发的这项法令丝毫没能提高企业效率，但却大大影响了政府官员对国家财富的再分配。Vladimir Ivanov, "Pravitel'stvo pomyalo tsvet oboronki"("Government Took Control Over the Best Of the Best Of the Defence Complex. "), 参见 http：//nvo. ng. ru/armament/2004 - 01 - 30/6_oboronka. html。在接受尼古拉·普罗斯科夫（Nikolai Poroskov）的网络采访中，康斯坦丁·麦金克（Konstantin Makienko）详细阐述了极为类似的观点。http：//www. cast. rucomments/? form = print&id = 191(2005 年 8 月 9 日访问)。更进一步的信息，参见第 230 页注①。

② 全文参见 Natalia Melikova and Vladimir Gundarov, "Aviakholdingi na nizkom starte"("The Aviation Holdings Are on a Low Start"), http：//www. ng. ru/indexl/ (2007 年 8 月 13 日访问)。

③ 参见例如，Viktor Myasnikov, "Eshche 365 tyazhelykh dnei dlya voenproma"("Further 365 Difficult Days for the Defence Industry"), http：//nvo. ng. ru/armament/2006 - 12 - 29/1_voenprom. html. 对证实作者关于形成控股公司已经失败的观点，参见 Viktor Myasnikov, "Oruzhie prodavat', predpriyatiya pokupat'" ("Arms Sale, Enterprises Buy"), http：//nvo. ng. ru/printed/7184(2007 年 3 月 16 日访问)。对创立控股公司，参见 "Russia's Defense Industry, Phoenix from the Ashes?" International Institute for Strategic Studies (IISS) 13, No. 8(2007): 2。

④ 参见第 219 页脚注③；http：//nvo. ng. ru/forces/2004 - 10 - 01/1_reform. html。

⑤ Jane's Defence Weekly, January 10, 2007, 24. 2006 年，存在 656 家单一制国有企业和 609 家股份公司。Oboronno-promyshlennyi kompleks Rossiiskoi Federatsii 2005 - 2006［Military-Industrial Complex of the Russian Federation, 2005 - 2006］(Moscow：Novosti, 2006.), 25。

2004年10月，总理米哈伊尔·弗拉德科夫（Mikhail Fradkov）要求工业和能源部（Ministry for Industry and Energy）针对2006～2010年发展军事工业复合体的国家计划准备一份纲要，人们预计新计划将使俄罗斯军事工业复合体在未来得以充分恢复与发展。一些军事工业复合体内部人士唯恐政府官员会提出他们自己改革军事工业复合体的时间表。由此，蒸蒸日上的企业和设计部门会在官员的控制之下，对复合体进行新的分割是不符合国家国防利益的。[①]

2005年7月底，《独立军事评论》报道说，在尤里·科普捷夫（Yuri Koptev）领导下的工业和能源部中的军事工业复合体部门已准备了一份关于复合体发展战略的分析报告。该报告分析了2002～2006年联邦计划的实行情况。该部门的专家断然否定了政府官员关于军事工业复合体正在复兴的所有说法，他们总结道，1/3的企业破产了。事实上，军事工业复合体的状况近几年来未曾改变。2003年，国防企业援助联盟（League of Assistance to Defense Enterprises）副主席吉维·简迪加娃（Givi Djandjgava）引用了相同的数字，即1/3。简迪加娃强调说，多少年来都没有对国防企业进行投资了，因而，它们已没有资金。她补充道，"俄罗斯对研发的财政投资比发达国家少10倍，对主要基金的投入少5倍，对劳动力培训的投入少5倍，劳动效率低5至10倍。"专家补充道，就军事工业复合体目前的状况而言，他们无法看到有所改善。据专家透露，2006～2010年新的联邦计划将为1265家国防企业提供激励。但是，他们也不得不说道，只有100%完成国防订单，落实必要的投资，而且计划完成对军事工业复合体的结构重塑，该计划才能得以实现。[②]该新计划牵涉到太多的"如果"，而俄罗斯的实际情况是，如果就意味着"不"。

在2005年8月初的一次采访中，战略和技术分析中心（Centre for Analysis of Strategies and Technologies，CAST）副主任康斯坦丁·麦金克（Konstantin Makienko）指出，"政府既没有关于军事工业复合体的劳工政策，也没有任何其他政策。复合体几乎没有受到政府一点关注。军事工业复合体中鲜有熟悉商业流程和技术生产，同时又诚实可靠的管理人员。熟练工人短缺，复合体丧失了很多中层

---

① 参见第219页脚注③；http://nvo.ng.ru/forces/2004 - 10 - 01/1_reform.html.

② 全文参见Vadim Solov'yev and Vladimir Ivanov, "Gosprogramma vooruzhenii na 2005 - 2006 gody provalena"（"The Federal Armaments Program for the Years 2005 - 2006 Has Failed"）, http://nvo.ng.ru/wars/2005 - 07 - 29/1_gosprogramma.html. 截至20世纪90年代中期，25%的国防工业已经破产，该论断参见Burenok, Babkin, and Kosenko, "Oboronno-promyshlennyi kompleks". 将近十年的重组没有带来一个清洁健康的国防工业。

10. 俄罗斯国防工业1991～2008：从苏联解体到全球金融危机

工程师和设计者。为了填补空缺职位，国家应向国民和企业家显示国防工业是一个重要而有意义的行业。"① 而事实表明，尽管是花言巧语，但国家并没有展示出该部门的重要性。

总而言之，第三阶段充斥着根本不符合现实的言论。尤里·科普捷夫领导下的专家、吉维·简迪加娃以及康斯坦丁·麦金克的言论，都揭示了国防复合体让人警醒的现实状况。

全速向国有化挺进的国防工业：2006～2008年

第四阶段与国防部长谢尔盖·伊万诺夫（Sergei Ivanov）有着直接联系，他在2007年5月被提升为第一副总理，并授予了在民用与军事工业部门"带给俄罗斯经济更具创新性特征"的任务。但在情况恶化了15年之后，创新几乎不是俄罗斯工业的特点了，用莫斯科商业世界银行（MDM）首席经济学家彼得·威斯汀（Peter Westin）的话说，伊万诺夫引领国防工业进入现代化时代的任务"在长期会见效，但这将会是非常困难的"。威斯汀说，这需要民用和军用部门之间的伙伴合作，而国防工业封闭、保密的性质阻碍了这种合作。威斯汀补充道，"目前的趋势是国家成为指挥官，而这是大家都不愿看到的。"② 俄罗斯政府并不认同威斯汀的观点。此外，俄罗斯政府重申完全控制国防复合体，以反驳威斯汀的评论。

俄罗斯喷气式发动机制造商"萨留特"礼炮机械制造生产公司（MMPP Salyut）总裁尤里·伊里斯耶夫（Yuri Eliseyev）强调了另一个关键问题，即严重缺乏年轻的熟练工人。军事工业复合体中劳动力的平均年龄在45～50岁，年长且有经验的工人逐渐退休了，而新一代年轻有潜力的熟练劳动力接替他们的速度非

---

① http://www.cast.ru/comments/? form = print&id = 191（2005年8月9日访问）。进一步的细节，参见对康斯坦丁·麦金克（Konstantin Makienko）的采访，见222页脚注②。

② 全文参见 Agence France-Presse, Moscow. "Russian Arms Industry Reform Will Be Long Haul: Analyst", http://www.defensenews.com/story.php? F = 2565768&C = europe, 2007年2月19日。同样的报道还写道，萨弗兰切克（Safranchuk）补充说："很多工厂处于瘫痪状态，由于15年疏于关照，它们需要大量投资。"该报道与 *Russia's Defense Industry: Phoenix from the Ashes?* 中表达的观点大相径庭。

常缓慢。①

谢尔盖·伊万诺夫在2006年发表的一篇文章中指出,尽管军事工业复合体的总体状况不算糟糕,但这并不意味着不存在问题。最重要的问题是,国防企业没有充分参与到高科技民用商品的生产中。武器系统的质量并不总能达到标准,在保持企业动员准备方面也存在某些问题。国防工业还需要进行财务重组,一些企业破产了,而另一些伪破产,还有其他工业集团可能只是为后续生产的重新布局将销售区域和生产设施按大小进行了排列。② 2006年1月,网络上发布了一份评估俄罗斯航空工业状况的报告。该报告明确指出,在航空工业的所有企业中实际运营不足或约为总数的1/3,也就是在80~100家间。③

国防企业援助联盟主席亚历山大·布林迪科夫（Alexander Brindikov）于2007年3月16日宣称,这个国家的国防企业每年需要53亿美元用于现代化和设备更新。2006年,联邦预算仅占到总额的29.9%,信贷占到23.4%,其余的则来自于单个企业积累的股票。尽管近年来俄罗斯政府已成为工业企业日益重要的持股人,但据布林迪科夫说,它没有为改革提供足够的资金。2007年3月14日,谢尔盖·伊万诺夫说,他期望俄罗斯的国防企业从2010年开始盈利——它们在过去五年中恢复到了平均每年生产率增长7%。④ 这一期望肯定不会实现——这是由于全球金融危机及其对俄罗斯的滞后影响,国防工业信贷危机以及当前国防预算削减了15%,这有可能还不是2009年的最后一次削减。下文会详细探讨这些问题。与此同时,据联邦工业署（Federal Agency on Industry）鲍里斯·阿廖申

---

① 全文参见奥尔加·波斯佩洛夫（Olga Pospelova）对尤里·伊里斯耶夫（Yuri Eliseyev）的一次在线采访。还可参见 Andrei Bondarenko, "Aviatsionno-obrazovatel'nyi piar" ("The Aviation Educational Public Relations"), http://www.redstar.ru/2007/03/15_03/1_02.html, http://www.ng.ru/printed/76976（2007年4月4日访问）; http://www.ng.ru/ideas/2008-06-16/1_opk.html? mthree =4; 以及 Tomasz Szulc and Eugene Kogan, "Russian Military Helicopters: Technologies and Markets," *Military Technology* 5 (2008): 76。早在2003年11月,莫斯科热工技术研究所（Moscow Institute of Thermal Technology, MITT）总干事尤里·所罗门诺夫（Yuri Solomonov）就说过,军事工业复合体中劳动力的平均年龄为50岁。Andrei Garavskii, "Oboronka v glukhoi oborone" ("The Defence Complex in a Deep Crisis"), http://www.redstar.ru/2003/11/01_11/n.html。

② Sergei Ivanov, "General State of Military-Industrial Complex is Not Bad", *Military Parade* (May 2006), 6。一篇发表在《独立军事评论》网站上的文章强调了同样的观点"国防企业没有被充分利用", http://nvo.ng.eu/armament/2006-12-29/1_voenprom.html。

③ "The State of the Russian Aviation Industry and Export Opportunities", *Conflict Studies Research Centre*, Russian series 06/04 (January 2006), http://www.da.mod.uk/colleges/arag/documentlistings/russian/。特别参见:Key Points,1~3。

④ *Jane's Defence Weekly*, March, 21, 2007, 20。

10. 俄罗斯国防工业 1991~2008：从苏联解体到全球金融危机

(Boris Alyoshin) 说，国防企业没有有效利用分配给它们用以满足其需求的资金——这既包括来自国家预算的资金，也包括它们自己的。因此，武器系统的现代化进展缓慢。阿廖申补充道，"应彻底改变国防工业结构"。他继续说，"如今我们的国防企业无法与外国企业竞争，政府合同经常是与外国企业签订的。"[①] 阿廖申没有进一步详细阐述这两句话中的任何一句。

在一次采访中，俄罗斯国家杜马国防委员会（the State Duma Defense Committee）副主席米哈伊尔·巴比奇（Mikhail Babich）说，军事工业复合体中现行的趋势非常令人担忧。他明确指出，新建公司俄罗斯国家技术公司认为，1/3 的军事工业复合体企业破产了，另外 1/3 濒临破产，只有最后的 1/3 状况良好。另外，企业不应该在技术上再处于落后地位了，国有企业应进行现代化改造。巴比奇补充说，"我们实际并没有在企业设备更新方面投入资金。结果，我们在许多方面落后外国竞争对手 5~15 倍。所以，我们表现出的不仅不具有竞争力，而且没能有效地利用从国家预算中划拨出来的资金。"[②]

目前共有 250 万人受雇于军事工业复合体。这比 1999 年时多了大约 50 万人。实际上，过去十年中军事工业复合体招募了 50 万名新职工，但这一数据还不足以维持军事工业复合体运行。据谢尔盖·伊万诺夫所说，军事工业复合体内劳动力的问题广为人知，问题主要是与年龄有关。即使是在科研机构和设计部门

[①] Mikhail Lukanin, "Oboronka zadirayet tseny" ("The Defence Industry Charges Extra Money"), http://nvo. ng. ru/printed/7251(2007 年 4 月 6 日访问)。但阿廖申没有对他的陈述作出进一步解释。亦可参见 *Jane's Defence Weekly*, November 19, 2008, 21。早在 2003 年 11 月，尤里·所罗门诺夫（Yuri Solomonov）就说过，在过去几年中，军事工业复合体已经失去了大约 200 项先进技术，http://www. redstar. ru/2003/11/01_11/n. html。

[②] http://www. ng. ru/ideas/2008 - 06 - 16/1_opk. html? mthree = 4。有关强调国防工业中机械设备状况的更早期报道，参见 http://nvo. ng. ru/armament/2004 - 07 - 02/1_abroad. html; http://nvo. ng. ru/wars/2005 - 07 - 29/1_gosprogramma. html; Burenok, Babkin, and Kosenko, "Oboronno-promyshlennyi kompleks," 41。关于国防企业的状况，参见 Burenok, Babkin, and Kosenko, "Oboronno-promyshlennyi kompleks"以及 224 页脚注②。有关资金的无效利用，参见 230 页脚注①。2007 年 11 月 25 日，总统弗拉基米尔·普京（Vladimir Putin）指派俄罗斯国防出口公司总经理谢尔盖·切梅佐夫（Sergei Chemezov）领导被命名为俄罗斯国家技术公司（Russian Technologies）的新公司，路透社，莫斯科。"Putin Appoints Weapons Export Chief to Head Russian Technologies", http://www. defensenews. com/story. php? F = 32083727&C = europe(2007 年 11 月 26 日访问)。关于对创建俄罗斯国家技术公司的肯定性反馈，参见 *Jane's Defence Weekly*, February 27, 2007, 22；还有一些人的观点与之相反，他们认为在过去 18 年中已经显示出，政府强制进行的国防工业改革以及企业合并并没有使国防工业转型，也没能使其在国内以及/或者国外成为有力竞争者，这正如下面要讨论的。关于第二种主张，即俄罗斯政府可能允许外国公司收购俄罗斯国家技术公司以及先前无法进入的俄罗斯国防出口公司的股份，政府可能会以自己的方式做到这些，但会对其加以控制。当然，如果政府感觉到外国机构会对俄罗斯的利益产生潜在影响，持股比例将不会超过 25%。

内，约有50%的职工处于退休年龄段，而在制造部门，该数字约为30%。因此，在新老员工转换之际，确实存在丧失技术和知识的真实危险。① 另外，也存在本文开头提及的一些问题，即机械设备老化，急需进行现代化改造（顺便提一下，这一问题在过去18年中都未被处理）。由于设备老化以及熟练工人流失，弹药行业的状况比国防工业中其他部门更差，在这里大量员工一起离开了这个部门。②

小结

政府给出的医治国防工业病症的方案是什么？在俄罗斯，政府称之为合并，或者说将不同部门的国防企业整合起来形成控股公司。这表明俄罗斯政府从未放弃过创建控股公司的想法，而2004年10月发行的《独立军事评论》认为这已过时了。

可以这样说，较早一轮工业合并浪潮以联合飞机制造公司的合并作为开始。2005年2月22日，弗拉基米尔·普京总统下令组建联合飞机制造公司。合并在俄罗斯就是这样进行的，通过下达指令，而并不考虑工业的原理。特别是航空部门的私人公司，被国有公司兼并，且国家在这个被国有化了的公司中持有超过75%的股份，但直至2009年3月，这家公司仍尚未成立。③

---

① 关于全文以及特别是为缓解军事工业复合体内劳动力短缺而采取的措施，参见http://www.redstar.ru/2008/11/21_11/2_04.html。亦可参见http://ng.ru/economics/2009 - 01 - 16/1_rockets.html。一份更早期报道，参见http://nvo.ng.ru/wars/2005 - 07 - 29/1_gosprogramma.html。有关工业中航空、船舶制造以及电子部门工程技术人员的严重短缺，参见网上一篇更早期的文章http://www.ng.ru/politic/2008 - 03 - 07/4_chemezov.html。对康斯坦丁·麦金克的采访，参见223页脚注①；对尤里·伊里斯耶夫的采访，参见226页脚注①。

② Leonid Orlenko, "Den'gi dlya organizatsii proizvodstva i armii" ("Funds for Organization of Production and Army"), http://nvo.ng.ru/forces/2008 - 11 - 21/6_modernisation.html。一篇更早期的讲述弹药工业状况的文章，参见 Burenok, Babkin, and Kosenko, "Oboronnopromyshlennyi kompleks," 41; http://nvo.ng.eu/armament/2006 - 12 - 29/1_voenprom.html。依据麦金克的观点，国防工业中的弹药部门应得到国家的支持。http://www.cast.ru/comments/? form = print&id = 191（2005年8月9日访问）。

③ 有关创立联合飞机制造公司的更早期的报导，参见http://www.cast.ru/comments/? form = print&id = 191（2005年8月9日访问）。还可参见 Eugene Kogan, "Under the Cloak of the OAK" *Military Technology* 6 (2007):61 ~ 65; Tomasz Szulc, "Russian Aerospace. Consolidation Progresses", *Military Technology* 6 (2007):66 - 78。联合飞机制造公司合并一直被拖延，它的运转一直落后于预定计划，关于这方面的详细情况，参见 *Aviation Week and Space Technology*, January 26, 2009, 306。关于联合飞机制造公司首次公开启动的可能日期，参见 Oksana Novozhenina, "OAK pereschitala samolety" ("OAK Recounted Aircraft"), http://www.gazeta.ru/business/2009/02/13/2941835.shtml（2007年4月23日访问）。

10. 俄罗斯国防工业 1991~2008：从苏联解体到全球金融危机

2007 年 3 月，普京总统下令创建联合造船公司（United Shipbuilding Corporation），它将包括所有完全国有和部分国有的造船公司。普京的法令给了政府四个月时间去完成所有文书工作，并对将要并入控股公司的企业进行评估。① 到目前为止，在执行命令方面基本毫无进展。

另外，2007 年 8 月 11 日，普京发布了整合航空发动机制造商的命令。② 据谢尔盖·伊万诺夫所说，至 2007 年年底，要建成四大航空发动机集团。③ 2008 年 7 月下旬，《防务新闻》（Defense News）报道，由于两家私有公司都抵制接受政府管制，克里姆林宫推动的国防工业合并在航空发动机部门遇到了难题。乌法发动机制造联合企业（Ufa Engine-Building Industrial Association，UMPO）和位于雅罗斯拉夫的"土星"科学生产联合公司（Yaroslav-based NPO Saturn Company）正处于合并过程中，它们都抵制被并入由国有"国防工业"股份公司（Uic Oboronprom）公司控制的发动机制造控股公司。④ 经历了全球金融危机和普京总理的私人干预后，俄罗斯最后一批主要的独立航空发动机制造商才被迫服从了政府管制。⑤ 说得委婉一些，上文描述的合并可被称作"俄罗斯式的"合并，即伤筋动骨，但至少性命犹存。

2008 年 7 月，俄罗斯政府决定开展更进一步的产业合并，这会对国防部门产生深远影响。俄罗斯总统德米特里·梅德韦杰夫（Dmitry Medvedev）签发了允许俄罗斯国家技术公司接手国家持有的 400 多家公司的股份。据俄罗斯国家技术

---

① Nabi Abdullaev, "Russian Consolidation Fails to Speed Orders", http://www.defensenews.com/story.php? F = 2678110&C = europe（2007 年 4 月 23 日访问）。

② 关于全文，参见 Vladimir Alexandrov, "Pretendenty na serdtse aviaproma"（"Contenders for the Heart of the Aviation Industry"），http://nvo. ng. ru/armament/2007 – 08 – 17/1 _engine. html；*Aviation Week and Space Technology*, August 20 and 27, 2007, 41。

③ *Flight International*, August 21 – 27, 2007, 12。据《防务新闻》2008 年 7 月 28 日第 18 页报道，"国防工业"股份公司（Uic Oboronprom）的任务是要在 15 个月内合并该国的航空发动机制造公司。然而，无论是截至 2007 年年底还是在 15 个月之内，这一合并均未成功。在 2008 年 12 月，主要独立的航空发动机制造商接受了政府的管制。有关最后一批独立航空发动机制造商的消息，参见本页脚注⑤。

④ 全文参见《防务新闻》，2008 年 7 月 28 日，第 18 页。人们应该记得"国防工业"股份公司（OBORONPROM）是 100% 由垄断国家武器出口的企业——俄罗斯国防出口公司控制的，而国防出口公司反过来又被由谢尔盖·切梅佐夫领导的国有公司——俄罗斯国家技术公司合并了。关于俄罗斯国家技术公司，参见 227 页注释②。

⑤ 全文参见 *Defense News*, January 5, 2009, 4, 6。关于弗拉基米尔·普京总理的个人干预，参见 http://www.vesti.ru/doc.html? id = 229325&cid = 5（2008 年 12 月 2 日访问）。亦可参见 Konstantin Makienko, "Finansovyi krizis i VPK：Problemy I perspektivy"（"Financial Crisis and the Military-Industrial Complex：Problems and Prospects"），http://www.cast.ru/comments/? form = print&id = 330（2008 年 12 月 8 日访问）。

公司管理层说，这些公司中有将近80%都活跃在国防领域。俄罗斯国家技术公司首席执行官谢尔盖·切梅佐夫（Sergei Chemezov）说，这400多家公司将被合并到30家左右的控股公司中。

俄罗斯国家技术公司的创建将成为继联合飞机制造公司之后国防和航空航天领域的又一大焦点。联合飞机制造公司的很多航空电子设备和飞机系统供应商将成为俄罗斯国家技术公司的一部分。更为重要的是，后者还将通过创建联合发动机制造公司掌控俄罗斯的航空发动机制造商。

俄罗斯政府一直致力于重新建立对核心工业部门的控制，包括国防和航空航天工业。大型联合企业的支持者表示，创建俄罗斯国家技术公司的目的之一是为了避免国防供应商被私人资本收购，以及将其精力定位于民品开发和生产的风险。另一个目的是要创建几个纵向一体化的控股公司，将武器设计、开发与生产业务集中起来，这次合并还涉及一些国有研究机构。①

西伯利亚航空研究所（Siberian Aeronautical Research Institute，SibNIA）的一些资深俄罗斯科学家于2008年初在《简氏防务周刊》（Jane's）中表示，俄罗斯国家技术公司在形成中存在一个致命的缺陷：这次大规模重新分配国家资源，或者说形成诸如联合飞机制造公司和阿尔玛兹·安泰联合公司（Almaz-Antei Air-Defense Consortium）这样的大型企业集团，没有把基础研究和开发中心包括在内。一名科学家说道，"目前我们从国家拿到的资金仅是我们需要维持机构运行资金的10%，

---

① 更早的观点，认为由弗拉基米尔·普京总统和第一副总理谢尔盖·伊万诺夫倡导的主要改革机制，将会增加政府对国防复合体的所有权，参见"Russia's Defense Industry：Phoenix from the Ashes？"；Aviation Week and Space Technology，July 28，2008，50。还可参见 Jane's Defence Weekly，August 6，2008，20。明显的是，在2004年1月，时任总理米哈伊尔·卡西亚诺夫（Mikhail Kasyanov）签署了关于苏霍伊航空控股公司、"金刚石－安泰"防空系统公司、战略导弹公司、俄罗斯电子股份有限公司（JSC）、俄罗斯化学防御公司（或 Roskhimzashchita）控制权的法案。据该资料显示，卡西亚诺夫签署的这项法案丝毫没能提高企业的效率，但却大大影响了政府官员对于国家财富的再分配。康斯坦丁·麦金克（Konstantin Makienko）在一次网络采访中，详细阐述了极为类似的观点（2005年8月9日访问）。亦可参见223页脚注①。关于俄罗斯国家技术公司对军事工业复合体的评价，参见227页脚注②。有关防务公司普遍存在的挪用和滥用国家资金的现象，以及对经济战略部门，包括国防工业，加强国家控制的政府政策，参见 Defense News，October 6，2008，62。在弗拉基米尔·普京总理和谢尔盖·伊万诺夫副总理的一次会议中，普京要求伊万诺夫汇报分配给军事工业复合体的预算资金是怎样花费以及在哪里花费的。显然，伊万诺夫对于这一问题并不完全清楚。Igor Naumov，"Pushki vmesto masla"（"Cannons Instead of Butter"），http：//www.ng.ru/economics/2008-09-15/6_army.html。非常有趣的是，2006年《红星报》（Krasnaya Zvezda）宣称，国家对于分配给军事工业复合体的经费支持控制得更牢固了。Andrei Garavskii，"Oboronka-briz peremen"（"Tee Defence Industry—Wind of Change"），http：//www.redstar.ru/2006/11/22_11/1_02.html。显然，尽管俄罗斯军事工业复合体内的官员另有其辞，但措施是不充分的。

10. 俄罗斯国防工业 1991~2008：从苏联解体到全球金融危机

剩下的我们只能四处乞讨。"① 而且，似乎在不久的将来，划拨的资金是相同数量或甚至更少，因为俄罗斯政府尽管经常做出承诺，但也经常削减预算。

2008 年 9 月，图拉仪器仪表设计局（KBP Instrument Design Bureau）总干事亚历山大·里巴斯指出，"目前俄罗斯正步入发展时期，俄罗斯需要不同的管理工业和新技术，包括管理技术的人员。如今，大部分俄罗斯国防企业由前苏联的主管经营。在俄罗斯国防工业内，新型管理人才出现得非常缓慢，这些人才他们应理解有国家大力参与的市场经济是什么样的。在航空和船舶制造业中出现得稍微快一些，因为它们具有更强的市场导向。"

为了取得质的飞跃，国防工业以及政府决策部门需要吸纳一大批此类人才，我相信这将在七到八年内发生。② 有待解决的问题与在此期间军事工业复合体发生的情况有关。它还会像过去 18 年中那样敷衍了事吗？其最终的成本将是多少？将会出现另一个没有实质意义的联邦计划，而且存在伴随了军事工业复合体 18 年的相同问题吗？或者将会出现其他一些俄罗斯政府或许还未准备好应对的事情吗？或许这就是里巴斯（Rybas）暗示的在不久的未来将会发生的改革。

据里巴斯说，"对于俄罗斯武器的需求已经增长到了超过我们生产能力的程度了。我们可能面临这样一种情况，即外国客户由于合同签订与实际装运之间的拖延而开始逐渐离去……。只有到那时，政府才将被迫真正进行改革，改变管理模式并引进新型人才。"③ 另外还存在一个问题，即目前成立的控股公司垄断了政府的国防订单，它们设定了合同的成本，而交付给客户的优质产品越来越少了。④

第四阶段也与 2008 年前半年发生的全球金融危机有直接联系。最近这次危机的影响在 2008 年夏天波及到了俄罗斯，并在 2008 年末对国防复合体产生了冲击。据战略和技术分析中心（CAST）副主任康斯坦丁·麦金克（Konstantin Makienko）说，2008 年夏天，国防复合体的信贷状况不断恶化。军事工业复合体中

---

① 全文参见 Jane's Defence Weekly, August 6, 2008, 20。

② Defense News, September 15, 2008, 34。

③ Defense News, September 15, 2008, 34。俄罗斯国家技术公司的总经理谢尔盖·切梅佐夫也表达了极为类似的观点，也就是"政府订单与出口合同数量的增长已使那些生产能力没有得到改善的国防企业不堪重负。"参见 Chemezov: "Moshchnosti Rossiiskogo VPK podoshli k predelu svoikh vozmozhnostei" (Chemezov: "The Capacity of the Russian Military-Industrial Complex Has Reached Its Ceiling") http://www.gazeta.ru/news/business/2008/07/16/n_1244102.shtml, 以及 Jane's Defence Weekly, August 6, 2008, 20。

④ 有关全文参见 Viktor Myasnikov and Mikhail Sergeyev, "Oboronka skatilas' v monpol'ku" ("The Military-Industrial Complex has Turn Into Monopoly"), http://www.ng.ru/indexl/ (2007 年 4 月 20 日访问)。

大量的企业为履行出口合同和国防订单合同，不得不求助于信用贷款，因为国防部下拨给他们的资金要么寥寥无几，要么姗姗来迟。①

2008年11月11日，俄罗斯副总理、前国防部长谢尔盖·伊万诺夫警告说，全球金融危机已经使得这个国家的国防工业陷于"瘫痪"，在一次电视演说中他补充说，他们正面临着"可怕的现金短缺"，他呼吁国有银行提供额外的资金，以缓和"国防工业变得极为痛苦的局面"。

据估计，发展俄罗斯国防工业基础的成本为192.5亿美元，工业部门预计获得总金额的40%。当前的金融危机问题不可能使国防工业基础的现代化以及更大范围的俄罗斯军事现代化完全脱离轨道，这两者都被视为具有高度优先性。这意味着，在短期或中期内，对这个已受到国家高度控制和补贴的部门加大政府干预将是莫斯科唯一可取的行动方案。

尽管伊万诺夫呼吁国有银行提供资金，但当前的投资环境显然并不利于新股发行。而且，在缺乏流动性和普遍规避风险的时期，商业银行不可能心甘情愿把钱贷给俄罗斯那些获得高额补贴且大多数是亏损的国防企业。这使得缓解该行业压力的重担落在了政府肩上。总的来说，政府投入更多的钱似乎是不可避免的，这种投资可能既会导致通货膨胀，又会因通胀而贬值。②

据报道，尽管受到了全球金融危机的影响，俄罗斯已经总共投入了54亿美元来采取一揽子措施，旨在缓解其国防工业基础中"可怕的现金短缺"，并保持其军事部门改革的正常发展。俄罗斯新闻社（RIA Novosti news agency）报道说，国家控制的大型国防企业集团俄罗斯国家技术公司和联合飞机制造公司可能会是主要的受益者。继这一揽子54亿美元的保障措施后，是否会有（或者是否需要有）其他措施仍须拭目以待。人们还应该问问，这些措施能否在某种程度上帮助工业部门应对其根本问题，诸如过时的管理方法以及妨碍创业方针的文化。可以这样说，加大政府控制无益于这些方面。③

总之，可以说，俄罗斯国防工业已陷入僵局，在过去18年中都未曾创建出一

---

① 有关全文，参见 http://www.cast.ru/comments/? form = print&id = 330（2008年12月8日访问）。亦可参见"Rossiiskaya oboronka derzhitsya na chestnom slove Putina"（The Russian Defence Industry is Relying on the Thruthfulness of Putin），http://www.izvestia.ru/news/news198694（2009年2月25日访问）。

② 有关全文，参见 Jane's Defence Weekly, November 19, 2008, 21。

③ Jane's Defence Weekly, December 17, 2008, 19。另外，正如之前的报道所说，国防工业主要为国家所有的性质使得其他经济部门可以利用的国外私人投资无法流入国防企业，阻碍了俄罗斯提高生产力和效率的能力，见 Jane's Defence Weekly, August 20, 2008, 20。

10. 俄罗斯国防工业 1991~2008：从苏联解体到全球金融危机

图 10.1　兰斯·苏哈罗夫（Lance Sucharov）创作的漫画

个具经济可行性和竞争性的国防工业。在国防工业中，直到 2008 年 12 月刚刚具备了竞争力和盈利能力的军事航空部门被政府国有化了，而国有化之后的故事不可能重复国有化之前的辉煌业绩了。国防工业的其他部门既不具有可行性，也不具有竞争力，尽管俄罗斯国防工业的官员不承认这一点。也可以说，在 18 年来一贯性的拖延和未曾实际落实过重组进程之后，政府已创建了阻碍竞争且不时需要补贴的国家垄断企业。如果这就是前总统和现任总理弗拉米尔·普京及其团队想要做的，那么他们确实完成了任务，上面的漫画刻画了国家垄断企业现在的情形。①

---

① 文中漫画由作者构思，并由兰斯·苏哈罗夫（Lance Sucharov）绘制，我非常感激兰斯·苏哈罗夫创作了它们。

11 武器和独立自主：中国国防工业转型的限制

J. D. 肯尼思·布廷*

正在变化的工业图景以及政府致力于提高工业能力以满足中国人民解放军对武器装备雄心勃勃的要求，都正在改变着中国的国防工业基础。中国是一个典型的技术民族主义国家，但在追求国防工业自给自足方面已规划了自己的路线。依赖性问题的敏感性反映在中国国防工业的发展过程中。尽管研发和生产的逐步市场化作为国有企业（State-Owned Enterprises，SOE）商业考虑的重要性增加了，而且当局试图控制新兴私营部门的工业能力去满足国防需要，但在中华人民共和国大部分历史时间里，中国的国防工业被有效地隔离在外部市场的影响之外，全球化程度低于其他地方。由于试图利用跨国技术发展过程和在不影响国防工业自主性的条件下应用这些技术所提供的机会，这本身就存在着困难，因此中国国防工业模式的内部矛盾成了主要的政策困境。中国国防工业转型的本质对其产生的重要影响是：如果说商业化有助于缩小与其他主要工业化国家在定性能力上的差距的话，那么限制国防企业的跨国合并就成为能力持续发展的严重障碍了。

本章考察了中国国防工业基础的结构转型以及不断变化的国防工业战略，政

---

* J. D. 肯尼思·布廷（J. D. Kenneth Boutin）是位于澳大利亚吉朗的迪肯大学（Deakin University）国际关系方向讲师。他获得了加拿大多伦多约克大学（York University）政治学博士，在加入迪肯大学之前，他曾在伦敦核查研究、培训与信息中心（Verification Research, Training and Information Centre）从事军备控制方面的工作。他主要的研究兴趣是安全的政治经济学领域，包括技术政策、国防产业化、军火转让、军备控制和经济安全，尤其是涉及美国和亚太地区的相关领域。当前布廷博士正在开展考察发达与发展中国家经济安全问题的研究项目。

11. 武器和独立自主：中国国防工业转型的限制

府努力解决来自中国人民解放军正在进行的现代化建设的需要，同时又要让国防企业尽量少地受到市场波动和政治因素导致的武器禁运的影响。本章首先考察中国国防工业战略受到的影响，然后考察 1978 年后中国国防工业的变革，以及来自于其模式到其复合体和高要求政策需要的含义。

中国国防工业的独立自主

中国成功地获得了真正的国防工业独立自主性，这在发展中国家中是独一无二的。而非常可贵的是，由于必须得到持续的政治支持和资源承诺，这个目标在实践中已被证明是非常难以达到的。中国能够成就这一点，显示了来自其政治领袖的深刻承诺，以及过去与武器供应商们之间艰难关系的影响。

国防工业独立自主是中国一个长期的政策目标。中国在 19 世纪以来遭受了外国强权的侵略，他们部署了远远超过中国武器装备的军队，从那以来，国防工业化就已构成国家安全议题的一个重要支柱，发展本国能力生产现代武器装备是封建社会末期洋务运动（Self-Strengthening Movement）的中心内容。正如一位中国官员 1864 年写的，"我们必须仿制汽船（如军舰）以使外国人丧失通过他们所依仗的非常武器而具备的优势"。[①] 为了努力使中国不再需要从那些正威胁其安全的国家进口武器，中国建设了许多兵工厂。在混乱的 1916~1928 年，即所谓的"军阀混战时期"（Warlord Period），国防工业化依然是重要的政策目标，也是第二次世界大战期间国民政府所追求的目标。[②] 尽管努力很坚决，但中国依然依赖于武器进口，而且由于资金约束和政治原因导致的武器禁运，经常会在获取充足供给方面遇到困难。[③]

当中华人民共和国于 1949 年成立时，赋予国防工业发展的重要性并未随有效的中央政府就位而减弱。中国新的领导者们快速转向了重新建设和发展国家国防工业基础，并在 1950 年《共同纲领》（the Common Program）中强调了发展国

---

① John L. Rawlinson, *China's Struggle for Naval Development* 1839~1895 (Cambridge, MA: Harvard University Press, 1967), 38. 引用。

② 对军阀混战时期，参见 Anthony B. Chan, *Arming the Chinese: The Western Armaments Trade in Warlord China*, 1920~1928 (Vancouver: University of British Columbia Press, 1982), 110~115; 对于第二次世界大战，参见 William C. Kirby, "The Chinese War Economy," in *China's Bitter Victory: The War with Japan* 1937~1945, ed. James C. Hsiung and Steven I. Levine (Armonk, NY: M. E. Sharpe, 1992), 193~196。

③ 参见，例如：Chan, *Arming the Chinese*, 59。

防相关技术的重要性,这个共同纲领事实上就是最初的宪法。① 中国的进步令人印象深刻,到 1960 年时,他在许多种类的武器装备上已经自给自足了。中国国防工业要立足于本国,之所以是这样,部分原因是考虑了解放军的后勤基础设施。② 如果说自 1949 年以来中国领导人的目标完全一致是不准确的话,那么保持全面的国家国防工业能力是必要的,在这一点上已经取得了普遍共识。

中国在 1949 年之后的国防工业结构是以独立自主为目标的,政府以苏联国防工业模式为模板,恢复了已有设备并扩大了它的生产能力。③ 中国国防工业模式的突出特点是包含一个高度集中和官僚化的结构。④ 国防工业的研发和生产由国家垄断,国有企业负责所有的生产,国家的研究院所和国家支持的学术机构进行产品研发,⑤ 与国防相关的研发和生产牢牢地由相关政府部门进行管理。

隐含于中国国防工业化中的安全考虑所产生的影响扩大到了工业结构之外。对支持中国国防建设的关注意味着经济可行性问题在国防工业的考虑中算不上那么重要,虽在许多情况下,解放军提供的内部市场规模确实产生了相当大的规模经济。⑥ 经济相对于战略考虑的从属地位更进一步体现在,中国为在冲突情况下保持其国防工业能力做好准备的程度上。自 20 世纪 60 年代到 20 世纪 70 年代后期所实施的"三线"(Third Front)计划,见证了为降低受到攻击时的脆弱性,中国将与国防相关的生产和研发设施在地域上分散于远离中心城市的偏远地区,

---

① Yeu-Farn Wang, *China's Science and Technology Policy*:1949~1989 (Aldershot:Avebury,1993),37. 参见 David Shambaugh, *Modernizing China's Military*:*Progress*,*Problems*,*and Prospects* (Berkeley,CA:University of California Press,2002),226;以及 Yitzhak Shichor,"Conversion and Diversion:The Politics of China's Military Industry after Mao",in *The Politics and Economics of Defence Industries*,ed. Efraim Inbar and Benzion Zilberfarb (London:Frank Cass,1998),137,显示了关于中华人民共和国发展国防工业基础早期努力程度。

② James Mulvenon, *Soldiers of Fortune*:*The Rise and Fall of the Chinese Military-Business Complex*,1978~1999,paper 15(Bonn:Bonn International Center for Conversion [BICC],1999),7. 还可参见 Paul Humes Folta, *From Swords to Plowshares? Defense Industry Reform in the PRC* (Boulder,CO:Westview Press,1992),5。

③ 然而,需要注意的是,它的一些关键特征要比中华人民共和国早了很长时间。参见 Peter A. Lorge, *The Asian Military Revolution*:*From Gunpowder to the Bomb* (Cambridge:Cambridge University Press,2008),71。

④ Richard A. Bitzinger,"Reforming China's Defense Industry:Progress in Spite of Itself?" *The Korean Journal of Defense Analysis* 19,No. 3(2007):106。

⑤ 例外的情况是直至 1956 年之前,有限地允许私营企业存在,但这并不包括大型企业。参见 Wang, *China's Science and Technology Policy* 1949~1989,43;以及 Tony Saich,"Reform of China's Science and Technology Organizational System," in *Science and Technology in Post-Mao China*,ed. Denis Fred Simon and Merle Goldman(Cambridge,MA:Harvard University Press,1989),73。

⑥ 参见,如 Ron Matthews and Xu Bo,"China's Aerospace Self-Reliance Still Elusive", *Asia-Pacific Defence Reporter* 28,No. 6(2002):36。

11. 武器和独立自主：中国国防工业转型的限制

其代价是巨大的。①

在从一个世纪的冲突与内战的影响中恢复过来的同时，发展独立自主国防工业能力的需求阻碍了雄心勃勃的研发和生产计划。与许多发展中国家不同，中国的领导者已准备放弃尝试开发和生产近似，或甚至是接近成为先进工业国家标志的技术前沿的武器，风险规避的性质是中国国防工业战略区别于苏联的特点。② 中国的国防工业计划注重于现有武器装备设计的渐进发展，但代价是牺牲了可能是颇有希望但未经尝试的发展路径。向着更为先进的设计前进会不断为本国带来更高程度的地区责任，从这个意义上说，中国的确符合这本书前面章节中所描述的国防工业化的经典模型。例如，就战斗机而言，中国在许可之下开始生产苏联的米格-15（Mig-15），并一步步地逆向工程了苏联的设计，如米格-21，之后生产了改进的外国设计，并最终发展出先进的本土设计，如歼-10（J-10）。然而，由于中国的视野放在了相对适度的目标上，技术门槛已显著地低于苏联和其他大国。值得注意的是，即使是现在，在开发设计如歼-10（J-10）的同时，还一直在努力利用余留在米格-21设计中的微小潜能。

中国政府不仅仅重视国防工业的独立自主，追求这个目标所涉及的范围和活力也已使中国与众不同了。这已经成为其国防工业战略的一贯特性了，不管政府如何变化以及资金水平如何波动，它一直存在。在大多数发展中国家，提升独立自主国防工业能力的努力以国家生产能力为重点，甚至这通常限定在合作生产或本地组装外国设计上。而在中国，这还伴随着发展全面研发能力的目标，尽管与其他大国相比，技术并不先进。

中国国防工业基础是相对与世隔绝的，这也反映出这个目标在中国的优先地位。中国政府愿意接受外国援助，包括技术输入形式的援助，他们对于有可能将中国置于依赖关系中的安排是非常小心的。在1960年以后，中国远离了长期的国防工业关系，这些关系有利于通过逆向工程外国设计和其他形式的非法技术转让，想尽办法地利用海外资源。1978年以后，中国派遣技术考察团到国外，表

---

① Shambaugh, *Modernizing China's Military*, 227.
② 参见 Bitzinger, "Reforming China's Defense Industry", 106。

面上是为了采购武器装备,但很快就被识破其目的是收集技术见地。① 人们同样认识到,如果没有通过技术转让为中国国防工业的长期发展做出贡献,向他出口几无可能。②

中华人民共和国的成立才结束了所谓的"百年耻辱",中国在这段时期遭受外国强权的屈辱对待以及他在国际军火市场的经历,直接后果就是国防工业独立自主的优先性。以下情况的发展强化了政府在不引致高昂政治成本的条件下,对可能全球化地满足解放军物质要求的关注,例如西方在20世纪50年代早期和20世纪80年代实施的武器禁运;1960年中-苏关系破裂,中国突然失去了获取苏联武器和国防工业援助的途径,这致使上百项苏联援助的工业项目被废弃,留给中国的是严重不足的研发能力;③ 以及1989年后,西方再次实施了武器禁运。④

中国对国防工业独立自主的重视不仅只是一件非做不可的事,痛苦的经历已使保持国家独立开发和生产武器能力的重要性深入人心。中国建设国防工业的模式与他一贯强调的自力更生相一致,被认为是国家安全的一个"不可或缺的组成部分"。⑤ 1949年之后,尽管可以使用苏联武器,但中国着手重新建设和扩展其国防工业能力的速度值得关注。技术进步是第二重要的,这可以部分地归因为在一个世纪的内战与冲突后,中国工业能力相对不发达,这体现了关注于国防工业依赖性政治含义的影响,因为在中国所处的环境下发展先进的、与国防相关的研发能力需要外国发挥作用,而这种作用的广度要比中国领导人准备好可接受的程度广泛得多。

中国的国防工业战略为他提供了大规模生产各种相对简单武器的强大能力,

---

① Harlan W. Jencks, *From Muskets to Missiles: Politics and Professionalism in the Chinese Army*, 1945~1981 (Boulder, CO: Westview Press, 1982), 198. 中国的军事和工业人员继续利用潜在的有希望的武器采购从外国工业部门获得技术知识。参见 Reuben F. Johnson, "Talks Twist and Turn as Chinese Navy Eyes Su-33," *Jane's Defence Weekly* March 18, 2009, 4。

② *Jane's Defence Weekly*, "Exporting to China Will Mean Technology Transfer", June 29, 1985, 1290.

③ Bates Gill and Taeho Kim, *China's Arms Acquisitions from Abroad: A Quest for "Superb and Secret Weapons"*, SIPRI research report 11 (Oxford: Oxford University Press, 1995), 31; 以及 Iris Chang, *Thread of the Silkworm* (New York: Basic Books, 1995), 208。

④ 参见 Michael Mecham, "U. S. Suspends Military Sales in Wake of Massacre in China", *Aviation Week & Space Technology* June 12, 1989, 69~72。

⑤ Han S. Park and Kyung A. Park, "Ideology and Security: Self-Reliance in China and North Korea", in *National Security in the Third World: The Management of Internal and External Threats*, ed. Edward E. Azar and Chung-in Moon (Aldershot: Edward Elgar Publishing, 1988), 119。

11. 武器和独立自主：中国国防工业转型的限制

但是几乎没有提供可与其他大国所展示出的定性能力相匹敌的空间，更不用说超越了。因此中国的国防工业独立自主来得代价高昂。中国生产的武器往往如果不是过时的，也是即将过时的，在引进新一代武器装备方面远远滞后于其他主要大国。中国的国防工业甚至无法在比较复杂的武器装备方面保持其相对地位。例如，在战斗机领域，中国取得了绝对进步，但在20世纪60年代生产采用了20世纪50年代早期经典技术的歼-6（J-6）战斗机时，有相对下滑，但直到20世纪80年代仅仅发展到生产歼-7（J-7），它是以可追溯到20世纪50年代末期苏联设计的米格-21为基础的。从可能将解放军作为政策工具，以及将中国的利基能力作为国际市场中低成本、低能力武器供给者的角度讲，这已对中国产生了重大影响。

中国现代化的工业革命

变化的战略环境所产生的武器需求超出了中国所能提供的能力范围，在这种威胁之下，才出现了中国的国防工业模式。这种模式所确立的方法适用于人民战争条件，它强调诱敌深入，用中国军队的数量优势打败敌人，这被认为是一条可行的战略原则。1976年毛泽东的去世是分水岭，在之后的政策中，中国的国防工业战略没有得到充分考虑，而随后对威胁环境的重新审视，产生了军队现代化议程，而国家工业部门还没有准备好为其提供支持。直到20世纪80年代早期，人们认识到，解放军将更加依赖于技术。[1] 随后正式放弃了人民战争的理念，而且在1990～1991年海湾战争中中国武器平淡无奇的表现也已意味着，即过时的技术不再是中国人民解放军的一种选择，其武器要求会继续扩展，与现行理念的发展保持一致。[2] 军事革命已经来到了中国，中国人民解放军正在寻求部署高技术武装力量。[3]

军队转型以适应新的理念要求，它所涉及的组织困难和资源需要已经弱化了

---

[1] Richard J. Latham, "The People's Republic of China: Profits, Consumerism, and Arms Sales", in *The Implications of Third World Military Industrialization: Sowing the Serpents' Teeth*, ed. James Everett Katz (Lexington, MA: D. C. Heath and Co., 1986), 189.

[2] 参见 Paul Beaver, "China Eyes the West to Finance Defence Growth", *Jane's Defence Weekly*, July 23, 1997, 21。

[3] 参见 Anthony H. Cordesman and Martin Kleiber, *Chinese Military Modernization: Force Development and Strategic Capabilities* (Washington, DC: The CSIS Press, 2007), 显示了中国人民解放军扩大技术要求的情况。

现代国防工业

中国高度强调先进武器对国防工业的影响。庞大的军队规模以及必需的改变程度意味着,尽管国防开支增加了,且事实上其重组已经进行了一段时间,但还是有很长的路要走。引入现代化能力是个不断前进的过程,这已使中国政府集中于满足相对小部分军队的物质要求。然而,随着军事改革进程的深入,对国防工业基础的需求将会增加。

对中国国防工业技术能力的担忧伴随着对其效率问题的关注。中国的国防工业基础有这样一些特征,生产设施落后、生产能力过剩、缺乏盈利能力以及责任意识差。[1] 人们认为这些特点会妨碍它对其主要客户不断变化的要求做出反应的能力,特别是在政府面对预算压力的情况下,这意味着国防工业的发展必须与其他紧迫的需要竞争资源。自 20 世纪 70 年代后期开始,加速经济发展是优先考虑,经济发展所需要的资源原本可以用于国防工业发展,而政府已把大量资源投入到与国防相关的研发和生产上,这显然没有与军队现代化的步伐保持一致。财政赤字已使人们注意到构成国防工业基础的国有企业效率问题,并加大努力以更有效率地利用那些主要用于满足民用部门需要的能力。到 20 世纪 80 年代早期,有人重新呼吁"军民生产一体化"。[2]

中国工业发展的一体化方法构成了其当前国防工业战略的一个主要特征。[3] 中国政府已经尝试利用国防企业的富余能力帮助满足民用需要,包括技术转让。[4] 除此之外,政府已经认识到,在一些领域,民用部门的国有企业向国防领域的国有企业展示了有益的实践,并提供了更加直接的帮助。民用国有企业通过商业渠道为获取军事相关的两用技术和商业现货(COTS)产品提供了非常宝贵的机会。由于民用部门国有企业已经发展了它们的研发能力,并已成为全球经济中更积极的参与者,而且由于民用和国防部门的技术要求已经趋同了,这种能力已经增长了。

民用工业在中国国防工业战略中的重要性意味着,必须在总体经济发展的背景下考察当前的趋势。由于中国民用和国防工业发展路径背道而驰,这种重要性

---

[1] 参见 Bitzinger,"Reforming China's Defense Industry",105～107。
[2] Latham,"The People's Republic of China",189～190。
[3] 在中国最新的国防白皮书中已再次肯定了这一点。参见 Information Office of the State Council of the People's Republic of China, *China's National Defense in* 2008(Beijing:Information Office of the State Council of the People's Republic of China,2009),43。
[4] 参见 *Jane's Defence Weekly*,"China Declassifies Technologies",November 4,1989),953。

11. 武器和独立自主：中国国防工业转型的限制

已经增加了。中国民用国有企业部门的发展模式已经涉及在全球化的、跨国研发和生产过程中不断深化企业整合，但这并没有反应在国防部门的国有企业中，在这里，安全驱动的对依赖性的担心已限制了这种机会。因此，民用部门起到了进入全球化工业进程的作用，而不会引致当允许国防工业参与到这个程度时要付出的政治代价。中国正在追求的国防工业发展同总体经济发展并进，这是努力利用这种方式进行全球化所提供机会的结果。

毛泽东去世导致的政治环境变化为经济改革和发展私营部门的工业能力提供了空间，它们已表现出相互支持。对经济发展的高度关注极为强调技术进步和更大程度地参与全球经济活动，[1] 这为逐步引入所谓的"市场社会主义"（Market Socialism）铺平了道路。这是逐步从最初批准外国公司在数个选定的经济特区（Special Economic Zones, SEZ）建立业务发展起来的，包括那些在高技术产品领域的活动，但不涉及任何明确的长期战略。[2] 在许多情况下，外国公司在中国的分支机构发展为更多实质性的生产工厂，并在某些情况下甚至发展成代表母公司承担研发任务。同时，中国的国有企业也发展了它们参与全球经济的能力，并开始建立与外国伙伴的关系。随着经济发展，中国越来越多地参与到技术发展、应用和传播的跨国结构中来。在这方面已采取的形式有，关于特定项目组成合资企业，以及长期战略合作伙伴，对合作开发面向全球市场产品的兴趣也越来越浓厚。近些年已经出现了建立在中国的跨国企业，例如联想，这有助于推动这种趋势的发展。

值得注意的是，中国政府已允许这些趋势在关键高技术工业部门，如航天和信息技术部门发展。事实上，发展与外国有能力的伙伴的创新性功能关系已得到了中国政府的支持。与外国企业的合作已得到了鼓励，2001年采取了"走出去"战略，鼓励中国企业向境外投资。[3] 在航空部门，例如，中国的国有企业现在成了多边研发项目的风险共担合作伙伴，例如EC120蜂鸟（Colibri）轻型直升机和

---

[1] 参见 Lawrence C. Reardon, *The Reluctant Dragon: Crisis Cycles in Chinese Foreign Economic Policy* (Seattle, WA: The University of Washington Press, 2002), 190~191。

[2] 参见 Richard A. Bitzinger, "Dual-Use Technologies, Civil-Military Integration, and China's Defense Industry", in *Chinese Civil-Military Relations: The Transformation of the People's Liberation Army*, ed. Nan Li (London: Routledge, 2006), 181。

[3] Edward M. Graham and David M. Marchick, *US National Security and Direct Foreign Investment* (Washington, DC: Institute for International Economics, 2006), 100~101。

空中客车 A350 客机。① 就中国总体经济发展和现代化其国防工业基础的努力而言，由于赋予高技术工业以重要性，这是一个有意义的趋势，并表明中国政策要求海外高技术工业广泛参与是有价值的。

国内研发和生产环境的转型伴随着这些趋势。官员和管理人员通过与海外工业的合作已经学到了经验，对研发和生产已经逐步进行商业化了。这包括，引进旨在提高效率和盈利性的措施，以及自 20 世纪 90 年代中期以来，努力发展一个更以市场为导向的研发系统，包括将国家的研究机构转型为独立企业。② 2001年，科学和技术部部长徐冠华强调，研究机构"应该使自己收支平衡"。③ 现在中国的工业图景包括那些被认定为准国有或准市场的部分，这是指越来越多的半自主性企业，它们由国家实体创建，有时候被认为采取了有限的私有化形式。④ 这不是真正的私有化，因为它反映的是允许企业出售股份以利用市场获得资本的努力，而不允许市场去塑造这些企业，但无论如何，这都代表了中国经济政策的重大转变。

然而，与私营部门作为中国经济重要因素再次出现相比，这些趋势就显得相形见绌了。正如下文所提到的，这包括国防工业活动。考虑到中国的政治和经济背景以及官方的社会主义意识形态，这对中国而言是一个重大的政策开端。由于市场社会主义作为一种发展方式的成功，这种趋势和国有企业不断深化的商品化已成为可能，这已促进官方开始接受国内和国外企业的分界线不断淡化。例如，邓小平称赞经济特区是中国的"技术窗口"。⑤

这些趋势，如果允许以它们在其他国家的方式不断进步的话，会有破坏中国国防工业独立自主的威胁。到目前为止，它们的影响还相当小，这是因为官方一直特别担心国防工业依赖性带来的政治影响。这促使中国政府努力创造工业参与全球经济的条件，这些条件旨在保持其国防工业基础的独立自主。

---

① Lindsey Shanson, "Three Sign Up for P 120 Production", *Jane's Defence Weekly*, February 24, 1990, 367; 以及 Jon Grevatt, "Airbus Inks Two Deals with Chinese Aerospace Industries", *Jane's Defence Weekly* December 5, 2007), 17。

② Sylvia Schwaag Serger and Magnus Breidne, "China's Fifteen-Year Plan for Science and Technology: An Assessment", *Asia Policy* 4(2007): 138~140。

③ Xinhua News Agency, "China: Science Minister Calls for Restructuring Research Bodies", April 24, 2001 (BBC Monitoring Global Newsline, 2001)。

④ 参见 Bruce Gilley, "Caught in a Double Bind", *Far Eastern Economic Review* 164, No. 11(2001): 51~54。

⑤ Lawrence C. Reardon, "The Rise and Decline of China's Export Processing Zones", *Journal of Contemporary China* 5, No. 13(1996): 295。

11. 武器和独立自主：中国国防工业转型的限制

长期关注和新要求

中国政治当局正面临的困难任务是如何以不危及国防工业基础独立自主的方式，管理国防工业的发展以满足解放军对武器装备的要求。所追求的国防工业转型不是意图放弃国家的中心作用，也不是要背离传统上对进口替代的重视。① 军方对能力发展的兴趣使其对武器质量提出了要求，这迫使当局放松国防工业独立自主的标准，但该目标是绝不可能被放弃的。自 20 世纪 80 年代早期以来，人们已很明显地认识到修改国防工业战略的必要性。例如，1983 年国防部部长张爱萍承认，中国在重申国防工业自力更生重要性的同时，获取外国技术是必要的。② 军队内部支持国防工业转型明显已有一段时间了。③

中国国防工业转型是渐进的。已经成功进行了政策的增量改革，而不是一个系统的长期战略改革。国家的国防现代化是 1975 年提出的"四个现代化"之一，但市场导向的经济改革只是渐进和部分地扩大到国防工业部门中。早期的转型努力关注于组织结构重组和管理方式转变，以提高国有国防企业的效率和生产率。这些努力仍在继续，并已与促进国防工业部门内更高竞争程度和加强可融合的国有企业之间的合作结合起来。商业化现在很好地植根于国防工业基础之中，结构调整的努力已建立起了一些半独立自主的企业，如中国北方工业公司（China North Industries Corporation，NORINCO），并进行了意义重大的分权制改革。④ 同时已经进行的还有工业能力的某种合理化，它反映出其他国家工业部门在冷战后收缩了的国防市场上的奋斗过程中所体现的合并趋势。

安全需要和现代化之间的紧张状态已明显体现在最初非常犹疑不定，但成为渐进特征的中国国防工业向世界的"开放"中，而这仍远远落后于总体经济的开放程度。尽管人们对修订民用和国防工业国有企业部门工业战略的可能努力同样存在忧虑，但国防工业部门的全球化程度仍非常有限。中国国防工业部门的全

---

① Tai Ming Cheung, *Fortifying China: The Struggle to Build a Modern Defense Economy* (Ithaca, NY: Cornell University Press, 2009), 238.
② Gill and Kim, *China's Arms Acquisitions from Abroad*, 35.
③ 参见 Darren Lake, "PLA Urges Reform of Defence Industry", *Jane's Defence Weekly*, September 6, 2000, 25。
④ 参见 Robert Karniol, "China's Bid to Improve R&D Management," *Jane's Defence Weekly*, September 19, 1987, 597; 以及 *Jane's Defence Weekly*, "Industry Embraces Market Forces," December 16, 1998, 28。对于最近政策动议的一个全面回顾，参见 Bitzinger, "Reforming China's Defense Industry", 107~112。

球化开始于努力通过大量但非常有选择性地从其他国家购买,来补充国家资源。① 在某些情况下,这种支持是不正当的,但是中国改善了与西方国家的政治关系,使得他可以公开利用更大范围内的国防企业资源。这本身不会对中国国防工业独立自主带来任何真正的威胁,但从借鉴外国企业技术援助的角度看,奠定基础让外国工业在更基本的层面上参与中国的工业活动,在20世纪80年代早期就出现了。② 鉴于此,1982年中国国家航空技术进出口公司(China National Aero Technology Import and Export Corporation,CATIC)在美国和英国设立了办公室,而且国有企业开始派出代表参加国际武器装备展览会。③

改变基于苏联模式国防工业基础的转型一直在继续,尽管人们普遍担心运营和资源需求会不断攀升,但与其他地方已明确的发展模式并不一致,④ 中国政府一直坚持有限程度的全球化和与外国工业合作的性质要确保关键工业的控制权仍保留在中国手中。中国政府在20世纪90年代早期就邀请外国投资者参与国防工业,⑤ 而国防科学技术工业委员会(Commission of Science, Technology and Industry for National Defense, COSTIND)在2007年公开宣称,仅在某些条件下允许进行"股份制改革"。⑥ 涉及中国国防工业基础的全球化事实上是单向的,允许和支持国防企业努力利用国外机会,但不能损失在国内的控制力或效率。因此,中国发展国防工业能力比以往更加依赖于总体经济改革和工业总体发展。中国目前国防工业模式的主要特征将在下一部分进行阐述。

中国国防工业的模式

中国国防工业基础先前的特征是直接与静态的劳动分工,而现在的特征是国

---

① 参见 Gill and Kim,*China's Arms Acquisitions from Abroad*,92~93,反映了所涉及的某些项目情况。
② 参见,如 Tony Banks,"Racal Signs SWSA Agreement with China",*Jane's Defence Weekly*,September 12,1987,499;以及 *Jane's Defence Weekly*,"SNECMA Signs F-7 Engine Contract",October 22,1988,1004。
③ *Jane's Defence Review*,"Chinese Aerospace Products",*Jane's Defence Review* 3,No.1(1982):3.
④ 参见 David Mussington,*Arms Unbound:The Globalization of Defense Production*,CSIA Studies in International Security 4(Washington,DC:CSIA and Brassey's,1994),它提供了关于冷战后国防工业一般趋势的一个概述。
⑤ Paul Beaver,"China to Liberalize Defence Industry",*Jane's Defence Weekly* October 24,1992,11.
⑥ *Jane's Industry Quarterly*,"Exports and Global Influence",*Jane's Industry Quarterly* 1,No.1(2008):9. 有关相关倡议的一个有益的概述,参见 Evan S. Medeiros,Roger Cliff,Keith Crane,and James C. Mulvenon,et al.,*A New Direction for China's Defense Industry*(Santa Monica,CA:Rand Corp.,2005),39~46。

11. 武器和独立自主：中国国防工业转型的限制

防国有企业之间的竞争。近年来随着不同企业不断开发竞争性的设计以争取军队订单，一个竞争日益激烈的国内国防工业环境已经显现。中国政府支持发展竞争性的武器设计作为促进效率和竞争的方式，并不再承诺必须保护特殊国有企业的生产或研发能力。① 该方法对激励国防国有企业开发军队需要的先进武器装备产生了良好效果。然而，不同于其他国家的情况，除了在获取或者有机会获取外国高技术企业资源的特定意义外，这并没有鼓励它们去全球化其运作。这样做的后果在下面探讨。

中国国防工业基础的商业化影响尽管不是完全消极的，但已无意地鼓励了企业通过出口寻求自我维持。商业运作中的盈利性考虑越来越重要，这促使国有国防企业出口其产品。中国最早于 20 世纪 80 年代早期在西方展出国防相关产品，② 并很快成为中东的一个主要（武器）供应商。近几年出口意愿不断增加，更加注重为出口市场开发产品，如中国北方工业公司和保利科技公司（Poly Technologies Corporation）这样的企业更加积极进行市场营销。

中国作为一个武器供应国角色的演化发展是与其工业发展和日益增加的向中国公司出口的重要性相一致的。中国的武器转让现在更多的由经济驱动，而非政治驱动，并有一个非常显著的变化，那就是中国从一个出口解放军使用的武器设计的国家，转变为出口广泛系列武器的国家，而且还提供各种与武器相关的技术和服务。这表明，中国的工业能力在不断发展，提供低成本、低性能武器的国家所占据的那部分国际军火市场已达到了饱和。重视出口市场的国有国防企业所开发的武器要能够出口，武器设计很大程度上要做到以相对低廉的成本提供比较先进的能力。中国作为一个武器供应国，已能够提供支持海外武器装备研发和生产项目的零部件及技术。③ 这些活动得到了政府的支持，因为武器出口给中国带来了明显收益。

私人部门越来越重要的作用是中国国防工业基础商业化的一个重要方面。越来越多的私有高技术企业正在为国家主导的国防计划做出贡献。④ 尽管私人部门目前没有得到广泛发展，但当前的趋势表明，在政府鼓励和支持下，它将继续扩

---

① 参见，例如 Sergio Coniglio, "China Develops Stealth Fighter", *Military Technology* 30, No. 2 (2006): 44。

② *Jane's Defence Review*, "Chinese Aerospace Products", *Jane's Defence Review* 3, No. 1 (1982): 3。

③ 参见，例如 Samuel Blythe, "Myanmar Receives Frigate Engines from China", *Jane's Defence Weekly*, August 1, 2007), 16; 以及 Robert Hewson, "China, Iran Share Missile Know-how", *Jane's Defence Weekly*, December 4, 2002), 15。

④ 参见，例如 Tai Ming Cheung, *Fortifying China*, 215~221。

大。政府已为私人部门国防企业发布了指导建议,并于2006年宣布,准备补贴私人部门的武器生产。① "863"计划只是众多计划中的一个,发展这些计划是为了一般性地支持那些有极大可能具备满足国防工业所需能力的私人企业。

中国政府仍有意继续严格控制关键活动,以确保国防工业基础继续满足军队需要,这在国内和国际两个方面都是明显的。相继进行的组织机构调整并未消除国防工业部门的监督机制,对有可能影响中国国防工业独立自主的那些国际活动依然严加约束。确保国有国防企业继续有能力满足解放军要求的意图体现在,对那些可能为民用市场带来有利可图的发展和生产环境中的国防相关活动,努力保持关注。②

中国的国家间国防工业关系的特点也是值得注意的。所涉及的国家大部分在国防工业发展方面远远落后于中国,中国承担着领导角色,并往往与特定项目联系在一起。大多数项目限定在生产方面,或甚至是在境外组装中国的武器。这样的例子有,援助巴基斯坦,使其能够生产中国设计的JF-17战斗机。这里的国防工业合作不包括研发,只涉及相对简单的武器,而且中国显然是占据主导地位的合作伙伴,例如K-8教练机,涉及巴基斯坦。中国在过去几年里已经达成了大量特定项目的国防工业合作协议。在大多数情况下,中国是领导国,与例如印度尼西亚和巴基斯坦这样的国家结为伙伴。③ 然而,中国与俄罗斯的合作可能是在一个更加平等的水平上进行的。④ 中国政府对实质性的研发合作最为开放,这些研发要包含设计,而且并不一定要应用于解放军。一般性的国防工业合作总体框架协议很少能看到,但我们知道的有1993年与智利签署的一个协议和2000年与印度尼西亚达成的协议。⑤

---

① Jon Grevatt, "China Outlines Guidelines for Private Investors", *Jane's Defence Weekly*, August 15, 2007), 20;以及 Ben Vogel, "China to Subsidies Private Sector Defence Activities", *Jane's Defence Weekly*, August 16, 2006, 18。

② *Jane's Defence Weekly*, "Industry Overhaul Continues", July 11, 2001, 26。

③ 参见,例如 Jon Grevatt, "Pakistan and India Consider Further Industry Co-operation", *Jane's Defence Weekly*, April 23, 2008, 26。

④ 参见 Tomasz Szulc, "A Brief History of 'Thunders': The Development of Chinese Air-to-Air Missiles", *Military Technology* 27, No.11(2003):35。另一个可能的例外是与伊朗在导弹开发领域的合作。围绕着与伊朗合作的特点与范围存在着相当多的不确定。参见 Eric Arnett, "Chinese Blow Cold on East Wind Missile Plan", *Jane's Defence Weekly*, December 4, 1996, 3;以及 Robert Hewson, "China Rolls Out Z-9 Helo Naval Variant with Anti-Ship Missile", *Jane's Defence Weekly*, August 6, 2008, 8。

⑤ *Military Technology*, "Chile and China Sign Cooperation Agreement", *Military Technology* 17, No.6 (1993):78;以及 John Haseman, "Indonesia, China Expand Co-operation", *Jane's Defence Weekly*, May 24, 2000, 4。

11. 武器和独立自主：中国国防工业转型的限制

中国政府在选择国防工业合作伙伴和武器装备来源时是非常折中的。中国准备利用各个国家国防工业的产品和服务，包括以色列，传统上中国与以色列没有建立过亲密的政治关系。这种方法是担心依赖武器供应商会产生政治影响的一个共同特征，它发挥了减弱任何单个供应商潜在影响的作用。

中国仍在努力支持解放军现代化，尽管逆向工程外国武器设计和依靠海外工业部门是潜在有用的技术方法。继续运用这些策略只能使中国的形象维持为外国武器的仿制者，尽管他的工业部门已显示出了技术能力。保持国防工业独立自主的意图从武器采购的角度看已经不再坚持了，这种方式被视为是合理的，因为它能够给解放军提供更强的能力。①

独立自主和变化的限制

中国独特的政策要求他继续其目前的路线。考虑到政府发展经济和国防工业的方法，民用工业部门全球化是具有决定意义的。中国政府无法不意识到，一个更加有活力和与全球连接的工业基础能更好地提供与军队要求相关的先进技术，包括通过利用与海外工业部门建立的商业联系。正如费根鲍姆（Feigenbaum）所说，"中国技术的规划者们现在理解了国防需求完全是商业发展的衍生物"。② 然而与此同时，安全要求将继续对这个方法施加约束性影响。

中国国防工业的模式为满足其要求提供了一个改进的基础。可以预期，中国将减少习惯上拖延主要武器装备开发周期的状况。加速的技术创新节奏将有助于缩小与其他主要工业化国家的"质"的差距，但不可能提供任何实质上跨越产品世代的基础。中国将提高其声望，成为在质量和价格条件上有竞争力的武器来源，这是有可能的。随着越来越成功地向诸如拉丁美洲、欧洲和撒哈拉以南非洲的非传统市场出口武器，中国在这方面已取得了令人印象深刻的进展。

尽管中国国防工业布局的结构性转型正在为它提供更有效能和更有效率的能力，但其战略阻止他实现市场导向经济改革努力的全面潜力。例如，围绕研发和生产的高度独立自主的持续要求将引起国有企业保留其在可预见的未来中发挥国

---

① 参见 Nikolai Novichkov, "China's Russian Kilo Buy May Put Song Submarine Future in Doubt", *Jane's Defence Weekly*, June 12, 2002, 3.

② Evan A. Feigenbaum, *China's Techno-warriors: National Security and Strategic Competition from the Nuclear to the Information Age* (Stanford, CA: Stanford University Press, 2003), 219.

防工业基础基石的核心作用。与如果准备在其实践方法中减少政治参与的情况相比，这种国防工业模式将要求中国政府一直承诺将更多的大量资源投入国有国防企业。有效平衡民用和国防工业部门需求要求有技巧的管理方法，中国经济的渐进发展将对私人和国有工业部门产生压力，这将难于与长期的国防工业独立自主要求相调和。

中国国防工业战略导致的最严重影响产生于参与全球化进程的性质。对于国防工业部门的国际化而言，中国政府参与其中，这正在影响他参与全球化进程的潜在收益。中国基本以利用的方式对待海外工业企业，不利于合作安排的发展和深入，并将继续引起和遭受对中国高技术工业在海外经营的政治敌对。许多国家的国防工业部门向中国投资开放，这通常不会包括发达的工业国家，他们往往是向中国投资。① 中国拥有的企业在许多情况下被认为是在这些国家进行不正当技术转让的幌子公司。出于安全原因，这引起了许多外国政府的极大关注。

最明显的担心来自美国，他在 1999 年《考克斯报告》（Cox Report）中提出的问题仍很突出。美国意识到中国国防工业已从民用部门活动中获益了。② 因此，中国成了旨在维护美国国防工业优势综合制度所关注的主要目标。关于外国国有企业合并和收购美国企业方面，美国已经建立了广泛的规制性要求，因为这些并购可能影响其国家安全。1988 年《综合贸易和竞争法案》（Omnibus Trade and Competitiveness Act）中的"埃克森－弗罗里奥条款"（Exon-Florio provision）使得美国政府能够阻止那些有"可靠证据"显示将对国家安全产生有害影响的企业兼并或收购。③ 美国外国投资委员会（Committee on Foreign Investment in the United States, CFIUS）特别关注中国公司，因为担心中国企业在美国的活动会对国防工业产生影响，而且可能认为中国所有的企业都是国有的，因为辨别国有和私有部门本身存在困难。④ 对涉及中国工业的合作安排也实施了类似的监管，这对中国工业发展产生了负面影响。

认识到现行方法对其长期国防工业发展的影响可以促使重新思考这一方法，

---

① 参见，例如 Jon Grevatt, "Indonesia, China Agree Equipment Development Deal", *Jane's Defence Weekly*, January 23, 2008, 16。

② Grevatt, "Airbus Inks Two Deals with Chinese Aerospace Industries", 17。

③ James K. Jackson, *The Exon-Florio National Security Test for Foreign Investment* (Washington, DC: Congressional Research Service, 2008), 3。

④ Graham and Marchick, *US National Security and Direct Foreign Investment*, 104~105。

但就独立自主而言，代价可能是太过高昂了，以至于不能允许任何重大改变。中国政府将继续面对安德鲁·莫劳夫奇克（Andrew Moravcsik）所描述的"自给自足－效率两难困境"："在武器装备生产中，要获得更高程度的独立自主只能以降低效率为代价，这是无法回避的事实"。① 如果一体化达到这样的程度，即中国被认为太容易受到外部政治和市场的影响，人们可能会更加担心在跨国研发和生产过程中，中国高技术行业一体化产生的长期影响会鼓励政策转变。②

小结

作为从非常基础的起点开始已经成功发展了全面国家国防工业能力的国家，中国有可能保持这样的地位，即使从定性的角度看代价高昂。中国对技术进步的兴趣不可能会减弱，但是国防工业独立自主将一直作为关键的政策目标。只要还是追求现在的方式，中国希望跨越完整的武器世代的意图是不可能实现的。虽然中国在特定部门已很好地取得了令人深刻印象的进步，就像在许多领域，如反舰导弹和反卫星武器，已经发展的那样。

中国政府已表现出准备考虑对国防工业战略进行重大的政策调整，而且中国工业已表明它能够适应变化的政府要求。这表明，作为需求和结构性条件需求，中国国防工业政策有相当大的空间进一步发展。

---

① Andrew Moravcsik,"Arms and Autonomy in Modern European History", *Daedalus* 120, No. 4(1991):23.
② J. D. Kenneth Boutin, *Reconceptualizing Asia-Pacific Defence Industrialization: The New Political Economy of Security*, CANCAPS paper 35(Toronto: Canadian Consortium on Asia Pacific Security, 2004), 12 ~ 13.

12

新兴国防工业：前景与启示

J. D. 肯尼思·布廷*

在欠发达地区，国防工业化几乎不是一个新现象，它只是在第二次世界大战后才开始广泛流行。当代国防工业格局的特征是，涌现出一大批新兴生产商，与发达工业化国家已有的生产商并存。第二次世界大战后，国防工业生产商的地位明显提升，与此同时，新近独立国家中的政治当局致力于发展本国装备生产与开发能力，而已独立国家中的政治当局则致力于提升其现有的国防工业。尽管结果总是令人失望，但国防工业化仍是发展中国家重要的政策目标。

对于这些新的或显然更有能力的国防工业生产商的出现，人们的观点各不相同。支持者们认为，国防工业化可以作为克服依靠其他国家主要军火供应商这种内在依赖性的一种手段，并因此巩固国家主权，或成为经济发展的一种重要工具，而反对者们则担心这可能会使先进军事能力扩散，导致不稳定，破坏军火贸易管制的有效性，或国防工业化可能产生负面社会经济影响。所涉及问题的复杂性以及发展中国家国防工业化的政治—军事意义必然会使该问题继续成为学术界和政策界热烈讨论的主题。

本章分析了发展中国家国防工业化的前景和意义。考虑了暗含在发展本国国

---

* J. D. 肯尼思·布廷（J. D. Kenneth Boutin）是位于澳大利亚吉朗的迪肯大学（Deakin University）国际关系方向讲师。他获得了加拿大多伦多约克大学（York University）政治学博士，在加入迪肯大学之前，他曾在伦敦的核查研究、培训与信息中心（Verification Research, Training and Information Centre）从事军备控制方面的工作。他的主要研究兴趣是安全的政治经济学领域，包括技术政策、国防产业化、军火转让、军备控制和经济安全，尤其是涉及美国和亚太地区的相关领域。当前布廷博士正在进行考察发达与发展中国家经济安全问题的研究项目。

防工业能力努力之下的目标，以及这为受关注国带来的利益和国防工业化的政治－军事含义。尽管资源和结构性障碍在很多情况下限制了国力的广泛发展，但国防工业化仍有助于实现重要的国家目标，因此这方面的政治利益仍十分强烈。国防工业令人印象最为深刻的长足发展发生在新兴的工业国家，但即使是在这些地方也没有实现国防工业的独立自主。在这些国家中，工业和技术发展涉及广泛的跨国一体化，国防工业化已融入这个一般过程中，其独有性质突出表明，需要重新思考引导我们分析发展中国家国防工业化的某些假设条件。

进口欧洲的军火？

通过发达工业化国家的例子所形成的概念视角可一般化地考察发展中国家的国防工业化。人们普遍认同，发展中国家的政治当局渴望获得类似于可能成为欧洲、北美和某些亚洲国家（如日本）特征的国防工业能力，并逐步发展这些能力。这些预测为分析相关趋势和发展提供了有用的起点，但必须限定于发展中国家。虽然很多发展中国家的政治当局似乎有意模仿通常被认为是发达工业化国家的国防工业，但更复杂的政策要求、结构性障碍和不断增长的对先进武器开发和生产的苛刻要求，可能导致其国防工业化远远不同于发达国家。

根据发达工业化国家情况做出的预期形成了国防工业化的经典模型，它包括与武器相关的生产以及研究和开发（R&D）能力的渐进发展过程，这些能力日益复杂，且是具备自主性的本国能力。该模型假设政治当局致力于建设一种独立的能力以满足对武器的全方位需求，而且他们做到这一点的路线会是线性的。国力渐进发展的内在逻辑在对国防工业化的这种理解中是显而易见的，这有助于使它继续成为学术界和政策界的流行议题。

将发展中国家国防工业按不同能力等级进行分类的努力，以及确定国防工业化顺序发展阶段模型的发展，都反映了关于国防工业化的传统学术观点。[①] 这些

[①] 例如，参见 Janne E. Nolan, *Military Industry in Taiwan and South Korea* (Houndmills: Mac-Millan Press, 1986), 46; 和 James Everett Katz, "Understanding Arms Production in Developing Countries", in *Arms Production in Developing Countries: An Analysis of Decision Making*, ed. James Everett Katz (Lexington, MA: D. C. Heath and Co., 1984), 8。Barry Buzan and Eric Herring in *The Arms Dynamic in World Politics* (Boulder, CO: Lynne Rienner Publishers, 1998), 42~46, 提供了框架结构，这一结构的独特之处是它能够应用于发展国防工业能力的不同方式上。

构成了有用的描述性方法，并为思考发展中国家国防工业可能的发展途径提供一般性指导，然而这两者都必须谨慎使用。试图对国防工业活动进行分类本身就存在很大困难，在新兴工业国家中外国工业和技术资本发挥关键作用的情况下，这就更为复杂了，而通常非常重大的部门差异和许多发展中国家国防工业发展的特殊性，使得发展恰当模型的努力变得复杂。尽管如此，发展中国家的国防工业计划通常是根据发达工业化国家的标准进行评估的。

国防工业化的经典模型与发展中国家相关。政治当局在很多情况下都愿意跟随发达工业国家国防工业引领，无论是目标，还是达成目标的过程，都是如此。国防工业能力发展十分缓慢也是普遍现象。然而，正如下面要提到的，国防工业计划不必与官方言论保持一致，而且国防工业化旷日持久的特性并不必然反映有规律的发展方式。重要的是在分析国防工业化的前景和意义时，要超越对政策言论的关注，去思考隐含于发展中国家国防工业化本质特征之下的因素。

下面的内容考察了发展中国家国防工业的目标和发展模式，这显示了发展中国家国防工业化异于经典模型的程度。虽然从总体上说，发展中国家的国防工业化远远未能提供可持续的综合国力，但他仍提供了重要的政治—军事利益和国家所关注的其他利益。

国防工业化的目标

对国家安全的忧虑通常被认为是国防工业化的驱动力。国家安全在许多国家即便不是政府关注的焦点，也构成了十分重要的问题，而且，对国防工业化的兴趣通常随着国家安全环境的变化而波动，这并非巧合。对国防工业化的日益重视成为国际局势紧张或冲突的特征，例如导致第二次世界大战以及冷战期间的那些情况。[1] 值得注意的是，发展中国家那些更为雄心勃勃的国防工业计划往往出现在强烈关注国家安全的国家，比如印度、伊朗、巴基斯坦和南非。

依赖外国军火供应商的政治意义强化了国防工业化对国家安全的重要性。武器供应环境一般都是难以预见和不可靠的，特别是在国际紧张局势升温的时期，而且，军火供应商有相当大的机会利用他们对发展中国家客户的政治影响力。发

---

[1] 参见 Michael Brzoska and Thomas Ohlson, "Arms Production in the Third World: An Overview", in *Arms Production in the Third World*, ed. Michael Brzoska and Thomas Ohlson (London: Taylor & Francis, 1986), 7~10。

展中国家遭受了武器禁运或冲突时期在获得充足军火供应方面遇到其他重大困难，这方面的例子有很多。例如，由于美国在伊朗国王被推翻后对伊朗实施了武器禁运，使伊朗在与伊拉克交战的早期遭受了相当大的物质损失。①

对国际军火市场变幻莫测的担心，鼓励了各国发展国家能力以满足本国国防建设的物质需求。如果各国想要脱离对外部供应商的依赖并最大化其行动的政治自由度，那么发展一个能够独立开发和生产必需的全部种类武器的国防工业基础就是必要的。一些分析人士认为，这一目标是如此地重要，以至于发展中国家的政治当局准备让经济发展服从于国防工业化的需要。②需要国家国防工业有能力提供和支持的特定类型的武器在不同国家之间有相当大的差异。然而，在一般情况下，既包括了先进的、高科技武器，也包括了更多低技术水平的武器，这就是当代战争的特点。考虑到无法至少与潜在国际竞争对手的军事能力相匹敌的后果，性能方面的考虑至关重要，这激励了在关键武器类别方面发展和保持重要技术领先优势的努力，而这取决于与武器相关的研发和生产方面持久的国家能力。

发展自主能力对国防工业化对国家安全的贡献也是至关重要的，因为这有赖于外部技术、零部件、生产设备，甚至包括不会比进口全部武器造成更多依赖性的设计灵感。③无论如何，对外部资源的依赖并不必然像他最初看起来那样直接，因为这可能仍需进行相当的改装或本土化以满足本国要求。自主性需要沿着国境线组织起来的国防工业基础，关键的活动要位于这个国家之内，并正好在其有效控制之下。自主性的具体要求各不相同，这取决于感知到的军事威胁的性质，但一般而言，一国国防工业基础独立提供和支持武器的能力越强，就越能够提高该国的安全水平。

尽管安全对发展中国家的政府显然是重要的，但对安全和安全威胁性质的理解可能与发达国家有相当大的差别。发展中国家的安全议程可能反映了主要对内部安全问题的关注，或是在潜在竞争对手由于军事能力未得到充分发展而几乎不

---

① Anthony H. Cordesman and Abraham R. Wagner, *The Lessons of Modern War*, Vol. 2, *The Iran-Iraq War* (Boulder, CO: Westview Press, 1990), 453.

② 参见 Rodney W. Jones and Steven A. Hildreth, *Modern Weapons and Third World Powers* (Boulder, CO: Westview Press, 1984), 63.

③ Andrew L. Ross, "World Order and Arms Production in the Third World", in *The Implications of Third World Military Industrialization: Sowing the Serpents' Teeth*, ed. James Everett Katz, ed. (Lexington, MA: D. C. Heath and Co., 1986), 278.

构成威胁的地区环境背景下，逐渐达到国家安全。甚至会出现这样的情况，即具有非传统特征安全方面的忧虑，是人们所主要担忧的问题，而它根本不关注国家，这对发展中国家的国防工业议程有重大影响。

许多发展中国家的政治当局都认为国防工业基础对国家安全而言至关重要，并显示出他们想要提高国家开发和生产全面武器能力的意图。然而，第二次世界大战后国防工业化的情况是复杂的。政府可能会制定非常有野心的国防工业议程，这通常会扩大到发展本国自主生产和研发全系列武器所必需的能力。在很多情况下，政府会不考虑其经济可行性而追求国防工业化，致力于开发和生产那些可以很容易进口并买得起的武器。围绕国家武器装备部门建立国防工业的普遍做法源于认识到这样一个事实，即确保它们是国有或国家管理，才能最大化国家的自主性。政治当局可能会千方百计做到这一点。对国防工业的保护主义，如限制外国所有权，十分常见，例如，政府尽量保护重要工业部门避免受到潜在、有害的市场力量的影响。政治当局甚至可以为了支持本国企业的利益而承受巨大牺牲。这些特点表明，许多发展中国家之所以重视国防工业化是出于国家安全的原因。

这必须考虑到实际情况，在许多发展中国家，没有谁会试图独立自主地开发和生产所有类型的武器，政治当局在决定发展什么样的国防工业能力时往往会非常慎重。虽然以进口替代为重点是发展中国家国防工业化的共同特征，但国家目标往往是非常适度的。政府一般会重点发展特定的具有战略价值的国防工业能力，而且通常会准备好在其开发和生产的产品中接受大量的国外投入。只有极少数国家才会试图发展开发、生产和支持武器的完全独立自主的能力。事实可能是，例如，政府努力在有限范围的武器上发展广泛的国家能力，而在其他方面则继续依赖外国支持。选择发展低风险、低技术要求的武器，例如小武器的本国能力，而对于诸如战斗机和装甲车这些更为先进的武器，则接受至关重要的、持续的国外支持，政治当局通常会选择这条阻力最小的路径。

安全并不必然是构成发展中国家国防工业化的唯一决定因素。即使对国家安全的要求是最重要的，经济和政治考虑可能也起到关键作用。经济目标在发展中国家尤为重要。除了提供就业机会之外，国防工业化通常也可作为工业和技术进步的一种重要工具。发展中国家的政府总期望国防工业成功发展将会成为国家发

展的催化剂。① 国防工业化在这方面的功效源于它的潜在影响,即通过工业方面的补偿贸易,特别是通常伴随武器转让的技术转让,激励本国工业提高其技术能力和管理技巧。因此,在发展中国家,武器转让有时是与国家发展的努力紧密联系在一起的,预期到的经济利益可能是授予合同的决定性因素。②

更多可能的目标包括政治地位和威望。一些国家的政治当局把开发和生产先进武器视为国家发展水平的象征,③ 这种观点激发了对引人注目的武器,例如战斗机、装甲车和导弹系统的关注。这些武器具有极大的象征意义,但是这样的关注不可能可持续,而且可能产生非常规化的国防工业化模式,除非与更传统的国防工业目标一道成为共同追求的目标。

应该注意到,发展中国家不同的国防工业目标并不完全相互矛盾。国防工业化在许多情况下都是以多重目标为特征的,这对国防工业化的模式会产生重大影响,也是发展中国家所面临的资源和结构障碍。

国防工业化的模式

发展中国家国防工业化的模式通常不同于经典模式,尽管一些发展中国家具备该模式的某些特征。这包括,努力利用现有能力作为进一步发展的基础,以及对渐进发展国防工业能力感兴趣,即通过从诸如在许可下组装外国武器的相对简单活动,发展到联合生产国外的设计,在此基础上进一步发展进行独立的生产和研发。然而,这些特征毫无疑问具有普遍性。

发展中国家国防工业能力的发展通常既非线性,也非系统。在大多数情况下,国防工业化看起来更多是机会主义,而非深思熟虑,特定的国防工业能力可能是政治联系或伴随武器采购补偿贸易出现的机会结果。也可能是这样的情况:通过影响项目选择或本地参与的性质和程度,感知到的结构和资源限制对国防工

---

① Gautam Sen, *The Military Origins of Industrialisation and International Trade Rivalry* (New York, NY: St. Martin's Press, 1984),7. 同样可参见 Robert Karniol, "Linking Defence with Economic Progress", *Jane's Defence Weekly*, November 25,1995,40。

② 参见,例如 Rahul Bedi, "India Releases Delayed RfP for MRCA Purchase", *Jane's Defence Weekly*, September 5,2007,20。

③ 参见,例如 James Elliot and Ezio Bonsignore, "Asia's 'New' Aerospace Industry:At the Turning Point?" *Military Technology* 22, No.2 (1998):24。

业发展路径施加了强烈影响。① 尽管在使国防工业化很好地植根于本地国防能力基础情况下，这样做可能是明智的，但它可能会限制未来的发展选择。

另一个重要因素是过于乐观的计划与期望可能造成的影响。这可能会影响国内的满意度、武器的技术先进性，或关于开发和生产它们的时间安排。过于野心勃勃的国防工业计划通常会导致对更渐进式的发展缺乏耐心，致使政治当局通过命令将仍不成熟的武器设计投入生产从而实现跳跃式发展。例如，埃及在 20 世纪 60 年代启动了一项毫无结果的国家弹道导弹计划，尽管其工业基础还很不发达。② 许多发展中国家的政治当局已认识到不现实的规划很难带来收获。

这些因素有助于解释很多发展中国家国防工业化明显缺乏逻辑的情况。国防工业化通常不包括能力发展的线性进步，可能甚至包括非常断断续续的努力，其结果是特定的国家能力可能停滞或甚至消失，它也往往没有与发达国家所理解的最佳实践相一致。由于政府关注特定的利基能力，发展模式在部门之间存在很大差异。虽然发展中国家一直对国防工业化感兴趣，这显示所赋予国防工业的重要性，但国防工业化的模式在很多情况下凸显了对国防工业化的传统理解本身是有问题的。

新兴工业化国家

对于那些被划分为"新兴工业化国家"的发展中国家而言，试图调和发展中国家的国防工业化与传统预期的困难是最大的。属于这种类型的国家其特点是取得了瞩目的工业和技术进步。这些国家（和地区——译者注）包括新加坡、韩国和中国台湾，尽管通常仍被认为是发展中国家和地区，但他们已比过去大多数发展中国家都要发达。从国防工业角度看，区分新兴工业化国家与其他发展中国家是重要的，因为前者显示了缩小与发达工业国国防工业差距不断增长的能力。新兴工业化国家在克服资源和结构障碍方面正在取得良好进展，正在发展全面的国防工业能力。这些国家的政治当局已制定了非常富有野心的国防工业议程，看上去他们会长期坚定不移地贯彻它。

新兴工业化国家的特征不仅仅是其国防工业的成功。还有一个事实是，这些

---

① 参见，例如 *Jane's Defence Weekly*, "Malaysia May Produce Own Defence Equipment", March 12,1988, 445 页中马来西亚国防部长的声明。

② Wyn Q. Bowen, *The Politics of Ballistic Missile Nonproliferation* (Houndmills, UK: Macmillan Press, 2000), 21.

国家国防工业化的模式极大地区别于其他发展中国家，以及国防工业化的经典模式。他们发展方式的成功可能会鼓励其他发展中国家来效仿，虽然在大多数情况下，目前他们还缺乏能力有效地做到这一点。

新兴工业化国家的国防工业计划建立在全球化的基础上。影响国防工业图景的全球化进程出现于 20 世纪 80 年代，并一直在深化，它的驱动力来自于商业压力，以及在政府认识到其必要性的情况下，在政治上做出了某种程度的默许。这些过程不是在国防领域内开始的，但类似的压力也使它们出现在这里。① 这种结构性转型正在影响着越来越多国家的国防工业，这有助于将发展中国家的国防工业整合成为跨国工业网络，并为发展中国家利基能力的发展提供相当大潜力。②

这些令人瞩目的发展和国防工业进步向这些国家呈现了利用来自于技术环境正在进行的结构性转型的机遇前景，这种转型包括技术发展、应用和扩散日益国际化的进程，这种不断深化的技术全球化为参与这些过程的国家提供了越来越多的机会。具有出口导向型经济体的新兴工业化国家已高度融入了跨国的工业网络中，使他们能够通过企业间联盟与合作伙伴关系参与外国企业先进的研发和生产活动。这就为新兴工业化国家的企业提供了不断增长的能力，可以利用外国的工业和技术资源，因为他们为以国外为基础的研发和生产做出了贡献，这使得他们，即使不是结束，也能够缩小技术差距。③

这对国防工业而言具有重大影响。与许多建立在发达工业国家的外国公司形成的广泛的工业联系，正在为承担先进武器的开发和生产提供越来越多的机会，而且它们都很好地定位于在一个持续的基础上利用外国的技术资源。④ 新兴工业化国家的国防工业计划会因为有更多机会获取与国防相关的技术而受益匪浅，这可能包括分担开发和生产成本，以及减少所涉及的风险，增加获取国外技术资源

---

① Jacques S. Gansler, "The Future of the Defence Firm: Integrating Civil and Military Technologies", in *The Future of the Defence Firm: New Challenges, New Directions*, ed. Andrew Latham and Nicholas Hooper (Dordrecht, The Netherlands: Kluwer Academic Publishers, 1995), 89~91. 参见 Keith Hayward, "The Globalisation of Defence Industries", *Survival* 43, No. 2(2001): 115~132, 该文提供了一个关于全球化趋势及其对国防工业影响的有益讨论。

② Richard A. Bitzinger, *Towards a Brave New Arms Industry*? Adelphi paper 356 (London: International Institute for Strategic Studies, 2003), 74~75.

③ J. D. Kenneth Boutin, *Reconceptualizing Asia-Pacific Defence Industrialization: The New Political Economy of Security*, CANCAPS paper 35 (Toronto: Canadian Consortium on Asia Pacific Security, 2004), 4~7.

④ 参见 J. D. Kenneth Boutin, *Technological Globalisation and Regional Security in East Asia*, IDSS working paper 65 (Singapore: Institute of Defence and Strategic Studies, 2004), 5~12。

和研发设施的机会,扩大规模经济,并有助于进军出口市场。诸如中国台湾(地区)的"经国"(Ching-Kuo)战斗机和韩国的"金鹰"(Golden Eagle)教练机等先进武器都受益于这种联系。

某些发展中国家由于其长期特点以及追求与一般国家工业和技术发展相适应的能力,以国外进口来补充本国的国防工业能力,这种模式不同于这些国家所做的努力。这远远超越了大多数发展中国家的实践,他们一直依赖于外国支持,比如提供两用技术和零部件,但这被视为一种暂时的权宜之计。技术全球化使得新兴工业化国家的企业在学习曲线的更高位置进入高技术产品领域,增加了本国企业吸收先进技术的潜力,并通过不断获取尖端或接近尖端的技术而保持进步。这包括以类似于德国在两次世界大战之间的方式提高获得境外研发和生产设施的可能性,在那段时期,德国获得了外国在苏联和其他地方的研究设施和工厂,使其能够进行凡尔赛条约(Versailles Treaty)所禁止的武器项目。①

在新兴工业化国家中,私人部门在与武器相关的研发和生产方面的重要性日益增加,提升了包含技术全球化的总体工业趋势的影响。在某些情况下,这涉及国有防务企业的私有化,在其他情况下,对接受非国家行为态度的重大转变会有助于国家国防工业基础的发展。② 这些国家的私人部门在国防工业中的作用越来越重要,有助于发展日益广泛的跨国企业之间的联系。国防工业化很好地立足于总体工业环境的事实,增强了新兴工业化国家展示出越来越令人瞩目的国防工业能力的前景。

这一趋势所带来的影响已很明显了。新兴工业化国家已取得的非常令人印象深刻的国防工业进步显示了日益增强的开发和生产大量尖端武器的能力,这些武器包括飞机、装甲车和导弹系统。许多这样的国家,如韩国和新加坡,甚至本身已成为重要的武器出口国了。更为重要的是,新兴工业化国家的企业越来越多地参与到发达工业化国家的国防工业计划中,比如美国主导的联合攻击战斗机(JSF)计划。③

虽然新兴工业化国家正在缩小与发达工业化国家在国防工业能力方面的差

---

① 参见 Edward Hallett Carr, *German-Soviet Relations Between the Two World Wars*, 1919~1939 (New York: Harper & Row, 1951), 60~61。
② 参见如 Jon Grevatt, "AIDC Finally Set for Privatisation", *Jane's Defence Weekly*, February 27, 2008, 15。
③ 参见 Sharon Hobson, Joris Janssen Lok, Lale Sariibrahimoglu, and David Mulholland, et al., "Not All JSF Partners are Reaping Contract Awards", *Jane's Defence Weekly*, May 26, 2004, 21。

距,但这并未证实国防工业化的经典模式。这些国家国防工业化的模式与预期的正好相反,因为在这些国家的国防工业化进程中,外国的工业与技术资本仍将继续发挥作用,这就与国家自主性的目标相背离。为了给可持续的长期发展提供基础,新兴工业化国家正在牺牲国防工业的自力更生能力,虽然事实是,这以其他国家的政府更难以控制的企业间合作为基础,减轻了脆弱程度。

国防工业化的前景

如果说发达工业化国家在发展和保持国防工业能力方面仍面临巨大障碍,那么发展中国家所面对的则更为艰巨。国家发展国防工业所涉及到的特殊困难,如缺乏良好的工业能力和自然资源,从20世纪30年代以来就已被注意到了,在那时开始出现了以此为主题的大量学术文献。①

在许多发展中国家的政府努力去获得、掌握和应用复杂的先进技术时,他们的国防工业计划受到了问题的困扰。政治当局面临艰巨的结构特性、资源挑战,在某些情况下还有观念的挑战,这些挑战在许多时候限制了国防工业的发展空间。他们所面临的结构性障碍来源于他们获得关键技术和生产设备相对有限的机会,因为事实是,在大多数情况下,这些尖端技术和生产设备都来自于发达工业国家,而且可能受到供应方控制。资源障碍可能包括开发和生产武器所要的国内资金、技术、工业和试验基础设施资源。随着技术前沿的前进,研发和生产的资金需求已高涨起来了。观念方面的障碍在许多情况下显而易见,如发展中国家的政治当局已表明不愿认为本国开发和生产的武器与从资深供应商那里获得的武器一样好。②关于这一点,还要考虑到这一趋势对国防工业能力长期发展的负面影响,在某些情况下,考虑到既定的本国能力,承担武器开发和生产会牵涉太多技术风险。

战后许多发展中国家,尤其在先进武器方面的情况表明,他们会一直面临困难。这些困难表现在项目延误、成本攀升、技术妥协和很多毫无结果的技术上。很多发展中国家没有能够将国防工业竞争力提升至十分基本的水平之上,而且只

---

① 参见 H. C. Engelbrecht and F. C. Hanighen, *Merchants of Death: A Study of the International Armament Industry* (New York: Dodd, Mead & Co., 1934), 263。

② 参见 Riad Kahwaji, "Making Headway", *Defense News*, May 26, 2003, 19。

有在极少数情况下，发展中国家国防工业能力的发展能够跟得上技术前沿发展的脚步。虽然低技术武器，例如小武器和轻武器，开发和生产它们的障碍可以轻易地被最不发达国家以外的所有国家克服，但涉及高技术武器的障碍却一直在稳定、持续地上升。这对于大多数发展中国家国防工业化的长期前景具有重大影响，包括自主性和可持续性这两个方面。

即便对发达工业化国家，国防工业自主性也是非常难以达到的。建立真正独立的国防工业基础的可能性是有限的，除非政治当局参与并准备投入必要的资源。建立真正独立自主的国防工业基础需要大量资源，除非本国对武器的需求局限于诸如小武器、轻武器和机动运输车辆这样的简单武器上，这是极为罕见的情况。正如斯蒂芬妮·纽曼（Stephanie Neuman）所指出的，大多数发达工业化国家都没有实现国防工业的自力更生。[1] 发展中国家遇到的困难要大得多，因为他们在聚集所需资源方面存在困难，包括资金、技术和基础设施。大多数发展中国家不能维持建立先进实验设备所必需的高水平投资，例如风洞。

对大多数发展中的工业化国家而言，国防工业自主性仍是个难以实现的目标。例如，印度的"光辉"（Tejas）轻型战斗机（Light Combat Aircraft，LCA）从1983年开始研制，已经历了重大延误，而且目前预计到2010年才能进入服役。即使是这个时间表，只有在印度政府愿意放弃一些对自主性的要求时才能实现。与设想的完全由本国设计和生产不同，"光辉"将采用大量的国外零部件和设计。[2]

类似地，实现国防工业的可持续性对大多数发展中国家来说也是困难的。发展可持续国防工业能力的困难对于发展中国家更为严重，因为他们缺乏开展这些活动的广泛的商业化工业基础。在很多情况下，国防工业化努力导致与民用部门相对隔离开来的"飞地"工业的发展，这使得维持国防工业的努力复杂化并需要更多的国家资源。大多数发展中国家并没有能力承受这样的负担。不仅是他们在提供通常所需的持续资金支持方面存在重大困难，而且在提供足够的工业和技术资源以及研发所必需的基础设施方面也总遇到困难。[3]

---

[1] Stephanie G. Neuman, "Defense Industries and Global Dependency", *Orbis* 50, No. 3 (2006):440.
[2] Rahul Bedi, "Tejas Moves Slowly Towards IOC", *Jane's Defence Weekly*, February 20, 2008, 17.
[3] James Everett Katz, "Factors Affecting Military Scientific Research in the Third World", in *The Implications of Third World Military Industrialization: Sowing the Serpents' Teeth*, ed. James Everett Katz (Lexington, MA: D. C. Heath and Co., 1986), 296~297.

对大多数发展中国家而言，国防工业自主性和可持续性仅在简单武器上是可行的。大多数发展中国家仍将需要比这更多的持续的外国援助。在很多情况下，武器转让和伴随其中的补偿贸易以及两用技术，对国防工业化仍将至关重要。这会给发展中国家带来持续的依赖关系，而依赖的程度可能会由于技术全球化而得到缓解，即使是对那些并未广泛融入全球经济的发展中国家也是如此。技术全球化的深化使国家控制技术向外扩散的努力更复杂，使发展中国家更有可能绕过限制武器相关技术扩散的政治障碍。新兴工业化国家长期的国防工业前景是相对乐观的，这仅是因为他们特殊的发展模式有效地放弃了自主性，这些国家正在追求的国防工业化与参与全球经济背景下的总体工业与技术进步相一致。

由于新的军火供应商出现而导致的供应方情况的变化也会有益于发展中国家的国防工业化。许多发展中国家，正在增强其提供与武器相关的零部件、技术、生产设备的能力，并提供试验设施，其中新兴工业化国家是最引人注目的。很多项目的潜在供应商范围越来越大，这为发展中国家提供了更多选择，并降低了个别供应商利用武器转让关系作为政治工具的可能性。

有限国防工业化的好处

发展中国家的国防工业化往往无法形成足够全面和自主的国家能力，使这些国家摆脱对外国供应商的依赖。然而，国防工业化通常被认为是有价值的。这种观点一直得到支持，因为它有助于避免国家受到限制获取武器供应所产生的某种更为直接的影响。即使基本的小武器和炮弹的生产都能为国家提供某种能力，即在没有及时再补给的情况下进行战斗的能力，而且相对简单的措施，例如本国提供小武器和承担车辆维护的能力可大大增强这种能力。本国国防工业越先进，他对外国的零部件、生产设备和专业知识的依赖性就越小，政治当局自主行动的范围就越大。

有限的国防工业化还有其他好处，它有助于减少支持本国国防建设和支持本国工业的成本。在某些情况下，比如在 20 世纪 70 年代和 20 世纪 80 年代的巴西，有限的国防工业化为有利可图的出口提供了基础。[①] 一些国家做好准备接受

---

① Ken Conca, "Third World Military Industrialization and the Evolving Security System", in *The Highest Stakes: The Economic Foundations of the Next Security System*, Wayne Sandholtz, Michael Borrus, John Zysman, Ken Conca, Jay Stowsky, Steven Vogel, and Steve Weber et al. (New York: Oxford University Press, 1992), 151~152.

自主性较低的国防工业能力,结果是要发展并正在发展重要的出口能力。国防工业化对经济发展的实际贡献往往差异很大,在国防和民用工业被有效分离的情况下,以商业角度看国防工业化不适用,或国家缺乏利用已有机会能力的地方可能十分有限,但也都会对本国工业产生巨大的溢出效应。[1]

国防工业化的意义

正如上文所述,已确立的国防工业生产商的层级体系几乎没有面临任何明显的威胁。几乎不存在例外,尽管某些发展中国家坚定地努力,即使不是要结束与发达工业化国家国防工业能力的差距,也是在缩小这种差距,但发展中国家的国防工业仍是新生事物。例外的是新兴工业化国家,但在这些情况下,国防工业化的独特性质确保了本国能力将会一直与那些更资深的国防工业生产商建立紧密联系。

国防工业化对那些正追求国防工业化的发展中国家和正在应对他们的国家带来了重大政治-军事意义,国防工业化的影响随具体情况差异相当大,这很大程度上归因于发展中国家极为不平衡的国防工业化情况和发达工业化国家的不同立场。

国防工业化对全球军事秩序影响的问题已被讨论过一段时间了。很多观察家注意到,这种影响可能会使发展中国家和新兴工业化国家克服在军事能力方面业已存在的中心/外围差异。[2] 国防工业化的政治-军事意义在很大程度上取决于本国的发展。在大多数发展中国家,国防工业的进展是非常适度的,由于国家限制提供基本的补给品,比如小武器弹药,以及有限的维修能力,或者组装或联合生产有限种类装备的能力。基地级维修、生产和研发尖端武器仍超出了大多数发展中国家的能力范围。在这些情况下,国防工业化对于军事力量的层级体系无法构成威胁。

国防工业化有助于在一些发展中国家发展更先进的军事能力。许多发展中国家正在加强他们提供或支持关键类型武器的能力,一些国家正在特定领域发展可

---

[1] 对于补偿贸易及其对本国工业进步潜在贡献这些问题的有益讨论,参见 D. S. Leonidis-Plessas, "Aspects and Trends of International Offset Co-production Projects", *Military Technology* 7, No. 7(1983):12~25。

[2] 参见 Edward J. Laurance, *The International Arms Trade* (New York: Lexington Books, 1992), 158。

持续的国防工业能力，作为他们研发和生产能力的一种结果。利用本国工业基础的能力可以极大地提高国防机构的政治效能，这源于在紧张或危机时期能够保持关键武器状态，并补充任何损失装备的重要性。

国防工业化对发展中国家政治独立性影响的问题相当复杂。与武器相关的研发和生产日益国际化的特点致使形成政治影响的范围不断减少，使这一问题更加复杂。借助军火转让施加政治影响的范围在不同情况下有所差别。对军火供应商的依赖并不必然转化为他的政治影响力，但是在接受者依赖于特定军火供应商的情况下，政治杠杆作用的范围是最大的。① 非传统的新兴工业国供应商的崛起导致了武器供应环境不断变化的特点，它扩大了武器进口国的选择范围，可能为发展中国家的政治当局提供更多机会避免这种情况。因此，发展中国家没有发展起自主的、综合的国防工业能力，并不必然会涉及以前曾出现过的高昂的政治代价。

国防工业化对于业已存在的国防工业生产商在发展能力和有效执行武器禁运的能力方面具有重大意义。越来越多的供应商必须被包括在内，以确保武器禁运的有效性，这使得这种努力更加复杂了。我们注意到，最远可以回溯至20世纪80年代，新兴工业化国家，如巴西、以色列和南非出现了重要的国防工业部门，使他们能够向那些由于政治立场或人权问题而无法从传统供应商那里获得武器的国家提供武器。② 然而，与此同时，发展中国家国防工业在其他地方开展的与武器相关的研发和生产过程所具有的核心重要性为政治影响力提供了相当大的空间，在当前环境下，供应国是否应准备好竭尽所有必要措施来限制获取武器的机会？因此，一国如果拥有类似于美国的资源，其影响力并不一定会由于"防务全球化"而消失。③

此外，与控制完整武器相比，控制与武器相关的零部件、生产设备和技术要得到政府的支持更为困难。发展中国家国防工业化远非向发展中国家转让武器的问题那样富有争议，而且因此往往会产生更少的要求政策机构进行干预以阻止这

---

① 参见 Stephanie Neuman, *Defense Industries and Dependency: Current and Future Trends in the Global Defense Sector* (Zurich: Swiss Federal Institute of Technology, 2006), 23。

② Bruce E. Arlinghaus, "Social Versus Military Development: Positive and Normative Dimensions", in *Arms Production in Developing Countries: An Analysis of Decision Making*, ed. James Everett Katz (Lexington, MA: D. C. Heath and Co., 1984), 45.

③ Jonathan D. Caverley, "United States Hegemony and the New Economics of Defense", *Security Studies* 16, No. 4 (2007): 611~614.

些问题的需求。因此，有利于发展中国家国防工业化的进程有望比武器转让本身更少地受到外部控制。

这个问题有点学术化，因为大多数能够这样做的发达工业化国家并没有试图将武器转让作为影响力工具，除个别例外。这一般发生在发展中国家被认为在人权方面行事出格的时候。在这些情况下，发展中国家的国防工业化可能产生特别重大的影响，为政治当局提供了在不顾国际社会准则和意愿的情况下追求重要国家目标的可能性，这可能会给他们提供相当大的空间否认基本公民自由权和违反人权。

结束语

考虑到国防工业化在政治—军事和经济两方面的潜在优势，发展中国家对国防工业化赋予的重要性不可能降低。然而，这些国家中的大多数想要在国防工业方面变得独立自主，其机会非常有限，并会继续如此。

有一些重要的发展中国家，其国防工业的发展可能在长期会显得更为重要。新兴工业化国家的国防工业化并不符合很多观察家的预期，但是他们在广泛产品领域上日益先进的总体工业能力的发展，为他们提供了国防工业持续发展的基础。其商业和军事部门相互重叠的特性，以及他们极大地融入国际工业进程中，都意味他们的国防工业基础将不会是独立的，还意味着他们将更为容易地有机会获得外部国防工业资源，以及他们将日益成为其他国家与国防相关的研发和生产的重要参与者。

新兴工业化国家国防工业能力的发展具有政治—军事意义。这不仅有可能为这些国家提供越来越强的能力抵制努力利用获取武器的机会作为影响力工具，而且为他们提供了更强的能力来补偿，即使不是取代，业已存在的供应商向发展中国家供给武器，这将继续削弱供应方武器和技术控制的有效性。

新兴工业化国家国防工业化的特点凸显了目前对发展中国家国防工业化的理解是不充分的。新兴工业化国家选择的国防工业化路径表明，重新考虑我们如何看待发展中国家国防工业化，以及理解非国家行为体和工业化过程的作用与重要性不言而喻。

第三部分
▶▶▶ 国防工业和军火贸易

13

出口管制及其与国防工业的关系

弗朗西斯·塞瓦斯科[*]

本章将探讨本国和多国政府实行的出口管制。然后,探讨出口的政治、经济和国家安全维度,供给方和接受方的不同观点,以及政府和工业部门在出口政策和实践方面的紧张关系。最后,考察全球军火工业的当前问题与未来挑战。

为什么要实行出口管制?

国家构建其全球政治影响力的基础,以及进一步支撑这种影响力的军事实力,其特点体现在许多方面:一个强大的一体化国内经济,一个有力的国内商业和国防技术基础和一个高效而实用的国内商业和国防工业。这个基础的所有三个组成部分是密切相关的:一个强大的私营部门经济为国内技术和产业基地提供资金和人才;一个有力而先进的技术和工业基础与经济增长率相关联,而经济增长率是与多个技术上不太先进的工业部门相关的多个增长率的综合[①]。中央计划经

---

[*] 弗朗西斯·塞瓦斯科(Francis Cevasco)是塞瓦斯科国际有限责任公司(Cevasco International, LLC.)主席。他的公司为国内和国际航空和防务公司提供关于战略定位、国防采办项目和战略伙伴关系的建议。他的公司也就跨大西洋安全、研发与采办(RD&A)合作项目、出口管制改革和出口销售改革为美国国防部和华盛顿智囊团提供研究。在进入私人部门之前,他曾是负责国际发展与生产项目的国防部副部长帮办,是负责采购、技术与后勤(AT&L)的国防部副部长关于国际项目合作和国际协议问题的首要常任顾问。

[①] United States National Science Board, Science and Engineering Indicators 2008, 6~17。1986~2005 年间,高技术制造业的年增长率"是 6%,是其他制造业增长率的两倍以上。"高技术制造业由五个部门组成:飞机和宇宙飞船;药品;办公、会计和计算器械;广播、电视和通信设备以及医疗、精密和光学仪器。

济是上述情况的一个例外——国家可能有足够的力量从整个经济中抽取资源，并将其应用到军队建设中，但这种做法往往不利于经济增长，这反过来减少了可获得的资源，对国家安全产生负面影响。

实践中的全球影响力

在实践中可获得的全球影响力的实际程度取决于这种三部分构成的基础相对其他国家相应基础的大小。任何破坏或甚至可能破坏这一基础三个部分中一个或多个的行为都将引致国家影响力的缩减。在这种情况下，出口管制成了每个国家国家安全和外交政策的基本组成部分，因为它保护了一国的知识产权。大多数取得经济成功的国家都拥有多元化工业部门，他们把大量资源投入到新知识产权的创造中，新知识产权在本章中指的是技术。本章中使用的"技术"一词，应用广泛，包括与国防相关的技术数据、军事装备，某些商业产品以及产生它们的专门技能。

创造新技术，应用这些技术创造新产品和提高军事能力，以比其他人更快的速度行动，以及保护这些技术，通过这些方式，国家保持领先于经济竞争对手和潜在对手的地位。正是第四点因素，推动国家对技术和设备实施控制，否则它们将会被商业竞争对手、潜在对手或目前对手利用。

公司和国家通过更快的运营（以创造新技术并将之有效应用），并通过减缓不可避免的技术泄露来保持在竞争中的领先地位，这些技术泄露将破坏其市场份额或政治影响力。有效的用词是"减缓"而非"阻止"泄漏，因为消除泄漏在今天这个高度互联的世界里是不可能的，甚至可能是不理想的。工业部门通过及时外销不再是最前沿的产品和技术，来资助未来的发展和创新，以此控制技术泄漏的必然性和技术具有的所谓保质期事实。

与20世纪70年代或者更早时期不同，那时美国在军事技术上具有支配地位，而今，技术更广泛地分布在发达国家和发展中国家。军队及其供应商越来越依靠商业技术[1]，而且，技术人员也定期与其外国伙伴进行交流与合作。此外，正是这种开放的交流观点和随之而来的合作刺激了新技术和创新。

---

[1] 一个例子是信息技术，它支持了基于网络中心技术发展的军事变革。另一个例子是微电子技术，军队曾一度试图控制它，但发现他们做不到，并且沮丧地知道，即使他们取得了部分成功，如果不利用商业部门提供的巨大投资和规模经济，他们也无法承受获取和利用这些产品的成本。

并非所有的技术出口都能得到平等保护。与生产技术转让相比，装备销售传输的技术和风险敏感性比较低。同样，与共同开发相比，销售所传递的也不那么重要。

国内出口管制

出口受到政府出口管制组织的管理。政府实行的出口管制方法因不同国家而异，但通常是基于法律、法规和政策的综合考虑。

然而本章并不想试图全面考察国家的出口管制，只是简要探讨日本、美国和英国所采取的方法。但应当认识到，以他们自己的独特方式实行的其他资本结构和出口管制适应于文化差异及国内外的政策考虑。尽管如此，所有情况下的关键指导原则是符合国家自身利益的。

各国政府所采取的方法可归为以下几大动机：政治、经济和国家安全。人们发现，在实际中通常三者是相互结合的。

日本

日本出口管制的做法是基于1967年通过的"三原则"政策。该政策禁止武器出口给共产主义阵营的国家、联合国制裁的国家，以及处于紧张地区的国家。1976年由日本政府宣布的对其政策的扩展解释在发达国家中是独一无二的，它有效地排除了所有的武器转让，包括军事技术。日本经济产业省（Ministry of Economy，Trade and Industry，METI）负责政策执行，日本的军事技术和与弹道导弹防御相关的装备向美国转让，仍是明确承认的日本严格政策的唯一例外。

美国

美国国防出口管制政策以1975年法案[①]为基础，该法案由国务院（Department of State，DOS）与国防部（Department of Defence，DoD）协商执行，通过国际武器贸易条例（International Traffic in Arms Regulation，ITAR）来管理国防物品出口。然而，美国一些商业性技术和设备被归为两用物品（例如，它们可能

---

① Arms Export Control Act of 1975, subchapter I, Foreign and National Security Policy Objectives and Restraints, section 2751.

直接应用于军事），这些项目受到美国商务部（Department of Commerce，DOC）实施的一系列不同的法律、法规和政策的控制。

美国的基本法律基于三个目标。首先，美国能够通过与盟国和友好国家分享军事技术而获益。这种利益来自于帮助提高其他国家的能力来实现与美国政治和国家安全目标一致的任务。这些任务包括：保护他们的领土；作为威慑侵略的防御联盟中有能力的成员，就像冷战期间与北约的关系那样；获取独立的或作为联盟的一部分向有地区冲突的地方部署军队以开展维护和平、强行实现和平与缔造和平行动的能力。

其次，这些法案规定，当一项出口可能直接或间接损害美国利益时，美国政府可以制止出口。美国的政治、经济和安全利益在这一点上都发挥着很强的作用。美国在开发一些技术上已经付出了巨大成本，由于担心这些技术被转移到或通过再转让落入不适合的人之手，即使是最亲密的盟友也被禁止获得这些技术。如果先进的军事技术受到了损害，这就可能使其他国家有能力降低或削弱美国武器系统的有效性。这项任务迫使出口管制机构去评估对美国利益带来的风险，并与技术人员和作战部队合作管理这些风险。

最后，这项法案申明了有限武器扩散的需要，这是由于担心在一些地区引入或积聚武器可能会加剧现有的或潜在的不稳定局面。在这种情况下，担心会扩散的武器都是数量比较少，但却是致命的武器，例如小武器，以及如战斗机、空中加油能力、单兵携带防空系统和其他能加强恐怖分子和协助侵略的武器。实现该目标的一个基准是，避免把新军事能力引入到新能力会加剧地区不稳定的地方。

英国

英国出口管制系统由单一的出口许可管理机构（Export Licensing Community）来运营。该机构包括五个政府部门：贸易和工业部（Department of Trade and Industry）、外交和联邦事务部（Foreign and Commonwealth Office）、国防部（Ministry of Defence）、国际发展部（Department for International Development）与英国税务海关总署（Her Majesty's Revenue and Customs）。该机构的使命是号召"通过战略出口管制提升全球安全，促进负责任的出口。"在实践中，英国出口管制系统的目的是"确保敏感货物和技术不落入不适当之手［和］……促进负责任的防务出口，而这些取决于健全的管制体制。"出口管制系统的目的还包括"有

效管理许可系统，使得我们施加给英国出口商的守法成本降至最低。"①

日本的出口管制体系主要侧重于政治动机，而美国和英国的体系则是政治、经济和国家安全利益所有这三种动机的结合。

多国出口管制

共有四种由多个国家共同建立的多国出口管制体制，这些国家都共同关注于国外无管制的某些技术和装备转让会带来的潜在危险。这些体制包括澳大利亚集团（Australia Group）、核供应国集团（Nuclear Suppliers Group）、瓦森纳安排（Wassenaar Arrangement）和导弹技术控制制度（Missile Technology Control Regime）。

澳大利亚集团（AG） 成立于1985年，其成员国已承诺最大限度减少"协助化学和生物武器扩散的风险。"各个会员国执行具体控制，并在澳大利亚集团年会上交换见解和关注。各成员国同意，他们的出口许可措施应以这样一种方式来制定，"有效阻止化学和生物武器生产，在实践中合理方便地实施，同时不妨碍合法用途的正常的物资和装备贸易"。成员国从最初的15个增加到40个国家以及欧盟（EU）组织，②澳大利亚是永久的主席国和秘书处，澳大利亚集团制定了一个出口管制清单及最佳出口管制实践准则。

核供应国集团（NSG） 成立于1975年，起因是几个国家的政府担心印度在前一年进行的核试验。这些国家担心核武器进一步扩散的威胁，着手制定控制"可用于发展核武器的物资的出口和再转让，并提高对现有材料的保障和保护。"成员国已从最初的7个增至45个。③

导弹技术控制制度（MTCR） 于1987年，由有意于限制无人驾驶系统（及相关技术）扩散的国家创立，这些无人驾驶系统能够携带大规模杀伤性武器（如，以至少186英里的速度推动一个227磅重的弹头）。导弹技术控制制度成员国特别感兴趣的系统包括：弹道导弹、空间运载火箭和探空火箭、无人驾驶飞行器（UAV）、巡航导弹、无人机和遥控飞行器。成员国从最初的7个增加到34

---

① 外交和联邦事务部网址：www.fco.gov.uk。
② 澳大利亚集团网址：www.australiagroup.net。
③ 核供应国集团网址：www.nuclearsuppliersgroup.org。

个。导弹技术控制制度没有秘书处。该组织工作文件的发放是通过一个联系点进行的，其功能由法国外交部（Ministry of Foreign Affairs of France）来承担。①

瓦森纳安排（WA） 取代了冷战时期的多边出口管制协调委员会（Coordinating Committee for Multilateral Export Controls，CoCom），它成立于1947年，旨在禁止西方国家向东欧集团出口。多边出口管制协调委员会有17个成员国（15个北约成员国、澳大利亚和日本）。在1993年11月的会议上，各成员国一致同意取消这个组织，因为苏联已经解体了。他们还一致同意，由一个关注于减少扩散而非抑制苏联经济的新组织来取代他。经过谈判，在1995年就被称为瓦森纳安排（WA）的基本框架达成了一致。通过采用其最初条款，瓦森纳安排于1996年开始发挥作用，成员国从最初的33个增加至40个，并由设在奥地利维也纳的秘书处进行管理。②

连同澳大利亚集团一起，在实际中，所有核供应国集团、导弹技术控制制度和瓦森纳安排下一致性的集体立场和行动，都是由单个国家，在其本国的出口管制体系下来具体执行。

对政治、经济和国家安全的影响

武器系统和其他国防物品的出口销售与转让可能是影响外交和国家安全政策的一个主要因素，在美国很早就已经是这样了。现有盟国能够得到支持和加强，友好的政府可以获益，也可根据形势惩罚或奖励举棋不定的政府或不那么友好的政府。及时获准一项出口许可能为与他国政府进行的艰难谈判铺平道路，或为一些事情播撒良好愿望，诸如军事飞行请求、为权利和设施以及其他领域中的政治考虑打好基础。

优势

在冷战期间，美国故意授权将关键技术和武器出口给主要的北约（NATO）盟国。这些出口帮助北约部队保持相对于华沙条约（Warsaw Pact）部队的技术优势，抵消那些部队的数量优势。此外，如在北约内部，有着相同世界观的政府

---

① 导弹技术控制制度组织网址：www.mtcr.info。
② 瓦森纳安排网址：www.wassenaar.org。

自然成为出口伙伴。通过获准出口供应商显示出某种信任，通过成为供应商圈子的重要成员，接受国感觉自己不同于其他国家。通过主要系统出口，供应商和接受方往往会在政治和工业上有数十年的联系。一项重要的出口还可以包括以新装备培训及相关后续军事演习为形式的实质性军事交流。

除非在非常严峻的形势下，实力更强的盟国和友国减少了向美国和其他主要军事强国寻求帮助的可能性。此外，若形成一个强大而有能力的盟国小圈子能够在处理遥远地区潜在问题上采取集体行动，就可减轻美国的负担，并促进国际秩序和稳定，这是美国外交政策的一个核心目标。共同演习形成一种联合能力，它可被用来以联盟形式进行部署，通过使用相同或相似的装备获得的互通性也为此提供了帮助。这些部署可能安排到动荡地区，来显示重要的政治协议和军事能力。

劣势

但是，如同积极影响一样，实施有效的出口管制也会产生负面影响。在亲密盟友与友好政府之中，出口许可问题可能会在整个政治、经济和安全关系方面产生沮丧、失望，甚至不良后果——在涉及越来越多的敏感技术时尤为如此。即使是有争议的许可事宜得到积极解决，在达成一致的过程中，也经常产生挥之不去的紧张和烦躁，这些情绪往往随着时间推移而积聚，而非消散。尽管对否决出口的决定需要仔细评估其潜在负面影响，一些（甚至很多）政府和工业部门很好地认识到了这一点，但其他人却对此充耳不闻。军队支持加强管制（通常同样也是抵制改革现有管制的当事人）的原因往往占上风，因为与证明应当支持增强国防投资不足的盟国实力相比，证明应当支持降低国家安全风险（通过反对出口）更为容易。

经济

各国政府和国防工业部门从军事系统的出口中能获得可观的经济收益。出口为政府和工业部门提供了一种可以收回开发和生产军用系统和装备初始投资的机制，这些投资总数可能会从上亿到数百亿美元。一些出口接受方用政府征收的补偿费支付按照承担生产运营的比例分摊一次性研发投资。接受方往往成为合作伙伴，共担系统未来升级的成本。这降低了生产国的成本，并为工业部门创造更多销售。随着生产数量的规模经济发挥作用，单位价格下降，这使出口国和购买国政府都受益。在接收方利用供应方物流系统的情况下，支持基础设施的成本以及源于更广泛客户基础的规模经济在所有用户之间分享。这些安排并非只单方面地有利于供应方。购买方政府避免了开发一个新军事系统所固有的风险，因为许多新项目不景气并被取消，使投资受损。买方政府也得到了一个可靠的系统，它有一条活跃的生产线，有一个固定的单位价格，并已收获了生产的学习曲线效应。

从获得持续资助的角度考虑，当国内武装军队与盟国武装军队都采购一个系统时，国防计划的稳定性可能就增加了。稳定性有助于政府和参与生产的企业，同时，伴随主要武器系统销售的补偿贸易安排，接受国的工业部门会获益。此外，随着外部资本注入，国家在关于是否资助新计划时会受到外国合作伙伴的影响，因此会低估，或在某些情况下出现低估国家成本的现象。通过显著并在某些时候决定性地缩减新计划的渺茫希望，会使工业部门获益。

出口管制决策：它们的原则以及它们是如何被制定并被接受的

出口管制的最初意图是防止军事技术和装备流向敌对国或其他不理想国家。大多数，但并非所有的武器出口国都自觉避免军事技术和装备流向最有问题的国家。然而，在决定哪些国家是真正危险的，或者哪些军事技术或两用商业技术的转让是明智的，哪些不是明智的，有时甚至是有共识的政府也会意见相左。在决定什么可以出口，可以向谁出口，以及在什么条件下可以出口时，政府内的一些机构可能会发挥作用。当出口会释放到敌对、战败或其他不稳定的国家而可能会直接威胁国家利益时，外交政策和国家安全政策会共同发挥作用。因此，出口决策不能掉以轻心。

对营造良好关系和潜在影响力来说，出口管制决策可能还是一个强有力的手段，或者是未来关系的一个关键要素。它们能够导致国家利益方面的更多合作，甚至可能是联盟，但国家出口决策也有可能削弱现有的友好关系和破坏现有联盟的团结。

没有全球公认的政府力量来要求其他国家政府授权任何所需技术的出口，国家及其本国公司接受军事技术和装备的资格由出口国政府确定。评估资格所使用的机制在不同出口国之间有很大不同，相应的结果也是如此，这就是国家决策，即使是在处理类似情况时，各国也可能会得出不同结论。出口决策可能会给第三方带来麻烦，并使政府就在什么地方公布相关事实及所考虑的问题进行磋商。然而，是出口国政府作出最终决定。

有时候，当友好国表示希望获取特定装备的意愿被全盘否定，或者进入结果不可预测且长达可能是几个月甚至几年的审查程序时，他们会感到被冒犯。觉察到出口国政府会执行过于严格的审查，会使得盟国和朋友离开，转向其竞争对手。一些国家在启动程序时，平静地让人们知道他们的意愿，然后坐观出口国政府的反应。这些国家可能只有在他们确信出口国政府将积极反应后，才会发布特定的需求，从而避免尴尬或恶意。

由于现代武器和技术已经变得越来越尖端，一些出口国政府能够提供一个给定武器系统中的一系列广泛的系统能力，并利用这一事实来帮助减轻完全否决许可所造成的负面政治和经济影响。一尊大炮是一尊大炮，大炮出口决策往往是相当二元化的。但即使在这样一种简单情况下，供应商可以提供或撤回先进的弹药，且先进的弹药能够放大大炮的战斗效能。相比之下，驱动机载雷达系统的现代软件提供了影响出口决策的大量机会，不仅单个客户需求，而且感知到的客户的友善、可靠，甚至价值都会产生影响。

通过这些方式，出口国通常可以保留与主要销售有关的所有政治、经济和安全利益，同时避免或最小化与出口相关的实际或感知到的风险。能够以这样一种方式精准调整其出口的国家及其国防工业部门，在国际军火市场上享有一种独特优势。然而，这样的策略也有随之而来的风险。接受国不希望得知他的邻国通过类似的采购获得更多能力。这些事实可能严重削弱出口销售带来的不那么明显的利益。出于这个原因，出口国往往对其精准调整严格保密。

此外，一旦一个给定的主要销售面对激烈竞争，人们就知道了接受国会在一个竞争者提供的产品和其他竞争者提供的产品之间进行比较。当发生这种情况时，技术要求往往起到关键作用。工业部门会给出口国政府施加压力以获准更多的技术转让，紧张局势出现了，尤其是当工业部门感知到其国家出口权将不再是立即可得时。不可避免的是，这种情况会带来先进技术的扩散，并为在国际舞台上的下一轮竞争做好准备。

最先进、有效能和现行的技术出口可能只会留给最亲密和最值得信赖的盟友。但是，一些系统和技术可能会被视为是非常敏感的，以至于它们不会与其他任何人共享。对被视为适合出口给亲密盟友的尖端系统或技术，出口获准可能会伴着无数条件或附带条件，因为同意将技术嵌入这些系统将会给出口国政府带来最大的威胁。

如果这样一个系统或技术落入不适当的人之手，一个敌对方就能够确定其优势，而更重要的是，确定其弱点，并开发能够削弱出口国和进口国未来价值的对抗措施。亲密盟友往往认为这很麻烦，反感严重且高度影响他们购买装备的限制条件，特别是那些被认为是侵犯其主权的条件。一些类型的限制条件引起了特别的不满，尤其是那些限制或禁止第三方转让的条件，那些禁止销售生产技术诀窍的条件，以及那些禁止转让能改变设计特点数据的条件。在这些领域中的每种中都存在严重分歧，这使得许可被否决和/或失去销售机会。自然，当出口管制决策被认为是基于任意或不合理的条件时，无论是在即将成为接受国的一方还是交易任一方的工业部门都会产生怨恨。

越不亲密的盟国和其他友好国家，有资格获得的技术就越不尖端、效能越差和越陈旧。不太先进的系统可能更适合那些只关心打击邻国冒险主义的目的。这也许可能或也许不可能改变他们对市场提供的更先进武器的兴趣。与更亲密的盟国相比，出口国政府所认为的不太可靠的国家，会被认为更有可能故意或是通过缺乏足够的预防措施，做出技术妥协。然而，如果出口国政府和他最亲密的盟友已有更先进的下一代系统，或在其军队中有更具优势的对抗措施，那么妥协风险可能不会是出口国政府的决定性因素。

一些供应国一开始就预设了否决，只有在经过漫长的内部审查和审议之后才有可能撤销这个否决。即便如此，如前所述，出口也会伴着各种各样的条件。当那些被视为越来越远离其国家利益的可能的接受国走近供应国政府时，放行决定变得越来越不明确。

其他供应国一开始就预设了获准，除非有一些明确的理由否决许可。这样做的目的之一可能是为了确保支持接受国在国际大舞台上提出的倡议，例如，出口国政府赞助了联合国对一项倡议进行投票。另一个目标是经济方面的，要提高国内军火生产商在国际市场上的竞争地位。一个供应国可能会自觉地接受一些安全风险，以换取出口带来的收入和就业机会。

国家集团

许多国家通过一个由国家因素——规模、安全战略和经济构成的棱镜来审视其国防科技和工业基础。在这种情况下，国内的国防工业部门能够在出口市场上

变得重要、强大和占据优势，因为他得到了政府对军事技术和系统的研发与生产资助，以及允许（甚或是积极支持）军事系统出口。尽管国家各不相同，这些各式各样的可能性和考虑因素正以几个主要国家集团的形式证明着他们自己。

具有高国内生产总值和全球抱负的大国

最大的国家往往拥有着大型国防设施，以促成他们在全球舞台上的表现。美国、中国和俄罗斯在 2008 年的国内生产总值（GDP）很轻松地分别达到了 14.2 万亿美元、3.9 万亿美元和 1.6 万亿美元。[①] 但他们中的每一个在出口销售上的重点都不同，出口管制方式不同，服务的客户群也不同。美国有一个大型国防工业，对于其工业部门生产什么在国内也有大量的要求。因此，美国的国防公司认为出口是非常值得需要的，但不是维持他们生存所必需的——美国国防出口还没有占到美国武器生产的 1/5。出口对美国工业来说具有价值，因为它增加了盈利，使公司能够保留大量有才华的科学家、工程师和关键生产的工人。由于外交政策和国家安全的原因，出口对美国政府也是有价值的，还有就是经济原因，出口降低了国防装备的单位成本，并将生产线扩大到初步满足美国需求之外。但在实践中，与增加其带来的出口收入和美国就业机会相比，美国政府的出口决策更有效地降低了技术妥协风险。

中国已大幅增加了国防开支，其工业部门极大地参与了生产许多装备其军队所需要的系统。在这种情况下，当他所寻求系统的复杂程度超过了其国内国防企业能提供的水平时，他就从其他国家获取——主要是从俄罗斯。中国，反过来也向美国及许多其他西方国家所认为的不稳定国供给军事系统——中国与其他一些对军火销售同样采取自由放任方式的国家分享这些客户。今天，俄罗斯在很大程度上依赖出口销售来维持其国防工业，直到这样一个时刻，即俄罗斯经济能够为他自己的国防现代化建设提供足够的资源。和中国的情况一样，在认定谁是客户方面，以西方的标准来看俄罗斯是相对自由的，他主要但不是完全从西方大国所认定的不值得信任的国家获取利润。

具有高国内生产总值和主要是国内抱负的大国

日本可能是这个集团中唯一的成员。其 2008 年（4.9 万亿美元）国内生产

[①] *World Development Indicators Database*, World Bank, July 1, 2009. http://siteresources.worldbank.org/DATASTATISTICS/Resources/wdi09introch4.pdf.

总值位居世界第二位；只有美国的国内生产总值比他高。日本有一个强大但规模适中的国防工业，依赖美国提供本国工业无法生产的产品。日本关注和他处于同一地区的其他国家，并致力于拥有强大的自卫能力。然而，由于日本的出口政策有效地阻止了武器出口，日本防务公司的市场占有率是非常微小的，他们依靠政府的慷慨来保持经济可行性，拒绝享有工业生产中规模经济的传统收益，并创造了一个不符合创新和成本意识的环境。

具有全球抱负和高国内生产总值的小国

与美国、中国和俄罗斯相比，较小国家的灵活性就低了很多。在这些国家中，有些具有全球抱负（例如，法国和英国，2008 年的国内生产总值超过了 2 万亿美元），而且确认他们需要一个强大的国防工业部门。国内国防市场是重要的（这两个国家的国防投资水平在欧洲是最高的），但不足以维持一个世界水平的国防工业。因此，这些国家对国防出口赋予了高度优先权，其重要性可能几倍于国内需求。每年要达到这样的出口水平，需要高级政府官员，包括在大宗交易时国家首脑直接参与的协助，工业部门开展积极的市场营销活动。成功还需要国内的出口管制制度，要依据事实，而不是用政治言论，做出哪些国家有资格成为出口客户的决策。

具有适度全球抱负和重要国内生产总值的小国

对于更加关注于一系列国内目标（例如，捍卫国家领土和人民）的较小型国家，他们也可能高度重视维持本国的国防工业基础。德国和意大利在 2008 年的国内生产总值分别为 3.7 万亿美元和 2.3 万亿美元，希望他们的公司凭自己的优势生存，产品畅销国内和出口市场。然而，这两个国家也都有优势，因为德国和意大利的国防投资水平在欧洲国家中名列前茅，仅次于法国和英国。尽管给德国公司带来负面影响，德国出口规则则相对比较严格，而意大利的出口规则则与其他西方大国大体一致。

具有适中国内生产总值和区域抱负的大国

谈到这个集团，有几个国家就会浮现在人们的脑海里；他们包括澳大利亚、巴西、印度和韩国——2008 年的国内生产总值在 0.9 万亿~1.6 万亿美元之间。每个国家都有自己的国防工业，每个都在（不同程度上）寻求扩大该行业，并

认为出口是实现这一目标所需收入的重要组成部分。每个国家都有出口管制制度，它随时间而改变，受到国内工业部门的影响，但在很大程度上与西方大国一致。

寻求收入的小型国家

朝鲜是个特例。他是一个资源非常有限的贫穷国家，资源开采受到政府的制约。这个国家以武器出口作为获取收入的几种手段之一，他已经把武器系统（如弹道导弹）秘密销售给伊拉克和叙利亚这样的国家，创收因素显然超过了传统的出口管制考虑。

固有的紧张局面及对工业的影响

出口管制会对国内国防工业和高新技术产业部门产生重大影响。因此，各国政府及其国内产业部门之间偶尔出现摩擦是不可避免的，政府出口政策模棱两可，而且出口许可的实施既缺乏效率又不够透明的国家最为明显，在许可决策被搁置且结果无法预测时尤为如此。

不同于20世纪70年代，21世纪的国防技术和防务公司在地域上分布广泛。国防技术人员和国防生产设施最大程度集中在美国和西欧，但有能力的开发者和生产者却到处都是。

一些发展中国家，担心依赖主要供应商会产生政治和经济影响，已公开宣布国家战略目标是要在全球航空航天和国防工业领域至少占据适当位置。自冷战以来仍存在过剩生产能力，从经济角度讲，在这样一个时候增加新生产能力并不明智，但如渴望变得更加自给自足的战略考虑可能促成了这样的决策。其他考虑也可能会占上风，包括利用国防投资以具有竞争力，以进入世界市场为目标，并创造未来国内就业机会，特别是在电子和航空航天领域。新进入者在行业中最初处于不利地位，因为他们缺乏国防技术和生产基地，缺乏全球军火市场经验，在潜在客户和工业合作伙伴中缺乏可信度。这样的国家往往会尝试利用来自工业化程度较高的供应商国防采购来实现这些目标。补偿贸易安排，还有许可生产和合作生产协议都是在这个过程中通常使用的工具。

供应国政府和国防工业认为补偿贸易安排，以及许可生产和合作生产协议都是让人担忧的。出售较陈旧的和能力较差的技术，许可其生产，并在实际上促进未来竞争，这些做法都激发了更强劲的销售、额外的收入，或许还有有利的合资机会。所描述的这些做法既没有在军事上，也没有在技术上对供应国造成威胁。然而，随着时间推移，它可以削弱销售和驱散未来商机。因此，来自发展中国家新进入者的出现，目前正在恶化全球生产能力过剩。紧张局势是自然的结果，供应国正欣然提供必要的资金作为国际竞争的收益。供应国政府还有其他担心，出口管制体系不能用来对付恐怖分子和其他非国家行为者，但仍然必须考虑到转移和未经授权再转让到他们那里的可能性。国防生产能力分布越广，扩散问题就变得越困难，防务物品转移到不受欢迎的最终用户那里的可能性就越大。这些担忧在某种程度上独立于最终产品的复杂性。因此，作为一个更复杂和导致紧张局势的因素，各国政府，就像他们的习惯那样，往往对许可施加粗线条的限制和条件，尤其对合作生产和技术援助许可。对大多数情况和大多数进口国来说，这可能是很不恰当的。因此，这些问题需要许可的所有参与方花费时间和精力来解决。这往往成了所有人的压力。

在实践中，一些国家出口管制机构的行为可能以非常保守的方式行事，最大限度降低其成员风险。保守主义可能给出口许可审查员带来慰藉，但由于许多原因，它也可能挫伤盟友、朋友和出口商。管制清单对他们来说可能有冷战的味道，反映出在这个时间，一国在其军事技术和军事系统的开发和生产方面都是很卓越的。然而，许多以前卓越的技术在今天只是一种商品，根本不再重要了。于是，拒绝这些技术的出口提议，更多的是体现原则，而不是所预期的这项技术拒绝提供给可能的客户，因为其他地方有一些其他的合格客户资源。也许对负有责任的公司来说最令人沮丧的是，当出口管制工作人员对技术赋予极大的重要性时，开发人员知道他已经落后一代或者更多代了。这样的情况还会出现在当有些国家向出口管制机构显示出这样的态度，工业部门是如此贪婪，以至于他会把任何东西卖给任何人或那些根本就不诚实的工业部门负责人。知识产权是产业的未来，有时候人们会忘记这一点，工业部门至少应该像政府保护他们的秘密那样勤勉地保护知识产权。

当前问题和未来挑战

在某种程度上，紧张局面是国防出口管制过程本身的一个必然功能，尽管一些国家，最引人注目的是美国，付出了值得称道的努力以试图改进国防出口许可

管理的效率,但很难看出政府出口管制体系和国防工业之间的紧张关系会很快消失。事实上,它们有可能会增长。正如我们已经看到的,全球国防工业的生产能力一直会过剩。主要是工业部门在维持并甚至延伸这种生产能力。全球防务市场中日益增加的竞争将使每项销售变得更为重要,每个许可否决变得更为关键,每次失败变得更有意义,并因此增加每个未来销售机会的重要性。

各国政府也有冲突。由于国际恐怖主义变得日益令人担忧,强大的国防力量、系统和生产能力被视为比以往任何时候都更加重要。同时,致命武器和技术扩散引起了供应国的严重关切。大多数供应国的国防预算持平,而美国和中国至少在目前来说,是重要的例外。对国家预算的非国防需求也在不断增长,这给国防建设施加了压力,需要通过来自对外国防销售的各种收益来补贴成本。

更为复杂的情形是在国防和两用技术领域中技术的显著进步,同商业部门一样,伴随全球化影响,这已引起人们对几乎所有控制系统功效的严重担忧。

最敏感的国防技术会给本国国防建设带来巨大难题。隐身和反隐身技术已为战士们提供了令人难以置信的优势,但成本巨大。最先进的供应国认为这种投资是必要的,任何可能减少这种投资军事价值的情况都被视为是灾难。例如考虑这种情况,如果正确的信息落入坏人之手,价值数十亿美元的投资就能被微不足道的数百万开支抵消掉。能够理解,如果后果是如此可怕,政府是不会愿意分享这些技术的。这就对政府和工业部门提出独特而又极端困难的问题需要解决。考虑到在隐身和反隐身技术正在被应用到日益增多的作战系统上,这种情况尤其令人担忧。类似情况和担忧还存在于防篡改技术,等等。甚至是不那么先进的武器授权,出口国也要慎重考虑。国家领导人不希望自己要向愤怒的公众解释为什么他们的孩子被他们自己国家政府提供的步枪打死。

14

补偿贸易与国际工业参与

伯纳德·尤迪斯*

补偿贸易：定义、目标和理论

在始于20世纪60年代末70年代初的尖端技术装备销售中，国际防务贸易中的补偿贸易似乎无处不在。最常见的补偿贸易协议承诺卖方公司履行某些要求作为出售的一个必要条件。这样的要求千差万别，包括卖方同意从购买国采购与协商出售的装备毫无关系的产品和/或服务，到明确的技术转让、投资以及各种合作生产计划。给购买国工业部门带来的业务与协商出售的产品有关的承诺被称为直接补偿贸易，而其他无关的安排被称为间接补偿贸易。

一些观察家将补偿贸易比作物物交换，但这种观点是一种误导。在一位仔细研究补偿贸易现象的学者眼中：

> 附加的互惠互利的概念才是实践的核心。它是这样的概念，交易应当创造一些经济活动，多于如果仅仅是现金交易时所发生的经济活动。

---

* 伯纳德·尤迪斯（Bernard Udis）是位于博尔德的科罗拉多大学（University of Colorado, Boulder）经济学荣誉退休教授，加利福尼亚蒙特利美国海军研究生院（U. S. Naval Postgraduate School, NPS）客座研究教授。他在海军研究生院的工作涉及军火贸易中的补偿贸易、联合攻击战斗机伙伴合作关系、几家主要的欧洲公司对美国国防市场渗透的经验，泛北洋军事集团的前景和美国出口管制政策。他早期工作集中于北约扩张的成本、军火出口管制与经典军火控制的区别、军事技术革命中日本可能的作用、美国志愿兵役制受到的影响，以及工业政策在帮助降低国防支出中所发挥的作用。他获得过洛克菲勒（Rockefeller）、国家科学基金（National Science Foundation）与北大西洋公约组织的研究资金，是美国空军学院（U. S. Air Force Academy）杰出的经济学客座教授和美国军备控制和裁军署（U. S. Arms Control and Disarmament Agency）威廉·C·福斯特（William C. Foster）研究员。

14. 补偿贸易与国际工业参与

也就是说，对销贸易（补偿贸易）不是要避免在商品或服务交易中使用现金，而是他具有超出商品交易本身的作用或影响。①

既然这样的交易发生在常规的市场运行之外，许多经济学家把它们视为贸易转移，并因此降低了福利。这种主张被不断表达出来，几乎已经成为一个口头禅。"贸易转移"指强迫扭曲交易条件，使之偏离在自由市场中很可能会出现的最优情况，通常这是垄断力量作用的结果。对于简单的市场交易而言，我们所熟知的效率观点的应用是以竞争市场结构假设为基础的。航空工业非完全竞争的性质为寡头市场扭曲导致自由贸易条件下资源配置不当提供了可能性。在这种情况下，可能会引入贸易或工业政策以抵消这种扭曲，这可以被合理地描述为次优情形。

在国防情况中，买方是政府的代理人，再一次暗示了竞争性市场的假设可能是不合适的。此外，经济学家通常关注于确定有限条件下最优政策这种单一目标，如果还有，就是注意力集中在制定公共决策进行社会计算时的其他目标上。政府官员在真实世界中的决策带有多重政策目标的特点，将实现单一目标理论上的最优政策变成了一种相互矛盾的混合体。

政策制定者面对的现实最经常要求他们采取广泛的方法选择项目，以使用某种满足政治和经济约束条件的一致方式同时推进几个目标，而这些约束条件缩小了可行措施的选择范围。在这样一种情形下，补偿贸易似乎提供了一种相对安全的路径来通过危险"雷区"，或者，用技术术语讲，它提供了一种有效率的合约。这种多维合约向主流理论提出了挑战，主流理论认为，所有维度的因素可以一般地转化为金钱，转化率可由竞争性市场客观确定。因此，买方较低价格的出现，不能自动地证明是最优解。

在尖端技术产品的国际市场上，参与者面对着产品质量的不确定性、不完全竞争和复杂的合约履行环境。在这样一种情况下，对于无约束的改变价格以适应不断变化的供给和需求条件存在着大量限制，讨价还价自然而然就发展起来了。

一些杰出的经济学家已经认识到了这种发展趋势，他们的一些观点富有启发性。威廉姆森（Williamson）曾经评论了正统经济学家的一种倾向，他们认为关

---

① Grant T. Hammond, *Countertrade, Offsets and Barter in International Political Economy* (New York: St. Martin's Press, 1990), 5.

于组织和合约的非传统模型是在试图支持垄断,而并非仅仅是为了节约交易成本。① 武器、信息技术以及各种形式培训方面的贸易日益增多,这使得英特里盖特(Intriligator)认为,理论分析必须超越在简单商品贸易世界中发展起来的传统经典理论。②

补偿贸易目标

既然补偿贸易通常是由买方提出,这里将仅从买方视角关注补偿贸易的目标。从历史上看,补偿贸易谈判中体现出一系列广泛的目标。一项对补偿贸易条款的研究显示,这样的目标包括:节约使用似乎可能是稀缺的外汇储备;为国内劳动力和工业提供工作岗位和生产(并同时抵御了国内政治对手以牺牲国民、富裕外人为理由的攻击);获得宝贵的技术和培训,以提高国内工业竞争力,并可能从国防工业扩展到更广阔的经济范围;这也是绕过国外购买民族产品要求的途径,并因此提高本国工业的出口潜力。这些目标的流行程度随时间和空间而不同,也随一些因素变化而变化,例如,汇率、对国家安全环境的看法、工业发展水平、经济增长水平、补偿贸易实践,等等。这些目标及其影响因素的多样性使得从总体上评价其效果和影响非常困难。但考虑到补偿贸易历史中技术采购大量出现,考察技术转让理论或许有助于理解为什么补偿贸易似乎是实现其目标的捷径。

批评补偿贸易的人经常会问,这样一种获取先进技术的渴望为何不通过在市场上购买技术更加直接地表达出来,而是要通过参加补偿贸易计划这样更加曲折的道路实现。传统微观经济理论把企业描述为一束抽象的生产力转化形式,其特点是以生产函数作为基准,在一篇重要的文章里,蒂斯(Teece)对此进行了批评。他反对这种构思,因为这意味着一个企业的行为以符号形式存储在"书本蓝图"之中。③

---

① Oliver E. Williamson, *The Economic Institutions of Capitalism: Firms, Markets, Relational Contracting* (New York: The Free Press, 1985).

② Michael D. Intriligator, "Comment", in *U. S. Trade Policies in a Changing World Economy*, ed. Robert Stern (Cambridge: MIT Press, 1987), 364~369.

③ David J. Teece, "Towards an Economic Theory of the Multi-Product Firm", *Journal of Economic Behavior and Organization* 3(1982): 39~63, especially 43. 最初的概念出现在 Sidney G. Winter, "An Essay on the Theory of Production", in *Economics and the World around It*, ed. S. H. Hymans (Ann Arbor: University of Michigan Press, 1982), 55~91, especially 58。

蒂斯挑战了这种书本蓝图的比喻，他强调许多个体知识的隐性性质难于清晰表达出来。他观察到，"在个人技术的实践中，采取的很多行动不是作为深思熟虑选择的结果，而是自动的反应，这些反应构成了技术的不同方面。"① 当把这个概念从个人转移到企业组织的日常运作上时，"很多可能在原理上要推敲商榷的事情，现在作为对组织或其环境所发出信号的回应自动完成了。"② 因此，组织记忆存在着，它以日常运作为基础。组织的成员必须能够接受和解释来自于组织及其所处环境内部的信息，以便从他们的储备中激发出一个恰当的回应。因为企业之间的技术转移是跨组织边界移动的，个人日常工作知识的传输离开了其所处环境可能无法成功。

即使假设参与双方都意识到通过交换可获得机会，买方知道存在他们愿意购买的有价值的信息，一个简单市场交易通常的必要条件还远不止这些。正如大家已注意到的，技术交换具有强烈的隐性和"干中学"性质，它们通常要求个人和组织的知识与经验伴随着纯技术信息与数据一起转移。对于交换信息和帮助实际转移发生的机会可能存在着，公开的互惠信息对于确认和公布这些机会是必需的。在这样一种环境中，参与者被威廉姆森所谓的"小数目贸易关系"连接在一起，这给双方都带来风险，风险来源于策略性操纵信息和虚报意图。③ 典型的例子有，"卖方面对这样的危险，比如，买方有可能以合约没有涵盖的微妙方式使用知识，或买方（蛙跳）超越了许可方的技术，并（成为）一个意想不到的竞争威胁。"另一方面，"买方面对的危险有，比如，卖方所宣称技术的效能或者降低成本的特性比实际情况要好，或者卖方可能在提供所承诺的转移援助时敷衍了事。"④ 绑定关系或者绩效保证可能是降低风险的方式，在这种可能性提高之后，蒂斯指出，只要技术绩效的度量是模糊的，"昂贵的讨价还价"或许会一直存在。

威廉姆森用他的"关系合约"⑤ 回答了这一棘手问题，他还认为，这样的例子与直接补偿贸易结构具有强烈的相似性，即在参与方保持自治的情况下，一种

---

① Teece,"Towards an Economic Theory of the Multi-Product Firm",44.
② Teece,"Towards an Economic Theory of the Multi-Product Firm",44.
③ Oliver E. Williamson, *Markets and Hierarchies：Analysis and Antitrust Implications* (New York：The Free Press,1975),26~28.
④ Teece,"Towards an Economic Theory of the Multi-Product Firm",52.
⑤ Williamson, *Markets and Hierarchies*,250~252.

双边治理形式出现了。这里，参与贸易的独立企业都相互承诺维持一种友好与合作关系，其目标是得到比通过机会主义行为可能获得的短期收益更多的利益。仔细设计补偿贸易计划可能也会依赖于声誉效应和委托代理关系，以便对技术提供方形成强有力的激励，保证转让彻底成功。

如果产品是有名的，特别是当卖方的产品名称为人们所熟知时，在这种情况下，声誉效应可能更加有效。因此，在 F-16 生命周期最初 15 年左右的时间里，报刊上消息最为灵通的报道不是说 F-16，而是说"通用动力 F-16"。这有助于激励通用动力（General Dynamics，GD）确保向合作国的技术转移成功运行，以把有损通用动力名誉的高事故率风险降到最低。在联合攻击战斗机（JSF）例子中，洛克希德·马丁（Lockheed Martin）也类似地易受影响。[1]

声誉效应也是许多委托代理例子中的一个要素，这些例子提出的挑战是修正系统，把根本不可能具有相同目标的组群之间的潜在冲突最小化。这样的情况可能发生在如下关系中，所有者和雇佣经理人，管理者和雇员，甚至或者是医生和病患。在最后一个例子中，人们知道存在隐性契约来控制医生开出超过病人喜欢程度的医疗服务的倾向。人们都知道外科医生对手术选择的偏好，以及放射科医生对其专长的偏好。幸运的是，在医生-患者关系中有很多因素将不同利益进一步拉近。患者不一定要接受医生的治疗建议，他们可以寻求第二建议，在极端例子中，行业审查委员会必定会影响医生声誉，它的存在可能会影响医生行为。[2]

在防务背景下的国际贸易中，制定一套系统对卖方提供激励，使他们认真地将买方目标视为自己的目标，对买方而言，这种挑战同样存在。[3]

我们已经解释了为什么一些补偿贸易计划看上去具有吸引力，却并未构成对补偿贸易作为最优选择的支持。但这确实表明在许多情况下，为什么购买方选择这种方式来实现其目标。政策制定者不论其原因如何，如果他们能够向买方政府提出帮助他们更好达成目标的其他建议，反对选择补偿贸易都可能会更为成功。理解买方政府的目标在提出建议时最为必要。

---

[1] 近期对声誉效应的综合研究，参见 W. Bentley MacLeod, "Reputations, Relationships, and Contract Enforcement," *Journal of Economic Literature* 45, No. 3(2007):595~628。

[2] 参见 Walter Nicholson, *Intermediate Economics and its Applications*, 5th ed. (Chicago:The Dryden Press, 1990), 302。

[3] 近期对委托代理关系的理论研究，参见 Jean-Jacques Laffont and David Martimort, *The Theory of Incentives:The Principal Agency Model* (Princeton:Princeton University Press, 2002)。

美国的补偿贸易数据：数据集和发现

1986年修改的《国防生产法案》（Defense Production Act，PDA）第309条涉及国防贸易中的补偿贸易问题。他要求总统每年向国会提供关于补偿贸易对美国国防工业基础影响的报告。来自商业、国防、劳动、财政部门和美国贸易代表办公室的代表们组成了一个跨部门委员会，并指定由管理与预算办公室来协调该委员会。1986~1990年，该委员会筹备并发布了一系列年度报告。它们涵盖了关于补偿贸易的相关统计数据，以及对美国军用飞机和导弹销售给其他国家所做的有价值的案例分析，包括：F-16出售给比利时、荷兰、丹麦、挪威和希腊，爱国者导弹出售给联邦德国和荷兰，机载警报和控制系统（AWACS）飞机出售给英国和法国，以及F-18出售给加拿大、澳大利亚和西班牙的情况。

当1990年10月《国防生产法案》被废止时，对该报告的要求也停止了。接下来有几次恢复和废止，并于1992年3月1日~1992年10月29日最终对该法案进行了修订。尽管很明显，除补偿贸易外的其他原因是解释这一系列奇怪行为的重要因素，《国防生产法案》的回归也恢复了对报告补偿贸易的要求，但是出现了一些有趣的不同。自那以后，商务部秘书处负责报告的准备工作，并被指定在管理国防生产法案第309条要求方面执行作为总统行政代理的职能。应当注意到，管理与预算办公室不但失去了之前在跨部门委员会中的领导角色，还失去了委员会的成员资格。当时的主流意见认为，这种变化反映出一些国会议员对前委员会报告不满，之前的报告得出结论，补偿贸易对美国经济和国防技术基础的影响相对很小。报告还对国会倡导的保护主义行为给出了相当复杂高深的分析。[1]

最新的《国防贸易中的补偿贸易》（Offsets in Defense Trade）系列是2007年12月出版的，其中包含了从2006年以来的数据。这份文件（第iv-v，2-1~2-7，2-9，2-11，2-13，4-5~4-7，4-9~4-10，5-17页）是其内容

---

[1] 对这一时期发展情况更为详细的回顾，参见Bernard Udis and Keith E. Maskus, "US Offset Policy", in *The Economics of Offsets: Defense Procurement and Countertrade*, ed. Stephen Martin (Amsterdam: Harwood Academic Publishers, 1996), 357~379。

中除引用数据之外的数据来源。在考察补偿贸易的数据时，必须区别两个不同的概念：美国国防部门和外国政府之间新的补偿贸易协议的数量和价值，这是从美国与国防相关的出口销售中衍生出来的，以及在推进业已存在的补偿贸易协议条款时的实际交易额。

12家美国大型防务承包商报告了他们在2006年同20个国家新订立的44项补偿贸易协议。与2005年相比，这些协议的数量和他们的预估价值都更高，1993~2006年期间，2005年协议数量最低，2006年这些补偿贸易的价值是34亿美元，占到国防出口价值48亿美元的70.9%。如果把数据按照地理区域进行分割，会出现一些有趣的差异，欧洲国家获得的国防出口合同价值的85.5%都是补偿贸易，而非欧洲国家平均的补偿贸易要求是42.3%，比2004年的93.2%有了显著下降。

2007年12月的补偿贸易报告呈示了1993~2006年内一些可比性的数字。在这14年间，美国企业与42个国家签订了582项补偿贸易协议，价值600亿美元，占到出口合同销售额843亿美元的71.2%。航空防务系统销售额占这些出口合同额的1/4强。在这一较长时期内，欧洲国家获得补偿贸易协议总金额的65.9%，但这仅为相关出口合同金额的48.0%。1993~2006年，欧洲补偿贸易需求的规模平均为出口合同金额的97.7%。补偿贸易协议金额是合同金额的100%或者更多，占欧洲协议金额的74.4%。这些百分比在2003年达到顶峰，为153.3%。2006年，欧洲的平均值从2005年的83.7%增长到85.5%。欧洲的最低值（占出口合同金额的比例）是2004年的63.9%。

1993~2006年，非欧洲国家的补偿贸易占合同金额的平均比例为46.7%。通常来讲，中东和亚洲国家要求的补偿贸易水平比欧洲国家更低。非欧洲国家的补偿贸易协议有269项，其中的68.4%要求补偿贸易比例不超过50%。只有31.6%的协议要求补偿贸易比例多于50%，而且仅有10个非欧洲国家补偿贸易协议带有超过100%的补偿要求。

在这14年内，澳大利亚的补偿贸易占国防出口金额比例为172.2%，超过了所有其他国家。接下来的五个国家和他们的补偿贸易百分比分别是：波兰（167.7%）、荷兰（117.3%）、南非（116.0%）、希腊（114.2%）和瑞典（103.9%）。

商务部报告的作者们还计算了国防销售和补偿贸易的移动加权平均值，以消除年度间的波动。全世界补偿贸易百分比在加权后的趋势从1993年的49.3%上

升到 2005 年的 102.9%，然后在 2004~2006 年降低到 76.7%。在那段时期内，欧洲的百分比从 87.1% 上升到 133.9%，但接着在 2004~2006 年降低到 81.2%。世界其他国家要求的百分比在这 14 年间从 27.6% 增加到 73.0%。

正如前面已经提到的，构成补偿贸易现象的另外一个重要部分是为推进先前补偿贸易协议条款实施而发起的交易，以履行责任。美国公司报告的这种类型补偿贸易交易的总金额在 2006 年达到了 47 亿美元，间接补偿贸易交易额占到这一数字的 63.6%，而直接补偿贸易总计是 36%。

1993~2006 年，美国公司报告了覆盖 45 个国家总共 8660 项补偿贸易交易。这些交易的总价值为 420 亿美元，其中间接补偿贸易占 59.5%，直接补偿贸易占 39.86%。这一微小的不平衡代表着不确定类型的补偿贸易，在这段时期内，大多数补偿贸易交易（77.4%）的类型是购买、分包合同以及技术转让，它们分别占到全部类型的 38.2%、22.2% 和 16.5%。

至于工业部门，补偿贸易交易的大部分落到了少数参与国防生产的大型行业那里。迄今为止，最大的集团是运输装备部门（标准行业分类 SIC 37），它在 1993~2006 年占到全部补偿贸易交易金额的 53.2%，第二大集团是电子/电器部门（SIC 36），占有全部金额的 12.9%。

在过去 30 年中，在国防贸易中使用补偿贸易发生了许多变化。这些变化有，补偿贸易要求的重要性和价值，直接补偿贸易与间接补偿贸易的相对重要性，利用经纪人推进间接补偿贸易的各种形式，允许完全补偿贸易要求的时期长度，以及实施的方法，全部都发生了变化。

通过使用由管理与预算办公室（Office of Management and Budget，OMB）支持下收集的早期报告系列文件提供的 20 世纪 80 年代及 1980 年之前的大量数据，这个比较期还能延长。① 这些数据与后来的系列可能不完全可比，但还是有助于显现出这些广泛的变化，该文件报告了以当期百万美元为单位的"实施价值"。1980 年以前，记录的该项价值是 3.121 亿美元，与之形成对比的是，其在 1980~1987 年为 0.10786 亿美元（第 137 页）。在当前系列 2007 年 12 月的报告中（第 vi 页），1993~2006 年记录的被划分为"实际交易价值"的数据是 420 亿美元。在报告的这三个时期中，直接补偿贸易分别占到 26.2%、30.9% 和

---

① Office of Management and Budget(OMB), *Offsets in Military Exports*, (Washington, DC, Author: April 16, 1990).

39.6%，而间接补偿贸易分别是 69.9%、61.4% 和 59.5%。在任何一个单独时期内，由于在总补偿贸易中包含了未知类型的补偿贸易，这些百分比的加总都不等于 100%。这似乎表明，补偿贸易需求方偏好于与交易产品联系密切的经济活动，这已逐渐实现，而主要承包商保护原创产品设计的愿望却被慢慢牺牲了。

过去，经纪人经常被用于协助大型防务承包商把从间接补偿贸易中获得的物理状态的物品转化为现金。尤其是，经纪人的佣金被认为相对较少，并可以避免，比如，航空企业决定如何处理火腿和旅游行程这些多种多样的事情。商品经纪人、银行的财务部门，以及专业的贸易公司都可用来完成这样的任务。

更近些年来，一种新型的经纪人出现了，他们专门从事将大学和独立研究实验室开发出来的新技术商业化。尤其是那些由高技术科学家和工程师组成的机构，对于将自己的发现进行市场运作不具有优势。这些新生代的经纪人，通常由技术导向型人员组成，他们致力于将这些技术开发引起主要国防企业的关注，这些国防企业承担着向国外政府转移技术的责任。这些责任通常集中在环境以及/或者健康的改进上。对于佣金，这些经纪人的作用就像媒人，在一定程度上，提供新的和即将出现的技术给主要承包商以帮助他们履行责任。目前，还没有可靠的数据来评价这种功能。

另一个考虑是履行补偿贸易承诺时间期限的长度。时期越长，将主承包商的后续采购归因于补偿贸易的要求就越困难。1980~1987 年，美国企业参与的补偿贸易交易的平均期限是 11 年。[①] 这一期限已经缩短了，因为国外补偿贸易需求者变得越来越老练，而且要求越来越严格。这样，在 1993~2006 年内，平均期限下降到只有不到 7 年。[②] 最近以来，期限长度似乎已稳定在这一水平上了。另外一些考虑似乎已经发挥作用了，特别是补偿贸易信贷的银行业务，可以说它能够把主要承包商未过期的贷款存入银行以备将来使用，至少在某些特定时期可以这么做。

下面感兴趣的是补偿贸易条款的实施方法。在 1980~1987 年早期，在所考

---

① OMB, *Offsets in Military Exports*, 136.
② U. S. Department of Commerce, *Offsets in Defense Trade* (Washington, DC: Author December 2007) ,4~7.

察的例子中，有 68% 承诺做出最大努力，而其余 32% 因为没能履行合同义务而缴纳违约金或其他形式的资金处罚。① 因此，2/3 的情况都有赖于当面的交流以确保本应满足的合同条款。到 1993～1997 年，最优努力承诺已经下降到约 50%，而且这样的信息已经不再在目前年度报告系列里披露了，一位商务部门官员依据经验猜测这一数字不超过 33%。这样，补偿贸易需求方将更不愿意忍受以非正式的和不加要求的方式履行合同条款的情况再次出现。

前瞻：补偿贸易还是生产联营？

任何评价补偿贸易对接受方和给予方影响的努力都必须从认识现象固有的复杂性开始。正如前面已经谈到的，需要补偿贸易的国家在其目标及其努力的相对成功或失败方面差异很大，在这一领域内还缺乏可观和细致的研究。把这些形形色色的政策汇集在一起的努力就好比盲人摸象，在这个著名的寓言里，几位盲人在各自考察了大象身体的不同部门之后，就试图描述这个动物。

接下来的部分会介绍理论和实际中的几种考虑，它们意味着在全力支持补偿贸易是贸易转移并降低福利的观点时需小心。一位大型美国航空企业的高级管理人员最近观察到"如今许多供应商的关系建立在 20 年前的补偿贸易关系之上。我们现在学会了如何在没有补偿贸易时一起工作。"② 这里，特别有意思的是，在十几年以前，一位瑞士的管理人员描述了他的国家补偿贸易政策的主要目标是用瑞士工业的高品质来吸引外国（美国）工业家的关注，③ 这个故事一定程度上支持了几年前发表的一篇关于补偿贸易文章结论中的观点：

> 如果其主要作用是促使主设计承包商在寻找分承包商时扩大视野，补偿贸易或许实际引致了更加有效率的生产联系模式和提高福利的安排。这样，自由贸易理论家和反对补偿贸易倾向间的联盟可能就是不合情理的了。④

---

① OMB, *Offsets in Military Exports*, 134.
② 2007 年个人采访。
③ 1992 年个人采访。
④ Bernard Udis and Keith Maskus, "Offsets as Industrial Policy: Lessons from Aerospace", *Defense Economics* 2, No. 6(1991):151～164, especially 163. 这篇文章再次发表于 Keith Hartley and Todd Sandler, eds., *The Economics of Defense*, International Library of Critical Writings in Economics (Cheltenham, U. K. and Northampton, MA: Elgar Reference Collection, 2001)。

上面这篇文章的作者得出结论，某些补偿贸易可能是有效的，并提高了福利，其他一些可能使全球经济在结构上无效率。因此，他们建议，在对任何努力进行国际管制之前，要认真地尝试确定区分这两种影响的标准。① 这一需要仍然存在。

补偿贸易之外

这些年来，对补偿贸易极为重视往往已掩盖了这样一个事实，即从本质上说，补偿贸易不是一种独立存在的现象，而是代表了防务计划国际贸易动态演化中的一个阶段。在第二次世界大战结束后，美国军队开始将多余的装备向新独立的国家转移。渐渐地，这种情况演变到美国武器和飞机生产许可下的大范围生产中，且带有自由条款以缓和这一时期的美元短缺。在历史上有着飞机生产传统的国家中，本土化的设计和生产开始出现，接着在20世纪70年代越来越多地使用了补偿贸易项目。

尽管几乎没有人关心这些项目成功和/或失败的主要原因，但在这些例子中很明确的是，参与项目的购买国工业部门获得了重大技术进步。例如，有一篇一般性评论西班牙工业界参与F-18补偿贸易项目经历的文章，在其中莫拉斯·盖拉特（Molas Gallart）指出，"事实上，存在西班牙企业创建专长领域的情况，他们将在新项目中使用这些专长，而且这些专长将成为他们技术组合的一个部分。"他引用的众多知名例子之一，就是西班牙电子企业（CESELSA）参与模拟器工作，在其他国际项目中他在这项工作上做出了共享，而且发展了他自己的系统。② 应当注意到，西班牙航空企业西班牙航空航天公司（CASA）目前是欧洲航空企业集团欧洲宇航防务集团（EADS）的初级合作者，欧洲宇航防务集团既生产军用飞机（被称为"飓风"的欧洲战斗机）也生产民用客机（空中客车系列）。几年前在私人采访中，西班牙政府官员曾表示，这样发展的目的就是要让西班牙航空航天公司参与F-18项目。

---

① Udis and Maskus, "Offsets As Industrial Policy".
② Jordi Molas-Gallart, "Spain: A Shifting Approach to Defense Procurement and Industrial Policy", in *Studies in Defense Procurement*, ed. U. G. Berkok (Kingston, ON: Queen's University, School of Policy Studies, 2006), 95~104, especially 97.

事实上，西班牙补偿贸易政策的演化是补偿贸易领域所发生一般情况的缩影。① 20 世纪 80 年代早期，当就西班牙补偿贸易协议进行谈判时，间接补偿贸易比直接形式重要很多。这导致大批公司牵涉进一般性的小规模补偿贸易活动中。管理这些补偿贸易运作需要大量努力，比如麦克唐纳·道格拉斯（McDonell Douglas）要分别提交这些项目获取批准，而且每个都要得到西班牙补偿贸易管理办公室（Spainish Offset Management Office）的同意。很快，办公室淹没于文书处理工作中，在持续 10 年的项目期间内，要审核数以千计的项目和项目申请。与国防相关的补偿贸易所占比例相对较小（占总项目价值的 28%）是一个令人不满意的地方，技术转移也是如此，其所占比例更小。

在正式合同期限到期之后，会有一个为期三年的宽限期进行协商，这包含巨大的变动，反映出第一个十年的实际情况。回顾过去，以西班牙的视角来看，原始项目的构建方式导致了过高的运营和交易成本，这归因于大量项目战略定位不准确。重点从间接补偿贸易大大转向了直接补偿贸易，而后者与 F-18 飞机关系极为密切。这些补偿贸易的特性必须首先得到西班牙一方的认可，因此这些特性不再是对麦克唐纳·道格拉斯公司发起建议的简单回应了。

在项目的最初几年间，西班牙工业仅仅具有有限能力处理飞机生产的直接工作。西班牙国防工业支离破碎、技术薄弱且大部分是国有企业。每一个主要参与者都与三种武装力量的其中之一有联系，他们是：西班牙航空航天公司、服务于海军的巴赞（BAZAN），以及圣巴巴拉军事工业公司（ENSB），他为军队生产地面装备。为改变这种局面，西班牙政府开始吸收地方工业参与到国防研究活动中来。自 20 世纪 80 年代中期至 1991 年，政府资助的国防研发从几乎为零的水平攀升至占西班牙政府全部研发开支的近 30%。

这些努力产生的反响超越了 F-18 项目，它帮助西班牙的工业基础具备了接近于其邻国水平的能力。西班牙在各种欧洲合作的武器设计和生产项目中都成了参与者，包括欧洲战斗机（飓风）项目，截至 20 世纪 90 年代早期，该项目吸收了西班牙全部国防研发的 3/5 还多。应当注意的是，得到大量这种投资的公司基本都是那些参与 F-18 直接补偿贸易活动最多的公司。

---

① 接下来的很多资料取自 Jordi Molas-Gallart,"From Offsets to Industrial Cooperation: Spain's Changing Strategies as an Arms Importer", in *The Economics of Offsets: Defense Procurement and Countertrade*, ed. Stephen Martin(Amsterdam: Harwood Academic Publishers, 1996), 299~320。

因此，西班牙国防采购项目已从古典的补偿贸易转到了多国合作，这使西班牙作为合作伙伴在系统配置方面具有发言权。在20世纪90年代早期，西班牙购买了8架"鹞"式战斗机，升级了12架"鹞"式 AV-8B 战斗机的事情提供了一个有趣的例子，发展新型"鹞"式战斗机的工作是由美国、意大利和西班牙参与的联合计划来组织的。尽管由于补偿贸易，西班牙的角色已由购买者前进了一步，但西班牙发现自己只是一个低级参与者，只为更大的、统一欧洲防务市场提供简单部件的顾虑依然存在。

人们希望通过外国直接投资（FDI）项目使西班牙国防工业基础能得到加强，这也并非是全新尝试，比如美国和法国公司在20世纪60年代末和20世纪70年代初期，在国有的防务公司中获得了少量股份。但这些活动通常都与特定的采购联系在一起，如果没有后续订单，这些活动在其结束时往往就消失了。

人们特别关注西班牙几个大型主承包商 [西班牙航空航天公司、圣巴巴拉军事工业公司、巴赞——现在被称为伊扎尔造船厂（IZAR）]。西班牙所要追求的是与国外企业持续建立的伙伴关系会使西班牙生产商容易参与到国际供应链中。涉及国外企业的一系列业务确实帮助西班牙航空航天公司融入了新的欧洲联合企业欧洲宇航防务集团之中。

经过一系列吸引外国直接投资进入圣巴巴拉军事工业公司的努力之后，出现了一个意想不到的交易，这家公司在2000年春天卖给了美国的通用动力。尽管德国的克劳斯·玛菲（Kraus Maffei, KM）成功地将其"豹"系列坦克出售给西班牙（由圣巴巴拉军事工业公司的设备生产），但通用动力——克劳斯·玛菲的主要竞争者，现在拥有了圣巴巴拉军事工业公司。这就要求筑起"长城"以保护克劳斯·玛菲的技术机密，避免它们落入通用动力手中。这将是一项颇具挑战性的任务，这与洛克希德·马丁在生产两种新型美国空军战斗机 F-22 和 F-35，每个项目有不同参与者参加时所面对的情况没什么不同。在提供必要的连续订单以保持外国合作者兴趣方面，西班牙政府也将不得不决定其角色定位。

补偿贸易与工业参与？

这一小部分标题的用词表明联合攻击战斗机（JSF）项目的结构可能预示了未来国际合作的方向。受人尊敬的国防经济学家们已经考察了这个问题并给出了略有不同的答案。该项目在理论上强调以质量为基础的工作分工，而不是具有政

14. 补偿贸易与国际工业参与

治吸引力的工作分享规划，这对节约使用稀缺资源并视浪费为犯罪的训练有素的经济学家而言自然具有吸引力。两位英国经济学家已经研究了这个问题，基斯·哈特利（Keith Hartley）认为联合攻击战斗机为未来的多国合作提供了一种模式，如果能达成这一模式将是令人向往的。① 让·马修斯（Ron Matthews）确认了补偿贸易政策可能促进技术进步，但怀疑采用这些政策的可能性。他得出结论，"这是一个雄心勃勃的计划，而且坚守补偿贸易就是这样的推论。历史已经表明事实并非如此。"② 这似乎是一个相当明确地指出补偿贸易会消亡的预言。在之后的一篇文章中，马修斯把合作项目，如飓风，以及合资企业集团，如联合攻击战斗机，描述为展示了"使成员国从统一市场中享受（更低）研发成本和更高规模经济的双重诱惑。最低的采购成本选择是一个存在争议的全球联合模式。"他继续指出："尽管在这个模式中，更精细的国际劳动分工会带来好处，如降低成本并提高产品质量，但缺点是由于不断增加对国外供应商的依赖，国防工业的自主性被侵蚀了。然而问题是，这样失去国防工业的自主性是否不再重要？预计未来（转型后）的战争是一种快速且决定性的演习。它将采用联盟主义的方法，当自主性变成一项越来越负担不起的选择时，这一方法表明在武器系统研发方面的进一步合作是合理的。"③

马修斯颇具洞见性的文章还认为，"全球联合企业模式，要求工作分工以成员国国民工业的竞争力为基础，这意味着大部分工作由高效的美国和英国防务承包商获得，留下极少量的工作给较小国家的参与者。"④ 只有时间能证明这种观点是否是对联合攻击战斗机项目未来的准确描述。但这似乎支持了早先对现代国际防务市场的一种描述，即它类似于一个"中心辐射型"模式，具有以下特点：

> 少数大型的第一等级企业在中心位置上运行，外包出去的生产线延伸至在外围的第二等级国家。第一等级参与者发挥"精品中心"作用，以其关键的设计、发展和投入品系统集成提供给装备生产，此外还生产更多尖端子系统，例如引擎、机翼、传感器、信息系统和其他电子设

---

① Keith Hartley, "Offsets and the Joint Strike Fighter in the UK and the Netherlands", in *Arms Trade and Economic Development*, ed. J. Brauer and P. Dunne(London: Routledge, 2004), 117~136, especially 133~134.

② Ron Matthews, "Defense Offsets: Policy versus Pragmatism", in *Arms Trade and Economic Development*, ed. J. Brauer and P. Dunne(London: Routledge, 2004), 89~102, especially 100.

③ Ron Matthews, "Smart Management of Smart Weapons", in *Studies in Defense Procurement*, ed. U. G. Berkok(Kingston, ON: Queen's University, School of Policy Studies, 2006), 75~93, especially 82~83.

④ Ron Matthews, "Smart Management of Smart Weapons", 86.

备。第二等级武器生产商将主要负责供给利基系统或者低技术含量部件，例如结构构件。最终的集成可能在任何一个国家内完成，这依赖于最终使用者是谁。这样的合作安排可能是非常程式化的，包含一个第二等级企业，它仅为一个第一等级生产商工作，就好比一个全部或部分所有的下属机构。但更有可能的是，这个过程涉及的第二等级企业同时是几个第一等级企业的子承包商或合资伙伴。这样，未来的装备生产可能更类似于"虚拟企业"这一现代概念，即独立的企业按照需要联合在一起，以设计和/或发展并/或生产出一种仅供全球范围内使用的产品。①

补偿贸易和 F-35 联合攻击战斗机

上面已经提到，联合攻击战斗机项目的设计避免了美国和八个参与国之间的补偿贸易关系。从理论上看，这些参与国已经认可，由总的主承包商洛克希德·马丁负责在他们国内选择合作生产商。事实上，这是否能解释为从参与国提供的名单中进行选择时洛克希德将拥有最终决定权，还有待商榷。洛克希德早已抱怨说，某些合作者试图重组联合项目办公室来向洛克希德施压，以便得到更有利的结果。不管怎样，这种情况可能会是一个持续的问题，也是以后谈判的一个主题。问题的核心在于大家预期参与 F-35 供应链的机会将会限定在那些有效率口碑的企业上。正如马克沃斯基（Markowski）和霍尔（Hall）指出的，在这个项目中，"似乎没有给新的或未经考验的供应商提供机会"。②

另一个可能的困难来源隐约存在于未来非成员国可在对外军售（Foreign Military Sales，FMS）计划条款下商谈购买联合攻击战斗机。他们将要求关于其采购飞机的直接补偿贸易工作，这种可能性是很高的，而且这类采购条款将同美国国防部，而不是同联合项目办公室进行谈判。很明显，最初的合作国为了加入这一项目，可以说是支付了入会费的，他们不会欢迎这些补偿贸易的潜在收益。这样

---

① Richard A. Bitzinger, *Toward a Brave New Arms Industry*? Adelphi Paper 356, International Institute for Strategic Studies（New York：Oxford University Press，2003），74~75.
② Stefan Markowski and Peter Hall, "Defense Procurement and Industry Development：Some Lessons from Australia", in *Studies in Defense Procurement*, ed. U. G. Berkok（Kingston, ON：Queen's University, School of Policy Studies，2006），9~73，especially 19.

一种情况也会导致供应链中有效率的子承包商被新兴购买国的不那么具有效率的生产商所取代。为鼓励这类销售而可能放弃通常的研发补偿收费，这种做法也会出现，但代价是伙伴国不能以成员国收益的形式分享这些费用。

考虑到所有这些情况，只要如联合攻击战斗机一样，多国联合企业日益受到欢迎，彻底摆脱补偿贸易就不可能。正如莫拉斯·盖拉特所观察到的那样：

> 现在不能说补偿贸易已成为过去。尽管它们的相对重要性正慢慢减小，西班牙在补偿贸易协议谈判和管理方面积累了重要经验。因为西班牙政府认为它正在学会比以前更好地从补偿贸易中获取利益，在几乎所有的补偿贸易交易中，补偿贸易这种选择将会一直作为考虑中的一个选项。与其他的"补偿"形式如国际合作，或者西班牙国防生产中的外国直接投资相比，补偿贸易更受偏爱，但它可能仍将更加集中于小规模交易上……换句话说，补偿贸易现在是西班牙武器采购政策的一个要素。[①]

西班牙不可能是采取这种政策的唯一国家。

小结

要寻找更低成本的资源供给，而不管资源位于什么地方，全球化引致更大程度的经济相互依赖性就是这种行为的一个结果，这与本国国防工业自给自足的愿望产生了冲突。直接补偿贸易为从国外获取尖端武器系统并同时保持和/或者提高国内国防工业，至少是所认定的必要部门的生产能力，提供了一条路径。英国国防工业战略明确地将该种生产能力认定为保持国家自主性努力的重要组成部分。

警惕国外较低成本资源诱惑的论点已有很长时期的历史了，其开端可以追溯至亚当·斯密（Adam Smith）著名的观点，他推崇开放市场，但认为国防是个例外。至于如何能够使美国继续保持其尖端军事技术的先锋地位，本·里奇（Ben Rich）——这位洛克希德"臭鼬"工程的长期领导人在其建议中告诫，要抵制

---

① Jordi Molas-Gallart, "From Offsets to Industrial Cooperation: Spain's Changing Strategies as an Arms Importer", in *The Economics of Offsets: Defense Procurement and Countertrade*, ed. Stephen Martin (Amsterdam: Harwood Academic Publishers, 1996), 317.

继续寻找最低成本资源的诱惑。用他的话说：

> 另外一种合理的管理实践是"臭鼬"工程的福音，就是坚持与可靠的供应商合作。很久以前，日本汽车制造商发现，以最低报价为基础定期更换供应商和选择新的供应商，被证明是一个成本高的严重错误。新供应商不时地报低价仅仅是为了在行业中立足，然后通过提供低劣的部件和质量来弥补开支，这严重地破坏了整体绩效标准。而且，即使一个新的供应商依据规定生产了合格的部件，这些部件也并不一定能够与之前供应商提供的相匹配：他的模具和规格可能不同，主要生产商要对其他系统部件再调整，导致成本超支。
>
> 出于这些原因，日本制造商通常与经过考验的供应商形成长期关系，我们在"臭鼬"工程上也是如此。我们相信，与老供应商形成的没有麻烦的关系将最终使我们的产品价格低于如果我们定期与最低投标价签订合同情况下的价格。①

在近期的一次发言中，德国航空部门的国务秘书彼得·辛兹（Peter Hintze）建议，在发展 A-350 飞机时，空中客车的管理要避免其供应链过度全球化。他说，"我们相信，保持在欧洲的研究、开发和工业生产是空中客车的优势。"

他对空中客车仅仅因为美元弱势就把工作转向海外提出了批评，指出，依据短期情况做出结构性决策是不明智的。在一个非常类似于里奇的论断中，他强调，空中客车如果继续同在质量工作方面享受声誉的传统供应商保持关系，可以降低长期成本从而获得优势。②

分析家应当避免在补偿贸易条款的谈判中，将国家防务原则视为一个简单的和难以令人信服的因素而置之不理的倾向。在罗列任何补偿贸易的需求动机中，它都应当被纳入其中，不论它是否隐藏在诸如"运营自主权"这样的复杂条款下。供应安全在资源选择中仍是一个重要考虑，其重要性可被视为超过了其他有吸引力的经济条款。

另一个相关但还未受到足够重视的问题是，国防部门和经济/财政部门之间不断增长的政府部门间紧张局面，这些部门从各自不同的视角来分析补偿贸易的

---

① Ben R. Rich and Leo Janos, *Skunk Works* (Boston: Little, Brown, 1994), 333.

② Robert Wall and Jens Flottau, "Difference of Opinion: As Airbus Mulls Future Agenda Governments Signal Concern", *Aviation Week*, June 2, 2008, 34~35.

收益和成本关系。因此，如果希望这些条款带来收益，其代价是提高了从国外采购飞机的成本，但国防预算没有相应增加，军队只能适当减少实际获得的飞机数量。这里出现了一个明显的挑战，经济利益危害了国家安全。即使是在军队内部，数量对质量的考虑也会导致进一步分歧。

有趣的是，我们注意到补偿贸易具有双重身份，既对全球化做出部分贡献，也是对全球化的反应。在一个快速变化的世界中，看到补偿贸易业已展示出这样的变化丝毫不令人惊奇。正如这里所讨论的那样，它们应当被研究，但应该作为国际防务贸易关系动态演化的一个阶段来研究。

致谢

本项研究得到了美国海军研究生院采办研究计划（Acquisition Research Program of the U. S. Naval Postgraduate School）的部分资助，对此支持表示由衷感谢。

15

全球小型军火工业：
因战争和社会而改变

艾伦·卡普*

我们说这个问题被善意地忽视了。当代对武器生产与军火贸易的研究形成于20世纪60年代和20世纪70年代，那时和军事相关的产业部门都在忙于超级大国军备竞赛所需要的武器生产，这是一个"主要武器"可被直观且唯一区分为根本不同类别的时代，最为重要的是核武器及其运载系统，以及主要常规武器。顾名思义，其他武器就没有那么重要了。

就在两次世界大战之间，小武器成了军备政策与研究的一个核心主题。[①] 数年之后，小武器和轻武器（SALW），这些曾在人类历史上占据主导地位的武器退居幕后，无法与获得高度关注的成为大国战争象征的飞机、导弹、舰艇和坦克相竞争。在超级大国争霸的时代，正是武器扩散研究得最好的时期，小武器虽然

---

* 艾伦·卡普（Aaron Karp）是位于弗吉尼亚州诺福克的奥多明尼昂大学（Old Dominion University）政治科学讲师、瑞士日内瓦小武器调查（Small Arms Survey）的高级顾问。他曾任斯德哥尔摩国际和平研究所（Stockholm International Peace Research Institute）军火贸易项目带头人，哈佛大学怀特海德国际事务中心（Whitehead Center for International Affairs）的经济与安全研究员。他是《当代安全政策》（*Contemporary Security Policy*）杂志和劳特利奇（Routledge）《全球安全研究》（*Global Security Studies*）系列书籍的联合主编。他的最新书籍为《全球暴动与未来的武装冲突》（*Global Insurgency and the Future of Armed Conflict*）（2007年）和《难以觉察的裁军》（*Inconspicuous Disarmament*）（2009年）。

① 当时又兴起了对小武器贸易的历史研究，参见 Gábor Ágoston, *Guns for the Sultan: Military Power and the Weapons Industry in the Ottoman Empire*（Cambridge: Cambridge University Press, 2005）; Joseph Bradley, *Guns for the Tsar: American Technology and the Small Arms Industry in Nineteenth-Century Russia*（DeKalb, Illinois: Northern Illinois University Press, 1990）; 以及 Gerald Howson, *Arms for Spain: The Untold Story of the Spanish Civil War*（New York: St. Martin's Press, 1999）。

15. 全球小型军火工业：因战争和社会而改变

得到了认可，却被忽视了。① 它们只是看上去没那么重要。

然而，20 世纪 90 年代，小武器再次受到关注。作为后现代战争中最普通和最致命的武器，它们成了不稳定、政府不可治理以及社会反常的代名词。小武器的日益凸显是大规模战争减少以及非国家主体地位相应提升的直接结果，小武器是全球化的武器，并日益成为极大消除世界各地人们差别的普遍标志。② 正如其他国际层级体系正在被消除一样，武器也在发挥着同样作用。国家对合法使用武力的韦伯式垄断正在不断消亡，这在很大程度上是由于小武器的扩散。③ 小武器和主要武器系统在表面上的差别依然明显，尤其是在成本、复杂性和规模上。但就破坏性或政治影响而言，其差别则不那么明显了。

最小却最不先进的武器已成为最抢眼和最富争议的武器，这绝非偶然。但重视并不必然意味着深入了解。当小武器生产作为军事工业研究和政策的一个重要因素再次流行起来时，人们对这个主题却仍然知之甚少。尽管它们被提升到全球武器控制和裁军日程的首位，小武器仍然如同以往一样神秘。它们缺乏系统的，乃至可靠的数据，最重要的生产地点与生产数量往往不为人知，较小规模生产商的产出往往必须靠猜测，生产趋势通常也只能估计。产量是增加还是减少？是在这儿生产还是在那儿？希望确认这些基本情况的努力往往毫无所获。

的确，困难被夸大了。对于小武器生产的研究是贫乏的，这一点毋庸置疑。实际上，相比最为隐蔽的国防生产地点，比如军械、燃料补给、基地建设、系统集成或模拟仿真服务的整个工业部门，小型军火工业是高度公开的。与那些最为不可思议的复杂领域，如网络冲突或私人安全服务相比，小武器生产看起来是非常有条理的。

本章回顾了对小武器生产的学术研究情况，强调了近十年的研究发现。在这段时期，研究取得了相当大的进展，开发了有用的数据来源和模型。我们现在对该产业的规模及其重要趋势有了一定认识。了解了大部分主要问题，如小武器总

---

① 例如，Stockholm International Peace Research Institute(SIPRI)，*Arms Trade with the Third World*(Stockholm: Almqvist & Wiksell, 1971)以及 Michael Brzoska and Thomas Ohlson, eds. , *Arms Production in the Third World* (London: Taylor & Francis, 1986)。

② 这种全球化的观点形成于 Jonathan Krishner, "Globalization, American Power, and International Security", *Political Science Quarterly* (Fall 2008) :363 ~ 390。

③ 参见 Keith Krause, ed. , "Challenging the Weberian State: Armed Groups and Contemporary Conflicts", special issue, *Contemporary Security Policy* 30, No. 2 (2009)。

产量和技术创新前景。

小武器生产飘忽不定，确实令人烦恼，这并不是因为我们知道得太少，而是因为我们需要知道得更多。首先，我们必须面对这些产品使用方式所造成的复杂性。不像其他军品和服务，即使不是由国家专用，也主要由国家使用，而小武器、轻武器及其弹药几乎广泛地适用于所有非国家主体。无论主要的叛乱分子、宗教激进分子、犯罪团伙、单个罪犯、精神病患者，或是受到惊吓的邻居是否寻求小武器，获得这些武器都几乎不再是一个无法逾越的障碍。换句话讲，小型军火工业至关重要，因为他是军事工业最为古典式的自由部分。它是如此地深度民主化，以至于给它打上军事工业的印记都令人怀疑。

本章主要以小武器调查（Small Arms Survey）早先开发的数据为基础（小武器调查是一个位于日内瓦的研究机构）。它强调，这些数据仅仅支持一般性结论，这些结论往往是非常初步的，但却揭示了小武器生产的基本趋势，这里所强调的趋势是指武器技术控制中的大融合。军用和民用武器之间的传统区别在20世纪是一个不言自明的事实，而现在却正逐渐消失。

本章表明，军用小武器采购正在减少。新一代小武器的军事研发仍在继续，但这只会带来有限采购，军用市场无论在数量还是质量上，都正在被民用市场所取代。这一点在美国最为明显，但在其他许多第三世界国家里也是事实。这种转变将成为未来小武器生产与销售最强大的推动力。武器产业的这个部分正在经历根本性转变，他不再由军事需求驱动，而是由民间社会的需求推动。

由战争形态转变引致的产业转型

即使是在冷战时期，忽视小武器、轻武器及弹药生产都是有问题的。正如越南战争、非洲非殖民化运动和中美洲战争中游击队的胜利及近乎胜利所揭示的那样，起义者有了小武器的协助会像以往一样产生深远影响。不是技术趋势，而是社会构建选择使得小武器明显被弃之不用了。西方军事理念把核武器和大型武器放在优先地位上，这使得起义者与小武器似乎在历史上无足轻重。[①] 今天，当世界各地的军人努力将自己从20世纪中叶假想敌的思想障碍中解脱出来时，全球

---

① 经典解释参见 Barry R. Posen, "The Importance of Military Doctrine", ch. 1 in *The Sources of Military Doctrine* (Ithaca, NY: Cornell University Press, 1984)。

15. 全球小型军火工业：因战争和社会而改变

军事层级体系的高层终于完全认识了镇压叛乱的重要性，[1] 而用于叛乱的武器也正在引起人们的关注。

换句话说，暴力最突出的特点是直接表征战争性质的变化。核武器和主要常规武器系统的破坏力没有丝毫减弱，但它们能够适应的战争形态与当前全球事务却越来越不相关了。在后现代暴力的数学模型中，没有什么关系比"人""枪"结合更为重要了。随着 20 世纪 90 年代早期对次国家冲突系统研究的兴起，这种类型的武装是如此之多，以至于我们中的大多数人都误解了小武器，把他当作武装冲突的同义词。任何严肃的观察家都不会认为与冲突相关联的仅仅是枪支——还有其他东西会在战争中造成杀戮，但枪支与冲突的联系似乎足以解释大多数有组织的后现代暴力。

正如许多观察家已指出的那样，非国家行为体往往依赖于老式步兵武器。与其他武器相比，卡拉什尼科夫步枪（Kalashnikov）是带给武装冲突更多改变的武器，并被普遍视为象征着暴动和混乱。这种步枪大约占据了所有现存现代军用武器的一半（大约在 7 千万 ~ 1 亿之间，而现代军用步枪的总数为 1.24 亿 ~ 1.56 亿条，军用小武器有 2 亿件），而且到目前为止，它们受到的严密控制也最少，它们是改变武装暴力形态的一种直接力量（表 15.1）。[2] 令人称奇的是，有理由证明，世界上还没有哪种枪能像卡拉什尼科夫步枪那样造成那么多问题。这种易于使用和维护的日渐老化的 AK 步枪，其看似无穷的储量似乎足以让我们的星球苦恼很长时间。[3]

但是卡拉什尼科夫步枪的逻辑存在局限。城市枪击案件的增多同农村枪击自杀案件一样，同突击步枪的扩散没有太多关联。这两个问题都很严重，即使它们并未占据政治主张最显要的位置。战斗人员也不完全与枪支绑定在一起。中东和阿富汗的经验表明，起义军队一点儿也没有丧失其传统的创新愿望。作为未来的进攻力量，叛乱者控制着创新的步伐。当卡拉什尼科夫步枪不再满足他们需要

---

[1] T. X. Hammes, *The Sling and the Stone: On War in the 21st Century* (Osceola, WI: Zenith Press, 2004); and Aaron Karp, Regina Karp, and Terry Terriff, eds., *Global Insurgency and the Future of Armed Conflict* (London: Routledge, 2007).

[2] 关于卡拉什尼科夫步枪和其他产品的数量，参见 Aaron Karp, "Trickle and Torrent: State Stockpiles", *Small Arms Survey 2006: Unfinished Business* (Oxford: Oxford University Press, 2006), 54 ~ 56。

[3] Larry Kahaner, *AK - 47: The Weapon that Changed the Face of War* (New York: Wiley, 2007).

表 15.1　　现代主要军用步枪生产情况

类型	主要供应国	总计（百万）
卡拉什尼科夫步枪（Kalashnikovs）	俄罗斯	70~100
西蒙洛夫半自动卡宾枪（SKS）、56式半自动步枪（Type 56）	俄罗斯/中国	15
M16突击步枪、M4卡宾枪	美国	14
G3自动步枪	德国	7
63式自动步枪（Type 63）	中国	6
FAL自动步枪	比利时	6
M14自动步枪	美国	1.4
57式、90式突击步枪（Stgw 57、90）	瑞士	1.2
印度轻武器系统（INSAS）	印度	0.5
F1狙击步枪	法国	0.4
L85突击步枪	英国	0.4
其他		5
合计（近似）		125~155

说明：类型用一般性的武器代表。例如，卡拉什尼科夫步枪是指源自最早的AK-47设计，并在多个国家生产的所有自动步枪。

资料来源：改编自 Aaron Karp,"Trickle and Torrent: State Stockpiles", *Small Arms Survey 2006: Unfinished Business*（Oxford: Oxford University Press, 2006), 54~56。

时，叛乱者就会寻找其他武器。① 然而，它们的绝对数量将使它们遍布于任何实际发生的任何有暴力冲突的背景中。

小武器的影响已远远扩大至战场之外了，大部分小武器由普通民众所有，他们是最主要的所有者和使用者。据估计，全球每年枪支致死量大约为30万人，其中至少有2/3是与武装冲突或战争无关的他杀和自杀。② 小武器的这一问题在某些方面甚至是更具争议的，它与平衡相互冲突的公民权这一敏感问题直接相关。总体而言，武装暴力在国际背景中日益凸显，比在战争中的变化更将小武器

---

① 叛乱愚弄了每个没能预料到持续创新的人。我希望我本人早期关于小武器变革的研究至少提到了简易爆炸装置（Improvised Explosive Device, IED）。Karp, "Arming Ethnic Conflict", *Arms Control Today*, September 1993。

② *Global Burden of Armed Violence*（Geneva: Geneva Declaration, 2008）,9,67,69。

15. 全球小型军火工业：因战争和社会而改变

推到了世界政治的最前沿。

技术停滞

小武器工业的众多特殊性源于其独特的制造时期及其材料的耐久性。作为技术性的手工制品，大多数小武器都极为陈旧。现在广泛采用的设计仍完全以19世纪90年代使用的化学与机械原理为基础。① 能够全自动操作的所有类型枪械的全功能版本，以及目前正在使用的大部分轻武器类型，在20世纪40年代之前都可供使用了（表15.2）。这张表中代表性类型的选择还可以讨论，深入研究还会发现更为古老的例子。② 但明确的是，这不是新技术。这些枪支的生产完全基于机械时代的概念，如果用现在的制造标准衡量，它们过于简单了。因此，今天几乎不存在市场进入壁垒。科学创意不是必需的，而事实上也不值得这样做。

表15.2　　　　　比看上去更陈旧：现代主要武器类型介绍

类型	使用年代	例子	起源
螺栓行动步枪（bolt-action rifle）	19世纪90年代	毛瑟G98步枪（Mauser G98）	德国
自动手枪	20世纪10年代	M1911手枪	美国、德国等
机关枪	20世纪10年代	勃朗宁M1918A2轻机枪（M1918A2 BAR）	法国、美国
冲锋枪	20世纪20年代	伯格曼MP18冲锋枪（Bergmann MP18）	意大利、德国
自动步枪	20世纪40年代	StG44突击步枪（Sturmgewehr 44）	德国
榴弹发射器	20世纪40年代	RPG-2火箭筒	苏联、英国、美国

---

① 这正如设计师约翰·勃朗宁（John Browning）毕生事业所表明的那样，参见传记 John Browning and Curt Gentry, *John M. Browning, American Gunmaker* (New York: Doubleday, 1964)。

② 这些讨论的一个例子是 Carlo Kopp, "Origins of the Assault Rifle", *Defence Today*, October/November 2007, 74~75。

分析小武器发展轨迹的一项主要研究困难是追踪创新的确切模式。表15.2中的起源国是指那些最初进行大规模生产的国家，由于设计上的差别总是越来越少，后来也包括了许可（往往是未经许可）生产的国家。现代枪械机械装置和结构的发明专利权已被完全收归国有。独具民族特色的主张是武器业务不可或缺的重要组成部分，已产生了一个服务民族国家的行业。[1] 所有军事大国都有小武器设计博物馆和历史记录，都带有民族主义色彩，述说着"我们的"设计者和"我们的"武器发展历程。[2] 他们沉溺于民族主义感情中，超过了他们要阐明设计与发展的错综复杂的实际轨迹。

事实上，民族主义者的描述隐藏了军事需求设定，以及武器设计和开发所内在的国际主义倾向。自14世纪火药革命开始，设计者们就隶属于一个不明确，但有时明确的国际学术团体。[3] 最好的小武器制造者一直清楚地知道其竞争对手的工作情况，以及其客户的预期。还没有哪个主要军事大国能使其小武器建设免受外界影响。如果借用达尔文式的方式描述这个过程，那就是，好的想法很快被接受和被改进，而不好的想法则迅速被抛弃。这些结果在大部分枪支收集中是显而易见的，实际上任一特定类型的所有小武器看上去都绝对一模一样，这并非偶然。只有经验丰富的人才能在众多的左轮手枪，或大多数自动手枪、散弹猎枪、步枪和机枪中辨认出他们的起源国。

除附件外，功能差异也是非常微小的。尽管综述者——大量武器比较研究文献的创造者，可能会反对，但对于独立观察者而言，目前投产的主要小武器在性能方面的差异看上去是微小的。考虑到弹药筒（它决定火药量）、口径（决定子弹大小）以及发射装置（单发、气动等）方面的差异后，小武器的破坏能力极为相似。结果，在武器生产中引入怪异元素几乎得不到回报。对公司来说，更好的商业策略是追求市场的可靠性，而不是产品独树一帜。枪支不仅看起来相像，而且随着时间推移它们变得越来越相像。

---

[1] David E. H. Edgerton,"The Contradictions of Techno-Nationalism and Techno-Globalism：A Historical Perspective", *New Global Studies* 1, No.1(2007), 1~32.

[2] 例如，在其经典巨著《枪械及其发展》（*The Gun and Its Development*）（1910）中，格林纳（W. W. Greener）认定现代武器全是英国式的，直到现实趋势迫使他不得不承认美国的作用在迅速增长。最近一个关于民族主义尊严与国际化意识冲突的例子，参见 Alexander Rose, *American Rifle：A Biography*(New York：Delacorte Press, 2008).

[3] Kenneth Chase, *Firearms：A Global History to* 1700 (New York：Cambridge University Press, 2003); and Alfred W. Crosby, *Throwing Fire：Projectile Technology Through History* (New York：Cambridge University Press, 2002).

15. 全球小型军火工业：因战争和社会而改变

小武器设计的技术平台是宽广的，但并非没有界限。正如下面将要讨论的，正在投入大量资金，并通过利用新的设计理念、材料和电子学理论改造武器性能。新一代武器模型看起来确实有所不同。一些观察家甚至预言了新一代武器，其主要不同之处在于发射速度要快得多。[1] 但任何新式枪械无疑都将是非常昂贵的，这限制了他们在全面生产中取代老式设计的能力。在完全不同领域中的创新是最为深刻的，例如在20世纪70年代早期引入了单兵便携式防空导弹，在20世纪80年代像自杀式炸弹这样的新式叛乱武器悄然出现，21世纪初期出现了简易爆炸装置和火箭。

诚然，小武器的稳定水平并非唯一。任何曾经登上C-130或一艘服役50年军舰的人都可以看到技术稳定的确切证据。而小武器更为突出，因为它们只需要一点点或是根本无须更新。最极端的例子之一是勃朗宁M2重机枪。在1921年被美国陆军用于军事用途后，直到今天它仍在生产，几乎完全没有改变。[2] 军用步枪的原型——各种版本的卡拉什尼科夫步枪，常常被简称为AK-47系列，意在表明原苏联红军开始使用该枪支的年份，这一名称会一直使用，直到永远。[3]

鼓励扩散

从小武器制造商的惊人数量可很容易地看出技术停滞的影响。产量激增似乎是雷蒙德·弗农（Raymond Vernon）产品生命周期模型的相对直接的具体化结果。在其1996年的经典表述中，创新和生产开始于最大和最先进的市场。[4] 随着时间推移，设计标准化使得生产向较贫穷的经济体转移，以追求要素优势，特别是

---

[1] Tim Blackmore, "Cyclic Gun-human Evolution", *Bulletin of Science, Technology and Science* 26, No. 5 (2006): 363~369.

[2] *Defence-Aerospace*, "General Dynamics Awarded $28 Million for Production of M2 Heavy Barrel Machine Guns", April 15, 2009.

[3] Kahaner, *AK-47*.

[4] Raymond Vernon, "International Investment and International Trade in the Product Cycle", *Quarterly Journal of Economics* 80, No. 2 (1966): 190~207.

较低的生产成本。① 只有通过进一步的创新,开创者才能保持他们的地位,这一地位也面临着全球化的日益挑战。

产品生命周期模型应用于国防工业并不容易,甚至正如亚当·斯密所观察到的那样,国家安全政策往往使得保留经济上无效率的生产者是合理的。② 尽管产品生命周期长期被假定为国防工业在20世纪70年代和20世纪80年代全球扩张背后的基本力量,但他没有预料到地区性防务制造商在20世纪90年代的收缩。当地区性国防工业开始收缩时,主要大国之前在小武器市场上的支配地位在很大程度上得以恢复了。

小武器成了那种趋势的一个例外。虽然地区性生产商已放弃了他们关于建造飞机、舰船和坦克的大部分梦想,但他们在一些特定领域确实做得很好,首当其冲的就是小武器。从20世纪50年代起,愿意支付使用许可费的国家可很容易地获得经过验证的武器设计,并能以极低的成本得到足够新的设计,那些没有希望制造大型武器的国家就能够很容易地建造小武器了。大多数地区性制造商并不只生产唯一的设计方案。相反地,他们专注于卡拉什尼科夫步枪或德国G-3获得许可的各种版本。③

关于该领域最著名的调查显示,自2002年开始,至少有98个国家的1134个公司生产小武器或弹药。其中,30个国家是重要生产者(有相当大的出口潜力)。全球总产量大约为平均每年750万~800万件小武器,大部分流向民用市场,特别是美国民众。④ 这些小武器和弹药生产的总价值达70亿~80亿美元左右。⑤ 这些数字应该谨慎处理,它们包含了当前及暂停生产的制造商、大规模生产商、专业公司等。从那时起,在阿富汗战争、伊拉克战争以及美国公众需求的

---

① 产品生命周期在全球化中的作用饱受争议,见 John Cantwell,"The Globalization of Technology: What Remains of the Product Cycle Model?" *Cambridge Journal of Economics* 19, No. 1(1955): 155~174(这篇文章)挑战了某些方面,尤其是关于技术的起源,但模型关于技术扩散的假设为人们所接受。埃德温·莱(Edwin Lai)在 *The International Production Cycle and Globalization of Production*, staff papers 5 (Dallas: Federal Reserve Bank of Dallas, 2008) 中给出了更多可靠证据支持该模型。

② Edward Mead Earle, "Adam Smith, Alexander Hamilton, Friedrich List: The Economic Foundations of Military Power", in *Makers of Modern Strategy*, ed. Peter Paret (Princeton: Princeton University Press, 1986), especially 2207~2230.

③ Pete Abel, "Manufacturing Trends: Globalising the Source", in *Running Guns: The Global Market in Small Arms*, ed. Lora Lumpe (London: Zed Books, 2000), 81~104.

④ *Small Arms Survey 2003: Development Denied* (Oxford: Oxford University Press, 2003), 9.

⑤ *Small Arms Survey 2002: Counting the Human Cost* (Oxford: Oxford University Press, 2002), 9; *Small Arms Survey* 2003, 9.

15. 全球小型军火工业：因战争和社会而改变

推动下，产量几乎毫无疑问地上升了（见下文）。

表 15.3　　当代市场中枪械的大致年产量和购买量（2006 年）

购买者	枪支数量（百万）	百分比
美国民众	5	62
欧洲民众	1	13
其他地区民众	1	13
军事部门	0.5~1	12
年产总量	7.5~8	100

注：仅仅包括了工厂制造的军用小武器和民用枪械。这些数字没有包括手工生产的或二手销售的武器。执法机构和私人保安公司使用的武器计算在民用总量中。

资料来源：*Small Arms Survey* 2002，2003，2006.

正如我们能看到的，世界武装力量并不是占主导地位的购买者（表 15.3 和图 15.1）。大部分世界上刚生产出来的小武器，即每年制造的约 800 万件中，大概有 700 万件是由普通民众购买的。如果把二手市场包括在内的话，这两个数字的差距将更为巨大，因为民用枪械再出售的数量极大，仅美国每年就有超过 300 万件。当然，这些数字不能说明一切，军用小武器的火力往往要强大得多，具备全自动射击能力，而这通常是民用武器所缺少的。

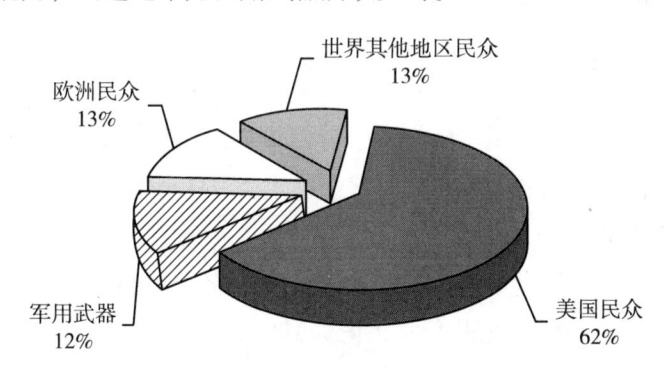

图 15.1　谁购买了新生产的武器？

资料来源：*Small Arms Survey* 2002，2003，2006.

此外，军用小武器的生产和贸易尤其难以估计。尽管许多国家发布了最新的民用枪支进口、出口和注册数据，但很少有国家以同样的透明度讨论他们的军事贸易。做得最不好的是被怀疑有最大销售的国家：比利时、中国、埃及、巴基斯坦和俄罗斯。2002 年，小武器调查估计，自冷战结束后，军事生产已从年均 200 万件下降到大约 80 万件。① 之后的一项评估认为，军事生产总量可能接近 50 万件，② 所有这些数字应只视为一种表征。执法机构是一个更小的市场，这里忽略不计。

除了工厂生产，对全球小武器生产进行完整核算还必须包括手工生产（craft production）。在车间作坊进行小规模手工制造是世界大部分地方枪支供给的主要来源。在一些国家，如智利、加纳、巴基斯坦和菲律宾，这可能是占据主导地位的新枪支来源。手工生产的武器可能是非常粗糙的即兴制作，也可能是高技术产品的精细复制品。它们对全球统计数据的影响非常难以估计。③ 有一个关于这种生产规模的有启示意义的例子，在加纳，警方估计有 75000 条非法手工制作的枪支在流通，这构成了这个国家约 125000 条未注册枪支的绝大多数。④

令人难以捉摸的小武器生产

虽然外界观察家关于核武器总数有一个合理的认识，并掌握了主要常规武器生产相对准确的数据，但对于小武器却不是这样的。小武器生产已遍及世界各地，它是如此广泛，以至于甚至连确定它们在哪个国家生产都很困难。

小武器生产是军事采购中最不起眼的方面。与武器制造的其他众多方面相比，对小武器生产缺乏了解，不仅如此，生产环节可能是小武器采购周期中最不为人知的方面。虽然缺乏精确数据，但小武器发展、贸易、使用以及剩余武器销毁的大致趋势确实相对容易了解。但生产方面并非如此，缺乏系统数据，见解往往软弱无力，且发展趋势不明晰。虽然分析家比以往任何时候都了解得更多，但研究发现的可信度却值得怀疑。

关于小武器的唯一全面的数据是其全球库存量。通过将数据采集和参数估计相结合，可以在某种合理的程度上（正负 10%）认为，当今世界大约有 8.5 亿

---

① *Small Arms Survey* 2002,13.
② James Bevan,"Military Demand and Supply", ch. 1 in *Small Arms Survey* 2006; *Unfinished Business*(Oxford:Oxford University Press,2006).
③ *Small Arms Survey* 2003,第 1 章。
④ Francis Langumba Keili,"Small Arms and Light Weapons Transfer in West Africa", *Disarmament Forum* 4 (2008),7.

15. 全球小型军火工业：因战争和社会而改变

件小武器和轻武器（SLAW）。其中，大约 6.5 亿件为普通民众持有，2 亿件为军队持有，250 万件为执法机关持有，不到 100 万件在叛乱分子和其他非政府武装组织手中（图 15.2）。① 这些分类可以在 178 个国家中进一步细分，这些国家至少有 25 万人口。由于在全球的所有状况相对稳定，每年变化不超过 2%（700 万~800 万件新枪械，以及超过 300 万或 400 万件二手枪械），对存货的估计比其他小武器研究问题要容易得多。

执法部门 3%　　非政府武装 0.1%

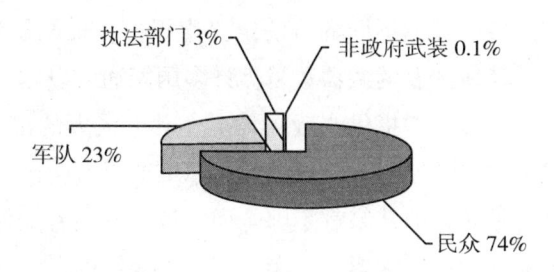

军队 23%

民众 74%

图 15.2　小武器的全球分布

资料来源：Aaron Karp, "Trickle and Torrent: State Stockpiles", Small Arms Survey 2006: Unfinished Business (Oxford: Oxford University Press, 2006), 37; Aaron Karp, "Completing the Count: Civilian Firearms", Small Arms Survey 2007: Guns and the City (Cambridge: Cambridge University Press, 2007), 39.

由于年与年之间的变化相当大，小武器贸易是一个更加动态化的问题，研究起来更为困难。因为没有官方数据，几乎不可能做出判断，甚至很少有完整的数据。武器贸易统计数据的经典来源不能提供帮助。国际战略研究所（International Institute for Strategic Studies, IISS）的《军事力量平衡》（Military Balance），以及更为详细的斯德哥尔摩国际和平研究所构建的大量模型只对主要常规武器有用，它们没有系统地涵盖小武器、大多数轻武器以及弹药。近 30 年来，最全面的数据来源是美国军备控制和裁军署（U.S. Arms Control and Disarmament Agency）的《世界军事开支和武器转让》（World Military Expenditures and Arms Transfers），这也有其局限性，他把小武器和弹药转让的价值同包括从战术飞机到军用燃料的其他项目混在了一起。不过，他是唯一完整的。最近一份研究报告发表于 1999 年，布什政府表示不会满足解密的要求。主要官员已被安排到其他工作上，该项报告被束之高阁。

---

① Aaron Karp, "Trickle and Torrent", 37; and Karp, "Completing the Count", 39.

国际小武器贸易数据最为全面的来源是商品贸易统计数据库（Comtrade database），由联合国统计司（UN Statistical Office）负责维护。[1] 商品贸易统计数据库要求各国报告其进口和出口的所有信息，全部类别覆盖了军事和民用（体育）小武器，以及轻武器和弹药。数据是按照当时美元价格来表示的。商品贸易统计数据库所报告的总平均值约为 15 亿~20 亿美元，这可能占据了国际贸易总额的 1/3 到一半，但没有办法得到确切的数字。此外，专门使用美元计价，造成了进行比较时的困难，一些国家用不同的方法定义申报值，加剧了这一问题。因此，没有可靠的方法来估计所涉及的武器数目。许多国家通常以国家安全为由，拒绝报告为其武装部队或军事客户提供小武器情况，其中最大的出口国包括奥地利、比利时、中国、埃及、巴基斯坦、俄罗斯、塞尔维亚以及美国。可以运用分析技术来识别一些遗失的报告，但从来都不够全面。该系统还有其他缺点，就是填写报告的政府人员不够专业或是太累了，存在很多人为错误。[2]

《联合国武器登记》（UN Arms Register）最初设计时只是要求报告主要常规武器平台的转让，在 2006 年调整为鼓励各国提供他们关于小武器和轻武器贸易的信息，以及他们国家的库存情况。2008 年，25 个国家采用了武器登记制度，报告了近 210 万件小武器的出口，这是总贸易中的一大部分。[3] 假设新枪的年销售量为 700 万~800 万支，二手市场是 400 万~500 多万支的话，该报告可以解释全球贸易总量的 1/4~1/5，尽管这难以确证。

在通过登记制度报告的那些小武器出口中，有超过 2/3，大约 1550000 件是美国购买的。[4] 这不仅反映出美国对枪支似乎无法满足的需求，而且反映出欧洲和拉丁美洲的供应商在主要供应商中具有优势，正是这些国家最愿意进行报告。美国并未提交自身的小武器贸易报告，大概是因为 2003 年的《蒂哈特修正案》（*Tiahrt Amendment*）。该法案是对司法部（Department of Justice）年度拨款法案的修正案，它禁止酒精、烟草、枪支和爆炸物管理局（Bureau of Alcohol, Tobacco,

---

[1] Nicholas Marsh, *The Methodology Used in Creating a Comtrade Based Dataset of Small Arms Transfers* (Oslo: Peace Research Institute, Oslo, 2005).

[2] 比如，2006 年《小武器调查》报告了瑞士向苏丹出口的一批枪支，数额较小但价值惊人，明显违反了联合国安理会的规定。随后的再次评估支持以下结论，即苏丹海关官员在录入商品贸易统计数据库报告时，把瑞士拉丁文官方名称的缩写（CH 代表 Confoederatio Helvetica）理解错了，认为它们表示的是中国（CN）。

[3] Jeff Abramson, "UN Register Captures Expanded Small Arms Trade", *Arms Control Today*, October 2008.

[4] Abramson, "UN Register Captures Expanded Small Arms Trade".

15. 全球小型军火工业：因战争和社会而改变

Firearms and Explosives，ATF）公布枪支采购信息，表面上是要保护美国的枪支购买者不受政治干扰。通过向美国国会报告其军事出口（《655 报告》）并提供民用进出口的海关数据，美国部分地做了弥补。

一些国家报告给商品贸易统计数据库的数据是最不可信的，《联合国武器登记》所缺失的另一个内容是这些国家的数据，包括奥地利、比利时、中国、埃及、巴基斯坦、俄罗斯、塞尔维亚、美国等。最终结果对于评估特定国是非常有用的工具，但对最为需要的却知之甚少。

不仅对制造出来的小武器的总量及其流向，而且对他们的命运都存在相当大的质疑。武器具有生命周期，它们被生产出来，并最终退役或报废。每年从世界库存中消失的小武器的数量只能靠猜测。由于枪支非常耐用，总的比例可能非常低。与主要系统不同，只要妥善贮存，它们能存在几个世纪，即使在闲置几十年或几百年后，小武器经过修理仍然可以重新启用。最大的消耗来源可能是对国家剩余武器的正式裁撤，自 1990 年以来，平均每年有 430000 件军用小武器被销毁，[①] 民用武器却没有出现相似的过程。

恐怕学者和政策制定者们感到过于意志消沉了，但总会发生糟糕的事情，认识到这种讽刺意义能使他们得到些许安慰。与对"小武器"生产所有有限的了解相比，对"弹药"生产的认识情况则更为逊色。此外，弹药的供给对战争的实际进程往往重要得多，尤其是在贫弱或处于混乱的国家里，非政府武装组织获得弹药的能力经常决定着战争的规模。[②] 与儿童士兵或违禁药品国际贸易等相关领域相比，小武器看起来非常稳固。

产业趋势

人们对小武器工业知之甚少，了解情况的观察家努力想知道他是否健康，在扩大还是在萎缩。缺乏来自政府的可靠的时间序列数据是一个主要问题。许多最重要的小武器和轻武器制造商属于私人企业，此外，像贝雷塔（Beretta）、布什马斯特（Bushmaster）、柯尔特（Colt）、格洛克（Glock）和托乐斯（Taurus）这些关键企业不能被公开交易，几乎没有对业务提供报告的要求，也得不到关于销

[①] Karp, *Inconspicuous Disarmament*, 5.
[②] James Bevan, *Conventional Ammunition in Surplus* (Geneva: Small Arms Survey, January 2008).

售的信息。

采购可能也是不稳定的。只需进行极少量的维护,枪支就可长时间使用,而不用定期更换。与飞机或坦克不同,它们有着相对明确的生命周期,但枪械可以使用几十年,通常没有明显的产品更替周期。当然,就飞行小时对于飞机的作用,发射的炮弹对于大炮的作用而言,小武器没有对应的标准。结果,许多小武器的更换往往是间歇性的,有些难以预测。

影响军事小武器市场最为重要的力量可能与枪支大炮本身无关。首先,随着冷战结束后军事需求和销售机会被削减,军事人员大大减少了。全世界的军事人员从那时的高峰(大多数国家在 1987~1989 年)111729000 人减少到 2007 年的 68967000 人。① 这一 38% 的降幅显然是冷战结束和国家间战争减少的结果之一。由于存储了大量剩余储备物资,许多国家仅为了清理库存,就已着手销毁剩余武器或出口二手装备了。② 被披露最多的新武器采购通常是为了装备精锐部队,而非对主要单位进行装备改良。

以美国为首的阿富汗和伊拉克战争带来的许多情况不同于这些趋势。对组织、训练和装备安全服务的需要,导致了对成千上万件小武器的需求。2006 年有 379250 件剩余小武器和轻武器转移到了伊拉克。大多数是卡拉什尼科夫冲锋枪,这些都是购买自东欧和巴尔干地区的盟友,或是由他们捐赠的。美国还为伊拉克从奥地利购买了 138000 支新生产的格洛克手枪。③ 2006 年后半年,为装备伊拉克安全部队,又订购了 123544 支新式 M16 步枪。在采购完成时,美国从中安排的交付给伊拉克的武器总量达到 640794 件。自 2002 年 6 月~2008 年 6 月,美国在阿富汗提供了大约 375563 件小武器,许多都是由东欧和巴尔干地区各国政府捐赠的。④

---

① Karp,"A Semi-automatic Process? Identifying and Destroying Military Surplus",ch. 3 in *Small Arms Survey 2008*:*Risk and Resilience*(Cambridge:Cambridge University Press,2008),Appendix I. "Highest Contemporary and Current Uniform-wearing Military Personnel,Active and Reserve." 根据源自国际战略研究所各年度《军事力量平衡》的数据整理得到。

② Karp,*Inconspicuous Disarmament*.

③ C. J. Chivers,"Black-Market Weapon Prices Surge in Iraq Chaos",*New York Times*,December 10,2006; and *Stabilizing Iraq*:*DoD Cannot Ensure That U. S. -Funded Equipment Has Reached Iraqi Security Forces*,GAO - 07 - 711(Washington,DC:U. S. Government Accountability Office,2007),11.

④ *Afghan Security*:*Lack of Systematic Tracking Raises Significant Accountability Concerns about Weapons Provided to Afghan National Security Force*,GAO - 09 - 267(Washington,DC:U. S. Government Accountability Office,2009),i,6,34.

15. 全球小型军火工业：因战争和社会而改变

当世界上唯一的超级大国加入战争时，所有其他军事活动都变得不重要了。由美国从中安排的向这两个国家转让的小武器和轻武器合并在一起，总数达1016357件，这是迄今为止已知的如今正在进行的最大规模小武器改良过程。它们大部分是二手武器，这在图15.2中没有体现出来，因为图15.2只统计了新生产的武器。与之形成对比的是，2005年委内瑞拉总统乌戈·查韦斯（Hugo Chavez）做出了一项极具争议的决定，要将大部分生产于20世纪60年代的60000支老式比利时FAL自动步枪替换为新的俄制卡拉什尼科夫冲锋枪，最初只需要100000支新武器。[①] 委内瑞拉的这项交易是近年来最大的一笔，值得关注，但由美国从中安排的交易超过了当今任何一项军事交易的规模。

虽然中国和俄罗斯可能在20世纪大部分时间里占据军事小武器出口国首位，但美国很有可能从开始改良阿富汗和伊拉克的安全部队时就重新获得了市场的领导地位。2006年，他们得到了熟悉的卡拉什尼科夫冲锋枪。美军中央司令部成为世界上最大的武器代理商：从东欧，特别是前南斯拉夫购买武器，并输送给其新客户。尽管自那年年底后，中央司令部开始用美式M16突击步枪重新武装这些部队，首先将美军主要囤积在阿拉巴马州安妮斯顿的老式M16A2自动步枪储备彻底清理出来，然后开始寻找新合同，这种代理业务发生了转变。这种转变从未公开正式得到过解释，但具有很多优势。尽管在维护和使用方面更有难度，但M16突击步枪方便了美国以火力信条为目标的训练，取代了卡拉什尼科夫冲锋枪的子弹软管战术。

由于美国引起阿富汗和伊拉克安全服务的扩张，全球军事市场暂时繁荣了，市场的其余部门看起来似乎会呈现出一条逐渐下降的轨迹。美国的一个研究公司，观测协会（Forecast Associates）指出了对市场的这个预测。这家公司对于军事工业在时间趋势方面进行了一些推断，他们预测了一个总体下降的模式（图15.3）。当然，观测协会还不能对所有小武器和轻武器做出预测。之所以选择这里给出的例子，是因为它们有着明确的预测结果和数据。它们远不具有权威性，但却同样传递出市场将会萎缩的意味。

[①] Greg Morsbach, "Russian Arms Arrive in Venezuela", *BBC News*, June 3, 2006.

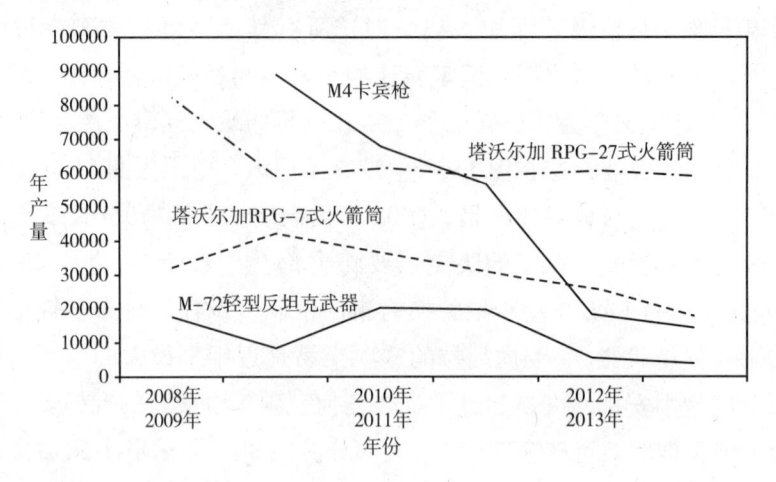

图 15.3 对代表性小武器和轻武器生产的预测

资料来源:"Appendix VIII", *Ordnance and Munitions Forecast* (Newtown, Connecticut: Forecast International, 2008, 9. "Military Small Arms" (United States), *Ordnance and Munitions Forecast* (Newtown, Connecticut: Forecast International), 2009, 26. "RPG-7 and RPG-16", *Ordnance and Munitions Forecast* (Newtown, Connecticut: Forecast International, 2008) 9~10; "RPG-18/RPG-22/RPG-26/RPG-27", *Ordnance and Munitions Forecast* (Newtown, Connecticut: Forecast International, 2008), 8.

创新为何如此之难?

为什么小武器技术在弹头回转方面仍如此稳定,原因并不明朗。许多评论家认为,当前版本的武器——包括卡拉什尼科夫冲锋枪和 M16 突击步枪系列——存在不足和限制因素,但可通过容易想象得到的创新得以弥补,还没有要生产其他大为改进武器的想法。尽管做出了相当大努力,任何军事组织都已改造过 20 世纪 40 年代的小武器技术,但还没有出现能基本取代这些技术的其他选择。

引进革命性的枪支是美国技术在 19 世纪和 20 世纪初的显著特征之一。最后一次对这一特征的体现正好发生在第二次世界大战,当时美国陆军装备了半自动的 M1 伽兰德步枪 (M1 Garand rifle)。自那时起,小武器创新就遭到了坚决抵制,这使外界观察家感到困惑和惊讶。M1 伽兰德步枪在第二次世界大战开始时就是被普遍使用的世界最好的武装步枪了。但在战争结束之前,与德国士兵开始大量装备全自动步枪相比,M1 伽兰德步枪并不充足,这是危险的。到了 20 世纪

中叶，军事创新彻底消失了。美国陆军用了将近 20 年的时间找到了一个适合替代卡拉什尼科夫步枪的武器，尽管该武器在首次引入时还不太可靠，它进行了 20 多年的改进，但从未能比拟其对手的核心能力。

美国陆军看起来没有能力引领小武器创新，这确实让人迷惑，这使简单的问题复杂起来。对一些批评家而言，美国陆军军械器材部门是最差的官僚文化的代表，他们完全抵制改正错误，不切实际地忠于过去使用的武器。[①] 其他观察家则关注会危害后期决策的特殊选择。亚伦·弗里德伯格（Aaron Friedberg）强调，小武器是军工体制完结的主要受害者，该体制从 1794 年到 20 世纪 50 年代一直占据着美国小武器采购的主导地位。美国陆军满足于拥有自己的制造基地。1955 年胡佛委员会报告提出促使意识形态转变的建议，1958 年艾森豪威尔改革的目标是增强国防部长办公室的力量，这些外部压力迫使美军放弃对生产基地的控制。尽管存在这样的压力，军工厂体系中的最后一件产品，即斯普林菲尔德兵工厂（Springfield Arsenal）设计的 M14 自动步枪被明确地被证明不适用之前，小武器仍是军队控制的最后阵地之一。[②] M14 自动步枪的不足之处导致罗伯特·麦克纳马拉（Robert McNamara）部长支持进一步对全面缺乏能力的基地进行私有化，特别当私人工业部门制造出了一种性能卓越的产品——阿玛莱特—柯尔特 M16 突击步枪（Armalite-Colt M16）时，私有化就很紧迫了。

具有讽刺意味的是，军工厂体系在形式上终结要比在实践中结束容易得多。虽然开发与生产已被成功转移到私有企业中，但美国陆军军械部队（U. S. Army Ordnance Corps）保留了强大的控制力。事实证明，不可能有效摆脱军工厂体系的实际影响。在其经典论断中，詹姆斯·法洛斯（James Fallows）指出，陆军军械部队宁愿要符合他们自己规格的危险的不可靠的武器，也不要外部生产的实际可运转的武器。通过修改原始设计（主要是其 5.56 毫米子弹的弹药），陆军制造出了其第一代 M16 突击步枪，这种步枪极其容易卡壳。劳伦·荷兰（Lauren Holland）甚至认为，陆军对 M16 突击步枪的抵制构成了"对民主的攻击"。[③] 这虽听起来夸张，但它确实是关于组织机构保守性的一个重要的案例研究。只有在

[①] William H. Hallahan, *Misfire: the History of How America's Small Arms Have Failed Our Military* (New York: Scribners, 1994).

[②] Aaron Friedberg, *In the Shadow of the Garrison State: America and its Cold War Grand Strategy* (Princeton: Princeton University Press, 2000), 264~272, 277~280.

[③] Lauren H. Holland, *Weapons Under Fire* (London: Routledge, 1997), 213~214.

国会的监督下，由军方提出的设计方案中的缺陷才能得到弥补。法洛斯对军队的过多指责，反映出这个时代的国防改革观念。M16 突击步枪的一些缺陷是其设计所固有的，永远不能解决。通过全面分析，他得出结论，军队这样干对他们自己没有一丁点好处。[①]

随着时间推移，美国陆军变得过于羡慕他最初所抵制的武器了。引进替代武器可以弥补 M16 突击步枪一些原有的缺陷，但在军方维护其军工厂体系时显示出来的坚忍不拔已经抵制了这一努力。变革的力量不是其他，正是 M16 突击步枪这种武器设计的目的，他是要对抗日益落伍的卡拉什尼科夫步枪。

到 21 世纪初期，针对同用卡拉什尼科夫步枪武装起来的阿富汗和伊拉克部队进行的常规作战，使得人们一致认为，需要有着更高可靠性和简便操作性的美国小武器。人们正在进行着一些探索。制造商生产了大量替代品。对昂贵、高性能武器的要求催生了配有电子融合榴弹发射器的步枪。其他方案则适当设想要研制更为可靠的步枪和机枪，截至 2009 年年中，这些都还未能达到成功推荐用以采购的程度。

许多军事组织并不采用新式小武器，他们只是对现有武器进行增量调整。有些适度取代了经过改造的步枪，比如受到奥地利、澳大利亚及其一些客户青睐的无托配置。但这只是将早期自动步枪的零件进行了重新组配，以略微提高效率，它并没有引进新的物理操作原理或者极为不同的能力。增加望远镜、激光目标指示器以及夜视装置是更加流行的改良方法，这提高了武器性能而不用对步枪本身作任何改变。

还有具讽刺意味的。主张对大型武器系统，最为引人注目的是未来战斗系统进行转型的军事组织，同时也是极力抵制努力改变其小武器的组织。作为对技术机会作出的一种回应，这类似于一个多世纪前埃尔廷·莫里森（Elting Morison）认定的海军重炮中存在的问题。[②] 莫里森描述说，美国和英国海军在某些领域接受了剧烈的变革，采用了涡轮发动机、燃油或战舰，却抵制其他方面的变革，最为严重的是他们极为抵制改良重炮操作。即使是在转型过程中，莫里森发现武装

---

① James Fallows, *National Defense* (New York: Random House, 1981).

② Elting E. Morison, "Gunfire at Sea: A Case Study of Intervention", ch. 2 in *Men, Machines and Modern Times* (Cambridge, Massachusetts: MIT Press, 1966). 对于相同观点更加正式的一个版本是经典的 James Q. Wilson, "Innovation in Organization: Notes towards a Theory", in *Approaches to Organizational Design*, ed. James D. Thompson, and Victor Harold Vroom (Pittsburgh: University of Pittsburgh Press, 1971), 195~218.

军队也是竭力保留熟悉又舒适的渐进主义。如果美国陆军和海军现在还是这样的话，广泛接受新一代小武器可能还会很遥远。

人们可能夸大了专门针对美国军用小武器采购的批评。整个美国的军事采购体制确实少有改善。在对美国武器采购方式的广泛质疑中，没有人能讲清其对许多成本高昂项目的承诺和 21 世纪初价格进一步上涨的影响。许多观察家认为，这个体制有问题，无法买到为了采购而制造的装备。① 呼吁采办改革是为了改革军事工业系统的所有方面。② 应该注意的是，没有任何其他国家做得明显更好。一些国家正在购买更新式的小武器，但他们是通过降低其技术抱负才做到了这一点，还没有国家能够超越美国陆军所寻求的新一代替代武器。美国军用小武器所带来的问题不是唯一的，相反，它们可能是所有武器带来的问题中最古老和最难以解决的。

尽管美国军工厂体系在许多方面都不合时宜，但其阻碍采购更先进武器的证据最多只是模棱两可的。M14 自动步枪的缺陷以及遗憾地由 M16 突击步枪来代替可以归咎于军工厂体制下的决策。抵制取代 M16 突击步枪却不是这样，它是在军工厂体系结束后才出现的，后者成为美国陆军更为特有的问题。官僚政治比起特定的生产方式更为重要，对选择的控制也更加坚定，但这几乎不是一个令人满意的解释。无法更换那些总让士兵们失望的武器依然非常令人疑惑。我们难以避开这样的结论，20 世纪下半叶，美国失去了在军用小武器方面的创新能力。这不仅仅发生在美国，各个国家往往是应对，而不是创新。

新的主角

在获得对技术创新进程的控制以后，各国军队愈来愈发现他们自己受到了更为灵活的社会因素的挑战。小武器扩散首先使非国家行为体受益，有益于分裂和制造混乱。尽管我们把这些状况归咎于地区环境，在那里弱小的国家面对着全副

---

① Robert N. Charette, "What's Wrong with Weapons Acquisitions?", *IEEE Spectrum*, November 2008; 以及 Anthony H. Cordesman 的研究: *America's Self-Destroying Airpower: Becoming Your Own Peer Threat, and Abandon Ships: The Costly Illusion of Unaffordable Transformation* (Washington, DC: Center for Strategic and International Studies, 2008).

② Steve Vogel, "Hill Panel to Begin Review of Defense Acquisition System", *Washington Post*, March 9, 2009.

武装的军阀和叛乱,类似的情况几乎随处可见。换句话说,社会走在了国家的前面。在大多数国家,这一进程是缓慢的,人们更多的是担忧而非受到威胁。尽管在美国,社会领导力要深刻得多。

美国是世界上最大的枪支消费国,绝大部分武器是由普通公民购买的。美国公众的需求是如此之大,以至于其他地方的整个产业主要都是为了满足他而设立,包括奥地利、巴西和日本的一些大公司。20世纪80年代晚期,中国准备进入美国市场,直到1989年乔治·H·W·布什总统通过一道行政命令才使其冷静下来。[1] 目前,东欧和南欧制造商正在做出迅速调整以抓住美国这一商机。

在20世纪90年代和21世纪初的大部分时间里,美国人民每年大概购买500万支新生产的枪支,另有300万支二手武器通过商业经销商销售出去。[2] 私下交易的和通过枪支展览销售的数量尚未可知,两次偶然事件已极大地干扰了这种趋势。紧接着1992年克林顿总统选举后不久,1993年销量增加到了800万支。

在2008年奥巴马总统大选后发生了许多类似事件。自2008年12月总统选举销售高潮时期的规模无法精确确定,但大量信息传递了对规模的判断。2008年选举后的新闻报道显示,布雷迪(Brady)背景调查——即联邦授权的经销商称他们的警察客户已从20%提高到42%。[3]

美国人不仅购买更多的枪支,他们也购买许多威力更强大的武器。1993~1994年的销售热潮由于那年实施的突击手枪禁令而受到了限制,该法令禁止销售新生产的突击步枪,特别是半自动式的军用步枪。2004年,布什总统废止了该法令,由于没有了这样的限制,2008~2009年的市场热潮完全集中在这种武器上。

没有美国公民购买攻击型武器的完整统计数据。以官方数据和专家估计的综合为基础,就在1993年突击枪禁令于2004年废止后,销售量立即跃升至大约每年350000支(表15.4),这些大多是半自动步枪,而且他们中大部分与能够全自动射击的军用版本相同。表15.4中的总计值可能低估了民众的购买量。表15.4突出了公民和一些执法机构的采购情况,这包括早先持有的进口到美国的

---

[1] Kirk Johnson, "Gun Import Ban Enriches Small U. S. Arms Makers", *New York Times*, July 14, 1989.

[2] *Commerce in Firearms in the United States* (Washington, D. C. : Department of the Treasury, Bureau of Alcohol, Tobacco and Firearms, 2000).

[3] Brendan Gibbons, "Gun Sales Increase with Fear of New Policies: The Administration Might Extend the Ban on Weapons that Expired in 2004", *The Maneater* (Columbia, Missouri), March 9, 2009.

武器，但排除了已在国内使用枪支的转售，比如原先由美国防务部门持有的武器再次转让给执法机构。对于美国出口的民用和警察使用的半自动武器，例如非法销售给加拿大和墨西哥的那些武器，尽管它们应当是全部销售的重要部分，但由于缺乏数据，表 15.4 也把它们排除在外了。数字可能不准确，但每年通过非法渠道流出美国的半自动步枪大概超过了 10000 支。

表 15.4　美国公民和警察购买的新式及进口半自动步枪（2005 年）

生产商/进口商	型号	制造商	在美国的销量总计	来源
大毒蛇（Bushmaster）	AR 版	美国	66000	ATFE 2005
防务采购制造服务（DPMS）	AR 版	美国	22000	ATFE 2006
维尔斯（Various）	AR 版	美国	70000	ATFE 2007
世纪武装（Century Arms）	AK/AR/CMETE/Galil 等	埃及、罗马尼亚、其他	60000	估计值
赛加/伊茨玛希（SAIGA/IZAMSH）	AK 版	俄罗斯、保加利亚	20000	估计值
比利时国营赫斯塔尔（FN）	FAL/BAR 版	比利时、巴西、其他	20000	估计值
德国黑克勒-科赫（HK）	G3	德国、巴基斯坦、葡萄牙	15000	估计值
儒格-斯特姆（Sturm, Ruger）	Mini-14	美国	15000	估计值
西格（SIG）	550556 等	瑞士	5000	估计值
雷明顿（Remington）	7400750 等	美国	15000	估计值
其他			50000	估计值
总计			358000	

注：AR 版包括 AR15、M16、M4 等。AK 版包括所有有着半自动步枪口径的卡拉什尼科夫系列。这里的总数不包括全自动武器，或半自动式冲锋枪或是霰弹枪。

资料来源：ATFE 数据来自 Cameron Hopkins，"M4 ranch rifle"，*Black Rifles* 2009（New York：Harris Publishing, 2008），87。查尔斯·克什（Charles Kirsh）提供了原始数据以及其他枪支数量比率的估计值。

也就是说，甚至在 2008 年大选后的销售高峰到来之前，美国公民购买的突击步枪也只略少于世界各国的武装部队：自 2006 年开始，美国公民每年至

少购买350000支，形成对比的是，所有军队大概是500000支。从那以后，公民购买数量增加就成为普遍情况了。2008年选举之后，关于突击枪销售的最佳数据来自两家公司的季度报告，一家是史密斯和韦森（Smith & Wesson），另一家是儒格、斯特姆（Sturm, Ruger），这是仅有的上市交易的美国枪支制造商。在市场快速增长的影响下，儒格-斯特姆公司的枪支订单从2007年的1.56亿美元上升到2008年的2.34亿美元。史密斯和韦森公司则披露了更为详细的信息，左轮手枪和手枪的销售增长了45%。对战术步枪（突击步枪）的需求甚至更为强烈，2009年第一季度其销售增加了111%，只有猎枪的销售下降了。①

很难依据具体事件来进行推断，但在2008～2009年市场繁荣期间，突击步枪销售的增长无疑刷新了之前美国公民的枪支购买纪录。美国公民枪支购买量有可能已超过了500000支，他创造的市场与全球所有军用小武器购买总量相当或者更大。这是否会转化为特定企业的长期稳定利润，目前还不清楚。在销售突增之前，小武器制造商似乎正在为产能过剩而苦苦挣扎。② 这种快速增长是对特殊力量的一种反应，他似乎不可持续，市场有可能回归到持续不变的销售量上，他接近于其旧有水平，而不是膨胀后的高水平上，但没有理由预期市场会崩溃。

这些趋势对全球小武器构成比例的影响是显著的。美国国防部大概拥有300万件枪械，配备给大约240万现役与预备役军人，这大约占全球2亿件军用小武器总和的1.5%。③ 也就是说，美国军队没有过多的主要小武器，也不把大型军工厂作为一个政策问题而加以强调。这不是因为他们不打仗，在正在进行的两场战争中，关于手枪使用的官方数字很低，而是因为，美国武装部队主要依靠联合直接攻击弹药（JDAM）和盟国来完成大量任务，而其他国家主要用子弹解决问题。

但民间情况非常非常不同。在6.5亿件全球民用枪械中，美国公民大概拥有3亿件，约占全世界总量的50%。他们是这个世界上武装得最好的平民，其次是

---

① "Sturm, Ruger and Company, Inc. Reports 2008 Results and Files Annual Report on Form 10-K", *Business Wire*, February 24, 2009; and "Smith & Wesson Holding Corp", *MarketWatch.com*, March 12, 2009.

② D. Kahraman, J. Brauer, P. Hall, P. Basciano and S. Markowski, "Sturm Ruger and Co: Financial Analysis of a Major Firearms Manufacturer", 第16页, 该论文宣读于2008年6月11～13日在土耳其安卡拉召开的第12届"经济与安全会议"(the 12th Conference on Economic and Security); 以及 Peter Hall, Stefan Markowski, and Jurgen Brauer, "The U.S. Small Arms Industry: Profit, Proliferation and Performance", June 2007, 未发表论文。

③ Karp, "Trickle and Torrent".

也门、塞尔维亚和芬兰人。① 因为美国民间市场的巨大规模，有理由怀疑追问全球趋势是否还有意义，国际小武器市场其实就是美国国内的消费，世界其他国家只占 1/3 左右。

小结

枪支看上去可能是一样的，但市场却是动态变化的。本章上面的回顾表明全球小武器市场正在发生根本性的变化。民用武器的主导地位不断提升，尽管证据不完整，但有迹象表明美国国内市场是未来全球小军火工业最重要的购买力量。小武器领域和无数其他领域都受到了自由化与全球化的影响，社会发展日益支配着政府行为，这颠覆了 19 世纪和 20 世纪我们听惯了的陈词滥调。这一点在美国表现得最为深刻，其他一些允许不记名民用销售的国家也是如此，比如伊拉克、巴基斯坦、沙特阿拉伯和也门。

主要军用小武器部门从长期看在减少。由于冷战时期卡拉什尼科夫步枪的巨大库存、军事裁减，以及许多像迫击炮和重机枪那样的老式步兵武器重要性的降低，提供给武装力量的新式装备销售已经下降了。虽然某种程度的现代化不可避免，但规模远不及前几轮的军备改良，许多国家都乐意使用冷战和冷战前遗留下来的老一代武器，这进一步减少了销售新武器的机会。廉价的卡拉什尼科夫步枪无处不在，使得它在很多地区几乎占据了垄断优势。冷战时期的常用武器，像比利时的 FAL 自动步枪和德国的 G3 自动步枪，其市场都出现了大幅缩水，只有满足美国消费者的那些部门才可以肯定说是有前途的。

这里讨论的另一个主要议题是军事部门和民用部门之间的技术融合。尽管花费了许多努力来开发和购买新式小武器技术，军用枪支并没有显著改进，而民间购买的枪支却进步了。无论是否合法，民众正在获得以前专门提供给军队使用的武器。即便不包括美国，全球民用枪支存量也已超过了军用枪支库存。武器的强大火力是军事优势之所在，但这种优势似乎也在逐渐消失。

尽管其影响极不平衡，但这些变化几乎随处可见。当然，没有一个国家能够免于趋同过程的影响，尽管强硬的立法与执法能够减缓这一步伐，警察到处痛苦地报怨罪犯的火力越来越凶猛。在这些力量最为严峻的地方，变化也要快得多，

---

① Karp, "Completing the Count", 45~46.

尤其是美国和政府力量较弱的国家。支配全球小武器市场最重要的因素不是联合国小武器议程或地区性协议，虽然其中的一些措施还是非常有效的，最有力的因素是美国政策。美国枪支管制政策（或是支持使用枪支的政策）会对世界的枪支数量和类型产生立竿见影的效果。正如加拿大、墨西哥和加勒比地区的官员所主张的，他们的枪支问题实质只是美国枪支问题的一部分，[①] 他们自己的国家政策会有效地被其强大邻国的政策所淹没。鉴于美国民用武器市场的巨大规模，其他国家在未来将不可避免地受到类似影响。

这就有助于解释当前武器控制以及裁军程序的限制，类似于1997年禁止使用杀伤人员地雷的《渥太华公约》（*Ottawa Convention*）和2008年消除集束炸弹的《奥斯陆条约》（*Oslo Treaty*），这样的协议不是没有价值。在威斯特伐利亚的最佳传统中，他们能够发挥作用，因为他们组织政府来处理国家财产，他们建立了有用的工具来限制政府的自由，深化和扩展压制政府的后现代方案。类似的机制可以帮助纾缓小武器问题，但他们并不能解决这些问题。由于政府担任导演，这个简单规则在长期会失去最为重要的演员。

随着力量由政府向社会转移，任何一个单一条约都无法解决小武器问题。不存在解决小武器扩散的灵丹妙药。已经采用的许多方法手段，包括更严厉的枪支贸易管制、取缔特定类型武器、上缴和销毁多余武器、解除反对派武装，所有这些方法都是有得有失的，所有方法都将继续采用下去。但国内市场的极端重要性，正如这里所显示的那样，指向特定方向，对全球小武器实施有效管理最重要的政策工具是最靠近民用市场和民用需求的政策工具。

---

① 美国枪支拥护者就美国枪支对邻国的影响进行了激烈辩论。最全面的报道参见威廉·纽厄尔（William Newell）（酒精、烟草、枪支和爆炸物管理局在凤凰城地区分部的特别负责人）向美国众议院拨款委员会商业、司法、科学及相关活动小组委员会（U. S. House of Representatives, Committee on Appropriations, Subcommittee, Justice, Science and Related Activities）提供的证词，华盛顿特区，2009年3月24日。

附录1　主要国防工业及军火贸易相关术语

J. D. 肯尼思·布廷

相互提供物品劳务协议（ACQUISITION AND CROSS-SERVICING AGREEMENT）

这是一种美国与其他国家签订的协议，通过他们的武装部队相互提供军事支持。相互提供物品劳务协议涵盖装备供给和后勤支持，这些协议规定的支持条款，包括接受国如何偿付这些服务。这种类型协议的目的是应对本国军事能力不能充分满足要求的突发情况，相互提供物品劳务协议弥补了美国边远地区的后勤保障能力，从而使他在海外军事行动中更有效地运行，并提供了一种机制，在发生冲突或局势高度紧张时向其他国家供给武器和后勤支持。这种协议是把关注点放在新兴作战环境中更加有效地支持武器装备的产物，随着每一代新产品的引入，要满足这些要求变得越来越困难。

采办路线图（ACQUISITION ROADMAP）

在许多国家，采购部门制定了所谓的采办路线图来帮助指导其武器装备开发和采办努力。采办路线图设定了在某一特定领域内，如战术防空方面，未来理想的军事能力和武器装备要求，以及满足这些要求的长期战略规划。美国常规作战能力路线图（Conventional Engagement Capability Roadmap）就是这种方法的一个例子。采办路线图可能包括对当前军事能力进行评估，以识别出能力的不足之处和能力过剩的领域,以及通过开发或进口新一代武器装备来设定未来军事能力采办的一般目标。某些情况下,采办路线图以年度为基础进行更新。对采办路线图的使用日益增多,因为武器装备标准变得更为复杂,为达到标准所必需的资源也在增加,这迫使采办当局认真考虑他们如何能够最有效地满足要求。采办路线图不仅为采办当局提供了重要的规划性文件,它还为行业提供了未来潜在采办方案指引,这样他们能够更好地为竞标做准备。

先进概念技术演示验证(ADVANCED CONCEPT TECHNOLOGY DEMONSTRATION,ACTD)

先进概念技术演示验证是美国的一个项目,旨在通过回避标准的采购环节加快将尖端技术投入战场的过程。先进概念技术演示验证是短期活动,意图是确定武器装备标准,评估成熟技术,以及协助确定可能具有价值的技术,希望后者能够快速达到这样一种程度,即它们可以证明自己有足够的可能性能够在战场上使用。降低开发高端装备的相关成本是先进概念技术演示验证的第二个目标。出于这个原因,它们包括了对支付能力的评估。先进概念技术演示验证一般会运作2~4年,在许多情况下,它对有相似装备要求的其他国家是开放的。它们通过采购原型机来规定武器装备标准,这样这些原型机就要经受军事人员进行的广泛实战测试了。先进概念技术演示验证项目往往可以引导操作系统部署,途径是通过将有限数量的原型装备作为一项临时措施投入战场,或通过开发设计使得在适当阶段能够进入标准化的采办程序中,这一适当阶段很可能要迟至"小批量试产"(low-rate initial production)阶段。先进概念技术演示验证是"敏捷采办"(agile acquisition)的一个重要例子,考虑到武器装备标准的发展趋势及为达到这些标准在主流采办渠道中遇到的困难,先进概念技术演示验证很可能继续在美国作为一种重要的国防工业机制存在。尽管在一些情况下,成功的"先进技术演示验证"(Advanced Technology Demonstration,ATD)成长为先进概念技术演示验证,但先进概念技术演示验证与先进技术演示验证不同,先进技术演示验证用于证明具体技术的可行性和成熟性,并减少其发展中的相关风险。

敏捷采办(AGILE ACQUISITION)

这是一种被普遍采用的方法,提出这种方法是为了应对成本攀升和越来越冗长的尖端武器开发和生产过程。敏捷采办倡议旨在降低成本并缩短有前景的设计通过开发环节进入"大批量生产"(full-rate production)所必需的时间。敏捷采办包含一系列措施,包括更多依靠"商用现货"零部件和技术,以及支持"两用技术"的开发,但最为值得注意的是推进简化并加速采办过程的措施,它们致力于消除先前形成开发和生产不同阶段的差异。敏捷采办倡议通常的特点是作为衔接开发方和操作方的机制,一般带有更为灵活的安排,减少了进行正式报告的要求。这些措施在具有高质量武器装备要求的国家最为明显,例如美国与英国。英国的"紧急作战要求"(Urgent Operational Requirement)条款代表着一种努力,它旨在规避冗长的采购程序,并快速部署在新的作战需求下被视为关键性的武器装备。在美国,这种方法出现在"先进概念技术演示验证"的过程中。虽然敏捷采办有相当大的潜力可以克服主流采办过程的局限性,但代价是增加了风险,加速的开发过程也可能会导致采用不是足够成熟或稳健的武器装备技术,或与服役中或开发中的其他武器装备的互通性很差。值得注意的是,尽管这种方法具有明显的好处,但没有一个国家用敏捷采办措施完全取代已确立的采办机制。

武器禁运(ARMS EMBARGOS)

武器禁运是指禁止向某个国家的政府、集团或个人销售、转让、租赁、提供资金和/或武器技术援助,并在某些情况下还包括禁止提供两用技术商品及其相关技术。实施武器禁运的目的是传递反对目标国政府、集团或个人行为的信号,在冲突中保持中立以及削弱某一方卷入冲突的能力,在某种程度上避免该国人民遭遇巨大危险。武器禁运被认为是明智的,重点类型的禁运与旅行禁令、金融与航空有关的禁运以及更多形式的禁运一并使用。

尽管自1945年以来,使用武器禁运的机制在联合国宪章第七章中已经存在,但在自冷战结束后,这种政治工具的使用才多起来。冷战期间,苏联和美国以及他们的盟友之间是敌对状态,这使得其难以形成有效的禁运,因为两个超级大国

往往会去破坏对方的政治努力，1977年联合国对南非种族隔离制度的武器禁运是第一次向成员国实施的禁运。自1990年以来，联合国已经实施了至少27次禁运，这些经历了武器禁运的国家有南非、阿富汗、伊拉克、海地、利比里亚、利比亚、塞拉利昂、索马里、卢旺达和南斯拉夫。联合国不仅对国家实施禁运，还对奥萨马·本·拉登和"基地"组织这样的个人和集体在其恐怖活动期间实施禁运。然而，联合国武器禁运已被批评为只是最后的选择，当情况已经恶化时才被使用，因此难以实现武器禁运的目的。联合国武器禁运可以是强制的，也可以是自愿的。众所周知，即使武器禁运是强制性的，成员国也经常不遵守联合国武器禁运。

欧盟也执行由联合国发起的武器禁运。在共同外交与安全政策（Common Foreign and Security Policy，CFSP）框架内，欧盟采取限制性措施以实现由欧盟条约所设定的共同外交与安全政策目标。欧盟支持联合国武器禁运，因为他们实施禁运基本上取决于成员国利用本国法律将违规者入罪的政治意愿。然而，有时欧盟成员国对禁运有不同观点，例如在对中国的武器禁运上就是这样。法国和德国认为应当解除禁运，而斯堪的纳维亚国家始终以侵犯人权为准则，坚持武器禁运。

美国，世界上最大的武器出口国，也有自己的武器禁运机制。美国不仅执行联合国武器禁运，还实施单方面武器禁运。这个机制在《武器出口管制法案》（Arms Export Control Acts，AECA）和《国际军火贸易条例》（International Traffic in Arms Regulation，ITAR）的管制之下。《国际军火贸易条例》指出，如果一个国家按照美国当局的解释"严重违规"，那么这个国家可能会失去美国对外军事资助（Foreign Military Financing，FMF）、贷款，或购买和拥有与国防物品或服务有关的销售协议的权利。至少有26个国家已被禁止接受美国的武器，包括中国、古巴、伊朗、黎巴嫩和委内瑞拉。美国的武器禁运一直被批评为是陈旧的和具有双重标准的政策，而且最终结果不明确。事实上，英国、法国和以色列进攻埃及，因为后者试图将苏伊士运河收归本国所有，美国对前三个国家实施的武器禁运有效终止了1956年的苏伊士运河战争（Suez War）。然而，美国对印度尼西亚的单边武器禁运（1999～2005年）的结果仅是使雅加达从俄罗斯寻求武器。

尽管武器禁运的有效性还存在疑问，它仍是一个受欢迎的举措。斯德哥尔摩国际和平研究所对1990年以来27次联合国武器禁运的有效性进行了研究，结论是只有25%的武器禁运可被认为是有效的。一些武器禁运达到了预期效用，另

附录1　主要国防工业及军火贸易相关术语

一些仅仅是恶化了局势或起到反向作用。对以色列、中国和南非的武器禁运使得这三个国家建立起自己的国防工业基础，以降低对外国供应商的依赖性，加强自力更生能力。20世纪90年代南斯拉夫战争期间的武器禁运可以说恶化了冲突，因为它确保了塞族部队的军事优势。

自给自足（AUTARKY）

自给自足，来自希腊文autarkies，意思是自我供给充足或经济独立。每个国家都希望在国防上自给自足，这是有显而易见的原因的。自给自足，与依赖截然不同，是要寻求确保在国内及国外政策上国家的完全主权。依赖外国供应商意味着巨大的危险：这种依赖性可被用作政治杠杆干预国内局势，或者更糟糕的是，在关键时刻减少武器转让或武器禁运都可能破坏一个国家的防御能力。认为自给自足是必不可少的国家，例如瑞典，是冷战期间未曾结盟的国家，以及以色列、韩国、印度和巴基斯坦，他们正面临着来自其邻国的安全威胁。自给自足的最大原因是没有可靠的武器供应商，在缺少可靠供应商的情况下，对自给自足的需求更高。除安全和政治原因外，自给自足政策的另一个原因是可提高一国在区域或国际上的地位，因为这些国家希望被人们看成是一股新生力量。

自给自足一直与自力更生被交替使用，但实际上这两个词是有不同含义的。自给自足没有给依赖性留有任何余地，而自力更生意味着一种更理性的选择。自力更生允许在一段时间内从国外购买技术，但其用意是通过将技术引入本地工业基础中或进行本土化，从而减少这种依赖关系。因此，自力更生仅仅是一种用以获得自给自足的基石。

通过发展和维持一个能够提供所有军事能力要求的国防工业基础可实现国防的自给自足，一国自给自足的程度可从对武器进口的最低依赖程度看出来。从这个角度看，可以说大多数国家的努力都失败了。大的武器生产国，如英国、法国、德国和俄罗斯，仍在大量进口武器。另一些国家，如印度和中国，尽管事实上他们庞大的国防工业项目已存在多年，但仍未能减少其对武器进口的依赖。

目前，也许除美国之外，自给自足被认为是难以实现的。许多国家放弃了自给自足，因为它过于昂贵了，控制国防工业整个供应链根本是不可能的。缩减后的军队、减少了的国防预算，以及新武器攀升的单位生产成本迫使各国重新考虑他们的战略，一些国家最终让步，选择了全球化。现在各国更有选择性地控制仅仅是关键性的武器技术，并倾向于同其他国家合作或允许私人部门开发其他类型的武器。尽管本国国防工业仍被保留，在大规模的跨国兼并和收购，合作和外包供应链之后，现在防务企业与其他国家进行的业务比之前更多了。例如，英国最大的防务企业英国宇航系统公司正与美国政府进行着更多的业务。

战斗实验室（BATTLE LAB）

战斗实验室是旨在通过演示验证新兴技术的能力，从而加快创新并加速新一代武器装备投入战斗的设施，它们在协助发展作战学说以便运用来自他们的武器装备方面也发挥着重要作用。战斗实验室的一个主要特点是通过在比一般情况下早得多的采办阶段引入军队人员，并通过让工业部门参与开发武器规格，努力在武器装备的开发者与使用者之间架起沟通桥梁。战斗实验室通常由军人、科学家和工程师组成，他们可以集中开发全新装备类型的蓝本或修改已进入服役的设计。战斗实验室经常支持装备演示验证，并部署蓝本装备用于军事演习，作为在实战环境中展示武器装备能力的一种手段。这种方式在美国发展得最好，美国于20世纪90年代初建立了第一个这样的设施，现在以大量的战斗实验室为傲，如美国空军的空中机动战斗实验室（Air Mobility Battlelab）。在某些情况下，这也被称为"作战实验室"，例如海军陆战队作战实验室（Marine Corps Warfighting Laboratories）。美国的一些战斗实验室允许国外工业参与，并吸收一些来自其他有类似设备要求国家的观察员。澳大利亚和英国也已建立了战斗实验室，在英国，它们由重点开发新作战程序的"头脑风暴实验室"（Brainstorming Lab）作为补充。与近期其他旨在开发更加有效和更及时的采办程序的行动一样，战斗实验室做到了这一点，但代价是由于减少监督而导致风险增加。

买家团（BUYERS GROUP）

这是一个国家群，他们合作采购在要求上有足够重叠，从而可以共同设计、合适的武器装备。买家团通常包括具有紧密政治关系，且在某些时候已具备了国际军火市场特征的国家。最突出的例子是在20世纪70年代，北大西洋公约组织内的四国集团选择F-16"战隼式"战斗机作为其下一代战机。通过买家团提供的规模经济，包括补偿贸易，他们有可能在谈判中争取到更为有利的购买条款。

附录1 主要国防工业及军火贸易相关术语

因此他们是有价值的，也出于同样原因，他们使可行的本地生产或"合作生产"具有更好前景，一个买家团还为在所采购武器的整个服役期内在武器支持方面的持续合作提供基础。尽管具有很多优点，但买家团仍还只是个别现象，在实践中充分协调需求以达成联合采办通常是困难的，北约成员国合作的武器发展项目令人失望的记录说明了这一点。

武器级联（CASCAD OR CASCADING）

武器级联是将剩余武器转让给装备较差的另一国家的过程，在那里这些武器能够代替或者补充其现有装备。这种做法已存在一段时间了，但该术语大约在冷战结束后才为人所关注，那时安全环境的变化以及《欧洲常规武装力量条约》（Conventional Forces in Europe Treaty）规定要削减武器装备，导致很多北约成员国通过向装备较差的联盟成员国转移武器，以及向非北约国家以优惠价格提供武器的方式降低其军火库存。许多情况下，当接受国将更为过时的武器依次向其他国家转让时，导致了进一步的大规模武器转让。因为这些受益国也会将原有使用年限过长的武器进行转让，当有些国家试图支持其他国家并补偿引入新武器装备的相关成本时，尽管规模缩小了，但武器级联继续着。

卓越中心（CENTER OF EXCELLENCE，COE）

卓越中心是为一种特定类型的武器装备或一种特定技术提供专业意见的机构。卓越中心的例子出现在很多产品领域中，最常见的是涉及先进技术的领域。很多情况下，卓越中心发挥着促进开发的重要作用，是努力提高国家国防工业能力的显著标志。作为一种有效的可持续借鉴专业知识的手段，卓越中心往往与采购当局和研发机构联系在一起。卓越中心可能是由政府指定的企业，或是为了实现设想中的这一目标而设立的由政府经营的企业。事实证明这种方法日益流行，因为在许多武器装备领域，技术更新的步伐加快了，而且采购当局希望建立一个可持续的基础以便能跟上发展趋势，并支持国防工业基础长期发展。

现代国防工业

军民一体化（CIVIL-MILITARY INTEGRATION，CMI）

军民一体化是把国防工业基础与更广泛的商业工业基础进行合并的过程。通用的技术、工艺、劳动力、设备、材料和设施可既用于满足国防也用于满足商业需要。虽然这个理念已经存在了几十年，但在冷战结束后，这个概念才在美国获得广泛关注。在美国，军民一体化（CMI）一直被宣称是国防采办实践和产业结构转型最基本的因素。减少的防务资源与保持强大国防工业基础之间的冲突迫使美国在如何将其孤立的国防工业基础与民用经济发展融合起来的问题上，参考其他国家，如法国、中国和日本的做法。

据美国国会技术评估办公室（U. S. Congressional Office of Technology Assessment）称，军民一体化包括：政府和商业机构在研究和开发、生产，以及/或者维护保养方面的合作；联合生产相似的军事和商业物品，包括零部件和子系统，共用一条生产线或者在单独一个企业内或设备上生产，以及在军事系统中直接使用商用现货（COTS）物品。军民一体化可能发生在三个层面上：设备、企业及部门。设备层面上可以共享人员、机器设备和材料，甚至共同制造国防和民用商品。企业层面的融合包含独立的生产线，但军民可以联合使用公司资源（管理、劳动力和机器设备）。最后，一体化的工业部门（如航空业或造船业）可以利用共同的研发活动、技术和生产工艺方面的联合。

军民一体化拥有很多潜在的好处。利用可获得的商业技术满足军事需求，可节约资金，缩短开发和生产周期，并降低武器开发中的风险。军民一体化还可提高军事装备质量，并有助于提高生产和军事系统采办效率。综上所述，军民一体化使军火工业和军队利用民用部门创新中已明确领先的关键技术进步成为可能，尤其是在信息技术，如通信、计算机和微电子技术上。但是，军民一体化要求政府开展业务的方式必须进行巨大改变。国防部不得不将工业部门视为自己的合作伙伴，而不再与商业部门保持一定距离。

有很多因素使军民一体化很受欢迎。第一，技术发展趋势模糊了商业和防务技术之间的差异。第二，较低层次的产品技术，像复合材料、泵、阀门等是交叉的，可以很容易地既服务于军事部门也服务于民用部门。第三，在商业市场中对轻便、结实与可靠的需求与国防方面的要求类似。第四，从全球范围看，为实现商业和国防目标的支出水平之间的差距越来越大，这使得国防难以推动技术进步

用于商业用途。但采取军民一体化不是没有问题，一体化武器系统和商业产品之间在复杂程度上不同，很难利用同一个生产团队来完成军用品所需要的众多生产功能。政府采购程序的复杂变化，市场对数量小但却高度需要的军用品要求的勉强接受都是阻碍军民一体化的因素。

在美国，一个成功的军民一体化例子是生产防地雷伏击保护车（MRAP），它在正在进行的伊拉克和阿富汗军事行动中满足了关键性的军事需求。这些行动极大地提高了对防地雷伏击保护车的需求。美国国防部和工业部门不得不大幅度加快生产，在不到一年的时间内生产数量从每月生产少于100台提高至1200多台。取得这样骄人的成绩基于两个因素。首先，防地雷伏击保护车的设计主要来自商业重型卡车行业的组成部件。其次，国防部和工业部门共同合作消除了专用部件，如装甲钢和军事规格轮胎的生产瓶颈。

商用现货（COMMERCIAL OFF THE SHELF, COTS）

"商用现货"这一术语应用于这样的产品、零部件和技术上，它们可以达到或用于军事设备来满足军事要求，即使它们原本的开发目的并非如此，并可能不能完全满足重要军事装备的规格要求。商用现货设备、部件和技术由于盘旋上升的开发和生产成本已经变得更具吸引力了，而且它们在许多倡议中的显著特点是可以降低采购成本并缩短开发时间表。这在发达国家和发展中国家中都是如此，但商用现货物品在后者中尤为重要，因为它们的工业能力，特别是研发相对不发达。这种方式的弊端来自为国防和商业市场所开发的设备之间存在差异，商用现货设备通常的设计标准不那么严苛，特别是在牢固性和耐久性方面，这意味着采购当局可能或是被迫降低他们的要求，或是需要投入必要的时间和资源将商用现货物品进行军用化改造，但这会降低商用现货吸引力。一些国家将"非开发物品"（NDI）一词应用于能够满足军事要求的民用级设备或零部件上。

商业销售（COMMERCIAL SALE）

商业销售是国家间军火转让的一种形式，出口国政府不再作为中间人，尽管由于军火转让仍受制于出口管制，政府在是否同意转让的问题上还起着重要作用。这种类型的军火转让也被称为直销、直接的商业销售（DCS）或公司-国家

协议。商业销售具有一个重要的优势就是它们通常更容易进行谈判。然而，如果产品不符合客户要求的规格或客户未能够全部或及时付款，这种方式会使供应商和客户双方都暴露在更高程度的风险之下。出于这个原因，发展中国家的政府部门更愿意通过由一些国家政府支持的官方武器出口机构，或通过如美国的对外军售（FMS）程序这样的渠道采购武器，在对外军售程序中，军队的工作之一就是处理销售问题，而企业可能偏爱于通过这些机制来出口产品。尽管如此，商业销售仍继续占据国际军火转让的主体。

转型（CONVERSION）

转型是指重组国防工业以满足商业化要求的尝试，它往往与把政府所有的生产设施私有化联系在一起，因为它发生在私有化情况下。尽管工业转型是冲突后的常见现象，这个问题随着冷战结束引起了人们特别的关注，在那时，许多国家国防工业产能过剩，国防市场萎缩，这促使政府当局考虑如何能最好地避免严重经济动荡及大规模失业问题。国防工业转型是个复杂问题，因为这需要确定哪些国防工业研发和生产能力是关键的，以及在变化的采办环境中如何有效地保留它们。各国的转型措施采取多种形式，但往往涉及支持工业领域升级以努力使企业更具商业竞争力，并支持以商业为导向的研发和市场营销努力。为企业建立一个更稳固的商业基础也能够鼓励支持由外国企业参与的合并或收购，而这种做法此前是被政府当局抵制的，他们意在保持国防工业基础的完整性。

合作生产（COPRODUCTION）

合作生产是指在其他地区武器开发者的许可下，在武器开发者重要且持续的协助下，参与武器的部分生产。这在发展中国家的武器生产中是一个常见现象，因为当地的工业能力往往是有限的，经常使用这种方法作为国防工业，甚至是一般工业发展的一种途径。合作生产可能会涉及不同水平的本地投入，包括从仅仅组装进口零部件到生产所关注武器装备的重要组成部分，但通常情况是本地组装本地生产的技术不太先进的零部件。作为国防工业的一种战略，合作生产的优势非常有限。它虽有助于开发当地的国防工业能力，并对一般工业起有益的刺激作用，但往往对提高本地工业技术水平作用不大，也不能提供任何显著的国家自主性，而自主性是许多国家国防工业发展的主要目标之一。但合作生产确实有利于国家国防工业自主性目标，在经验获取以及本地产业发展上，它从定性和定量两方面做出了越来越多的贡献。尽管存在局限性，武器的合作生产仍很普遍，因为它是许多发展中国家唯一可行的选择。

对销贸易（COUNTER-TRADE）

这是通过金钱以外的其他方式支付武器进口费用，同时支持当地经济的实践。它可能涉及供应制成品（包括武器）或商品，如农产品或矿产。对销贸易由缺乏必要财政资源的国家所采用，并因此构成一些发展中国家实现其武器装备要求的一种重要机制。武器的对销贸易经常出现在经济衰退，或无法通过任何其他手段及时满足紧迫安全局势催生的武器需求情况中。从武器供应商的角度看，这并不是一种受欢迎的安排，因为这要求他们出售已得到支付的物品，但有些企业甚至是政府已经准备好以此为基础提供武器，认为这可能是唯一确保武器销售的方法。

关键技术（CRITICAL TECHNOLOGY）

"关键技术"一词是指被认为是与国防相关的至关重要的技术。确定哪些技术是关键的，这在各国之间差别很大，它包括以下这些因素，如国防建设的组织和学说，武器装备要求的复杂程度，以及本国的工业生产能力。就武器（尤其是先进武器）的性能、武器生产或全部这两个方面而言，各国当局是可以获得关键技术的。对关键技术的关注其共同特点是它们会影响国防工业政策，许多国家的政策反映出鼓励和支持发展本国在关键技术领域能力的努力。特别值得关注的是独立于其他国家，开发和应用关键技术的能力。对于那些不是政治军事对手的国家而言，这种"技术主权"往往更是他们所追求的。同样，控制国家技术的努力一般也会受到哪些技术是关键的这一考虑的影响，关键技术会被作为最严格的国家控制的重点。我们看到技术发展和应用过程跨国一体化程度日益深化，跨国技术扩散在加速，近期工业发展的这种趋势使得如何最好地促进和保护关键技术这一问题变得更为复杂，这可能会鼓励不同国家政治当局合作处理这一问题，但国家安全方面的考虑将继续阻碍其发展。

演示验证计划（DEMONSTRATION PROGRAM）

演示验证计划具有不同的名称，但这些机制的一般性特点是表明一种装备是可生产的、能支付得起的，而且在"全面开发"过程中的风险已降至最低。演示验证计划通常构成采购过程中一个独特的阶段，是一种重要的监督机制。其中一种形式是演示和验证程序（Demonstration and Validation Program, dem/val, DEMVAL, D&V），它是美国采办环节中的一个关键阶段。演示和验证程序（DEM/VAL）为武器装备开发模型的生产和试用提供支持，通常情况是，相互竞争的企业或行业团队参与这个计划，因此它们也为在竞争性的未来开发设计中进行选择提供了一种重要途径。如同在演示计划合同下生产装备一样，许多企业主动生产"演示验证产品"向潜在客户展示产品性能。

降级装备（DE-RATED EQUIPMENT）

"降级装备"一词应用在为出口市场故意降低装备性能的情况中。"消毒"（sanitization）一词也应用在这种情形中。在某些情况下，采取装备降级是为了满足一些出口客户不那么严苛的需求，但更多时候反映出控制先进技术扩散以及帮助保持供应国武装部队定性优势的愿望。开发一个"消毒"的出口版本可能是获准出口所必需的一个条件，通常一种装备只有特定部分可以做降级，例如机载航空电子设备或发动机。在冷战期间，这种方法表现为一种深思熟虑的策略，美国和苏联都采用了它，但现在很少见了，因为事实上，很多客户在其要求方面是更加敏感的，而且他们希望避免购买降级装备所带来的羞辱。装备降级失败表明了这种做法的潜在影响，但性能卓著的鹰隼战斗机的出口版本 F16/79 仍获得了一些订单。

去除风险（DE-RISKING）

去除风险是指努力把开发和应用先进技术所涉的风险程度降至最低。由于技术前沿已经向前推移，而且使技术能够投入实战使用所必需的资源和时间也都已增加了，因此风险也增加了。去除风险战略的差别很大，但一般都会在项目相对

较早时期确定技术是否可行,并从技术开发和应用角度看是否能负担。去除风险战略可能包括一些措施,例如"技术演示验证"、"降低风险研究"或"演示和验证计划",这些为处理计划中已识别出的各方面风险提供基础。去除风险可以是企业的自发行为,也可由采购当局在国防研发计划的背景中使用。

设计权限(DESIGN AUTHORITY)

设计权限是指公司或部门被认定对一种特定装备的设计具有整体权限。设计权限是官方认可的,负责设计硬件改动和开发任何必要的生产程序。一般地,由发起待验证设备开发的公司承担这种角色。但也可委托可能设在海外的机构来负责,对在某个时刻已投入生产的装备尤为如此。一旦原权限(机构)认为继续开发或支持一种特定装备的设计不再具有价值,这种设计权限甚至有可能被出售。高科技产业的全球化已将研发的责任相当多地转移给外国附属机构和境外"有能力的合作伙伴",结果是设计权限者不再是发起设计的政府有效控制下的行业角色。这体现了政治当局面临的一个问题,他们试图维持本国国防工业基础的完整性并确保关键的研发及生产能力在主权控制之下。重要的是要注意到,做出设计改动的可能往往是企业,而并非设计权限者,特别是当一种装备已经使用一段时间,并最终被广泛使用时。但如果这种设计改动没有得到设计权限者的支持,从最终装备模型的有效性甚至安全性角度讲,这会带来相当大的代价。

设计室(DESIGN HOUSE)

这是国防工业领域相对较新的一种现象。设计室是一家公司,它在特定的专业领域,在与其他企业或政府实体的合同之下,专门从事研发活动,它本身并不拥有生产设施,也对从事生产没有兴趣。随着技术前沿的向前推移,甚至大型企业也可能在专业研究中遇到困难,设计室的重要性已经提高了。将研发外包给设计室是企业寻找到的应对成本不断攀升的一种途径,这也使他们可以集中资源投入其核心专长的领域上。设计室在国防工业市场中占有很重要的位置,从政府当局意图保持国防工业基础完整性的角度看,设计室引起了人们的忧虑并成为国家科学技术方面的一个主要问题。

双/多渠道采购（DUAL/MULTIPLE SOURCING）

双渠道或多渠道采购是努力确保持续供给重要装备物品，防范可能的供给干扰所采用的一种方法。通过选定多个供应商来扩大生产能力，政府减少了他们对单个企业的依赖，避免受到行业发展的影响，例如企业破产或决定退出特定产品领域。这种采购带来的企业间竞争还为利用有利的采购条件提供了一种有益途径，并加强了在冲突或紧张时期"生产激增"（Production Surge）基础。但同时，管理来自双渠道或多渠道的采购过程往往更困难。由于其更为复杂和实施起来更为缓慢这些缺点，在时间是主要考虑因素的情况下这种方法一般不会被采用。由于会影响到利润，双渠道/多渠道采购往往不常被企业所推崇。

两用技术（DUAL-USE TECHNOLOGY）

这也被称为"双应用技术"（Dual-Application Technology），这个术语适用于具有重要民事和军事应用的技术，它在冷战期间开始使用，那时人们才意识到满足重要的国防和商业要求的技术有非常广泛的空间。技术在国防和民用领域的发展有共同特征，旨在满足商业要求所开发的技术有可能应用于军事，这意味着两用技术这个术语非常重要。两用技术为政治当局提供了机遇或挑战，它带来极大的好处，因为它有能力帮助政府节省资金和负担开发国防技术所需的必要开支。这对发达国家和发展中国家都是如此，但对后者尤为重要，因为他们通常在筹集资金和其他技术开发所必需的资源方面存在更大困难。但同时，两用技术有可能也为外国国防工业计划做出贡献，这产生了加强技术控制的要求。发达国家更是如此，他们是最为关注技术扩散及其影响的。随着跨国产业一体化程度深化，这种要求也日渐增多，使得多边技术控制机制得到越来越多的支持，如瓦森纳安排（Wassenaar Arrangement）。

最终使用/最终用户协议（END-USE/END-USER AGREEMENT）

最终使用/最终用户协议是供应商和接受国之间签署的一项协议，在协议中，后者保证其拟采购的装备项目事实上仅供自己使用。这也通常要求接受国承诺在

附录1 主要国防工业及军火贸易相关术语

未得到供应商允许的情况下,在未来任何时候都不得将装备转让。最终使用/最终用户协议适用于重要的零部件,如发动机以及完整系统。许多武器出口商要求使用最终使用/最终用户协议,但最为积极推动和使用协议的是美国。由于美国当局在军火销售中非常在意使用这种要求,导致一些境外武器生产商在开发和生产出口产品时,避免在武器中使用来源于美国的或由美国设计的零部件,以增加其潜在消费者范围。虽然人们早已认识到,由于腐败和缺乏接受国在政府更替后对产品的忠诚,最终使用/最终用户协议容易被滥用,但它仍是一种重要的武器和技术控制机制。

出口获准(EXPORT RELEASE)

出口获准指使一种装备项目达到能够提供给外销客户的状态。许多武器生产商希望尽快将武器出口出去,甚至是先进武器,但为了能够确保本国武装部队保持巨大的技术优势,一些国家的政府当局会进行干预,拖延出口时间,这也被称为"出口清关"(Export Clearance)。出口获准具有很高的选择性,这时,特别情况下的时间安排通常反映出供应国和接受国在政治上的亲密程度,以及前者对拟转让装备的重视程度。

大批量生产(FULL-RATE PRODUCTION,FRP)

大批量生产是这样一个阶段,即装备项目加速生产,以达到经济上可行,且从设计的成熟度以及部署项目的运行服务能力看,运转状态也是令人满意的生产速度。等待直到技术成熟是确保装备做好运行准备的一种有益方式,并提供了处理行业问题的一种重要手段,因为在装备可以全面投入运转服役之前,大批量生产一般是不会被批准的。然而,由于渴望尽早确定一个合适的生产标准,以使得使用者能够尽可能早地得到装备,且由于大批量生产涉及的成本,只有在装备项目进入服役之后才能开始大批量生产,这也被称为全面生产(Full-Scale Production,FSP)、全批量生产(Full-Scale Series Production)、成批生产(Serial Production)和批量生产(Series Production)。

全面开发（FULL-SCALE DEVELOPMENT, FSD）

全面开发这一术语适用于这样的情况，有关当局对一般性设计及其支付能力有足够的信心，并在一系列设定好要达成的要求下，准备好全力承担全面开发过程。但通常情况是，存在对目标里程碑和正式程序审查的规定，以确保开发仍是在正常轨道及合理成本下运行的，尤其是考虑到当开发在进行中，而装备要求有所发展的可能性日益增加。由于与国防相关的研发不断变化的特点，全面开发与生产日益重叠，目前这往往会涉及持续演进的装备规格，以及努力采纳新技术以确保设计在进入生产阶段时还未过时。全面开发计划甚至可用于装备的预生产或提供装备的早期应用模型，美国采购过程的系统开发和演示验证（System Development and Demonstration, SDD）阶段与此基本类似。

战斗机的代（GENERATIONS OF FIGHTER AIRCRAFT）

战斗机的"代"没有单一定义，但关于这个问题的方法会涉及不同的设计阶段、性能和技术创新。"战斗机"是指最初设计用于但不限于空对空的作战飞机。第一次世界大战期间，"战斗机"是指一种能够携带枪支的双座飞机。第二次世界大战中，"战斗机"指的是活塞发动机飞机，这些飞机配有雷达，能够像轰炸机一样提供空中支援。随着时间推移，依据它们的主要任务，战斗机发展为更具体的类别，即拦截机、歼击轰炸机或空中优势战斗机，现代战斗机如今能够执行"多种任务"。

在第二次世界大战后期，诞生了第一架喷气式引擎动力战斗机。因此，第一代喷气式战斗机通常是指涡轮喷气式引擎动力战斗机。它们的主要武器是机枪、大炮、哑弹及后来的空对空导弹。一些改良后的战斗机能够以超过声速（超音速）的速度巡航，一些战斗机配备了雷达以便能够在夜间使用（拦截机），这一代战机的例子有美国的F-86"军刀"（Sabre）战斗机，在朝鲜战争中，它在与苏联米格-15（MiG-15）的对抗中，由于其空中优势受到高度褒扬。然而，第一代战斗机没有良好的耐久性，无法维持超音速飞行的水平。

"第二代战斗机"是指更强大的喷气式飞机，它能够保持以超音速的速度平稳飞行。随着导弹的发明，空对空导弹成为其主要武器，取代了旧式的大炮和机

枪。技术创新使得这种类型的飞机装备了机载雷达，从而使追踪视线之外的敌人成为可能。因此，重点已不再放在空中作战能力上，而是放在更大的导弹装载量和更好的雷达上。这代战斗机的一个代表是米格-21（Mig-21），它在越南和中东冲突中被广泛使用。

第三代战斗机以生产多任务喷气式飞机为显著特点，它既能进行地面攻击也能进行空中防御。新型技术，如垂直/短距起飞和降落（V/STOL）以及推力转向（飞机将来自主发动机的推力控制在沿着除平行于飞行器纵轴之外的方向上的能力）技术经过了测试，并安装在战斗机上，使得它们能够使用更短的跑道起降并更好地完成操作。空对地导弹和激光制导炮弹改善了地面攻击能力。这代战斗机的代表是麦克唐纳 F-4"幽灵"（Phantom）战斗机，它是一个多用途飞机，可以在空战中像战斗机一样执行拦截和轰炸任务。

第四代战斗机是为"网络中心战战场"（Network-Centric Battlefields）和执行多重任务而设计的。它强调的是可操作性而非速度，这被证明是赢得空战胜利的更有效方式。这种类型的飞机装备多种模式的航空电子设备，可从空中模式转换成地面模式，使其更容易执行地面攻击和空中优势任务。隐身涂料技术能够吸收雷达波，也开始使用了，例如，在波音公司的 F-117"夜鹰"（Nighthawk）战斗机和通用动力的 F-16"战隼"（Fighting Falcon）战斗机中都引入了这一技术。

提出"第四代半战斗机"一词是用来指与第四代战斗机相比具有更先进技术，但还不能被称为第五代的战机。一些战斗机由更轻型的复合材料和隐形涂料制成，具有高海拔巡航能力，并装备了数字航空电子设备和更先进的武器装备，如超视距空对空导弹、全球定位系统（GPS）制导导弹和头盔显示器，这一代飞机的例子有欧洲战斗机"台风"（Typhoon）和达索"阵风"（Rafale）战斗机。

"第五代战斗机"是指装备有先进超低可观察性（VLO）隐身涂料、集成信息和传感器的飞机，它们具备空对空和空对地作战能力，从而获得了新的战斗灵活性、可靠性、可维持性和可部署性。这种类型的飞机使飞行员具备360度的方位感知能力和网络中心战能力，目前，仅有两种类型的第五代战斗机被生产出来：F-35"闪电Ⅱ"（LighteningⅡ）战斗机和 F-22"猛禽"（Raptor）战斗机都由美国制造。然而，俄罗斯目前正尝试开发米格多用途前线歼击机（MFI）和苏霍伊的苏-47（Su-47）作为这代战机的竞争者。

现代国防工业

国防工业全球化（GLOBALIZATION OF DEFENSE INDUSTRIES）

全球化一般是指商品、服务和观点的自由流动，是世界各国日益融合的结果。国防，如同公共物品一样，无法脱离这一趋势。武器生产的全球化是要改变武器生产传统的单一国家模式，支持武器"国际化"开发、生产和营销。这也标志着从技术民族主义到技术全球主义的转变，这体现在越来越多的武器生产合作，以及出现的跨国国防工业和军事技术基础。至少有七种类型的武器生产全球化：许可生产、合作生产、合作开发、武器家族、国际战略联盟、合资企业和跨国并购（M&A）。

武器生产全球化之所以发生，是由以下几个因素造成的：第一，冷战结束迫使一些国家改变了他们与工业进行贸易活动的方式。为实现现代化的目标，一些国家希望保留对本国生产某些战略性武器的控制权（自给自足），同时需要缩减国防工业过剩的生产能力，以应对武器生产成本急剧增加，国际合作和合并被视为一种确保特定国防项目能进行下去的可选择策略。在西欧以及俄罗斯和发展中国家，如印度，他们在国防工业中建立起合资企业。第二，在国防部门中采用最佳的商业实践（精益生产流程），目的是提高成本效率，这体现在国防供应链上，将领先的商业技术纳入国防系统的需求刺激了国际化进程，商用现货采购模式被认为是一种减少开发时间和主要防御系统生产成本的选择。

国防工业全球化的好处主要是从经济层面考虑的。首先，全球化使分担研发成本及风险成为可能，从而减少了国家预算中的军事支出负担。其次，通过全球化，国防工业能够利用新技术、资金和更大的经济规模。

黄金股（GOLDEN SHARE）

在一些国家这也被称作"特别股"（Special Share）。黄金股是政府在私营部门企业中保留一定利益以支持其国防工业的需要，通常采用的方式是给予政府额外的表决权，或使他保留对企业的特定力量，如可以对生产问题行使否决权，如果外国所有者持股超过一定比例，政府可以迫使他们出售股权。黄金股起到保护关键企业免受外资所有或受到不可接受的外国势力的影响。冷战结束后，越来越多重要高技术企业与海外有能力的合作伙伴建立了行业联盟，或正在大幅增加外

资控股以努力使企业生存下去，这样的产业趋势推进了这种方法，这种做法在部分欧洲国家，如法国和英国，最为常见。

政府提供的设备（GOVERNMENT-FURNISHED EQUIPMENT，GFE）

政府提供的设备包括由政府提供给工厂用于生产政府所需要的武器装备的零部件，这可能包括来自政府经营的生产设施的零部件，或取自政府使用装备的零部件，例如拟生产武器项目的早期模型。政府提供的设备条款在它出现的地方由合同规定，这是一种用来补偿采购成本上涨的方法，但为了满足合同规定，可能要求经营者在得到替代品之前就从使用中撤回装备。

热生产线（HOT PRODUCTION LINE）

热生产线是现成的可用于生产武器的生产线，即便目前没有生产，它也指保持一条生产线处于运行状态。该词用在适用于民用要求的生产设备上，或者还指为确保随时准备好在冲突或紧张时期满足增加的武器生产需求，生产线要保持一种待命模式。因为许多先进零部件从订货至交货的时间越来越长，而且冷战后很多国家的国防工业基础萎缩，都导致这种考虑越来越重要。通过调整生产速度分散生产数量，直至有生产下一代武器装备的需要，这种做法就能够保持生产线的运行状态了。

快速转让（HOT TRANSFER）

快速转让指武器供应直接从一国库存转移至另一国。通常，特别是在冲突情况下，当标准的武器转让安排过于烦琐和缓慢时，为满足接受方的迫切需求会采取这种做法。为了尽量降低武器的存储时间，它们也会被快速转让。供应商要退出武器装备服务，以及装备闲置时间越长越有可能降级，或在出口给客户投入使用之前越有可能需要翻新时，在这样的情况下这是一种重要考虑。当武器转让涉及严格的商业考量，以及当存储武器装备导致其成本上升致使它们根本无法出售时，这也是一种重要考虑。

310 增量采办/增量现代化 (INCREMENTAL ACQUISITION/INCREMENTAL MODERNIZATION)

增量采办/增量现代化是增加或改进那些在采购过程开始时或装备开始服役时无法获得或负担不起的零部件及功能。采办当局认识到技术进步在不断加快，并希望尽可能快速地利用技术发展成果，这些都激励采办当局规划从开发过程的早期阶段开始就采取增量采购和现代化，包括预定产品改进（Preplanned Product Improvement, P3I）和增量技术的插入与升级。在一些国家中，这些被称为螺旋升级。从开始就考虑到这一点的武器装备设计更容易也更加经济地实现现代化，并潜在地延长了其使用寿命。然而与此同时，它增加了采购当局采办任务的复杂性，迫使他们仔细考虑需要采办哪些功能，以及在什么时间采办。它还造成一种局面，就是对武器装备模型没有任何单一标准，这导致后勤和训练中的困难。

工业联盟 (INDUSTRIAL ALLIANCE)

工业联盟是企业之间一种短期或长期的约定，在其中，合作伙伴们在重要研发、生产及营销能力方面相互依赖。由于技术发展和应用成本越来越高昂，复杂性日益增加，通过自有资源满足自我需要会遇到很多困难，这种方法在高技术企业中越来越受欢迎。工业联盟可以采取多种多样的形式，例如联合开发、技术交流、交叉许可协议、测试协议、交叉服务安排和标准协调。一些国家的工业联盟包括了海外有能力的合作者，由于国防工业基础和技术控制的重要意义，工业联盟成为某些国家政府当局关注的一个主要问题，但在实践中处理起来很困难，特别是当所涉及的这些安排被认为对关键企业长期经济可行性至关重要时。

工业合作协议/工业参与协定 (INDUSTRIAL COOPERATION AGREEMENT / INDUSTRIAL PARTICIPATION AGREEMENT, IPA)

这种协定由国家签署，用于开发或生产武器。工业合作/参与协定通常制定出合作条款，包括分工安排、成本分摊以及对伙伴国所提供技术的应用和扩散的限定。这种特点的协定对国家之间武器开发和生产项目的成功至关重要，特别是

附录1　主要国防工业及军火贸易相关术语

那些涉及有可能支持长期开发以及战胜海外商业对手的先进技术。

初始作战/作战能力（INITIAL OPERATING/OPERATIONAL CAPABILITY，IOC）

初始作战/作战能力是指这样一个点：一种武器装备的类型或模型被认为可全面投入服役。这可能包括一系列阶段或里程碑，随着武器项目发展，其作战能力建立起来，可获得的作战类型也增加了。初始作战能力的获得正尽可能早地将武器装备投入使用，如"敏捷采办"过程、开发和生产交叠过程等，日益模糊了达到初步作战能力的时点。尽管如此，在许多国家预定好时间的初步作战能力是一种重要的采购计划机制，并指定了人们所认为的武器装备在一般情况下可投入使用的时点。

一体化后勤支持（INTEGRATED LOGISTICS SUPPORT，ILS）

根据美国军方的定义，一体化后勤支持是辅助开发和整合所有后勤支持要素以采办、测试、实战使用和支持军队系统的过程。根据英国国防部的定义，一体化后勤支持是为确保支持能力，在采购生命周期的早期阶段所考虑的一组操作方法、程序和标准，目的是最优化整个生命周期成本（WLC）。美国军方发明该术语是想努力在尽可能早的阶段就考虑到对武器项目的支持能力。1993年英国国防部采用了这种技术。现在，一体化后勤支持已广泛地融入采购策略中。例如，英国最近在采购新加坡的野马全地形车时，要求供应国提供一体化后勤支持平台。

一体化后勤支持的目标是在现在和预设环境中引入并维持完全可支持的物资系统，以最低的生命周期成本，适当规模的物流需求，来满足作战和系统战备完好性目标（SRO），降低生命周期成本和周期时间，并减少重复努力。它体现了在采购和装备的整个生命周期中三个方面的可支持能力：第一，对设计的影响，体现在从设计过程中就已考虑到可支持能力（维修保养和例行维修）；第二，设计保障解决方案，它确保了这些解决方案考虑并包含了一体化后勤支持的要素；第三，初始支持一揽子计划，它包括对备件和专用工具需求的计算，以及针对特定时间段的文件资料。

一体化后勤支持包括十个要素：维修计划，人力和人员，供应支持，支持装备，技术数据，培训和培训支持，计算机资源支持，基础设施，包装、装卸、储存和运输（PHST），设计影响/对接。所有的一体化后勤支持要素必须作为整个系统工程实践的一部分得以发展。在有限的资源中要考虑可支付能力、可操作性、可支持性、可持续性、可转移性和环境安全，系统允许在这些要素之间进行权衡，并非所有的要素都需得到满足。

集成产品团队（INTEGRATED PRODUCT TEAM，IPT）

集成产品团队是美国采用的一项行动，以提升对采购项目的管理。越来越多的美国国防部采购项目由集成产品团队来统领。它由来自利益相关方的人员组成，去掉了被认为是多余的项目监督层级，集成产品团队能够在工作层面上以及时的方式做出更多决策，这能极大地加快开发过程，并有助于有效解决所出现的问题。

集成项目团队（INTEGRATED PROJECT TEAM，IPT）

这是英国采用的一种方法，旨在通过提供更为有效率的方式，并通过在开发过程的早期阶段决策中提供来自行业的参与。集成项目团队对特定的采购项目负责，也有意在该过程中提升对已开发装备的支持。很多集成项目团队的建立是为了维护已在服役中的装备。英国的集成项目团队包括工业合作伙伴、相关各军种官员，以及来自国防部的采购官员，这是实现重要国防工业目标的流行方式。

互通性（INTEROPERABILITY）

这是可能影响装备开发的考虑因素之一，互通性可被用于国家间或特定国家中不同军种间的环境中。互通性是一个理想目标，因为它有助于多军种和多国军事行动，并通常被出口客户认为具有价值。互通性可以广泛应用在装备设计参数上，这有可能会鼓励围绕通用技术标准进行装备设计，例如北约提出的那些标准。工业部门开发那些符合一般已被接受的技术标准产品的兴趣促进了提高互通性的努力，尽管在某些情况下，对于这些标准应该如何设定还存在漫长的讨论。

附录1　主要国防工业及军火贸易相关术语

合资公司（JOINT VENTURE）

合资公司是由两个或多个合作方就创建一个新的实体来联合进行经济活动的长期承诺。这些合作方提供资金、设施、服务并且分享收入、支出和对企业的控制权。公司建立合资公司出于不同的动机，例如获得新技术和客户，加强公司实力，利用合资公司提供的更大的规模经济和范围经济，并获得新技术、财务资源和客户，以及好的管理经验。各种合资公司的持续时间不尽相同，合资公司可以针对特定的项目或永久的业务关系。合资公司可具体化为多种形式，如公司、有限责任公司及其他法定机构。

在防务领域中，合资公司已成为防务全球化的一种趋势。它是由两个或多个国家的防务企业所有和经营的国际化子公司，其目标是共同开发或研究未来可能的合作生产或合作开发项目。一些合资公司，如马特拉－英国航空航天动力公司（Matra-BAE Dynamics）是由英国航空航天公司（British Aerospace）和马特拉（Matra）合并而成，并已成功地创建为欧洲最大的导弹生产企业。在许多欧洲的合营中，一些公司同意保留其原有的武器生产并仅在开发未来武器方面进行合作。另一些合资公司的例子包括：欧洲直升机公司（Eurocopter）[法国的宇航公司（France's Aerospatiale）和德国的戴姆勒·克莱斯勒航空航天公司（DASA）]，马特拉·马可尼空间公司（Matra Marconi Space）（马特拉和通用电气马可尼空间系统部门组成的英法子公司），布拉莫斯航空航天公司[印度防务研究和开发组织（Defense Research and Development Organization of India）和俄罗斯国营军事工业公司（NPO Mashinostroyenia of Russia）]。德国欧洲宇航防务集团（EADS）和俄罗斯的伊尔库特公司（Irkut）之间已签署了一个各持股50%的合资公司计划，从2010年开始将把空中客车A320客机改装为货机。根据协议条款，空中客车公司、EFW和伊尔库特将设计和制造改装套装组件，完成单通道客运飞机到货运飞机的转换，并负责市场和销售转换服务。

合资公司已成为欧洲国家、俄罗斯和其他发展中国家颇受欢迎的选择。1986～1995年，大部分合资公司集中在西欧国家，只有约1/4是以跨大西洋合资公司的形式出现。形成这一趋势的原因是西欧国防工业产能过剩，武器系统单位生产成本增加使得国家的工业产品过于昂贵。因此，需要一个区域性的国防工业基础进行补充，这种趋势被视为反映了欧洲区域化的武器生产体系。

现代国防工业

生产阶梯（LADDER OF PRODUCTION）

生产阶梯基本上是用来解释所谓的新武器生产国演进道路的一种工具，这些国家试图改变自己的地位，在武器供给方面从依赖外国供应商走向自给自足。它表明每个国家为拥有完备的国防工业基础都需要采取的线性步骤，这些步骤由工业生产能力水平（维修、组装、生产、研发等）和生产独立程度来界定。尽管关于阶梯的构成尚无一致认识，但人们普遍认同这一过程反映了国防工业化演变过程，无法超越。而且，一个国家一旦启动了其国防工业，上升到一个更高阶段并不容易。

政治学家基斯·克劳斯（Keith Krause）的生产阶梯理论基本上试图将第三等级武器生产的演进和增长解释为一种内在驱动的过程，这一过程使得武器进口国成为一个完全本国生产和自给自足的武器生产商。"第三等级武器生产商"这个词是指一些国家，他们能够生产一种或两种复杂性仍低于技术前沿的武器系统，并仍依靠主要子系统和技术转让走出复制或仿造。第三等级武器生产阶梯由11个步骤组成：（1）简单的维护能力；（2）大修、翻新和基本的修改能力；（3）进口零部件组装、简单的许可生产；（4）本地生产零部件或原材料；（5）最终组装不太先进的武器，本地生产一些零部件；（6）合作生产或完成不太复杂武器的许可生产；（7）有限的研发活动，以提升本地的许可证武器生产；(8)有限地独立生产不太先进的武器，以及限量生产较为先进的武器；（9）独立研发和生产不太先进的武器；（10）独立研发和生产较为先进的武器；（11）完全独立研发和生产。克劳斯使用生产阶梯来评估第三等级军火工业的先进性水平。他总结道，第三等级武器生产国所达到的最高阶段位于第八级和第九级之间。他认为最大的问题是有限的研发，研发主要发生在第一等级国家，即美国和俄罗斯。①

毕辛格（Bitzinger）关注的是克劳斯所认为的"第二等级武器生产国"。他总结说，大多数这些国家通过从进口部件（可分拆的套装组件）中组装武器系统，就登上了阶梯，然后在许可生产完整系统中逐步增加使用本国生产的零部

---

① Keith Krause, *Arms and the State: Pattern of Military Production and Trade* (Cambridge: Cambridge University Press, 1995).

件。通过使用简单技术开发有限的本国武器，如小武器或巡逻艇，国家开始攀登阶梯，接着就是与领先的国外生产商合作，开发更为先进的武器。随着本土研发能力的发展，这些国家会致力于本国开发更为复杂的武器系统，例如装甲车或训练机。很快，在他们具备足够的研发能力之后，这些国家将能开发他们自己的先进武器系统（如战斗机和潜艇）。[1]

老式装备（LEGACY EQUIPMENT）

老式装备这个术语应用于仍在使用中的较早代的武器装备，这些装备并不必然过时或陈旧，但显然无法满足当前要求。作为描述这类武器装备的一种方法，这个词语得到了广泛认可。许多国家的国防工业政策都特别关注老式装备，以及如何能在支付能力范围内对其进行升级或替换，处理老式装备的要求往往造成了国家资源的严重流失。"批量淘汰"（Block Obsolescence）一词通常与老式装备相联系，批量淘汰应用在认为大量装备已达到需要升级或更换程度这种情况。这成了一个重大问题，因为它可能必须在尽可能短的时间内替换一大批武器装备，在一些国家这也被称为"批量老化"（Block Aging）。

意向书（LETTER OF INTENT，LOI）

意向书通常是在军火销售期间起草的一种类型的文件，意向书由客户和提供武器的企业或政府签署，以表明购买意向。意向书在出口销售中最为常见，这种类型的文件先于正式订单并为其做好铺垫。尽管意向书仅仅表明客户下订单的意图，但是这些文件很重要，因为它们为制造商必须履行合同而进行的长期生产活动提供了基础。这是一个重要的考虑因素，它有助于加快采购程序，通常情况下正式的出口审批可能需要一段时间。《意愿书》或《意向声明书》（Declaration of Intent，DOI）具有同意向书类似的作用。

---

[1] Richard A. Bitzinger, "Towards a Brave New Arms Industry?" *Adelphi Paper* 356 (IISS, 2003).

315 许可生产（LICENSED PRODUCTION）

许可生产指获得其他地方所开发武器的生产许可后，在本地进行生产。这是国防工业格局的一个普遍特点，在发达国家和发展中国家中同样存在，对于后者尤为重要，他们往往将获得武器的许可生产不仅作为工业发展的工具，还作为满足军事建设物质需求的一种方法。虽然武器的许可生产能够为发展中国家本国的国防工业在开发和生产能力方面提供重要刺激，但它往往无法实现这一目标，因为它仍有赖于外国的支持。在许多情况下，许可生产无法超越"合作生产"。尽管如此，它仍是武器转让的一种重要途径。

寿命延长计划（LIFE-EXTENSION PROGRAM）

在某些情况下，这指的是"寿命延长和能力改善计划"（Life Extension and Capability Improvement Program）、"延长寿命型"（Life-of-Type Extension）、"服务寿命延长"（Service Life Extension，SLEP）或"寿命延长能力"（Capability Life Extension）。采取寿命延长计划是为了使正在服役的武器装备在某段时间内保持作战能力，直到它被更替。当高技术武器成本增加时，采购当局转而使用这种计划作为一种更实惠的选择，具有这种特点的计划就更为重要了。这种计划可能通过"增量采办"和"增量现代化"实现，它们包括了在武器装备设计之初就考虑在内的不太复杂的升级，这些有助于延长寿命的努力。这里有一个相关的概念"生命中期更新"（Mid-life Update）或"生命中期升级"（Mid-life Upgrade，MLU），它是指武器装备正好在其使用寿命中期对它进行更新的项目，以使其在未来一段时间能够保持活力。这通常会涉及更替关键系统或零部件，或通过技术插入进行升级。"生命中期改进"（Mid-life Improvement），"生命中期现代化"（Mid-life Modernization）和"中期现代化"（Mid-term Modernization）这些词也可用在这些活动上。虽然不一定必然在装备项目计划的服役寿命中点进行这些计划，但生命中期升级作为一种重要的，对装备项目生产能力的一次性升级被普遍采用。基于这个原因，越来越受欢迎的"增量采办"和"增量现代化"项目很可能会取代这种方法。

长交期物品 (LONG-LEAD ITEM)

长交期物品是一些零部件，在生产用它们装配的武器之前就需要提前订购。这些零部件通常涉及先进的技术，无法由主承包商和系统集成商提供，而必须从专业公司订购，这也被称为"长交期时间物品"（Long-lead Time Items）、"长周期材料"（Long-Lead Material，LLM）和"长交期供给"（Long-Lead Supplies）。采用长交期物品的需求使生产项目极为复杂，也使在冲突或紧张局势情况下实现"生产激增"（Production Surge）变得尤为困难，这也促使采购当局对关键武器装备部件制定"多年度采购"（Multiyear Procurement）计划。

小批量试生产 (LOW-RATE INITIAL PRODUCTION，LRIP)

采取武器的小批量试生产可能是为了加速武器进入服役，使之尽早达到初始作战能力，并随之进行大批量生产。该术语可用于通过升级或转换项目交付武器装备的情况。这种方法在美国运用得最好，在那里作战需求鼓励了更新的模型和新一代武器装备尽可能早地投入使用，尽管相对来说不那么关注于数量。

军事现货 (MILITARY OFF THE SHELF，MOTS)

军事现货一词指已按照军用要求设计，不再进一步开发就可直接使用的零部件或武器装备。购买军事现货（MOTS）物品的好处在于它们在技术上已经成熟，而且一般来说要比其他正在开发或需进一步改良以适应本地要求的武器更快速地获得，并经济得多。这种方法包括从工业部门采购到的武器或由另一家运营商提供的武器。这通常被称为"现货"（Off the Shelf）购买。虽它有许多好处，但这种方法对经济可行性及国家国防工业基础发展的可持续性会产生影响，因为极大地依赖军事现货可能会削弱国防企业进行先进技术的研发能力。

模块化造船 (MODULAR SHIPBUILDING)

模块化造船是一种建造船舶的流程，它使用计算机辅助设计（Computer-Aided Design，CAD）程序来设计一条完整的船舶，允许船舶分成几大块来建造，最终入水前的最后建造阶段是在一个干船坞里将它们组装起来。该过程有别于传统的造船方式，传统造船方式中技术人员给船舱安装所有必要的设备之前，如发动机、电子设备、数英里长的电缆以及军械，整个船体必须完成。模块技术对船舱有标准化的要求，因此具有一定优势。首先，它可以加快造船过程，因为船舶的不同部分可同时在不同地点生产。其次，因为它使用了流水线方式，降低了成本。最后，它为工程师创造了更加安全的工作环境。

"倒置模块化结构"（Inverted Modular Construction）技术是在第二次世界大战期间发展起来的，它指这样一种流程，在船体完成之前，船舶的各个部分已在陆地上进行了组装和安置。这项技术在20世纪60年代晚期由英格尔斯（Ingalls）船厂采用。20世纪70年代，"宙斯盾驱逐舰拉梅奇号"（USS Ramage）是美国第一艘使用模块技术建造的军舰。船舶通过三个独立的船体和上层结构模块来建造。管道、风道系统和电缆以及机械和驱动装置，早已安装在每个船体上，然后将其组装成一个完整的船体。上层结构或甲板被安装到中间部分的模块上。尽管存在这些优势，采用模块造船技术并不容易。它要求相当大的空间，而且创建新的工作车间，也成本高昂。这项技术还必须有一部巨大的起重机来帮助拼接不同的超级模块。

后来，模块造船开始使用计算机辅助设计（CAD）和激光跟踪仪。通过使用激光跟踪仪，这些模块达到了生产中质量的高精确度，避免了去除传统多余材料的工序，并因此有助于在完工时达到更高、更均匀的一致性水平。在组装过程中，使用多个机器人全站仪可以实时跟踪模块并加快现有结构的对齐速度。如今，模块化造船已广泛应用于世界各地。

多年度采购（MULTIYEAR PROCUREMENT）

这是一种采购方式，涉及签订合同在一段延长的时间内交付装备。多年度采购合同有利于工业部门，因为它提供了相当的稳定性，同时也有利于客户，因为规模经济的原因使客户能以较低的单位价格获得装备。多年度采购也是回应长交期物品需求政策的一种特性，长交期物品鼓励采购当局提前就这些部件签订合同。这也有利于作战军种的规划工作，他们可以提前得知每年要接收的装备项目的数量。

附录1　主要国防工业及军火贸易相关术语

补偿贸易（OFFSETS）

补偿贸易指给予外国政府经济或其他方面的优惠条件，作为外国政府购买其武器装备资助的部分内容。它是协议购买价格的一部分，通过在购买国部分地区开展某种形式的经济活动得以补偿。补偿贸易往往被指定为销售的一个条件，并通常用购买成本价值的百分比表示。它们往往会提供经济收益，降低支付采购费用的净余额。补偿贸易分为直接补偿贸易和间接补偿贸易。"直接补偿贸易"（Direct Offsets）是客户获得的那些收益直接与所购买的装备有关，特别是对正在生产中或之后进入服役的装备项目，用购买或生产自采购国的零部件、子部件和服务来组合或提供，而这些武器装备是提供给购买国或其他购买者的装备。合作生产被采购的武器是直接补偿贸易的一种常见形式。"间接补偿贸易"（Indirect Offsets）指作为销售条件，客户获得的收益不直接与所购买的产品有关。这可能包括供给国购买商品、服务或物资。这有利于当地的工业和技术发展，如通过使工业部门参与研发，或在购买国建立毫无关联的生产设施而进行技术转移。比如通过建立研发或生产型外国子公司，武器供应商可利用补偿贸易来提升自己的利益。

作战评估（OPERATIONAL EVALUATION, OPEVAL）

作战评估[或"实战评估"（Field Evaluations）、"作战评价"（Operational Assessments）或"作战演示验证"（Operational Demonstrations）]是许多国家新武器装备进入服役之前所进行的测试。通常情况下，作战评估对进入生产阶段前或生产阶段早期的武器装备模型进行评估，事实上，直至军事行动成功结束，并被确认武器装备极有可能达到作战要求，才会批准进行大批量生产（Full-Rate Production）。也经常采取作战评估来确保在开始全面用于作战时，武器装备生产标准符合服役要求。

原始设备制造商（ORIGINAL EQUIPMENT MANUFACTURER, OEM）

原始设备制造商（OEM）没有单一定义。这个词可以用来指：首先，一家公司向另一家企业提供设备/产品用以再销售或合并到第二家企业的产品中，这

些产品将以转售经销商的品牌来出售。换句话说，原始设备制造商是指零部件的供应商。其次，原始设备制造商（OEM）可以指接受其他公司的零部件/产品，并使用自己的品牌将它们包括进来或转售的公司。第二种定义指转售经销商公司，目前这是最常见的原始设备制造商（OEM）定义。与原始设备制造商定义类似的其他术语是"增值转售经销商"（Value-Added Reseller, VAR）。原始设备制造商（OEM）通常用于电子和计算机行业。在国防领域中，迫于成本效益需要，公司会将其部分武器生产转包给其他防务公司或民用部门企业。一些小型防务企业作为增值转售经销商在竞争激烈的部门中占据了一席之地。例如，新加坡的新科工程（Singapore's ST Engineering）进口印度尼西亚泛达（Pentad）集团的弹药，进行重新包装并以更高的质量转售出去，获得了不同的价格。

私人主动融资（PRIVATE FINANCE INITIATIVE, PFI）

私人主动融资是一些国家的政府采购武器装备时遇到传统采办过程中资金不足的情况时所采用的一种创新方法，它出现在20世纪90年代。私人主动融资并非全部所需资金，而是其中的一部分由私营部门的合作伙伴提供。它可采取多种形式，包括租赁或由私人企业运行，并可在长期采用。这种方法在英国发展得最好，在其他地方也被使用。从广义上看，与"公私合作伙伴关系"（Public Private Partnership, PPP）很类似。这涉及政府实体和私营部门在开发或生产武器上的合作，一些国家采用公私合作伙伴关系作为发展本国国防工业能力的一种手段，在许多采用这种方式的国家中，私营部门的参与者都是从属的合作伙伴。这构成了允许政府保留对项目整体控制权的一种途径，这是一个重要考虑，因为政治当局不愿意过多依靠私营部门。"公私合作倡议"（Public-Private Initiative, PPI）也是类似的概念。

生产空白（期）（PRODUCTION GAP）

"生产空白（期）"这个词是指这样一种情况，它发生在一种装备项目生产结束与另一种装备项目进入生产间存在明显中断的时候。从国内生产基础的可持续性角度讲，这是一个重要问题，既由于工业部门的经济可行性，也由于需要保持大量关键的专业知识，后一种考虑在高科技工业部门尤为敏感。在一些情况

附录1　主要国防工业及军火贸易相关术语

下,对生产空白(期)的考虑会导致采购当局拖长生产项目,以填补任何潜在的空白(期),生产空白(期)与保持"热生产线"能力是高度互补的。

产业化（PRODUCTIONIZATION）

产业化是修改武器装备设计,以使得它适合于大规模生产。尽管从武器装备设计开始时就可以考虑这一因素,但在很多情况下,在装备开发的相对靠后阶段才采用产业化,这可能会导致成本增加并延迟进入服役的时间。随着人们对实施"产能激增"能力越来越关注,赋予产业化的重要性也在增加,这在很多国家引起了在开发周期更为早期阶段进行产业化这一问题的关注。

产能激增（PRODUCTION SURGE）

"产能激增"这个词是指在相对短的时间内提高生产速度的能力。在发生冲突或国家间紧张程度提升时,这种能力非常可贵。对"长交期物品"的需求使得以这种方式加速武器生产复杂化了,特别是对技术更为密集的先进武器,而且跨国工业一体化的加深在很多情况下会引起国防工业基础的重要部门向海外转移,这也使加速武器生产变得复杂。这在一些国家激发了保持"热生产线"的努力,并在一些情况下迫使采购当局认真考虑国内国防工业的构成,包括涉及外国公司的兼并和收购等。

信息征询（REQUEST FOR INFORMATION，RFI）

这是一个在采购项目中使用的相对非正式的机制。由未来可能的客户向工业部门在采购项目开始前发出信息征询,目的是要确定可能会获得什么样的装备来满足其需求,以及哪些公司可能有意向竞标。在一些情况下,会广泛地发出信息征询,也可能向选定的企业发出。有时,会向外国政府发出信息征询,这在应对本国国防工业时是一个更为有效的方法。它也可以用来帮助定义武器装备要求,辨别出有希望在目前或未来装备项目中所使用的技术。信息征询通常概述了潜在的装备要求,并征求那些具有潜在生产能力,能够满足这些要求的企业的反馈意见,包括它们能提供这些装备的候选系统和时间表。许多国家的采购当局根据来

自信息征询的回应，形成其"方案征询"，这使得他们能针对特定企业发出这些方案征询。

方案征询（REQUEST FOR PROPOSALS，RFP）

方案征询比"信息征询"更为正式，它邀请公司参与竞标，就满足一项采购的要求提交其产品的详细资料。在一些情况下，这些出价可作为合同金额的基础，并在某些时候构成一个中间阶段，缩小潜在竞标者范围。一些国家采用"报价或估价征询"（Request for Quotes or Quotations，RfQ）和"投标征询"（Request for Tenders，RfT）向工业部门询价，是基本类似的做法。

精明采办/采购（SMART ACQUISITION/PROCUREMENT）

精明采办/采购是一种方式，它可能包括增强对合同的竞争、公私合作伙伴关系、"私人主动融资"和支持私人与公共部门间更大程度协同合作的其他策略。其目标是确保采购项目按时、按预算进行，并减少全寿命保障成本。以英国为例，这包括了在采购项目早期投入更多努力确保项目顺利进行。一个非常接近的相关术语是"快速采办"（Rapid Acquisition），它用于旨在缩短武器开发时间的行动，尤其是有紧急作战需求的情况。快速采购策略通常会涉及规避正常采办程序的努力，这些例子包括美国的"快速部署行动"（Rapid Fielding Initiative，RFI）和英国采购当局使用的"紧急作战需求"（Urgent Operation Requirement，UOR）计划，都是为了快速部署新的或已升级武器装备以满足紧急作战需求。由于开发成本和开发时间攀升，政府发现自己难以强制实现其采购目标，精明采办和采购就变得更为重要。很多情况下，这促使人们重新关注与其他国家合作开发和生产武器，并促使采购当局重新定义他们与工业部门进行交易的方式。

特别进入计划（SPECIAL ACCESS PROGRAM，SAP）

"特别进入计划"这个词应用在美国采用的一些计划上，由于其敏感性，它们不受国防部和国会一般水平的监管。它们通常被称为"黑箱计划"（Black Programs），尽管这个称呼只有用在未对外宣布的特别进入计划上时才是准确的，它

们被认为太过敏感，即使它们的存在都不能公之于众。特别进入计划是它们的公开名称，特别进入计划的详细信息只向美国国防部和国会提供，所涉及的个人和机构要尽可能少。这里，人们感兴趣的特别进入计划形式是"采办特别进入计划"（AQ-SAP），其中包括装备开发和采购。采购计划可以转化为特别进入计划，包括通过一个"预设特别进入计划"这样的阶段，而它已被正式考虑被赋予这样的地位，且在开发完成后，或为了使某些技术可供其他采购计划使用，特别进入计划可以被全部或部分解密。这种方法为重要的研发及生产计划提供了高级别的安全性，但代价是研究工作无法相互结合。这种方法尤其限制了研发跨国合作的范围，尽管在某些特定情况下，受到信任的外国合作伙伴，如英国，参与这些计划。①

战略联盟（STRATEGIC ALLIANCE）

战略联盟是在两个或多个相互独立的企业之间形成的一种合作形式，它们为了特定的商业计划协调其资源，但无须合并或创建新的单一实体。它介于公司开展自己所拥有的业务与合并业务之间。与合营不同，参与战略联盟各合作方之间的关系是非股权投资型、非正式且是通过签署附有终止期合同形成的。战略联盟在实现中有许多种形式，如技术转让协议、联合开发产品、营销和促销合作等。联盟可以是一次性活动，或集中于业务中的一项议题上，或共同开发一种新产品。建立战略联盟的基本原因是可为企业获取竞争优势，甚至相互竞争的企业也会建立战略联盟以获取它带来的好处，一家公司可以与不同的企业形成几个战略联盟。

在国防领域中，国际战略联盟可被定义为两个或多个国家之间的一种松散的工业布局，以分享信息或研究未来可能的合作生产或联合开发。战略联盟的例子有英国宇航系统公司（BAE）和法国达索公司（Dassault）对未来攻击机进行联合防御研究所形成的战略联盟。1996年，英国和法国政府签署了一项谅解备忘录，其中双方就一项价值5800万美元的对未来攻击性航空系统的联合可行性研究达成一致。该联盟被英国-德国-意大利-西班牙的欧洲战斗机2000以及法

---

① Bill Sweetman, "In Search of the Pentagon's Billion Dollar Hidden Budgets", *Jane's International Defence Review* 33, No. 1 (2000): 24~32.

国"阵风"战斗机之间破坏两种战机出口潜力的竞争超越了。这种竞争使人们认识到欧洲只需要在未来战斗机上的单一战机合作计划，因为他无法负担继续拥有两个或更多相互竞争的战斗机计划。

供应商等级（SUPPLIER TIERS）

供应商等级是用来定义全球国防工业结构的一种被广泛使用的方法。按照各国与武器开发和生产相关的能力及向其他国家供给武器来分类。通常这样描述这种结构："第一等级供应商"，他们位于尖端技术创新前沿，也具备全面的生产能力；"第二等级供应商"，他们能够生产先进武器，但按照本身需要进行设计的能力有限；"第三等级供应商"，他们拥有更有限的生产能力，而不能参与创新。这是一种相对粗糙的考察国防工业化和分析武器转让趋势的方法，但如果需要分析不同国家为全球国防工业图景所做贡献在当前的重要差异，这种方法是相当有用的。①

技术演示验证（或演示验证产品）(TECHNOLOGY DEMONSTRATION, OR DEMONSTRATOR, TD)

技术演示验证是对支持一项采购项目的新技术能力进行演示。许多国家的采购当局使用技术演示验证作为一种帮助确定装备，特别是先进武器装备要求的方法，也是一种降低与开发这些武器相关风险的一种手段。考察中的这些装备模型被称为"技术演示验证产品"，它们接受大量测试以证明其能力，并明确进一步发展的领域。在一些情况下，技术演示验证是作为在相互竞争的未来开发设计中进行选择的一种手段来使用的。许多企业还利用技术演示验证作为向潜在客户，包括出口客户，展示自己能力的一种方式。出于这个原因，许多企业资助公司演示验证产品。

---

① Krause, Arms and the State, 27~32.

附录1　主要国防工业及军火贸易相关术语

技术保护（TECHNOLOGY SAFEGUARDS）

技术保护有时也被称为"长城"（Chinese Wall），其旨在防止工业合作伙伴可使用的技术向外、无控制地扩散。由于企业间的工业联系已经扩展，在开发和生产先进武器的过程中，企业通过"产业联盟"（Industrial Alliances）寻求与海外有能力的伙伴进行合作，技术保护这个问题变得越来越重要。技术保护可以表现为在合作协议中限制使用所提供技术的权限，这包括：限定采用这些技术的生产设备的物理使用权限，以及要求公司采取内部防火墙制度，以限制不同生产设备和子部门一起工作的范围。

技术民族主义（TECHNO-NATIONALISM）

技术民族主义（Techno-Nationalism），或技术的民族主义指这样一种观念：国家应通过一系列政策，即政府采购政策，来保留、控制并支持战略性技术行业。这些政策包括优先采购本国技术含量高的产品、进口限制、出口补贴、研究和开发、提供担保、保护知识产权、控制外国直接投资等。依据这样的理念，政府对国内企业给予过度的扶持是在它们独立面对国际市场残酷竞争之前，发展并加强弱小战略性企业竞争力的战略考虑。

技术民族主义已成为国家工业发展政策的一部分，发展中国家通常把自给自足作为目标，这是一种增强民族自豪感的方法，而且是能使一国转型为拥有更尖端高技术社会，或达到与发达国家同样技术水平的一种确定方式。技术民族主义激发一国强力启动高技术开发，并提高国家竞争力。尽管如此，作为一种理念，技术民族主义被批评为是虚浮的，以及具有误导性。此外，技术民族主义作为评判在战略部门使用巨大资源是否恰当的一种理念，并不总是符合一个国家大多数人的利益。

在国防领域中，技术民族主义是那些希望在武器供给方面自给自足的发展中国家的主流意识。但随着防务全球化现象日益增多，任何国家保留对技术的控制权都是非常困难的。"技术全球主义"（Techno-Globalism）正淡化着技术民族主义，技术全球主义被定义为这样的观点，即所有国家都应当联手并在开发关键技术上进行合作。现在，出现了另一个词语——新技术民族主义（Neo-Techno-Nationalism），

提供了解决这一问题的第三种方式。它指的是通过私营和国外机构参与以及支持国际合作，扩大政府对促进本地技术创新的承诺范围这样一种观点。

终身支持（THROUGH-LIFE SUPPORT）

也被称为"终身客户支持"（Through-Life Customer Support）和"全寿命支持"（Whole-Life Support），这是一种服役装备支持的综合方案。它在长期内支持各种需要，有时被称作"生命周期成本"（Lifecycle Cost），它涵盖了未来的修改和升级，以及在装备服役期内预期的维护成本，还包括装备的采购成本。它提供了一种尽管仍是初步的，但是更为真实的成本估算方法，并促使采办当局和装备使用者考虑成功使用装备的长期要求。随着采购成本的增长，这意味着一般情况下武器服役期要比之前更长久，而且在很多情况下，远远超过了最初设计的装备寿命，这使得这种方法更受欢迎。

交钥匙工程（TURNKEY PROJECT）

交钥匙工程是指为一国建设生产设备，之后由这个国家来使用这些设备。这是向不发达国家进行国际军火转让的一个主要特征，同时也是这些国家尝试发展其国防工业能力的一种途径。尽管这种方法可以相对快速地获取国防工业生产能力，但往往会带来丧失长期持续发展能力的代价，因为设备来自外部供应商，在缺少国外支持的情况下，往往缺少足够的本国工业基础对其提供支持。因此，这些生产设备可能很快被淘汰或者因缺少持续的外部支持而彻底停止运转，这就几乎无法阻止外国政府通过军火转让获取利益了。

用户组（USER COMMUNITY GROUP）

用户组是由使用一种特定装备类型的国家形成的。这些用户组在一个合作性的论坛上讨论共同感兴趣的使用和技术问题，分享使用经验，并提出能更好地支持和改良装备的建议，这被视为保障装备的一种颇具价值的方法。这种方法的一个例子是"鹰狮"（Gripen）战斗机用户组，它包括匈牙利、南非和瑞典，所有这些成员都使用了瑞典生产的鹰狮战斗机。鹰狮战斗机用户组不仅支持了服役中的鹰狮战

斗机，还有意鼓励这种战斗机的操作者做出反馈，这给生产者提供了帮助。

武器化（WEAPONIZATION）

武器化过程是让商业型装备通过改装满足国防使用者的要求。武器化可能包括的方法为：强化装备以便在装备装甲车和军用标准通信系统的战场条件下经受住实战考验。对于成功利用潜在"商用现货"装备，武器化通常是必需的，它是关注于此的政府会采取的一种方式，或是当企业试图开发产品满足潜在客户需求时企业会采取的一种方式。

附录2　与国防工业及军火贸易相关的组织、协会、立法和倡议

居里·马赫拉尼

欧洲航空航天和国防工业协会（AEROSPACE AND DEFENSE INDUSTRIES ASSOCIATION OF EUROPE，ASD）

欧洲航空航天和国防工业协会成立于2004年，由欧洲航空航天工业协会（Europe Association of Aerospace Industries，AECMA）、欧洲国防工业集团（European Defense Industries Group，EDIG）和欧洲航天工业联合会（Organization of Emerging Space Industry，EUROSPACE）合并而成。该组织代表着欧洲各国所共同关注的领先的航空、航天、国防和安全工业部门，其目的是促进和支持航空航天部门的竞争性发展。在需要处理欧洲层面或意见一致的具有跨国特征的相关事务时，欧洲航空航天和国防工业协会采取联合工业行动，并形成共同的工业地位，欧洲航空航天和国防工业协会的秘书处设在布鲁塞尔。

该组织的成员是来自欧洲20个国家的30个国家贸易协会，他们代表着2000多家公司，以及与之相关的8万多家中小型供应商。从价值量和重要性来看，该组织所代表的行业其员工人数超过了60万多名，在2007年的营业额达到1322亿欧元（1750亿美元）。

欧洲航空航天和国防工业协会至少承担四项任务：代表欧洲工业部门的利益；为工业部门和利益相关者之间提供单一的联系点；促进竞争性供应链的发展；协调欧洲层面的活动，例如研究和技术（R&T）、环境、标准化、培训及适航性，以及促进国际合作等。该组织的作用不仅限于民用航空领域，也与国防航

空领域相关。例如,欧洲航空航天和国防工业协会支持欧洲防务局(European Defense Agency)的国防采购行为准则,并鼓励欧洲国家为国防工业创造更多订单。

欧洲航空航天和国防工业协会的组织结构包括会员大会、理事会和董事会,会员大会由理事会和董事会共同参加。理事会由主要成员公司的主席或执行总裁组成,这些公司包括空中客车公司(Airbus SAS)、英国宇航系统公司(BAE)、欧洲宇航防务集团(EADS)、泰利斯(Thales)和萨博(Saab)。董事会包括各国家协会的主席,理事会的责任是确立一般性政策,董事会负责管理组织,秘书长在五位董事的协助下处理工作。欧洲航空航天和国防工业协会设有涉及对外事务、装备/中小型企业、航空运输、作战、研究与技术、安全、国防及太空领域的八个委员会,几个工作组为这些委员会提供支持。

欧洲航空航天和国防工业协会管理的项目范围广泛,包括民用航空(国际项目)、研究和技术[欧洲航天研究咨询委员会(Advisory Council for Aeronautics Research, ACARE)]、航空运输[蔚蓝天空(Clean Sky)]和安全[欧洲技术研究安全网络(Security Network for Technological Research in Europe, SETRAS)和重要基础设施网络的安全转型战略(Security Transition Strategy for Critical Infrastructure Networks, SeNTRE)]。欧洲航空航天和国防工业协会的扩展项目有欧盟委员会(European Commission)和航空航天业,以及其他国家和地区,如中国、印度、南亚和东南亚之间的民用航空项目,其中欧洲航空航天和国防工业协会向欧盟委员会负责,承担项目的管理和实施工作。欧洲航空航天和国防工业协会在一些重要问题上,如出口管制现代化、飞机认证等方面,与美国航空航天工业协会(Aerospace Industries Association, AIA)保持沟通。

欧洲航空航天和国防工业协会的项目之一是参加由欧洲议会(Europe Parliament)于2007年通过的"蔚蓝天空"联合技术行动(Clean Sky Joint Technology Initiative)。迄今为止,它是欧洲最大的联合研究项目,在为期7年的项目期内费用达16亿欧元(23亿美元)。这项计划旨在开发更清洁和更安静的飞机,减少排放量,具有绿色产品生命周期,项目预算由欧盟委员会和工业部门平均承担,用于下一代飞机的技术攻关,该项目由欧洲航空航天和国防工业协会的研究与技术部门和航空运输委员会共同管理。

网址:http://www.asd-europe.org

航空航天工业协会（AEROSPACE INDUSTRIES ASSOCIATION，AIA）

1919 年成立了美国航空航天工业协会的前身航空行业商会（The Aeronautical Chamber of Commerce，ACCA）。1956 年该组织更名为航空航天工业协会。航空航天工业协会是美国航空航天、防务和国土安全行业的领袖，代表了美国民用、军用和商用飞机、直升机、无人机、空间系统、飞机发动机、导弹、物资、相关零部件、设备、服务和信息技术制造商和供应商主体。它的任务影响着公共政策，以确保美国在航空航天、防务和国土安全行业中保持领先地位，使其成员在不断变化的全球市场中取得成功并获益。

美国航空航天工业协会的总部设在弗吉尼亚州阿灵顿，成员有 100 多家航空航天和防务公司，其中的大公司包括如波音（Boeing）、洛克希德·马丁（Lockheed Martin）、诺斯罗普·格鲁曼（Northrop Grumman）和雷神（Raytheon），甚至还包括在美国设立子公司的外国航空航天和防务企业，如达索（Dassault）、巴西航空工业公司（Embraer）和劳斯莱斯（Rolls-Royce）。另外，该组织拥有 170 多个准成员，他们是参与航空航天生产的中小型供应商。美国航空航天工业协会的组织结构包括一个理事会和一个执行委员会。理事会是最高权力机构，由成员公司的高级代表组成，每年召开两次会议。该组织有八个部门，包括采购政策部门、民用航空部门和航天系统部门。

网址：http://www.aia-aerospace.org

欧洲防务局（EUROPEAN DEFENSE AGENCY，EDA）

欧洲防务局是欧盟的机构之一，在欧盟部长理事会（EU Council of Ministers）的联合管理下，于 2004 年 7 月 12 日成立。成立该机构的目的是支持欧盟和欧洲理事会成员国努力提高危机管理领域中的欧洲防务能力，并维护欧洲安全和防务政策（European Security and Defense Policy）。欧洲防务局总部设在布鲁塞尔，2009 年该机构有 27 个成员国参加。

欧洲防务局受欧洲理事会的直接指挥和管理，并向其汇报。但欧洲防务局的最高力量实体是指导委员会（Steering Board），所有成员国的国防部长每年至少两次聚在一起并召开会议，为机构运行制定详细的指南。此外，指导委员会还会

召开国家装备主管、国家研究主管、国家能力规划主管和政策主管这些级别的其他会议。在指导委员会下，设有一名局长、两名副局长（战略与作战）及四名署长，主要负责生产、装备、研究和技术、产业、市场、企业和服务。该组织还设有两个支持部门：媒体与通信部门和规划与政策部门。

欧洲防务局的任务包括：确定和完成欧洲安全与防务政策（European Security and Defense Policy，ESDP）的能力需求，通过合作促进欧洲与防务相关的研究和技术（R&T）发展，促进欧洲在国防装备方面的合作，以及为欧洲防务装备建立国际化的竞争市场做好准备。在成立后短短几年内，欧洲防务局在政策和行动方面已取得了重大成果，并因此在获得的年度预算上有了显著增长，从2007年的2200万欧元（3140万美元）增加到2008年的3200万欧元（4560万美元）。

欧洲防务局最伟大的成就之一是政府间国防采购制度（Intergovernmental Regime in Defense Procurement）及其相关的国防采购行为准则，它于2006年7月1日正式实施，这也符合供应链中的最佳实践准则（Code of Best Practices in the Supply Chain）。根据这条准则，成员国必须通过从开始就设定透明和客观的标准来选择竞标者并授予合同，以及通过一种新型、易懂的电子公告板公示所有价值量超过100万欧元（140万美元）的采购合同机会，为所有供应商提供公平和平等的机会。欧洲防务局的其他成果有，通过一项无人机路线图的研究，阐明了使它们在普通空中航道进行侧边飞行的挑战。欧洲防务局的最新成就是在2008年年底就自愿性补偿贸易行为准则（Voluntary Code of Conduct on Offsets）达成了一致。

欧洲防务局也为欧洲国防研究与技术联合战略做出了贡献，例如，保护部队联合投资项目（Joint Investment Program on Force Protection，JIP-FP）。该合作项目牵扯到20个欧洲国家，预算达5493万欧元（7800万美元），它以保护欧盟武装部队抵御传统威胁，如狙击手、饵雷和路边炸弹的技术为重点。最新的研究与技术项目是一项联合研究行动，它针对可能在战场上造成破坏性影响的新技术。该计划为期两年，有11个成员国参与，预算为1558万欧元（2270万美元）。

网址：http://www.eda.europa.eu

欧洲空间局（EUROPEAN SPACE AGENCY，ESA）

欧洲空间局成立于1975年，由欧洲航天器发射装置研制组织（European

Launch Development Organisation，ELDO）和欧洲空间研究组织（European Space Research Organisation，ESRO）合并成立。欧洲空间局总部设在巴黎，它是欧洲通往太空领域的大门。欧洲空间局并不是欧盟中的一个机构，与欧盟没有任何组织上的联系。它的任务是发展欧洲的太空能力，并确保在太空计划上的投资会持续为欧洲及全世界人民带来福祉。

从10个成员国开始，欧洲空间局现在拥有18个成员国参加，包括德国、法国、英国和西班牙，捷克共和国于2008年11月最新加入。2008年欧洲空间局的预算高达30.28亿欧元（43亿美元），工作人员达2043名。欧洲空间局的强制性活动（空间科学项目和一般性预算）由该机构成员国的财政支出资助，按照每个国家的国民生产总值来计算。此外，欧洲空间局还会开展许多可选项目，每个成员国都可选择参加并决定资助额度。

该机构的管理实体是理事会，由欧洲空间局成员国的高层代表组成，它负责建立"欧洲空间规划"（European Space Plan）并确保获得长期资金支持。每个成员国在理事会中拥有一个投票权，由各国负责太空活动部门的代表来行使。代表级别的理事会会议每三个月举行一次，部长级别的会议每两年或三年举行一次。欧洲空间局设有9个项目委员会，包括地球观测项目、科学项目以及欧盟和产业项目。欧洲空间局在布鲁塞尔（主要负责处理与欧盟关系）、美国和俄罗斯设有多个联络处，并在法属圭亚那建立了发射基地和全球范围的地面/跟踪站。该机构在德国、西班牙、意大利和荷兰设有办事处，每一个负责管理太空项目的不同业务领域，如宇航员、天文学、太空作战、对地观测和研究与技术。

自成立以来，欧洲空间局已成功发射多个航空项目，如1975年的COS-B型（监测宇宙中伽马射线放射量的卫星）。2005年欧洲空间局的"惠更斯"（Huygens）探测土星最大卫星的任务是人类首次在太阳系之外登陆卫星。欧洲空间局与美国国家航空航天局合作，如发射了IUE（世界上第一个高轨道望远镜）、太阳和太阳风层探测器（SOHO）、尤利西斯（Ulysses）和哈勃太空望远镜（Hubble Space Telescope）。欧洲空间局目前位于商用太空发射的最前沿，有各种成功的项目，如发射了阿丽亚娜（Ariane）系列火箭。

欧洲空间局的最新成果之一是在2007年签署了《欧洲空间政策》（European Space Policy），这标志着欧洲空间局与单个欧盟成员国之间建立了新的合作方式。该政策阐明了确保太空项目获得持续资金支持的重要性，并将太空视为一个

战略部门，它被认为是欧洲空间计划（European Space Program）的基石，在该计划中欧洲空间局成为欧盟的重要合作伙伴。

网址：http://www.esa.int/esaCP/index.html

欧盟武器出口行为准则（EUROPEAN UNION CODE OF CONDUCT ON ARMS EXPORTS）

欧盟（European Union，UN）武器出口行为准则于1998年起实施，它是多个欧洲非政府组织（NGO）和欧盟长期努力的结果。该准则建立的基础是1992年采用的共同准则［它建立了专家组即常规武器工作组（Committee Armaments，COARM）］和共同外交与安全政策（Common Foreign and Security Policy，CFSP）。除了为协调武器出口许可政策提供基础之外，欧盟成员国对该准则的解释存有差异，以致削弱了执行的力度，导致武器出口中的不和谐。在经过非政府组织和英国在欧盟强烈游说后，常规武器工作组最终就准则草案达成一致，它是一种不具法律约束力的理事会声明。

该准则的目的是"建立一个高度共同的标准，它应当成为所有欧盟成员国进行常规武器转让时最低程度的管理和约束"。2000年6月，在瓦森纳协定（Wassenaar Arrangement）的基础上，成员国采用了共同的符合准则要求的军事装备清单。该行为准则包括序言、签发或否决出口许可的标准，以及执行条款三个部分。序言认定武器出口国由于武器转让而对武装冲突、人权和发展带来影响的责任，但同时认为成员国有权保留国防工业作为其国防工业基础的一部分。

签发或否决出口许可的条件如下：第一，考虑到欧盟的国际承诺，例如，联合国安理会或欧洲共同体实施的制裁、武器扩散协议、军火控制体制等，一项出口许可可能被否决。第二，成员国应当评估进口国的人权状况，包括出于内部镇压，以及由接受国转移给其他最终使用者用于内部镇压而滥用武器的可能性。第三，如果出口许可将会延长进口国武装冲突的时间或加剧紧张局势，则它应被否决。第四，如果存在出口的武器项目被接受国用于针对另一国提出领土主张的风险，一项出口许可不应被签发。第五，成员国应考虑出口的武器项目对自己、友邦及盟国安全利益的风险，不能破坏人权和地区和平。第六，成员国应考虑到购买国对国际社会、人道主义法律、武器控制和裁军协议，以及恐怖主义和国际有组织犯罪所采取的行为。第七，成员国应评估技术能力、

出口物品的合法使用，以及出口管制对接受国的影响。第八，成员国应评估接受国武器、技术和经济能力之间的相容性，确保进口是合法的，并不会损害接受国的可持续发展。

根据这些条款，成员国每年会秘密发布包含本国武器出口及准则执行情况的年度报告。只要成员国否决了一项武器出口许可，它就应当报告，其他成员国如果在三年内接到类似的被否决的申请，在做出签发还是否决新出口许可之前，它应向第一个国家进行咨询。如果出现了不同的决定，签发国必须通知之前否决申请的国家做出决定的原因。

网址：http://www.ec.europa.eu/external_relations/cfsp/sanctions/codeofconduct.pdf

防务剩余品（EXCESS DEFENSE ARTICLES，EDA）

在1961年的《对外援助法案》（*Foreign Assistance Act*）中，将"防务剩余品"定义为：

> 美国政府所拥有的防务物品（除建筑设备，包括拖拉机、铲运机、装载机、平地机、推土机、自卸卡车、发电机和压缩机外）的数量，不是为了满足军事援助或销售要求，或根据军事要求或销售订单得到的，它们超过了获准的武器采购目标（Approved Force Acquisition Objective）以及防御领域所有部门获准的武器保留量（Approved Force Retention Stock of All Department of Defense Components），在这时，供给部门应在法案的规定下通过向其他国家或国际组织转移来减少库存。[修订后的1961年《美国对外援助法案》第644（g）条，摘自美国国防合作安全局网站：http://www.dsca.mil/programs/eda/progdef.htm。]

在军事部门（Military Department）及国防再利用和市场营销服务部门（Defense Reutilization and Marketing Service，DRMS）中都可以找到防务剩余品。军事部门确定过剩物品，调查潜在接受国需求，并向防务剩余品协调委员会（EDA Coordinating Committee）提供对剩余品分配的建议。该协调委员会由美国国防安全合作局（Defense Security Cooperation Agency）和美国国务院（Department of State）/政治军事事务局地区安全和武器转让办公室（PM-RSAT, Bureau of Political-Military Affairs Office of Regional Security and Arms Transfer），以及来自商务

部（Department of Commerce）和国防部区域和功能政策办公室的代表共同领导，该委员会被授权分配剩余品。

基于"现状就地"条款，防务剩余品以减价或免费的形式提供给合格的外国接受国。接受国通常要承担包装、搬运和运输成本，以及任何恢复性工作和后续支持费用，这可通过国防部对外军售（FMS）项目来购买。修订后的1961年《对外援助法案》第516章批准了向其他国家转让致命和非致命防务剩余品，接受这些物品的国家必须向国会证明在该财年这项武器转让是获准的。防务剩余品还可在由《武器出口管制法案》（Arms Export Control Act，AECA）许可下的正式对外军售系统下出售给其他国家。在出售防务剩余品时，价格用最初采购价格的百分比来表示，该比例取决于物品的年龄和使用情况，在最初采购价格的5%~50%之间变动。这些物品的转让要在年度《海外业务和拨款法案》（Foreign Operation and Appropriation Act）第525条下进行汇报，并要作为系统中的转让体现在第546条中。

国外对比测试计划（FOREIGN COMPARATIVE TEST PROGRAM，FCT）

国外对比测试计划使美国可以测试来自其盟国和其他友好国家的装备和技术，这些国家具有较高的技术准备水平（TRL），这样可以更快速和经济地满足现实国防需求。该计划是在1990年的《国防部授权法案》（DoD Authorization Act）、20世纪80年代的外国武器评估（Foreign Weapon Evaluation，FWE）计划和北约对比测试（NATO Comparative Testing，NCT）计划下建立的，而《国防部授权法案》加强了20世纪70年代对外国武器测试的单个军事组成计划。国外对比测试计划的目的是提高美国士兵作战能力，并通过快速部署高质量军事装备来降低开支，消除不必要的重复研究、开发、测试和评估，降低生命周期或采购成本，加强标准化和互通性。通过获准可替代的采购来源来促进竞争，以及改善美国的军事工业基础。

国外对比测试计划一直由国防部（负责采办、技术和物流）副部长办公室（Office of the Under Secretary of Defense）下属的对比测试办公室（Comparative Testing Office，CTO）进行管理，该办公室还资助外国计划的测试和评估。国防部政府计划办公室（DoD Government Program Office）下的一个资助机构提出需要被测试的外国计划是否符合美国军方要求。如果该计划通过了测试，军队就会进行采购。这些外国计划大多数来自英国、德国和法国,以及诸如以色列这样的较小国家。

美国政府已从国外对比测试计划中获益。首先,1980~2007年,国外对比测试计划协助促进了美国和其盟国在国防计划上的互惠支出。总共有567个计划得到了资助,其中266个成功达到了资助者的要求。大约70%的成功计划(189个)成了采购项目,价值超过81.7亿美元。其次,该计划通过避免研发成本、降低采购成本、减少大型采购计划风险,并加速部署对美国作战部队战备状态和安全至关重要的武器装备,大大节约了开支。自从1980年该计划运行开始,在研究、开发、测试和评估(RDT&E)方面节约了70亿美元的开支。

对外军售(FOREIGN MILITARY SALES,FMS)/直接商业销售(DIRECT COMMERCIAL SALES,DCS)

对外军售计划是关于美国向其他主权国家和国际组织转让防务物品、服务和训练的一项政府计划。对外军售有多种不同的支付方式,它们可通过外国的国家基金、美国政府的援助项目或美国政府提供担保的方式得到资助。对外军售的好处包括:第一,美国政府强调合同采用总包方式。这意味着一项正式的对外军售要购买一个大型系列,包括培训、零部件和在最初几年维持系统运作所必需的其他支持。直接商业销售合同在最初定价时可能包括或不包括这些。第二,一项对外军售通常会从规模经济中受益,并丰富美国政府关于这个系统的经验。第三,加入一项重要的对外军售计划也意味着将与美军开始一段长期关系,其中包括获得联合训练和理念,以及可能提高未来在国外联合作战中的互通性。

有两种通过对外军售进行采购的途径:第一种是通过政府,第二种是通过直接商业销售。在第一种方式下,美国政府代表国外客户采购国防物品。美国总统确定有资格接受对外军售的国家和国际组织。国务院将逐一对单个项目提出建议并授权批准。国防安全合作局为国防部管理对外军售计划。国防部在为国外客户采购国防物品和服务时使用的采购程序与满足自己军事需求的采购程序相同。最近国防联邦采购管制政策发生了变化,为允许外国政府适当参与对外军售合约谈判敞开了大门。一般来说,这些政府与政府间的采购协议往往确保了美国武装力量的标准化。提供的合同管理服务无法通过私营部门获得,通过将对外军售客户采购与国防部的采购合并在一起,有助于降低单位成本。

在直接商业销售计划下,允许其他国家直接与美国公司签订合同。直接商

业销售允许外国客户在合同谈判期间有更多的直接参与，还允许企业采用固定价格，它更适合于满足非标准化的需求。直接商业销售需要得到国务院、美国国会以及适用的美国出口法律和法规获准。如果对于购买国防物品、服务、设计及建设服务，在国防安全合作局进行个案审查后得到了批准，对外军事资助（Foreign Military Financing，FMF）可以用来资助直接商业销售。直接商业销售的融资要在会计总署（General Accounting Office）、国防部总检察长、司法部和国会的审查和监督下进行。《安全援助管理手册》（Security Assistance Management Manual，SAMM）、国防部5105.38-M文件及其指南解释了国防部关于在美国工业部门和其他国家之间采用直接商业销售的对外军售方式政策和流程。

导弹技术控制制度（MISSILE TECHNOLOGY CONTROL REGIME，MTCR）

导弹技术控制制度始创于1987年，用于阻止核能力传输系统的扩散。这是一个非正式的、自愿性的国家协会，其目的是限制以下武器和技术的扩散：导弹、完备火箭系统、无人机，以及那些能负载500公斤（1100磅）且飞行至少300公里（186英里）系统和输送大规模杀伤性武器（WMD）系统的相关技术，通过协调国家出口许可的努力可以实施这些限制活动。开始有7个成员国（加拿大、法国、德国、意大利、日本、英国和美国），目前有34个伙伴国加入了导弹技术控制制度，其中包括俄罗斯、乌克兰、韩国和阿根廷。

导弹技术控制制度没有秘书处，但每年轮流在参与国召开会议，且每月会在巴黎举行期间磋商会议，后者通过联络点（Point of Contact，POC）即法国外交部举办。其他会议包括：技术专家会议、信息交流会议和执法专家会议，这些会议都是临时召开的。自成立以来，导弹技术控制制度已同非伙伴国一起实施了一些延伸项目，例如通过了无弹道导弹区域和导弹飞行测试禁令，这些区域性方法防止导弹扩散。最伟大的成就之一是《海牙行为准则》（The Hague Code of Conduct）（于2002年推出），这是第一个旨在推进全球导弹不扩散计划的多边安排。这个准则采取公开、自愿的形式，已有110个签约国，它用于补充导弹技术控制制度。

导弹技术控制制度运行的基础是所有成员国都应采用共同的出口政策准则，它们适用于一个共同的采购项目清单。这些准则是导弹技术控制制度准则以及设备、软件和技术附件规定。尽管这些准则"明确了导弹技术控制制度的目标，

提供了总体结构和规范来引导成员国和单方面遵守导弹技术控制制度准则",但它们不能试图阻碍没有致力于输送大规模杀伤性武器的太空项目。与其他出口管制机制一样,批准或否决一项出口许可的最终决定权留给了各成员国,并要接受个案的逐一审查。

1994年该制度对许可否决采取了一项无削弱政策,这意味着没有一个成员国可对已被其他成员国否决许可的一项物品签发出口许可。

导弹技术控制制度附件提供了其所使用术语的定义,例如"软件"、"技术"、"援助"等。附件由两个类目组成:类目Ⅰ和类目Ⅱ。类目Ⅰ指的是最为敏感的装备和技术,亦即完备火箭系统或无人机(UAV)系统,它们能够负载至少500公斤(1100磅),射程至少达到300公里(186英里)。这一类目中物品的转让是被禁止的。但它在极少数情况下是可获准的,即如果出口国和接受国可以提供足够的保证,确保这些装备仅仅由接受国用于可接受的目的,并不会再次转让。类目Ⅱ包括有助于建造导弹或能够携带大规模杀伤性武器系统的设备和技术,例如推进器组件和设备、推进剂、化学和推进剂产品、航空电子设备、发射系统等。这个类目下设备和技术的转让需要个案逐一审查,如果有迹象表明这种物品会被用于输送大规模杀伤性武器,则出口许可将被拒绝。

网址:http://www.mtcr.info/english/index.html

北约国家军备主管会议(NATO CONFERENCE OF NATIONAL ARMAMENTS DIRECTORS,CNAD)

北约国家军备主管会议是由各国国家军备负责人组成的委员会,负责北约联盟内部的合作、物资的标准化和国防采办。北约国家军备主管会议成立于1966年5月,目的是"综合考虑政治、经济和技术因素,通过为北约装备尖端能力的合作军备计划,发展为北约实现武器装备开发和采购的共同方式"。为此,北约国家军备主管会议制定了管理计划,将北约战略目标转化为军备合作方针,并每年更新。

北约国家军备主管会议向北大西洋理事会,即北约的主要决策机构汇报。在其运行过程中,北约国家军备主管会议得到了防务投资局(Defense Investment Division)的支持。负责防务投资的北约助理秘书长主持所有的国家军备主管会议,并监督和指导北约国家军备主管会议下属机构的工作。但是,北约国家军备

主管会议是依据其成员国的一致同意进行决策的。北约国家军备主管会议有两类会议由成员国常驻代表参加，其中一些会议只对伙伴国开放。第一类会议是北约国家军备主管（NADREP）层次的，每年召开两次。第二类是北约国家军备主管代表层次的例行会议。

北约国家军备主管会议设有若干下属委员会：陆军、空军和海军军备组（Army, Air Force & Naval Armaments Group）、研究与技术委员会（Research & Technology Board）、北约工业顾问组（NATO Industrial Advisory Group, NIAG）、国家军备主管会议伙伴合作组（CNAD Partnerships Group）。北约工业顾问组对涉及行业和行业间合作的问题提供建议。但在2006年年初，北约国家军备主管会议同意其下属委员会重组为基于能力的组织。这次重组将陆军、空军和海军军备组合并，并强调不同的能力领域，例如高效参与能力、信息优势和武力部署能力。

北约国家军备主管会议负责北约内部那些被认为具有关键能力的军备项目合作。目前正在进行的项目包括：防御反恐行动（Work for Defense against Terrorism）、联合地面监视计划（Alliance Ground Surveillance, AGS）和主动分层战区弹道导弹防御计划（Active Layered Theatre Ballistic Missile Defense Program）。防御反恐行动基本上是开发技术以能够防止恐怖分子造成的各种攻击，如由简易爆炸装置（IED）造成的自杀式袭击和针对直升机的火箭弹袭击。联合地面监视计划是有人驾驶和无人驾驶飞机机载雷达平台的混合体，它可监视地面并为指挥中心传输数据，起到"空中眼睛"的作用。人们期望北约国家军备主管会议计划有助于形成互通性，交流各国国家项目信息，并消除北约陆、海、空军军备中的重复建设。

北约国家军备主管会议成员国可以自由参与他所感兴趣的计划。在准备并签署关于各国人员部署的谅解备忘录之前，成员国需要首先确认该计划是他们感兴趣的，同意分担成本，还要准备一份建立项目组织管理的章程。

网址：http://www.nato.int/issues/cnad/index.html

联合国常规武器登记（UNITED NATIONS REGISTER OF CONVENTIONAL ARMS, UNROCA）

联合国常规武器登记于1992年1月1日在联合国大会同意采取关于军备透明化的46/36L号决议后建立，由40个国家发起，包括俄罗斯和美国在内的150

个国家表示同意。其余 12 个国家,包括中国,表示弃权。做出这项决议背后的原因之一是大量武器在毫无察觉的情况下被转移到如伊拉克这样的国家,破坏了地区稳定。

该决议要求各成员国以年度为基础,从 1992 年开始,于每年 4 月 30 日前向联合国秘书长提供本年度武器出口和进口信息。决议的目的是实施新的建立信任措施、减少武器转让、解决非法和秘密的军火贸易问题、降低军事采购对国家造成的经济负担,以及减少军事开支。尽管是自愿性的,但登记制度为报告设立了标准,要求明确供应国、接受国、原籍国和每种类别下武器转让的数量。决议中包括七类武器装备,包括主战坦克、装甲战斗车、大口径火炮系统、战斗机、攻击直升机、军舰以及导弹和导弹系统。由于非洲国家反对,联合国武器登记没有包括小武器和轻武器(SALW),尽管这是非洲地区冲突主要的暴力扩大器,但最终于 2003 年武器登记将小武器和轻武器增加为必须报告的内容。

由于联合国武器登记并不成功,特别是在与其他武器控制制度,如《瓦森纳安排》和导弹技术控制制度相比较时,在预期和结果之间存在差异,它遭到了批评。这些批评针对的是登记制度的实施和在确定哪些类型的武器应当包括在登记制度内时的折中态度。由于登记是自愿进行的,没有任何惩罚措施,并非所有国家都愿意提交报告。此外,该登记制度也没有提供核查机制来审核所提供报告的准确性。到目前为止,有 172 个国家进行了登记,但这个数目每年都在发生变化,2001 年最多(有 126 个),1998 年最低(有 85 个),中国、非洲国家和大多数阿拉伯国家并没有一直进行登记。

联合国成员国仍在讨论哪些类别的武器应该列入登记制度中。阿拉伯国家联盟建议应该考虑将大规模杀伤性武器列入登记制度的报告体系。联合国武器登记还不能够覆盖国内的武器生产,因此无法对拥有国防工业基础的国家国防采购进行全面了解,而这些国家往往会卷入到地区冲突中。另一个问题是联合武器登记无法要求各国提交关于转让武器的详细说明,例如它们是新的还是使用过的武器。因此它无法明确武器转让背后的意图:是军事建设还是军备更换。

对追求武器进口的国家而言,登记制度没有明显优势。尽管一些国家也参与了其他武器控制制度,如《瓦森纳安排》和欧盟行为准则,他们宣称一国参加联合国武器登记的记录可以用来评估出口许可,但是各国总是可从不同的没有参加武器登记的国家采购武器,这是一个很重要的问题。

网址:http://disarmament.un.org/cab/register.html

附录2　与国防工业及军火贸易相关的组织、协会、立法和倡议

1976年美国《武器出口管制法案》（U. S. ARMS EXPORT CONTROL ACT OF 1976）

1968年《对外军售法案》后，美国《武器出口管制法案》（U. S. Arms Export Control Act，AECA）于1976年6月30日通过，已经过多次修订。该法案规定美国防务装备、物品和服务的销售或租赁要通过政府与政府之间的对外军售（FMS）项目或通过获得许可的商业销售过程来进行。该法案还规定了接受美国国防物品的一般性资质标准，并设定了允许使用国防物品的限制条件。另外，该法案规定了在哪些种情况下，由于重大违约，一国会失去美国的对外军事资助、贷款、购买权，以及参与制定与国防物品或服务相关销售协议的力量。

该法案最基本目的是扩大国会对武器出口管制的力量。法案存在的最大问题之一是国会与行政部门之间能力与权力的分离。对于可能的军火销售以及接受国是否已有重大违规，法案强制行政部门向国会提交正式报告。在行政部门采取最后步骤决定政府与政府间进行价值1400万美元或以上武器装备的对外军售协议，价值8.5亿美元或以上的国防物品或服务，或价值2亿美元或以上的设计和建筑服务之前，必须在30天内（对北约成员国、日本、澳大利亚或新西兰为15天）向国会提交正式通知。另外，国会有权在所涉物品交付之前的任何时间通过立法，阻止或修改武器销售。如果国会在这段时间内没有采取任何举动，行政部门则可自由地继续进行交易。

该法案规定，国防物品和服务必须出售给友好国家，且只能用于内部安全、合法自卫、参与符合联合国宪章的地区共同安排和举措，参与联合国要求的以维持或恢复国际和平与安全为目标的共同措施，以及使外国军队在较不发达国家可以建设公共工程和从事有助于这些友好国家经济和社会发展的其他活动。然而，该法案并没有定义使用美国国防物品可能被视为侵权的行为，因此给总统或国会留下了做出解释和给出定论的权力。在可能出现违规行为的情况下，美国政府可以暂停或取消任何合同或交付国防物品。另外，国会可以通过正常立法免除通过《武器出口管制法案》程序施加给特定国的具体制裁，当然这项立法可能会被总统否决。

网址：http://www.brad.ac.uk/acad/sbtwc/btwc/nat_imp/leg_reg/U.S./arms_expcont_act.pdf；http://www.fas.org/programs/ssp/asmp/externalresources/bills_and_laws.html

美国国防科学委员会（U.S. DEFENSE SCIENCE BOARD, DSB）

美国国防科学委员会于 1956 年在胡佛委员会（Hoover Commission）的建议下成立。这项建议指出，助理国防部长（Assistant Secretary of Defense）必须任命一个由从事基础研究和应用研究的杰出科学家组成的常设委员会，为新型武器系统定期制定来自新知识的需求与机会。建立这个委员会的目的是提供关于科学、技术和采办程序及有关国防部特定利益其他问题的独立意见与建议。负责采购、技术和后勤的国防部副部长（Under Secretary of Defense for Acquisition, Technology, and Logistics, USD/AT&L）有权依照委员会的意见和建议采取行动。1990 年国防制造委员会（Defense Manufacturing Board）和国防科学委员会合并，因此它的任务中又增加了制造问题。

根据委员会章程，国防科学委员会应包括约 35 名成员及 6 名高级研究员，他们在科学、技术、生产、采购等领域都正直可信。国防科学委员会主席由国防部长任命，而副主席和委员会的其他成员则由负责采购、技术和后勤的国防部副部长（USD/AT&L）任命。国防科学委员会的主席和副主席任期均为 2 年，此任期可以延长。委员会成员来源背景广泛，委员会包括名牌大学毕业生、前政府官员、智囊团成员、大型国防工业部门的高层管理者和私人顾问。

国防科学委员会有三个永久工作组和若干临时工作组。永久工作组包括：第一，核武器担保人工作组（Nuclear Weapon Surety），它被指定对核武器担保人（军方、联邦政府和承包商）的各方面进行评估，它承接了之前联合咨询委员会（Joint Advisory Committee）的工作，对保持安全、可靠和可行的核威慑力量进行审查并推荐方法和策略；第二，电子设备咨询小组（Advisory Group on Electronic Devices, AGED），它被指定对与在电子技术领域如何有效及经济地规划和实施研究与开发计划的有关问题提供意见和建议；第三，国防情报咨询小组（Advisory Group on Defense Intelligence），它被指定向负责情报的国防部副部长就广泛的国防情报事务提供研究支持和独立意见。目前的临时工作组包括合成生物学的军事应用小组（Military Application of Synthetic Biology）、国防部信息技术采办政策和程序小组（Department of Defense Policies and Procedures for the Acquisition of Information Technology）以及国防部整合商业系统小组（Integrating Commercial Systems into DoD）。

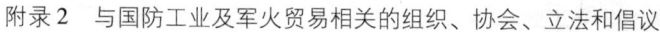

国防科学委员会已形成了大量暑期研究报告，它们成了新意识的推力以及政府对特定问题的主动回应。例如，委员会关于战场信息结构（Information Architecture on the Battlefield）的报告（1994年）警告政府美国信息系统易于受到"数字攻击"（Digital Attack）。作为美国政府的独立咨询机构，委员会有时会对政府政策提出批评。2004年10月，国防科学委员会工作组对于战略沟通发布了一份报告，批评政府在伊斯兰世界中缺乏外交信誉，委员会建议美国政府应建立一个新的机构更为有效地管理战略沟通。

网址：http://www.acq.osd.mil/dsb

美国国防安全合作局（U. S. DEFENSE SECURITY COOPERATION AGENCY，DSCA）

美国国防安全合作局在1988年以前被称为国防安全援助局（Defense Security Assistance Agency），是美国国防部下属的一个防卫机构，作为发展和实施安全援助计划和方案的联络点及信息交流中心。它对安全合作和其他国防部计划的实施进行指导、管理并提供政策指引。国防安全合作局接受负责政策的国防部副部长指示，并通过助理国防部长（国际安全事务）向其汇报。

国防安全合作局计划向友邦及盟国提供资金和技术援助，转让国防物资、训练和服务，并促进军队和军队之间的联系。根据1976年《武器出口管制法案》（AECA）和1961年《对外援助法案》（FAA）第二部分规定，国防安全合作局管理的计划包括：国防物品的销售、符合对外军售（FMF）计划下的训练和服务，"裁减"国防物品、训练和服务（转让不被视为过剩的武器、零部件、设备、服务或训练），捐赠和销售防务剩余品（EDA），租赁国防物品，资助对外军事资助计划和国际军事教育训练（International Military Education Training，IMET）项目，人道主义援助及扫雷活动。

根据《武器出口管制法案》第36条（b）款规定，国防安全合作局同军事部门和国务院一起，必须就政府转让国防装备、服务或物品的意图向国会进行报告。军事部门将机密资料交给国防安全合作局，国防安全合作局而后经与国务院协调后发出一份为期20天的预先/非正式的过期通知。一旦非正式通知到期，一份15/30天的正式通知将递交给国会且相关信息将被解密。

国防安全合作局还对国防部在国外负责管理安全援助计划的组织、功能、培训和行政支持进行指导和监督。此外，它还支持与工业化国家间合作计划的发展。安全援助计划是一组计划，经法律授权，允许通过销售、捐赠、租赁或贷款向友好的外国政府转让军事物品和服务。国防安全合作局必须同国务院政治和军事事务局合作，一起管理安全援助基金（Security Assistance Fund）。

国防安全合作局每年都会通过参谋长联席会议主席，就来年安全援助方案的立法举措要求军事部门、其他国防部门和联合作战司令部（Unified Combatant Commands, UCC）给出提议。在这些举措接受审查后，国防安全合作局会将其立法建议交给总法律顾问办公室（Office of the General Counsel），然后由后者在提交国会之前，提交给管理和预算办公室（Office of Management and Budget, OMB）。国防安全合作局必须就前一季度获得批准的安全援助审查向国会提交季度报告，这时国防安全合作局必须再次同国会打交道。

在战争时期或特殊情况下，国防安全合作局通过执行机构，确认或公开对外军售的订单和案件，国防安全合作局局长在与参谋长联席会议协商之下，重新分配所有未交付的对外军售物资。在适当的时候，国防安全合作局与参谋长联席会议及军事部门一起工作，建立计划准则以帮助加快实现外国合作伙伴的请求。

网址：http://www.dsca.mil

美国国务院国防贸易控制局（U. S. DEPARTMENT OF STATE'S DIRECTORATE OF DEFENSE TRADE CONTROLS, DDTC）

国防贸易控制局是国务院政治军事事务局（State Department's Bureau of Political-Military Affairs）的一部分，负责控制美国军需品清单（United States Munitions List, USML）所涵盖的国防物品及国防装备的出口和临时进口。它的使命来源于《武器出口管制法案》（AECA）和《国际武器贸易条例》（International Traffic in Arms Regulations, ITAR）。它由负责国防贸易和地区安全的副部长帮办领导，一个常务董事和三个办公室支持其工作，这三个办公室是国防贸易控制核查办公室（Office of Defense Trade Controls Compliance, DTCC）、国防贸易控制许可办公室（Office of Defense Trade Controls Licensing, DTCL）和国防贸易控制政策办公室（Office of Defense Trade Control Policy, DTCP）。国防贸易控制许可办公室有5个分支机构：军用车辆和海军舰艇、导弹和航天器、军用电子、飞机和军火部门。

附录2 与国防工业及军火贸易相关的组织、协会、立法和倡议

由美国军需品清单确定的所有国防物品、国防服务或相关技术数据的制造商、出口商和销售商必须在国防控制局登记注册（《国际武器贸易条例》第121章）。注册主要是为了向美国政府提供关于某些生产和出口活动参与者的必要信息。注册并不代表授予了出口权或任何特权，但却是发放任何出口许可或其他出口批准的先决条件。因违反或预谋违反《武器出口管制法案》而获罪的人士将被"法定除名"，这意味着他们将被禁止直接或间接参与国防物品、服务和技术数据的出口。他们的名字将在《联邦纪事》（Federal Register）上公布，直到由国防贸易控制局授予恢复出口权得以实施，"法定除名"才会被取消。

必须向国会报告的许可申请和其他出口授权请求包括：（1）任何涉及海外制造重大军事装备（SME）的协议；（2）总金额在100万美元或以上的军火出口许可；（3）在拟出口主要国防装备的情况下，任何价值等于或大于1400万美元（对北约成员国、日本、澳大利亚和新西兰是2500万美元）的请求；（4）在拟出口任何其他的国防物品、国防服务和/或技术数据的情况下，任何价值等于或大于5000万美元（对北约成员国、日本、澳大利亚和新西兰是1亿美元）的请求。这一要求通常会为申请许可的审查和裁决日程增加6~9个星期。

国防控制局网站含有提交给国会的批准武器出口通知的信息，以及武器出口政策和武器禁运国信息。国防控制局网站还提供了关于商品管辖（Commodity Jurisdiction, CJ）的解释，其目的是确定一种物品或服务是否包括在《美国军需品清单》（USML）中，以及是否受到美国国务院武器出口管制的管辖。

网址：http://www.pmddtc.state.gov

瓦森纳集团（WASSENAAR GROUP）

瓦森纳集团于1995年在荷兰的瓦森纳成立，取代了冷战时期的组织多边出口管制协调委员会（Coordinating Committee for Multilateral Export Control, COCOM），它是西方重要的多边出口管制制度。瓦森纳集团致力于通过促进常规武器及两用物品和技术转让的透明度及更强的责任意识，防止常规武器及两用装备和技术积累失去平衡，并试图在合作伙伴国间建立信息共享机制以协调出口管制的实践和政策。瓦森纳协定（Wassenaar Agreement）参与国有34个，包括阿根廷、日本、南非、俄罗斯联邦和美国，该集团秘书处设在奥地利维也纳。

参加瓦森纳协定的国家已在以下四个方面达成一致：通过国家立法保持国家

对所列物品的控制权,遵循最佳实践准则或原则,对于特别控制物品向协定之外的目的地的转让和否决要进行报告,交流敏感两用物品和技术的信息。虽然出口许可的决定仍在参与国的控制之下,但每个国家都有义务对其签发或否决的每项出口许可进行信息披露。参与国必须遵循一系列规章制度,例如1998年的《潜在破坏常规武器积累稳定性的客观分析和建议》(Elements for Objective Analysis and Advice Concerning Potentially Destabilizing Accumulation of Conventional Weapons)、2002年的《小武器和轻武器出口最佳操作指南》(Best Practice Guidelines for Exports of Small Arms and Light Weapons [SALW] 2002)、2003年的《关于未列明两用物品控制的谅解声明》(Statement of Understanding on Control of Nonlisted Dual-Use items 2003)、2007年的《防止通过航空运输破坏小武器和轻武器转让稳定性的最佳操作方法》(Best Practices to Prevent Destabilizing Transfers of Small Arms and Light Weapons through Air Transport 2007)等。

瓦森纳集团设有一系列的控制清单。集团遵守包括初始元素的准则和程序,规定控制品清单、信息交流程序(一般物品、两用物品和技术、武器)、保密制度和管理制度。瓦森纳集团还设立了一份军需品清单,包括指定用于军事用途的22个主要项目,如小武器和轻武器、坦克和其他军用武装车、作战舰艇、装甲/防护装备、飞机和无人驾驶飞行器。另外,该集团还设立了两用物品和技术清单,它包括从常见到敏感和极为敏感的物品。对成员国间的信息交流系统,集团设立程序对武器转让和两用物品技术转让提交内容详尽的报告。例如,对以非成员国为目标的相关两用物品转让许可,无论签发还是否决,成员国都必须报告,每年两次。

瓦森纳集团的组织结构包括全体会议和附属机构。全体会议发挥决策和管理作用。它由所有成员国代表组成,每年举行一次会议。附属机构为全体会议服务,为全员决策准备建议。2008年有2个附属机构:一般工作组(General Working Group, GWG)和专家组(Expert Group, EG)。一般工作组处理政策工作,专家组处理与受控制物品清单相关的问题。定期会议被称为维也纳联络点(Vienna Point of Contact, VPOC),由全体会议主席主持召开,协助参与国和秘书处在休会期间进行信息交流和沟通。

附录3　主要防务公司

理查德·毕辛格

英国宇航系统公司（BAE SYSTEM）（英国）

英国宇航系统公司（BAE）是欧洲最大、世界第三大防务公司，2008年在全球范围内的收入总计达185.4亿英镑（310亿美元）。英国宇航系统公司是一家涉及领域广泛的巨型防务公司，它设计、制造并支持军用飞机、水面舰艇、潜艇、空间系统、雷达、航空电子设备、制导武器，以及指挥、控制、通信、计算机、情报、监视和侦察（C4ISR）系统。通过收购维克斯和阿尔维斯军械公司（Vickers and Alvis Land Ordnance Companies），英国宇航系统公司还生产了"挑战者2"（Challenger Ⅱ）主战坦克和"武士"步兵战车（Warrior Infantry Fighting Vehicle，IFV）。

英国宇航系统公司有105000多名员工，包括合资企业中的雇员。它在澳大利亚、德国、北美、南非和瑞典设有子公司，同时也是泛欧洲的欧洲导弹公司（MBDA）导弹合资企业和欧洲战斗机项目的合作伙伴。英国宇航系统公司还拥有萨博（Saab）公司20%的股份。它也曾持有空中客车公司（Airbus）20%的股份，但于2006年又卖回给空中客车公司。

英国宇航系统公司分为五个业务板块：电子、智能化与系统支持，地面武器，项目和支持，国际业务，总部及其他业务。并将澳大利亚、沙特阿拉伯、南非、瑞典、英国和美国定义为其本地市场。英国宇航系统公司地面武器部门包括位于美国的联合防务有限公司（U.S.-based United Defense Limited）、英国宇航系统公司赫格隆公司（Hägglunds AB）（瑞典）、博福斯公司（Bofors）（瑞典）和英国宇航系统公司地面系统南非公司（Land Systems South Africa）。项目和支持领域主要负责为英国军方设计、开发和生产英国宇航系统公司主要的军用飞机项目，包括欧洲战斗机"台风"、F-35联合攻击战斗机（JSF）和"猎鹰"喷气式教练机（Hawk Trainer Jet），以及为皇家海军研制的"45型"（Type-45）护卫舰和"机敏"（Astute）级核动力攻击潜艇。

近几年英国宇航系统公司特别扩大了它在北美的活动，并自20世纪90年代后期已收购了十多家美国国防企业。购买了联合防务有限公司（United Defense Limited, UDL）和装甲控股公司（Armor Holdings），希望通过向美国军用装甲车提供维修、保养和升级服务获得丰厚利润。英国宇航系统公司也是美国主导的F-35计划的唯一一级合作伙伴。因此，英国宇航系统公司在北美的业务［2007年的销售额为64亿英镑（107亿美元）］超过了它在欧洲其他地方的业务［26亿英镑（44亿美元）］，并实际甚至超过在英国的销售额［34亿英镑（57亿美元）］。事实上，北美市场已成为该公司最大的单一市场，2007年，占到整个公司收入的41%，并使英国宇航系统公司成为美国国防部第四大承包商。2008年在国防部合同数量方面位居第三位。

网址：http://www.baesystems.com

波音（BOEING）（美国）

波音公司总部设在伊利诺伊州芝加哥市，一直位列世界前十大防务公司之一。2008年它是美国国防部第二大承包商，在防务销售方面名列全球第二名。波音公司在全球大约雇用了16.2万人，2008年收入总计610亿美元，防务合同占波音公司2008年收入的52%。

波音公司最为著名的是它的商用客机业务（如B-737、B-747、B-777和B-787大型客机）。该公司长期以来一直从事国防业务，但在B-2隐形轰炸机和F-22战斗机项目中，它只是一个主要的次级承包商。它还建造B-52战略轰炸机、KC-135空中加油机以及CH-46和CH-47重型直升机。

1997年波音收购了麦克唐纳·道格拉斯（McDonnell Douglas Corporation, MDC），它是波音客机业务在美国最大的竞争对手（例如MD-90和MD-11大

型客机)。波音最终关闭了麦克唐纳·道格拉斯公司所有的商用飞机生产线,但保留了其大型军用业务,并重新组建成为波音综合防务系统集团(Boeing Integrated Defense Systems, Boeing IDS),总部设在密苏里州的圣路易斯。波音综合防务系统集团负责生产波音所有的战斗机,包括 F/A-18、F-15、AV-8B 喷气式战斗机,T-45A"苍鹰"(Goshawk)教练机和 AH-64 攻击直升机。该部门还建造 C-17"环球霸王 3"(Globemaster Ⅲ)重型运输机、V-22"鱼鹰"(Osprey)倾转旋翼飞机〔同贝尔直升机公司(Bell Helicopters)一起〕、P-8A"海神"(Poseidon)海上巡逻机,还生产"鱼叉"(Harpoon)、"战斧"(Tomahawk)和"地狱火"(Hellfire)空对地导弹。太空发射服务〔三角洲系列(Delta family)航天运载火箭、海上发射业务(Sea Launch Venture)、俄罗斯能源公司(Energia of Russia)、挪威阿科尔公司(Aker of Norway)和卫星〕也构成了波音整体业务中的一小部分。

波音公司大约 40% 的业务是在美国以外进行的。其中,大概 3/4 来自商用客机销售,25% 来自军用(波音综合防务系统集团)销售,2008 年波音综合防务系统集团来自美国政府的收入占波音公司总销售额的 46%。

网址:http://www.boeing.com

达索航空公司(DASSAULT AVIATION)(法国)

达索航空公司隶属于达索集团,欧洲宇航防务集团在公司中拥有 46% 的股份。该公司于 1930 年由马塞尔·布洛克(Marcel Bloch)创建,原名为马塞尔·布洛克航空公司(Société des Avions Marcel Bloch),之后改为马塞尔·达索航空公司(Avions Marcel Dassault)。20 世纪 50 年代,达索生产了法国第一架喷气式战斗机"飓风"(Ouragan),随后生产了"神秘"(Mystére)和"幻影"(Mirage)系列战斗机。其他战斗机包括"阿尔法"(AlphaJet)教练机、"军旗"(Étendard)歼击轰炸机和"英法美洲虎"(Anglo-French Jaguar)地面攻击机。

目前主要产品有"阵风"(Rafale)、"幻影 2000"(Mirage-2000)喷气式战斗机及"猎鹰"(Falcon)系列商用客机。"阵风"是为法国空军生产的一种多用途战斗机,也可以用做法国海军的舰载飞机。法国军方预计订购 294 架"阵风"战斗机:其中 234 架用于空军,60 架用于海军。达索也是"神经元"(Neuron)无人机技术演示验证计划的最重要承包商。该公司拥有大约 1.2 万名雇员。

2008 年获得了 37.5 亿欧元（53 亿美元）的收入，其中 31% 来自法国军售，7% 来自出口，62% 来自"猎鹰"飞机销售。

网址：http://www.dassault-aviation.com

法国舰艇制造局（DCNS）（法国）

法国舰艇制造局（Direction des Constructions Navales Services，DCNS）在布雷斯特（Brest）、瑟堡（Cherbourg）、洛里昂（Lorient）及南特圣纳泽尔（Nantes-Indret）均拥有造船厂，是欧洲主要的船舶制造企业之一。法国舰艇制造局是一家政府经营的企业，由前舰艇制造局（Direction des Constructions Navales，DCN）与泰利斯公司（Thales）的法国海军业务部门合并后于 2007 年成立。泰利斯拥有法国舰艇制造局 25% 的股份，法国政府持有 75% 的股份。2007 年这家新公司拥有 1.3 万名员工，收入达 28.2 亿欧元（40 亿美元）。

法国舰艇制造局是法国主要的海军造船厂。它目前正为法国海军建造"地平线"（Horizon）级驱逐舰，并同意大利造船公司（Fincantieri）合作进行双边"FREMM 多功能护卫舰计划（Frégate multi-mission）"，该计划能够执行防空、反潜、反舰战斗以及发起地面攻击，法国舰艇制造局亦为法国未来 PA2（Porte-Avions 2）航母的最大承包商。

法国舰艇制造局还建造潜艇，包括"阿戈斯塔"（Agosta）和"鲉鱼"（Scorpène）柴电潜艇［后者可装备 MESMA（潜艇自主式能源系统模块）空中独立推进发动机或 AIP 系统］，"梭鱼"（Barracuda）级核动力攻击潜艇（SSN）和"胜利"（Triomphant）级核动力导弹潜艇（SSBN）。

法国舰艇制造局有大量出口业务，2007 年公司积压的订单中有近 1/4 为外国客户，它已经把"拉斐特"（La Fayette）级隐身护卫舰出售给沙特阿拉伯、新加坡和中国台湾，把 FREMM 多功能护卫舰出售给希腊和摩洛哥，把"鲉鱼"柴电潜艇出售给巴西、智利、印度和马来西亚。

网址：http://www.dcnsgroup.com

巴西航空工业公司（EMBRAER）（巴西）

巴西航空工业公司（Empresa Brasileira da Aeronautica，EMBRAER）成立于

1969 年，最初员工不到 600 名，如今它已成为世界第三大飞机制造商，2008 年销售额超过了 250 亿美元，拥有总共约 2.4 万名员工。巴西航空工业公司非常成功地开发了"巨嘴鸟"（Tucano）涡轮螺旋桨初级教练机，有超过 650 架这样的飞机销售给全球 15 个国家的空军，包括法国和英国。巴西航空工业公司还同意大利一起，合作开发"AMX"攻击机，巴西和意大利空军购买了这种飞机，并出口到委内瑞拉。其余国内生产的军用飞机包括"先锋"（Bandeirante）和"巴西利亚"（Brasilia）轻型运输机。

20 世纪 90 年代初期，销售不力及损失严重迫使该公司裁员超过一半，在经历两次并不成功的私有化努力之后，巴西航空工业公司于 1994 年 12 月被出售了（巴西政府在公司中保留了控制公司的黄金股份）。1999 年该公司再次向欧洲四大防务公司集团出售了 20% 的股份，这四家公司是泰利斯、达索、欧洲宇航防务集团和斯奈克玛公司（Snecma），它们以一个集体进行股权投票。私有化后公司把主要精力放在开发新的商用飞机系列上，围绕 1996 年投入生产的 37 -、44 - 和 50 - 座的 ERJ - 13、- 140 和 - 145 系列区域喷气机进行。2008 年年底巴西航空工业公司已生产并交付了 1000 多架 ERJ 系列客机，销往 24 个国家的 37 个航空公司。在许可之下，ERJ - 145 喷气式客机还在中国进行组装，并用于空中预警（AEW）和地面监视平台。

在区域性喷气机业务成功的基础上，巴西航空工业公司扩大了生产范围，研制了两种更大的新机型 70 座 E - 170 和 100 座的 E - 190。至 2008 年年底，该公司有了 876 架飞机订单，E 系列客机的订单为 810 架，并有近 500 架 E 型号客机订单。巴西航空工业公司已渐渐不再强调国防业务了，军用飞机生产现在不足巴西航空工业公司总收入的 15%。该公司最主要的军用飞机是 ALX 轻型攻击机，它以"超级巨嘴鸟"（Super Tucano）教练机为基础，目前为巴西空军（BAF）进行生产。ALX 轻型攻击机可同时携带空对空和空对地武器，并具备夜间执行任务能力，也可作为中级教练机使用，"超级巨嘴鸟"已经出口给多个南美国家的空军。

网址：http://www.embraer.com

欧洲宇航防务集团（EUROPEAN AERONAUTIC DEFENSE AND SPACE COMPANY）（法国、德国、西班牙）

欧洲宇航防务集团（EADS）成立于2000年，由三家欧洲防务公司合并而成，它们是法国的马特拉宇航公司（Aerospatiale Matra）、德国的戴姆勒－克莱斯勒航空航天公司（DaimlerChrysler Aerospace，DASA）和西班牙航空航天公司（CASA）。戴姆勒大约持有欧洲宇航防务集团22.5%的股份，25%的股份由投资集团（SOGEADE）[一家由法国政府和法国的拉加德尔公司（Lagardère）共同拥有的控股公司]持有，5.5%的股份由西班牙国有工业控股公司（SEPI）持有，剩余股份在6个欧洲证券交易所中公开发售。

欧洲宇航防务集团在三个原籍国中均设有生产设施，通过其对雷卡仪器公司（Racal Instruments）的所有权，以及收购英国宇航系统公司在空中客车公司（现为空客英国）和欧洲卫星财团阿斯特里姆公司（Astrium）中的股份，欧洲宇航防务集团在英国航空工业中成绩斐然。2007年欧洲宇航防务集团的收入为407亿欧元（580亿美元），雇员人数达11.8万人，大约有39%的雇员在法国、36%在德国、8%在西班牙、13%在英国，还有4%在北美和其他国家。

欧洲宇航防务集团由六大主要业务部门组成：空中客车（A320、A330、A350和A380系列商用客机）、军用运输机（包括A400M运输机和A310、A330多用途加油运输机）、欧洲直升机（所有类型的商用及军用直升机，包括"虎"式攻击直升机和NH－90军用运输机）、阿斯特里姆（Astrium）（卫星和航空运载火箭）、防务与安全（如"欧洲战机"、"流星"空对空导弹及各种国防通信系统和电子设备）及其他业务[包括欧洲宇航防务集团持有意大利佛朗哥区域运输机（ATR）集团50%的股份]。欧洲宇航防务集团还拥有达索公司（它主要生产"阵风"喷气式战斗机）46%的控股权和欧洲导弹集团（MBDA）（导弹系统）37.5%的股权。

2007年空中客车占全部公司收入的62%、军用运输机占3%、欧洲直升机占10%、阿斯特里姆占9%、防务与安全占13%、其他业务占3%。其2007年收入中约有1/5来自各种军用业务，欧洲宇航防务集团有超过2/3的收入来自对三个原籍国以外国家的销售。

网站：http://www.eads.eu

欧洲宇航防务集团西班牙航空航天公司（EADS-CASA）（西班牙）

欧洲宇航防务集团西班牙航空航天公司（EADS-CASA）是欧洲宇航防务集团的子公司，有近8900人，占欧洲宇航防务集团总雇员人数的8%。军用运输机和海上巡逻机（Maritime Patrol Aircraft, MPA）是该公司的主业务，西班牙航空航天公司（CASA）生产的C-212、C235和C295运输机在全世界广泛销售。欧洲宇航防务集团西班牙航空航天公司还生产A400M运输机，它在飞机动力（TP400-D6涡轮螺旋桨发动机）方面居于领先地位，并负责飞机的最后组装，按照计划将建造超过200架这款飞机。公司业务中的15%来自海上巡逻机和搜索救援机（使用CN-235和C-295飞机机身），西班牙航空航天公司已得到爱尔兰、泰国、委内瑞拉以及美国海岸警备队的深水计划合同。西班牙航空航天公司还研制了MPA全集成战术系统，并安装在自己制造的飞机及提供给P-3C"猎户座"（Orion）升级使用。欧洲宇航防务集团西班牙航空航天公司还是欧洲战斗机"台风"的合作伙伴，在该项目中拥有14%的业务份额，负责生产飞机右翼和前缘缝翼，公司还为西班牙空军采购的87架欧洲战斗机进行最后组装。

欧洲宇航防务集团西班牙航空航天公司现在越来越多地参与到空中加油机业务中，该公司为德国空军提供空客A310加油机，还为英国A330加油机提供防水配件，欧洲宇航防务集团西班牙航空航天公司在这个领域拥有巨大商机。最后值得一提的是，西班牙航空航天公司是空中客车商用客机的合作伙伴，拥有5%的业务份额。

网站：http://www.casa.eads.net

芬梅卡尼卡集团（FINMECCANICA）（意大利）

芬梅卡尼卡是一家意大利企业集团，控制着意大利近80%的国防生产。芬梅卡尼卡拥有阿莱尼亚宇航公司（Alenia Aeronautica）（战斗机，包括参与了欧洲战斗机"台风"共同体）、马基公司（Aermacchi）（教练机，包括MB-339和M-346教练机）、阿古斯塔·韦斯特兰公司（Agusta Westland）（直升机，例如EH-101多用途直升机和A129攻击直升机）、意大利国防公司（Oto Melara）（地面作战弹药）、伽利略航空公司（Galileo Avionica）（国防电子、机载雷达和

无人机)。该公司还拥有泛欧洲导弹合资企业欧洲导弹集团(MBDA)25%的股份,生产 NH-90 中型军用直升机的 NH 工业公司 32%的股份,泰利斯阿莱尼亚太空公司(Thales Alenia Space)(卫星)33%的股份及意大利佛朗哥区域飞机(ATR)生产商 50%的股份,它同时也是开发 F-35 联合攻击战斗机国际团队的成员。2007 年底芬梅卡尼卡的员工总人数达 60750 人,其中除 30%受雇于意大利外,大部分在英国和美国工作。

芬梅卡尼卡 2007 年的总营业收入为 134 亿欧元(191 亿美元),大约 65%来自国防业务。其中 38%左右的业务来自固定翼和旋转翼飞机,8%来自防务系统(导弹和地面系统),28%来自国防电子设备,6%来自航天业务,其余部分来自非航空航天和非国防业务,包括交通运输和能源。

网站:http://www.finmeccanica.com

通用动力(GENERAL DYNAMICS)(美国)

通用动力总部设在弗吉尼亚的福尔斯彻奇,一直是世界十大防务公司之一。2008 年它是美国国防部第五大承包商,全球排名第六。2008 年公司销售额为 293 亿美元,拥有 9.2 万名员工。大约 80%的公司收入来自国防业务——其中 70%销售给美国国防部,另外 10%来自对外军售。所有的国际销售,包括军用和商用,占到通用动力 2008 年销售额的 17%。

通用动力成立于 1952 年,合并了电船公司(Electric Boat Company)、加拿大航空有限公司(Canadair Limited)和康瓦尔公司(Convair)。1982 年它收购了生产 M1 坦克的克莱斯勒(Chrysler)作战系统部门。通用动力是 F-16 战斗机的原始开发商和制造商,该业务在 1993 年卖给了洛克希德(Lockheed)。此外,公司于 1992 年将其战术导弹部门卖给了休斯电气公司(Hughes),并于 1993 年将空间系统部门出售给马丁·玛丽埃塔公司(Marin Marietta)。

这之后,通用动力主要集中在船舶制造和战斗车辆两项核心业务上——20 世纪 90 年代末收购了巴斯钢铁厂(Bath Iron Works)和国家钢铁与造船厂(National Steel and Shipbuilding)。21 世纪初,公司购买了三家装甲车制造公司:设在加拿大的通用汽车防务公司(GM Defense)[它转而拥有莫瓦格公司(MOWAG)——一家瑞士轻型战车制造商]、奥地利的斯泰尔-戴姆勒-普赫公司(Steyr Daimler Puch Spezialfahrzeug, SSF)及西班牙的圣塔芭芭拉系统公司

（Santa Bárbara Sistemas）。这些收购极大地拓展了公司在国际市场的占有率。近期的收购包括湾流航空航天公司（Gulfstream Aerospace Corporation），这是一家商业喷气式飞机和航空支援服务企业以及许多专门从事信息技术生产和服务的小公司。

通用动力有四项业务：航空、战斗机系统、航海系统以及信息系统与技术。主要产品包括"弗吉尼亚"（Virginia）级核攻击潜艇、"阿利·伯克"（Arleigh Burke）级"宙斯盾"（Aegis）导弹驱逐舰、"朱姆沃尔特"（Zumwalt）级（DDG-1000）驱逐舰、"艾布拉姆斯"（Abrams）系列M1主战坦克、"斯特赖克（Stryker）"装甲战车、ASCOD装甲战车，以及莫瓦格轻型装甲车（LAV）。

网站：http://www.gd.com

斯坦航空有限公司（HINDUSTAN AERONAUTICS LIMITED）（印度）

印度斯坦航空有限公司（HAL）总部设在班加罗尔，是为印度武装部队提供战斗机的国有企业垄断制造商。印度斯坦航空有限公司于1940年在英国统治时期成立，在印度独立后交还给印度政府所有。它是亚洲最大的航空企业，2007年约有雇员4万人，销售额为16亿美元。

印度斯坦航空有限公司在全印度七个地区设有19个生产经营单位和9个研究及设计中心。该公司已制造的飞机超过3500架，大多数提供给印度空军，包括获得许可生产的14种类型的飞机以及12种本地设计和研发的飞机项目。主要获得许可生产的项目包括：米格-21、米格-27和"美洲虎"（Jaguar）战斗机。现在印度斯坦航空有限公司正为印度空军组装"苏霍伊"（Sukhoi）30-MKI战机。印度国产的飞机项目包括HF-24"暴风之神"（Marut）（于20世纪60年代进入研发）、"北极星"（Dhruv）先进轻型直升机（ALH）以及"敏捷"（Tejas）轻型战斗机（LCA），先进轻型直升机和轻型战斗机目前都在生产或开发阶段。尤其是，公司希望向印度空军出售超过200台"敏捷"战斗机，并作为海军的一种飞机参与印度国产航母计划。为了加强轻型战斗机，印度斯坦航空有限公司还正在开发一种国产的涡扇发动机"卡佛理"（Kaveri）。

网站：http://www.hal-india.com

以色列航空航天工业公司（ISRAELI AEROSPACE INDUSTRIES）（以色列）

国有的以色列航空航天工业公司（IAI）前身是以色列飞机工业公司（Israeli Aircraft Industries），它是以色列最大的航空及航天业制造商。该公司成立于1953年，当时叫做贝德克航空公司（Bedek Aviation Company），为以色列国防军（Israel Defense Forces，IDF）提供军事物资和服务。最初，它主要参与以色列国防军航空装备的保养、维修和翻新业务，以及许可生产法国"富加－教师"（Fouga-Magister）教练机。20世纪六七十年代，主要在法国"幻影5"（French Mirage 5）的基础上，研制出"内舍"（Nesher）和"幼狮"（Kfir）战斗机，这之后它致力于开发国产战斗机"狮"（Lavi），该计划最终在1987年被撤销。

自那之后，以色列航空航天工业公司聚焦在以下方面的核心能力上：军用飞机升级、空中预警和控制系统（AEW＋C）、指挥、控制、通信、计算机、情报、监视和侦察（C4ISR）系统、电子战系统、先进雷达系统、精确制导武器、导航及电光系统、导弹和无人机。产品包括"箭"（Arrow）反战术弹道导弹、"哈比"（Harpy）抗辐射无人机，"苍鹭"（Heron）、"别动队员"（Ranger）、"侦察员"（Scout）和"搜索者"（Searcher）无人机；"费尔康"（Phalcon）空中预警和控制系统（AEW＋C）、"彗星"（Shavit）运载火箭、"爱神"（EROS）、"阿莫斯"（Amos）和"地平线"（Ofeq）卫星。商用产品包括为湾流航空航天公司（Gulfstream Aerospace）生产的"阿斯特拉"（Astra）和"银河"（Galaxy）系列小型喷气公务机。

以色列航空航天工业公司目前有16500多名员工，2007年销售收入总计33亿美元，其中27亿美元（82%）来自海外销售。

网站：http://www.iai.co.il

韩国航空航天工业公司（KOREA AEROSPACE INDUSTRIES）（韩国）

韩国航空航天工业公司（KAI）成立于1999年底，是由三星航空工业公司（Samsung Aerospace）、大宇重工业航空部（Daewoo Heavy Industries Aerospace Division）和现代航天与飞机公司（Hyundai Space and Aircraft Company）三家韩国

飞机制造企业合并而成的。韩国航空航天工业公司现有员工2800人，2008年销售收入约9亿美元。

韩国航空航天工业公司负责韩国主要航空制造（尤其是军事）项目中的大部分，包括KT-1涡轮螺旋桨教练机、F-16许可生产线、无人机和卫星。它还为韩国空军（ROKAF）采购的F-15K战斗机生产部分产品。未来的军事项目包括韩国直升机项目，为韩国武装部队开发生产国产轻型直升机。此外，公司还承接国外航空公司的各种分包业务。

韩国航空航天工业公司的旗舰产品是T-50"金鹰"（Golden Eagle）超音速高级教练机（Advanced Jet Trainer，AJT），以及与洛克希德·马丁联合开发的先导教练机（Lead-In Fighter Trainer）（A-50LIFT）。还构思了一种型号的战斗机（F/A-50）。T-50作为一种极为先进的教练机销往全球各地，以便为下一代战斗机F/A-22、F-35、"阵风"和"欧洲战斗机"培养飞行员。韩国航空航天工业公司预计到2030年出口600~800架T-50系列飞机，获得此类型飞机世界市场的1/4。到目前为止，唯一固定的客户只有韩国空军，订购了94架T-50和A-50飞机。

韩国航空航天工业公司曾经预想成为世界十大航空企业之一，按照其公司网站介绍，目前企业的目标是：到2010年成为"全球航空业解决方案的提供商"。

网站：http://www.koreaaero.com

洛克希德·马丁（LOCKHEED MARTIN）（美国）

洛克希德·马丁公司总部设在马里兰州的贝塞斯达，过去多年一直是世界上最大的国防企业和美国国防部最大的承包商。公司成立于1995年，由洛克希德公司和马丁·玛丽埃塔公司（Martin Marietta）合并而成。全球雇员达14.6万人，所公布的2008年销售额为427亿美元。公司2007年收入的58%来自美国国防部合同，27%来自其他美国政府机构，15%来自对外销售。洛克希德·马丁公司超过90%的收入来自国防业务。

洛克希德·马丁是一家多元化公司，参与各种防务承包活动，包括战斗机、战略导弹系统、空间运载火箭和卫星，以及国防电子产品。公司由四大业务板块组成：

- **航空航天**　包括设计、开发、生产和维修军用飞机。目前的飞机项

目包括 F-35 "闪电 2"（Lightning Ⅱ）联合攻击战斗机（JSF）、F-16 "战隼"（Fighting Falcon）、F-22 "猛禽"（Raptor）、F-117 "夜鹰"隐形战斗机（Stealth Fighter），C-130J "大力神"（Hercules）运输机，C-5 战略运输机和 P-3 海上巡逻机。公司还参与开发和生产日本的 F-2 战斗机和韩国 T-50 "金鹰"教练机。

- **电子系统** 包括导弹和火力控制、海军系统、平台集成、模拟和训练。产品包括"地狱火"（Hellfire）、"标枪"（Javelin）、陆军战术导弹系统（ATACMS），"爱国者"PAC-3 和战区高空区域防御导弹系统（THAAD），"宝石路"（Paveway）激光制导炸弹、联合防区外空对地导弹（JASSM）。

- **太空系统** 包括航天发射、商业卫星、政府卫星和战略导弹系统。洛克希德·马丁公司是美国海军战略弹道导弹武器库的主承包商〔如现在的"三叉戟 2"（Trident Ⅱ）D-5 潜射弹道导弹〕，它也是美军弹道导弹防御计划的关键成员。

- **信息系统和全球服务（IS & GS）** 包括指挥、控制、通信、计算机和情报（C4I）系统，联邦政府服务，以及政府和商业信息技术项目解决方案。

网站：http://www.lockheedmartin.com

欧洲导弹集团（MBDA）（法国、意大利、英国）

欧洲导弹集团是欧洲领先的导弹制造企业。公司成立于 2001 年 12 月，由法国、意大利和英国的主要导弹生产商合并而成。欧洲导弹部门的联合始于 1996 年，当时马特拉防务公司（Matra Defense）的一部分和英国宇航动力公司（即后来的英国宇航系统公司）合并组建了马特拉·英国宇航动力公司（MBD）。马特拉·英国宇航动力公司（MBD）的一半是马特拉防务公司的导弹业务，而另一半马特拉导弹公司（Matra Missiles）在 1999 年马特拉与法国宇航公司（Aérospatiale）合并时变成了法国宇航-马特拉导弹公司（Aérospatiale-Matra Missiles，AMM），并于 2000 年成为欧洲宇航防务集团的一部分。1998 年通用电气-马可尼雷达和防御系统公司（GEC-Marconi Radar and Defense Systems）和意大利阿莱尼亚防务公司（Alenia Difesa of Italy）将其导弹和雷达部门合并成阿莱尼亚·马可尼系统公司（Alenia Marconi Systems，AMS），后来在通用电气被英国宇航系统公司收购后，阿莱尼亚·马可尼系统公司成了英国宇航系统公司的一部分。最终，马特拉·英国宇航动力公司［包括法国宇航－马特拉导弹公司（AMM）］同阿莱尼亚·马可尼系统公司的导弹和导弹系统部门合并，形成欧洲导弹集团。2006年欧洲宇航防务集团所拥有的德国导弹生产商德国航空航天公司导弹系统公司也被并入了欧洲导弹集团。此后，欧洲导弹集团有三大航空和防务公司股东：英国宇航系统公司（37.5%）、欧洲宇航防务集团（37.5%）、芬梅卡尼卡（25%）。

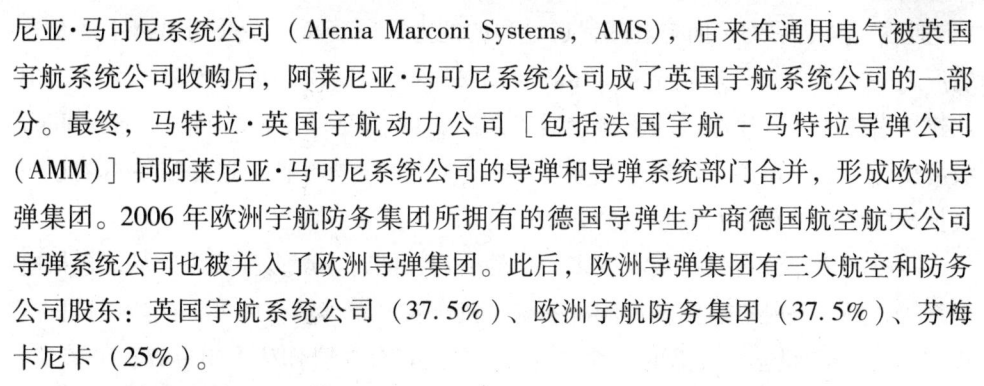

欧洲导弹集团是一家跨国公司，在法国、英国、意大利和德国拥有1万多名雇员。主要产品包括短程空对空导弹（ASRAAM）和"流星"（Meteor）空对空导弹，德国航空航天公司导弹系统公司－NG地对空导弹，"米兰"（MILAN）、远程第三代"崔格特"（PARS 3LR）、"沙蛇"（ERYX）和"硫磺石"（Brimstone）反坦克导弹，"飞鱼"（Exocet）反舰巡航导弹，以及"阿巴斯"（APACHE）和"风暴之影"（Storm Shadow）防区外空地巡航导弹。欧洲导弹集团也是欧洲防空导弹（Eurosam）集团的合作伙伴，它正在开发未来地对空导弹系统（FSAF），包括"紫菀15"（Aster）海基地对空导弹（SAM）和"紫菀30"陆基地对空导弹。

2007年，该公司营业额为30亿欧元（43亿美元），生产3000多枚导弹，并获得了131亿欧元（187亿美元）的订单。

网站：http://www.mbda-systems.com

三菱重工业公司（MITSUBISHI HEAVY INDUSTRIES）（日本）

三菱重工业公司（MHI）是日本最大的防务承包商，其航空部门为日本航空自卫队（ASDF）生产战斗机，包括国产的F-2战斗机（以美国F-16为基础），并被许可生产F-15。以前，三菱重工业公司还曾组装过美国开发的F-4EJ战斗机和UH-60直升机。该公司还生产多种制导武器系统，包括"爱国者"防空导弹（在许可下生产）、AAM-3空对空导弹和"88型"（Type-88）反舰巡航导弹。其他防务产品包括喷气发动机、军用卡车和鱼雷。

三菱重工业公司的造船部门是日本海上自卫队（MSDF）"爱宕"（Atage）和"金刚"（Kongō）级导弹驱逐舰的最大承包商。这些船只都装备有美国的

"宙斯盾"防空系统，拥有拦截弹道导弹的能力。三菱重工业公司是日本两个造船厂之一［另一家是川崎造船（Kawasaki Shipbuilding）］，负责为日本海上自卫队建造潜艇。之前建造过的潜艇包括"亲潮"（Oyashio）和"春潮"（Harushio）级潜艇，目前公司正在建造"苍龙"（Sōryū）级柴电潜艇，它将配备不依赖空气推进的"斯特林"（Stirling）发动机。

三菱重工业公司是一个高度多元化的公司，同时生产多种商用产品，包括电力系统、风力涡轮机、空调和制冷系统、机床及轻轨车辆。此外，该公司是日本 H-IIA 系列空间运载火箭的主承包商，并与波音公司合作生产 B-67、B-777、B-787 商用客机。三菱重工业公司总共有 63500 名员工，2007 年的国防业务收入约为 28 亿美元，占公司总销售额的 10% 左右。

网站：http://www.mhi.co.jp

纳凡蒂亚公司（NAVANTIA）（西班牙）

纳凡蒂亚的前身是伊扎尔造船公司（IZAR），于 2000 年 12 月由西班牙船厂（Astilleros Españoles S. A.）和国营巴桑公司（Empresa Nacional Bazán）合并成立。纳凡蒂亚公司是世界最大的海军系统公司之一，能够承接新型舰船建造、生命周期维护和船舶改装业务。公司在设计、开发、生产、集成，一体化物流平台支持、推进及海军作战系统方面具备全面能力，并有能力交付全方位作战型海军军舰。纳凡蒂亚的前身公司是使用集成模块化建造技术的开创者，这种技术现在用于水面舰艇和潜艇建造中。

纳凡蒂亚公司目前的核心业务活动包括海军建设施工、动力和能源、船舶修理及军用和民用平台控制系统。公司经营的船厂有费罗尔船厂（Ferrol Estuary）［费罗尔和菲尼（Ferrol & Fene）］、加的斯湾公司（Bay of Cadiz）［卡迪斯、雷亚尔和圣费尔南多（Cadiz, Puerto Real & San Fernando）］及卡塔赫纳船厂（Cartagena），拥有约 5600 名员工，2004 年公司营业额约为 11 亿欧元（15 亿美元）。

纳凡蒂亚的前身公司生产"普林西比德阿斯图里亚斯"（Principe de Asturias）航空母舰［装备有"鹞"（Harrier）短距离垂直起降（STOVL）飞机］和 F-81 护卫舰。20 世纪 90 年代，该项业务扩大，包括两栖登陆舰（Landing Ships, LPD）、战斗支援舰和猎雷舰。目前纳凡蒂亚公司的军用产品有为西班牙

海军生产的 F-100 防空护卫舰、LHD 型战略投送船（LHD-type Strategic Projection Ship）和 S-80 柴电潜艇，还有用于出口的 F-310 护卫舰和"鲉鱼"（Scorpène）潜艇。F-310 护卫舰是正在为挪威建造的，"鲉鱼"潜艇已出售给智利和马来西亚，"鲉鱼"潜艇还可能装备不依赖空气的推进系统（Air-Independent Propulsion，AIP）以具备长时间潜航能力。纳凡蒂亚公司也是唯一一家为出口而生产航空母舰的企业，20 世纪 90 年代"查里克·纳鲁艾博特"（Chakrinaruebet）号卖给了泰国，预计公司业务中超过 20% 是属于商业领域的。

网站：http://www.navantia.es

诺斯罗普·格鲁曼（NORTHROP GRUMMAN）（美国）

诺斯罗普·格鲁曼公司总部设在加州洛杉矶，一直是世界前十大防务公司之一。2008 年是美国国防部第三大承包商，全球排名第四，公司有员工 122600 名左右。2007 年收入为 320 亿美元，其中 90% 来自对美国政府的销售，外国销售约占全部收入的 5.5%。

该公司于 1994 年成立，由诺斯罗普公司和格鲁曼公司合并而成。从那以后，诺斯罗普·格鲁曼收购了一系列其他防务企业，特别是造船业。这些公司包括威斯汀豪斯电气电子系统集团（Westinghouse Electronic Systems Group）（雷达和其他国防电子分部）、防务信息技术公司（Logicon）、利顿工业公司（Litton Industries）[包括利顿·英格尔斯造船厂（Litton Ingalls Shipbuilding）]、埃文代尔造船厂（Avondale Shipyard）、纽波特纽斯造船与干船坞公司（Newport News Shipbuilding and Drydock）和 TRW 的航空部门。

诺斯罗普·格鲁曼公司由五个业务部门组成：

- **信息和服务部** 包括信息技术、任务系统（C3I 系统）和技术服务（后勤支持、维持和技术服务）。
- **电子设备部** 例如机载雷达[包括 F-35 联合攻击战斗机上的 AN/APG-81 有源电子扫描阵列雷达（Active Electronically Scanned Array，AESA）]、机载预警（AEW）雷达、空对地监视雷达系统、雷达干扰器和精确制导弹药。
- **航空航天部** 包括生产 F-35 联合攻击战斗机（与主承包商洛克希德·马丁公司合作）、F/A-18（中心和机身尾部和垂直尾翼部分）、

"全球鹰"（Global Hawk）无人驾驶高空侦察机、"联合星"（Joint STARS）对地监控、瞄准和战斗管理型飞机以及 E – 2C "鹰眼"（Hawkeye）空中预警飞机。

- **造船部门** 包括为美国海军建造的核动力航母、"弗吉尼亚"（Virginia）级潜艇、"阿利伯克"（Arleigh Burke）级"宙斯盾"防空驱逐舰、LHD – 1 直升机两栖攻击舰、LPD – 17 多用途两栖攻击舰以及为美国海岸警卫队建造的国家安全巡防舰（National Security Cutter）。此外，诺斯罗普·格鲁曼参与了建造新一代"朱姆沃尔特"（Zumwalt）级驱逐舰（DDG1000）团队。

- **技术服务部门** 例如基础操作和基础设施支持、培训和模拟、生命周期支持及后勤。

网站：http://www.northropgrumman.com

拉斐尔军备发展公司（RAFAEL ARMAMENT DEVELOPMENT AUTHORITY）（以色列）

拉斐尔（Rafael）是以色列政府经营的负责为以色列国防军（Israel Defense Forces, IDF）和全球市场开发和生产各种军事装备的公司。该公司最初是一家由以色列国防部（Israeli Defense Ministry）直接所有的附属机构，拉斐尔雇用约 5000 名员工，2007 年销售额达 13 亿美元。

拉斐尔公司是以色列最大的导弹制造商，生产包括"怪蛇 5"（Python 5）和"德比"（Derby）空对空导弹、"波拜"（Popeye）空对地导弹、"长钉"（Spike）和"斗牛士"（Matador）反坦克导弹、"巴拉克"（Barak）海军防空系统。此外，该公司已开发了为坦克和装甲车配备的被动装甲和反应装甲防护组件、"蓝丁"（Litening）瞄准吊舱（提供在夜间和恶劣天气中战斗机对地攻击能力，还可携带多样化武器，如激光制导炸弹、全球定位系统制导武器）以及扫雷系统。该公司的许多产品已远销世界各地，其 2007 年收入中的 65% 来自对外销售，主要销往欧洲、北美和南美。

网站：http://www.rafael.co.il

雷声公司（RAYTHEON）（美国）

雷声公司总部设在马萨诸塞州的沃尔瑟姆，一直位于全球前十大防务公司之中。2008 年它是美国国防部第六大承包商，在全球排名也是第六。2008 年公司销售额为 232 亿美元，全球雇员约 7.3 万人。雷声公司收入中约 90% 来自防务业务，大约 85% 的业务是提供给美国政府的。雷声公司是法国泰利斯公司在泰利斯－雷声系统（Thales-Raytheon Systems）的合作伙伴，这家合资企业生产监视和定位雷达，以及空中指挥和控制系统。

雷声公司有四大核心市场：遥感（例如雷达系统），特定效果因素（动能武器，如导弹系统、进攻性信息战等），指挥、控制、通信和情报系统（C3I）以及任务支持。公司依次分为六大业务部门：

- **综合防御系统**　产品包括"爱国者"空中导弹防御系统、雷达系统、电子作战系统、导弹防御系统。
- **情报和信息系统**　情报收集传感器和系统。
- **导弹系统**　产品包括"响尾蛇"（Sidewinder）和"阿姆拉姆"空对空导弹（AMRAAM）、"海麻雀"（Seasparrow）和"改进型海麻雀"（ESSM）海基地对空导弹、先进巡航导弹（Advanced Cruise Missile, ACM）、联合防区外武器（Joint Standoff Weapon, JSOW）、"陶"（TOW）反坦克精确制导弹药以及"战斧"（Tomahawk）式巡航导弹。
- **网络中心系统**　战斗系统、综合通信系统、指挥和控制系统以及监管泰利斯－雷声系统。
- **空间和机载系统**　生产战斗机雷达［包括为美国空军 F-15C 飞机生产的 APG－63（V）2 有源电子扫描阵列（AESA）雷达］，其他航空电子设备、海上监视雷达、地形跟随/地形回避雷达以及提供监视、侦察和目标任务支持的光电和红外传感器。
- **雷声技术服务有限责任公司**（Raytheon Technical Services Company LLC）为世界范围内的防务、政府和商业客户提供专业技术、科学和专业服务，例如防扩散和反恐、基地和远程作战以及定制工程服务。

网站：http://www.raytheon.com

劳斯莱斯公司（ROLLS-ROYCE PLC）（英国）

劳斯莱斯股份有限公司是世界第二大飞机引擎生产商，仅次于通用电力（GE）航空公司。劳斯莱斯在20世纪初开始成为一家汽车制造商，但在第一次世界大战期间才开始生产飞机发动机。它是最早设计和建造燃气涡轮喷气发动机的公司之一，20世纪40年代、50年代和60年代，大多数英国战斗机都使用这种发动机。劳斯莱斯于1971年被英国政府收购，但公司的汽车业务在1973年被分拆出来，现在的劳斯莱斯公司于1987年再次被私有化。

劳斯莱斯公司有四大全球市场：国防航天、民用航空航天、海洋和能源。该公司有38000名雇员，2007年销售额总计148.4亿美元，其中防务收入大约占30%。通过在1994年收购艾里逊发动机公司（Allison Engines），劳斯莱斯在北美有了重要的子公司，它负责运作德国的劳斯莱斯公司，生产BR700系列喷气发动机。

劳斯莱斯公司目前合作参与三款喷气式战斗机的发动机项目：RB-199［装配给"龙卷风"（Tornado）战斗机］、欧洲飞机EJ200（装配给欧洲战斗机"台风"）、F135［同普塔特·惠特尼公司（Pratt and Whitney）一起］和F136发动机（同通用电气发动机集团一起，装配给F-35联合攻击战斗机）。它还生产装配给英国宇航系统公司"鹰"（Hawk）先进喷气教练机的"阿杜尔"（Adour）发动机，以及装配给"鹞"（Harrier）短距垂直起降战斗机（V/STOL）的"飞马"（Pegasus）发动机。民用航空产品包括用于空客A330、A340、A380以及波音777商用客机的"瑞达"（Trent）系列发动机，它还是为空客320系列生产V2500发动机的国际航空发动机集团（International Aero Engines Consortium）的合作伙伴，劳斯莱斯公司还生产应用于海事领域的直升机涡轮轴发动机和燃气涡轮机。

网站：http://www.rolls-royce.com

萨博公司（SAAB）（瑞典）

萨博公司控制着瑞典大约75%的武器生产，2008年有13750名员工。2008年公司收入为238亿瑞典克朗（33亿美元），其中约82%来自国防业务。其收

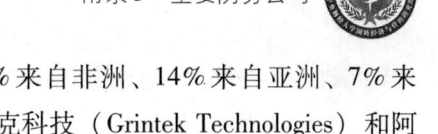

入的68%来自国际销售：26%来自欧洲、18%来自非洲、14%来自亚洲、7%来自美国、3%来自其他市场。通过收购格瑞泰克科技（Grintek Technologies）和阿维特罗尼斯公司（Avitronics），萨博在南美拥有大型的工业企业，在澳大利亚、丹麦和美国拥有稍小规模的控股公司。

萨博公司成立于1937年，全称是瑞典飞机公司（Svenska Aeroplan Aktiebolaget），在第二次世界大战后负责设计、开发和制造瑞典所有的战斗机，包括J-35"龙"（Draken）和JA-37"雷"（Viggen），目前还有JAS-39"鹰狮"（Gripen）（已销售到捷克共和国、匈牙利、南非和泰国）。该公司还生产"爱立眼"（Erieye）机载预警和指挥（AEW+C）飞机。自20世纪60年代开始，萨博进入了战术导弹业务领域。它目前生产RBS-15反舰巡航导弹、"巴姆斯"（BAMSE）防空系统和"比尔"（BILL）反坦克导弹，它还是国际"流星"（Meteor）和IRIS-T空对空导弹项目及"金牛座"（Taurus）对地攻击巡航导弹的合作伙伴。20世纪90年代晚期，萨博收购了摄氏工业公司（Celsius Industries），这是一家部分国有控股的公司，掌握着瑞典大部分军械、造船和国防电子业务［造船部门后来出售给德国的霍瓦尔特-德意志造船厂（HDW）公司］。非国防业务包括分包空中客车A340、A320和A380客机和A400M军用运输机的零部件业务，以及波音公司的737和777商用飞机业务。

萨博公司分为三大业务部门：防务和安全解决方案（侦察、监视、通信及指挥和控制）、系统和产品（反装甲、空对空和地对空导弹、鱼雷、电子战系统、雷达和传感器、伪装及训练系统）、航空业务（"鹰狮"战斗机、"爱立眼"机载预警和指挥飞机），2008年这三个部门分别占公司销售额的36%、35%和29%。

网站：http://www.saabgroup.com

新加坡科技工程公司（SINGAPORE TECHNOLOGIES ENGINEERING）（新加坡）

新加坡科技工程公司（ST Engineering）是一家综合性企业集团，专门从事军事航空航天、电子、地面系统和海洋系统业务。该公司的全球员工超过1.9万人，2007年收入为50.5亿美元。

新加坡科技工程公司由四个主要的子公司组成：新科宇航（ST Aerospace）

(飞机制造和维修)、新科电子（ST Electronics）（通信、传感器、软件和作战系统）、新科动力（ST Kinetics）（地面系统和军械）和新科海洋（ST Marine）（造船）。主要公司产品包括"比奥尼克斯"（Bionix）装甲战斗车、"泰莱斯"（Terrex）装甲运兵车、"普赖默斯"（Primus）和"飞马"（Pegaus）155毫米火炮系统以及SAR 21突击步枪。新科宇航主要从事军用和民用飞机的维护、维修、翻新和升级，如该公司为新加坡共和国空军（Republic of Singapore Air Force）升级和改良F-5和A-4两种战斗机。新科宇航还是美国为首的正在开发F-35联合攻击战斗机的国际集团的成员，它还正在与法国的欧洲直升机公司（Eurocopter France）合作，负责生产和销售EC-120轻型多用途直升机。新科海洋公司设计和建造"坚忍"（Endurance）级两栖攻击舰，生产法国设计的"拉法叶"（La Fayette）护卫舰，该公司还在物流和仓库管理、维修和翻新飞机发动机及船舶修理方面开发了大量专业技术。

新加坡科技工程公司通过其全资子公司视觉技术系统公司（Vision Technologies Systems，VT Systems），在美国占据了主要市场。视觉技术系统公司经营美国的沃特海洋船舶制造公司（U.S. Shipbuilder Halter Marine），它也从事生产定制型卡车车身和拖车、紧急车辆系列、卫星宽带、硬化电子系统和飞机维护及修理工作。此外，该公司持有爱尔兰蒂孟尼公司（Timoney）25%的股份，该公司生产装甲车辆的悬挂系统。

网站：http://www.stengg.com

泰利斯公司（THALES）（法国）

泰利斯公司[原汤姆逊无线电公司（Thomson-CSF）]，基地虽然设在法国，但它把自己描述为一家"多国化"（multidomestic）企业，其生产设施和合资公司遍布全球12个国家：澳大利亚、巴西、德国、意大利、荷兰、葡萄牙、新加坡、南非、韩国、西班牙、英国和美国（泰利斯-雷声系统，同雷声公司各出资50%组成的合资公司）。其主要业务包括空中交通管理、空中指挥与控制系统、监视与作战系统（如雷达和卫星系统）、军事通信、航空电子设备、短程地对空导弹系统、水面和水下海军系统、光电子、信息系统和服务（例如模拟、训练与合成环境、信息处理系统、计算机服务、工程和安全）、电子管和微电子产品。2008年泰利斯在全球的雇员有68000万人，其中34000人在法国，10000

人在英国（是泰利斯第二大运营国，大约占公司雇员总数的15%），3000人在美国（含合资公司），1200人在加拿大，3600人在澳大利亚，约16000万人在欧洲和世界其他地区。

2008年泰利斯公司的总收入为127亿欧元（181亿美元），大约3/4的收入来自国防业务。2008年泰利斯在法国市场的销售收入占25%，英国和其他欧洲市场大约占38%，北美市场占9%，28%来自世界其他地区。

泰利斯公司由三个主要业务领域组成：航空航天（雷达、航空电子设备、光电系统、卫星和信号干扰流量控制）、防务系统（C4ISR系统和无人机）、安全（电子和信息技术安全、培训和模拟及设施管理）。2008年防务系统业务占公司总收入的43%，航空航天占33%，安全业务占24%。

网站：http://www.thalesgroup.com

蒂森克虏伯海事系统公司（THYSSENKRUPP MARINE SYSTEMS）（德国）

蒂森克虏伯海事系统公司是一家德国的跨国公司，在德国、瑞典和希腊拥有海军造船厂［德国的霍瓦尔特－德意志造船厂（Howaldtswerke-Deutsche Werft, HDW）、瑞典的考库姆公司（Kockums）、希腊船厂有限公司（Hellenic Shipyards Co.）］。在这三个国家中，蒂森克虏伯海事系统公司的雇员人数总计约为8500名。霍瓦尔特－德意志造船厂（HDW）以生产柴电潜艇最为著名，包括209型常规潜艇，它有超过60种版本，已出口到13个国家。霍瓦尔特－德意志造船厂目前正在生产212/214型潜艇，其装备不依赖空气推进系统（AIP），这种类型的潜艇已出售给德国、意大利、韩国、希腊和葡萄牙的海军。霍瓦尔特－德意志造船厂还为德国海军生产F124"萨克森"（Sachsen）级护卫舰。

考库姆公司位于瑞典的马尔默市，生产水面舰艇［包括"维斯比"（Visby）级隐形护卫舰］和潜艇，特别是目前正在生产"哥特兰"（Gotland）级系列供给潜艇，它装备了不依赖空气推进系统的斯特林发动机（Stirling Engine），考库姆公司目前正在为瑞典海军开发新一代潜艇（NGU）。

希腊船厂位于雅典附近，生产固体攻击艇和护卫舰，它目前在许可之下正在建造214型潜艇。

网站：http://www.thyssenkrupp-marinesystems.com

霍瓦尔特－德意志造船厂：http://www.hdw.de

蒂考库姆公司：http://www.kockums.se

希腊船厂：http://www.hellenic-shipyards.gr

联合科技公司（UNITED TECHNOLOGIES）（美国）

联合科技公司（United Technologies Corporation，UTC）是美国一家从事各种制造业和服务业的跨国企业集团，产品包括飞机发动机、直升机、航空航天系统、"开利"（Carrier）供暖和空调、"奥的斯"（Otis）电梯和自动扶梯、消防和安全设备和燃料电池。该公司在2008年拥有22.3万名员工，收入达到587亿美元，其中77亿美元（13%）来自对美国政府的销售。大约64%的联合科技公司销售是面向国际客户的。联合科技公司一直是世界前十大防务公司之一，2008年是美国国防部第八大承包商。

联合科技公司的主要防务部门包括：普塔特·惠特尼发动机公司（Pratt and Whitney Engines）（占公司业务的13%）以及西科斯基飞机（Sikorsky Aircraft）（占公司业务的5.4%）。普塔特·惠特尼发动机公司雇用了38500人，为F-35联合攻击战斗机（JSF）生产F135发动机，为F-22生产F119发动机，为F-15和F-16生产F100系列发动机，并为C-17运输机生产F117发动机。普塔特·惠特尼发动机公司的加拿大子公司为军用和商业螺旋桨驱动飞机生产范围广泛的涡轮螺旋桨发动机。

西科斯基飞机公司成立于1925年，是一家独立的公司，于1929年被联合科技公司收购。目前其国防产品有"黑鹰"（Black Hawk）直升机，分为陆军（UH-60）、海军（SH-60）和商用（S-70）3个版本，正在设计中的更大型版本是S-92。西科斯基公司还拥有波兰航空工厂（PZL Mielec）——这是一家波兰飞机制造商。

网站：http://www.pw.utc.com

普塔特·惠特尼发动机公司：http://www.pw.utc.com

西科斯基飞机公司：http://www.sikorsky.com

索 引

A400M military transport aircraft, 6, 45	A400M 军用运输机
Acquisitions, 79~81. *See also* Mergers and acquisitions	采办。亦见合并和收购
Adams, Gordon, 38	亚当斯，戈登
Adapters and modifiers, of military technology, 2	改编者和修改者，军事技术
Advanced air-to-air missiles, in Europe, 183	先进空对空导弹，欧洲
Advanced Frigate Consortium (AFCON), 190	先进驱逐舰集团（AFCON）
Aerospace and Defense Industries Association of Europe, 180	欧洲航空航天和国防工业协会
Aerospace industry, 23~24	航空航天工业
Aerospatiale Matra (France), 17, 23, 182	马特拉宇航公司（法国）
AeroVironment, 103	航空环境公司
Afghanistan war, small arms and, 282~283, 285; transformation and, 158~159, 169	阿富汗战争，小武器，转型
AG. *See* Australia Group,	AG。参见澳大利亚集团
The Airbus Industries, 184~185, 190, 269	空中客车工业公司
Airbus Military Company, 183	空中客车军事公司
AK–47s. *See* Kalashnikovs	AK–47 步枪。参见卡拉什尼科夫步枪
Aldridge, E. C. "Pete", 154	奥尔德里奇·E. C.，"皮特"
Alyoshin, Boris, 202	阿廖申，鲍里斯
Ammunition, 281	弹药量
Apache helicopters, 48	阿帕奇直升机
Apollo missions, 130	"阿波罗"登月计划

Arms control, 13	军备控制
Arms embargoes, 40~41; China and, 212; defense industrialization and, 238	武器禁运，中国，国防工业化
Arms industry, changing nature of, 27~31	军火工业，不断变化的性质
Arms producing states, tiers of, 2~3	武器生产国，等级
Arms trade, 5, 61, 66, 67; developing nations, 30~31, 73~75; Europe and, 73; small weapons 280~281. See also Globalization of defense industries	军火贸易，发展中国家，欧洲，小武器。亦见国防工业全球化
ARPANET, 133	阿帕网
Asian Financial Crisis, 4	亚洲金融危机
Asian-Pacific defense spending, 4~5	亚太地区国防开支
Assault weapons, 274; post-2008 election sales boom, 286, 288; statistics on, 287. See also Global small-arms and light weapons	攻击性武器；2008年大选后的销售热潮，统计数据。亦见全球小武器和轻武器
Astrium, 183, 190	阿斯特里姆公司
Asymmetric conflict, 28	非对称冲突
Atomic weapons, 125	原子武器
Australia, treaty with, 119	澳大利亚，条约
Australia Group, The (AG), 246	澳大利亚集团，(AG)
Australia's gross domestic product (GDP), 253	澳大利亚国内生产总值（GDP）
Austria, offsets statistics, 262	奥地利，补偿贸易统计数据
Autarky, 3, 7, 115	自给自足
Autarky-efficiency dilemma, 223	自给自足的效率困境
Autonomy, Chinese defense industry and, 212~226; defense industrialization and, 230~231, 34~236	自主性，中国国防工业，国防工业化
Babich, Mikhail, 202	巴比奇，米哈伊尔
BAE Systems (United Kingdom), 4, 5, 6, 17~18, 21, 52, 110, 115, 117, 168, 177, 182, 183, 184, 187~188, 192, 193	英国宇航系统公司（英国）
BAZAN (Spain), 265. See also IZAR	巴赞（西班牙）。亦见伊扎尔造船厂
Benoit, Emile, 42	贝努瓦，埃米尔
Best practice, 232	最优实践

BICC. See Bonn International Center for Conversion	BICC。参见波恩军转民国际中心
Bifurcated defense-industrial base (Europe), 192	分为两支的国防工业基础（欧洲）
Bitzinger, Richard A., 2, 153	毕辛格，理查德，A.
Boeing (United States), 4, 97, 129, 137, 176, 178	波音（美国）
Bofors Defense, 183	博福斯防务公司
Bonn International Center for Conversion (BICC), 25, 197	波恩军转民国际中心（BICC）
Book of blueprints metaphor (offsets), 359	蓝图比喻之书（补偿贸易）
Boston high-tech corridor, 129	波士顿高科技走廊
BOXER (multi-role armor vehicles), 45	"拳击手"（多功能装甲车）
Brady background checks, 286	布雷迪背景检查
Brazil, 30, 236, 238	巴西
Brazil's gross domestic product (GDP), 253	巴西的国内生产总值（GDP）
Brindikov, Alexander, 201	布林季科夫，亚历山大
British Aerospace, 23	英国航空航天
Bureau of Alcohol, Tobacco, Firearms and Explosives, 281	酒精、烟草、枪支和爆炸物管理局
Bush administration, transformation and, 156~159	布什政府，转型
Bush, George H. W., 286	布什，乔治·H. W.
Bush, George W., 154, 156, 286	布什，乔治·W.
Bush, Vannevar, Science: The Endless Frontier, 125	布什，万尼瓦尔，《科学：没有止境的前沿》
Buyer's market, 5	买方市场
C⁴ISR. See Command, control, communications, computers, intelligence, surveillance, and reconnaissance	C⁴ISR。参见指挥、控制、通信、计算机、情报、监视和侦察
CAESAR artillery system, 189	凯撒火炮系统
Callaghan, Jr., Thomas, 38	卡拉汉，小托马斯
CAMID (Concept, Assessment, Development, Manufacture, In-service, Disposal) cycle, 47~48	CAMID（概念、评估、开发、制造、服役、退役）周期
Capabilities-based planning (CBP), 137~139	基于能力的计划
Capability tiers, 228	能力等级
CASA (Spain), 17, 23, 184, 189, 265~266	西班牙航空航天公司（西班牙）

CATIC. *See* China National Aero Technology Import andExport Corporation

CATIC, 184

CBP. *See* Capabilities-based planning

Cebrowski, Arthur K., 155, 159

Centre for Analysis of Strategies and Technologies (Russia), 200

Centre for Defense Information (Russia), 197

Century of Shame (China), 215

CESELSA (Spain), 265

CFIUS. *See* Committee on Foreign Investment in the United States

Chavez, Hugo, 282

China National Aero Technology Import and Export Corporation (CATIC), 219

China North Industries Corporation (NORINCO), 219, 220

China's gross domestic product (GDP), 251

Chinese defense industry, 2, 212～226; autarky-efficiencydilemma, 223; autonomy and the limits of change, 221～223; Chinese defense-industrial model, 219～221; defense-industrial autonomy in, 213～215; defense spending in, 4～5; dual-use technologies and, 146～149; enduring concerns and new requirements for autonomy, 218～219; Europe and, 84～85, 185～186; exporter of arms, 30; globalization and, 112～113, 212, 219, 222; historical background, 213～216; Israel and, 83～84; market socialism and, 217～218; modern industrial revolution, 215～218; People's Liberation Army (PLA) and, 212, 216, 218, 221; private sector role, 220; research and development in, 213～218, 220, 223; special economic zones (SEZs), 217; stateowned enterprises (SOEs), 212, 216～222; Tiananmen Square, 40, 147, 185; transformation in, 218～219; U. S. and, 222～223

CATIC。参见中国航空技术进出口总公司

中国航空技术进出口总公司

CBP。参见基于能力的计划

塞布洛斯基, 阿瑟·K.

战略和技术分析中心（俄罗斯）

防务信息中心（俄罗斯）

百年屈辱（中国）

西班牙电子企业（西班牙）

CFIUS。参见美国外国投资委员会

查韦斯, 乌戈

中国航空技术进出口总公司（CATIC）

中国北方工业公司（NORINCO）

中国国内生产总值（GDP）

中国国防工业, 自给自足的效率困境, 自主性和变化的限制, 中国国防工业模型, 国防工业自主权, 国防开支, 两用技术, 对自主权的持久关注和新要求, 欧洲, 武器出口方, 全球化, 历史背景, 以色列, 市场社会主义, 现代工业革命, 人民解放军（PLA）, 私营部门的作用, 研究和开发, 经济特区（SEZ）, 国有企业（SOE）, 天安门广场, 转型, 美国

索　引

Chinese wall, 266;	长城
Civilians, small arms dominance and, 274~275, 278~279, 286~290	民众，小武器的主导地位
Civil liberties, 238	公民自由
Civil-military integration, 42	军民融合
Clinton administration, 154, 156, 286	克林顿政府
CoCom. See Coordinating Committee on Multilateral Export Controls	CoCom。参见多边出口管制协调委员会
Cohen, William, 156	科恩，威廉
Cold war, arms industry during, 14~15, 43; dual-use technologies and, 127~132; end of. See also Post-cold war	冷战，军火工业，两用技术，结束。亦见冷战后
Collaboration, European government-led internationalization, 108~109. See also Dual-use technologies; Globalization of defense industries	协作，欧洲政府主导的国际化。亦见两用技术，国防工业全球化
Command, control, communications, computers, intelligence, surveillance, and reconnaissance (C^4ISR), 7	指挥、控制、通信、计算机、情报、监视和侦察（C^4ISR）
Commercial (peaceful)/defense (military or security) technologies. See Dual-use technologies	商业（和平）/国防（军事或安全）技术。参见两用技术
Commercialization, of military systems, 64~66	商业化，军事系统
Commercial-military integration, 162~164	商业-军事一体化
Commercial-off-the-shelf (COTS) technologies, 6, 16, 64, 109, 134~135, 139, 163, 169, 178, 216	商用现货（COTS）技术
Commercial technologies, 6	商业技术
Committee on Foreign Investment in the United States (CFIUS), 223	美国外国投资委员会（CFIUS）
Common Foreign and Security Policy (CSFP), 191	共同外交与安全政策（CSFP）
Common markets, 77~78	共同市场
Common Program (China, 1950), 213	中国人民政治协商会议共同纲领（中国，1950年版）
Comparative advantage, 60	比较优势
Competitive advantage, 153	竞争优势

Comtrade, 280

Conference on Security and Co-operation (Europe), 14

Congressional Research Service (CRS), 167~168

Consolidation, 160~162; in Russia, 199~206. See also Mergers and acquisitions (M&As)

Contraction, of defense industries, 61~63

Contractors, prime, 107~111. See also Mega-defense-companies; Subcontractors

Conversion of Russian defense industry, 197~198

Cooperative behavior strategies by U.S. to other states, incentives and rewards, 82~83; threats and sanctions, 83~85. See also Globalization of defense industries

Coordinating Committee on Multilateral Export Controls (CoCom), 126~127, 133, 247

Copiers and reproducers, of military technology, 2

Core communities (government, industry, academia), 128~129. See also Dual-use technologies

Core competencies, 23, 78~79

Corporate strategies, 22~27; classifications of companies, 24

Cost containment, 44

Cost-plus contracting, 44

Costs, limited defense industrialization and, 236~237; rising, 63~64

COTS. See Commercial-off-the-shelf (COTS) technologies, 6

Council on Foreign and Defense Policy (Russia), 199

Counter-regionalism (Europe), 188~191

Criminal firepower, 289

Critical innovators, of military technology, 2

Crowding-out costs, 42

CRS. See Congressional Research Service

（联合国）商品贸易统计数据库

安全与合作会议（欧洲）

国会研究服务处（CRS）

企业合并，在俄罗斯。亦见兼并和收购（M&A）

收缩，国防工业

承包商，主要。亦见巨型防务公司，分包商

俄罗斯国防工业转轨

美国对其他国家的合作行为策略，激励和奖励，威胁与制裁。亦见国防工业全球化

多边出口管制协调委员会（CoCom）

模仿者和复制者，军事技术

核心团体（政府、产业界、学术界）。亦见两用技术

核心竞争力

企业战略，公司分类

成本控制

成本加成合同

成本，有限的国防工业化，上升

COTS。参见商用现货技术

外交与国防政策理事会（俄罗斯）

反区域主义（欧洲）

刑事火力

关键创新，军事技术

挤出成本

CRS。参见国会研究服务处

索 引

CSFP. *See* Common Foreign and Security Policy	CSFP。参见共同外交与安全政策
Customer 1（Directors of Equipment Capability），48	用户1（装备能力主管）
Daimler-Benz, 23	戴姆勒－奔驰
Daimler Chrysler Aerospace, 182	戴姆勒－克莱斯勒宇航公司
DARPA. *See* Defense Advanced Research Projects Agency	DARPA。参见国防部高级研究计划局
DASA, 4, 17, 23	戴姆勒－克莱斯勒航空航天公司
Dassault Aviation（France），182，192	达索飞机制造公司（法国）
Defense Science and Technology Laboratory, 51	国防科学与技术实验室
Defense（military or security）/commercial（peaceful）technologies. *See* Dual-use technologies	防务（军事或安全）/商业（和平）技术。亦见两用技术
Defense Advanced Research Projects Agency（DARPA），127～128, 133	国防部高级研究计划局（DARPA）
Defense contractors, vs. civil companies, 28～29	防务承包商与民间公司
Defense conversion, 127～132	国防转型
Defense hierarchies, 2～3, 95～106; European responses, 101～103; evolution of, 98～99; market and policyforces potentially disruptive to, 104～105; nature of, 96～97; policy implications, 105; shift in favor of U.S., 99～100; technologies potentially disruptive to, 103; trade and production line implications of, 100～101	防务层级，欧洲的反应，演化，市场和政策力量的潜在破坏性，本质，政策含义，有利于美国的转变，技术的潜在破坏性，对贸易和生产线的影响
Defense industrialization, 227～240; background, 227～228; benefits of limited, 236～237; classic model of, 228～229; emerging industrial states and, 232～234; implications of, 237～238; objectives of, 229～231; patterns of, 231～232; prospects of, 234～237. *See also* Emerging defense industries	国防工业化，背景，有限好处，经典模型，新兴工业国家，含义，目标，模式，前景。亦见新兴国防工业
Defense News, 203	《防务新闻》
Defense Production Act（DPA），260～261	国防生产法案（DPA）
Defense Science Board（DSB），136	国防科学委员会（DSB）
Defense spending, increasing U.S., 13; statistics by-country, 3～5	国防开支，美国增加，分国别统计数据
Defense technology industrial base（DTIB），130, 134	国防技术工业基础（DTIB）
Defense Technology Security Administration（DTSA），131	国防技术安全局（DTSA）

Defense-to-commercial model. *See* Spin-off technologies; Dual-use technologies

Defense Trade Treaty, 119

Defense transformation, 138 ~ 140. *See also* Dual-use technologies; Transformation

Defense White Paper (China), 149

Deng Xiaoping, 146

Department for International Development (U. K.), 246

Department of Commerce (DoC), 245; dual-use technologies, 136 ~ 137

Department of Defense (DoD), 17, 38; 2006 budget, 99; commercial off-the-shelf (COTS) technologies and, 163; dependence on foreign arms studies, 61; Dual-Use Science and Technology (S&T) Program, 64; dual-use technologies and, 134 ~ 136; offsets and the JSF program, 268; R&D funding, 177, 178; transformation and, 156

Department of State (DoS), 245

Department of Trade and Industry (U. K.), 246

Dependency, economic, political, and military, 73

Deterrence, 43

Developing world, exporters of major weapons, 30 ~ 31. *See also* Emerging defense industries; Thirdworld countries

Diamond methodology, 52

Direct offset transactions, 115, 262

Disarmament, 13; structural, 38

Diversification, of arms industry, 22 ~ 27

Diversifiers (corporate), 24

Diversion, 257 ~ 258

Djandjgava, Givi, 200, 201

DoC. *See* Department of Commerce

DoD. *See* Department of Defense

DoS. *See* Department of State

DPA. *See* Defense Production Act

Drones, 83 ~ 84

DSB. *See* Defense Science Board

DTIB. *See* Defense technology industrial base

DTSA. *See* Defense Technology Security Administration

防务到商业的模式。参见技术溢出；两用技术

国防贸易条约

国防转型。亦见两用技术；转型

国防白皮书（中国）

邓小平

国际发展部（英国）

商务部（DoC），两用技术

国防部（DoD），2006年预算，商用现货（COTS）技术，依赖外国武器研究，两用科学和技术（S&T）计划，两用技术，补偿贸易和联合攻击战斗机计划，研发资金，转型

国务院（DoS）

贸易与工业部（英国）

依赖、经济、政治和军事

威慑

发展中世界，主要武器出口国。亦见新兴国防工业，第三世界国家

钻石方法论

直接补偿贸易交易

裁军，结构性的

多样化，军火工业

分散经营者（公司）

转向

简迪加娃，吉维

DoC。参见商务部

DoD。参见国防部

DoS。参见国务院

DPA。参见《国防生产法案》

无人驾驶飞机

DSB。参见国防科学委员会

DTIB。参见国防技术工业基础

DTSA。国防技术安全局

索　引

Dual-Use Science and Technology (S&T) Program (DoD), 64

Dual-use technologies, 6, 123 ~ 149; defined, 123; future of in the defense-industrial domain, 139 ~ 141; phase 1: 1940s to the end of World War Ⅱ, 124 ~ 127; phase 2: post World War Ⅱ/cold war era: defense conversion and technology spin-off technologies, 127 ~ 132; phase 3: revolution in military affairs (RMA) and economic (IT) globalization, 132 ~ 137; phase 4: post-cold war (contemporary) and beyond, 137 ~ 139; revolution in military affairs (RMA) and dual-use in China, 146 ~ 149; science and technology (S&T) workforce, 125 ~ 127

EADS. See European Aeronautic Defense and Spain Company①

Eastern Europe, 14

Economics, defense and, 41 ~ 42; export controls and, 248 ~ 249; offsets and, 257 ~ 258, 269

EDA. See European Defense Agency

Efficiency, offsets and, 257 ~ 258

Egypt, 232

Eisenhower, Dwight, 39, 43, 284

Eliseyev, Yuri, 201

Emerging defense industries, 227 ~ 240; autonomy and, 230 ~ 231, 234 ~ 236; background, 227 ~ 228; benefits of limited defense industrialization, 236 ~ 237; classical model of defense industrialization and, 228 ~ 229; economic objectives, 231; emerging industrial states, 232 ~ 234; national security objective, 229 ~ 231; patterns of defense industrialization, 231 ~ 232; political considerations, 231; politico-military implications, 237 ~ 238; private sector and, 234; sustainability and, 235 ~ 236; technological globalization and, 233 ~ 234, 236. See also Defense industrialization

Emerging industrial states, 232 ~ 234; defined, 232; technological globalization and, 233; vs. other developing nations, 232 ~ 233. See also Emerging defense industries

两用科技（S&T）计划（国防部）

两用技术，界定，国防工业领域的未来，阶段1：从20世纪40年代至第二次世界大战结束；阶段2：第二次世界大战结束后/冷战时期：国防转型和技术溢出型技术；阶段3：军事革命（RMA）和经济（IT）全球化；阶段4：后冷战（当代）及之后，中国的军事革命（RMA）和两用，科技（S&T）劳动力

EADS。参见欧洲宇航防务集团

东欧

经济，防务，出口管制，补偿贸易

EDA。参见欧洲防务局

效率，补偿贸易

埃及

艾森豪威尔，德怀特

叶利谢耶夫，尤里

新兴国防工业，自主性，背景，有限国防工业化的优势，国防工业化的经典模型，经济目标，新兴工业国家，国家安全目标，国防工业化的模式，政治因素，政治军事含义，私人部门，可持续性，技术全球化。亦见国防工业化

新兴工业国家，界定，技术全球化，相比其他发展中国家。亦见新兴国防工业

① 应为"Space"。——译者注

Employment, defense industry and, 42

Empress①de Missiles Espanola, 183

ENSB (Spain), 265, 266

Escude, Carlos, 85

ESDP. *See* European Security and Defense Policy

EU. *See* European Union (EU)

Eurocopter, 183, 188

Eurofighter combat aircraft, 6

Eurofighter program, 188, 190

Eurofighter Typhoon Programme, 1, 45

European Aeronautic Defense and Space Company (EADS), 6, 17, 20, 21, 23, 55, 61, 79, 110, 111, 117, 168, 184 ~ 185, 188 ~ 191, 192, 265

European Commission, 111

European Defense Agency (EDA), 29, 46, 62, 78 181, 186

Electronic Bulletin Board, 62

European defense industry, 6, 45 ~ 55, 73, 175 ~ 195; arms trade and, 73; bifurcated restructuring, 192; China and, 84 ~ 85; counter-regionalism #1: protectionism and parochialism in, 188 ~ 189; counter-regionalism #2: lure of the U.S. arms market, 189 ~ 191; critical issues of, 175; defense hierarchies and, 101 ~ 103; globalization and, 61 ~ 63, 108 ~ 111, 186 ~ 191; globalization and second-tier arms producers, 184 ~ 185; hybrid restructuring of, 191 ~ 192; inadequacy of national responses, 182; integration with U.S. firms, 193; major U.S. and European defense firms, 177; network-based defense (NBD), 180; network-centric warfare (NCW), 179; offsets statistics, 262; privatization of, 29 ~ 30; programs and pan-European arms manufacturing operations, 183; regionalization of, 182 ~ 184; research and development (R&D) in, 180 ~ 181; Russia and China and, 185 ~ 186; solutions to crisis in, 191; spending statistics, 180 ~ 181; the U.S. defense industry's challenge to Europe, 176 ~ 178; U.S. defense transformation (IT-RMA) and, 178 ~ 181

就业，国防工业

西班牙导弹公司

圣芭芭拉军事工业公司（西班牙）

埃斯库德，卡洛斯

ESDP。参见欧洲安全与防务政策

EU。参见欧盟（EU）

欧洲直升机公司

欧洲战斗机

欧洲战斗机计划

欧洲战斗机"台风"计划

欧洲宇航防务集团（EADS）

欧洲委员会

欧洲防务局（EDA）

电子公告板

欧洲国防工业，军火贸易，分为两部分进行重组，中国，反区域主义1类：保护主义和本位主义，反区域主义2类：美国军火市场的诱惑，关键问题，防务等级，全球化，全球化和第二等级的武器生产商，混合重组，国家反应不足，与美国公司整合，美国和欧洲主要的国防企业，基于网络的防御（NBD），网络中心战（NCW），补偿贸易统计，私有化，计划和泛欧武器制造业，区域化，研究和开发（R&D），中国和俄罗斯，危机解决方案，支出统计，美国国防工业对欧洲的挑战，美国国防转型（IT-RMA）

---

① 疑为"Empresas"。——译者注

European Fighter Aircraft (Typhoon), 266, 267

European Security and Defense Policy (ESDP), 191

European Union (EU), 28, 62

Excalibur precision-guided artillery round, 190~191

Export Control Act (1940), 126

Export controls, 126~127, 243~256; advantages of, 247~248; the Australia Group (AG), 246; current issues and future challenges, 255; disadvantages of, 248; economics and, 248~249; export control decisions, 249~251; global influence in practice, 243~244; in Japan, 245; large countries with large GDPs and global aspirations (U.S., China, Russia), 251~252; large countries with large GDPs and mainly domestic aspirations (Japan), 252; large countries with modest GDPs and regional aspirations (Australia, Brazil, India, Korea), 253; the Missile Technology Control Regime (MTCR), 247; national security policy and, 247; the Nuclear Suppliers Group (NSG), 246~247; small countries with global aspirations and large GDPs (France, U.K.), 252~253; small countries with modest global aspirations and significant GDPs (Germany, Italy), 253; small pariah countries seeking revenge (North Korea), 253; technology and, 243~244, 255; tensions and industry implications, 253~255; in the U.K., 246; in the U.S., 245~246; the Wassenaar Arrangement (WA), 247

Exporters, developing world, 30~31, 62~63

Export Licensing Community (U.K.), 246

F-16, 260

F-22, 266

F-18 Spanish offset program, 265

F-35 Joint Strike Fighter (JSF), 5, 46, 267~268

Fair return, 102, 108, 188. *See also* Juste retour

FCS. *See* Future Combat System (FCS) program

Federal Agency on Industry (Russia), 202

Federally funded research and development centers (FFRDCs), 165

欧洲战斗机（台风）

欧洲安全与防务政策（ESDP）

欧盟（EU）

"神剑"精确制导炮弹

出口管制法案（1940年）

出口管制，优势，澳大利亚集团（AG），当前的问题和未来的挑战，不利条件，经济学，出口管制决策，在实践中的全球影响力，日本，国内生产总值巨大并有全球抱负的大国（美国、中国、俄罗斯），国内生产总值巨大并主要有国内诉求的大国（日本），国内生产总值中等并有地区性抱负的大国（澳大利亚、巴西、印度、韩国），导弹技术控制制度（MTCR），国家安全政策，核供应国集团（NSG），具有全球抱负和巨大国内生产总值的小国（法国、英国），具有适度全球抱负和重大国内生产总值的小国（德国、意大利），寻求报复的小国（朝鲜），技术，紧张局势和行业影响，英国，美国，瓦森纳安排（WA）

出口商，发展中世界

出口许可管理机构（英国）

F-16

F-22

F-18 西班牙补偿贸易计划

F-35 联合攻击战斗机（JSF）

合理回报

FCS。参见未来战斗系统计划

联邦工业局（俄罗斯）

联邦政府资助的研发中心

FFRDCs. *See* Federally funded research and development centers	FFRDC。参见联邦政府资助的研发中心
Financial-industrial groups (Russia), 198~199	金融工业集团（俄罗斯）
Finmeccanica (Italy), 6, 21, 117, 118, 168, 182, 190, 192, 193	芬梅卡尼卡（意大利）
First-tier arms producers, 2, 267	第一等级武器生产商
FMF. *See* U.S. Foreign Military Financing (FMF) program	FMF。参见美国的对外军事资助计划
FMS. *See* Foreign Military Sales (FMS) program	FMS。参见对外军售计划
Force modernization, 179, 216	军力现代化
Ford, 23	福特
Foreign Commonwealth Office (U.K.), 246	外交与联邦事务部（英国）
Foreign contractors, 61~62	外国承包商
Foreign direct investments (FDIs), 5, 38, 78, 108~109, 110, 266	外国直接投资（FDI）
Foreign Military Sales (FMS) program, 268	对外军售计划
Four Modernizations (China), 218	四个现代化（中国）
Fradkov, Mikhail, 200	弗拉德科夫，米哈伊尔
France's gross domestic product (GDP), 252	法国国内生产总值（GDP）
FREMM (multi-mission frigates), 45	多功能护卫舰
French defense industry; exports and, 63; technology cluster example, 53~54	法国国防工业，出口，技术集群实例
Friedman, Tom, 136	弗里德曼，汤姆
FSAF/PAAMS air-defense system, 6	未来地对空导弹武器系列/主防空导弹系统
Full connectivity, 63	全连通
Functional capabilities boards, 139	功能能力委员会
Future Combat System (FCS) program, 105, 159, 167~168, 285	未来战斗系统（FCS）计划
GAO. *See* Government Accountability Office	GAO。参见政府责任署
Gates, Robert, 139, 159, 169	盖茨，罗伯特
General Atomics, 103	通用原子技术公司
General Dynamics (U.S.), 23, 97, 166, 176, 178, 266	通用动力（美国）
General Dynamics F-16, 260	通用动力F-16

General Electric Company, 23, 24

General Motors, 23

Georges, Bruce, 81

German G-3s, 277

Germany's gross domestic product (GDP), 253

GIG. *See* Global information Grid

Global arms industry; criticality of, 5; hierarchical nature of, 2~3

Global information Grid (GIG), 165

Globalization of defense industries, 6~7, 61~63, 66, 68~73, 107~122; Australia and, 115; China and, 112~113, 212, 219, 222; emerging industrial states and, 233~234, 236, 238; Europe and, 108~111, 184~191; export controls and, 243~244; India and, 113; investment-led industrial globalization, 109~111; Israel and, 114~116; Japan and, 113~114, 115; Latin American countries and, 115; offsets and, 268; prime contractors, 107~111; regulating defense transnationals, 116~117; Russia and, 112; small arms and light weapons (SALW) industry, 272~275; South Africa and, 115; South Korea and, 115; supply chains, 108~111; Taiwan and, 115; toward a transatlantic/transpacific market, 118~120; transformation and, 162, 168~169, 170; treaties, 118~120; the U.S.-U.K. axis, 117~118

Global small arms and light weapons (SALW) industry, 272~292; Afghanistan and Iraq wars and, 282~283, 285; ammunition and, 281; assault weapons, 286~288; background, 284~286; civilians' dominance and, 274~276, 278~279, 286~290; diffusion of, 277~279; elusiveness of, 273, 279~281; industrial trends, 282~283; innovation and, 284~286; Kalashnikovs (AK-47s), 274, 275, 277, 282, 283, 285, 289; life cycle of, 281; non-state actors and, 272~274; post-2008 election sales boom, 286, 288; product cycle model and, 277; revival of, 272~275; statistics on, 277~283, 286~288; technological stasis of, 275~277; trade in, 280~281; transformation of, 273~275

Gold plating, 15, 44

通用电气公司

通用汽车

乔治，布鲁斯

德国 G-3

德国国内生产总值（GDP）

GIG。参见全球信息网

全球军火工业，临界点，层级性质

全球信息网（GIG）

国防工业全球化，澳大利亚，中国，新兴工业化国家，欧洲，出口管制，印度，投资主导的产业全球化，以色列，日本，拉丁美洲国家，补偿贸易，主承包商，规制跨国防务，俄罗斯，小武器和轻武器（SALW）工业，南非，韩国，供应链，中国台湾，走向跨大西洋/太平洋市场，转型，条约，美国－英国轴心

全球小武器和轻武器（SALW）工业，阿富汗和伊拉克战争，弹药，突击武器，背景，民众的主导地位，扩散，逃避，产业趋势，创新，卡拉什尼科夫（AK-47），生命周期，非国家行为体，2008年选举后的销售热潮，产品周期模型，复兴，统计，技术停滞，贸易，转型

镀金

Gorbachev, Mikhail, 197	戈尔巴乔夫，米哈伊尔
Government Accountability Office (GAO), 167	政府责任署（GAO）
Government export control organizations, 244~246; Japan, 245; U.K., 246; U.S., 245~246	政府出口管制组织，日本，英国，美国
Government/private funding for research and development, during cold war, 127~132	用于研发的政府/私人部门资金，冷战期间
Greece, offsets statistics, 262	希腊，补偿贸易统计
Gross domestic products (GDPs), 251~253	国内生产总值（GDP）
Guarguanglini, Pier Francesco, 81	瓜尔瓜利尼，皮埃尔·弗朗切斯科
Guerrilla-type conflicts, 28	游击式冲突
Gulf War (1991), 65, 154, 158	海湾战争（1991年）
Hagglunds, 183	赫格隆
Halliburton, 21	哈利伯顿
Hartley, Keith, 266~267	哈特利，基斯
Heckler & Koch, 190	黑克勒和科赫
Her Majesty's Revenue and Customs (U.K.), 246	税务海关总署（英国）
Hierarchies. *See* Defense hierarchies	层级。参见防务层级
High-tech innovation clusters, 128~129	高新技术创新集群
Hintze, Peter, 269	辛兹，彼得
Holding companies (Russia), 198~201	控股公司（俄罗斯）
Holland, Lauren, 284	霍兰德，罗兰
Hoover commission report, 284	胡佛委员会报告
Horizontal integration, 110~111	横向整合
Hostile states, export controls and, 249	敌对国，出口管制
Hub and spoke system, 75~76, 187, 267	辐射状系统
Hu Jintao, 148	胡锦涛
Human rights, 238	人权
Hybrid defense-industrial base (Europe), 191~192	混合型国防工业基础（欧洲）
IDF. *See* Israeli Defense Forces	IDF。参见以色列国防军
IEDs. *See* Improvised explosive devices	IED。参见简易爆炸装置

索引

IISS. *See* International Institute for Strategic Studies

IISS。参见国际战略研究所

Improvised explosive devices (IEDs), 158, 169, 277

简易爆炸装置（IED）

Incentives, for cooperation, 82~83

激励，合作

"Independent Military Review" (Litovkin), 62~63

《独立军事评论》（李多维奇）

Indian defense industry, arms trade in, 30, 74; globalization and, 113; India's gross domestic product (GDP), 253

印度国防工业，军火贸易，全球化，印度国内生产总值（GDP）

Indirect offset transactions, 262

间接补偿贸易

Indonesia, 40~41; China and, 221; exporter of arms, 30

印度尼西亚，中国，武器出口

Industrial participation (offsets), 5

工业参与（补偿贸易）

Influence, defined, 60

影响，界定

Information-intensive warfare, 153

信息密集型战争

Information technologies (IT), 6~8, 13; dual-use technologies and, 132~137; revolution in military affairs (IT-RMA), 153, 156~158, 164~165, 169, 176, 178~179

信息技术（IT），两用技术，军事革命（IT-RMA）

Informatization, 148, 153

信息

Infrastructural development, defense industry and, 42

基础设施建设，国防工业

Insurgents, small arms and, 272~274, 277

叛乱分子，小武器

Intellectual property, 255

知识产权

Intellectual property rights (IPR), 47

知识产权（IPR）

Interdisciplinary collaboration, 126. *See also* Dual-use technologies

跨学科合作。亦见两用技术

International cooperative relationships, 54~55. *See also* Iron triangle revised interpretation

国际合作关系。亦见"铁三角"的重新审视

International Institute for Strategic Studies (IISS), 99; *Military Balance*, 280

国际战略研究所（IISS），《军事力量平衡》

Internationalization, 107~109. *See also* Globalization of defense industries

国际化。亦见国防工业全球化

Internationalization of production, 13

生产国际化

International Traffic in Arms Regulations (ITAR), 119, 245

国际武器贸易条例（ITAR）

— 417 —

Investment-led globalization, 109~111

IPR. See Intellectual property rights

Iraq, 253

Iraq war, small arms and, 282~283, 285; transformation and, 158~159, 169

Iron triangle revised interpretation, 38~59; from confrontation to cooperation, 43~47; defense as a centrifugal force for growth, 43; defense as economic driver, 41~42; Integrated Project Teams (IPTs), 47~48; politico-diplomatic status and, 41; Private Finance Initiatives (PFIs), 48~50; smart acquisition, 47~48; sovereignty and (security, self-reliance, sustainability), 40~41; technological partnerships, 50~55; technology clusters, 52~55

Israel Aircraft Industries, 103

Israeli Defense Forces (IDF), 77

Israeli defense industry, arms trade in, 30, 63, 74, 238; China and, 83~84, 221; globalization and, 114~116

IT. See Information technologies

Italy, 81

Italy's gross domestic product (GDP), 253

ITAR. See International Traffic in Arms Regulations

IT-RMA. See Information technologies; Revolution in military affairs

Ivanov, Sergei, 201, 204~205

IZAR (Spain), 266

Jakarta, 40~41

Janes's, 203

Japanese defense industry, export controls in, 245; globalization and, 113~114, 115 technology clusters and, 54

Japanese Ministry of Economy, Trade and Industry (METI), 245

投资主导的全球化

IPR。参见知识产权

伊拉克

伊拉克战争，小武器，转型

"铁三角"的重新审视，从对抗到合作，国防作为增长的离心力，国防作为经济驱动力，一体化项目组（IPT），政治-外交地位，私人主动融资，精明采办，主权（安全、自力更生、可持续发展），技术合作伙伴，技术集群

以色列飞机工业

以色列国防军（IDF）

以色列国防工业，军火贸易，中国，全球化

IT。参见信息技术

意大利

意大利国内生产总值（GDP）

ITAR。参见国际武器贸易条例

IT-RMA。参见以信息技术为基础的军事革命

伊万诺夫，谢尔盖

伊扎尔造船厂（西班牙）

雅加达

《简氏防务周刊》

日本防卫工业，出口管制，全球化，技术集群

日本经济产业省（METI）

Japan's gross domestic product (GDP), 252	日本国内生产总值 (GDP)
Jiang Zemin, 147	江泽民
Joint Program Office, 268	联合计划办公室
Joint Strike Fighter (JSF) program, 165, 234, 267~268	联合攻击战斗机 (JSF) 计划
Joint Tactical Radio System (JTRS), 138~139	联合战术无线电系统 (JTRS)
Joint ventures, 79~81	合资公司
Joint Vision 2010 (JV 2010), 155~156	《2010年联合构想》(JV 2010)
Joint Vision 2020 (JV 2020), 157	《2020年联合构想》(JV 2020)
JSF. *See* Joint Strike Fighter (JSF) program	JSF。参见联合攻击战斗机 (JSF) 计划
JTRS. *See* Joint Tactical Radio System	JTRS。参见联合战术无线电系统
Juste retour, 45~46, 102, 108, 118, 188. *See also* Fair return; Offsets	合理回报，补偿贸易
Kalashnikovs (AK-47s), 274, 275, 277, 282, 283, 285, 289	卡拉什尼科夫步枪 (AK-47)
Kasyanov, Mikhail, 199	卡西亚诺夫，米哈伊尔
KBP Instrument Design Bureau, 204	图拉仪器仪表设计局
Ke Jiao Xing Guo, 147	科教兴国
Khan, A. Q., 136	汗，A. Q.
Klebanov, Ilya, 199	克列巴诺夫，伊利亚
Klich, Bogdan, 81	克里奇，伯格丹
Koptev, Yuri, 200	科普捷夫，尤里
Krause, Keith, 2	基斯，克劳斯
Kraus Maffei (Germany), 266	克劳斯·玛菲 (德国)
Krepinevich, Andrew, 154	克雷皮内维奇，安德鲁
Kuomintang, 146	国民党
Landmine ban (Ottawa convention), 289	禁止地雷 (《渥太华公约》)
Latin America, defense globalization and, 115	拉丁美洲，国防全球化
LCS. *See* Littoral combat ship	LCS。参见濒海战斗舰

League of Assistance to Defense Enterprises (Russia), 200, 201	国防企业协助联盟（俄罗斯）
Lean logistics, 38	精益物流
Lenovo, 217	联想
Leverage instruments, 82~85	影响力工具
Levine, Peter, 44	彼得，莱文
Life cycles of small arms, 281	小武器生命周期
Lines-of-Development concept, 48	线式发展概念
Litovkin, Victor, 62	李托维奇，维克托
Littoral combat ship (LCS), 165~166, 169	濒海战斗舰（LCS）
Lockheed Martin (U.S.), 4, 52, 96, 97, 129, 166, 176, 190, 266, 268	洛克希德·马丁（美国）
Lockheed Skunk Works (U.S.), 269	洛克希德臭鼬工厂（美国）
Long war, 158~159	长期战争
Losers (corporate), 24	失败者（公司）
Lowest-cost sources, 269	最低成本来源
Loyal allies, 81~82	忠实盟友
Lureau, Francois, 78	鲁诺，弗朗索瓦
M&As. See Mergers and acquisitions	M&A。参见并购
M14 rifle, 284, 286	M14步枪
M16 rifle, 284~286	M16步枪
Major non-NATO ally (MNNA), 83	主要的非北约盟友（MNNA）
Major weapons, 272	主要武器
Makienko, Konstantin, 200, 201, 204	马基延科，康斯坦丁
Malaysia, 41	马来西亚
Manhattan Project, 125, 126	曼哈顿计划
Mao Zedong, 146, 216	毛泽东
Marconi, 23	马可尼
Market forces, defense hierarchies and, 104~105	市场力量，防务层级
Market socialism, 217~218	市场社会主义

索引

Markusen, Anne, 116	马库森, 安妮
Marshall, Andrew W., 154	马歇尔, 安德鲁·W.
Mastiff program, 103	"獒"计划
Matthews, Ron, 267	马修斯, 罗恩
MBDA, 117, 183, 190	欧洲导弹集团
McCain, John, 159	麦凯恩, 约翰
McDonnell Douglas (U.S.), 265	麦克唐纳·道格拉斯(美国)
McNamara, Robert, 284	麦克纳马拉, 罗伯特
Medvedev, Dmitry, 203	梅德韦杰夫, 德米特里
Mega-defense companies, 4, 97, 107, 176~178. See also Contractors; Prime contractors	巨型防务公司。亦见承包商, 主承包商
Mergers and acquisitions (M&As), 6, 61, 79~81, 110, 160~162, 176, 182. See also Consolidation	兼并和收购(M&A)。亦见合并
Meteor air-to-air missile, 6	流星空对空导弹
METI. See Japanese Ministry of Economy, Trade and Industry	METI。参见日本经济产业省
MIC. See Russian military-industrial complex	MIC。参见俄罗斯军事工业复合体
Military, transformation of, 63	军事, 转型
Military Balance (IISS), 280	《军事力量平衡》(IISS)
Military-government-defense-industrial forces, 43. See also Iron triangle revised interpretation	军事-政府-防务-工业力量。亦见"铁三角"修正解释
Military industrial complex, 39, 43	军事工业复合体
Military personnel (world), 282	军人(世界)
Military Strategic Guidelines for the New Period (China), 148	新时期军事战略方针(中国)
Military-Technical Revolution: A Preliminary Assessment (ONA), 154	《军事技术革命：一个初步评估》
Military technological revolution (MRT), 132~133, 153. See also Revolution in military affairs (RMA)	军事技术革命(MRT)。亦见军事革命(RMA)
Mills, Wright, 39	米尔斯, 赖特
Ministry for Industry and Energy (Russia), 200	工业和能源部(俄罗斯)

Ministry of Defence (MoD) (U.K.), 17, 24, 43, 64, 246	国防部（英国）
Missile defenses, in Europe, 183	导弹防御，欧洲
Missile Technology Control Regime, The (MTCR), 247	导弹技术控制制度（MTCR）
MMPP Salyut, 201	莫斯科"萨留特"礼炮机械制造生产公司
MNNA. See Major non-NATO ally	MNNA。参见主要的非北约盟友
MoD. See Ministry of Defence	MoD。参见国防部
Monopolies, 16~17	垄断
Moravcsik, Andrew, 223	莫劳夫奇克，安德鲁
MTCR. See Missile Technology Control Regime, The	MTCR。参见导弹技术控制制度
MTR. See Military technological revolution	MTR。参见军事技术革命
National Aeronautics and Space Administration (NASA), 127~130	国家航空航天局（NASA）
Spinoff, 130	《衍生品》
National innovation system (NIS), 128	国家创新体系（NIS）
National Science Foundation (NSF), 125	国家科学基金会（NSF）
National Security Decision Directive (NSDD), 131	国家安全决策指南（NSDD）
National security issues, 6~7, 110, 165; defense industrialization and, 229~231; dual-use technologies and, 125~126, 129; export controls and, 247; offsets and, 269	国家安全问题，国防工业化，两用技术，出口管制，补偿贸易
NATO, 16, 28, 126, 247	北大西洋公约组织
Navantia, 190, 193	纳凡蒂亚造船厂
NCW. See Network-centric warfare	NCW。参见网络中心战
NEC. See United Kingdom's Network Enabled Capability (NEC) concept	NEC。参见英国的网络使能能力概念
Netherlands, offsets statistics, 262	荷兰，补偿贸易统计
Network-based defense (NBD), 7, 180, 191	基于网络的防御
Network-centric warfare (NCW), 7, 63~64, 97, 165, 179	网络中心战

Network-enabled capabilities, 7, 73	网络使能能力
Nezavisimoye Voennoye Obozreniye (Russia), 198	《独立军事评论》（俄罗斯）
NH-90 helicopter, 1	NH-90 直升机
NH Industries, 183	新罕布什尔州工业
NIS. *See* National innovation system	NIS。参见国家创新体系
Non-European states, offsets statistics, 262	非欧洲国家，补偿贸易统计数据
Non-state actors, small arms and, 272~274, 277	非国家行为体，小武器
NORINCO. *See* China North Industries Corporation	NORINCO。参见中国北方工业公司
North Carolina's Research Triangle area, 129	北卡罗来纳州研究三角区
North Korea, 30, 253	朝鲜
Northrop Grumman (U.S.), 4, 61, 97, 176, 178	诺斯罗普·格鲁曼公司（美国）
NSDD. *See* National Security Decision Directive	NSDD。参见国家安全决策指南
NSF. *See* National Science Foundation	NSF。参见国家科学基金会
NSG. *See* Nuclear Suppliers Group, The	NSG。参见核供应国集团
Nuclear Suppliers Group, The (NSG), 246~247	核供应国集团（NSG）
Nuclear weapons, 272	核武器
NVO, 202	《独立军事评论》
Nye, Joseph, 60	奈，约瑟夫
Obama, Barrack, 286	奥巴马，巴拉克
Oboronprom (Russia), 203	俄罗斯国防工业股份公司（俄罗斯）
Obsolescence, 28	废弃
OCCAR. *See* Organization for Joint Armament Cooperation	OCCAR。参见联合军备合作组织
OECD. *See* Organisation for Economic Co-operation and Development	OECD。参见经济合作与发展组织
OEM. *See* Original equipment manufacturer	OEM。参见原始设备制造商
Office of Force Transformation, 158~159	武装力量转型办公室
Office of Management and Budget (OMB), 261, 263	管理和预算办公室
Office of Net Assessment (ONA), 132, 154	净评估办公室
Office of Scientific Research and Development, 125	科学研究和开发办公室

Office of the Secretary of Defense, 284

Offsets, 5, 38, 46, 79~81, 115, 232, 236, 257~271; Austrian statistics, 262; beyond offsets, 264~266; book of blueprints metaphor, 259; changes in, 262~263; criticism of, 259; defined, 257; economics vs. national security, 269; economic theory and, 257~258; electronics/electrical sector, 262; European statistics, 262; F-35 Joint Striker Fighter (JSF) program and, 267~268; globalization and, 268; goals of, 258~260; lower-cost sources problem and, 268~269; non-European statistics, 262; or production consortia, 264; reporting requirements, 260~261; reputation effects, 260; Spain and F-18 offset program, 265~266; trade diverting and, 257~258, 264; transportation equipment sector, 262; U.S. data and statistics on, 260~264; vs. industrial participation, 266~267; welfare reducing and, 257, 264. See also Juste retour

Offsets in Defense Trade, 261

Offset Strategy, 133

OMB. See Office of Management and Budget

ONA. See Office of Net Assessment

One Equity Partners, 189

"Open Door" policy (Deng Xiaoping), 146

Operational sovereignty, 269

Organisation for Economic Co-operation and Development (OECD), 14

Organization for Joint Armament Cooperation (OCCAR), 45~46, 192

Original equipment manufacturer (OEM), 109

Oslo treaty for the elimination of cluster munitions (2008), 289

Outsourcing, 28, 38

Oversight agencies, 167

Owens, William A., 155

Pakistan, Chinese defense industry and, 221

国防部长办公室

补偿贸易, 奥地利统计, 超越补偿贸易, 蓝图比喻之书, 改变, 批评, 界定, 经济与国家安全, 经济理论, 电子/电力部门, 欧洲统计, F-35联合攻击战斗机 (JSF) 计划, 全球化, 目标, 较低成本来源问题, 非欧洲国家的统计, 或者生产财团, 报告要求, 声誉效应, 西班牙和F-18补偿贸易计划, 贸易转移, 交通运输设备部门, 美国数据和统计, 工业参与, 福利减少。亦见合理回报

国防贸易中的补偿贸易

补偿贸易策略

OMB。参见管理和预算办公室

ONA。参见净评估办公室

第一证券合作伙伴

"开放"政策（邓小平）

自主使用权

经济合作与发展组织（OECD）

联合军备合作组织（OCCAR）

原始设备制造商（OEM）

清除集束弹药的奥斯陆条约

外包

监督机构

欧文斯, 威廉

巴基斯坦, 中国的国防工业

Peace dividend, 3~4	和平红利
People's Liberation Army (PLA, China), 212, 216, 218, 221	人民解放军（PLA，中国）
People's War (China), 146, 215~216	人民战争（中国）
Perry, William J., 17, 45, 133	佩里，威廉
Persuasion, 60	信仰
PFIs. *See* Private Finance Initiatives	PFI。参见私人主动融资
PGMs. *See* Precision-guided munitions	PGM。参见精确制导弹药
PLA. *See* People's Liberation Army	PLA。参见人民解放军
PlayStation 2 video gaming (Sony), 123	PS2 视频游戏（索尼）
Poland, 81, 262	波兰
Policy options, 75~85; American options: subcontracting, joint ventures, acquisitions, and offsets, 79~81; a common market, 77~78; defense hierarchies and, 104~105; dropping out and scaling back, 76~77; incentives and rewards, 82~83; loyal allies, 81~82; preserving core competencies, 78~79; threats and sanctions, 83~85	政策选择，美国选择，分承包，合资公司，采办，补偿贸易，共同市场，防务层级，退出和收缩，激励和奖励，忠实盟友，保护核心竞争力，威胁与制裁
Political leverage, 237~238	政治影响力
Politico-military implications for defense industrialization, 237~239	对国防工业化的政治-军事影响
Poly Technologies Corporation, 220	保利科技有限公司
Porter, Michael, 43	波特，迈克尔
Post-cold war, 13~37; changing nature of the arms industry, 27~31, 61; cold war arms industry, 14~15; concentration, 17~21; corporate strategies, 22~27; developing world, 30~31; dual-use technologies and, 137~139; post-cold war arms industry, 3~5, 15~27; structural changes, 21~22; transformation and, 160~164	冷战后，国防工业不断变化的性质，冷战时期的军火工业，集中，公司战略，发展中世界，两用技术，冷战后的军火工业，结构变化，转型
Power, defined, 60	力量，界定
Power elites, 39	力量精英
Precision-guided munitions (PGMs), 138	精确制导弹药
Prime contractors, 107~111	主承包商

Private Finance Initiatives (PFIs), 38, 48~50; challenges to, 49~50	私人主动融资，挑战
Privatization, 13, 28~30, 64~66, 234	私有化
Procurement, U.S. and European statistics, 99~100	采购，美国和欧洲统计
Product cycle model (Vernon), 277	产品周期模型（弗农）
Production line implications, defense hierarchies and, 100~101	产品线影响，防务层级
Protectionism, 189	保护主义
PSA. See Public Service Agreement	PSA。参见公共服务协议
Public ownership of defense, 41	防务的公共所有
Public-private partnerships, 38, 49. See also Private Finance Initiatives (PFIs)	公私合营伙伴关系。亦见私人主动融资
Public Service Agreement (PSA), 49	公共服务协议
Pure play, 23	单一业务
Putin, Vladimir, 198~199, 203, 206	普京，弗拉基米尔
Quadrennial Defense Review Report (2001) 154~155, 156~1575	《四年防务审查报告（2001年）》
R&D. See Research and development	R&D。参见研究与开发
Racal, 17, 23, 191	雷卡公司
Radar technology, 125	雷达技术
Rafale fighter jet, 1	阵风战斗机
Ranque, Denis, 78	兰克，丹尼斯
Rationalization, 107	合理化
Raytheon, 97, 129, 176	雷声
RDT&E. See Research, development, testing, and evaluation	RDT&E。参见研究、开发、试验与评估
Reagan administration, 131	里根政府
Rearmers (corporate), 24	重整军备者（公司）
Regionalization, of the European defense industry, 182~184	区域化，欧洲国防工业
Regional partnering, 53	区域合作

Regulation, of transnational defense firms, 116~117

Reputation effects, 260

Research and development (R&D), 2~3; in China, 213~218, 220, 223; cold war arms industry and, 14~15; consolidation and, 162; emerging industrial states and, 233~234; fixed costs of, 13; government and privately funded during cold war, 127~132; multinational, 6; spending by European Union (EU), 180~181; trilateral relationships, 53~54

Research, development, testing, and evaluation (RDT&E), 159, 177

Restructuring of world's defense-industrial sector, 61~75; 1. dropping out and scaling back strategy, 76~77; 2. common market strategy, 77~78; 3. core competencies strategy, 78~79; 4. U.S. option: subcontracting, joint ventures, acquisitions, and offsets, 79~81; 5. loyal ally policy option, 81~82; arms exports, 66, 67; commercialization/privatization, 64~66; contraction and globalization of, 61~63; economic, political, and military dependency, 73; Europe and, 73; military transformation, 63; rising costs and, 63~64; third world countries and, 73~75; unipolar global defense-industrial sector, 66, 68~73

Reverse engineering, 221

Revolution in military affairs (RMA), 44, 124; in China, 216; defined, 178~179; dual-use technologies and, 132~138; technology and (IT-RMA), 7~8, 153, 156~158, 164~165, 169, 176, 178~179. See also United States defense industry's revolution in military affairs (RMA)/transformation enterprise

Rewards, for cooperation, 82~83

Rich, Ben, 269

RMA. See Revolution in military affairs

Rolls-Royce, 55, 117, 193

Roosevelt, Franklin, 125

Ross, Andrew, 2

Roughead, Gary, 166

Rumsfeld, Donald, 138, 156

Russian defense industry, 62~63, 196~211; arms trade in, 74~75; China and, 221; consolidation in, 199~201, 202~206; cost of developing, 205~206; European defense industry and, 185; globalization and, 112; phase 1: conversion and reform (1991~1997), 197~198; phase 2: from financial-industrial groups (FIGS) to state-owned holding companies (1997~2002), 198~199; phase 3: consolidation of holding companies (2002~2006), 199~201; phase 4: renationalization of (2006~2008), 201~202

Russian military-industrial complex (MIC, in Russian, VPK), 196; employment at, 202. See also Russian defense industry

Russian Technologies, 203~204, 206

Russia's gross domestic product (GDP), 251

Rybas, Alexander, 199, 204

S&T. See Science and technology (S&T) workforce

Saab (Sweden), 5, 6, 23, 78, 182, 183, 190, 192, 193

Safranchuk, Ivan, 197

SAIC. See Science Applications International Corporation

SALW. See Global small arms and light weapons (SALW) industry

Samsung, 55

Sanctions, 83~85

Science: The Endless Frontier (Bush), 125

Science and technology (S&T) workforce, 125~132

Science Applications International Corporation (SAIC), 167

Scout program, 103

罗斯,安德鲁

拉夫海德,加里

拉姆斯菲尔德,唐纳德

俄罗斯国防工业,军火贸易,中国,合并,开发成本,欧洲国防工业,全球化,阶段1:转型和改革(1991~1997年);阶段2:从金融工业集团(FIGS)到国有控股公司(1997~2002年);阶段3:控股公司的合并(2002~2006年);阶段4:重新国有化(2006~2008年)

俄罗斯军工复合体(MIC,俄罗斯,VPK),就业。亦见俄罗斯国防工业

俄罗斯技术

俄罗斯国内生产总值

里巴斯,亚历山大

S&T。参见科技劳动力

萨博(瑞典)

萨弗兰切克,伊万

SAIC。参见科学应用国际公司

SALW。参见全球小武器和轻武器工业

三星

制裁

《科学:永无止境的前沿》(布什)

科学与技术劳动力

科学应用国际公司

侦察计划

索引

Second-tier arms producers, 2~3, 267; in Europe, 184~185	第二等级军火生产商，欧洲
Security levels, 61	安全水平
Security threats, 63	安全威胁
Self-reliance (zili gengsheng), 215	自力更生
Self-Strengthening Movement (Imperial China), 213	洋务运动（封建中国）
Semi-prime companies, 107	准主要承包公司
Sensors, 133	传感器
787 Dreamliner aircraft, 55	787 "梦幻" 客机
SEZs. See Special economic zones	SEZ。参见经济特区
Shapeville① Massacre (South Africa), 40	沙佩维尔大屠杀（南非）
Shlykov, Vitaly, 199	什雷科夫，维塔利
Siberian Aeronautical Research Institute (SibNIA), 203~204	西伯利亚航空研究所
SibNIA. See Siberian Aeronautical Research Institute	SibNIA。参见西伯利亚航空研究所
Silicon Valley, 128	硅谷
Singapore, 232, 234	新加坡
Singapore Aero Engine Service Ltd., 55	新加坡航空发动机服务有限公司
Singapore Technologies Aerospace, 184	新加坡航空技术公司
Singer, P. W., 65	辛格，P. W.
Sino-Indian war, 42	中印战争
SIPRI. See Stockholm International Peace Research Institute	SIPRI。参见斯德哥尔摩国际和平研究所
Skill generation, defense industry and, 42	技术世代，国防工业
Small arms and light weapons (SALW) industry. See Global small arms and light weapons (SALW) industry	小武器和轻武器工业。参见全球小武器和轻武器工业
Small Arms Survey (Geneva), 273	小武器调查（日内瓦）
Smart acquisition, 38, 47~48	精明采办
Smart Weapons, 133	智能武器

---

① 疑为 "Sharpeville"。——译者注

Smith, Adam, 41, 268

Snecma (France), 24

Solana, Javier, 62, 80

"Some Thoughts on Military Revolutions" (Marshall), 154

South Africa, defense globalization and, 115; exporter of arms, 30, 238; offsets statistics, 262

South Korean defense industry, arms trade in, 30, 74; emerging state, 232, 234; globalization and, 115

South Korea's gross domestic product (GDP), 253

Sovereignty, 40～41, 250, 269

Soviet Union, 126～127, 131～132; collapse of, 1. See also Cold war; Post-cold war; Russian defense industry

Space systems, in Europe, 183

Spain's F-18 offset program, 265～266

Spanish Offset Management Office, 265

Special economic zones (SEZs), 217

Spinoff (NASA), 130

Spin-off technologies, 127～132

Sputnik, 127

Standoff precision-guided weapons, in Europe, 183

State-owned enterprises (SOEs) (China), 212, 216～222

State-owned holding companies (Russia), 198～199

State power, defined, 60

States, that command, that obey, that rebel, 85

Statistics, arms-producing countries ranked, 75, 76; defense firms, 177; defense spending by country, 3～5; European defense spending, 180～181, 189; on global small arms and light weapons (SALW) industry, 277～283, 286～288; offsets, 260～264; Russian defense industry, 201～202; U. S. and European procurement, 99～100

斯密，亚当

斯奈克玛（法国）

索拉纳，哈维尔

"对于军事革命的几点思考"（马歇尔）

南非，防务全球化，武器出口商，补偿贸易统计

韩国国防工业，军火贸易，新兴国家，全球化

韩国国内生产总值

主权

苏联，解体。亦见冷战，冷战后，俄罗斯国防工业

空间系统，欧洲

西班牙F-18补偿贸易计划

西班牙补偿贸易管理办公室

经济特区

《衍生品》

溢出技术

人造卫星

防区外精确制导武器，欧洲

国有企业（中国）

国有控股公司（俄罗斯）

国力，界定

国家，命令，服从，叛乱

统计，武器生产国排名，防务企业，分国别的国防开支，欧洲国防开支，关于全球小武器和轻武器工业，补偿贸易，俄罗斯国防工业，美国和欧洲采购

Stealth technologies, 133, 255　　隐身技术

Stockholm International Peace Research Institute (SIPRI), 3, 4, 13~14, 61, 73, 280; *1990 Yearbook*, 14; *2006 Yearbook*, 27; Arms Industry Database, 27; Arms Production Project, 14; Top 100 arms-producing companies, 21~22, 25~27, 31　　斯德哥尔摩国际和平研究所,《1990 年年鉴》,《2006 年年鉴》,军火工业数据库,武器生产项目,100 大军火生产公司

Strategic airlift, in Europe, 183　　战略空运,欧洲

Structural disarmament, 38　　结构性裁军

Subcontractors, 79~81, 97~99, 110　　分包商

Suicide bombings, 277　　自杀式炸弹袭击

Supply chains, 52; defense hierarchies and, 95 globalization and, 108~111　　供应链,防务层级,全球化

Sustainability, developing states and, 235~236　　可持续性,发展中国家

Svensson, Ake, 78~79　　斯文森,艾克

Sweden, offsets statistics, 262　　瑞典,补偿贸易统计

Swedish Defense Materiel Administration, 78　　瑞典国防物资管理局

Synergism of men and guns, 274　　人和枪的协同作用

Syria, 253　　叙利亚

Systems-integration skills, 110　　系统集成技术

Taiwan defense industry, emerging state, 232; globalization and, 115　　中国台湾防务工业,新兴国家,全球化

Tang, 130　　柄脚

Technological partnerships, 50~55　　技术合作伙伴

Technology, commercial-off-the-shelf (COTS) technologies, 6; defense hierarchies and, 96; export controls and, 243~244, 255; exporting older/less capable, 254~255; offsets and, 259~260; revolution in military affairs (RMA) and, 7~8; stasis of small arms, 275~277; terrorism and, 28; tiers of, 2~3; unmanned aerial vehicles (UAVs), 103. *See also* Commercial-off-the-shelf (COTS) technologies　　技术,商用现货(COTS)技术,防务层级,出口管制,出口较旧的/能力差的,补偿贸易,军事革命,小武器停滞,恐怖主义,等级,无人机。亦见商用现货技术

Technology clusters, 38, 52~55　　技术集群

Technology transfers, 5, 110　　技术转让

Teece, David J., 259~260

Teflon, 130

Terrorism, export controls and, 254, 255; new technologies and, 28

Textron, 103

Thales (France), 4, 5, 6, 17, 19, 21, 23, 24, 55, 117, 118, 182, 183~184, 191, 192

Third-tier arms producers, 2~3

Third world countries, arms production in, 62~63, 73~75. See also Developing world; Emerging defense industries

Thomson CSF, 23

ThyssenKrupp (Germany), 189

Tiers of arms market, 2~3, 267; capability and, 228; second-tier in Europe, 184~185

Tiger attach①helicopter, 188

Towers of excellence concept, 51

Trade diverting, 257~258

Transformation, 153~174; Bush administration and, 156~158; Chinese defense industry and, 212, 218~219; defense industry and, 164~165; defined, 154~155; Europe defense industry and, 178~181; features of, 157; globalization and, 162, 170; Quadrennial Defense Review Report (2001) on, 154~155; in small arms industry, 273~275; status of, 158~160; Transformation Planning Guidance (2003), 155, 156; Transforming Defense: National Security in the 21st Century (NDP), 155~156. See also Information technologies; Revolution in military affairs; United States defense industry's revolution in military affairs (RMA)/transformation enterprise

Transformational doctrine, 63

Transformation Planning Guidance (2003), 155, 156

蒂斯,大卫

聚四氟乙烯

恐怖主义,出口管制,新技术

德事隆

泰利斯(法国)

第三等级武器生产商

第三世界国家,武器生产。亦见发展中世界,新兴国防工业

汤姆逊无线电公司

蒂森克虏伯公司(德国)

军火市场等级,能力,欧洲的第二等级

"虎"式攻击直升机

卓越塔概念

贸易转移

转型,布什政府,中国国防工业,国防工业,界定,欧洲国防工业,特征,全球化,《四年防务审查报告(2001)》,小武器工业,状态,《转型计划指南(2003)》,《国防转型:21世纪的国家安全》。亦见信息技术,军事革命,军事革命中的美国国防工业/企业转型

转型学说

《转型规划指南(2003)》

---

① 疑为"attack"。——译者注

Transforming Defense: National Security in the 21st Century (NDP), 155~156	《国防转型：21世纪的国家安全》
Transnational defense firms, 107~111; regulating, 116~117. See also Globalization of defense industries	跨国国防企业，规制。亦见国防工业全球化
Treaties, 118~120	条约
Treaty on Conventional Armed Forces in Europe (1990 CFE Treaty), 14	欧洲常规武装力量条约
Trilateral relationships, 53~54. See also Iron triangle revised interpretation	三边关系。亦见"铁三角"修正解释
Tula-based KB Priborostroeniye Instrument Design Bureau, 199	图拉仪器仪表设计局
UABC. See United Aircraft Building Corporation	UABC。参见联合飞机制造公司
UAVs. See Unmanned aerial vehicles	UAV。参见无人机
UDL. See United Defense Limited	UDL。参见联合防务有限公司
Ufa Engine-Building Industrial Association (UMPO), 203	乌法发动机制造联合企业
UMPO. See Ufa Engine-Building Industrial Association	UMPO。参见乌法发动机制造联合企业
UN Arms Register, 281	联合国武器登记
Unipolar global defense-industrial sector, 66, 68~73. See also Globalization of defense industries	单极全球国防工业部门。亦见国防工业全球化
United Aircraft Building Corporation (UABC), 203	联合飞机制造公司
United Defense Limited (UDL), 190	联合防务有限公司
United Industrial, 103	联合工业
United Kingdom's defense industry, export controls in, 246; loyal ally, 81; private contractors in, 65; U.S.-U.K. axis, 117~118	英国国防工业，出口管制，忠实盟友，私人承包商，美国-英国轴心
United Kingdom's gross domestic product (GDP), 252	英国国内生产总值
United Kingdom's Network Enabled Capability (NEC) concept, 179~180	英国的网络使能能力概念
United Nations Security Council, 13	联合国安理会

United States defense industry, challenge to Europe, 176~178; China and, 222~223; defense exports and, 69; defense hierarchies and, 99~100; dominance in global arms industry, 31, 60~61, 85; export controls in, 245~246; linkages with European firms, 193; major U. S. firms, 177; mega-defense companies, 176~178; U.S.–U. K. axis, 117~118

美国国防工业,欧洲面临的挑战,中国,国防出口,防务层级,在全球军火行业的主导地位,出口管制,与欧洲企业的联系,主要的美国公司,巨型防务公司,美国–英国轴心

United States defense industry's revolution in military affairs (RMA) /transformation enterprise, 153~174; in the Bush administration, 156~158; commercial–military integration, 162~164; Europe and, 178~181; features of, 157; future combat system (FCS), 167~168; global impact of, 168~169; impact of Afghanistan and Iraq on, 158~159; information technologies (IT) and, 153, 157~158; littoral combat ship (LCS), 165~166; post-cold war defense sector and, 160~162; status of, 158~160; transformation defined, 154~155

军事革命中的美国国防工业/企业转型,布什政府,商业–军事一体化,欧洲,特征,未来战斗系统,全球性影响,对阿富汗和伊拉克的影响,信息技术,濒海战斗舰,冷战后的防务部门,状态,转型的界定

United States gross domestic product (GDP), 251

美国国内生产总值

Unmanned aerial vehicles (UAVs), 96, 103, 116

无人机

Unmanned combat systems, in Europe, 183

无人作战系统,欧洲

Unmanned undersea vehicles (UUVs), 166

无人潜航行器

U. S. Arms Control and Disarmament Agency, *World Military Expenditures and Arms Transfers*, 280

美国军备控制和裁军署,《世界军事开支和武器转让》

U. S. Army Ordnance Corps, 284

美国陆军军械部队

U. S. Foreign Military Financing (FMF) program, 77

美国对外军事资助计划

UUVs. See Unmanned undersea vehicles

UUV。参见无人潜航行器

Value chains, 38, 52

价值链

Vasil'yev, Sergei, 199

瓦西里耶夫,谢尔盖

Velcro, 130

魔术贴

Vernon, Raymond, 277

弗农,雷蒙德

Vietnam War, 127

越南战争

Vodafone, 23

沃达丰

VPK. See Russian military–industrial complex

VPK。参见俄罗斯军事工业复合体

Vulnerability of states, 60

国家的脆弱性

WA. See Wassenaar Arrangement	WA。参见瓦森纳协定
Warfare, changing nature of, 28	战争，不断变化的性质
Warfighter Information Network (WINT-T), 165	作战人员战术信息网
Warlord Period (China, 1916 – 1928), 213	军阀混战时期（中国，1916~1928年）
War on terror, 158	反恐战争
Warsaw Pact, 126, 131, 247	华沙条约组织
Wassenaar Arrangement (WA), 137, 247	瓦森纳安排
Weapons of mass destruction (WMD), 137	大规模杀伤性武器
Weberian monopoly, 272	韦伯垄断
Welfare reducing, 257	福利减少
Westin, Peter, 201	威斯汀，彼得
Westphalianism, 289	威斯特伐利亚
Williamson, Oliver E., 258	威廉姆森，奥利弗·E.
Winners (corporate), 24	获胜者（公司）
WINT-T. See Warfighter Information Network	WINT-T。参见作战人员战术信息网
WMD. See Weapons of mass destruction	WMD。参见大规模杀伤性武器
World economy, 107. See also Globalization of defense industries	世界经济。亦见国防工业全球化
World Military Expenditures and Arms Transfers (U. S. Arms Control and Disarmament Agency), 280	《世界军事开支和武器转让》（美国军备控制和裁军署）
World military order, defense industrialization and, 237	世界军事秩序，国防工业化
World Trade Organization (WTO), 83	世界贸易组织
World War Ⅰ, 125	第一次世界大战
World War Ⅱ, dual – use technologies and, 124~127	第二次世界大战，两用技术
WTO. See World Trade Organization	WTO。参见世界贸易组织
Wulf, Herbert, 30	沃尔夫，赫伯特
Yeltsin, Boris, 197	叶利钦，鲍里斯
Zellnick, Bob, 105	佐利克，鲍勃
Zili gengsheng (self-reliance), 215	自力更生

图字 01-2011-6911

Translated from the English Language edition of *The Modern Defense Industry/Political, Economic, and Technological Issues*, by Richard A. Bitzinger. , originally published by Praeger, an imprint of ABC-CLIO, LLC, Santa Barbara, CA, USA. Copyright © 2009 by the author(s). Translated into and published in the Simplified Chinese language by arrangement with ABC-CLIO, LLC. All rights reserved.

No part of this book may be reproduced or transmitted in any form or by any means electronic or mechanical including photocopying, reprinting, or on any information storage or retrieval system, without permission in writing from ABC-CLIO, LLC.

© 2014 中国大陆地区简体中文专有版权属经济科学出版社
版权所有　翻印必究

图书在版编目（CIP）数据

现代国防工业/（美）毕辛格主编；陈波，郝朝艳译.
—北京：经济科学出版社，2013.3
（国防经济学系列丛书）
ISBN 978-7-5141-3148-2

Ⅰ.①现… Ⅱ.①毕…②陈…③郝… Ⅲ.①国防工业-世界-现代 Ⅳ.①F416.48

中国版本图书馆 CIP 数据核字（2013）第 056058 号

责任编辑：侯晓霞
责任校对：郑淑艳
责任印制：李　鹏

现代国防工业

政治、经济与技术问题

［美］理查德·A·毕辛格（Richard A. Bitzinger）主编
陈　波　郝朝艳　主译
经济科学出版社出版、发行　新华书店经销
社址：北京市海淀区阜成路甲 28 号　邮编：100142
教材分社电话：010-88191345　发行部电话：010-88191537
网址：www.esp.com.cn
电子邮件：houxiaoxia@esp.com.cn
北京密兴印刷有限公司印装
710×1000　16 开　29 印张　540000 字
2014 年 3 月第 1 版　2014 年 3 月第 1 次印刷
ISBN 978-7-5141-3148-2　定价：76.00 元
（图书出现印装问题，本社负责调换。电话：010-88191502）
（版权所有　翻印必究）

国防经济学系列丛书

（"十二五"国家重点图书出版规划项目）

1. 《国防经济学》
   陈　波主编，郝朝艳、余冬平副主编，2010年12月出，88.00元
2. 《国防经济学前沿专题》
   陈　波主编，郝朝艳、侯　娜副主编，2010年12月出，35.00元
3. 《冲突经济学原理》
   [美]查尔斯·H·安德顿、约翰·K·卡特著，郝朝艳、陈波主译，
   2010年12月出，39.00元
4. 《战争与和平经济理论》
   [法]范妮·库仑著，陈　波、阎　梁主译，2010年12月出，39.00元
5. 《国防采办的过程与政治》
   [美]大卫·S·索伦森著，陈　波、王沙骋主译，2013年12月出，38.00元
6. **《现代国防工业》**
   [美]理查德·A·毕辛格主编，陈　波、郝朝艳主译，2014年3月出，76.00元
7. 《国防经济思想史》
   陈　波等著，即出
8. 《国防预算与财政管理》
   [美]麦卡菲、琼　斯著，陈　波等译，即出
9. 《城堡、战斗与炸弹：经济学如何解释军事史》
   [美]于尔根·布劳尔、休帕特·万·蒂尔著，陈　波等译，即出
10. 《和平经济学》
    [美]于尔根·布劳尔、[英]保罗·邓恩著，陈　波等译，即出

此系列丛书联系方式：
联系地址：北京市海淀区学院南路39号　中央财经大学国防经济与管理研究院
邮　　编：100081